EDWARD O. THORP

Ein Mann für alle Märkte

Wie ich das Casino und den Markt geschlagen habe

börsenbuchverlag

Die Originalausgabe erschien unter dem Titel
A man for all markets: from Las Vegas to Wall Street,
how I beat the dealer and the market
ISBN: 978-1-4000-6796-1

Published in the United States by Random House, an imprint and division of Penguin Random House LLC, New York. Random House and the House colophon are registered trademarks of Penguin Random House LLC.

Übersetzung: Egbert Neumüller
Covergestaltung: Johanna Wack
Coverbildquelle: Shutterstock
Gestaltung und Satz: Sabrina Slopek
Lektorat: Claus Rosenkranz, Elke Sabat
Druck: CPI books GmbH, Leck, Germany
ISBN 978-3-68932-032-4

Bibliografische Information der Deutschen Nationalbibliothek:
Die Deutsche Nationalbibliothek verzeichnet diese Publikation in der Deutschen Nationalbibliografie; detaillierte bibliografische Daten sind im Internet über <http://dnb.d-nb.de> abrufbar.

BÖRSEN MEDIEN
AKTIENGESELLSCHAFT

Postfach 1449 • 95305 Kulmbach
Tel: +49 9221 9051-0 • Fax: +49 9221 9051-4444
E-Mail: buecher@boersenmedien.de
www.boersenbuchverlag.de
www.facebook.com/boersenbuchverlag

Für Vivian, für unsere Kinder und ihre Familien:

Raun, Brian und Ava;
Karen, Rich, Claire, Christopher und Edward;
Jeff, Lisa, Kylie und Thomas

Inhalt

Vorrede

Begleiten Sie mich auf meiner Odyssee durch die Welten der Wissenschaft, des Glücksspiels und der Wertpapierbörsen. Sie werden sehen, wie ich Risiken überwunden und in Las Vegas, an der Wall Street und im Leben Belohnungen geerntet habe. Unterwegs werden Sie interessanten Menschen begegnen, von Blackjack-Kartenzählern bis Anlageexperten, von Filmstars bis Nobelpreisträgern. Und Sie werden etwas über Optionen und andere Derivate lernen, über Hedgefonds und warum eine einfache Anlagemethode auf lange Sicht die meisten Anleger einschließlich der Experten schlägt.

Mein Leben begann in der Großen Depression der 1930er-Jahre. Ebenso wie Millionen andere strampelte sich auch meine Familie ab, um von einem Tag zum nächsten zu kommen. Obwohl wir keine hilfreichen Verbindungen hatten und ich staatliche Schulen besuchte, fand ich ein Mittel, das alles änderte: Ich lernte, wie man denkt.

Manche Menschen denken in Worten, andere in Zahlen und wieder andere in visuellen Bildern. Ich tue all das, aber ich denke auch mithilfe von Modellen. Ein Modell ist eine vereinfachte Version der Wirklichkeit, ähnlich wie einem ein Stadtplan zeigt, wie man von einem Teil der Stadt in einen anderen kommt, oder wie die bildliche Vorstellung eines Gases als Schwarm winziger elastischer Kügelchen, die unablässig miteinander zusammenstoßen.

Ich lernte, dass einfache Vorrichtungen wie Zahnräder, Hebel und Rollen grundlegenden Gesetzen gehorchen. Diese konnte man durch Experimentieren entdecken und wenn man die richtigen fand, konnte man die Gesetze verwenden, um vorherzusagen, was in neuen Situationen passieren würde.

Am erstaunlichsten fand ich den Zauber eines Detektor-Baukastens – ein primitives frühzeitliches Radio, das aus einem Draht, einem Kristall und einem Kopfhörer bestand. Plötzlich hörte ich Stimmen, die aus Tausenden Meilen Entfernung kamen und durch einen geheimnisvollen Prozess durch die Luft getragen wurden. Die Vorstellung, dass Dinge, die ich nicht einmal sehen konnte, Gesetzen gehorchten, die ich nur durch Denken aufdecken konnte – und dass ich das, was ich fand, verwenden konnte, um die Welt zu verändern –, inspirierte mich schon in jungen Jahren.

Aufgrund der Umstände lernte ich hauptsächlich autodidaktisch und dies führte dazu, dass ich anders dachte. Anstatt allgemein akzeptierte Ansichten zu unterschreiben – zum Beispiel *man kann die Casinos nicht schlagen* – prüfte ich erstens selbst nach. Da ich Theorien überprüfte, indem ich mir neue Experimente ausdachte, gewöhnte ich mir zweitens an, das Ergebnis reinen Nachdenkens – zum Beispiel eine Formel für die Bewertung von Optionsscheinen – herzunehmen und es gewinnbringend zu verwenden. Drittens machte ich, wenn ich mir selbst ein lohnenswertes Ziel setzte, einen realistischen Plan und ließ nicht locker, bis ich damit Erfolg hatte. Viertens strebte ich an, konsequent rational zu sein, nicht nur auf einem speziellen wissenschaftlichen Gebiet, sondern im Umgang mit allen Aspekten der Welt. Auch lernte ich, wie wertvoll es ist, mich mit einem Urteil so lange zurückzuhalten, bis ich eine auf Evidenz basierende Entscheidung treffen konnte.

Ich hoffe, dass Ihnen meine Geschichte eine einzigartige Perspektive vorführen wird und dass „Ein Mann für alle Märkte“ Ihnen helfen wird, über Glücksspiel, Geldanlagen, Risiken, Money-Management, Vermögensaufbau und das Leben anders zu denken.

Vorwort

Ed Thorps Memoiren lesen sich wie ein Krimi – darin kommen tragbare Computer vor, auf die James Bond stolz gewesen wäre, zwielichtige Figuren, großartige Wissenschaftler und Vergiftungsversuche (neben der Sabotage von Eds Auto, damit er in der Wüste einen „Unfall“ haben sollte). Das Buch offenbart eine gründliche, präzise, methodische Person auf der Suche nach dem Leben, nach Wissen, finanzieller Sicherheit und nicht zuletzt nach Spaß. Thorp ist auch als intellektuell großzügiger Mensch bekannt, der begierig darauf ist, seine Entdeckungen mit fremden Menschen zu teilen (in gedruckter Form, aber auch persönlich) – etwas, das man bei Wissenschaftlern wohl anzutreffen hofft, aber nur selten antrifft. Dabei ist er aber bescheiden – vielleicht kann er als der einzige bescheidene Trader auf dem Planeten Erde gelten – und so wird der Leser, außer wenn er uminterpretieren kann, was zwischen den Zeilen steht, nicht bemerken, dass Thorps Beiträge enorm viel bedeutsamer sind, als er durchblicken lässt. Wieso das?

Wegen ihrer Einfachheit. Ihrer schieren Einfachheit.

Denn der geradlinige Charakter seiner Beiträge und Erkenntnisse ist das, was sie sowohl für die gelehrte Welt unsichtbar als auch für Praktiker nützlich machte. Ich habe nicht die Absicht, hier das Buch zu erklären oder zusammenzufassen; Thorp schreibt – nicht überraschend – auf eine direkte, klare und fesselnde Art. Ich fungiere als Trader und Praktiker der mathematischen Finanzwissenschaft, um seine Bedeutung aufzuzeigen und sie für meine Gemeinschaft von in der wirklichen Welt lebenden Wissenschaftlern und Tradern sowie allgemein für Menschen, die Risiken eingehen, in den richtigen Zusammenhang zu stellen.

Dieser Zusammenhang ist folgender: Ed Thorp ist der erste moderne Mathematiker, der *erfolgreich* quantitative Modelle für das Eingehen von Risiken erstellt hat – und ganz sicher der erste Mathematiker, der damit auch noch finanziellen Erfolg hatte. Seither hat es eine Kohorte solcher „Quants" gegeben, zum Beispiel die Wunderknaben der angewandten Mathematik an der Stony Brook University – aber Thorp ist ihre graue Eminenz.

Sein wichtigster und schillerndster Vorgänger, Gerolamo (manchmal auch Girolamo oder Geronimo) Cardano, ein Universalgelehrter und Mathematiker des 16. Jahrhunderts, der in gewisser Weise die erste Version von „Beat the Dealer" geschrieben hat, war ein zwanghafter Spieler. Damit war er jedoch gelinde gesagt erfolglos – nicht zuletzt weil Süchtige schlecht mit Risiken umgehen können. Wenn Sie sich davon überzeugen wollen, werfen Sie einmal einen Blick auf die Pracht von Monte Carlo, Las Vegas und Biarritz, die von ihrer Zwanghaftigkeit finanziert wird. Cardanos „Liber de ludo aleae" („Das Buch der Glücksspiele") war für die spätere Entwicklung der Wahrscheinlichkeitstheorie von wesentlicher Bedeutung, jedoch anders als Thorps Buch weniger eine Anregung für Glücksspieler als für Mathematiker. Ein anderer Mathematiker, ein protestantischer französischer Flüchtling in London namens Abraham de Moivre, der Spielhöllen frequentierte und „The doctrine of chances: or, a method for calculating the probabilities of events in play" (1718) schrieb, kam kaum über die Runden. Man kann problemlos ein weiteres halbes Dutzend glücksspielende Mathematiker aufzählen, darunter Größen wie Fermat und Huygens, denen entweder egal war, was unterm Strich blieb, oder die es nicht besonders gut beherrschten. Bei den Mathematikern vor Ed Thorp, die Glücksspiele betrieben, blieb die Liebe zum Glück meist unerwidert.

Thorps Methode sieht so aus: Er kommt direkt zur Sache, indem er einen klaren *Vorteil* identifiziert (etwas, was das Chancenpendel auf lange Sicht in seine Richtung schwingen lässt). Dieser Vorteil muss offensichtlich und unkompliziert sein. Beispielsweise schätzte er den typischen Vorteil aus der Berechnung des Impulses eines Rouletterads, die er mit dem ersten tragbaren Computer (und keinem geringeren Mitverschwörer als dem großen Claude Shannon, dem Vater der Informationstheorie) vornahm, auf circa 40 Prozent pro Wette. Aber dieser Teil ist leicht, sehr leicht. Den Vorteil zu *ergreifen*, ihn in Dollar auf der Bank, in ein Essen im Restaurant, interessante Schiffsreisen und Weihnachtsgeschenke für Freunde und Verwandte zu verwandeln – das ist der schwierige Teil. Letzten Endes kommt es dabei auf die Dosierung der Einsätze an – nicht zu wenig, nicht zu viel. Diesbezüglich leistete Ed großartige eigene Arbeit, bevor vom dritten Mitglied des Informationstrios der theoretische Feinschliff kam: von John Kelly, dem Urheber des berühmten Kelly-Kriteriums, einer Formel für die Platzierung von Einsätzen, über die wir heute deshalb diskutieren, weil Ed Thorp sie einsatzfähig gemacht hat.

Doch bevor wir über die Dosierung sprechen, noch ein bisschen mehr zur Einfachheit. Für einen Gelehrten, der von seinen Kollegen beurteilt wird und nicht vom Filialleiter seiner örtlichen Bank (oder von seinem Steuerberater), ist ein Berg, der nach langen, schlimmen Wehen eine Maus gebiert, nicht besonders gut. Ihnen ist es nämlich lieber, wenn die Maus einen Berg hervorbringt. Auf die Wahrnehmung der Raffinesse kommt es an. Je komplizierter, desto besser. Das Einfache beschert einem keine Zitationen, keinen h-Index oder sonstige Kennzahl *du jour*, die einem die Achtung der Universitätsverwalter einbringt, weil sie zwar diese Dinge verstehen, nicht aber die Substanz des eigentlichen Werkes. Die einzigen Wissenschaftler, die der Bürde der Komplikation um der Komplikation willen entgehen, sind die großen Mathematiker und Physiker (und nach allem, was ich höre, fällt es sogar diesen angesichts der heutigen Finanzierungs- und Ranking-Situation immer schwerer).

Ed war anfangs ein Gelehrter, doch er bevorzugte Learning by Doing, wobei er seine Haut zu Markte trug. Wenn man sich als Praktiker reinkarniert, *möchte man, dass der Berg die einfachste mögliche Strategie hervorbringt*, und zwar eine mit möglichst wenigen Nebenwirkungen und möglichst wenigen versteckten Komplikationen. Eds Genialität wird durch die Art illustriert, wie er ganz einfache Regeln für Blackjack aufstellte. Anstatt sich auf komplizierte Kombinatorik und auf Kartenzählen einzulassen (für das man eine Inselbegabung braucht), goss er seine ganze ausgefeilte Forschung in einfache Regeln. Gehe zu einem Blackjack-Tisch. Führe eine geistige Strichliste. Fange bei null an. Zähle für starke Karten eins hinzu, für schwache minus eins, für andere Karten nichts. Es ist verstandesmäßig einfach, schrittweise mehr oder weniger zu setzen – mehr, wenn die Zahl hoch ist, weniger, wenn sie niedrig ist –, und eine solche Strategie kann jeder sofort anwenden, der in der Lage ist, sich die Schuhe zu binden oder auf dem Stadtplan ein Casino zu finden. Sogar als er am Roulettetisch tragbare Computer verwendete, war die Erkennung des Vorteils einfach, und zwar so einfach, dass man es begreift, wenn man sich im Fitnessraum auf einen Gymnastikball balanciert. Die Raffinesse steckt in der Umsetzung und in der Verkabelung.

In einer Nebenhandlung entdeckte Ed das, was man heute als Black-Scholes-Optionsformel kennt, vor Black und Scholes (und es zeugt von PR in der Ökonomie, dass die Formel nicht seinen Namen trägt – ich habe sie Bachelier-Thorp genannt). Seine Herleitung war zu einfach – damals begriff niemand, dass sie wirkmächtig sein könnte.

Nun zum Money-Management – von zentraler Bedeutung für jeden, der daraus lernt, dass er seinen eigenen Gewinnen und Verlusten ausgesetzt ist. Einen „Vorteil" haben und Überleben sind zwei verschiedene Dinge. Für Ersteres ist Letzteres erforderlich. Wie Warren Buffett einmal gesagt hat: „Um Erfolg zu haben, muss man zuerst einmal überleben." Man muss den Ruin vermeiden. Um jeden Preis.

Und daher besteht eine Dialektik zwischen einem selbst und der Gewinn-und-Verlust-Rechnung: Man setzt anfangs kleine Beträge ein (einen Anteil des Anfangskapitals) und die Risikokontrolle – die Dosierung – kontrolliert auch die Entdeckung des Vorteils. Das ist wie Versuch und Irrtum, man stellt damit Schritt um Schritt sowohl das eigene Risikoverlangen als auch die Einschätzung der eigenen Chancen neu ein.

Wie Ole Peters und Murray Gell-Mann kürzlich gezeigt haben, hat die Finanzwissenschaft nicht begriffen, dass die Vermeidung des Ruins als Grundprinzip die eigene Glücksspiel- und Anlagestrategie zu etwas macht, das sich extrem von dem unterscheidet, was die wissenschaftliche Literatur behauptet. Wie wir gesehen haben, werden Wissenschaftler von Verwaltungsangestellten über Kollegen dafür bezahlt, das Leben kompliziert statt einfacher zu machen. Sie haben etwas Nutzloses namens Nutzentheorie erfunden (zigtausend Artikel warten immer noch auf einen echten Leser). Und sie haben die Idee erfunden, man könne das kollektive Verhalten künftiger Preise bis zur unendlichen Detailliertheit kennen – Dinge wie die Korrelation, die man heute identifizieren könne und die sich in Zukunft niemals ändern würde. (Technischer ausgedrückt: Um die Portfoliokonstruktion umzusetzen, die die moderne Finanztheorie empfiehlt, muss man die gesamte multivariate Wahrscheinlichkeitsverteilung aller Anlagen über die gesamte Zukunft kennen und dazu noch die exakte Nutzenfunktion von Vermögen zu allen künftigen Zeitpunkten. Und das ohne Fehler! [Ich habe bewiesen, dass Schätzfehler das System in die Luft sprengen.] Wir können uns doch schon glücklich schätzen, wenn wir wissen, was wir morgen zu Mittag essen – wie könnten wir da die Dynamik bis zum Ende der Zeit ausrechnen?)

Die Kelly-Thorp-Methode erfordert weder eine multivariate Verteilung noch eine Nutzenfunktion. In der Praxis braucht man das Verhältnis des Erwartungsgewinns zum Ertrag im schlimmsten Fall – und das passt man dynamisch an (das heißt, *man spielt ein Spiel nach dem anderen*), um den Ruin zu vermeiden. Das ist alles.

Die Ideen von Thorp und Kelly wurden von Ökonomen trotz ihres praktischen Reizes abgelehnt, weil Ökonomen allgemeine Theorien für alle Anlagepreise, alle Dynamiken der Welt und so weiter lieben. Der berühmte Patriarch der modernen Volkswirtschaftslehre, Paul Samuelson, führte angeblich einen Rachefeldzug gegen Thorp. Nicht ein einziges Werk dieser Ökonomen wird am Ende überleben: Strategien, die einem das Überleben ermöglichen, sind nicht das Gleiche wie die Fähigkeit, Kollegen zu beeindrucken.

Und so ist die Welt heute in zwei Gruppen aufgeteilt, die unterschiedliche Methoden verwenden. Die erste Methode ist diejenige der Ökonomen, die dazu neigen, es entweder regelmäßig zu vermasseln oder aber dadurch reich zu werden, dass sie Gebühren für Geldverwaltung einstreichen, nicht durch direkte Spekulation. Bedenken Sie, dass Long-Term Capital Management, das die Crème de la Crème der Finanzökonomen besaß, im Jahr 1998 spektakulär platzte und ein Vielfaches dessen an Verlust machte, was diese für das Worst-Case-Szenario gehalten hatten.

Die zweite Methode, die der Informationstheoretiker, für die Ed Pionierarbeit geleistet hat, wird von Tradern und von Wissenschaftlern/Tradern praktiziert. Jeder überlebende Spekulant verwendet explizit oder implizit diese zweite Methode (Belege: Ray Dalio, Paul Tudor Jones, Renaissance Technologies, sogar Goldman Sachs!). Ich sage *jeder*, denn wie Peters und Gell-Mann gezeigt haben, machen diejenigen, die es nicht tun, irgendwann Pleite.

Und dank dieser zweiten Methode wissen Sie, wenn Sie zum Beispiel 82.000 Euro von Onkel Wilhelm erben, dass es eine Strategie gibt, die es Ihnen ermöglicht, Ihr Erbe zu verdoppeln, ohne dabei jemals einen Bankrott zu erleiden.

Noch ein paar zusätzliche kluge Dinge, die ich persönlich von Thorp gelernt habe: Viele erfolgreiche Spekulanten geraten nach ihrem Eintritt ins richtige Leben in groß angelegte Strukturen mit zahlreichen Büros, morgendlichen Besprechungen, Kaffee, Intrigen ... und sie bauen ein immer größeres Vermögen auf, während sie die Kontrolle über ihr Leben verlieren. Nicht so Ed. Nach der Trennung von seinen Gesellschaftern und der Schließung seiner Firma (aus Gründen, die nichts mit ihm zu tun hatten) gründete er keinen neuen Megafonds. Er schränkte seine Beteiligung an der Verwaltung des Geldes anderer Leute ein. (Die meisten Menschen begeben sich erneut in die Bequemlichkeit anderer Firmen und nutzen ihre Reputation, um monströse Geldsummen von außen zu akquirieren, damit sie hohe Gebühren kassieren können.) Aber eine solche Zurückhaltung erfordert ein gewisses Maß an Intuition, an Selbsterkenntnis. Es ist sehr viel weniger belastend, unabhängig zu sein – und man ist niemals unabhängig, wenn man in eine große Struktur mit mächtigen Kunden eingebunden ist. Es ist schon schwer genug, mit kniffligen Wahrscheinlichkeiten umzugehen, da sollte man es vermeiden, sich auch noch den Launen menschlicher Stimmungen auszusetzen. Wahrer Erfolg ist der Ausstieg aus einer Tretmühle, um seine Aktivitäten auf den Seelenfrieden abzustimmen. Thorp hat sicherlich seine Lektion gelernt: Der stressigste Job, den er je hatte, war die Leitung der mathematischen Fakultät der University of California, Irvine. Man merkt, dass dieser Mann sein Leben im Griff hat. Dies erklärt, dass er, als ich ihm im Jahr 2016 das zweite Mal begegnete, jünger aussah als beim ersten Mal im Jahr 2005.

Ciao
Nassim Nicholas Taleb

1
KAPITEL

Liebend gern lernen

Meine erste Erinnerung ist, dass ich mit meinen Eltern im Freien auf dem Absatz einer ausgetretenen, schmutzigen Holztreppe stehe. Das war an einem grauen Tag in Chicago im Dezember 1934, als ich zwei Jahre und vier Monate alt war. Obwohl ich meine einzige Winterhose und eine Jacke mit Kapuze trug, war mir kalt. Schwarz und blattlos hoben sich die Bäume von der schneebedeckten Erde ab. Von drinnen sagte eine Frau zu meinen Eltern: „Nein, wir vermieten nicht an Leute mit Kindern." Ihre Gesichter wurden lang, sie drehten sich um und gingen. Hatte ich etwas falsch gemacht? Wieso war ich ein Problem? Dieses Bild aus den Tiefen der Großen Depression hat sich mir eingebrannt.

Als Nächstes erinnere ich mich, dass ich im Alter von zweieinhalb Jahren zu dem geliebten Hausarzt meiner Familie, Dr. Dailey, gebracht wurde. Meine alarmierten Eltern erklärten ihm, dass ich noch kein einziges Wort gesprochen hatte.[1] Was stimmte da nicht? Der Arzt lächelte und bat mich, auf den Ball auf seinem Schreibtisch zu zeigen. Das tat ich und er bat mich, seinen Bleistift in die Hand zu nehmen. Nachdem ich diese und noch ein paar weitere Aufgaben erledigt hatte, sagte er: „Machen Sie sich keine Sorgen, er wird sprechen, wenn er so weit ist.“ Wir gingen, meine Eltern waren erleichtert und ein bisschen verwirrt.

Danach wurde der Kampf darum, mich zum Sprechen zu bringen, intensiver. Etwa um meinen dritten Geburtstag herum nahmen mich meine Mutter und zwei ihrer Freundinnen, Charlotte und Estelle, in das damals berühmte Chicagoer Kaufhaus Montgomery Ward mit. Als wir auf einer Bank in der Nähe eines Aufzugs saßen, stiegen zwei Frauen und ein Mann aus. Charlotte, die mich unbedingt zum Sprechen verleiten wollte, fragte: „Wo gehen diese Leute hin?“ Ich sagte klar und deutlich: „Der Mann geht etwas kaufen und die beiden Frauen gehen auf die Toilette, um Pipi zu machen.“ Charlotte und Estelle erröteten beide bei der Erwähnung des Pipis. Da ich noch zu jung war, um konventionsbedingte Peinlichkeit gelernt zu haben, fiel mir das zwar auf, aber ich verstand nicht, warum sie so reagierten. Auch irritierte mich die Sensation, die ich mit meinem plötzlichen Wechsel von Schweigen zur Gesprächigkeit verursacht hatte.

Von da an sprach ich überwiegend in vollständigen Sätzen, was meine Eltern und ihre Freunde erfreute.[2] Sie löcherten mich mit Fragen und bekamen oft überraschende Antworten. Mein Vater schickte sich an, herauszufinden, was ich lernen könnte.

Mein Vater Oakley Glenn Thorp wurde 1898 in Iowa als zweites von drei Kindern geboren, sein Bruder war zwei Jahre älter als er, seine Schwester zwei Jahre jünger. Als er sechs Jahre alt war, zerbrach die Familie. Sein Vater nahm ihn und seinen Bruder mit in den Bundesstaat Washington, seine Mutter und seine Schwester blieben in Iowa. Im Jahr 1915 starb mein Großvater an Grippe, drei Jahre vor der großen Grippe-Pandemie der Jahre 1918 und 1919, bei der weltweit zwischen 20 und 40 Millionen Menschen starben.[3] Bis 1917 wohnten die beiden Jungs bei einem Onkel. Dann ging mein Vater im Alter von 18 Jahren als Angehöriger der großartigen American Expeditionary Force nach Frankreich, um in den Ersten Weltkrieg zu ziehen. Er kämpfte als Infanterist im Schützengraben, stieg zum Sergeant auf und ihm wurden für heldenhaftes Verhalten in Château-Thierry, Belleau Wood und in den Marne-Schlachten der Bronze Star, der

Silver Star und zwei Purple Hearts verliehen. Ich erinnere mich, dass ich als kleiner Junge an einem schwülen Nachmittag auf seinem Schoß saß und die Schrapnellnarben auf seiner Brust sowie die leichte Verstümmelung einiger seiner Finger untersuchte.

Nachdem mein Vater nach dem Krieg aus der Armee entlassen worden war, schrieb er sich an der Oklahoma A&M ein. Er absolvierte anderthalb Jahre des Studiums, bevor er wegen Geldmangels aufhören musste. Sein Hunger nach Bildung und sein Respekt davor hielten jedoch an und er impfte sie mir ebenso wie seine unausgesprochene Hoffnung ein, dass ich es zu mehr bringen würde. Da ich dies spürte und da ich hoffte, dies würde uns einander näher bringen, begrüßte ich seine Bemühungen, mir etwas beizubringen.

Sobald ich zu sprechen begann, machte er mich mit den Zahlen bekannt. Mir fiel es leicht, zunächst bis hundert und dann bis tausend zu zählen. Als Nächstes lernte ich, dass man jede Zahl vergrößern und durch Hinzuzählen von eins zur nächsten Zahl gelangen kann, was bedeutete, dass ich ewig würde weiterzählen können, wenn ich nur die Namen der Zahlen kennen würde. Bald lernte ich, wie man bis auf eine Million zählt. Die Erwachsenen schienen das für eine sehr große Zahl zu halten und deshalb machte ich mich eines Morgens daran. Ich wusste, dass ich es irgendwann bis dorthin schaffen würde, hatte aber keine Ahnung, wie lange es dauern würde. Als Ausgangspunkt nahm ich einen Sears-Katalog, der so dick wie das Telefonbuch einer Großstadt war, weil mir schien, er enthalte die meisten Dinge zum Zählen. Die Seiten waren mit Abbildungen von Waren angefüllt, die mit den Buchstaben A, B, C .und so weiter beschriftet waren, nach meiner Erinnerung schwarze Buchstaben in weißen Kreisen. Ich begann am Anfang des Katalogs und zählte alle eingekreisten Buchstaben, zu jedem Artikel einen, Seite um Seite. Nach ein paar Stunden schlief ich bei 32.576 oder so ein. Meine Mutter erzählte mir, als ich aufwachte, hätte ich mit „32.577 ...“ weitergemacht.

Ein Charakterzug, der sich etwa um diese Zeit zeigte, war meine Neigung, nichts zu akzeptieren, was mir gesagt wurde, solange ich es nicht selbst nachgeprüft hatte. Das hatte Folgen. Als ich drei war, sagte mir meine Mutter, ich solle den heißen Ofen nicht anfassen, weil ich mich dann verbrennen würde. Ich hielt meine Finger so nahe daran, dass ich die Wärme spüren konnte, und dann drückte ich meine Hand gegen den Ofen. Verbrannt. Nie wieder.

Ein andermal wurde ich gewarnt, frische Eier würden schon zerbrechen, wenn man auch nur ein bisschen darauf drückt. Ich fragte mich, was „ein bisschen" bedeutet, und drückte ganz langsam auf ein Ei, bis es zerbrach. Dann übte ich, indem ich auf ein anderes drückte und aufhörte, kurz bevor es zerbrach, um exakt herauszufinden, wie weit ich damit gehen könnte. Ich liebte es von Anfang an, durch Experimente und Erkundungen zu lernen, wie meine Welt funktionierte.

Das nächste Projekt meines Vaters, nachdem er mir das Zählen beigebracht hatte, war das Lesen. Wir fingen mit „See Spot", „See Spot Run" und „See Jane" an. Ein paar Tage lang war ich irritiert und desorientiert, dann sah ich, dass die Buchstabengruppen für die Wörter standen, die wir sprachen. In den nächsten paar Wochen ging ich alle unsere einfachen Anfängerbücher durch und entwickelte einen kleinen Wortschatz. Dann wurde es aufregend. Ich sah überall gedruckte Wörter und begriff, dass ich, wenn ich herausfand, wie man sie aussprach, sie wohl alle erkennen und wissen würde, was sie bedeuteten. Die Lautbildung kam ganz von allein und ich lernte, die Wörter laut auszusprechen. Dann kam der umgekehrte Vorgang – ein Wort hören und die Buchstaben sagen –, die Rechtschreibung. Als ich fünf wurde, las ich auf dem Niveau eines Zehnjährigen und verschlang alles, was ich finden konnte.

Außerdem veränderte sich damals die Dynamik in unserer Familie durch die Geburt meines Bruders. Mein Vater, der das Glück hatte, mitten in der Großen Depression Arbeit zu haben, machte Überstunden, um uns zu ernähren. Meine Mutter war mit dem neuen Baby vollauf beschäftigt und konzentrierte sich noch mehr auf meinen kleinen Bruder, als er im Alter von sechs Monaten eine Lungenentzündung bekam und beinahe starb. Dadurch war ich viel mehr mir selbst überlassen und ich reagierte dadurch darauf, dass ich endlose Welten erkundete, sowohl wirkliche als auch fantastische, die ich in den Büchern fand, die mir mein Vater gab.

In den Jahren danach las ich unter anderem „Gullivers Reisen", „Die Schatzinsel" und „Stanley and Livingstone in Africa". Als Stanley nach einer achtmonatigen beschwerlichen und gefährlichen Suche den Gesuchten gefunden hatte, den einzigen Europäer, von dem man wusste, dass er sich im Inneren Afrikas aufhielt, faszinierte mich sein unglaubliches Understatement: „Dr. Livingstone, wie ich annehme“, und ich besprach mit meinem Vater die Pracht der Victoriafälle am Sambesi. Er versicherte mir (zutreffend), sie überträfen unsere Niagarafälle bei Weitem.

„Gullivers Reisen“ war ein besonderes Lieblingsbuch, mit seinen winzigen Liliputanern, den Riesen in Brobdingnag, sprechenden Pferden und schließlich dem geheimnisvollen Laputa, einer am Himmel fliegenden Insel, die durch magnetische Kräfte oben gehalten wird. Mir gefielen die lebhaften Bilder, die dies alles in meinem Geist schuf, und die fantastischen Vorstellungen, die mich anspornten, mir selbst noch andere Wunder auszudenken, die es geben könnte. Die historischen Anspielungen Swifts und seine Gesellschaftssatire entgingen mir damals jedoch größtenteils, obwohl mir mein Vater einiges erklärte.

Aus Malorys Geschichte von König Artus und den Rittern der Tafelrunde erfuhr ich etwas über Helden und Schurken, Romantik, Gerechtigkeit und Strafe. Ich bewunderte die Helden, die durch außerordentliche Fähigkeiten und Findigkeit große Dinge vollbrachten. Da ich introvertiert und nachdenklich war, regte mich das vielleicht dazu an, dies in der Zukunft auf die Art widerzuspiegeln, dass ich meinen Verstand einsetzte, um intellektuelle Hindernisse zu überwinden, nicht meinen Körper, um menschliche Gegner zu überwältigen. Diese Bücher halfen mir bei der Bildung lebenslanger Werte der Fairness, eines ebenen Spielfelds für alle und dass man andere so behandeln soll, wie man selbst behandelt werden möchte.

Die Worte und Abenteuer befanden sich vor allem in meinem Kopf. Ich hatte eigentlich niemanden, mit dem ich darüber sprechen konnte, außer manchmal meinen müden Vater nach der Arbeit oder an Wochenenden. Dies führte gelegentlich zu eigenartigen Aussprachen. Zum Beispiel dachte ich jahrelang, *misled* („missled“) spreche man wie „meisled“ aus. Noch Jahre danach zögerte ich, wenn ich das Wort gedruckt sah, ganz kurz und korrigierte im Geiste meine Aussprache.

Wenn ich las oder auch nur nachdachte, war meine Konzentration so vollständig, dass ich jegliches Bewusstsein für meine Umgebung verlor.

Wenn mich meine Mutter rief, bekam sie keine Antwort. Da sie dachte, ich ignoriere sie absichtlich, wurde aus dem Ruf ein Schreien und dann stand sie mit hochrotem Gesicht direkt vor mir. Erst als sie in meinem Gesichtsfeld erschien, fiel ich plötzlich ins Hier und Jetzt zurück und antwortete ihr. Es fiel ihr schwer, zu einem Schluss zu kommen, ob ihr Sohn stur und unartig war oder ob er wirklich so wenig wahrnahm, wie er behauptete.

Obwohl wir arm waren, schätzten meine Eltern Bücher und schafften es, mir gelegentlich eines zu kaufen. Dabei wählte mein Vater schwere Kost. Infolge dessen trug ich im Alter von fünf bis sieben Jahren erwachsen aussehende Bücher mit mir herum und Fremde fragten sich, ob ich wirklich wusste, was darin stand. Ein Mann unterzog mich einer unerwarteten und möglicherweise peinlichen Prüfung.

Dazu kam es, weil meine Eltern sich mit den Kesters angefreundet hatten, die auf einer Farm in Crete im Bundesstaat Illinois wohnten, etwa 70 Kilometer von unserem Haus entfernt. Ab 1937, als ich fünf wurde, luden sie uns jeden Sommer für zwei Wochen zu sich ein. Diese besonderen Tage waren das, worauf ich mich jedes Jahr am meisten freute. Für einen Stadtjungen aus einem Vorort von Chicago war es eine pure Freude, zuzusehen, wie „Wasserspinnen" über die Oberfläche eines träge mäandernden Baches huschten, in den hohen Maisfeldern Verstecken zu spielen, Schmetterlinge zu fangen und auf Brettern sortiert und befestigt vorzuführen oder über die Felder, durch die Pappelwälder und die Obstgärten zu gehen. Der älteste Sohn der Kesters, der schon über zwanzigjährige Marvin, trug mich auf den Schultern durch die Gegend. Meine Mutter kochte zusammen mit den Frauen des Haushalts – Marvins hübscher Schwester Edna Mae, ihrer Mutter und Tante May – riesige Mengen an Obst und Gemüse ein. In unserem heimischen Keller baute mein Vater Regale auf für die mit Gummiringen versiegelten Weckgläser voller Mais, Pfirsiche und Aprikosen, die wir mit heimgenommen hatten. Und dann gab es noch reihenweise Obstgelees und Marmeladen sowie Gläser, die oben mit Wachs versiegelt waren. Dieses Füllhorn reichte uns bis weit ins nächste Jahr hinein.

Mein Vater half Marvin und seinem Vater, Old Man Kester, bei der Arbeit auf dem Hof und da war auch ich manchmal dabei. An einem sonnigen Vormittag im zweiten Sommer, in dem wir zwei Wochen in Crete verbrachten, nahm mich mein Vater mit, als er in einem Laden Vorräte kaufen ging. Ich wurde bald sechs, war groß und dünn, mit einem lockigen braunen Haarschopf, leicht sonnengebräunt, trug zu kurze Hosen und meine nackten Knöchel schauten aus Turnschuhen mit abgewetzten Schnürsenkeln heraus. Ich hatte „A Child's History of England" von Charles Dickens bei mir.

Ein fremder Mann, der mit meinem Vater plauderte, nahm mir das Buch aus der Hand, das auf dem Niveau der zehnten Klasse geschrieben war, blätterte darin und sagte zu meinem Vater: „Dieses Kind kann doch dieses Buch nicht lesen." Mein Vater erwiderte stolz: „Er hat es schon gelesen. Fragen Sie ihn etwas, dann werden Sie schon sehen."

Mit einem süffisanten Grinsen sagte der Mann: „Also gut, Junge, nenne mir alle Könige und Königinnen von England in ihrer Reihenfolge und sage mir die Jahre ihrer Regierungszeit." Mein Vater machte ein langes Gesicht, aber mir schien das bloß wieder eine übliche Aufforderung zu sein, in meinem Kopf nachzuschauen, welche Informationen er enthielt.

Das tat ich und dann zählte ich auf: „Alfred der Große, von 871 bis 901, Edward der Ältere, 901 bis 925", und so weiter. Als ich die Aufzählung der um die 50 Herrscher mit „Victoria, ab 1837 und es steht nicht drin, wann sie aufgehört hat" beendete, war das Grinsen des Mannes längst verschwunden. Die Augen meines Vaters leuchteten.

Mein Vater war ein trauriger, einsamer Mann, der seine Gefühle nicht zeigte und uns selten berührte, aber ich liebte ihn. Ich hatte das Gefühl, dieser Fremde benutzte mich, um ihn zu demütigen, und mir wurde klar, dass ich dem einen Riegel vorgeschoben hatte. Immer wenn ich daran zurückdenke, wie glücklich mein Vater darüber war, hallt es in mir mit einer Kraft wider, die mir immer noch unvermindert scheint.

Meine ungewöhnliche Fähigkeit, Informationen zu behalten, blieb ausgeprägt, bis ich etwa neun oder zehn Jahre alt war, dann verblasste sie zu einem Gedächtnis, das zwar bei Dingen gut ist, die mich interessieren, aber von Ausnahmen abgesehen bei vielen anderen Dingen nicht besonders bemerkenswert. Ich weiß immer noch Fakten aus dieser Zeit, zum Beispiel meine Telefonnummer (Lackawanna 1123) und Adresse (3627

North Oriole; 7600 W, 3600 N) in Chicago sowie die siebenstellige Einwohnerzahl der Stadt (3.376.438), die in dem alten grünen „Rand McNally Atlas and Gazetteer“ von 1930 stand, der immer noch in meinem Bücherregal steht.

Im Alter von drei bis fünf lernte ich, Zahlen beliebiger Größe zu addieren, zu subtrahieren, zu multiplizieren und zu dividieren. Auch lernte ich das US-amerikanische System der Bezeichnungen Million, Billion, Trillion und so weiter bis zur Dezillion.[4] Ich merkte, dass ich Zahlenkolonnen schnell addieren konnte, wenn ich sie entweder sah oder hörte. Eines Tages, als ich fünf oder sechs war, hörte ich, als ich mit meiner Mutter im Lebensmittelladen um die Ecke war, wie der Besitzer die Preise nannte, während er auf seiner Addiermaschine die Rechnung für einen Kunden zusammenzählte. Als er die Summe nannte, sagte ich „Nein“ und nannte ihm meine Zahl. Er lachte gutmütig, zählte die Zahlen noch einmal zusammen und erkannte, dass ich recht gehabt hatte. Zu meiner Freunde belohnte er mich mit einem Eis. Danach ging ich bei ihm vorbei, wann ich konnte, und prüfte seine Endsummen. In den seltenen Fällen, in denen er auf etwas anderes gekommen war, lag ich gewöhnlich richtig und bekam wieder eine Tüte Eis.

Mein Vater brachte mir bei, die Quadratwurzel aus einer Zahl zu ziehen. Ich lernte sie sowohl mit Stift und Papier als auch im Kopf auszurechnen. Dann lernte ich, wie man die dritte Wurzel zieht.

Bevor die Schrift und die Bücher aufkamen, wurde das Wissen der Menschheit im Gedächtnis bewahrt und von Geschichtenerzählern über Generationen weitergegeben. Aber als diese Fähigkeit nicht mehr notwendig war, ging sie verloren. Ebenso ist in unserer Zeit mit ihrer Allgegenwart von Computern und Taschenrechnern die Fähigkeit des Kopfrechnens weitgehend verschwunden. Aber jemand, der auch nur die Arithmetik aus der Grundschule kennt, kann lernen, Berechnungen bequem und gewohnheitsmäßig im Kopf vorzunehmen.

Diese Fähigkeit – insbesondere die Fähigkeit, schnelle Überschlagsrechnungen durchzuführen – ist nach wie vor wertvoll, vor allem um die quantitativen Aussagen zu beurteilen, denen man ständig begegnet. Beispielsweise hörte ich eines Morgens auf dem Weg ins Büro den Reporter der Wirtschaftsnachrichten sagen: „Der Dow Jones Industrial Average [DJIA] ist aufgrund von Befürchtungen einer weiteren Zinsanhebung, um die überhitzte Wirtschaft zu drosseln, um neun Punkte auf 11.075 Punkte gefallen." Im Geiste überschlug ich eine typische Kursänderung (eine Standardabweichung) des DJIA vom Schlusskurs des Vortags bis eine Stunde nach Handelseröffnung, die etwa 0,6 Prozent beträgt, auf circa 66 Punkte.[5] Die Wahrscheinlichkeit der gemeldeten Kursbewegung von „mindestens" neun Punkten oder weniger als einem Siebtel dessen betrug 90 Prozent, also war die Marktbewegung im Gegensatz zur Aussage des Berichts sehr gering und deutete wohl kaum auf irgendeine angstvolle Reaktion auf die Meldung hin.[6] Es gab nichts, worum man sich Sorgen machen musste. Einfache Mathematik ermöglichte es mir, das Aufgebauschte von der Wirklichkeit zu unterscheiden.

Ein andermal meldete ein bekannter und geachteter Investmentfondsmanager, Warren Buffett habe seit seiner Übernahme von Berkshire Hathaway sein Geld nach Steuern um jährlich 23 bis 24 Prozent vermehrt. Dann sagte er: „Solche Zahlen werden in den nächsten zehn Jahren nicht mehr erreicht werden – dann würde ihm ja die ganze Welt gehören." Eine kurze Überlegung, was aus einem Dollar wird, wenn er sich zehn Jahre lang mit 24 Prozent Zinsen samt Zinseszins vermehrt, brachte mich auf gut acht Dollar (ein Rechner gibt 8,59 Dollar aus).[7] Da Berkshire damals eine Marktkapitalisierung von rund 100 Milliarden Dollar hatte, hätte diese Wachstumsrate das Unternehmen auf einen Börsenwert von etwa 859 Milliarden Dollar gebracht. Das liegt weit unter meiner Schätzung des gegenwärtigen Marktwerts der Welt von 400 Billionen Dollar. Die Vorstellung eines Marktwerts für die ganze Welt erinnert mich an ein Schild, das ich einmal an einer Bürotür in der Physik-Fakultät der University of California in Irvine gesehen habe: ERDBEWOHNER, HIER SPRICHT GOTT. IHR HABT 30 TAGE ZEIT, UM AUSZUZIEHEN. ICH HABE EINEN KÄUFER FÜR DAS OBJEKT.

Kurz nachdem ich fünf geworden war, ging ich in die Vorschule der Dever Grammar School im Nordwesten Chicagos. Ich war sofort irritiert, dass alles, was dort von mir verlangt wurde, so leicht war. Eines Tages gab unsere Lehrerin uns leere Blätter und sagte uns, wir sollten die Umrisse eines Hauses von einem Bild abzeichnen, das sie uns gegeben hatte. Ich brachte auf dem Bild kleine Punkte an und maß mit dem Lineal die Abstände zwischen ihnen. Dann übertrug ich diese Punkte auf mein leeres Blatt, wobei ich mithilfe des Lineals für die gleichen Abstände der Punkte wie auf dem Bild sorgte und die richtigen Winkel per Augenmaß abschätzte. Dann verband ich die neuen Punkte miteinander und versuchte, die Kurven zu gut wie möglich nachzubilden. Heraus kam eine sehr ähnliche Kopie der Originalzeichnung.

Diese Methode hatte mir mein Vater gezeigt und auch wie man mit ihrer Hilfe vergrößerte oder verkleinerte Versionen einer Figur zeichnen kann. Um im Maßstab zwei zu zeichnen, braucht man beispielsweise nur die Abstände zwischen den Punkten des Originals zu verdoppeln und die gleichen Winkel zu nehmen, wenn man die neuen Punkte platziert. Für einen Dreiermaßstab verdreifacht man die Abstände zwischen den Punkten und so weiter. Ich rief die anderen Kinder herbei, zeigte ihnen, was ich gemacht hatte und wie das geht, und sie machten sich an die Arbeit. Wir alle gaben Kopien ab, die wir nach meiner Methode angefertigt hatten, statt der freihändigen Skizzen, die die Lehrerin erwartet hatte, und sie war darüber nicht glücklich.

Ein paar Tage danach musste die Lehrerin für ein paar Minuten das Klassenzimmer verlassen. Sie erklärte uns, wir sollten uns mit (für uns) riesengroßen einen Fuß langen hohlen Holzklötzen die Zeit vertreiben. Ich fand, es wäre lustig, daraus eine große Mauer zu bauen, und so teilte ich die anderen Kinder ein und schnell bauten wir aus den Blöcken ein großes terrassenförmiges Gebilde. Leider versperrte mein Projekt die Hintertür vollständig – und für diese hatte sich die Lehrerin entschieden, als sie versuchte, wieder ins Klassenzimmer zu kommen.

Der Tropfen, der das Fass zum Überlaufen brachte, kam ein paar Tage danach. Ich saß auf einem der winzigen Stühle der Schule, die für Fünfjährige gedacht waren, und stellte fest, dass eine der rückwärtigen senkrechten Holme gebrochen war. Ein scharfkantiger Splitter ragte an der Stelle über die Sitzfläche hinaus, wo sie sich vom Rest des Holms getrennt hatte, sodass die gesamte Lehne nur noch von dem einen senkrechten Holm gehalten wurde. Die Gefahr lag auf der Hand und es musste etwas getan werden. Ich fand eine kleine Säge, mit der ich in aller Ruhe die beiden Holme glatt auf Höhe der Sitzfläche absägte und so den Stuhl in einen perfekten kleinen Hocker verwandelte. Daraufhin schickte mich die Lehrerin ins Büro des Rektors und meine Eltern wurden zu einem ernsten Gespräch eingeladen.

Der Rektor stellte mir Fragen und empfahl sofort, mich in die erste Klasse zu versetzen. Nach ein paar Tagen in der neuen Klasse war klar, dass auch dort die Aufgaben für mich viel zu leicht waren. Was nun? Wieder eine Eltern-Lehrer-Konferenz. Der Rektor empfahl, mich erneut überspringen zu lassen, diesmal in die zweite Klasse. Aber ich war gerade einmal alt genug für die Vorschule: Ich war anderthalb Jahre jünger als meine Mitschüler in der ersten Klasse. Meine Eltern meinten, das erneute Überspringen einer Klasse würde einen extremen sozialen, emotionalen und körperlichen Nachteil für mich mit sich bringen. Wenn ich auf die zwölfjährige Schulzeit vor dem College zurückdenke, wo ich zu den kleinsten der Klasse gehörte und immer der Jüngste war, glaube ich, dass sie damit recht hatten.

Da wir mit dem von der Depression bestimmten Lohn meines Vaters kaum auskamen, kam eine wissenschaftlich fortgeschrittene Privatschule nie infrage. Wir hatten ja schon Glück, dass er überhaupt Arbeit als Wachmann bei der Harris Trust and Savings Bank gefunden hatte. Dabei mögen seine Medaillen von den Schlachtfeldern des Ersten Weltkriegs geholfen haben.

Die Depression durchdrang alle Facetten unseres Lebens. Da wir von den 25 Dollar Wochenlohn meines Vaters lebten, verschwendeten wir nie Lebensmittel und unsere Kleider trugen wir, bis sie auseinanderfielen. Ich schätzte Dinge hoch wie die Smith-Corona-Schreibmaschine, die mein Vater bei einem Schreibwettbewerb gewonnen hatte, und das Militärfernglas, das er im Ersten Weltkrieg benutzt hatte. Am Ende wurden beide Teile meiner winzigen Sammlung von Besitztümern und begleiteten mich während der nächsten 30 Jahre. Zeit meines Lebens traf ich immer wieder Überlebende aus der Depressionszeit, die sich eine zwanghafte, oft irrationale Sparsamkeit und eine ökonomisch ineffiziente Neigung zum Horten bewahrt hatten.

Geld war knapp und jedermann ehrte den Cent. Als ich die schwitzenden WPA-Arbeiter in den Straßen sah (die 1935 per Präsidialverfügung geschaffene „Works Progress Administration" war das größte von Roosevelts Programmen im Rahmen seines New Deal und sollte den Arbeitslosen eine nützliche Arbeit bescheren), lieh ich mir fünf Cent und kaufte damit eine Packung Kool-Aid, aus der ich sechs Gläser zubereitete, die ich den Arbeitern für einen Penny das Stück verkaufte. Damit machte ich weiter und merkte, dass es viel Arbeit kostete, sich ein paar Cent zu verdienen. Aber im nächsten Winter, als mir mein Vater fünf Cent dafür gab, dass ich unseren Gehsteig vom Schnee befreite, war ich auf eine Goldmine gestoßen. Den gleichen Dienst bot ich unseren Nachbarn an und nach einem anstrengenden Tag des Schneeschaufelns kehrte ich schweißnass nach Hause zurück und trug die enorme Summe von mehreren Dollar bei mir, fast den halben Tageslohn meines Vaters. Schon bald folgten jedoch viele andere Kinder meinem Beispiel und die Mine versiegte – eine frühzeitige Lektion, wie der Wettbewerb die Gewinne auffressen kann.

Zu dem Weihnachtsfest, an dem ich acht Jahre alt war, schenkte mir mein Vater ein Schachspiel. Ein Freund von ihm hatte das Brett gebaut, indem er Quadrate aus hellem und dunklem Holz auf eine Filzmatte geklebt hatte, sodass ich das Brett falten oder sogar zusammenrollen konnte. Die Figuren waren klassische Staunton-Figuren, die mir seither die liebsten sind, wobei ebenholzschwarze Kämpfer gegen die kiefernholzweiße Streitmacht antraten. Nachdem ich von meinem Vater die Grundregeln gelernt hatte, beschloss unser Nachbar nach hinten raus, „Smitty" Smittle, sich die Zeit damit zu vertreiben, dass er gegen mich spielte. Ich war oft bei ihm zu Hause, um seinen Billardtisch zu benutzen, nachdem ich seit Kurzem dieses Privileg genoss. Unsere ersten beiden Partien gewann Smitty problemlos, doch dann wurde es schon haariger. Nach ein paar Spielen gewann ich. Smitty gewann nie wieder und nach zunehmend einseitigen Niederlagen weigerte er sich plötzlich, gegen mich zu spielen. An jenem Abend eröffnete mir mein Vater, nun sei ich an Smittys Billardtisch nicht mehr willkommen.

„Aber warum?", fragte ich ihn.

„Weil er Angst hat, dass du mit dem Queue den Filz beschädigst."

„Aber das ist doch Unsinn. Ich spiele dort schon eine Weile und er sieht doch, wie gut ich aufgepasst habe."

„Ich weiß, aber er will es so."

Ich war von dieser Behandlung enttäuscht und entrüstet. In meiner Welt der Bücher wurden Können, Fleiß und Erfindungsreichtum belohnt. Smitty hätte sich doch freuen müssen, dass ich es so gut beherrschte, und wenn er es besser können wollte, hätte er üben und lernen sollen, anstatt mich zu bestrafen.

Vor einem anderen Weihnachtsfest folgte nach diesem Miniaturkrieg auf dem Schachbrett der Eintritt der Vereinigten Staaten in den bereits tobenden Zweiten Weltkrieg.

In meinem letzten Vorkriegsfrühling, 1941, bekam ich die Masern. Da allgemein die Überzeugung herrschte, grelles Licht könne meinen Augen schaden, wurde ich in einen verdunkelten Raum verbannt. Um zu verhindern, dass ich meine Augen überanstrengte, wurden die Bücher weggeräumt. Ich durfte nicht lesen und langweilte mich, doch ich entdeckte einen Atlas, der versehentlich im Zimmer gelassen worden war. In den nächsten zwei Wochen studierte ich die Landkarten, las die Berichte über die einzelnen Länder und verschaffte mir selbst eine geografische Bildung und einen mühelosen Umgang mit Landkarten, die mir ein Leben lang gute Dienste leisteten. Und dann benutzte ich den Atlas, um die Schlachten rund um die Welt zu verfolgen. Ich begann mich für die militärische Strategie der Feinde zu interessieren. Wie setzten sie ihre Streitkräfte ein? Warum? Was dachten sie sich dabei? Anhand der täglichen Radio- und Zeitungsmeldungen über die Kampfhandlungen schraffierte ich mit Bleistift Schritt für Schritt das erschreckende und stetig wachsende Gebiet, das unter der Kontrolle der Achsenmächte stand. Das tat ich während des gesamten Krieges und radierte es weg, wenn die Alliierten Gelände zurückgewannen.

In jenem Sommer, als wir uns fragten, ob die Vereinigten Staaten, wie wir es erwarteten, in den Krieg eintreten würden, kam Edward, der Bruder meiner Mutter, zu Besuch. Er war erster Maschinist auf einem Schiff der Handelsmarine, außerdem im klassischen Sinne groß, dunkelhaarig und schmuck in seiner Uniform, mit seinem Schnurrbart und seinem leichten spanischen Akzent, der ihm das Auftreten und das Erscheinungsbild eines Clark Gable als Latino gab. Meine Eltern und meine Lehrerin fanden, ich verbrächte zu viel Zeit in meinem Kopf (ich fürchte, das tue ich immer noch) und es wäre gesund für mich, wenn ich lernen würde, etwas mit meinen Händen zu machen. Nach anfänglichem Widerstand meinerseits wurde ich mit der Hilfe von Onkel Ed in die Welt der Modellflugzeuge gelockt und wir verbrachten mehrere wundervolle Wochen damit, unsere eigene Luftwaffe zu bauen.

Die Bausätze enthielten eine Vielzahl zerbrechlicher Balsaholzstäbe und dünne Plättchen, aus denen man vorgestanzte andere Teile des Flugzeugs vorsichtig herausschneiden musste. Die großen Baupläne klebten wir auf einen Karton und dann verklebten wir Balsaholzteile miteinander, nachdem wir sie auf den Plan gelegt und mit Stecknadeln fixiert hatten. Nachdem wir die Tragflächen, den oberen Teil des Rumpfes sowie seine Seitenteile, seinen unteren Teil und das Leitwerk fertig hatten, setzten wir sie zu einem vollständigen Gerüst zusammen und verkleideten sie, indem wir sie mit Seidenpapier beklebten. Ich erinnere mich noch an den scharfen Acetongeruch des trocknenden Klebstoffs, ähnlich wie bei manchen Sorten Nagellackentferner. Meine ersten Propellerflugzeuge mit Gummiring-Antrieb flogen nicht gut. Sie waren zu schwer, weil ich Unmengen Klebstoff verwendet hatte, um sicherzustellen, dass auch alles hielt. Als ich gelernt hatte, vernünftiger mit dem Kleber umzugehen, schaffte ich ein paar zufriedenstellende Flüge. Die Fähigkeiten, die ich durch den Bau der Modelle und die Verwendung von Werkzeugen erwarb, waren ein nützliches Vorspiel zu den wissenschaftlichen Experimenten, die mich während der nächsten Jahre beschäftigen sollten, und meine Einführung in die Flugzeugkunde half mir, die großen Schlachten des Zweiten Weltkriegs genauer zu verfolgen. Ich fand es schade, als Onkel Ed wieder ging, und ich hatte Angst, was mit ihm passieren würde, wenn der Krieg käme.

Später in jenem Sommer vor Pearl Harbor, im Jahr 1941, kauften meine Eltern für 800 Dollar ihr erstes Auto, eine neue Ford-Limousine. Wir fuhren auf der Route 66, der „Mutter aller amerikanischen Straßen“, von

Chicago nach Kalifornien, wo wir Freunde von den Philippinen besuchten, die sich in der pittoresken Künstlerkolonie von Laguna Beach niedergelassen hatten. Sie hatten uns jedes Jahr eine kleine Schachtel mit kandierten Orangen geschickt, die mein Bruder und ich gierig erwarteten. Und jetzt sahen wir Orangenhaine mit echten Orangenbäumen.

Dann versetzte der große Weltkrieg, der Europa und Asien verzehrte, den Vereinigten Staaten einen schweren Schlag. Am späten Vormittag des 7. Dezember 1941, einem Sonntag, hörten wir Musik aus dem Radio und schmückten unseren Christbaum, als eine Respekt einflößende Stimme einsetzte: „Wir unterbrechen diese Sendung, um Ihnen eine Sondermeldung bekannt zu geben. Soeben haben die Japaner Pearl Harbor bombardiert." Ein Schauder durchfuhr mich. Auf einmal hatte sich die Welt für uns alle maßgeblich verändert.

„Der Präsident wird in Kürze eine Rede an die Nation halten. Bleiben Sie dran."

Am nächsten Morgen (kalifornischer Zeit) wandte sich Franklin Delano Roosevelt an die Nation und verlangte vom Kongress, den Krieg zu erklären, wobei er einen Satz äußerte, der mich und Millionen anderer Hörer elektrisierte: „... ein Datum, das als Schande fortleben wird ..." Als wir am nächsten Tag schulfrei hatten, war ich erstaunt, als ich sah, dass andere Kinder spielten und lachten wie immer. Ihnen schien gar nicht bewusst zu sein, was uns bevorstand. Da ich den Krieg genau verfolgt hatte, stand ich allein abseits, still und ernst.

Unsere unmittelbaren Sorgen galten der Familie meiner Mutter auf den Philippinen. Der Vater meiner Mutter hatte Deutschland verlassen und arbeitete auf den Philippinen als Buchhalter für die Rockefellers. Dort hatte er meine Großmutter kennengelernt und geheiratet. Sie saßen mit sechs Geschwistern meiner Mutter und ihren Kindern in Manila in der Falle, als die Japaner bereits zehn Stunden nach dem Angriff auf Pearl Harbor auf der Inselgruppe einmarschierten. Wir hörten nichts mehr von ihnen. Als Älteste von fünf Schwestern und drei Brüdern, die alle fließend Englisch und Spanisch sprachen, war meine Mutter überaus gesellig und extrovertiert. Auch war sie ein Hingucker, wie ein Foto bezeugt, das ich Jahrzehnte später fand und das sie im Alter von 40 Jahren in einem schwarzen Badeanzug zeigt und ihr dunkles Haar sowie ihre Filmstar-Figur (49 Kilogramm) vor dem Hintergrund des Pazifischen Ozeans zur Geltung bringt. Ihre Eltern, ihre Geschwister außer Onkel Ed und deren Kinder lebten in der philippinischen Hauptstadt Manila. Über drei Jahre lang erfuhren wir nichts über ihre diversen Schicksale, erst als die Inseln gegen Ende des Pazifikkriegs befreit wurden. Indessen hatten meine neunjährigen Augen detailliert die Schlacht um Bataan verfolgt, Berichte über die Schrecken des Todesmarschs von Bataan und über den heldenhaften Widerstand der Inselfestung Corregidor in der Bucht von Manila.

Mein Vater fungierte als lebendige Orientierungshilfe. Er war als Angehöriger der von den Vereinigten Staaten geschaffenen philippinischen Gendarmerie in Corregidor stationiert gewesen und sagte zutreffend voraus, dass Corregidor erst fallen würde, wenn die Soldaten, die Waffen, die Munition und die Lebensmittel erschöpft sein würden. Es wurde zu einem Alamo des 20. Jahrhunderts.[8] Nachdem mein Vater die Oklahoma A&M verlassen hatte, um sich seinen Lebensunterhalt zu verdienen, war er wieder in den pazifischen Nordwesten gegangen, wo er als Holzarbeiter tätig war und Mitglied der Industrial Workers of the World (IWW) wurde. Auf der Flucht wegen der erbitterten Verfolgung dieser Gewerkschaft ging er nach Manila, wo ihm seine militärischen Nachweise den Eintritt in die Gendarmerie ermöglichten. Dort lernte er meine Mutter kennen und heiratete sie. Zum Glück zogen sie 1931 nach Chicago, sodass mein jüngerer Bruder und ich in Amerika geboren wurden und wir den Krieg im Gegensatz zu vielen Verwandten meiner Mutter in Sicherheit verbrachten. Später erfuhren wir, dass sie in japanischen Gefangenenlagern eingesessen hatten.

Der Krieg veränderte das Leben aller drastisch. Die zwölf Jahre der Großen Depression mit anhaltender verbreiteter Arbeitslosigkeit von bis zu 25 Prozent wurde plötzlich durch das größte staatliche Beschäftigungsprogramm aller Zeiten beendet, nämlich den Zweiten Weltkrieg. Millionen tauglicher Männer zogen in den Krieg. Mütter, Ehefrauen, Schwestern und Töchter strömten aus ihren Häusern in die Fabriken, wo sie Flugzeuge, Panzer und Schiffe bauten. Das „Arsenal der Demokratie“ baute schließlich schneller Schiffe, als die U-Boote sie versenken konnten, und sie füllten den Himmel mit Flugzeugen in einer nie da gewesenen und von den Achsenmächten nicht vorhergesehenen Zahl. Zur Unterstützung unserer Soldaten und Verbündeten wurden Benzin, Fleisch, Butter, Zucker, Gummi und vieles andere rationiert. Nachts wurde die Beleuchtung ausgeschaltet. Fliegeralarm-Wächter patrouillierten durch Stadtviertel und warnten mit Sirenensignalen vor möglichen Gefahren. Sperrballons in Form von Fesselluftschiffen wurden über kritischen Bereichen wie etwa Erdölraffinerien verankert, um Angriffe durch feindliche Flugzeuge zu verhindern.

Unsere frühere Reise nach Südkalifornien machte es unserer Familie leichter, dort hinzuziehen, nachdem die Vereinigten Staaten in den Krieg gezogen waren. Meine Eltern hofften, in den wachsenden Kriegsindustrien Arbeit zu finden. Als wir ein paar Wochen bei unseren Freunden in Laguna Beach verbrachten, trieb ich mich am Strand herum, sah Künstlern beim Malen zu, untersuchte Tidentümpel und das Leben im Wasser, und ich bestaunte die Berge von Abalonenschalen (heute eine gefährdete Art) vor vielen Strandhütten.

Schon bald kauften meine Eltern ein Haus in der Kleinstadt Lomita, an der Wurzel der Halbinsel Palos Verdes. Meine Mutter arbeitete als Nieterin bei Douglas Aircraft Spätschicht (16 Uhr bis Mitternacht). Sie war fleißig und geschickt und ihre Kolleginnen nannten sie „Josie the Riveter", nach den berühmten Kriegsplakaten mit der Kopftuch tragenden Heldin. Mein Vater indes schob bei Todd Shipyards im nahe gelegenen San Pedro Nachtdienst als Wachmann. Meine Eltern waren meistens weg oder schliefen, sie sahen uns oder einander nur selten. Somit waren mein Bruder und ich uns selbst überlassen. Morgens holten wir uns selbst Cerealien und Milch und ich stopfte mit Erdnussbutter und Traubengelee bestrichene Brote als Pausenbrot in braune Beutel.

Ich kam in die sechste Klasse der Orange Street School. Da ich anderthalb Jahre jünger war als meine Klassenkameraden und daher das erste Halbjahr verpasst hatte, wurde ich dazu verdonnert, im nächsten Jahr die sechste Klasse zu wiederholen. Meine neue Schule hinkte meiner alten in Chicago mindestens zwei Schuljahre hinterher. Mit dem Schrecken jahrelanger Langeweile vor Augen protestierte ich. Meine Eltern trafen sich mit dem Schulleiter und danach wurde ich eines Nachmittags aufgefordert, nach der Schule unter Aufsicht einen Test zu schreiben. Mir war der Zweck des Tests nicht klar, ich wollte unbedingt spielen gehen und nachdem ich die meisten der 130 Fragen beantwortet hatte, schaute ich mir die letzten 20 Richtig-falsch-Fragen an und zog einfach einen Strich durch die „Richtig", damit ich früher gehen konnte. Als ich hinterher erfuhr, dass dies der Test war, um festzustellen, ob ich es vermeiden könnte, die sechste Klasse zu wiederholen, war ich total entsetzt. Aber nachdem der Test bewertet worden war, gab es keine weiteren Probleme mehr. Eigentlich wäre ein Leistungstest angebracht gewesen, der ergeben hätte, dass ich auf dem Niveau der Klasse war, aber am Ende fand ich heraus, dass man mir seltsamerweise den California Test of Mental Maturity vorgelegt hatte, also einen Intelligenztest. Jahre später erfuhr ich, weshalb mir das Vorrücken in die siebte Klasse erlaubt worden war. Ich hatte die höchste Punktzahl erreicht, die sie je gesehen hatten, eine, die die Highschool, die ich besuchen sollte, von einem Schüler seltener als einmal in hundert Jahren statistisch erwarten kann.

Zwar waren meine kalifornischen Klassenkameraden schulisch hinterher, aber sie waren größer und sehr viel sportlicher als ihre Altersgenossen in Chicago. Da ich ein kleineres, dünneres, intelligentes Kind war, sah es danach aus, dass mir harte Zeiten bevorstehen könnten. Doch zum Glück verstand ich mich gut mit dem „Alphatier" und half ihm bei seinen Hausaufgaben. Er war der Größte und Stärkste in der Klasse und auch in Sport der beste. Unter seinem Schutz brachte ich die sechste Klasse sicher hinter mich. Jahrzehnte später, im Jahr 1980, wusste ich den Film „My Bodyguard" ganz besonders zu schätzen.

Im Herbst 1943 kam ich in die siebte Klasse an der nahe gelegenen Narbonne High School. In den nächsten sechs Jahren wurde ich mit den Schwierigkeiten als extremer Außenseiter in einer Schule konfrontiert, in der Muskeln wichtig waren, Intelligenz hingegen nicht. Zum Glück begeisterte mein Testergebnis einen begabten und engagierten Englischlehrer namens Jack Chasson, der zu meinem Mentor wurde und seine Aufsichtspflicht wahrnahm. Jack war damals 27 Jahre alt, hatte gewelltes braunes Haar und das klassische gute Aussehen eines griechischen Gottes. Er hatte oft ein warmes Lächeln auf den Lippen und hatte eine Art, etwas zu sagen, die das Selbstbewusstsein aller stärkte, denen er begegnete. Er hatte an der UCLA Englisch und Psychologie studiert und war ein idealistischer junger Lehrer, der nicht nur wollte, dass seine Schüler es schafften, sondern auch dass sie etwas für das Wohl der Gesellschaft taten und dabei die Errungenschaften der Vergangenheit respektierten. Er war mein erster großartiger Lehrer und wir blieben ein Leben lang befreundet.

Da kein Geld übrig war, ermutigten mich meine Eltern, selbst etwas zusammenzusparen, damit ich eines Tages aufs College gehen könnte. Und so wurde ich 1943 im Alter von elf Jahren Zeitungsjunge. Ich stand jeden Morgen zwischen halb drei und drei auf und strampelte auf meinem gebraucht gekauften Fahrrad (damals gab es nur einen Gang) etwa drei Kilometer weit in eine Gasse hinter einer Geschäftsstraße. Ich und ein Klassenkamerad, der mir von dem Job erzählt hatte, und ein paar andere ließen uns auf einen Haufen Packdraht fallen, der von älteren Zeitungsbündeln übrig war, und unterhielten uns. Wenn dann endlich der Laster mit dem *Los Angeles Examiner* heranfuhr und ein Dutzend Packen mit je hundert Zeitungen fallen ließ, nahmen wir uns jeder einen und falteten die Zeitungen einzeln, damit wir sie zum Einwerfen in Segeltuch-Gepäcktaschen stopfen konnten, die auf Gestellen über den Hinterrädern unsere Fahrräder befestigt waren.

Wegen der Verdunkelung im Krieg war die Straßenbeleuchtung aus und abgesehen von den Scheinwerfern eines gelegentlichen frühmorgendlichen Autos war es stockdunkel. Da wir uns an der Basis der Halbinsel Palos Verdes befanden und nur ein paar Meilen vom Ozean entfernt waren, verdunkelten in vielen Nächten, vor allem im Winter, vom Meer her aufziehende dichte Wolken den Mond und die Sterne und das schien die schwachen Hintergrundgeräusche aus der Natur noch zu dämpfen. Während ich wie ein einsamer Geist durch die Straßen schwebte und von meinem Fahrrad aus Zeitungen abwarf, war das einzige Geräusch, das ich hörte, das sanfte Gurren von Tauben. Seither wecken die zärtlichen Stimmen der Tauben im frühmorgendlichen Dunkel immer Erinnerungen an jene Tage als Zeitungsjunge.

Da ich jede Nacht nur etwa fünf Stunden schlief, war ich ständig müde. Eines Morgens schlief ich ein, während ich gegen Ende meiner Tour eine zehn Meter lange Böschung hinabrollte. Ich erwachte voller Schmerzen auf dem Rasen vor einem Haus hingestreckt, überall lagen Zeitungen verstreut, mein Fahrrad war verbogen und ein Briefkasten, dessen Pfosten aus einem zehn mal zehn Zentimeter dicken Kantholz bestand, lag schräg im Gras neben mir. Ich raffte meine Zeitungen zusammen und schaffte es, das Rad in Gang zu bringen. Unter Schmerzen und mit blauen Flecken beendete ich meine Tour und fuhr Richtung Schule.

Etwa 400 Meter hinter unserem Garten war der Lomita Flight Strip, ein kleiner städtischer Flugplatz, der zur Militärbasis geworden war. Jagdbomber vom Typ Lockheed P-38 Lightning dröhnten regelmäßig über die Wipfel unserer Bäume, wenn sie landeten. Da ich für Eventualitäten – bei einem schlechten Wurf konnte eine Zeitung auf einem Dach oder in einer Pfütze landen – ein paar Zeitungen extra bekam, gewöhnte ich mir an, hinüber zur Basis zu radeln und meine Extrazeitungen für ein paar Cent pro Stück zu verkaufen. Schon bald wurde ich von den Soldaten zum Frühstück in die Messe eingeladen. Ich stopfte die aus Speck, Eiern, Toast und Pfannkuchen bestehende Spende in meinen mageren Körper hinein, während die Soldaten die Zeitungen lasen, die ich ihnen verkauft hatte. Oft gaben sie sie mir zurück und ermunterten mich, sie noch einmal zu verkaufen. Aber der Verkauf auf der Basis war zu schön, als dass er hätte von Dauer sein können. Nach ein paar Wochen rief mich der Kommandant der Basis eines Morgens in sein Büro und erklärte mir traurig und freundlich, dass mir der Zutritt aufgrund der Sicherheitsbestimmungen im Krieg nicht mehr gestattet sei. Ich vermisste das sättigende Frühstück, die Kameradschaft mit den Soldaten und die zusätzlichen Einnahmen.

Diese Basis, aus der später der Torrance Airport wurde, wurde zu Ehren von Louis Zamperini in Zamperini Airport umbenannt, als dieser in japanischer Kriegsgefangenschaft war. Er war nur ein paar Meilen von meinem Wohnort entfernt aufgewachsen. Der berühmte Star-Leichtathlet der Torrance High School und Olympiateilnehmer sowie Held von Laura Hillenbrands Bestseller „Unbeugsam“ war ein paar Monate, bevor meine Familie und ich im benachbarten Lomita ankamen, als B-24-Bombenschütze in den Krieg gezogen.

Jede Zeitungsroute bestand aus circa hundert Stationen und dafür bekamen wir 25 Dollar im Monat (zur Umrechnung in den Wert 2016 mit 14 malnehmen). Für einen Elfjährigen war das eine erstaunliche Geldsumme. Aber im Endeffekt brachten wir meist weniger heim, denn wir mussten das Geld von unseren Kunden eintreiben und alles, was fehlte, wurde von unserem Lohn abgezogen. Da ein Abo um die 1,25 oder 1,50 Dollar kostete und es Schnorrer gab, die wegzogen und das Geld schuldig blieben, andere, die sich weigerten zu zahlen, und wieder andere, die nur einen Teil bezahlten, weil Zeitungen gefehlt hatten, fiel unsere Bezahlung oft wesentlich geringer aus. Wir sammelten das Geld nachmittags nach der Schule oder am frühen Abend ein und mussten oft mehrmals zu Leuten gehen, die entweder nicht zu Hause gewesen waren oder das Geld nicht gehabt hatten. Den größten Teil meines Verdienstes gab ich meiner Mutter, damit sie mir im Postamt Sparmarken kaufte. Wenn sich auf meinen Sparbüchern 18,75 Dollar angesammelt hatten, wurden sie gegen Kriegsanleihen eingetauscht, die zur Fälligkeit mehrere Jahre später 25 Dollar einbringen würden. Als mein Anleihestapel wuchs, begann das College möglich zu erscheinen. Aber dann kürzte unser Gebietsleiter Stück für Stück den Lohn für unsere Zeitungsrouten, damit er selbst mehr einstreichen konnte.

Als wir angeheuert hatten, hatte es geheißen, wenn wir unsere Arbeit dauerhaft gut erledigen würden, bekämen wir unseren vollen Lohn und irgendwann vielleicht eine kleine Erhöhung. Jetzt nahm sich der Boss einen Teil davon, nur weil er damit durchkam. Das war ungerecht, aber was konnte eine Horde Kinder dagegen tun? Würden die Ritter von König Artus' Tafelrunde so etwas dulden? Nein! Wir ergriffen Maßnahmen.

Meine Freunde und ich traten gegenüber dem *Examiner* in Streik. Unser Vorgesetzter, ein stets schwitzender übergewichtiger Fünfziger mit schütterem schwarzen Haar und knittriger Kleidung musste mit seinem nicht mehr ganz neuen Cadillac die Zeitungen für zehn Touren ausliefern. Nach ein paar Monaten machte sein Auto nicht mehr mit, die Zeitungen wurden nicht mehr zugestellt und er wurde abgelöst. Inzwischen hatte ich bei den *Los Angeles Daily News* angeheuert. Das war im Gegensatz zum *Examiner* eine Nachmittagszeitung und so konnte ich meinen jahrelangen Schlafmangel wieder aufholen. Als ich an dem schönen sommerlichen Nachmittag des 14. August 1945, eines Dienstags, Zeitungen auslieferte, kamen plötzlich Menschen laut jubelnd aus ihren Häusern gerannt. Der Zweite Weltkrieg war zu Ende. Es war mein 13. Geburtstag und die einzige Form, in der er gefeiert wurde.

2

KAPITEL

Mein Spielplatz ist die Wissenschaft

In den 1940er-Jahren wurde von den Schülern, die die Narbonne High School abschlossen, nicht erwartet, dass sie aufs College gehen würden. Das schlug sich in den Unterrichtsanforderungen nieder. In der siebten und achten Klasse musste ich, obwohl ich nach wissenschaftlichem Lernen hungerte, praktische Fächer belegen, zum Beispiel Werken mit Holz und Metall, Zeichnen, Schreibmaschine-Schreiben, Druckwerkstatt und Elektrowerkstatt.

Ich wollte mein Interesse an Funk und Elektronik weiterverfolgen, das ein paar Jahre zuvor geweckt worden war, als ich einen Baukasten für eines der ersten einfachen Radios, einen Detektorempfänger, bekommen hatte. Dieser bestand aus einem Gleichrichter aus Bleiglanz – das war ein glänzender schwarzer Kristall mit einem Haardraht, damit man an der richtigen Stelle den Kontakt herstellen konnte – und einem Drehkondensator, um verschiedene Sender einzustellen. Es war wie Zauberei: Durch meinen Kopfhörer hörte ich Stimmen aus der Luft!

Die mechanische Welt der Räder, Rollen, Pendel und Zahnräder war gewöhnlich. Ich konnte sie sehen, anfassen und ihnen beim Funktionieren zusehen. Aber diese neue Welt bestand aus unsichtbaren Wellen, die sich durch den Raum bewegten. Man musste durch Experimente herausfinden, ob sie wirklich da waren, und dann mithilfe von Logik begreifen, wie das funktionierte.

Es war daher nicht überraschend, dass dasjenige Pflichtfach, das mich interessierte, Elektrotechnik war. Jeder von uns musste einen kleinen, funktionsfähigen Elektromotor bauen. Der Lehrer, Herr Carver, war ein allgemein beliebter, dicker und onkelhafter Mann, den die anderen Lehrer Bunny nannten. Ich nehme an, Jack Chasson hatte mit ihm geredet, denn irgendwie erfuhr er von meinem Interesse an Elektronik und erzählte mir von der Welt des Amateurfunks. Schon damals gab es ein Netzwerk aus Bastlern, die ihre Funksender und Funkempfänger selbst bauten oder sie sich kauften und sich Tag und Nacht rund um den Globus per Stimme oder per Morsezeichen miteinander unterhielten. Im Endeffekt war dies das erste Internet. Mit weniger Strom, als eine Glühbirne verbraucht, könnte ich mit Menschen auf der ganzen Welt reden. Ich fragte Herrn Carver, wie ich dazugehören könnte. Er erklärte mir, ich bräuchte lediglich eine damals ziemlich schwierige Prüfung zu bestehen.

In jenen Tagen begann die Prüfung mit einer Reihe von schriftlichen Fragen zur Funktheorie. Dann kam ein Test zum Morsecode. Diese inzwischen abgeschaffte Hürde war für die meisten ein großes Hindernis und Herr Carver warnte mich vor den vielen mühseligen Stunden, die man üben muss, um den Code flüssig zu beherrschen. Wir mussten sowohl Code mitschreiben als auch ihn mit einem Telegrafentaster fehlerfrei in einem Tempo von 13 Wörtern pro Minute senden. Ein *Wort* bedeutete beliebige fünf Buchstaben, also waren es 65 Buchstaben pro Minute oder ein bisschen schneller als einer pro Sekunde. Ich dachte darüber nach, dann zog ich los und kaufte ein gebrauchtes sogenanntes Bandgerät – für die damals enorme Summe von 15 Dollar, also fast drei Wochenlöhne für das Austragen der Zeitungen. Das Gerät sah aus wie eine dicke schwarze Schuhschachtel. Wenn man den Deckel aufklappte, sah man zwei Spindeln. Dabei war eine Anzahl Spulen, auf die blassgelbe Papierbänder gewickelt waren. Darin waren kurze Löcher für die Punkte und lange Löcher für die Striche des Morsecodes. Man konnte sie sich ansehen und aus dem Code Buchstaben herauslesen, somit also „das Band lesen“. Die Maschine spulte das Band von einer Rolle auf eine andere, wie bei den alten Hi-Fi-Tonbandgeräten und den späteren Kassettenrekordern. Als Antrieb diente eine einfache Kurbel. Das war einfache, effektive „Lowtech“-Technologie. Wenn ein Loch an einem Federkontakt vorbeilief, wurde für die Dauer, die es dafür brauchte, der Kontakt geschlossen. Lange Löcher ergaben Striche, kurze Löcher ergaben Punkte. Die Kiste war an einen Oszillator angeschlossen, der einen gleichbleibenden Ton produzierte, etwa wie das eingestrichene C auf einem Klavier. Wenn das Band lief, schaltete der Kontakt den Oszillator abwechselnd ein und aus, sodass die Punkte und Striche „gesendet“ wurden.

Das Tolle an dieser Maschine als Lernhilfe war, dass man die Geschwindigkeit einstellen konnte, von dem langsamen Tempo ein Wort pro Minute bis zu beispielsweise 25 Wörtern pro Minute. Ich hatte vor, alle Bänder in langsamer Geschwindigkeit verstehen zu lernen, dann die Bänder nach und nach schneller abzuspielen und sie auch dann zu beherrschen. Um unsere Klasse zu motivieren und uns eine Messlatte zu liefern, zeigte uns Herr Carver ein Diagramm der Fortschritte, die Auszubildende bei der Armee im Zweiten Weltkrieg beim Erlernen des Codes gemacht hatten. Diese waren mindestens fünf Jahre älter als wir gewesen und standen wegen des Krieges unter dem Druck, schnell zu lernen. Für die Klassen vor uns war dieser Maßstab schwer zu erreichen gewesen. Das war auch bei uns so – aber mein Plan funktionierte. Ich trug in einem Diagramm meine Geschwindigkeit gegen die Zeit ab, die ich damit verbrachte, und stellte fest, dass ich mithilfe meiner Methode viermal so schnell lernte wie die Auszubildenden in der Armee.

Ich brachte meine Geschwindigkeit auf 21 Wörter pro Minute, um ein Sicherheitspolster zu haben. Der Amateurfunker-Verband American Radio Relay League bot Richtlinien für die Vorbereitung auf die theoretische Prüfung an. Als ich mich für bereit hielt, meldete ich mich zur Prüfung an und an einem Samstagmorgen im Sommer fuhr ich mit dem Bus die 40 Kilometer zu einem Regierungsgebäude in der Innenstadt von Los Angeles. Als Zwölfjähriger in einem alten Flanellhemd und abgewetzten Jeans schloss ich mich nervös einer Gruppe von rund 50 Erwachsenen an.

Wir saßen auf harten Stühlen an langen Holztischen in einem kahlen Raum mit gestrichenen Wänden. Wir wurden intensiv beaufsichtigt und beobachtet und arbeiteten zwei Stunden lang in der Stille einer Bibliothek, nur im entsprechenden Prüfungsteil durch den Klang der Morsezeichen unterbrochen. Auf der Heimfahrt im Bus aß ich mein Lunchpaket und spekulierte, dass ich wahrscheinlich bestanden hatte, aber ich konnte nicht sicher sein, weil ich nicht wusste, wie streng die Prüfung bewertet wurde.

In den Wochen danach schaute ich immer erwartungsvoll in den Briefkasten, bis ich ein paar Tage nach Kriegsende einen offiziellen staatlichen Umschlag bekam, der die Ergebnisse enthielt. Nun war ich Amateurfunker W6VVM. Ich war damals einer der jüngsten Amateure oder „Hams", der Rekord stand bei elf Jahren und ein paar Monaten. Es gab damals in den USA etwa 200.000 Amateurfunker und etwa ebenso viele im Rest der Welt. Es begeisterte mich zu wissen, dass ich mit Menschen in diesem Netz sprechen könnte, die irgendwo auf der Erde sein konnten.

Inzwischen hatten amerikanische Soldaten die Überlebenden der Familie meiner Mutter aus dem Gefangenenlager auf den Philippinen befreit. Meine Großmutter, der jüngste Bruder meiner Mutter und zwei ihrer Schwestern samt Familien kamen von den Philippinen, um bei uns zu wohnen. Sie erzählten uns, dass meine Tante Nona und ihr Mann vor ihren Kindern von den Japanern geköpft worden waren und dass mein Großvater nur eine Woche vor der Befreiung schmerzhaft an Prostatakrebs gestorben war. Mein Onkel Sam, der vor dem Krieg angefangen hatte, Medizin zu studieren, sagte uns, da ihm medizinische und chirurgische Einrichtungen verweigert worden waren, habe er nichts tun können als meinem sterbenden Großvater etwas Trost zu spenden.[1]

Um alle unterzubringen, baute mein Vater zwischen den Nachtschichten bei der Arbeit den Dachboden aus, zwei Schlafzimmer und eine Treppe. Ich teilte mir ein Zimmer mit meinem Bruder James (Jimmy), das andere bekam Sam. Dass zehn zusätzliche Mitbewohner in unser Haus gestopft wurden, brachte neben der Überfüllung und der wirtschaftlichen Last des Unterhalts noch weitere Schwierigkeiten mit sich. Eine Tante, ihr Mann und ihr dreijähriger Sohn hatten sich in japanischer Gefangenschaft mit Tuberkulose angesteckt. Um den Rest von uns vor

Ansteckung zu bewahren, aßen sie von separatem Geschirr und uns drohte eine schwere „Strafe", wenn sie dabei einen Fehler machten. Natürlich teilten wir die Luft miteinander und waren in Gefahr, uns durch ihr Husten und Niesen anzustecken. Jahrzehnte später zeigten die ersten Röntgenbilder von meiner Lunge eine kleine, stagnierende Läsion. Mein Arzt meinte, sie stamme daher, dass ich früher der Tuberkulose ausgesetzt war.

Die andere Tante, die bei uns wohnte, brachte ihren Mann und drei Kinder mit. Dieser Mann – ein faschistischer Leuteschinder, der seine fügsame Frau misshandelte – verlangte, dass sie und die drei Kinder jedem seiner Befehle gehorchten. Es mag daran und an allem gelegen haben, was die Familie in den Händen der Japaner durchgemacht hatte, dass der älteste Junge in meinen Augen zu einem Soziopathen wurde. Er sagte meinem Bruder, er wolle mich umbringen. Ich hatte weder damals noch später eine Ahnung, weshalb. Obwohl Frank, wie ich ihn hier nennen werde, älter und größer war, hatte ich nicht die Absicht, klein beizugeben, wenn wir eine Konfrontation hätten. Als Vorsichtsmaßnahme trug ich eine Spritzflasche mit Salmiakgeist bei mir, die gutartigste aus meinem Aufgebot an chemischen Waffen. Nachdem seine Familie ausgezogen war, begegneten wir uns nie wieder, aber unsere Verwandten erzählten mir später, dass er am Koreakrieg teilgenommen hatte. Sie sagten, das Töten habe ihm so sehr Spaß gemacht, dass er sich wieder verpflichtete. Ein anderer Cousin ersten Grades, der ihn Jahre später mit seinem siebenjährigen Sohn sah, war schockiert zu sehen, dass der kleine Kerl militärisch herumkommandiert wurde. Als Frank 2012 starb, hieß es in der Grabrede, dass er zu einem bekannten Kampfsportler und Kampfsportlehrer geworden war.

Da ich gesehen hatte, was der Zweite Weltkrieg meinen Verwandten angetan hatte und wie der Erste Weltkrieg sowie die Depression die Zukunft meines Vaters verbaut hatten, beschloss ich, dass ich selbst und die Kinder, die ich zu haben hoffte, es einmal besser haben sollten.

Trotz der Schrecken, die meine Verwandten erlitten hatten, kam es mir weder damals noch später in den Sinn, japanische Amerikaner zu beschuldigen oder zu diskriminieren. Wie der US-amerikanische Staat sie behandelte, wurde mir erst bewusst, als sie in isolierten Sonderlagern interniert wurden, ihre Grundstücke und Häuser von den Behörden enteignet und verkauft wurden und ihre Kinder aus meinem Schulunterricht verschwanden. Jack Chasson unterrichtete meine guten Freunde Dick Clair und Jim Hart sowie mich und ein paar andere Schüler und Lehrer von diesem Unrecht. Als nach dem Krieg einige der internierten Schüler an die Schule zurückkehrten, erzählte mir Jack von einem, dessen Intelligenzquotient 71 betrug, womit er zu den untersten drei Prozent gehörte. Aber Jack, der Psychologie studiert hatte, erklärte, er sehe, dass dieser Schüler ungewöhnlich intelligent sei. Seine schlechte Punktzahl schrieb er seinen Schwierigkeiten zu, Englisch zu verstehen. Ob ich ihm in den Mittagspausen etwas beibringen würde? Natürlich. Nach einem Halbjahr wurde er noch einmal getestet und kam auf einen IQ von 140 – hochbegabt, im obersten Prozent und weit über dem Schwellenwert für den IQ-Verband Mensa.

Mein Interesse an Naturwissenschaften nahm gewaltig Fahrt auf. Von einem Teil meines Zeitungsgelds kaufte ich elektronische Bauteile, um mir eine Funkausrüstung zu bauen, ich kaufte Chemikalien per Versand und beim örtlichen Drogisten sowie Linsen, um mir aus Pappröhren ein billiges Teleskop zu bauen.

Und dann, im November 1946, in meinem zweiten Highschool-Jahr, sah ich eine Anzeige der Edmund Scientific Company für Wetterballons aus Kriegsbeständen. Seit ich die Modellflugzeuge gebaut hatte, dachte ich immer über Möglichkeiten nach, meine Fantasie von einem eigenen Flugapparat zu verwirklichen. Eine meiner Ideen war, das kleinste mögliche Flugzeug zu bauen, klein, kompakt und doch in der Lage, mich zu tragen. Auch dachte ich darüber nach, einen kleinen Zeppelin zu bauen, einen Ein-Mann-Hubschrauber und seine Variante, die „fliegende Plattform“. Ich hatte vor, maßstabsgerechte Modelle zu bauen, um einfach und kostengünstig sowohl die Machbarkeit zu erproben als auch einige praktische Probleme zu lösen. All das überstieg jedoch meine finanziellen Möglichkeiten, das Fliegen mit Ballons hingegen nicht. Ich stellte mir jeden notwendigen Schritt, um zum Erfolg zu gelangen, bildlich vor.

Ich stellte mir vor, wie ich hinauf zum Himmel schweben würde, und bestellte zehn Ballons mit jeweils acht Fuß (circa 2,44 m) Durchmesser für insgesamt 29,95 Dollar, was heute etwa 360 Dollar wären. Aus der Chemie, die ich mir selbst beibrachte, wusste ich, dass jeder 8-Fuß-Ballon etwa 14 Pfund tragen konnte. Da ich 95 Pfund wog, müssten mich acht solche Ballons mit einer Tragkraft von 112 Pfund doch eigentlich samt Gurtzeug und Ballast tragen können. Ich wusste nicht, wo ich den benötigten Wasserstoff zu einem Preis herbekommen sollte, den ich mir leisten konnte, also wandte ich meine Aufmerksamkeit unserem Gasherd zu: Er wurde mit Erdgas betrieben und dessen Hauptbestandteil war Methan, das ein bisschen weniger als den halben Auftrieb von Wasserstoff liefert. Falls meine Tests gelangen, konnte ich ja immer noch Ballons nachkaufen. Ich stellte mir vor, wie ich an 16 oder noch mehr 8-Fuß-Ballons gegurtet langsam über meinem Elternhaus aufstieg und zunächst über mein Stadtviertel und dann meilenweit in alle Richtungen über Südkalifornien blicken würde. Ich hatte vor, Sandsäcke mitzunehmen, die ich als Ballast verwenden konnte. Wenn ich höher steigen wollte, würde ich mein Gefährt einfach erleichtern, indem ich ein bisschen Sand ausschütten würde, der niemandem Schaden zufügen konnte. Um zu sinken oder zu landen, hatte ich mir ein Ventilsystem für alle Ballons ausgedacht, mit dem ich das Gas kontrolliert würde ablassen können.

Nach einer Wartezeit, die mir endlos schien, aber nur ein paar Wochen betrug, kamen die Ballons an und ich machte mich an die Arbeit. An einem ruhigen Samstag, an dem meine Familie nicht da war, schloss ich meinen Ballon an die Gasleitung an und blies ihn auf circa 1,20 Meter Durchmesser auf, denn bei dieser Größe konnte ich ihn gerade noch durch die Küchentür nach draußen quetschen. Wie vorausgesagt, hatte er eine Tragkraft von fast einem Pfund. Ich ging auf ein freies Feld und ließ den Ballon an einer starken Drachenschnur etwa 450 Meter hoch steigen. Alles klappte wie erwartet und es gefiel mir, als ich zusah, wie ein kleines Flugzeug vom nahe gelegenen Flugplatz meinen Ballon „anrief". Etwa 45 Minuten später kam das Flugzeug zurück, flog in die Nähe meines Ballons und dieser platzte auf einmal. Anscheinend hatte das Flugzeug ihn abgeschossen, auch wenn ich nicht wusste, wie oder warum.

Das gab mir zu denken. Ich stellte mir vor, dass ich an eine Schar von zweieinhalb Meter großen Ballons gebunden ein unwiderstehliches Ziel abgeben würde und dass mich die Nachbarskinder mit ihren Luftgewehren abschießen würden. Das fand ich dann doch zu riskant. Aber dieses Ballonmodell war offenbar wunderbar erfolgreich, denn ich sah es über die Jahre noch viele Male und es lief 54 Jahre später immer noch unter der Bezeichnung „professioneller Wetterballon" mit fast identischen Formulierungen.[2] Fast 40 Jahre nach meinem Experiment band „Lawnchair Larry" ein Bündel mit Helium gefüllte Ballons an einen Gartenstuhl und stieg mehrere Tausend Meter in die Höhe.[3]

Enttäuscht fragte ich mich, was ich mit den Ballons sonst noch tun könnte. Auf die erste Idee kam ich, als mein Vater ein paar Fallschirm-Leuchtraketen aus überzähligen Rettungsbooten mit heim brachte. Sie steckten in Metallbehältern, die aussahen wie Patronenhülsen, und man konnte sie mit einer speziellen Pistole in die Luft schießen. Die grelle Leuchtrakete beleuchtete einen großen Bereich, während sie an dem Fallschirm langsam zur Erde sank. Eines Abends band ich eine langsam abbrennende Zündschnur an eine der Leuchtpatronen.[4] Dann hängte ich die Patrone samt Zündschnur an einen meiner riesigen Ballons und ging zu einer ruhigen Straßenkreuzung in der Nähe unseres Hauses. Ich zündete die Zündschnur an und ließ den gasgefüllten Ballon an einer mehrere Hundert Fuß langen Schnur aufsteigen. Ich band die Schnur locker um einen Telefonmast, damit die Schlaufe, während der Ballon stieg, an dem Mast nach oben rutschte, sodass der Flugapparat am oberen Ende des Mastes, weit außer Reichweite, befestigt war. Dann zog ich mich etwa einen Block weit zurück und wartete. Nach ein paar Minuten erstrahlte der Himmel in blendender Helligkeit. Eine Menschenmenge versammelte sich und mehrere Streifenwagen kamen zu dem Telefonmast gefahren. Nach ein paar Minuten erlosch das Licht am Himmel wieder. Die Polizeiautos fuhren weg, die Menge zerstreute sich und alles war wie zuvor. Eine zweite langsam abbrennende Zündschnur durchtrennte die Schnur, sodass der Ballon frei war und die Indizien in den Himmel schossen und wer weiß wohin flogen.

Streiche und Experimente gehörten zu meiner Art, die Naturwissenschaften zu erlernen. Wenn ich die Theorie einmal verstanden hatte, überprüfte ich sie mittels Experimenten und viele davon waren lustige Sachen, die ich erfand. Ich lernte, mir die Dinge selbst zu erarbeiten, und war somit nicht auf den Antrieb seitens Lehrern, Eltern oder des schulischen Lehrplans angewiesen. Ich erfreute mich an der Kraft des reinen Denkens in Kombination mit der Logik und Berechenbarkeit der Naturwissenschaft. Ich liebte es, mir eine Idee bildlich vorzustellen und sie dann zu verwirklichen.

In dem Zimmer im oberen Stockwerk, das ich mit meinem Bruder teilte, baute ich eine 2-Meter-Band-Funkstation auf, mitsamt einer drehbaren Richtantenne in dem Bereich, der nicht durch die Betten belegt war. Auch hatte ich mir am hinteren Ende eines schmalen Waschhauses, das an die Rückseite der Garage angebaut war, einen kleinen Laborbereich eingerichtet. Dort betrieb ich viele meiner chemischen Untersuchungen, die manchmal schiefgingen. Zum Beispiel wollte ich, nachdem ich gelesen hatte, dass Wasserstoff an der Luft mit bläulicher Flamme brennt, das selbst einmal sehen. Um das Gas zu erzeugen, goss ich Salzsäure auf metallisches Zink, und zwar in einem Glaskolben, den ich mit einem Stopfen samt Glasröhrchen verschloss, aus dem das Gas austreten sollte. Ich hoffte, es würde so viel Wasserstoff erzeugt, dass er die gesamte Luft aus dem System „spülen" würde, bevor ich versuchte, den Wasserstoff, der aus dem Röhrchen kam, anzuzünden. Andernfalls würde es einen großen Knall geben. Gerade als ich mit Schutzbrille und Schutzkleidung versuchte, den Wasserstoff anzuzünden, platzte mein Bruder herein. Ich konnte die Hand mit dem Streichholz nicht mehr zurückziehen und schrie „RUNTER!", er duckte sich und die Anlage explodierte. Danach zog ich eine weiße „Nicht übertreten"-Linie auf dem Boden, um meinen etwa 1,50 Meter breiten und drei Meter langen Bereich abzugrenzen, in dem selbst gebaute Regale mit Chemikalien und Glasgeräten standen. Das häufige Qualmen und die häufigen Explosionen sorgten dafür, dass dies freiwillig eingehalten wurde.

Ich begeisterte mich noch für eine Menge anderer Dinge. Beispielsweise erforschte ich mit 13 Jahren ernsthaft Sprengstoffe. Begonnen hatten meine diesbezüglichen Experimente ein paar Jahre zuvor, als ich in einem alten Lexikon von Funk and Wagnalls ein Rezept für

Schwarzpulver gefunden hatte. Die Zutaten waren Kaliumnitrat (allgemein als Salpeter bekannt), Holzkohle und Schwefel (den wir in das Futter unseres Hundes tun sollten, damit sein Fell glänzte). Eine Ladung entzündete sich zufällig, als ich damit arbeitete, und auf meiner gesamten linken Hand verbrannte die Haut zu einer grauschwarzen, spröden Kruste. Mein Vater badete meine Hand in kaltem Tee und dann trug ich eine Woche lang einen Teeverband. Die heilende Flüssigkeit funktionierte: Als wir den Verband abnahmen und sich die verkrustete Haut löste, war ich überglücklich zu sehen, dass die Hand vollständig geheilt war.

Auf der Grundlage meines gut bestückten selbst gebauten Chemielabors stellte ich große Mengen Schwarzpulver her und benutzte es, um entweder selbst gebaute Raketen abzufeuern oder auf der Straße vor unserem Haus Raketenautos rasen zu lassen. Die Autos bestanden aus Balsaholz mit leichten Rädern aus einem Bastelladen und einem „Motor" in Form eine Kohlensäure- oder CO_2-Patrone, wie man sie heutzutage verwendet, um kohlensäurehaltige Getränke herzustellen, oder als Treibsatz für Luftgewehre. Diese Patronen wurden als Restbestände aus dem Krieg ausrangiert und so brachte sie mein Vater von der Werft heim. Allerdings verwendete ich nicht das CO_2 als Antrieb meiner Autos. Ich bohrte die Dichtung am Ende der Patrone auf und das Gas schoss heraus. Da es dabei expandierte und sich abkühlte, sammelte sich festes CO_2 als weißes Pulver an. Nachdem die Patrone geleert war, füllte ich sie mit meinem selbst gemachten Schwarzpulver, steckte eine Zündschnur hinein und schob meinen neuen Supermotor in eine Aussparung am hinteren Ende des winzigen Fahrzeugs. Da diese Motoren manchmal explodierten und Splitter umherschleuderten, trug ich eine Schutzbrille und hielt mich selbst und die Kinder aus der Nachbarschaft auf deutlichem Abstand. Wenn das Ganze funktionierte, waren die Autos erstaunlich schnell. Im einen Moment waren sie noch da, dann waren sie plötzlich weg und tauchten nach ungefähr einer Sekunde ein paar Blocks weiter wieder auf. Nachdem ich die Explosionsneigung der Motoren bemerkt hatte, baute und testete ich größere Versionen, die dafür gedacht waren, zu explodieren. Mit diesen Bomben aus kurzen Stahlrohren sprengte ich Krater in Felswände auf der nahe gelegenen unbebauten Halbinsel Palos Verdes.

Die nächste Herausforderung war Schießbaumwolle beziehungsweise Cellulosenitrat, auch als Nitrozellulose bezeichnet. Sie ist die Grundlage des sogenannten rauchlosen Pulvers. Auch hier schenkte mir wieder das Lexikon das Rezept: Langsam einen Teil kalter konzentrierter Schwefelsäure zu zwei Teilen kalter konzentrierter Salpetersäure geben und bei etwaiger Erwärmung vor dem Fortsetzen die Mischung kühlen. In dieses Gebräu gab ich gewöhnliche Verbandswatte und kühlte die Mixtur erneut, wenn sie warm wurde. Dann ließ ich sie mit der Aufschrift „Nicht anfassen!" in unserem Kühlschrank „schmoren". Meine Familie wusste inzwischen, dass solche Beschriftungen etwas Ernstes zu bedeuten hatten, und daher konnte ich mich darauf verlassen, dass sie sich von meinen Projekten fernhielt. Nach 24 Stunden nahm ich die Watte heraus, spülte und trocknete sie. Dass es sich nicht mehr um gewöhnliche Watte handelte, überprüfte ich, indem ich einen Teil davon in Aceton löste. Dann machte ich in meiner Kühlschrankfabrik noch mehr Schießbaumwolle und begann mit einer Reihe von Experimenten. Sie explodiert zwar, aber nicht so leicht, und normalerweise braucht man dafür einen Zünder. Da ich keinen hatte, legte ich ein kleines Bündel auf den Gehsteig und drosch mit einem Vorschlaghammer darauf ein. Es machte „wu-u-mp", der Vorschlaghammer sprang zurück und flog mir über die Schulter, während ich noch dastand. Der Gehsteig wies nun einen handtellergroßen Krater auf. Nachdem ich noch ein paar Krater hineingesprengt hatte, verwendete ich die Schießbaumwolle auch für Raketen und Rohrbomben, denn dabei war sie berechenbarer und wirkungsvoller als Schwarzpulver.

Irgendwann fühlte ich mich bereit für das „dicke Ding" – Nitroglyzerin. Rezept und Verfahren entsprachen dem der Schießbaumwolle, nur mit einer scheinbar kleinen Veränderung, nämlich dass man statt der Watte gewöhnliches Glycerin nahm.[5] Das Ergebnis war eine blasse, fast farblose Flüssigkeit, die auf der Mischung schwamm. Diese nahm ich vorsichtig ab, denn es handelte sich um einen starken, tückischen Sprengstoff, der in der Vergangenheit schon viele Menschen getötet hatte.

An einem ruhigen Samstagmorgen packte ich mich gut ein, setzte ein Schutzvisier auf und strich das Ende eines Glasröhrchens mit Nitroglyzerin ein. Da ich weit weniger als einen Tropfen verwendete, war das doch sicher ungefährlich. Ich erwärmte es über einer Gasflamme und plötzlich war ein Krachen zu hören, das viel kürzer dauerte und sich total von dem aller meiner langsameren Sprengstoffe unterschied. In meiner Hand und in meinem Arm steckten winzige Glasstückchen und aus unzähligen Löchern quoll Blut. Im Laufe der nächsten Tage pulte ich die Splitter, soweit ich sie fand, mit einer Nadel heraus. Danach strich ich ein bisschen Nitro auf den Gehsteig und sprengte mithilfe des Vorschlaghammers einen weiteren Krater hinein. Aber die gefährliche Instabilität von Nitroglyzerin machte mir Sorgen und den Rest meines Vorrats warf ich weg.

Woher bekam ein 14-Jähriger solche starken und gefährlichen Chemikalien? Vom örtlichen Apotheker, der sie mir privat gegen einen hübschen Preisaufschlag verkaufte. Meine Eltern arbeiteten lange und wenn sie daheim waren, kümmerten sie sich um die Bedürfnisse der zehn geflüchteten Verwandten oder um uns und den Haushalt oder sie fielen in einen erschöpften Schlaf. Mein Bruder und ich mussten uns selbst organisieren. Ich ging mit Informationen über meine Experimente nicht hausieren. Hätten meine Eltern in vollem Ausmaß begriffen, womit ich mich beschäftigte, hätten sie dem einen Riegel vorgeschoben.

Als ich in der elften Klasse Chemie als Fach wählte, hatte ich schon seit einigen Jahren Experimente gemacht. Da mir die Theorie genauso viel Freude machte wie Spaß zu haben, las ich ein Chemie-Schulbuch von vorne bis hinten. Wenn ich abends einschlief, ging ich im Geiste den Stoff durch – eine Gewohnheit, die sich damals und später als bemerkenswert wirkungsvoll erwies, um das Gelernte zu verstehen und es mir dauerhaft zu merken. Unser Lehrer war Herr Stump, ein kleiner Mann in den 50ern mit Brille. Er liebte sein Fach und wollte, dass wir es ordentlich lernten. Zudem hatte er sich schon immer danach gesehnt, einen Schüler hervorzubringen, der gut genug wäre, um einer der 15 Gewinner des alljährlichen Highschool-Chemiewettbewerbs der Southern California American Chemical Society zu werden. Dazu fand im Frühjahr eine dreistündige Prüfung statt, die normalerweise etwa 200 der besten Chemieschüler aus ganz Südkalifornien anlockte. Aber nach etwa 20 Jahren an unserer akademisch verarmten Arbeiterkinder-Schule – in jenem Jahr belegte sie bei den standardisierten Leistungstests unter den 32 Schulen im Bezirk Los Angeles Platz 31 – hatte er die Hoffnung aufgegeben, seinen Traum jemals zu verwirklichen.

Unter den circa 30 Schülern, die zu seiner Stunde erschienen, erblickte Herr Stump einen dünnen jüngeren Schüler mit dunklen Locken, der alle Fragen gerne beantwortete. Er hatte von anderen Lehrern schon von diesem Kind gehört – von den intelligenten, die sich über es freuten, und von den dummen, denen es Angst machte. Sicher mochte dieses Kind ein bisschen Chemie aufgeschnappt haben und konnte über die ersten paar Wochen die leichten Fragen beantworten, aber Herr Stump hatte schon andere erlebt, die gut angefangen hatten und dann schnell verblasst waren. Er warnte uns vor der ersten Klausur und wie schwierig sie sein würde. Als er uns die Arbeiten zurückgab, bewegten sich die Punktzahlen zwischen 0 und 33 von 100 möglichen. Ich hatte 99 Punkte. Damit hatte ich mir seine Aufmerksamkeit gesichert.

Ich ging zu ihm, um über den Chemiewettbewerb zu sprechen. Herr Stump hatte alle Prüfungen der letzten 20 Jahre aufgehoben. Ich wollte sie mir leihen, um für den Wettbewerb zu lernen. Er wollte sie mir nur ungern geben und wies darauf hin, dass die Chancen ganz klar gegen mich standen: Ich würde die Prüfung im vierten Highschool-Jahr machen, während die meisten anderen damit bis zum letzten Jahr warteten. Ich hatte eine Klasse übersprungen und das bedeutete, dass ich als 15-Jähriger gegen 17- und 18-Jährige antreten würde. Und ich hatte für die Vorbereitung nur fünf Monate Zeit. Außerdem war unsere Schule schlecht ausgestattet und ich hatte keine Mitschüler, mit denen ich lernen konnte oder die mich anspornen konnten. Nur wenige von unserer Schule waren je so kühn gewesen, sich anzumelden, und keiner hatte eine Platzierung erzielt. „Willst du nicht noch ein Jahr warten?“, fragte Herr Stump.

Aber mein Entschluss stand fest. Die Gewinner bekamen normalerweise Stipendien für ein College oder eine Universität ihrer Wahl in Kalifornien. Das Leben eines Wissenschaftlers wurde mein Traum. Mir gefielen die ganzen wissenschaftlichen Experimente, die ich machte, und das Wissen, zu dem sie führten. Wenn ich einen Beruf ergreifen konnte, in dem ich diese Art des Spielens fortführen könnte, dann würde ich sehr glücklich werden. Und der Weg zu einem solchen Leben bestand darin, in die akademische Welt einzutreten, in der es Labors gab, die Art von Experimenten und Projekten, die mir gefiel, und vielleicht die Chance, mit anderen Menschen zusammenzuarbeiten, die waren wie ich. Die Ausbildung, die ich für einen höheren Abschluss brauchte, konnte ich mir eigentlich nicht leisten. Doch hier ergab sich nun eine Möglichkeit.

Nachdem Herr Stump mit Jack Chasson, meinem Englischlehrer, gesprochen hatte, war er bereit, mir zehn der Prüfungen aus abwechselnden Jahren zu leihen. Daraus konnte ich die Bandbreite und die Schwierigkeit sowie tendenzielle Veränderungen im Laufe der Jahre ablesen. Die anderen zehn behielt Herr Stump, damit er überprüfen konnte, wie gut ich vorbereitet war.

Außer meinem Chemiebuch für die Highschool arbeitete ich noch zwei für das College durch. Wenn in einem der Bücher ein Konzept nicht klar war, dann wurde es meistens in einem anderen gut erklärt. Dank meiner Erfahrung mit Experimenten und meiner vorherigen Lektüre war das Thema Musik in meinen Ohren. Jeden Abend lernte ich eine Stunde Theorie und ging beim Einschlafen das Periodensystem durch, Wertigkeiten, zulässige chemische Reaktionen, das Gesetz von Gay-Lussac, die Avogadro-Konstante und so weiter. Auch meine Experimente setzte ich fort – und meine Streiche.

Ein toller Trick begann damit, dass ich von einem starken Farbstoff namens Fuchsin las. Er verwandelt Wasser in eine dunkel blutrote Flüssigkeit, und zwar in dem erstaunlichen Verhältnis von sechs Millionen Gramm Wasser auf ein Gramm Farbstoff! Ich beschaffte mir 20 Gramm des Färbemittels für Experimente.

Mein selbst zusammengestelltes Chemielabor befand sich, wie bereits erwähnt, in dem Waschhaus, das an das hintere Ende unserer Garage angebaut war, die sich ihrerseits auf unseren Hinterhof öffnete. Und in der Mitte dieses Hofes befand sich unser nierenförmiger Goldfischteich, etwa drei mal anderthalb Meter groß und 30 Zentimeter tief. Das ist ein bisschen weniger als anderthalb Kubikmeter. Nun sollte ein Gramm dieses Farbstoffs sechs Kubikmeter Wasser dunkelrot färben, daher musste eine kleine Prise, ein Viertelgramm, für den Teich wohl reichen.

Zur Sicherheit nahm ich die vierfache Menge, also ein ganzes Gramm. Ich rührte beim Hineinschütten kräftig im Wasser und der Teich verwandelte sich in ein Blutrot, mit dem ich zufrieden war. Die Farbe war so dicht, dass man von den Pflanzen nur noch diejenigen Teile sehen konnte, die über die Oberfläche hinausragten. Von den Fischen bemerkte man nur etwas, wenn sie zum Fressen ihre Mäuler nach oben reckten.

Ich ging in mein Labor zurück. Ein paar Minuten vergingen, dann hörte ich meine Mutter schreien und schreien und schreien. Sie dachte, jemand – wahrscheinlich ich – würde in dem Teich verbluten. Es dauerte lange, sie zu beruhigen.

Es tat mir zwar leid, dass ich meine Mutter geängstigt hatte, aber das brachte mich auf eine Idee. Acht Meilen entfernt, in Long Beach, gab es ein riesengroßes öffentliches Schwimmbad namens Long Beach Plunge. Es gehörte zu dem alteingesessenen Vergnügungskomplex Long Beach Pike. Als „Waise" des Zweiten Weltkriegs, die sich mehr oder weniger selbst erzog, während meine Eltern in Kriegsfabriken rackerten, war ich schon oft mit dem Bus zum Pike gefahren und im Plunge geschwommen.

Es war das größte beheizte Hallenbad Südkaliforniens, es war gut 36 Meter lang, gut 18 Meter breit und im Mittel 1,50 m tief.[6] Das sind rund 1.000 Kubikmeter. Meine restlichen 19 Gramm würden also nur etwa ein Achtel davon intensiv rot färben. Ich beschloss, es trotzdem zu tun. Als Helfer engagierte ich einen dünnen, blassen Klassenkameraden mit Brille und glattem blonden Haar, der gerne bei meinen Experimenten dabei war. Ich machte aus Wachspapier einen kleinen Beutel, füllte ihn mit dem restlichen Farbstoff, verschloss ihn mit Kerzenwachs und befestigte am oberen Ende zwei Schnüre so, dass sich der Beutel, wenn man an den entgegengesetzten Enden zog, zu einem flachen Blatt Papier öffnen und den gesamten Farbstoff freigeben würde.

An einem schönen Samstagmorgen im Sommer stiegen wir in einen Bus nach Long Beach. Als wir im Plunge ankamen, kauften wir unsere Eintrittskarten, gingen zu unseren Spinden, zogen uns um und gingen zum Schwimmbecken, wobei ich den Beutel in meiner Badehose versteckte. In dem Becken und um das Becken herum vergnügten sich schon etwa einhundert Schwimmer.

Ich legte den Beutel ins Wasser und jeder von uns griff sich ein Schnurende. Wir gingen an die entgegengesetzten Enden des Beckens und zogen die Schnüre zwar stramm, aber nicht so stramm, dass der Farbstoff freigesetzt wurde. Aus einer Laune heraus wollte ich, dass ein Schwimmer das für uns tat. Schon bald tat uns einer den Gefallen. Er schwamm unabsichtlich gegen die Schnur. Der Beutel öffnete sich, gab den Farbstoff frei und es entstand eine winzige rote Wolke, nicht größer als eine Hand.[7]

Alles blieb ruhig. Wir rannten zu unseren Spinden und zogen uns um. Mein „Assistent“ hatte mit Schrecken einen roten Farbfleck bemerkt, der irgendwie auf seine Badehose gelangt war: ein Indiz des Verbrechens. Als wir auf den Aussichtsbalkon über dem Schwimmerbecken gingen, ermahnte ich ihn, sich keine Sorgen zu machen.

Inzwischen war die dunkelrote Wolke so groß wie ein Basketball. Es blieb immer noch ruhig. Dann wirbelte ein anderer Schwimmer sie zu einem Durchmesser von etwa einem Meter auf. Die dunkelrote unförmige Wolke war immer noch so dicht, dass man nicht hineinsehen konnte. Dann kam der erste Schrei, gefolgt von Alarmrufen und weiteren Schreien. Ein Held tauchte in die Wolke hinein, wodurch er sie aufrührte und vergrößerte.

Panisch leerte sich das Becken. Innerhalb von Minuten waren alle draußen. Sie bekamen Freikarten, damit sie wiederkommen konnten. Von dem Aufruhr hingerissen, vergaßen wir, unsere Karten abzuholen. Als die Mitarbeiter die purpurrote Wolke durchsuchten, wurde sie schließlich so groß, dass sie halbwegs durchsichtig wurde. Irgendjemand hielt das Wachspapier und die Schnüre hoch, sah irritiert aus und warf beides als bedeutungslosen Müll weg.

Nach einem angenehmen Tag im angeschlossenen Vergnügungspark schauten wir uns das Schwimmbecken nochmals vom Aussichtsbalkon aus an. Etwa die Hälfte hatte die Farbe von Kool-Aid Erdbeere. Ein paar Schwimmer waren zurückgekommen und es war ruhig – ruhiger als sonst, denn nur wenige Menschen wollten in dem roten Wasser schwimmen.

Am nächsten Tag stand in der Zeitung von Long Beach ein kleiner Artikel mit der Überschrift „Unbekannte Witzbolde färben Long Beach

Plunge rot". 60 Jahre später plauderte mein Schwiegersohn, Richter Richard Goul, mit einem pensionierten Richter über lokale Geschichte und dieser erwähnte, dass er damals von dem Vorfall gelesen hatte. Er hatte aber keine Ahnung, dass Rich mit dem Übeltäter verwandt war.

Zehn Wochen vor der Prüfung bei der American Chemical Society schaffte ich, da ich mit den alten Prüfungen geübt hatte, 990 oder mehr von 1.000 möglichen Punkten. Ich erklärte Herrn Stump, nun sei ich so weit, es mit den zehn zu probieren, die er noch zurückhielt. Bei den beiden ersten erzielte ich über 99 Prozent, darum sprangen wir direkt zu der Prüfung vom vorigen Jahr, bei der ich genauso gut abschnitt. Ich war also bereit.

Am Tag der Prüfung fuhr mich mein Vater die 20 Meilen zum El Camino Junior College. Dort folgte ich der Menge zwischen den barackenartigen Gebäuden zum Prüfungsraum. Uns war gesagt worden, in jenem Jahr seien zum ersten Mal Rechenschieber erlaubt, aber man brauche keinen. Und so nahm ich einen Spielzeug-Rechenschieber mit – mehr konnte ich mir nicht leisten – und dachte, ich könnte meine Berechnungen ja immer noch grob nachprüfen, wenn ich Zeit übrig hätte.

Als ich die Prüfung durcharbeitete, wusste ich alle Antworten. Doch dann wurde der letzte Teil der Prüfung ausgeteilt. Für diesen Teil der Prüfung waren viel mehr Berechnungen erforderlich, als ich in der zulässigen Zeit schriftlich schaffen konnte. Mein billiger, winziger Rechenschieber war wertlos. Rund um mich her erschienen sauber verarbeitete Rechenschieber in voller Größe. Überraschung! Rechenschieber waren nicht nur optional – sie waren notwendig, wenn man gewinnen wollte. Es gab keine Punkte für den richtigen Lösungsweg, sondern nur für die numerische Lösung mit einer bestimmten „Rechenschieber-Genauigkeit". Es machte mich ganz krank, als mir klar wurde, dass ich wahrscheinlich nicht gut genug für das Stipendium abschneiden würde, das ich brauchte, und ich war unzufrieden mit mir selbst, weil ich mich nicht dadurch vorbereitet hatte, dass ich einen kaum erschwinglichen Rechenschieber gekauft hatte. Ich fand es höchst ungerecht, eine Chemieprüfung in eine Prüfung im Rechnen mit dem Rechenschieber zu verwandeln.

Doch wie dem auch sei, ich machte mich daran, so schnell zu rechnen, wie ich konnte. Am Ende konnte ich nur die Fragen zu 873 der insgesamt 1.000 Punkte der Prüfung bearbeiten, sodass ich unmöglich eine höhere Punktzahl erreichen konnte. Ich wusste, dass der Sieger normalerweise 925 bis 935 Punkte erzielte und ich somit keine Chance auf den ersten Platz hatte.

Als mich mein Vater abholte, zwang ich mich, nicht zu weinen, und konnte kaum sprechen. Im Unterricht merkte Herr Stump, dass ich ernüchtert war und offensichtlich schlecht abgeschnitten hatte. Wir redeten nicht darüber. Ich schrieb die Episode meiner Naivität zu. Aber ich ging los und kaufte mir den besten Rechenschieber, den ich mir leisten konnte. Ein paar Wochen später nahm mich Herr Stump beiseite, um mir die Ergebnisse mitzuteilen. Ich hatte 869 der 873 Punkte geschafft, die ich bearbeitet hatte. Der Sieger lag weit vorne mit über 930 Punkten, aber der Zweit- und der Drittplatzierte lagen nur wenige Punkte vor mir, dem Viertplatzierten. Mit einem guten Rechenschieber hätte ich Erster werden können. Da ich mit dem Sieg gerechnet hatte, hatte ich keinen Plan B, um das restliche Geld zusammenzubekommen, das ich für das College brauchte. Obwohl ich die Befriedigung hatte, dass ich mit meiner Beurteilung meiner Fähigkeiten richtiglag, war ich am Boden zerstört.

Herr Stump hingegen war begeistert. Nachdem er 20 frustrierende Jahre lang Chemie an einer der akademisch schlechtesten Schulen von Los Angeles unterrichtet hatte, hatte er endlich einen Gewinner. Wegen meines schlechten Abschneidens beschämt, versuchte ich mich aus der Teilnahme an dem Essen anlässlich der Preisverleihung herauszureden, und erklärte, ich hätte keine Möglichkeit, nach Los Angeles zu fahren, aber Herr Stump bestand darauf, mich selbst hinzufahren. Bei dem Abendessen suchten sich die Gewinner in der Reihenfolge ihrer Platzierung ein Stipendium aus einer Auswahlliste aus, die verschiedene Colleges und Universitäten anboten. Wie ich erwartet hatte, entschieden sich der Erst- und der Zweitplatzierte für Caltech und die UC-Berkeley. Da ich diese damals für die besten naturwissenschaftlichen Unis des Staates hielt, waren sie die einzigen, die ich wollte. Es wäre klug gewesen, eine Ersatzuni im Sinn zu haben, als ich an der Reihe war, aber ich wusste nicht, welche ich nehmen sollte, und so passte ich. Die Highschools der Gewinner waren die gleiche elitäre Gesellschaft, die jedes Jahr gewann: Beverly Hills, Fairfax, Hollywood und so weiter. Für mich hellte sich der Abend etwas auf, als sie bei der Erwähnung meiner „Nobody"-Highschool Narbonne aufschraken. Leider erfuhr ich, dass ich die Prüfung im nächsten Jahr nicht noch einmal ablegen durfte.

Etwa um diese Zeit begann ich mich für die Messung der Intelligenz zu interessieren und wollte wissen, wie ich mich schlug. Eines Samstagmorgens fuhr ich mit dem Bus die 20 Meilen von Lomita zur Stadtbibliothek von Los Angeles, um zu schmökern und interessante Themen zu finden (wie die Leute es heute mit Google oder Wikipedia machen). Ich entdeckte mehrere Intelligenztests samt Lösungsschlüsseln und um mich zu testen, machte ich an neun verschiedenen Samstagen je einen Test und wertete sie dann aus.

Über die Ergebnisse erfreut, war ich neugierig, wie ich Jahre zuvor abgeschnitten hatte, als es mir ein Test, von dem ich inzwischen wusste, dass er ein Intelligenztest gewesen war, ermöglicht hatte, die sechste Klasse nicht zu wiederholen. Die Schule wollte diese Information nicht herausgeben und so beschloss ich, mir selbst zu helfen. Ich stellte fest, dass ein flaches L-förmiges metallenes Messwerkzeug, das ich zu Hause hatte, mir alle verschlossenen Türen der Schule öffnete. Eines späten Abends radelte ich hin, versteckte mein Fahrrad im Gebüsch und ging nervös zu einer verschlossenen Eingangstür. Ich schob mein flaches, gewinkeltes Werkzeug in die Ritze zwischen Tür und Rahmen, hakte es hinter der gebogenen Feder des Schlosses ein und zog. Die Falle glitt nach hinten und ich betrat die merkwürdig dunklen und leeren Korridore meiner Highschool. Da das Gebäude spukhaft ächzte und ich mich ängstlich fragte, ob ich einen Nachwächter zu fürchten hatte, ging ich auf Zehenspitzen leise die Treppe hinauf in den ersten Stock und zum Büro des Schulpsychologen. Mit der gleichen Methode öffnete ich problemlos alle weiteren Schlösser, die mir begegneten, und bald durchsuchte ich mit der Taschenlampe die Akten der IQ-Tests meiner Klassenkameraden und meiner eigenen. Ich verbrachte Stunden damit, Hunderte von Ergebnissen durchzugehen. Vor allem verifizierte ich, was ich bereits vermutet hatte, nämlich dass das Mädchen, das ich an der Schule für am begabtesten hielt und am interessantesten fand, einen IQ von 148 hatte.

Die Narbonne High School hatte damals rund 800 Schüler, die sich auf die Klassen 7 bis 12 verteilten. Sie zeichnete sich außerdem durch eine soziale Klassenstruktur aus, die sich in den höheren Klassen immer mehr verfestigte. Etwa 20 Prozent der Schüler waren „Sochies", die alle leitenden Ämter der Klassen und der Schüler innehatten und alle Tanz- und Abschlussveranstaltungen so planten, wie es ihnen gefiel. Zu diesen Insidern gehörten die meisten besseren Sportler, die hübscheren Cheerleader und Schüler aus den wohlhabenderen Familien. Da die benachbarten Städte Lomita und Harbor City größtenteils Arbeiterstädte waren, bedeutete „wohlhabender" Kleinunternehmer. Diejenigen, die „in" waren, konnten sich das Mittagessen leisten und aßen gemeinsam in der Cafeteria. Lunchpaketesser wie ich waren „out" und aßen irgendwo. Die „Insider" hatten Zugang zu Autos, die sie ab 16 fahren durften, viele fuhren schon in der zehnten Klasse Auto. Ich würde erst in meinem Abschlussjahr alt genug zum Autofahren sein und mir dann sowieso kein Auto leisten können. Der Zugang zu einem Auto war unerlässlich für Rendezvous, Strandpartys und Fahrten zu Sportveranstaltungen.

Mit meinem kleinen Kreis von „Außenseitern" gründete ich einen Schachklub und der stets hilfsbereite Herr Chasson fand einen Raum, in dem wir während der Mittagspause spielen konnten. Auch gründete ich einen Wissenschaftsklub, der ein paar der Gelehrsamkeit Zugeneigte anlockte. Manche Mittagspausen verbrachte ich mit Handball, indem ich alte Tennisbälle gegen Rückenlehnen im Freien warf oder indem ich „Schweinchen in der Mitte" spielte. Wenn ich den Ball hatte und eine Horde größerer Kinder hinter mir her war, war ich schwer zu kriegen, zum Teil wegen meiner vom Radfahren gestärkten Beine, zum Teil wegen der Angst, was passieren würde, wenn sie mich fingen.

Ich betrachtete jeden, dem ich begegnete, als Meinesgleichen, dem ich den gleichen Respekt schuldete, den auch ich wollte, außer wenn er oder sie etwas anderes erkennen ließ. Viele der „Ins" meinten hingegen, ihnen und ihrer Clique stehe von allen anderen eine Sonderbehandlung zu. Die

„Outs" müssten aus dem Bereich, der ihnen zustand, ausgeschlossen und ignoriert werden.

Mein Zusammenprall mit den „Ins" begann, als ich in der neunten Klasse in Sport die Note B bekam. Zu meinem Erstaunen erfuhr ich, dass meine Noten in diesem akademisch irrelevanten Fach zählen würden, wenn ich mich für das College bewarb. Weitere Erkundigungen ergaben, dass diejenigen, die eine Sportart wie Football oder Laufen betrieben, automatisch ein A in Sport bekamen. Dadurch war die A-Quote aufgebraucht, sodass für die anderen – so auch für mich – nur Bs, Cs oder noch schlechtere Noten übrig blieben. Für mein Alter war ich zwar schnell, aber ich war körperlich anderthalb Jahre jünger. Laufen war also zu arg und Football schied aus. Was also tun?

Auf Jack Chassons Drängen wählte ich als Sportart Tennis, was bedeutete, dass ich automatisch für das Team probespielte. Der sogenannte Trainer war ein Geschichtslehrer, der keine Ahnung von Tennis hatte, lediglich organisierte und uns beaufsichtigte. Es gab keinen Unterricht und so lernte ich durch das Spielen. Irgendwie wurde ich für die Juniorenmannschaft ausgewählt und stieg in den beiden letzten Jahren in die Schulmannschaft auf.

Einer der Star-Footballspieler der Schule, ein „In", äußerte natürlich, was einige der „Sochies" von dieser Unverfrorenheit hielten: „Tennis ist ein Mädchensport." Ich forderte diesen Helden auf, mir das nach der Schule auf dem Court zu beweisen. Er war besser, als ich gedacht hatte, und konnte den Ball ziemlich regelmäßig returnieren, wenn ich ihn rüber zu ihm schlug, daher ließ ich ihn hin und her laufen, bis er nach circa 20 Minuten erschöpft aufgab.

Bald danach, im Frühling meines vorletzten Schuljahres und nach der unseligen Chemieprüfung, veranlasste mich meine Verärgerung über die „Ins" zu einem Plan, zu dem mich die Begeisterung über den laufenden Präsidentschaftswahlkampf 1948 (Truman gegen Dewey und Wallace) anregte. Ich warb etwa ein Dutzend andere an, unter anderem meine Kumpels Dick Clair und Jim Hart, und gründete das Student Betterment Committee (etwa den „Verbesserungsausschuss der Schülerschaft"). Unser Ziel war, die Schülerverwaltung zu mehr als einer Formsache zu machen – im besten Interesse der Schüler zu arbeiten und ihre Aktivitäten so zu organisieren, dass daran alle Schüler beteiligt wären, nicht nur die „Ins“. Wir planten, für jedes Amt der Schülerverwaltung Kandidaten aufzustellen. Die Familie eines unserer japanischen Mitglieder hatte eine Salatfarm mit einem Gebäude, das aus nur einem Raum bestand, und dort trafen wir uns abends, um zu organisieren und Strategien zu erarbeiten.

Am Abend vor der Wahl hissten wir über der Schule zwei riesige Transparente, auf denen stand: „Wählt das Student Betterment Committee“. Sie wurden von meinen Wetterballons oben gehalten, die wiederum an unerreichbar hohen Ästen von Bäumen befestigt waren; dafür wandte ich den Telefonmast-Trick an, der an dem Abend so gut geklappt hatte, als ich die Leuchtraketen hochgezogen hatte. Über Nacht verwehte der Wind die Ballons zwar ein bisschen, sodass die Transparente etwas erschlafften, aber man konnte sie immer noch gut lesen, als es hell wurde.

Als die Schüler in die Aula strömten, um sich die Reden der Kandidaten anzuhören, überreichten wir ihnen Texte, in denen wir unser Programm erläuterten, und Muster-Wahlzettel, auf denen unsere Kandidaten angekreuzt waren. Es war in der 25-jährigen Geschichte der Schule die erste organisierte Schülerpartei, an die sich jemand erinnern konnte. Die überraschten „Ins“ hatten keine Zeit mehr für einen Gegenschlag. Ein paar von ihren Kandidaten wurde klar, dass ich dahinter stecken müsse, und sie griffen mich persönlich an. Ihre Clique hatte schon immer die Schülerverwaltung geführt und ein Recht darauf. Veränderung bedeutete, dass ich ein Unruhestifter war, ein Radikaler, eine Bedrohung für den Status quo. Zwar scheiterte ich mit meiner Kandidatur für die Schülervertretung knapp, aber als die Stimmen ausgezählt waren, hatten wir 13 von 15 Posten erobert. Mein Freund Dick Clair wurde zum Vorsitzenden der Schülerschaft gewählt.

Als ich 46 Jahre später für ein paar Stunden auf einem Jahrgangstreffen unserer Highschool vorbeischaute, schienen die „Ins“ immer noch die gleichen wie vor dieser langen Zeit zu sein, bloß älter und gereifter. Die Highschool war der Zenit ihres Lebens gewesen. Viele hatten untereinander geheiratet und lebten immer noch dort, während für mich die Highschool das Sprungbrett in das große Abenteuer des Lebens gewesen war.

Im Sommer 1948, also nach meinem vorletzten Jahr an der Narbonne, saß ich am Strand und las mich durch eine Liste von circa 60 großartigen, vor allem amerikanischen, Romanen; unter anderem von Thomas Wolfe, John Steinbeck, Theodore Dreiser, John Dos Passos, Upton Sinclair, Sinclair Lewis, Ernest Hemingway und F. Scott Fitzgerald. Es waren auch ausländische Autoren dabei, zum Beispiel Dostojewski und Stendhal. Jack Chasson hatte mir die Liste gegeben und mir die Bücher aus seinem privaten Bestand geliehen. Ich unterbrach meine stundenlange Lektüre immer wieder durch Bodysurfing und Nachdenken darüber, wo ich war und wohin ich ging.

Dieser Sommer drei Jahre nach Kriegsende war für mich besonders schwer. Meine Eltern beantragten die Scheidung. Damals dachte ich, der Stress im Haushalt in den letzten Jahren sei der Grund dafür gewesen. Während des Krieges hatten sie unterschiedliche Schichten gearbeitet, wahrscheinlich war immer einer, auch wenn er schlief, nur dem Namen nach zu Hause, und sie lebten sich auseinander. Zudem war in den drei Jahren, die es dauerte, bis die letzten unserer zehn Hausgäste auszogen, das Dörfchen, mit dem unser Haus vollgestopft war, häufig voller Konflikte gewesen.

Mein Vater zog nach Los Angeles. Während meines letzten Jahres auf der Highschool sah ich ihn nur sonntagsmorgens. Er kam die 30 Kilometer von Los Angeles hergefahren und parkte etwa einen Block entfernt, wo ich ihn aus meinem Zimmer im ersten Stock sehen konnte. Ich ging hinaus und verbrachte ein paar Stunden mit ihm, übte für meine Führerscheinprüfung, ging mit ihm essen, redete mit ihm und so weiter und so fort. Indessen bereitete meine Mutter den Verkauf des Hauses für die Zeit vor, wenn ich zum Studieren ausziehen würde, aber das wusste ich damals nicht. Die Scheidungssituation war verwirrend, denn keiner meiner Elternteile lieferte mir eine Erklärung. Erst Jahre später wurde mir klar, was vor sich ging. Meine Mutter hatte ein Verhältnis mit dem Mann der Familie gehabt, bei der wir gewohnt hatten, als wir im Sommer vor Pearl Harbor zum ersten Mal in Kalifornien gewesen waren. Erst kürzlich erfuhr ich von meinem Bruder, dass die Affäre schon damals begonnen hatte und dass sie zur Scheidung führte, als mein Vater es schließlich herausgefunden hatte.

Als mein Abschlussjahr begann, stand ich immer noch vor dem Problem, wie ich das Geld zusammenkratzen sollte, das ich für ein Universitätsstudium brauchte. Das Stipendium, das ich mir von dem Chemiewettbewerb erhoffte, hatte ich nicht gewonnen, und von daheim konnte ich keine Hilfe erwarten. Ich erfuhr, dass es bei der Physics Teachers Association eine ähnliche Prüfung für alle südkalifornischen Schulen gab wie die Chemieprüfung. Mit Physik hatte ich mich allerdings noch nicht intensiv befasst und für die Vorbereitung blieben nur noch wenige Monate. Unser Physiklehrer war eigentlich Sportlehrer, er beaufsichtigte lediglich die Klasse und hatte von dem Fach keine Ahnung. Ich brachte mir die Physik daher selbst bei. Da ich keine alten Prüfungen zum Üben hatte, war die kurze schriftliche Bekanntgabe das einzige, wonach ich die Prüfung einschätzen konnte. Allerdings halfen mir meine jahrelangen Experimente mit Elektrizität, Mechanik, Magnetismus und Elektronik bei der Theorie. Und natürlich dachte ich mir, während ich auf meine Art lernte, neue Streiche aus.

Im Rahmen meines Selbststudiums der Optik und der Astronomie ließ ich mir von Edmund Scientific (wo ich auch die Ballons gekauft hatte) Linsen schicken und baute einen Refraktor. Von den Sternen abgesehen stellte ich fest, dass ich aus meinem Fenster im ersten Stock einen direkten Blick auf einen nicht ganz einen Kilometer entfernten Hügel hatte, auf dem abends oft Teenager parkten, um miteinander zu knutschen. Zufällig hatte ich gerade auch einen alten 12-Volt-Autoscheinwerfer gekauft, den ich als kompakten, leistungsfähigen Suchscheinwerfer verwendete.

Die Idee stellte sich unverzüglich ein: den Scheinwerfer auf mein Teleskop montieren, sodass er alles erleuchtete, worauf ich es richtete. Ich baute meinen „Liebes-Ausguck“ auf und wartete, bis es dunkel wurde. Sobald mehrere Autos schon eine Weile gestanden hatten, schaute ich durch das Okular und drückte auf den Schalter. Bling! Die Autos waren hell angestrahlt und die verblüfften Teenager, die in diversen verschlungenen Stellungen ertappt worden waren, fuhren panisch weg. Da ich nicht erkannt werden wollte, ließ ich das Licht jeweils nur für ein paar Sekunden an. Ich probierte diesen Trick nur ein paarmal aus und hörte damit auf, als mir klar wurde, welche Qualen er den Pärchen verursacht haben musste.

Der Tag der großen Physikprüfung kam, schien aber nach der Chemieprüfung enttäuschend zu werden. Ich wusste die Antworten für etwa 860 von 1.000 möglichen Punkten und pflügte mich mit meinem neuen Rechenschieber durch die Berechnungen. Aber zwei Fragen, die zusammen circa 140 Punkte brachten, bezogen sich auf Stoff, den ich nicht durchgearbeitet hatte. War ich schon wieder zum vierten Platz verurteilt? Ich fragte mich, was ich dagegen tun könnte. In der verbleibenden Zeit verwendete ich ein Verfahren namens Dimensionsanalyse, um mir die Formel zu überlegen, von der ich hoffte, dass sie die passende für die Lösung der einen Aufgabe war, und bei der anderen probierte ich es irgendwie.[8] Ebenso wie bei der Chemieprüfung wartete auf die 15 mit den meisten Punkten ein Essen zur Preisverleihung. Wieder kamen die Finalisten größtenteils von den besten Schulen aus dem Bezirk Los Angeles. Es herrschte allgemeines Erstaunen, als der Spitzenplatz an jemanden aus – woher? – ging: Narbonne High School? Irgendeine Berufsschule in der Pampa? Wie beim Chemiewettbewerb wurden die Punktzahlen genannt, nur dass ich diesmal mit 931 Punkten Erster war. Der zweite Platz hatte 50 oder 60 Punkte weniger. Nachdem ich die Streber und die Privilegierten übertroffen hatte, stand mir die erste Wahl unter den angebotenen Stipendien zu und ich schwankte zwischen Caltech und UC-Berkeley. Die Caltech, die eigentlich meine erste Wahl gewesen wäre, bot die volle Deckung der Studiengebühren an, es ich hatte keine zusätzlichen 2.000 Dollar pro Jahr für Wohnheim und Lebensunterhalt. Pasadena war teuer und ich kannte keinen Ort in der Nähe, der sich innerhalb meines Budgets bewegt hätte. Caltech konnte ich mir einfach nicht leisten.

Mein Stipendium für die UC-Berkeley, das größte, das sie damals vergab, betrug 300 Dollar im Jahr. Die Studiengebühren in Höhe von 70 Dollar im Jahr wurden bei mir separat durch ein Stipendium für Kinder von Veteranen des Ersten Weltkriegs gedeckt. Außerdem gab es in Berkeley günstigen Wohnraum und Verpflegung direkt neben dem Campus. Noch billiger war die Student Cooperative Housing Association mit Kost und Logis für 35 Dollar im Monat und vier Stunden Arbeit pro Woche. Als ich mich für Berkeley entschied, hoffte ich, dass es dort wenigstens eine Menge Mädchen geben würde und dass mein Sozialleben aufblühen würde.

Ein paar Jahre zuvor war mein Interesse an Funk und Elektronik Herrn Hodge zu Ohren gekommen, einem Elektrotechniker im Ruhestand, dessen ausgedehntes typisch kalifornisches Grundstück mit subtropischem Garten, Palmen, Stuck und Fliesen im spanischen Stil sowie sorgfältig gestalteten Goldfischteichen an unseren hinteren Zaun grenzte. Aus meinem Baumhaus in fast zehn Metern Höhe, das aus einer Bretterplattform auf einer sehr großen waagerechten Astgabel bestand, blickte ich durch eine Bambusstaude hindurch und sah einen mysteriösen Turm. Früher war das schlanke, kegelförmige und mit grüner Dachpappe verkleidete Gebäude eine Windmühle gewesen. Eines Tages lud mich Herr Hodge in den Turm ein. Auf einer schmalen Wendeltreppe stiegen wir 30 Stufen nach oben. In jedem Stockwerk sah ich neue Schatzgruben an Funkgeräte-Bauteilen. Klugerweise ließ mich Herr Hodge als Geschenk nur ein Bauteil auswählen, das ich gebrauchen konnte, und zwar einen wundervoll gearbeiteten Drehkondensator mit Luft-Dielektrikum. Das war ein wesentlicher Bestandteil der damaligen Funk-Sende-und-Empfangsgeräte. Er bestand aus mehreren feststehenden Metallplatten und hatte einen Drehknopf, mit dem man einen zweiten, beweglichen Satz Platten an die festen annähern oder von ihnen entfernen konnte; dadurch änderte sich die Frequenz, auf die das Gerät ansprach. Indem ich den Kondensator in mein selbst gebautes Funkgerät einbaute, konnte ich die Sendestationen klar und deutlich einstellen. Alle paar Wochen stillte Herr Hodge meinen Hunger mit einem weiteren Schatz aus seiner Sammlung. Je besser ich mich mit der Funktechnik auskannte und je mehr ich mich dafür interessierte, desto mehr dachte ich über meines Erachtens mögliche künftige Einsatzgebiete dieser Technik nach.

Eine Idee war, eine Tür einfach mit der Kraft meiner Gedanken zu öffnen oder zu schließen. Ich könnte ja die Tatsache nutzen, dass Gedanken bekanntlich elektrische Vorgänge im Gehirn sowie schwache, jedoch messbare Stromflüsse in der Kopfhaut hervorrufen. Ich überlegte mir, ich könnte mir den Kopf rasieren und Kabel anschließen, um diese Ströme aufzunehmen. Ich dachte, ich könnte die elektrischen Ströme durch die Änderung meiner Gedanken verändern. Würde ich diese Ströme in einen Funksender einspeisen, den ich bei mir trug, würde dies dazu führen, dass das passende Signal an einen Funkempfänger an der Tür gesendet würde, der seinerseits Motoren ansteuern würde, die die Tür öffnen beziehungsweise schließen würden. Im Prinzip könnte ich Informationen senden, die den Punkten und Strichen des Morsecodes (oder moderner ausgedrückt den Nullen und Einsen des binären Codes) entsprachen, und dadurch Informationen von beliebiger Komplexität senden. Ein solches Gerät baute ich zwar nie, aber die Vorstellung eines tragbaren elektronischen Apparats, mit dem ich drahtlos Gegenstände kontrollieren könnte, ließ mich nicht los.

Herr Hodge schenkte mir auch ein Abonnement einer Zeitschrift namens *Science News-Letter* (heute *Science News*) und erzählte mir von der alljährlichen Westinghouse Science Talent Search (später von Intel und dann von Regeneron gesponsert). Von diesem Wettbewerb hatte in meiner Schule noch nie jemand gehört, auch die Lehrer nicht. Zusammen mit mehr als 16.000 Schülern aus den gesamten Vereinigten Staaten machte ich 1949, in meinem letzten Schuljahr, bei der Eighth Annual Search mit. Wir legten alle eine schriftliche naturwissenschaftliche Prüfung ab und das Wissen, das ich aus *Science News-Letter* gewonnen hatte, war dafür eine wertvolle Vorbereitung.

Zusätzlich zu einer Empfehlung durch Lehrer musste ich einen Essay zu einem wissenschaftlichen Thema einreichen. Da niemand mich beriet, ging ich in die Bibliothek und begann mit einer wissenschaftlichen Arbeit über Beryllium – eine Plackerei. Ich brach ab und dachte an die vergnüglichen Dinge, die ich mir selbst ausgedacht hatte. Ich traf eine Auswahl, was mich auf meinen Aufsatz brachte: „Einige originelle Berechnungen".

In der ersten Berechnung zeigte ich, wie man die Positionen der Planeten näherungsweise berechnen kann, indem man ihre Bahnen als kreisförmig statt der genaueren keplerschen Ellipsen annimmt. Meine zweite Berechnung zeigte, wie man den Brechungsindex eines Glasprismas (und somit die relative Lichtgeschwindigkeit in seinem Inneren) einfach dadurch ermitteln kann, dass man es auf einer Tischplatte bis zu dem Punkt bewegt, an dem seine Unterseite das Licht zur Hälfte reflektiert und zur Hälfte durchlässt. Ein paar einfache Messungen mit einem Metermaß und etwas Trigonometrie bringen die Lösung.

Hinsichtlich der Prüfung hatte ich ein gutes Gefühl, aber die Gutachten der Lehrer und der Aufsatz hatten großes Gewicht und ich hatte bei beiden keine Vorstellung, wie ich abschnitt. Als ich wochenlang nichts hörte, dachte ich mir, ich sei unter ferner liefen gelandet und würde es erfahren, sobald die Gewinne bekannt gegeben wurden.

Da ich an die Talentsuche schon gar nicht mehr dachte, war ich erstaunt, eines Frühlingsmorgens vor unserer Türschwelle ein Telegramm vorzufinden. Da ich nicht begriff, dass es für mich war, brachte ich es ins Haus. Da ich noch nie ein Telegramm bekommen hatte und dachte, es könnte ein Notfall sein, machte ich es auf.

Es war von Westinghouse. Begeistert und staunend las ich: „Herzlichen Glückwunsch, Sie sind einer der 40 Finalisten." Ein paar Wochen danach absolvierte ich meine erste Reise mit der Eisenbahn und fuhr mit den beiden anderen Finalisten aus Kalifornien zu einem fünftägigen vollständig bezahlten Aufenthalt nach Washington, wo ich zu den anderen stieß.[9] Die 40, die es in die Endausscheidung geschafft hatten, bekamen eine Audienz bei dem Physik-Nobelpreisträger I. I. Rabi und durften das dortige 150-cm-Zyklotron besichtigen. Als wir den Raum betraten, in dem sich das Zyklotron befand, durfte niemand magnetisierbares Material bei sich haben, denn der Elektromagnet der Anlage war so stark, dass er Uhren, Knöpfe und Gürtelschnallen losgerissen und in tödliche Geschosse verwandelt hätte, die zu ihr geflogen wären.

Bei einer öffentlichen abendlichen Ausstellung präsentierte jeder einen Aspekt seiner wissenschaftlichen Arbeit. Diese Vorführungen spielten bei der Rangfolge der 40 an uns vergebenen Geldpreise eine große Rolle.

Ich führte die kleine Funkanlage mit fernsteuerbarer Antenne vor, die ich gebaut hatte. Leider hatten wir an unseren Ständen keinen Stromanschluss und meine geplante Live-Demonstration geriet zu einer Ansammlung lebloser Gegenstände. Die ersten zehn bekamen Geldpreise von 10.000 bis 1.000 Dollar und wir restlichen 30 bekamen je 100 Dollar. Trotzdem wollten uns die naturwissenschaftlichen Fakultäten führender Universitäten haben. Ein Höhepunkt war die Begrüßung durch Präsident Harry S. Truman im Oval Office des Weißen Hauses. Ich weiß noch, wie sich seine Hand anfühlte, als er sie uns gab: fest, kompakt und mit dem Gefühl eines leicht mit Talkum bestäubten Ledersessels.

In der Highschool interessierte sich außer mir niemand besonders für die exakten Naturwissenschaften, also studierte und experimentierte ich auf eigene Faust. Aber ich hatte mit meinen Freunden andere Interessen gemeinsam. Ab der achten Klasse waren vor allem Dick Clair, Jim Hart und ich eng befreundet. Wir sprachen über Schulpolitik, über nationale und weltweite Angelegenheiten, zum Beispiel über Wahlen, den Kalten Krieg, den Wiederaufbau Westeuropas und die Rassendiskriminierung. Wir lasen Belletristik und grübelten über Moral und Ethik. Jim war Dichter, Schriftsteller und begabter Karikaturist. Dick war Schriftsteller und Philosoph. Obwohl wir im Leben unterschiedliche Wege einschlugen, blieben wir lebenslang in Kontakt.

Das einzige Spiel, das ich spielte, war Schach. Zu jener Zeit interessierte ich mich noch nicht für Karten oder für Glücksspiele und hatte keine Erfahrung damit. Jedoch war eine der physikalischen Ideen, über die ich in jenem Jahr kurz nachdachte, die Analogie zwischen einer kreisenden Roulettekugel und einem umlaufenden Planeten. Da sich die Planetenpositionen exakt berechnen lassen, dachte ich mir, es könnte vielleicht möglich sein, das Ergebnis eines sich drehenden Roulettekessels vorherzusagen. Kurz nachdem Jack Chasson und seine Frau von einer Reise nach Las Vegas zurückgekehrt waren, war ich bei ihnen zum Essen eingeladen. Als er erklärte, es gebe keine Möglichkeit, die Casinos zu schlagen, erwiderte ich mit jugendlicher Überheblichkeit und ermuntert durch meine Gedanken zum Roulette, eines Tages würde ich genau das tun. Jack sagte nur „Ach was, Eddie“ und ließ es dabei bewenden.

Aber die Idee schlummerte in mir und wartete nur darauf, zum Leben erweckt zu werden.

3

KAPITEL

Physik und Mathematik

Im August 1949, als ich 17 wurde, zog ich auf den Campus der University of California in Berkeley. Meine inzwischen geschiedene Mutter verkaufte das Haus, zog weg und steckte meinen zwölfjährigen Bruder in eine Militärschule. Erst nach zwei Jahren sah ich meine Eltern wieder öfter – ein Echo der Erfahrungen meines Vaters, denn er war ab dem 16. Lebensjahr ohne Eltern und auf sich allein gestellt. Er war zu Armee gegangen, ich ging zur Universität. Wie er war ich ab da auf mich allein gestellt.

Ich fand ein Zimmer ein paar Blocks südlich des Campus. Kurz bevor ich zum College aufbrach, hatte ich erfahren, dass meine Mutter die Kriegsanleihen, die ich von meiner Zeitungsroute bezahlt hatte, flüssig gemacht und das Geld ausgegeben hatte. Ihr unerwarteter Verrat war ein emotionaler Schlag, der uns auf Jahre hinaus entfremdete, und nun stand in Zweifel, ob ich mich an der Uni würde finanzieren können. Ich schaffte es mit Stipendien, Teilzeitarbeit und im ersten Jahr 40 Dollar pro Monat von meinem Vater. Ich kam mit weniger als 100 Dollar im Monat aus und das schloss alles ein: Bücher, Studiengebühren, Essen, Unterkunft und Kleidung. An den Sonntagen, wenn meine Pension keine Mahlzeiten anbot, ging ich zu Tagen der offenen Tür von Kirchen und konsumierte große Mengen an kostenlosem Kakao und Donuts.

Der Campus quoll vor Veteranen über, die aufgrund der GI Bill studierten. Die Lehrveranstaltungen für grundlegende naturwissenschaftliche Fächer wie Physik und Chemie fanden in Hörsälen mit mehreren Hundert Plätzen statt, wurden aber von den besten Professoren gehalten und die Qualität war hoch. In meinem Hauptfach Chemie war ich einer von 1.500 Studenten. Wir wurden in vier Vorlesungsabteilungen zu je fast 400 Studenten aufgeteilt. Der Kurs wurde von einem berühmten Professor gehalten und wir benutzten dafür sein Buch. Da er gerade eine neue Auflage vorbereitete, bot er dem ersten Studenten, der einen Druckfehler meldete, zehn Cent. Ich machte mich an die Arbeit und schon bald brachte ich ihm eine Liste mit zehn Fehlern, um zu sehen, ob er bezahlen würde. Ich bekam meinen Dollar. Ermutigt kam ich mit einer Liste mit 75 weiteren Fehlern wieder. Das brachte mir zwar 7,50 Dollar ein, aber er freute sich nicht darüber. Als ich ein paar Tage später mit mehreren Hundert wiederkam, erklärte er mir, es müssten richtige Fehler sein, keine bloßen Druckfehler. Trotz meiner Einwände erklärte er fast alle, die ich ihm vorgelegt hatte, für nichtig. Diese nachträgliche einseitige Änderung der Abmachung, die mir später an der Wall Street häufig begegnen sollte – von jemandem zu seinem eigenen Nutzen vorgenommen, schlicht weil er damit durchkam –, verletzte mein Gerechtigkeitsgefühl. Ich meldete ihm keine weiteren Korrekturen mehr.

Als das Semester zu Ende ging, hatte ich von den Hunderten Punkten, die wir für die schriftlichen Prüfungen und für die Laborpraktika bekamen, nur einen verfehlt und belegte damit den ersten Platz. Das war für mich nach meiner unglücklichen Erfahrung mit der Chemieprüfung in der Highschool-Zeit die Rehabilitierung. Ein Teil unserer Note kam dadurch zustande, dass wir jede Woche eine uns unbekannte Probe chemisch analysieren sollten. Nachdem ich gehört hatte, dass manche Studenten andere sabotieren konnten, indem sie die unbekannten Stoffe heimlich austauschten, gewöhnt ich mir an, einen Teil meiner Probe aufzubewahren, damit ich in dem Fall, dass mir so etwas angetan würde, beweisen konnte, dass ich das, was mir vorgelegen hatte, korrekt analysiert hatte. Bei der letzten Probe, die wir bekamen und die in die Bewertung des Semesters einging, wurde mir gesagt, ich läge falsch. Ich wusste es aber besser und verlangte, dass der Teil, den ich aufbewahrt hatte, geprüft werden sollte. Die Entscheidung über meine Anfechtung lag bei dem Laborassistenten und dieser weigerte sich, etwas zu unternehmen. Die Punkte, die ich dadurch verlor, führten dazu, dass ich das Semester als Vierter statt als Erster abschloss. Empört schrieb ich mich im zweiten Semester nicht mehr in Chemie ein und änderte mein Hauptfach in Physik. Dadurch verpasste ich die organische Chemie, das Studium der Kohlenstoffverbindungen und die Grundlage allen Lebens. Sie ist grundlegend für die Biologie.

Diese übereilte Entscheidung, die dazu führte, dass ich die Uni und mein Hauptfach wechselte, sollte den Verlauf meines gesamten Lebens verändern. Im Nachhinein erwies es sich das als das Beste, was mir passieren konnte, denn meine Interessen und meine Zukunft lagen in der Physik und in der Mathematik. Als ich Jahrzehnte später etwas aus der organischen Chemie brauchte, um Ideen für die Verlängerung des menschlichen Lebens zu erforschen, lernte ich, was ich dafür brauchte.

Obwohl sie damals für Mathematik und Physik nicht so gut war wie Berkeley, wechselte ich nach dem Ende des Jahres an die UCLA (University of California in Los Angeles). Zum einen hatte ich in Berkeley keine engeren Bekanntschaften geschlossen, sodass es mir kalt und einsam vorkam, während mir Südkalifornien vertraut war. Mein Lehrer Jack Chasson, der fast ein Ersatzvater war, und meine beiden besten Freunde von der Highschool, Dick Clair und Jim Hart, boten zusätzlichen emotionalen Halt und ein Gefühl der Zugehörigkeit. Zum anderen waren meine Lebensumstände im Norden fürchterlich gewesen. Im zweiten Semester wohnte ich im Studentenwohnheim. Das war die mit Abstand billigste Unterkunft. Wenn ich mich recht erinnere, wohnte ich in einem Gebäude namens Cloyne Court. Als Neuzugang bekam ich das schlechteste Zimmer. Es hatte mehrere Eingänge und darin wohnten fünf Studenten. Es war ein ständiges Kommen und Gehen, Tag und Nacht. Dort kam man zu nichts. Man konnte dort nicht einmal schlafen.

Entscheidend dafür war, dass mein UC-Stipendium auf die UCLA übertragbar war. Dort zog ich in die University Cooperative Housing Association, ebenfalls eine unabhängige Wohnheimorganisation. Als Teil der landesweiten Wohnheimbewegung, wie auch das Studentenwerk in Berkeley, war das Wohnheim eine Art Mini-UNO mit Studenten aus der ganzen Welt. Dieser spezielle Standort, der damals zwei Gebäude namens Robison Hall und Landfair House umfasste, war während der Depression von Studenten gegründet worden, die ihr Geld zusammengelegt hatten, um an der UCLA studieren zu können. Als ich dort hinkam, war die Genossenschaft auf 150 Mitglieder angewachsen.

Eine der ersten Personen, die ich im Herbst 1950 kennenlernte, war Vivian Sinetar. Sie war schlank, blond und hübsch und sie studierte Anglistik. Das Beste war jedoch, dass sie sehr intelligent war. Auch sie war für ihr zweites Studienjahr an die UCLA gekommen, zuvor war sie am Los Angeles City College gewesen. Wir lernten einander durch eine Studentenvereinigung kennen, die sich für die faire Behandlung von Menschen aller Religionen, jeder ethnischen Herkunft und aller politischen Einstellungen einsetzte. Beide schrieben wir gerne und so meldeten wir uns, um für den Verband eine Zeitung zu produzieren.

Eine der Ungerechtigkeiten, von denen Studenten betroffen waren, bestand darin, dass kein Friseur der Gegend unseren schwarzen Freunden die Haare schneiden wollte; eine andere darin, dass der Kurs für Fortgeschrittene über den Bürgerkrieg an der UCLA von einem älteren Professor gehalten wurde, der behauptete, die Sklavokratie des Südens sie schlicht ein fröhlicher Wohlfahrtsstaat für unterprivilegierte Schwarze. Gemeinsam verteilten Vivian und ich Hunderte Exemplare unserer Breitseite gegen etwas, das unseres Erachtens eine empörende Verzerrung der Geschichte war. Der erzürnte Professor verbrachte eine ganze Vorlesung damit, sich zu verteidigen und die Verfasser als anonyme Feiglinge zu denunzieren. Die Verfasser sahen jedoch keinen Sinn darin, sich zu erkennen zu geben und den Verweis von der Uni zu riskieren.

An den Abenden, an denen wir an der Zeitung arbeiteten, sprachen Vivian und ich über alles Mögliche und merkten, wie viel wir gemeinsam hatten. Beide waren wir die ersten unserer Familie, die einen Universitätsabschluss machten. Auch war uns der Sinn für Gerechtigkeit und Fairplay gemeinsam. Bei ihr kam er zum Teil daher, dass ihre Eltern eingewanderte ungarische Juden waren, die ebenso wie ihre umfangreiche Verwandtschaft in Europa jahrhundertelange Verfolgungen erlitten hatten. Viele ihrer Verwandten waren während des Zweiten Weltkriegs in Konzentrationslagern umgekommen und sie selbst waren in Amerika weiterhin mit Antisemitismus konfrontiert. Doch für Vivian war Fairplay auch ein sehr persönliches Thema. Sie war das älteste von drei Kindern, ihre Schwester war etwas mehr als ein Jahr nach ihr geboren, ein Bruder zwei Jahre danach. Ihre Schwester setzte sich aggressiv durch und bekam für Vivians Geschmack viel mehr, als ihr anteilsmäßig zustand. Vivians Mutter brachte Vivian – zum Teil weil sie sich nicht mit deren Schwester anlegen wollte und teils weil sie deren Chuzpe bewunderte – dazu, dadurch den Frieden zu wahren, dass sie immer nachgab. Zum Teil rührte ihre tiefe Überzeugung, dass jeder ein ebenes Spielfeld verdient – die ich teilte –, daher.

Vivian war vorsichtig und wählerisch, was Dates anging. Damit stellte sie die Geduld ihrer Mutter und ihrer Schwester, die sie verkuppeln wollten, auf eine harte Probe. Eines Abends, als ich sie abholte, um mit ihr an der Zeitung zu arbeiten, nahmen sie sie beiseite und fragten sie: „Was ist an dem denn verkehrt?“ Ich glaube, sie antwortete (zutreffend): „Er ist zu jung.“ Als wir uns kennenlernten, war ich gerade einmal 18 und sie fast 21. Da sie für ihr Alter viel reifer war als ich für meins, dachte keiner von uns an den anderen als jemanden für ein Rendezvous. Sie studierte Literaturwissenschaft und obwohl ich eigentlich Physik studierte, belegte ich als Wahlfächer einige ihrer Kurse. Wir wurden gute Freunde. Jahre vergingen und wir hatten Dates mit anderen, während ich langsam weniger jung wurde.

Da es überall kluge, hübsche Kommilitoninnen gab, eröffnete sich mir die ganze Welt der Frauen. Nachdem ich fast ein Jahr lang mit vielen verschiedenen Mädchen ausgegangen war und eines Abends auf einer Party war, fesselte ein umwerfendes Mädchen am anderen Ende des Raumes meine Aufmerksamkeit. „Alexandra“ war eine große Brünette mit der

Figur eines Models, eine klassische Schönheit mit hohen Wangenknochen, großen braunen Augen, das Gesicht von einer Frisur im Kleopatra-Stil eingerahmt. Wir fühlten uns sofort zueinander hingezogen und waren in den nächsten zwei Jahren ununterbrochen zusammen. Als Studentin der Theaterwissenschaft verschaffte sie mir eine einzeilige Rolle in einem Stück, an dem sie beteiligt war. Dabei verbrachte ich die meiste Zeit damit, in der Kluft eines römischen Legionärs strammzustehen und dabei zu denken, dass das Leben eines Schauspielers nichts für mich sei.

Beinahe hätte meine akademische Laufbahn in meinem dritten Studienjahr geendet. Oft kam ich erst um zwei Uhr morgens von den Rendezvous mit Alexandra nach Hause und lernte dann noch lange, um durchzukommen. Oft war ich müde und reizbar, vor allem wenn ich morgens um acht in meinen Physikkurs kam.

Der Professor war zwar der Sohn eines berühmten Physikers, aber selbst nur Mittelmaß. Da er unsicher war und Angst vor Fragen aus der Klasse hatte, schrieb er seine Vorlesung, die aus einem Stapel Aufzeichnungen bestand, an die Tafel, sodass er den Studenten den Rücken zukehrte und sie dadurch von Fragen abhielt. Wir schrieben sie dann in unsere Hefte ab. Das machte er schon seit Jahren so und an dem Stoff änderte sich nur selten etwas. Ich fand das dumm. Wieso teilte er nicht einfach Kopien aus, damit wir sie vorher lesen und dann im Kurs intelligente Fragen stellen konnten? Natürlich befürchtete er, jemand könnte ihm eine Frage stellen, die er nicht beantworten konnte.

Da ich mich langweilte, begann ich, in seinem Kurs die Studentenzeitung der UCLA zu lesen, den *Daily Bruin*. Das verletzte sein Selbstwertgefühl – später begriff ich, dass dies in zwischenmenschlichen Beziehungen ein absolutes Tabu ist, außer man hat nichts dagegen, sich einen hartnäckigen Feind zu schaffen. Er war immerhin so gekränkt, dass er seine Schreibtätigkeit immer mal wieder unterbrach und mir unvermittelt in einem Augenblick eine Frage stellte, in dem ich vollkommen in meine Lektüre vertieft zu sein schien. Ich gab ihm die richtige Antwort und las weiter Zeitung.

Eines Morgens spitzte sich die Lage zu. Ich war bis spät in die Nacht mit Alexandra aus gewesen und bis in die Morgenstunden aufgeblieben, um eine langwierige, aber einfache Hausaufgabe rechtzeitig vor Unterrichtsbeginn zu erledigen. Ich rannte die Treppen hinunter zu dem Hörsaal, um die Übung abzugeben, und gerade als ich sie dem Professor übergab, ertönte der erste von acht Glockenschlägen, die die Uhrzeit angaben. Er schaute mich an und sagte: „Oh-oh." Ich warf meine Hausaufgabe auf das Pult und rief: „Was meinen Sie mit ‚oh-oh'?" Und dann sagte ich ihm, was ich von seiner Lehrveranstaltung hielt, während ein verschreckter Kurs zusah. Ich setzte mich auf meinen Platz, alles war still und der Kurs ging weiter wie bisher. Rückblickend ist mir klar, dass mich Menschen, die ich für kleinlich, engstirnig und mittelmäßig hielt, schon immer geärgert haben. Später begriff ich, wie dumm es ist, mit ihnen die Klinge zu kreuzen. Ich lernte, ihnen aus dem Weg zu gehen, wenn ich konnte, und Fingerspitzengefühl walten zu lassen, wenn ich es nicht konnte.

Eine Woche später wurde ich zum Studiendekan einbestellt. Er sagte mir, wegen meines respektlosen Verhaltens würden mehrere Möglichkeiten erwogen, darunter auch der Verweis von der Uni. Dies hätte nicht nur meine akademische Laufbahn ruiniert, denn wir schrieben das Jahr 1951, der Koreakrieg war im Gange und meine damals als 1S-Status bezeichnete Zurückstellung von der Einberufung als Student wäre beendet. Mein Status hätte sich in 1A (tauglich und zur Verfügung stehend) geändert und dies war die erste Gruppe, die eingezogen wurde. Fast mit Sicherheit wäre ich innerhalb von Wochen beim Militär gewesen. Beim Kreiswehrersatzamt im Umkreis der UCLA waren vor allem Studenten mit 1S-Zurückstellungen registriert. Die wenigen mit 1A wurden vor diesen eingezogen und waren bereits weg. Inzwischen zogen auch 1S-Studenten in den Krieg. Jede Woche verschwanden ein paar mehr von den Plätzen um mich herum. Zum Glück war für mich das Kreiswehrersatzamt am Wohnsitz meines Vaters zuständig – in einem Teil von Los Angeles, in dem viele junge Männer mit 1A registriert waren und nur wenige studierten. Dort gehörte ich als 1S zu den Letzten, die irgendwann eingezogen würden. Solange ich an der UCLA eingeschrieben war, ließ mich mein 1S-Status also wahrscheinlich mein Studium fortsetzen.

Mein Fall wurde als Disziplinarverfahren an den stellvertretenden Studiendekan übertragen. In diesem Moment wurden mir die vollständigen

Konsequenzen meiner Unreife und meines schlechten Benehmens klar. Bei meiner Besprechung mit dem stellvertretenden Studiendekan, der überraschend verständnisvoll war, handelten wir ein Abkommen aus. Ich würde mich persönlich bei dem Professor entschuldigen. Ich wäre für den Rest des Studienjahres auf Bewährung. Ich würde ab sofort mein bestes Benehmen an den Tag legen. Ich würde für kein Amt der Studentenvertretung kandidieren. Letztere Bedingung irritierte mich, bis ich erfuhr, dass der Studiendekan politisch unabhängige und freimütige Studenten fürchtete und in der McCarthy-Ära der Treueide die Universitätsverwaltung vor offiziellen Studentenvertretern bewahren wollte, die sie in peinliche Situationen hätten bringen können.

Zu dem Zeitpunkt, als ich in das Büro des Professors ging, war mir klar geworden, dass ich mich dämlich und ungehobelt benommen hatte, und ich sagte ihm aufrichtig, dass das, was ich getan hatte, ungehörig war und dass ich mein Verhalten bedauerte. Blieb jedoch die ernstere Frage dessen, was ich über seine Lehrtätigkeit gesagt hatte. Ich hatte sein Selbstwertgefühl verletzt. Das würde er mir erst verzeihen, wenn er das Gefühl hätte, ich würde das Gesagte zurücknehmen. Aufgrund meiner Werte und meines eigenen Selbstwertgefühls war ich nicht bereit, vor ihm zu kriechen und Lügen zu erzählen, obwohl für mich viel auf dem Spiel stand. Ich musste also einen anderen Weg finden. Ich erklärte ihm, ich hätte inzwischen begriffen, dass seine Lehrmethoden einzigartig seien und dass die Studenten, auch wenn sie sie nicht immer zu schätzen wüssten, nur selten auf einen Professor seines Formats träfen. Was ich sagte, war die Wahrheit, man konnte es jedoch verschieden auslegen. Er wählte die Interpretation, die ich erwartet hatte. Als ich ging, strahlte er, meine Karriere war gerettet und ich würde ein wohlerzogenerer und gewissermaßen reiferer Mensch werden.

Meine Noten hatten im dritten Jahr etwas gelitten. Im vierten Jahr besserten sie sich zwar wieder, aber ich war auch auf Bewährung gesetzt worden, daher kam meine Einladung zu Phi Beta Kappa überraschend. Ich hatte Glück, dass ich mich nicht schlechter aus der Affäre gezogen hatte. Nichts von alledem wäre passiert, wenn ich mich, wie ich es mir gewünscht hätte, zuvor gefragt hätte: *Wenn du das tust, was soll dann deinem Wunsch nach geschehen?* und: *Wenn du das tust, was wird dann deiner Meinung nach geschehen?* Beide Antworten hätten mir nicht gefallen. Diese beiden Fragen wurden für die Zukunft zu wertvollen Leitlinien.

Alexandras Eltern gehörten der gehobenen jüdischen Mittelschicht an und betrieben ein erfolgreiches Kunststoffunternehmen. Sie waren zwar freundlich und höflich, wenn ich sie besuchte, aber für ihre Tochter schwebte ihnen etwas Höheres vor als ein mittelloser, konfessionsloser Student ohne Perspektiven. In unserem Abschlussjahr hatten Alexandra und ich ein paar Monate vor unseren jeweiligen Abschlussprüfungen unsere Romanze tränenreich beendet, weil ich immer noch zu jung und zu unreif und nicht in der Lage war, einem Mädchen irgendeine Sicherheit oder Beständigkeit zu bieten. Ich war so deprimiert, dass ich meine Abschlussfeier ausfallen ließ. Ich hatte niemanden, der mir so nahe stand, dass ich mit ihr hingegangen wäre. Vivian war locker mit Alexandra befreundet und ging zu ihrer Abschlussparty. Ich war nicht eingeladen. Meine Freunde machten ihre Abschlüsse und zerstreuten sich.

Um mich selbst für meinen Abschluss zu belohnen, nahm ich mir sechs Wochen frei und fuhr mit einem Freund in meiner alten, billigen Limousine nach Manhattan. Unterwegs schliefen wir im Auto und für die vier Wochen, die wir in New York verbrachten, hatte ich ein Apartment gemietet Wir gaben nicht viel Geld aus, in erster Linie für Benzin und Essen.

Am Anfang unserer Fahrt kamen wir etwa um Mitternacht in Las Vegas an und fragten uns, wo wir im Auto schlafen konnten, ohne von der Polizei belästigt zu werden. Wir fanden einen großen, scheinbar menschenleeren Park und parkten neben den Toiletten. Da wir eine Dusche brauchten, zogen wir uns aus und wuschen uns mit dem Wasser aus einem Wasserhahn mit Schlauchanschluss – im Scheinwerferlicht meines Autos. Dann hörten wir Stimmen, und zwar viele Stimmen. Der Park war mit Obdachlosen angefüllt, darunter viele Familien, und wie wir am nächsten Morgen erfuhren, hatten die meisten ihr Geld beim Glücksspiel verloren. Zu ihrem Glück waren die Sommernächte lau. Bevor wir am nächsten Tag weiterfuhren, trieben wir uns wagemutig am Pool eines der

Casinos am Strip herum, wo wir eine Gruppe von drei Mädchen kennenlernten. Sie schenkten uns 5-Cent-Stücke, um an den Spielautomaten zu spielen, was ich nur unter gewissen Befürchtungen tat, denn ich war noch keine 21 und daher durfte ich das von Rechts wegen noch gar nicht. Prompt gewann ich einen kleinen Jackpot. Glöckchen erklangen, Lichter blitzten und 5-Cent-Stücke im Wert von mehreren Dollar purzelten in die Schale des Automaten. Diesen warmen Regen gaben wir zu fünft für Essen und Trinken aus.

Ich sah Las Vegas damals zum ersten Mal und es hinterließ widersprüchliche, aber lebhafte Bilder. Glanz und Glamour des Strips mit ihrer Verheißung unverdienter Reichtümer kontrastierten mit der Menge der Obdachlosen im Park, den Opfern der dunklen Seite des Traums. Diese Erinnerung blieb bei mir haften: eine glitzernde Spielwiese, auf der Unbedarfte zu Spielen verlockt wurden, bei denen sie – wie ich aus der Mathematik wusste – insgesamt verlieren mussten. Die Gewinner wurden plakativ gefeiert, um noch mehr Trottel anzulocken, während eine größere Anzahl, die zu viel oder zu oft setzte, ärmer und oft sogar ruiniert wurde. Damals war mir noch nicht klar, dass ich eines Tages für einige von ihnen den Spieß umdrehen würde.

Der Freund, der mit mir fuhr, gehörte zu einer Gruppe von Gewichthebern, mit denen ich ein Jahr zuvor zu trainieren begonnen hatte. Das hatte an einem Abend angefangen, an dem ich am Heizungskeller hinter dem Wohnheim vorbeigekommen war und den Klang von Eisen gehört hatte, das auf Eisen schlägt. Neugierig wagte ich mich hinein und traf auf drei muskulöse Mitbewohner, die Gewichte stemmten. Als ich sagte, das scheine mir viel Anstrengung für wer weiß welchen Gewinn zu sein, wetteten sie mit mir um einen Milchshake, dass ich meine Kraft verdoppeln würde, wenn ich ein Jahr lang dreimal die Woche eine Stunde lang mit ihnen trainieren würde. Ich war zwar nicht der dürre Schwächling aus der berühmten Werbung von Charles Atlas, aber ich nahm die Herausforderung an. Als das Jahr zu Ende war, kurz vor meiner Fahrt nach New York, hatte sich das Gewicht, das ich stemmen konnte, mehr als verdoppelt und ich bezahlte die Wette mit Freuden. Das war der Beginn meines lebenslangen Interesses an Fitness und Gesundheit.

Nach der Reise machte ich mich wieder ans Arbeiten und Studieren. In meinem ersten weiterführenden Studienjahr, 1953/1954, bewarb ich mich erfolgreich für ein Physikstipendium der Columbia University. Ich brauchte nichts weiter zu tun als genug Geld aufzubringen, um in New York zu leben. Da ich das nicht konnte, musste ich es ablehnen und studierte an der UCLA weiter. An einem Sonntagnachmittag im Jahr darauf, als ich mit meinem Masterabschluss beschäftigt war, trank ich mit ein paar anderen in der Mensa des Wohnheims Tee. Einer, der in Las Vegas gewesen war, erklärte, niemand könne die Casinos schlagen. Das war auch die Meinung aller Anwesenden. Und es war die Ansicht der Welt im Allgemeinen, gestützt durch die schmerzlichen Erfahrungen von Generationen von Spielern.

Eines der vielen Systeme zum Setzen, das Spieler in dem Bestreben entwickelt haben, zu gewinnen, ist die Martingale, auch als Doublieren oder Verdoppeln bekannt. Oft wurde sie beim Roulette für Wetten verwendet, bei denen der Gewinn dem Einsatz entspricht, zum Beispiel Rot oder Schwarz. Der gängige amerikanische Roulettekessel hat 18 rote Zahlen, 18 schwarze Zahlen und zwei grüne Zahlen, was insgesamt 38 ergibt.[1] Wenn der Gewinn gleich dem Einsatz ist und man auf Rot oder Schwarz setzt, kann man bei 38 Drehungen des Rades damit rechnen, dass man im Schnitt 18-mal gewinnt und 20-mal verliert, was einen Nettoverlust von zwei Einsätzen ergibt. In dem Versuch, diesen Nachteil zu umgehen, setzt man bei der Martingale zunächst einen Dollar beispielsweise auf Rot. Nach jedem Verlust setzt man bei der nächsten Drehung des Rades doppelt so viel, und zwar immer auf Rot. Irgendwann gewinnt man – denn irgendwann muss Rot ja kommen – und dieser Gewinn deckt alle früheren Verluste ab, zuzüglich eines Gewinns von einem Dollar. Dann fängt man wieder mit einem Dollar an und wiederholt das Ganze, wobei man jedes Mal einen Dollar Reingewinn macht, wenn man irgendwann gewinnt. Der Haken an der Sache ist, dass nach zahlreichen Verdopplungen der erforderliche Einsatz so hoch ist, dass einem entweder das Geld ausgeht oder das Casino den Einsatz nicht erlaubt.

Da es bei einem Glücksspiel eine unendliche Anzahl möglicher Ergebnisreihen gibt, konnte man unmöglich durch Versuch und Irrtum herausfinden, ob irgendein Wettsystem funktioniert. Auch die einzelnen Muster mathematisch zu analysieren war hoffnungslos, denn es waren stets neue zu prüfen. Zu den Triumphen der Mathematik gehörte der Beweis anhand eines einzigen Satzes, dass alle derartigen Systeme zwangsläufig scheitern.[2] Unter relativ allgemeinen Annahmen kann keine Methode der Änderung der Spieleinsätze den Vorteil des Casinos zunichtemachen.

Ich rief mir meine alten Ideen aus der Highschoolzeit ins Gedächtnis, das Roulette physikalisch vorherzusagen, und während ich meinen Tee trank, behauptete ich gegenüber den anderen, trotz der ganzen Mathematik, die dagegen spricht, könne man das Roulette schlagen. Unter Verwendung dessen, was ich in sechs weiteren Jahren Physik gelernt hatte, erklärte ich, die Reibung verlangsame die kreisende Kugel auf ihrer Bahn so lange, bis die Schwerkraft stark genug sei, damit sie in einer spiralförmigen Bewegung in Richtung Mittelpunkt rollt. Ich behauptete, eine Gleichung könne die Position der Kugel im Laufe dieses Prozesses vorhersagen. Auch wenn die Kugel auf den Rotor überspringt, der sich in der ihr entgegengesetzten Richtung dreht, könne eine zweite Gleichung auch die Position des Rotors angeben. Das, was die Vorhersagekraft meiner Gleichung einschränke, seien zufällige Unregelmäßigkeiten, die sich nicht vorhersagen lassen, also das, was Mathematiker und Physiker als Rauschen bezeichnen. Laut der herrschenden Meinung ist das Rauschen so stark, dass es die Vorhersage zunichtemacht. Ich war jedoch nicht dieser Meinung und beschloss herauszufinden, wie es wirklich ist.

Zum Glück wusste ich damals noch nicht, dass einer der größten Mathematiker der vorangegangenen hundert Jahre, Henri Poincaré, „bewiesen" hatte, dass eine physikalische Vorhersage des Roulettes nicht möglich ist. Sein Beweis war solide und nahm bei der Vorhersage der Position der Kugel lediglich eine mäßige, plausible Zufälligkeit an.

Zu diesem Zeitpunkt hatte ich alle meine Scheine für den Doktor der Physik beisammen und absolvierte die schriftlichen Prüfungen. Unter der Anleitung von Professor Steven Moskowski hatte ich die letzte Hürde zur Hälfte hinter mir, nämlich eine Dissertation über das Schalenmodell des Atomkerns. Ich musste nur noch die Arbeit abschließen und eine mündliche Prüfung darüber ablegen, aber um die komplexen quantenmechanischen Berechnungen abzuschließen, musste ich noch viel mehr Mathematik lernen. Zur damaligen Zeit mussten Physikstudenten an der UCLA nur sehr wenig Mathematik belegen und meine Grundlage auf diesem Gebiet war schwach. Besonders die Quantenmechanik erfordert höhere Mathematik und ich merkte, dass ich für meine Forschung so viel lernen musste, dass ich auch gleich den Doktor in Mathematik hätte machen können. Mir schien, ich könnte in Mathematik genauso schnell fertig werden wie in Physik oder noch schneller, was insbesondere deshalb eine Versuchung war, weil die Physikdoktoranden an der UCLA damals oft zehn Jahre oder länger brauchten, um fertig zu werden.

Da ich mich so sehr in die Physik vertiefte, hatte ich den Kontakt zu Vivian und den meisten meiner anderen Freunde verloren. Dann schickte mir Vivian eine Weihnachtskarte mit der Notiz: „Sei nicht so ein Fremder." Ich rief sie an und unser erstes Rendezvous fand ein paar Wochen später in einem kleinen Programmkino in Hollywood statt, wo wir uns „Der Strom" von Jean Renoir anschauten. Trotz der überschwänglichen Kritiken schien uns der Film öde und endlos. Als wir das Kino verließen, dachten wir beide, unser Date sei wohl eine Katastrophe. Aber als wir uns danach bei einem leichten Essen unterhielten, lebte unsere alte Kameradschaft wieder auf – und etwas Neues kam hinzu. Inzwischen hatten wir genug Erfahrungen mit anderen gesammelt, um zu begreifen, wie gut wir zueinander passten. Wie in einem der Bücher von Jane Austen, die sie so sehr mochte, begriffen wir endlich, dass wir zusammen sein wollten. Zu meinem Glück war Vivian, obwohl die Familie sie zum Heiraten drängte, noch ledig, denn sie wollte entweder den Richtigen heiraten oder gar keinen.

Wir hatten viel gemeinsam. Beide waren wir begierige Leser und liebten Theater, Kino und Musik. Wir wollten beide unbedingt Kinder haben und waren uns auch über die Grundsätze der Erziehung einig. Wir hatten vor, ihnen alle Bildung zu verschaffen, die sie wollten, wir wollten sie lieber lehren, selbst zu denken als einfach die herrschenden Auffassungen von Experten und Autoritäten zu akzeptieren, und wir wollten sie ermutigen, die Berufung ihres Lebens zu wählen. Beide waren wir etwas introvertiert, ich mehr als sie, und wir freuten uns auf ein Akademikerleben unter klugen, gebildeten Menschen, auf die Lehre, auf die Forschung und auf die Reisen. Reich würden wir nicht werden, aber es würde reichen. Wichtig war uns, wie wir unsere Zeit verbrachten, und die Menschen, die Familie, die Freunde und Kollegen, mit denen wir sie verbrachten.

Auch wenn wir viele gemeinsame Interessen hatten, so gab es doch auch bereichernde Unterschiede. Vivian erfreute sich eher an Literatur, Menschen, Psychologie, Kunst und Dramen als an Mathematik und Naturwissenschaften. Doch sie besaß die klare, logische Denkweise einer Wissenschaftlerin, die sie auf die Menschen und die Gesellschaft anwandte. Ich hatte ein rationales, wissenschaftliches Verständnis der natürlichen Welt zu bieten und sie würde mir helfen, meine Erkenntnisse über die Welt der Menschen zu erweitern. Ich würde ihr etwas über die Dinge beibringen und sie würde mir etwas über die Menschen beibringen.

Vivians Eltern Al und Adele Sinclair hatten sich 1920 in New York kennengelernt. Als jüdische Einwanderer, die ihr Leben in Amerika ohne Geld und mit wenig Bildung begannen, arbeiteten sie in ihrem neuen Heimatland hart, waren geschäftlich erfolgreich und stiegen in die gehobene Mittelschicht auf. Auch trugen sie über Jahrzehnte zum Erfolg vieler Verwandter bei, die ebenfalls in die Vereinigten Staaten kamen, darunter circa zehn Geschwister auf beiden Seiten, dazu die jeweiligen Eltern und Kinder. Vivian war die Erste der großen Familie, die einen Universitätsabschluss machte, und nun betrat sie erneut Neuland: Sie würde die Erste sein, die außerhalb der jüdischen Glaubensgemeinschaft heiratete. Zum Glück mochten mich beide Eltern.

Al und Adele hießen mich willkommen und akzeptierten mich, aber womöglich war ein bestimmtes Abendessen in ihrem Haus das, was den Handel besiegelte. Adele war eine legendäre Köchin und sie trug riesige Portionen Borschtsch mit Sauerrahm, Hähnchengulasch, Kohlrouladen und Kartoffelpuffer mit noch mehr Sauerrahm auf und so weiter und so fort. Da ich jahrelang in einem Studentenwohnheim gewohnt hatte, in dem das ultimative Entrée blau geädertes, merkwürdig schmeckendes Pferdefleisch und das entsprechende Dessert Pfirsich aus der Dose gewesen war, hatte ich ständig Hunger. Wie Adele es bei Mahlzeiten mit allen tat, forderte sie auch mich auf, einen Nachschlag zu nehmen. Zwischen Höflichkeit und dem kulinarischen Himmel hin und her gerissen, sagte ich oft ja. Und dann, als ich dachte, das Essen sei beendet, brachte Adele eine große Servierplatte mit etwas, das ich noch nie gesehen hatte, namens Quarkplinsen. Ich aß die beiden, die sie mir anbot, und wartete. Natürlich bot sie mir noch zwei an. Und wieder. Und wieder. Irgendwann hörte ich auf, bei ... 20 Stück, und wischte damit die Vorbehalte der Familie weitgehend weg.

Im Juni jenes Jahres machte ich meinen Master in Physik und kurz danach machte ich Vivian einen Heiratsantrag. Sie sagte Ja und ihre Eltern waren bereit, einen Schwiegersohn zu akzeptieren, der mit seinem Akademikergehalt ewig arm sein würde. Allerdings musste es eine jüdische Hochzeit sein, sonst hätte es in der Familie einen Skandal gegeben. Wir waren einverstanden, aber ein Problem blieb dabei: Welcher Rabbi würde uns trauen? Schließlich fanden wir den richtigen Mann: einen jungen reformerischen Rabbi namens William Kramer. Fünf Jahre zuvor war er der Geistliche des US-Senats gewesen. Später, im Jahr 1960, vollzog er die Trauungszeremonie für den schwarzen Entertainer Sammy Davis, Jr. und die schwedische Schauspielerin May Britt – eine Heirat, die politisch derart polarisierend wirkte, dass John F. Kennedy persönlich ihn bat (ohne Erfolg), damit bis nach der Wahl zu warten. Die Konservativen in Amerika waren über diese Hochzeit empört.

Ein paar Jahre davor hatte Davis bei einem Autounfall ein Auge verloren. Außerdem war er zum jüdischen Glauben konvertiert. Eines Tages beim Golfspielen sagte Jack Benny zu Sammy: „Was ist dein Handikap?" Davis' berühmte Antwort: „Mein Handikap? Ich bin ein einäugiger jüdischer Neger."

Als Rabbi Kramer eine Generation später meine beiden Töchter traute, sagte er bei der ersten der beiden Hochzeiten: „Ich weiß es zu schätzen, wenn die Kunden wiederkommen, aber bitte wartet damit nicht noch einmal 34 Jahre."

Bei der Hochzeitsfeier ging alles gut, bis einer meiner Lieblingslehrer von der Highschool, den ich eingeladen hatte, wiederholt lautstark verkündete: „Ich wusste, dass er einen *landsman* heiraten würde!" (Das jiddische *landsman* bedeutet hier einen Mitjuden, vor allem einen aus derselben Gegend.) Zum Glück taten die älteren Verwandten, als hörten sie schlecht, und alles war wieder gut.

Und zum Glück sahen meine Schwiegereltern die Besitztümer nicht, die ich in die Ehe mitbrachte. Meine abgetragene Kleidung passte in einen einzigen Koffer mit einem kaputten Schloss. Da ich sie regelmäßig zusammen gewaschen hatte, waren sie alle spülwassergrau mit einem Hauch Violett, Beige oder Gelb. Ein paar Jahre zuvor hatten mein Zimmergenosse und ich uns gemeinsam für 40 Dollar ein Jackett aus Harris-Tweed gekauft, das wir abwechselnd für Rendezvous verwendeten. Als Hochzeitsgeschenk hatte er mir seine Hälfte vermacht. Außerdem hatte ich zahlreiche Kisten voller Bücher und meine dazugehörigen improvisierten Regale – auf Backsteine gelegte Bretter, der damals bei Studenten übliche Standard.

Nach unserer Heirat im Januar 1956 begann ich Mathematikkurse zu belegen. Vivian unterstützte mein gewagtes Spiel, das darin bestand, die Kurse im zweiten Teil des Grundstudiums zu überspringen, die ich eigentlich als Grundlage brauchte, und gleich ins weiterführende Studium einzusteigen, indem ich die Lücken so gut ich konnte selbst schloss. Als der Sommer kam, brauchten wir – obwohl Vivian für unseren Unterhalt arbeitete – dringend ein zusätzliches Einkommen, das ich durch drei Monate Vollzeitarbeit würde beschaffen können. Tom Scott, ein befreundeter Student der Ingenieurwissenschaften, erzählte mir, National Cash Register (NCR) suche Leute. Ich füllte die Formulare aus, überstand das Bewerbungsgespräch und bekam einen Job für 95 Dollar die Woche (Umrechnung auf das Jahr 2016: mal acht)! Meine Aufgabe war es, den Mitarbeitern höhere moderne Algebra beizubringen, und das Lehrbuch durfte ich selbst aussuchen. Das Buch „A Survey of Modern Algebra" von Birkhoff und MacLane, das ich auswählte, war in der Ausbildung von Mathematikern legendär. Jeden Tag lernte ich den Stoff selbst und unterrichtete ihn am nächsten Tag.

Eine Freundin von Tom Scott, die bei NCR arbeitete, lud Vivian und mich zu einer Party ein. Dabei wurden wir ihrem Freund vorgestellt,

Richard Feynman, der in einem Alkoven saß und Bongos spielte. Als 38-jähriger Caltech-Professor galt er bereits als einer der brillantesten Physiker der Welt. Später bekam Feynman den Nobelpreis und noch später lenkte er landesweite Aufmerksamkeit auf sich, als er die tragische Challenger-Katastrophe, bei der sieben Astronauten starben, anhand eines Glases Eiswasser und eines Gummirings erklärte.[3]

Mir war zuvor folgende Geschichte über Feynman und das Roulettespiel in Las Vegas erzählt worden: Als er zugesehen hatte, wie ein Mann jeweils fünf Dollar auf Rot oder Schwarz setzte, erklärte ihm Feynman, gegen das Casino zu wetten sei ein Verlustgeschäft und er, Feynman, übernehme gern den Part des Casinos. Die beiden gingen von Roulette zu Roulette, wobei der Spieler in der Form gegen Feynman spielte, dass er vor dem Drehen des Rades Rot oder Schwarz ansagte und Feynman bezahlte, wenn er verloren hatte, und von ihm bezahlt wurde, wenn er gewonnen hatte. Zufällig hatte der Spieler trotz seines Nachteils genug Glück, um 80 Dollar Vorsprung zu gewinnen, und an diesem Punkt gab Feynman auf. Zwar agierte er als Casino und hätte am Ende gewonnen, aber er war nicht bereit, weitere Verluste in Kauf zu nehmen. Er war wie ein Casino, dessen Bank nur 80 Dollar enthielt und daher natürlich von einer Glückssträhne eines Spielers leicht ruiniert werden konnte. Geht man davon aus, dass die Geschichte wahr ist, hatte womöglich nicht einmal einer der größten Physiker der Welt begriffen, dass er eine viel größere Bank brauchte, um das Risiko zu decken, das er einging. Das Verhältnis zwischen Risiko und Rendite zu verstehen und richtig damit umzugehen ist eine grundlegende, aber kaum verstandene Herausforderung, vor der alle Glücksspieler und Anleger stehen.

Wenn irgendjemand wusste, ob eine physikalische Roulettevorhersage möglich ist, dann musste es Richard Feynman sein. Ich fragte ihn: „Gibt es eine Möglichkeit, das Roulette zu schlagen?“ Als er verneinte, war ich erleichtert und ermutigt. Dies deutete nämlich darauf hin, dass noch niemand das ausgearbeitet hatte, was ich für möglich hielt. Auf diesen Anreiz hin begann ich mit einer Reihe von Experimenten.

Eines Abends nicht lange nach unserer Hochzeit kamen Vivians Eltern zum Essen und ich war nicht da. Nach kurzer Suche fanden sie mich im

Schlafzimmer mit einer seltsamen V-förmigen Holzrinne. Das eine Ende war leicht erhöht und von einer markierten Stelle am oberen Ende aus ließ ich Murmeln die Rinne hinab und über den Fußboden rollen, dann markierte ich die Stellen, an denen sie jeweils liegen blieben. Ich erklärte, dies sei ein Experiment, um Roulette vorherzusagen. Was hatte diese Vorrichtung mit Roulette zu tun? Man stelle sich den kreisförmigen Weg im Roulettekessel „aufgefaltet“ vor, sodass er geradlinig wird, und dann so gedreht, dass sich eine „Rinne“ ergibt. Dann hebe man das eine Ende an und lasse eine Murmel (die Kugel) aus abgemessener Höhe rollen. Die Höhe, um die die Murmel sinkt, entspricht dem „Stoß“, in diesem Fall nicht durch eine Hand, sondern durch die Schwerkraft. Während die Murmel über den Boden rollt, wird sie ebenso durch die Reibung langsam gebremst, wie die Roulettekugel auf ihrem Rundkurs immer langsamer wird. Ich wollte wissen, wie genau ich den Punkt, an dem die Murmel liegen blieb, vorhersagen konnte. Für mich waren die Ergebnisse dieses groben Versuchs ermutigend, aber für meine Schwiegereltern weniger. Sie hatten gehofft, ihre Tochter würde „unseren Schwiegersohn, den Doktor“, oder „unseren Schwiegersohn, den Anwalt“, heiraten. Aber nun rätselten Sie: *Was ist denn das für einer?*

Etwa ein Jahr später schenkte mir ein wohlhabender Student[4], den ich betreute und der von meinem Interesse wusste, einen neuwertigen Nachbau eines Roulettekessels in halber Größe. Mit Vivians Hilfe machte ich Filmaufnahmen von der rotierenden Kugel und benutzte bei jedem Film eine Stoppuhr mit Hundertstelsekunden, um jedem Bild die richtige Zeit zuzuordnen.[5] Die Vorhersagen waren nicht gut genug, aber das Rad und die Kugel hatten auch viele Mängel. Wenn diese – wie ich erwartete – bei Casinokesseln nicht vorhanden wären, dann würde mir dies ermöglichen, zu gewinnen. Vivian war meinen Roulette-Experimenten gegenüber bemerkenswert duldsam, obwohl sie sah, dass sie Zeit kosteten, in der ich meine Dissertation fertigstellen und eine Vollzeitanstellung hätte suchen können. Doch für mich war das ein wissenschaftliches Spiel, genau wie in meiner Jugend. Es war entspannend, so wie andere vielleicht ein Buch oder einen Film entspannend finden. Auf jeden Fall war ich nicht durch die Hoffnung motiviert, das große Geld zu machen. Was mich anzog, war die Chance, etwas zu tun, das die Menschen für unmöglich hielten, und dass es gewissermaßen ein Streich war – es machte einfach Spaß, ihn durchzuziehen.

Während meine Roulette-Experimente in den kurzen Phasen freier Zeit weitergingen, konzentrierte ich mich auf meine Doktorarbeit in Mathematik. Zu meinem Glück hatte ich als Betreuer Angus Taylor gewählt, der sowohl ein ausgezeichneter Mathematiker als auch ein begabter Lehrer war. Das von ihm mitverfasste Analysis-Buch, das in mathematischen Kreisen als „Sherwood und Taylor" bekannt war, wurde seit seiner Erstveröffentlichung 1942 weithin verwendet. Ich lernte ihn zunächst als Student im Kurs für fortgeschrittene Analysis und dann als Korrektor (Bewertung von Arbeiten) des Kurses kennen. Er war ein Schotte mit blitzenden Augen und einer ehrlichen, geradlinigen Art gegenüber den Mitmenschen. Seine Vorlesungen waren von vorbildlicher Klarheit und schafften den Ausgleich zwischen Theorie, Beispielen und Problemen.

Es kam die Zeit, da ich mich für eine Lehrassistenz in der mathematischen Fakultät bewarb, und ich bat drei meiner Dozenten um Gutachten. Als ich mir ein paar Tage später von einer Sekretärin meine Akte geben ließ, um ein Detail nachzusehen, lagen die Gutachten zufällig darin. Zwei von ihnen waren voll des überschwänglichen Lobes, aber das von Taylor war gemäßigt. Er schrieb, es dauere eine Weile, bis ich alles zu seiner vollständigen Zufriedenheit erledige, und dass ich zwar geistig sehr schnell, aber nicht immer ganz exakt sei. Ich verriet Vivian, dass ich nun befürchtete, ich könnte die Stelle nicht bekommen.

Bei meinem Gespräch mit dem Fakultätsleiter, bei dem ich erfahren sollte, wie es mir ergangen war, erklärte er mir, zwei meiner Gutachten seien ebenso ausgezeichnet wie meine Qualifikationen, aber es sei das dritte gewesen, das von Professor Taylor, aufgrund dessen außer Frage stehe, ob ich die Assistentenstelle bekam. Mir wurde schlecht. Und dann fuhr er fort, selten, wenn überhaupt jemals, habe Professor Taylor ein derart positives Gutachten geschrieben. Das erinnerte mich an meinen Vater, der ein guter Mensch war, aber ebenfalls mit Lob sparte. Als ich bei einer Prüfung 99 Punkte geschafft hatte, hatte er mich gefragt: „Warum hast du keine 100 geschafft?" Unter Taylor gedieh ich sehr gut und schloss meine Dissertation früher ab als erwartet, jedoch zu spät im Frühjahr 1958, um mich anderswo für eine Postdoktoranden-Stelle zu bewerben.

Die mathematische Fakultät behielt mich ein Jahr als Dozent und in dieser Zeit bewarb ich mich um eine feste Stelle. Und so kam es, dass Vivian und ich – unter anderem um die echten Roulettekessel im Casino zu studieren – die Weihnachtsferien der UCLA in jenem Jahr in Las Vegas verbrachten. Dort schaute ich mir mehrere Roulettekessel an und ich fand, dass sie alle gut gewartet waren, mehr oder weniger in der Waage standen und keine offenkundigen Mängel aufwiesen – jedenfalls soweit ich das sehen konnte, ohne sie anzufassen. Diese Räder im Casino überzeugten mich mehr denn je, dass eine Vorhersage möglich sei. Alles, was ich brauchte, so dachte ich, waren ein Roulettekessel in voller Größe und ein paar gute Laborgeräte.

4

KAPITEL

Las Vegas

Vivian und ich beschlossen, einen Teil der Weihnachtsferien in Las Vegas zu verbringen, denn um Glücksspieler anzulocken, hatte sich Las Vegas in einen preisgünstigen Urlaubsort verwandelt. Als 26-jähriger Doktor der Mathematik verdiente ich zu wenig, um mit Geld sorglos umzugehen. Außerdem hielt ich es damals wie heute nach über 50 Jahren als Vermögensverwalter für den sichersten Weg zum Reichtum, nur solche Glücksspiele zu spielen oder Anlagen zu tätigen, bei denen ich einen Vorteil habe. Da ich niemanden kannte, der jemals eine Möglichkeit gefunden hatte, die Casinos zu schlagen, standen Glücksspiele in Las Vegas nicht auf meiner Prioritätenliste.

Als ich 1958 Las Vegas sah, hatte ich nicht die heutige bunt zusammengewürfelte Reihe gigantischer Hotel-Hochhäuser vor Augen, vor denen sich zu allen Tageszeiten mehrspurig der Verkehr staut. Legendäre Casinos wie Sands, Flamingo, Dunes, Riviera und Tropicana sind verschwunden, die Mafia und die halsabschneiderischen Läden wurden von millionenschweren Aktiengesellschaften verdrängt. Damals gab es an der langen, geraden und menschenleeren Straße rund ein Dutzend einstöckige Hotel-Casino-Komplexe, die auf beiden Seiten verstreut waren und durch Hunderte Meter Sand und Amarant voneinander getrennt waren.

Kurz bevor wir in den Urlaub aufbrachen, hatte mir mein Professorenkollege Robert Sorgenfrey von einer neuen Blackjack-Strategie erzählt, dank deren man als Spieler den geringsten Hausvorteil aller Casinospiele erzielen konnte.[1] Das nächstbeste Spiel war Baccara mit einem Hausvorteil von nur 1,06 Prozent, danach kam Craps, wo manche Spiele nur 1,41 Prozent kosteten. Der neue Wert von 0,62 Prozent für den Hausvorteil beim Blackjack war so dicht am Ausgleich, dass ich vorhatte, zum Spaß ein paar Dollar zu riskieren. Die Strategie hatten sich vier Mathematiker in ihrer Armeezeit ausgedacht und sie bestand aus mehreren Hundert möglichen Entscheidungen, vor denen man als Spieler stehen konnte. Ich hatte ihre wichtigsten Punkte auf einer Karte zusammengefasst, die ich in der Handfläche halten konnte. Meine einzige Casino-Erfahrung waren die paar Münzen, die ich einst in einen Spielautomaten geworfen hatte.

Nachdem wir unser Hotelzimmer bezogen hatten, gingen wir ins Casino. Ich ging an Trinkern, Rauchern und Spielautomaten vorbei zu zwei Reihen Blackjack-Tischen, die durch einen „Pit" genannten Gang getrennt waren. Dort gab es Chipvorräte, zusätzliche Karten und Cocktail-Kellnerinnen, die den Opfern ein alkoholisches Nirwana anboten – und alles wurde vom „Pit Boss" genannten Saalchef genau überwacht. Es war früher Nachmittag und an den wenigen geöffneten Tischen war viel los. Ich fand einen Platz und legte meinen gesamten Einsatz – einen aus zehn Silberdollars bestehenden Stapel – hinter meinem Einsatzfeld, der sogenannten Box, auf den grünen Filztisch. Ich rechnete nicht damit, dass ich gewinnen würde, aber da ich vorhatte, ein Gerät zu bauen, um das Roulette korrekt vorherzusagen, und noch nie zuvor gespielt hatte, war es an der Zeit, Casino-Erfahrung zu sammeln. Ich wusste so gut wie gar nichts über Casinos, ihre Geschichte oder ihre Funktionsweise. Ich war wie jemand, der sich Rezepte angeschaut, aber noch nie eine Küche betreten hatte.

Das Spiel, das ich spielen wollte – Blackjack oder Siebzehn und Vier – war im Grunde das Gleiche wie das spanische Einundzwanzig, das

Cervantes bereits 1601 in einer Erzählung erwähnte. Die Franzosen bezeichneten es Mitte des 18. Jahrhunderts im Zuge des europaweiten Glücksspielwahns als „Vingt un“ oder „Vingt et un“. Als das Spiel später, im 20. Jahrhundert, in die US-Spielbanken Einzug hielt, wurden manchmal Sonderprämien für bestimmte Kartenkombinationen eingeführt, unter anderem das Zehnfache des Einsatzes für das Pikass und einen der beiden schwarzen Buben – englisch „black jacks“ – unter der Bezeichnung „blackjack“. Diese Prämie wurde zwar schon bald wieder abgeschafft, aber der Name des Spiels hielt sich und heute wird jede Kombination aus zwei Karten, die 21 ergibt – also ein Ass und eine Karte mit zehn Punkten – als Blackjack bezeichnet.

Das Spiel beginnt damit, dass die Spieler ihre Einsätze auf Felder vor sich legen, dann gibt der Croupier jedem Spieler und auch sich selbst zwei Karten. Die erste Karte des Croupiers wird aufgedeckt gegeben, sodass jeder sie sehen kann, die zweite wird verdeckt daruntergelegt. Dann fragt der Croupier beginnend beim Spieler zu seiner Linken nacheinander alle Mitspieler, wie sie mit ihrem Blatt spielen wollen.

Die Spieler und der Croupier streben an, Karten zu ziehen, mit denen sie möglichst nahe an 21 herankommen, aber nicht darüber. Kommt man darüber, hat man sich „überkauft“ („bust“) und somit verloren. Zehner, Buben, Damen und Könige zählen zehn Punkte, die Karten von 2 bis 9 entsprechend ihrer Augenzahl. Der Croupier muss normalerweise so lange ziehen, bis er 17 Punkte hat, dann muss er aufhören („stand“). Spieler dürfen jederzeit aufhören. Der Vorteil des Croupiers besteht darin, dass der Spieler als Erster das Überkaufen riskieren muss, denn dann hat er sofort verloren, selbst wenn der Croupier danach ebenfalls über 21 kommt, was ja eigentlich ein Unentschieden wäre. Da ein Spieler, der sich an die Strategie des Croupiers hält, verliert, wenn beide „bust“ gehen, hat er einen Nachteil von circa sechs Prozent.

Andererseits muss sich der Croupier an festgelegte Regeln halten und der Spieler nicht, was Letzterem mehr Wahlmöglichkeiten bietet, und diese Flexibilität, mit seinen Karten anders umzugehen, kann sich beträchtlich auswirken. Beispielsweise kann ein Spieler, der zwei gleichwertige Karten hat, etwa ein Neuner-Paar, seine Hand teilen („split“), wobei er noch einmal den gleichen wie den ursprünglichen Einsatz leistet und zu jeder Karte eine zweite erhält. Dann spielt er nacheinander mit beiden Händen. Man sollte allerdings nicht alle Paare teilen. Das Teilen von Achtern erweist sich beispielsweise meist als gut, aber das Teilen von Paaren mit jeweils zehn Punkten nicht. Alternativ kann sich der Spieler dazu entschließen, seine beiden ersten Karten aufzudecken, den Einsatz zu verdoppeln und noch genau eine Karte zu bekommen. Das nennt man Verdoppeln oder „Double Down“. Auch steht es dem Spieler im Gegensatz zum Geber frei, bei beliebigen Zahlen bis 21 weitere Karten zu nehmen oder nicht.

Als ich mich hinsetzte, verloren die anderen Spieler an meinem Tisch massiv und taten das auch weiterhin. Ich machte mir Sorgen wegen des Strategiekärtchens in meiner Hand. Würde ich rausfliegen? Würde mir die Verwendung der Karte verboten werden? Stattdessen war die Lächerlichkeit das Problem. Als ich das Spiel aufhielt, indem ich meine Strategiekarte konsultierte, gab mir der Croupier von oben herab „hilfreiche“ Vorschläge, was ich mit meiner Hand anfangen sollte, und deutete dem Publikum gegenüber an, er habe es mit jemandem frisch vom Lande zu tun. Die Zuschauer lachten über meine unorthodoxen Einsätze und fragten sich, wer denn wohl ein Paar kleine Achter teilen und damit das doppelte Geld riskieren würde, wenn die offene Karte des Croupiers ein starkes Ass ist. Welcher Narr würde mit kläglichen zwölf Punkten gegen die schwache Vier des Croupiers halten? Sicherlich würde der Croupier meine zehn Silbermünzen bald einsacken. Oder doch nicht?

Ich spielte überlegt und ohne Eile, wobei es mir gelang, meinen Münzstapel konstant zu halten. Dann geschah etwas Seltsames. Ich bekam ein Ass und eine Zwei. Da ein Ass als ein Punkt oder als elf Punkte gezählt werden kann, hatte ich entweder drei oder 13 Augen auf der Hand. Dann zog ich eine Zwei und eine Drei. Mit einem Ass, zwei Zweien und einer Drei hatte ich also acht oder 18 Punkte. Der Croupier hatte eine Neun daliegen und konnte womöglich noch eine Zehner-Karte haben, sodass sich 19 ergaben, aber 18 war auf jeden Fall schon ziemlich gut. Sicher würde nur ein Narr noch einmal kaufen und den Verlust einer so guten Hand riskieren. Die Strategie wies mich an, eine weitere Karte zu nehmen, und das tat ich auch. Nicht wenig befriedigt und unter abfälligem Zischen sahen die amüsierten Zuschauer, dass ich eine Sechs erhielt. Nun musste ich mein Ass als Eins zählen und hatte nur noch 14 Punkte auf der Hand. „Geschieht ihm recht", sagte ein Zaungast. Als sechste Karte zog ich ein Ass, das mich auf 15 brachte. „Sie haben den Bust verdient", murmelte ein Kiebitz. Dann zog ich meine siebte Karte. Es war eine Sechs! Nun hatte ich Ass, Zwei, Zwei, Drei, Sechs, Ass, Sechs – also mit sieben Karten 21 Punkte. Das passiert selten.

Nach einer Schrecksekunde sagten mehrere Leute im Publikum, ich bekäme eine Prämie von 25 Dollar. Der Croupier verneinte – das gebe es nur in wenigen Häusern und die seien in Reno. Nicht wissend, dass es in irgendeinem Casino eine solche Regel gab, fand ich es amüsant, den Eindruck zu erwecken, ich hätte meine 18 wirklich geopfert, weil ich die 21 mit sieben Karten vorhergesehen hatte. Und wer weiß, vielleicht würden sie ja bezahlen – aber das taten sie natürlich nicht. Doch die zuvor amüsierten und herablassenden Schaulustigen waren jetzt aufmerksam, respektvoll und sogar ehrfürchtig.[2]

Eine Viertelstunde später hatte ich acht Dollar fünfzig von meinen zehn verloren und hörte auf. Aber nun war ich zu Vivians Leidwesen süchtig nach Blackjack – wenn auch nicht im üblichen Sinne. Die ignorante und abergläubische Atmosphäre, die an jenem Tag am Blackjack-Tisch geherrscht hatte, überzeugte mich davon, dass nicht einmal gute Spieler die Mathematik verstanden, die dem Spiel zugrunde liegt. Ich fuhr mit der Absicht heim, einen Weg zum Gewinn zu finden.

Hätte ich mehr über die Geschichte des Glücksspiels und über die jahrhundertelangen Bemühungen gewusst, die in die mathematische Analyse von Spielen gesteckt worden waren, hätte ich mich vielleicht nicht über Blackjack hergemacht. Jedem, der den glitzernden Las Vegas Strip und den Glücksspielboom beobachtet, der Lotterien und Casinos in die meisten US-Bundesstaaten gebracht hat, merkt, dass dabei viele Menschen viel Geld verlieren – jedes Jahr zig Milliarden Dollar. Zudem hatten Mathematiker bezüglich der meisten Casinoglücksspiele bewiesen, dass kein System wechselnder Einsätze den Vorteil des Casinos zunichtemachen kann. Generationen von Spielern hatten das Unmögliche versucht.

Den Spielern ist nicht klar, dass man auf lange Sicht unweigerlich verliert, denn sie spielen jeweils nur während einer vergleichsweise kurzen Zeit, sodass einige von ihnen zu glücklichen Gewinnern werden können.

Dies gilt für alle Spiele, bei denen man den Vorteil berechnen kann und bei denen die Entlohnung nicht von den Ergebnissen vorheriger Wetten oder von den Einsätzen anderer Spieler abhängt. Münzwurf, Craps, Keno, Roulette und das Glücksrad sind Beispiele dafür, sofern man nicht beispielsweise beim Rad Hilfe von einer Vorhersagevorrichtung erfährt. Beim Pferderennen und an der Börse ist das anders, denn dort kann man keine Wahrscheinlichkeiten berechnen und dort wirken sich die Einsätze anderer Mitspieler auf den Gewinn aus.

Die Überzeugung, dass die Casinos auf lange Sicht vorne liegen, wurde noch durch die herrschende Auffassung gestützt, wenn sich Blackjack schlagen ließe, müssten die Casinos entweder die Regeln ändern oder das Spiel abschaffen. Beides war nicht geschehen. Doch war ich aufgrund meiner Roulette-Vorhersage-Experimente zuversichtlich und nicht bereit, diese Behauptungen über Blackjack zu akzeptieren. Ich beschloss, selbst nachzuprüfen, ob der Spieler dabei systematisch gewinnen kann.

5

KAPITEL

Die Kaperung des Blackjacks

Es war nicht das Geld, was mich zum Blackjack hinzog. Wir konnten ein paar Dollar extra zwar sicherlich gut gebrauchen, aber Vivian und ich erwarteten, das übliche Wissenschaftlerleben mit kleinem Budget zu führen. Was mich faszinierte, war die Möglichkeit, dass ich einfach in einem Zimmer sitzend und nachdenkend herausfinden könnte, wie man gewinnt. Auch war ich neugierig, die Welt des Glücksspiels zu erkunden, über die ich nichts wusste.

Nach der Heimkehr aus Las Vegas begab ich mich in den Teil der Universitätsbibliothek, in dem mathematische und statistische Forschungsartikel standen. Ich nahm den Band aus dem Regal, der den Artikel mit der Strategie enthielt, nach der ich im Casino gespielt hatte, stand da und las. Als Mathematiker hatte ich schon davon gehört, dass man davon ausging, Gewinnsysteme seien unmöglich. Ich wusste allerdings nicht, warum. Ich wusste, dass die Wahrscheinlichkeitstheorie vor über 400 Jahren mit einem Buch über Glücksspiele ihren Ausgang genommen hatte. In den Jahrhunderten danach hatten Versuche, Gewinnsysteme zu finden, die Entwicklung dieser Theorie vorangetrieben, die schließlich in Beweisen mündete, dass Gewinnsysteme für Glücksspiele in Spielbanken unter den meisten Umständen unmöglich sind. Nun kam mir meine Gewohnheit zugute, selbst nachzuprüfen.

Während meine Augen Gleichungen verschlangen, sah ich plötzlich, wieso ich das Spiel besiegen konnte und auch wie ich es beweisen konnte. Als Ausgangspunkt nahm ich die Tatsache, dass die Strategie, die ich in dem Casino verwendet hatte, von der Annahme ausging, während des Spiels bestehe für jede Karte die gleiche Wahrscheinlichkeit, dass sie ausgegeben wird. Dies senkte den Vorteil des Casinos auf lediglich 0,62 Prozent, was von allen Glücksspielen die besten Chancen bietet. Mir wurde jedoch klar, dass die Wahrscheinlichkeiten im Laufe des Spiels davon abhängen, welche Karten noch im Stapel sind, und dass sich der Vorteil mit Fortschreiten des Spiels verändert, manchmal zugunsten des Hauses und manchmal zugunsten des Spielers. Ein Spieler, der dies verfolgt, könnte seine Einsätze dementsprechend verändern. Mithilfe eines geistigen Bildes, das auf Ideen aus einem Kurs in höherer Mathematik basierte, gelangte ich zu der Überzeugung, dass der Vorteil des Spielers oft beträchtlich sein müsse.[1] Darüber hinaus – und auch das war neu – wusste ich, wie der Spieler diese Information destillieren und beim konkreten Spiel am Tisch würde verwenden können.

Ich beschloss, zunächst die beste Strategie für den Fall zu finden, dass ich wusste, welche Karten bereits ausgespielt waren. Dann könnte ich mehr setzen, wenn die Chancen zu meinen Gunsten standen, und in den anderen Fällen weniger. Das Casino würde bei der Mehrzahl der kleinen Einsätze gewinnen, aber ich bei der Mehrzahl der großen Einsätze. Und wenn ich dann, wenn ich einen Vorteil hätte, genug einsetzen würde, sollte ich doch irgendwann einen Vorsprung gewinnen und auch halten.

Ich verließ die UCLA und ging nach Hause, um mir die nächsten Schritte zu überlegen. Fast sofort schrieb ich an Roger Baldwin, einen der vier Verfasser des Blackjack-Artikels. Ich bat ihn um Einzelheiten der Berechnungen und schrieb ihm, ich wolle seine Analyse des Spiels erweitern. Großzügig schickte er mir ein paar Wochen später die ursprünglichen Berechnungen, bestehend aus zwei großen Kartons mit Skripten, die Tausende Seiten mit Berechnungen enthielten, die die Autoren während ihrer Dienstzeit in der Armee mit Tischrechnern angestellt hatten. Im Frühjahr 1959, zwischen meinen Lehrverpflichtungen und meinen Forschungen an der mathematischen Fakultät der UCLA, bekam ich alle Details in den Griff und meine Begeisterung wuchs, als ich in großen Schritten die enorme Anzahl von Berechnungen beschleunigte, die zwischen mir und einem Gewinnsystem lagen.

Baldwins Strategie war die beste Art, das Spiel zu spielen, wenn nicht bekannt war, welche Karten bereits gespielt worden waren. Die Analyse bezog sich auf nur ein Blatt, weil damals in Nevada nur diese Version des Spiels gespielt wurde. Die Gruppe um Baldwin hatte auch bewiesen, dass die Ratschläge der führenden Spielexperten schlecht waren und den Casinos unnötigerweise einen zusätzlichen Vorteil von zwei Prozent schenkten.

Eine Strategietabelle für Blackjack muss dem Spieler für jeden Fall, der sich aus den zehn verschiedenen Kartenwerten der offenen Karte des Croupiers im Verhältnis zu den 55 verschiedenen Paaren ergeben kann, die dem Spieler gegeben werden können, sagen, was er tun soll. Um die beste Möglichkeit zu finden, wie der Spieler mit jeder dieser 550 unterschiedlichen Situationen umgehen soll, muss man alle Möglichkeiten berechnen, welche Karten danach ausgeteilt werden können und welcher Gewinn sich daraus ergibt. Es kann Tausende oder gar Millionen Möglichkeiten geben, was aus einer Hand werden kann. Wenn man das für alle 550 Situationen macht, werden schon die Berechnungen für das vollständige Blatt enorm umfangreich. Wenn man ein Paar bekommen hat, muss einem die Strategietabelle sagen, ob man es teilen soll oder nicht. Als Nächstes fällt die Entscheidung, ob man verdoppeln soll oder nicht – also ob man den Einsatz verdoppelt und zu den beiden ersten Karten noch genau eine zieht. Abschließend entscheidet man, ob man weitere Karten kauft oder aufhört. Sobald ich eine Gewinnstrategie gefunden hätte, wollte ich diese unzähligen Entscheidungen auf kleinen Kärtchen mit Abbildungen zusammenfassen, genauso wie ich es mit Baldwins Strategie gemacht hatte. So könnte ich mir Muster bildlich vorstellen und mich daher leichter daran erinnern, was ich in jedem der 550 möglichen Fälle tun sollte.

Die Berechnungen von Baldwins Team waren nur Näherungen, denn die exakten Berechnungen hätte man mit Tischrechnern während eines ganzen Menschenlebens nicht geschafft. Die Arbeit, vor der ich 1959 stand, war noch viel umfangreicher, denn ich musste ja für jedes der Millionen möglichen zum Teil ausgespielten Blätter eine Strategie ableiten.[2] Um zu verstehen, wogegen ich ankommen musste, stellen Sie sich vor, dass der Croupier, wie es damals gängige Praxis war, als Erstes eine Karte „verbrennt“: Er nimmt sie vom Talon und schiebt sie aufgedeckt darunter als Zeichen, dass sie später nicht ausgeteilt wird. Es bleiben also 51 Karten im Spiel. Je nach den zehn möglichen Werten der Karte von Ass bis zehn müssen nun zehn Fälle analysiert werden. Was also, wenn man – was oft vorkommt – die „verbrannte“ Karte sieht und das Wissen um ihr Fehlen ausnutzen will? Man könnte Baldwins Analyse auf jeden der zehn Fälle anwenden und eine Strategietabelle für jede der 550 Spielsituationen anlegen. Dann hätte man elf Strategietabellen, eine für das vollständige Blatt und jeweils eine für die zehn Möglichkeiten mit einer fehlenden Karte.

Nehmen wir als Nächstes an, wir identifizieren zwei fehlende Karten, sodass nur noch 50 Karten im Spiel sind. Wie viele aus 50 Karten bestehende Blätter können sich ergeben? Da es 45 Möglichkeiten gibt, zwei Karten unterschiedlichen Wertes herauszunehmen [(A, 2), (A, 3) ... (A, 10); (2, 3), (2, 4) ... (2, 10) und so weiter] und zehn Möglichkeiten, zwei Karten gleichen Wertes herauszunehmen [(A, A), (2, 2) ... (10, 10)], sind es insgesamt 55 Möglichkeiten. Dies führt zu 55 weiteren Berechnungen und 55 weiteren Strategietafeln, für die man jeweils womöglich zwölf Arbeitsjahre bräuchte, wenn man sie wie Baldwins Team mit Tischrechnern berechnen würde. Und so immer weiter, für jedes Teilblatt könnte man auf diese Art Strategietabellen anlegen. Bei einem aus 52 Karten bestehenden Blatt gibt es rund 33 Millionen solcher teilweise ausgespielten Blätter, sodass sich eine gigantische Bibliothek aus 33 Millionen Strategietabellen ergibt.[3]

Da ich vor 400 Millionen Arbeitsjahren an Berechnungen stand, aus denen sich eine Waggonladung Strategietafeln ergeben hätte, mit der man ein fünf Meilen langes Rolodex hätte füllen können, versuchte ich die

Problemstellung zu vereinfachen. Ich sagte voraus, dass die Strategien und der Vorteil des Spielers bei den zum Teil ausgespielten Blättern vor allem von dem Bruchteil – oder dem prozentualen Anteil – jedes Kartentyps im restlichen Blatt und weniger von der Anzahl abhängen.

Dies entpuppte sich als richtig und es bedeutete, dass zum Beispiel die Wirkung von zwölf Zehner-Karten bei 40 verbleibenden Karten etwa die gleiche war wie die von neun Zehnern/Bildern bei 30 Restkarten oder sechs Zehner-Karten bei 20 verbliebenen Karten, denn in allen Fällen stellen sie den gleichen Bruchteil dar, nämlich 3/10 beziehungsweise 30 Prozent Karten mit dem Wert zehn. Beim Kartenzählen kommt es vor allem auf den Bruchteil an, nicht auf die Anzahl.

Dann befasste ich mich damit, wie sich die Strategie und der Vorteil des Spielers ändern, wenn man die Anteile der Karten verändert. Ich hatte vor, alle vier Asse herauszunehmen, die entsprechenden Berechnungen vorzunehmen, zu schauen, was dann passiert, und dies dann für die Wegnahme nur der Zweier, nur der Dreier und so weiter zu machen.

Mit dieser Arbeit begann ich im Sommersemester 1959. Damals war ich, seit ich im Juni 1958 promoviert hatte, ein Jahr lang Dozent an der UCLA. Das lag daran, dass ich meinen Doktortitel früher bekommen hatte, als ich und mein Betreuer Angus Taylor erwartet hatten. Deshalb hatte ich mich nicht auf eine Postdoc-Dozentur beworben, denn ich hatte gedacht, das könnte ich erst ein Jahr später machen. Professor Taylor arrangierte diese Interimsbeschäftigung an der UCLA für mich und half mir auch, mögliche Stellen für das darauffolgende Jahr zu finden. Die Angebote, die mir am besten gefielen, waren ein C.L.E. Moore Instructorship am Massachusetts Institute of Technology (MIT) und eine Stelle bei der General Electric Corporation in Schenectady im Bundesstaat New York. Bei GE hätte ich meine Physikkenntnisse genutzt, um Umlaufbahnen für Raumfahrtprojekte zu berechnen. Das klang zwar, als würde es eine Weile interessant sein, aber ich glaubte nicht, dass ich dort die gleiche Freiheit haben würde wie in der Forschung, meinen Interessen nachzugehen, wohin sie mich auch immer führen würden. In Erwartung eines solchen Lebens als Universitätsprofessor wählte ich als ersten Schritt das MIT.

Im Juni 1959 zogen wir ans MIT um. Um dorthin zu gelangen, kaufte ich für 800 Dollar bei einer Auktion der Polizei einen schwarzen Pontiac und zog damit einen zweiachsigen Leihanhänger voller Hausrat quer durchs Land. In zwei Monaten erwarteten wir unser erstes Kind, deshalb wohnte Vivian bei ihren Eltern in Los Angeles, während ich nach Cambridge im Bundesstaat Massachusetts fuhr, um die Wohnung einzurichten und mit einem Sommerstipendium mathematische Forschung zu treiben. Da ich nach den Konditionen des Stipendiums bis Mitte August am MIT arbeiten musste und das Baby nur ein paar Tage später kommen sollte, war ich sehr nervös, ob ich rechtzeitig zurückkommen würde. Vivian und ich telefonierten in jenem Sommer fast täglich miteinander. Zum Glück waren die Ergebnisse ihrer Untersuchungen stets ausgezeichnet.

Zwei japanische Mathematiker, die als Gastdozenten an der UCLA waren, mussten nach New York. Ich nahm sie gerne mit und dafür wechselten wir uns beim Fahren ab. Aber auf einem leeren Highway irgendwo in Ohio wurde ich morgens um ein Uhr aus meinem festen Schlaf gerissen, weil die Bremsen quietschten und das Auto durchgeschüttelt wurde. Wir hielten kaum ein paar Meter vor einer großen braunweißen Kuh, die seelenruhig über die Straße trottete. Da nur das Auto Bremsen hatte und der beladene Anhänger unsere Masse verdoppelte, war auch unser Bremsweg doppelt so lang. Das hatte ich vor der Abfahrt ausführlich erklärt, jedoch anscheinend ohne Erfolg. Gegen die Müdigkeit ankämpfend fuhr ich den Rest der Strecke selbst.

Als ich in Cambridge ankam, musste ich an vieles denken. Ich war noch nie in der Gegend von Boston gewesen und kannte dort niemanden. Die meisten Mitarbeiter des Instituts waren zwar im Sommerurlaub, aber die Fakultät organisierte eine herrliche Mietwohnung im Erdgeschoss eines großen dreistöckigen Eigenheims in Cambridge. Da ich sie unbesehen angemietet hatte, war ich von der Größe und von der Freundlichkeit der Vermieterin, einer irischen Witwe, die dort mit den beiden jüngsten ihrer fünf Söhne wohnte, angenehm überrascht.

Tagsüber stellte ich wissenschaftliche mathematische Forschungen an, aber nach dem Abendessen ging ich durch die fast menschenleeren

Gebäude in den Rechnerraum. Dort hämmerte ich jede Nacht von acht bis kurz vor der Morgendämmerung auf die Monroe-Rechner ein. Es waren lärmende elektromechanische Biester etwa von der Größe einer sehr großen Schreibmaschine. Sie konnten addieren, subtrahieren, multiplizieren und dividieren und somit etwa so viel wie die einfachsten und billigsten heutigen digitalen Geräte, die man in der Hand halten kann. Da es keine Klimaanlage gab, zog ich das Hemd aus und ließ meine Hände über die klappernde Tastatur fliegen, während die Rechenmaschine in der feuchten Sommernacht surrte und rumpelte.

Eines Morgens trat ich um etwa drei Uhr hinaus und mein Auto stand nicht mehr an dem Platz, an dem ich es immer parkte. Als ich wieder hineinging, um die Polizei anzurufen, erklärte mir ein freundlicher nachts arbeitender Doktorand, vielleicht seien die Gesetzeshüter selbst das Problem. Ich rief auf der Polizeiwache an und erfuhr, dass mein Wagen abgeschleppt worden war. Als ich darauf hinwies, dass ich rechtmäßig geparkt hatte, erklärte mir der diensthabende Beamte, da das Auto jede Nacht an derselben Stelle gesehen wurde, habe man es für herrenlos gehalten. Ich eilte zum Night Court in der Innenstadt, aber der Richter, an den ich mich wandte, brüllte mich an und drohte mir eine sofortige Geldbuße von 100 Dollar an, wenn ich noch ein Wort sagen würde. Der freundliche Student, der mich hingefahren hatte, sagte mir, die Polizei habe ein Abkommen mit dem Abschleppdienst und die Abschleppkosten für meinen Wagen würden in die Höhe schnellen, wenn ich Druck machen würde. Am nächsten Morgen löste ich mein Auto bei der Abschleppfirma für 100 Dollar aus – ein ganzer Wochenlohn. Willkommen in Boston! Doch zum Glück war meine neue Heimatstadt auch eine schöne Stadt voller Wissenschaft, Bildung, Kultur und Kunst.

Die Wochen vergingen und die Berechnungen stapelten sich. Doch obwohl ich Abkürzungen und Effizienzen eingebaut hatte und sehr schnell war, kam ich kaum voran. Meine manuellen Berechnungen würden Hunderte oder gar Tausende Jahre dauern. Da erfuhr ich, dass das MIT einen IBM-704-Computer hatte und dass ich ihn als Fakultätsangehöriger nutzen durfte. Mithilfe eines Buches aus dem Rechenzentrum brachte ich mir das Programmieren in FORTRAN bei.

Im August 1959 flog ich vier Tage vor der Geburt unseres ersten Kindes nach Los Angeles. Da wir wussten, dass es ein Mädchen würde, quälten wir uns wochenlang mit der Namensfindung. Viele gefielen uns, aber keiner war für uns beide erste Wahl. Da nahmen wir die Hilfe von Vivians Bruder Ray in Anspruch, der an der UCLA Sprachwissenschaft studierte, eine Begabung für die englische Sprache besaß und eine herausragende juristische Karriere vor sich hatte. Er erfand den Namen Raun, der sich auf so erhebende Wörter wie „dawn" (Morgenröte) und „fawn" (Kitz) reimt. Den hatten wir noch nie gehört, aber er gefiel uns beiden sehr gut und damit war die Suche beendet.

Einen Monat später war ich samt Vivian und dem Baby wieder am MIT und nahm meine Lehr- und Forschungstätigkeit auf. Damals wie heute hatte das MIT eine der besten mathematischen Fakultäten der Welt und von jungen Dozenten wurde viel verlangt. Ich hielt in jedem Semester zwei Kurse, was sechs Stunden die Woche im Hörsaal bedeutete, dazu eine Vorbereitung, die zwölf bis 15 Stunden dauern konnte, zusätzliche Bürozeiten, um mit Studenten zu sprechen und ihnen zu helfen, außerdem noch das Stellen und Bewerten der Hausaufgaben. Auch wurde von uns erwartet, dass wir eigene Forschungen betrieben und sie in wissenschaftlichen Zeitschriften veröffentlichten. Wenn man einen Beitrag einreichte, wurde er von anonymen Gutachtern geprüft und häufig abgelehnt. Diejenigen unter uns, die in der akademischen Hierarchie erfolgreich sein wollten, kannten alle das Mantra „publish or perish" – „publiziere oder krepiere". Trotzdem arbeitete ich weiter an meinem Blackjack-Programm über „arbiträre Untermengen" für den IBM 704, wobei ich den Programmcode ein Modul (oder eine Subroutine) nach dem anderen testete und korrigierte.

Der 704 war einer der ersten elektronischen Mainframe-Computer und gehörte zu einer Reihe immer leistungsfähigerer Modelle, die IBM entwickelte. In jenen Tagen gab der Nutzer die Anweisungen in Form von Lochkarten ein, die ungefähr so groß wie eine Dollarnote waren. Auf einer Karte gab es 80 Spalten mit zehn senkrechten rechteckigen Markierungen in jeder Spalte. Ich steckte die Karten eine um die andere in einen Handlocher und tippte darauf wie auf einer Schreibmaschine. Jedes Mal, wenn ich eine Taste drückte, stanzte der Apparat Löcher in eine vertikale Zeile und wechselte in die nächste Spalte. Das Lochmuster stellte den Buchstaben, die Zahl oder das Symbol der entsprechenden Taste dar.

Ich legte von einem Gummiring zusammengehaltene Lochkartenstapel in das Eingangsfach des Rechenzentrums, wo sie dann eingesammelt und als Anweisungen ausgelesen wurden, die der IBM 704 ausführte. Ich bekam die Ergebnisse erst nach mehreren Tagen, denn das MIT teilte sich den Computer mit 30 Universitäten in Neuengland (unter anderem mit Amherst, dem Boston College und Brandeis).

Sobald ich die merkwürdige neue Sprache beherrschte, ging die Arbeit schneller voran. Ich hatte die Aufgabenstellung, das Computerprogramm zu schreiben, in Abschnitte oder Subroutinen unterteilt, die ich einzeln testete, korrigierte und dann gegenprüfte. Wochen und Monate vergingen, in denen ich einen Teil nach dem anderen fertigstellte. Und schließlich, Anfang 1960, setzte ich die Teile zusammen und gab das vollständige Programm ab. Die ersten Ergebnisse deuteten darauf hin, dass sich der Vorteil des Casinos, wenn man ohne die ausgespielten Karten zu verfolgen so perfekt wie möglich spielte, auf 0,21 Prozent belief.[4] Die Chancen standen also auf beiden Seiten so gut wie gleich. Es wäre daher nicht viel an Kartenzählen nötig, um dem Spieler einen Vorteil zu verschaffen! Da aber nicht einmal der IBM 704 in der Lage war, alle erforderlichen Berechnungen in der verfügbaren Zeit durchzuführen, verwendete ich für manche Teile der Berechnung Näherungen. Ich wusste, dass die Ergebnisse, die ich unter Verwendung dieser Abkürzungen erhielt, ein wenig pessimistisch waren. Das hieß, dass das Spiel in Wirklichkeit noch besser für den Spieler war, als es meine Computerergebnisse anzeigten.

Als die Computer immer leistungsfähiger wurden, beseitigte ich diese Näherungen Schritt für Schritt. 20 Jahre später, circa 1980, waren die Computer endlich leistungsfähig genug, um zu beweisen, dass die Chancen, wenn man mit einem Blatt gemäß den Blackjack-Regeln spielt, die ich in einem noch zu schreibenden Buch namens „Beat the Dealer" darlegte, zu 0,13 Prozent zugunsten des Spielers stehen.[5] Spieler, die meine Strategie verwendeten, hatten schon die ganze Zeit einen kleinen Vorteil gegenüber dem Casino gehabt, selbst wenn sie die Karten nicht beobachteten. Doch die eigentliche Leistung meiner Methode bestand darin, dass ich das Spiel nicht nur auf das vollständige Blatt bezogen analysieren konnte, sondern für beliebige Zusammenstellungen von Karten. Ich konnte also erforschen, wie es sich auf das Spiel auswirkte, wenn in seinem Verlauf Karten gezogen worden waren.

Nun wies ich den Computer an, sich ins Unbekannte zu wagen: Analysiere das Spiel, wenn alle vier Asse fehlen. Wenn ich das Ergebnis mit dem verglich, das ich für das vollständige Blatt bereits hatte, würde ich sehen, wie sich Asse auf das Spiel auswirken. Voller Vorfreude holte ich meinen ziemlich dicken Lochkartenstapel im Postfach ab (mir fiel auf, dass ich Karten verwendete, um ein Kartenspiel zu beurteilen). In nur zehn Minuten Rechenzeit hatte der IBM 704 Tausende Arbeitsjahre manueller Berechnung erledigt. Sehr aufgeregt schaute ich mir die Ergebnisse an, denn sie würden entweder beweisen, dass ich recht hatte, oder meine Hoffnungen zunichtemachen. Das Ergebnis war ein Nachteil für den Spieler von 2,72 Prozent, wenn alle Asse fehlten – um 2,51 Prozent schlechter als der grundsätzliche Hausvorteil. Das war zwar eine enorme Verschiebung zugunsten des Casinos, aber eigentlich eine tolle Nachricht.

Das bewies schlüssig das, was ich in dem Heureka-Moment damals in der Bibliothek der UCLA gedacht hatte, als ich glaubte, ich könnte das Spiel schlagen – nämlich dass es durch das Ausspielen der Karten zu großen Verschiebungen des Vorteils zwischen dem Casino und den Spielern in beide Richtungen kommt. Außerdem zeigte mir die Berechnung, dass dann, wenn das Entfernen einer bestimmten Gruppe von Karten die Chancen in die eine Richtung verschiebt, das Hinzufügen der gleichen Anzahl dieser Karten die Chancen um etwa den gleichen Betrag wieder zurück verschieben würde. Das hieß, dass der Spieler bei einem Blatt mit überzähligen statt fehlenden Assen einen großen Vorteil haben müsste. So sollte beispielsweise beim doppelten Asse-Anteil – also wenn noch alle vier Asse in den letzten 26 Karten (der Hälfte des Blattes) enthalten sind, der Spieler gegenüber seinem anfänglichen Nachteil von 0,21 Prozent um circa 2,51 Prozent zulegen, was einen Nettovorteil von rund 2,30 Prozent ergäbe.[6]

Alle zwei oder drei Tage ging ich ins Rechenzentrum und holte weitere abgeschlossene Berechnungen ab, die von Hand jeweils Tausende Jahre gedauert hätten. Nun wusste ich, wie es sich auswirkt, wenn man beliebige vier Karten einer Sorte aus dem Spiel nimmt.[7] Das Entfernen von vier Assen wirkt sich am schlimmsten für den Spieler aus und das Entfernen von vier Karten mit zehn Punkten am zweitschlimmsten: Es erhöht den Hausvorteil um 1,94 Prozent. Wenn man hingegen die „kleinen“ Karten von zwei bis sechs herausnimmt, hilft das dem Spieler enorm. Am besten wirkt das Weglassen der vier Fünfer, das verwandelt den Hausvorteil von 0,21 Prozent in einen Spielervorteil von 3,29 Prozent.

Jetzt konnte ich aus der Beobachtung der Karten eine Vielzahl von Gewinnstrategien ableiten. Meine Analyse mithilfe des IBM 704 des MIT hatte die grundlegenden Ergebnisse hervorgebracht, die mir das Fünfer-Zählsystem, den größten Teil des Zehner-Zählsystems und die Ideen für das bescherten, was ich als die ultimative Strategie bezeichnete. Diese wies jeder Karte einen Punktwert zu, der ihrer Auswirkung auf das Spiel entsprach. Asse zählten -9, Zweien +5 und so weiter, bis hin zu Zehnern mit -7. Für fast alle Menschen ist es zu schwierig, das im Geiste zu verfolgen, aber viele einfachere Zählsysteme funktionierten ebenfalls recht gut. Einer der besten Kompromisse zwischen leichter Anwendbarkeit und Rentabilität bestand darin, die Karten mit niedriger Augenzahl (2, 3, 4, 5, 6) als +1 zu zählen, wenn sie während des Spiels auftauchen, die mittleren (7, 8, 9) als 0 und die hohen (10, Bube, Dame, König, Ass) als -1. Aus den Ergebnissen meiner Computerberechnungen könnte sich jeder die Einzelheiten fast aller heute im Gebrauch befindlichen Kartenzählsysteme für Blackjack erarbeiten.

Diese Ergebnisse leuchten intuitiv ein. Beispielsweise muss der Croupier ziehen, wenn er 16 Punkte hat. Er verliert, wenn er eine hohe Karte zieht, die ihn über 21 bringt, und er überlebt, wenn er eine kleine zieht. Mit einer Fünf kommt er auf 21, was die beste Möglichkeit ist. Ihm kommt es daher zugute, wenn das Blatt mehr niedrige und weniger hohe Karten enthält. Andererseits gibt es dann, wenn es einen höheren Anteil an Assen und Zehnern enthält, mehr Zweierkombinationen, die 21 ergeben, also Blackjacks. Sowohl der Spieler als auch der Croupier gewinnen etwa in 4,5 Prozent der Fälle durch einen Blackjack, aber dem Spieler wird dafür das Anderthalbfache seines Einsatzes bezahlt, während der Croupier lediglich den Einsatz des Spielers bekommt – im Endeffekt ein Vorteil für den Spieler.

Aus der Beobachtung der Fünfen ergibt sich ein ganz einfaches Gewinnsystem. Nehmen wir an, der Spieler setzt nur kleine Beträge, wenn noch Fünfen da sind, und große Beträge, wenn alle Fünfen weg sind. Die Wahrscheinlichkeit, dass alle Fünfen weg sind, steigt, wenn weniger Karten übrig sind. Wenn noch 26 Karten da sind, passiert dies in fünf Prozent der Fälle, wenn nur noch 13 Karten da sind, in 30 Prozent der Fälle. Da der Spieler dann einen Vorteil von 3,29 Prozent hat und er dann sehr viel höhere Einsätze tätigt als sonst, gewinnt er auf lange Sicht.

Für das tatsächliche Spielen im Casino entwickelte ich eine sehr viel leistungsfähigere Gewinnstrategie, die auf der Veränderung des Anteils von Zehner-Karten im Blatt basiert, auch wenn meine Berechnungen zeigten, dass sich Zehner weniger stark auswirken als Fünfer, weil es viermal so viele Karten mit zehn Punkten gibt. Die größeren Schwankungen der „Zehnerhaltigkeit" verschaffen dem Spieler mehr und bessere Gelegenheiten.

Als ich mit der Familie im Sommer 1960 von Boston nach Kalifornien fuhr, überredete ich die widerwillige Vivian zu einem kurzen Zwischenstopp in Las Vegas, damit ich die Zehner-Strategie erproben konnte. Wir setzten uns in einem Casino in der Innenstadt an der Fremont Street an einen Blackjack-Tisch. Ich hatte 200 Dollar (im Jahr 2016 wären sie etwa 1.600 Dollar wert gewesen) und ein kleines Kärtchen mit meiner neuen Strategie dabei.[8] Ich hoffte, dass ich sie nicht brauchen würde und somit keine Aufmerksamkeit auf mich lenkte. Diese Karte war eine ganz andere als alle früheren. Sie sagte mir nicht nur, wie ich jede Hand gegen jede aufgedeckte Karte des Croupiers spielen musste, sondern auch, wie viel ich dann setzen musste und wie sich die Spielentscheidungen änderten, wenn sich der Anteil der Zehner änderte. Konkret: Das vollständige Blatt besteht aus 36 Nicht-Zehnern und 16 Zehnern, also begann ich meine Zählung bei „36, 16" was ein Verhältnis von Nicht-Zehnern zu Zehnern von 36 : 16 = 2,25 ergibt.

Wir setzten uns beide hin und Vivian setzte 25 Cent pro Hand, um mir Gesellschaft zu leisten. Während das Spiel voranschritt und ich die ausgespielten Nicht-Zehner und Zehner zählte, senkte ich die Beträge für die verbliebenen. Immer wenn ich einen Einsatz platzieren oder eine Spielentscheidung treffen musste, verwendete ich die aktuellen Anzahlen, um das Verhältnis neu zu berechnen. Ein Verhältnis unter 2,25 bedeutete, dass das Blatt viele Zehner enthielt, und wenn es auf 2,0 fiel, hieß das, dass der Spieler einen Vorteil von etwa einem Prozent hatte. Bei Verhältnissen von 2,0 oder darunter, die einen Vorteil von mindestens einem Prozent bedeuteten, setzte ich je nach der Größe meines Vorteils zwei bis zehn Dollar, andernfalls einen Dollar.

Vivian schaute nervös zu, wie ich nach und nach 32 Dollar verlor. An diesem Punkt sagte der Croupier feindselig: „Sie packen wohl besser noch mehr Geld aus, denn Sie werden es brauchen." Vivian roch den Braten und sagte: „Lass uns gehen." Obwohl ich verloren hatte, war ich zufrieden, denn ich hatte bewiesen, dass ich das System der Zehnerzählung in Casinogeschwindigkeit spielen konnte, ohne die Strategiekarte anzuschauen. Der Verlust von 32 Dollar bewegte sich deutlich innerhalb des Bereichs der möglichen Ausgänge, die meine Theorie vorhersagte, daher veranlasste er mich nicht, an meinen Ergebnissen zu zweifeln. Da es für mich an diesem Tag nichts mehr zu lernen gab, ging ich zwar wieder mal ärmer davon, aber wie ich hoffte auch klüger.

Mathematiker-Freunde am MIT waren erstaunt, als ich ihnen im Herbst von meiner Entdeckung erzählte. Einige waren der Ansicht, ich solle sie schnell veröffentlichen, damit ich der Erste war, bevor jemand anders entweder meine Idee wiederentdeckte oder sie stahl und als seine eigene ausgab. Dazu brauchte ich kaum gedrängt zu werden, denn ich war bereits ein gebranntes Kind. Als ich an der UCLA war, schlug mir mein Doktorvater Angus Taylor vor, einen Teil meiner mathematischen Arbeit an einen bekannten kalifornischen Mathematiker zu schicken und sie von ihm kommentieren zu lassen.[9] Ich bekam keine Antwort, aber elf Monate später hörten Taylor und ich bei einer Versammlung der American Mathematical Society Südkaliforniens einen Vortrag des großen Mannes. Das Thema war meine Entdeckung, detailliert dargelegt und als

Teil seiner eigenen Arbeit ausgegeben, und bald danach erschien sie unter seinem Namen in einer renommierten mathematischen Zeitschrift. Wir waren beide wie vor den Kopf gestoßen. Taylor, der später wissenschaftlicher Vizepräsident der gesamten University of California wurde, war ein ethischer und erfahrener Mathematiker, von dem ich mir einen Rat erhoffte, aber er wusste nicht, was man dagegen tun konnte. Also taten wir beide nichts.

Außerdem kommt es in der Wissenschaft häufig vor, dass die rechte Zeit für eine Entdeckung gekommen ist und sie fast gleichzeitig unabhängig voneinander von zwei oder mehr Forschern gemacht wird. Berühmte Beispiele sind die Infinitesimalrechnung durch Newton und Leibniz sowie die Evolutionstheorie durch Darwin und Wallace. Fünf Jahre vor meiner Arbeit am Blackjack-Projekt wäre es viel schwieriger gewesen, sie zu bewältigen. Fünf Jahre später würde es dank der zunehmenden Rechenleistung und Verfügbarkeit von Computern eindeutig viel leichter sein.

Ein weiterer Grund, schnell zu veröffentlichen, ist das wohlbekannte Phänomen, dass es normalerweise viel leichter ist, ein Problem zu lösen, wenn man weiß, dass es lösbar ist. Daher bedeutete die bloße Tatsache, dass sich die Nachricht mündlich herumsprach, dass andere meine Arbeit eher früher als später aufgreifen würden. Dieser Punkt wurde in einer Science-Fiction-Erzählung verdeutlicht, die ich in meiner Collegezeit gelesen hatte. Ein Professor der Universität Cambridge hat in seinem Kurs die brillantesten Physikdoktoranden, die es je gab. Er teilt die 20 in vier Fünferteams auf und gibt ihnen die schwierigsten Problemstellungen als Hausaufgaben. Da die Studenten wissen, dass er die Lösungen kennt, arbeiten sie so lange beharrlich daran, bis sie alle Fragen beantworten können. Zum Schluss erzählt er ihnen, um sie aus der Fassung zu bringen, die unwahre Geschichte, die Russen hätten entdeckt, wie man die Schwerkraft aufhebt, und ihre Aufgabe sei es nun, zu zeigen, wie das geht. Eine Woche später legen zwei der Teams Lösungen vor.

Um mich davor zu schützen, dass mir dies mit meiner Blackjack-Forschung passieren würde, entschied ich mich für die *Proceedings of the National Academy of Sciences*, weil sie von allen Zeitschriften, die ich kannte, am schnellsten veröffentlichte – es dauerte nur zwei oder drei Monate – und außerdem sehr angesehen war. Dazu musste allerdings ein Mitglied der Akademie meine Arbeit annehmen und weiterleiten, deshalb ging ich zu dem einzigen Mathematiker am MIT, der Mitglied der Wissenschaftsakademie war, zu Claude Shannon. Claude war durch die Begründung der Informationstheorie berühmt geworden, die für die moderne Computer- und Kommunikationstechnik sowie für vieles andere von entscheidender Bedeutung ist.

Die Fakultätssekretärin arrangierte einen kurzen Termin zur Mittagszeit mit dem unwilligen Shannon.[10] Dabei warnte sie mich, Shannon werde nur ein paar Minuten da sein, mehr solle ich nicht erwarten und er verschwende keine Zeit auf Themen oder Menschen, die ihn nicht interessieren. Etwas ehrfürchtig, aber mit dem Gefühl, Glück gehabt zu haben, ging ich in Shannons Büro und traf dort auf einen schlanken, agilen Mann mittlerer Größe und Statur mit recht scharfen Gesichtszügen. Ich erzählte ihm kurz die Blackjack-Geschichte und zeigte ihm meinen Artikelentwurf.

Shannon nahm mich detailliert ins Kreuzverhör, sowohl um zu verstehen, auf welche Art ich das Spiel analysiert hatte, als auch um mögliche Mängel zu finden. Meine paar Minuten verwandelten sich in ein anderthalbstündiges lebhaftes Gespräch, währenddessen wir in der Mensa zu Mittag aßen. Gegen Ende deutete er an, ich hätte anscheinend den großen theoretischen Durchbruch zu diesem Thema erzielt und das, was noch zu entdecken bleibe, bestehe eher in Details und der Ausarbeitung. Er bat mich, den Titel von „A Winning Strategy for Blackjack“ in „A Favorable Strategy for Twenty-One“ zu ändern, denn das klinge gesetzter und für die Akademie akzeptabler.[11] In dieser Zeitschrift war der Raum knapp und jedes Mitglied durfte nur eine begrenzte Seitenanzahl im Jahr einreichen, deshalb akzeptierte ich widerwillig Shannons Kürzungsvorschläge. Wir kamen überein, dass ich ihm die überarbeitete Fassung sofort zukommen lassen sollte, damit er sie an die Akademie weiterleiten konnte.

Als wir wieder ins Büro kamen, frage er mich: „Arbeiten Sie noch an etwas anderem auf dem Gebiet des Glücksspiels?“ Ich zögerte kurz, beschloss dann, mein zweites großes Geheimnis preiszugeben, und erklärte ihm, wieso das Roulette vorhersagbar sei und dass ich vorhatte, einen kleinen Computer für solche Prognosen zu bauen, den ich versteckt unter meiner Kleidung tragen wollte. Ich legte meine Fortschritte dar und wir warfen uns gegenseitig Ideen zu. Stunden später, als der Himmel über Cambridge dämmrig wurde, schieden wir schließlich voneinander, begeistert von unseren Plänen, gemeinsam daran zu arbeiten, das Spiel zu besiegen.

Indes hatte ich auch vor, mein Blackjack-System bei der Jahresversammlung der American Mathematical Society in Washington vorzutragen. Ich reichte eine Zusammenfassung meiner Rede mit dem Titel „Fortune's Formula: The Game of Blackjack" für das Programmheft (*The Notice*) ein, wo sie inmitten einer großen Ansammlung von üblicherweise technischen und abstrusen Vortragszusammenfassungen erscheinen sollte.[12]

Als das Auswahlgremium meinen Abstract bekam, reagierte es fast einstimmig ablehnend. Ich erfuhr das später von dem Zahlentheoretiker John Selfridge, den ich an der UCLA kennengelernt hatte und der dem Gremium angehörte. Er hielt eine Weile den Weltrekord für die größte Primzahl (eine Primzahl ist eine positive ganze Zahl, die nur durch sich selbst und durch 1 teilbar ist, die ersten sind 2, 3, 5, 7, 11, 13 ...). Zum Glück überzeugte Selfridge die anderen davon, dass ich ein seriöser Mathematiker sei und wenn ich sagte, etwas sei wahr, dann sei es das wahrscheinlich auch.

Warum wollte das Gremium meinen Vortrag ablehnen? Berufsmathematiker erhalten regelmäßig Behauptungen, der Absender habe irgendein berühmtes Problem gelöst, und fast immer stellt sich heraus, dass die Behauptung von einem Spinner stammt, von einem mathematisch Ungebildeten, der nicht weiß, was auf dem Gebiet bereits geforscht wurde, oder sie enthält Beweise mit simplen Fehlern. Oft bezieht sich die sogenannte Lösung auf ein Problem, von dem schon lange bewiesen ist, dass es unlösbar ist, wie beispielsweise die Dreiteilung beliebiger Winkel nur mit Zirkel und nichtskaliertem Lineal. Hingegen lernt man als Schüler in Geometrie eine einfache Methode, einen Winkel in zwei Teile zu teilen. Eine kleine Änderung der Problemstellung – von der Teilung in zwei gleiche Teile zur Teilung in drei gleiche Teile – verwandelt ein einfaches Problem in ein unlösbares.

Damals war die Situation auf dem Gebiet der Glücksspiele ähnlich, denn Mathematiker hatten bewiesen, dass bei den meisten gängigen Glücksspielen kein Gewinnsystem möglich ist. Und natürlich würden die Casinos, wenn man sie schlagen könnte, entweder die Spielregeln ändern oder pleitegehen. Kein Wunder, dass das Gremium geneigt war, meinen Abstract abzulehnen. Ironischerweise war sein Grund dafür – dass Mathematiker offenbar bewiesen hatten, Gewinnsysteme für Glücksspiele seien unmöglich – meine stärkste Motivation, zu beweisen, dass dies doch möglich ist.

Zwei Tage bevor ich zu der Versammlung aufbrach, wurde ich abends von einem Anruf von Dick Stewart von *The Boston Globe* überrascht, der mich zu meinem bevorstehenden Vortrag befragte.[13] Zwischenzeitlich schickte die Zeitung auch einen Fotografen zu mir. Ich erklärte am Telefon die grundsätzlichen Ideen meines Systems. Am nächsten Morgen prangten mein Foto und Stewarts Artikel auf der Titelseite. Innerhalb von Stunden verbreiteten die Nachrichtenagenturen die Story und weitere Fotos an Dutzende Zeitungen im ganzen Land.[14] Als ich zum Flughafen fuhr, löschte Vivian resigniert eine aus Hunderten Nachrichten bestehende Flut vom Anrufbeantworter und schon bald begann unsere Tochter Raun jedes Mal zu weinen, wenn das Telefon klingelte.

6

KAPITEL

Der Tag des Lamms

Ich flog nach Washington mit seinem bleiernen Winterhimmel und dem ersten Schneegestöber, das bald zu einem gigantischen Schneesturm wurde. Die Stadt war nach der kurz zuvor erfolgten Amtseinführung des neuen Präsidenten der Vereinigten Staaten – John F. Kennedy – immer noch überfüllt.

Die Versammlung der American Mathematical Society fand in dem alten Willard Hotel statt. Statt des erwarteten 40- oder 50-köpfigen Gelehrtenpublikums fand ich einen geschäftigen Saal mit Hunderten ausschließlich stehenden Personen. Die Mathematiker waren mit anderen Leuten durchsetzt, die Sonnenbrillen trugen, überdimensionierte pinkfarbene Ringe, und Zigarre rauchten, dazu Reporter mit Fotoapparaten und Notizblöcken. Ich hatte einen sachlichen Vortrag im Sinne einer Mathematiker-Versammlung vorbereitet und begann mit einer Erklärung, wie man durch das Zählen der Fünfen gewinnen kann. Dann erwähnte ich, dass das Zählen der Zehner viel besser sei, und deutete die große Fülle an zusätzlichen Zählsystemen an, die meine Methodologie aufgedeckt hatte. Meine knappe technische Darlegung schreckte das Publikum nicht ab. Ich schloss meinen Vortrag und legte völlig unzureichende 50 Exemplare meiner Rede vor mich auf den Tisch. Die Meute stürzte sich darauf wie Raubtiere, die um Frischfleisch konkurrieren.

Auf entsprechende Anfragen hin organisierten die für die Versammlung Verantwortlichen für mich nach meinem Vortrag eine Pressekonferenz, danach war ich in einer Sendung eines großen Fernsehsenders zu sehen und wurde von mehreren Radiosendern interviewt. Die Wissenschaftler und die technisch versierten Leute verstanden die von mir beschriebene Gewinnstrategie im Allgemeinen und glaubten daran, aber die Casinos und Teile der Presse nicht. Die *Washington Post* schrieb in einem zynischen Leitartikel, es sei ein Mathematiker in der Stadt, der behauptet, er habe ein System, mit dem man beim Glücksspiel gewinnen kann, und das erinnere sie an die Werbung, die für einen Dollar ein todsicheres Unkrautvernichtungsmittel anbietet – wenn man den Dollar bezahlt hat, erhält man die Anweisung: „Bei der Wurzel packen und fest ziehen!“ Der Sprecher eines Casinos behauptete spöttisch, er habe Taxis zum Flughafen geschickt, um Spieler mit Systemen abzuholen (auf diese Taxis warte ich nun schon 50 Jahre). Ein anderer erzählte, ich hätte einen detaillierten Fragebogen geschickt, mit dem ich mich über die exakten Blackjack-Regeln erkundigte, die in seiner Spielbank gelten. Als ich ein paar Jahre vorher mit meinen Berechnungen begonnen hatte, hatte ich wirklich eine solche Anfrage an 26 Casinos in Nevada geschickt. Ich wollte erfahren, wie sich die Regeln von einem Haus zum anderen unterschieden, und vor allem wollte ich wissen, ob manche von ihnen ungewöhnlich vorteilhafte Regeln hatten. Von den 26 Casinos waren 13 so freundlich gewesen, einem unwissenden Gelehrten zu antworten.

Ein junger Reporter der *Post* namens Tom Wolfe interviewte mich nach meinem Vortrag. Die Zeitung überschrieb den Artikel so: „Mathematik-Experte behauptet: So kann man beim Blackjack die Spielbank schlagen“.[1] Er war eher neugierig als skeptisch, sympathisch, bohrte aber auch nach. Später wurde Wolfe einer der berühmtesten Schriftsteller Amerikas.

Inzwischen lagen Washingtons Flughäfen unter einer 60 Zentimeter hohen Schneedecke und darum stieg ich in einen Zug nach Boston.

Während meiner langen Heimfahrt fragte ich mich, wie meine Forschungen im Bereich der mathematischen Theorie eines Spiels wohl mein Leben verändern könnten. In dem Abstract ist das Leben eine Mischung aus Möglichkeiten und Entscheidungen. Die Möglichkeiten kann man sich als die Karten vorstellen, die einem im Leben ausgeteilt werden. Die Entscheidungen bestimmen, wie man sie ausspielt. Ich hatte mich entschieden, Blackjack zu erforschen. Infolgedessen boten sich mir neue, unerwartete Möglichkeiten.

Seit meiner ersten Begegnung mit Claude Shannon im September hatten wir circa 20 Stunden die Woche an dem Rouletteprojekt gearbeitet. Daneben unterrichtete ich, forschte an reiner Mathematik, übernahm Aufgaben in der Fakultät, schrieb meinen Blackjack-Forschungsartikel und gewöhnte mich daran, frischgebackener Vater zu sein. Eines Tages fragte mich Claude nach unserer Arbeit am Roulette im Haus der Shannons beim Essen, ob ich dächte, dass irgendetwas in meinem Leben dies noch übertreffen würde. Ich dachte damals so ziemlich genau das, was ich auch von ihm erwartete: dass Anerkennung, Beifall und Ehre zwar willkommen sind und dem Leben einen gewissen Reiz verleihen, dass sie aber keine Ziele sind, die man anstreben sollte. Ich war damals wie heute der Meinung, dass es darauf ankommt, was man tut und wie man es tut – auf die Qualität der verbrachten Zeit und auf die Menschen, mit denen man sie verbringt.

Die landesweite Nachrichtenagentur AP hatte inzwischen die Story von Tom Wolfe gebracht, sodass bei der mathematischen Fakultät des MIT Tausende von Briefen und Telefonanrufen eingingen. Die Sekretärinnen waren wochenlang damit beschäftigt und die Geduld aller wurde auf die Probe gestellt. Ich beschloss, dass es klüger sei, auf manche Korrespondenz nicht zu antworten. Zum Beispiel schickte mir jemand einen 25-seitigen „Beweis“ dafür, dass er die Reinkarnation von Ponce de Léon sei. Ich schrieb ihm zwar nicht zurück, aber es folgte eine langatmige Aufzählung von „Verbindungen“ zwischen ihm, mir und Ponce de Léon, mit der er darlegte, dass ich in seiner Geschichte eine entscheidende Rolle spielte. Er behauptete, es sei meine Pflicht, mich da hineinziehen zu lassen!

Ein anderer Mann bot sich mir als Leibwächter an und versicherte mir, ich würde einen brauchen, wenn ich mich anschickte, die Casinos zu schlagen. Als ich ihm nicht antwortete, schickte er mir einen feindseligen Brief, in dem er seine militärischen Fähigkeiten und sein Geschick im Umgang mit Schusswaffen schilderte. Er versicherte mir, er könne jemandem mit einer .45er-Automatik „aus 25 Metern Entfernung eine Kugel zwischen die Augen setzen" und er würde unbezahlt arbeiten, nur für das Privileg, von mir zu lernen, was er im Umgang mit mir lernen könne. Darauf folgte ein abschließender Brief, der mich warnte, wenn ich zu meinem Leidwesen merken würde, dass ich seinen Schutz brauche, würde er nicht da sein. Verbittert schrieb er, ich sei „genau wie all die anderen", denen er seine Dienste angeboten habe.

Die meisten Briefe baten um Exemplare meines Artikels und um detaillierte Anweisungen, „wie das geht". Im wissenschaftlichen Geiste der kostenlosen Information fertigte ich auf Kosten der mathematischen Fakultät des MIT Hunderte von Kopien des Vortrags und des Artikels an und versandte sie, bis ich irgendwann überfordert aufgab.

Vor meiner Rede auf der Versammlung hatte ich den Trubel und die Publicity, die daraus entstehen würden, nicht vorausgesehen. Ich hatte vielmehr erwartet, dass sich Gelehrte meine Arbeit ansehen würden, von den Ergebnissen sehr überrascht sein und am Ende zustimmen würden, dass ich recht hatte. Doch dies geschah nicht auf stille, gemessene akademische Weise, sondern ich wurde von fremden Leuten belagert, die alle ein Stück von mir haben wollten. Diese Art von „Ruhm" konnte ich nicht brauchen.

Die Finanzierungsangebote für eine Erprobung meines Systems reichten von ein paar Tausend Dollar bis 100.000 Dollar. Mir wurde die Entscheidung aufgedrängt, ob ich beweisen oder nicht beweisen wollte, dass meine wissenschaftliche Theorie an den Tischen wirklich funktioniert. Am Ende beschloss ich, nach Nevada zu gehen, unter anderem um die lästige höhnische Bemerkung zu kontern, die Gelehrten oft vorgehalten wird: „Wenn du so klug bist, wieso bist du dann nicht reich?" Aus persönlichem Stolz und Ehrgefühl fand ich, dass ich meinen Lesern den Beweis schuldete, dass die Theorie wirklich funktioniert – trotz des Spotts von Casinos, meine Behauptungen seien lächerlich. Der endgültige Auslöser war ein Casinovertreter, der im Fernsehen über mein System sagte: „Wenn ein Lamm zur Schlachtbank geht, mag es sein, dass es den Schlachter tötet. Aber wir setzen immer auf den Schlachter."

Das vielversprechendste Angebot kam von zwei New Yorker Multimillionären, die ich als Mr. X und Mr. Y bezeichnete, als ich später über sie schrieb. Nach mehreren Anrufen von Mr. X und langem Zögern meinerseits wegen der Gefahr, das Kapital fremder Leute an einem Ort zu riskieren, über den ich wenig wusste, stimmte ich schließlich einem Treffen zu.

Es war an einem winterlichen Februarnachmittag vor unserer Wohnung in Cambridge, eingerahmt von kahlen, blattlosen Bäumen, die sich vom stahlgrauen Himmel abhoben. Die Straße war von mehrstöckigen Holzhäusern gesäumt, die Poren ihrer Wände und Veranden waren von Kohlenstaub durchdrungen und eine rußige Kruste bedeckte den Neuschnee. Um vier Uhr begann die Abenddämmerung und unser Gast war längst überfällig. Dann fuhr ein dunkelblauer Cadillac vor, darin zwei gut aussehende junge Blondinen, eine durch das Beifahrerfenster zu sehen, während die andere auf der Fahrerseite ausstieg. Ich fragte mich, wer diese Leute waren und wo Mr. X war. Die Blonde von der Beifahrerseite hielt die hintere Tür auf und ein kleiner weißhaariger Mann in einem langen Kaschmirmantel stieg aus. Sie klingelten bei uns und das musste wohl Mr. X sein. Er stellte sich als Emmanuel „Manny" Kimmel vor, damals etwa 65 Jahre alt, und sagte, er sei ein wohlhabender Geschäftsmann aus Maplewood in New Jersey, der sich in der Welt des Glücksspiels auskenne. Er erklärte, die beiden Schönheiten im Nerz seien seine Nichten. Ich kaufte ihm das ab, auch wenn ich an Vivians Gesichtsausdruck sah, dass sie anderer Ansicht war.

Kimmel teilte mir ein paar Stunden lang Blackjack-Karten aus und fragte mich über meine Forschung aus. Daneben sprach Vivian, mit unserer 18 Monate alten Tochter, mit den „Nichten". Einmal, als die jüngere Nichte naiv persönliche Dinge preisgab, flüsterte die andere aus dem Mundwinkel heraus: „Mach mal langsam."

Nach unserer Diskussion war Manny bereit, eine Reise nach Nevada zu planen. Wir wollten sie antreten, sobald ich Zeit hätte, was während der einwöchigen Frühlingsferien des MIT im April der Fall sein würde. Als sie gingen, zog er ein Knäuel Perlenhalsbänder aus einer Tasche seines Mantels und schenkte Vivian eines davon.[2] Die Perlen blieben in der Familie und heute, über 50 Jahre danach, trägt Raun sie immer noch.

Vivian war wegen des Casino-Tests besorgt, aber auch dafür. Zwar waren die mathematischen Einzelheiten für sie und fast alle anderen unverständlich, aber sie wusste, dass ich im Allgemeinen keine Behauptungen aufstellte, die ich nicht halten konnte, vor allem nicht in der Mathematik und in den Naturwissenschaften. Auch wenn es bislang nur Berechnungen und Überlegungen waren, so war sie doch überzeugt, dass ich bei einem fairen Kampf gewinnen würde. Aber er würde in der wirklichen Welt stattfinden, nicht in einer Welt der Symbole und Gleichungen. Würden die Casinos fair spielen oder würden sie irgendwie schummeln oder mich außer Gefecht setzen, vielleicht mit Drogen oder Gewalt? Was war mit den angeblichen Nichten, bei denen sie klar erkannt hatte, dass sie keine waren? Ich würde in eine Welt des leichten Geldes und der leichten Mädchen eintreten – und wer weiß noch welcher anderen Gefahren. Was war mit meinen Geldgebern? Waren sie in der Lage, mich gegen krumme Dinger im Casino zu schützen? Würden sie die vorübergehenden Verluste aushalten, die wir in der Anfangszeit des Spiels zwangsläufig erleiden würden?

Nachdem das ganze Land meine Behauptungen gehört hatte, würde ich, wenn ich klein beigäbe, anscheinend die Einwände bestätigen, dass ich nur Quatsch von mir gäbe. Ich war sicher, dass ich recht hatte. Unter keinen Umständen konnte ich meine Familie, meine Freunde und meine Kollegen etwas anderes denken lassen. Zwar hatte der Goliath, gegen den ich antrat, immer gewonnen, aber ich wusste etwas, das sonst niemand wusste: Er war kurzsichtig, unbeholfen, langsam und dumm, außerdem würden wir nach meinen Bedingungen kämpfen, nicht nach seinen. Entscheidend war, dass Vivian trotz ihrer Vorbehalte und obwohl es ihr lieber gewesen wäre, wenn ich auf Nummer sicher gegangen wäre, dachte, ich könnte es schaffen.

Als Vorbereitung auf unseren Ausflug flog ich jeden Mittwoch, wenn ich keine Lehrveranstaltungen halten musste, von Boston nach New York.

Ich traf in Mannys Penthouse in Manhattan ein, er teilte die Karten aus und ich spielte mit der Zehnerzählung. Ich hatte zwar mehrere Methoden des Kartenzählens im Angebot, aber Kimmel schoss sich auf die Zehnerzählung ein und wollte nichts anderes hören. Was mir auch entgegenkam, denn für die Zehnerzählung hatte ich bereits Strategietabellen erstellt, für die anderen noch nicht. Bei der Zehnerzählung erhöht man den Einsatz, wenn im verbleibenden Blatt viele Asse und Zehner enthalten sind. Nach ein paar Stunden servierte Mannys Butler Essen und wir spielten weiter. Nach jeder Sitzung gab mir Kimmel 100 oder 150 Dollar als Aufwandsentschädigung und merkwürdigerweise eine Salami. Diese Salamis verliehen der Kabine auf meinem Rückflug einen unverwechselbaren Geruch.

Kimmels Freund und Kofinanzier unseres Wagnisses, Mr. Y, kam bei manchen Sitzungen vorbei und auch eine der Nichten schaute manchmal zu. Mr. Y war Eddie Hand, ein reicher Geschäftsmann aus dem Bundesstaat New York. Er war in den 40ern, dunkelhaarig und mittelgroß. Er sprach mit einer seltsamen Mischung aus unwirschen Klagen und humorigen Bemerkungen. Während die Wochen vergingen, stapelten sich die Chips auf meiner Seite des Tischs immer höher und Manny wurde immer enthusiastischer. Nach einem halben Dutzend Sitzungen waren wir bereit für unser Abenteuer in Nevada.

Grundsätzlich standen zwei Vorgehensweisen offen, wenn wir uns zum Spielen in ein Casino setzten. Bei der einen, die ich als die wilde Methode bezeichne, setzt man immer dann das am Tisch erlaubte Limit, sobald der Vorteil des Spielers über einen niedrigen Wert von beispielsweise einem Prozent hinausgeht. Damit gewinnt man normalerweise das meiste Geld, aber dabei kann das Kapital heftig schwanken und man braucht viel Geld, um die Verluste auszuhalten. Kimmel und Hand sagten, sie würden 100.000 Dollar und nötigenfalls auch mehr aufbringen. (Wie der Inflations-Umrechnungstabelle in Anhang A zu entnehmen ist, entsprach dies 800.000 Dollar des Jahres 2016.)

Ich war nicht für diese Strategie, denn es gab zu vieles, was ich über die Welt des Glücksspiels nicht wusste. Konnten sie mich irgendwie betrügen oder beschwindeln? Und wie würde ich reagieren, wenn ich bei

50.000 Dollar stand und zum Weiterspielen jede Minute mehr setzen musste als mein Monatsgehalt? Würden Kimmel und Hand bei der Stange bleiben, wenn wir eine solche Summe verloren? Wenn sie an diesem Punkt aufhören würden, würde es ja bedeuten, dass wir nur ein Kapital von 50.000 Dollar gehabt hatten und von Anfang an vorsichtiger hätten setzen müssen. Außerdem hatte ich eher das Ziel, mein System zu überprüfen, als meinen Finanziers das große Geld zu bescheren. Um vielmehr dies zu erreichen, entschied ich mich für annähernd sichere moderate Gewinne, anstatt unter höherem Verlustrisiko einen hohen Gewinn anzupeilen. Ich hatte vor, zurückhaltend zu spielen und das Doppelte meines Mindesteinsatzes zu setzen, wenn mein Vorteil auf ein Prozent stieg, bei zwei Prozent das Vierfache und im Höchstfall das Zehnfache meiner kleinen Einsätze, wenn das Spiel zu fünf oder mehr Prozent zu meinen Gunsten stand. Bei Einsatzgrößen von 50 bis 500 Dollar – damals meist der höchste in den Casinos erlaubte Einsatz – dachte ich, 10.000 Dollar sollten eine angemessene Summe sein.

Manny stimmte widerwillig zu. In den MIT-Frühlingsferien trafen wir uns an einem kalten Aprilnachmittag am New Yorker Flughafen. Wir unterhielten uns eine Stunde lang, dann stiegen wir in unser Flugzeug. Als wir uns gegen Mitternacht Reno näherten, tauchte in der ansonsten herrschenden stygischen Schwärze ein greller Lichtfleck auf. Während des bogenförmigen Landeanflugs erblickte ich zum ersten Mal diese Stadt, die wie eine blutrote über die Landschaft hingebreitete Neonspinne aussah. Sorgenvoll fragte ich mich, was mir in der nächsten Woche widerfahren würde. Vivian war wegen meines Fluges ins Unbekannte mehr beunruhigt als ich und wollte, dass ich sie jeden Tag anrufe. Es tat mir gut, zu wissen, dass ich mit ihr und durch sie auch mit meiner vertrauten Welt in Verbindung stand. Damals waren Ferngespräche noch teuer. Wenn alles in Ordnung war, meldete ich ein R-Gespräch an und verlangte dabei „Edward _. Thorp“, wobei die jeweilige Initiale ein Code war, den wir uns ausgedacht hatten, um mitzuteilen, wie viele Tausend Dollar wir gewonnen – oder, wenn die Initiale vor „Edward“ kam, verloren – hatten. Es war ganz einfach: Ein A bedeutete weniger als 1.000 Dollar, B zwischen 1.000 und 2.000

Dollar, C 2.000 bis 3.000 und so weiter bis Z, was 25.000 bis 26.000 Dollar bedeutete. Nachdem Vivian den Namen des Angerufenen gehört hätte, würde sie der Vermittlung höflich mitteilen, dass Herr Thorp gerade nicht zu sprechen sei.

Nach ein paar Stunden Schlaf trafen wir uns im Hotel zum Frühstück. Mit Sand in den Augen und müde stärkte ich mich mit Eiern Benedict und Orangensaft, begleitet von viel schwarzem Kaffee, dann gingen wir zu dritt zu den Spieltischen. In unserem ersten Casino außerhalb der Stadt fing ich klein an, indem ich einen bis zehn Dollar setzte. Ich hatte vor, später mehr zu setzen, wenn ich mich mehr mit dem Risiko angefreundet hätte. Irgendwann würde ich 50 bis 500 Dollar setzen. Vor der Reise hatte ich darauf bestanden, nur insgesamt 10.000 Dollar einzusetzen, aber ich wusste, dass Manny zehnmal so hohe Einsätze bevorzugte – jedes Mal, wenn wir ein Prozent Vorteil hatten, 500 Dollar –, hinter denen 100.000 Dollar standen. Ich bestand darauf, mich mit Einsätzen von einem bis zehn Dollar warmzulaufen. Ich hatte ihm ausführlich erklärt, dass ich mich in meinem eigenen Tempo zu den großen Einsätzen hocharbeiten musste, aber er hielt es nicht aus, zuzuschauen und zu warten, während ich das tat. Er wurde immer unruhiger und sein blasses Gesicht lief irgendwann knallrot an, was einen scharfen Kontrast zu seinem vollen weißen Haarschopf bildete. Später erfuhr ich, dass er normalerweise Zehntausende Dollar gewann oder verlor, in Casinos in den Vereinigten Staaten und vor der Machtübernahme durch die Kommunisten auch in Kuba.

Ich erspielte ein paar Dollar in ungefähr einer Stunde, aber dann schloss das Haus für drei Stunden, weil Karfreitag war. Wir fuhren wieder nach Reno hinein und entschieden uns für ein Casino mit sehr günstigen Regeln. Dort wurde bis zur letzten Karte ausgeteilt und die Spieler durften bei beliebigen Händen verdoppeln sowie bei beliebigen Paaren einen Split vornehmen. War die erste Karte des Croupiers, die immer aufgedeckt wurde, ein Ass, erlaubten es manche Casinos wie auch dieses, dass der Spieler eine „Versicherung" dagegen abschloss, dass die zweite Karte eine Zehn oder eine Bildkarte war (was dem Croupier einen „Natural" bescherte, also 21 mit nur zwei Karten), indem er nochmals die Hälfte seines Ersteinsatzes setzte. Bekommt der Croupier einen Natural, wird diese Versicherungswette 2 zu 1 ausgezahlt.

Nach einem üppigen Mittagessen und einer Ruhepause spielte ich weiter, immer 15 bis 20 Minuten lang, dann ein paar Minuten Ausruhen. Wenn ich wieder Platz nahm, wählte ich gewöhnlich den Tisch mit den wenigsten Spielern. Ich spielte langsam, machte Denkpausen und schaute mir alle gespielten Karten genau an. Die Leitung des Hauses dachte, ich würde eines der vielen irrigen Wettsysteme einsetzen, die angeblich irgendwie den Hausvorteil überwinden sollten. Davon gibt es unendlich viele, aber keines davon funktioniert. Solche Spieler, die in den Casinos häufig anzutreffen sind, sind dort willkommen, solange sie verlieren. Was immer ich auch tat, als ich im Bereich von einem bis zehn Dollar Einsatz spielte, geriet ich immer weiter ins Hintertreffen, bis ich mit 100 Dollar in der Kreide stand. Das Ganze hatte acht Stunden gedauert, in denen Manny mal rasend war, mal angewidert, dann wieder begeistert und schließlich nahe daran, mich als seine Geheimwaffe aufzugeben.

Inzwischen war es drei Uhr morgens und in den letzten Stunden waren die meisten anderen Spieler gegangen. Ich bekam einen Tisch ganz für mich allein. Mein neuer Croupier war unfreundlich und ich war müde und reizbar. Nach einem scharfen Wortwechsel gab die Frau die Karten so schnell aus, wie sie konnte. Genervt und in dem Gefühl, dass ich nun erfahren genug war, um meine Einsätze zu erhöhen, ging ich in den Bereich von zwei bis 20 Dollar hinauf. Zufällig war das Blatt günstig und ich gewann mit den nächsten paar Händen. Ich holte meine Verluste auf und kam leicht in die schwarzen Zahlen. Ich war erschöpft und so hörte ich auf und legte mich schlafen. Es war fünf Uhr morgens, aber es hätte jede beliebige Uhrzeit sein können. In Casinos gibt es keine Uhren und meist auch keine Fenster, sodass es die Spieler nicht bemerken, wenn aus dem Tag Nacht und wieder Tag wird. Der beste Hinweis darauf, wo man sich gerade in dem elenden Tageslauf dieser losgelösten unwirklichen Welt befindet, ist wohl die Anzahl der Menschen, die wie die Gezeiten anschwillt und wieder abebbt.

Immer noch müde wachte ich etwa um zwölf Uhr mittags auf und meldete ein R-Gespräch mit Vivian an. Gemäß unserem Code fragte ich nach Edward A. Thorp, was bedeutete: „Alles in Ordnung, wir stehen im Plus, aber nicht mehr als tausend Dollar.“ Der erleichterte Klang der Stimme meiner Frau, als sie der Vermittlung sagte, Herr Thorp sei nicht da, hob meine Laune.

Nach dem Frühstück gingen Manny und ich wieder in das Casino außerhalb der Stadt. Innerhalb von Minuten gewann ich durch Einsätze zwischen zehn und 100 Dollar zwei- bis dreihundert Dollar. Dann zählte ich für uns beide, denn mein nervöser Finanzier beschloss, ebenfalls zu spielen. Nach zwei Stunden hatten wir 650 Dollar beisammen und das Casino begann „aufzumischen“ – das heißt, das gesamte Blatt wurde bereits nach wenigen Runden neu gemischt. Da sich günstige Gelegenheiten eher gegen Ende des Blattes ergeben, senkt frühes Mischen die Gewinnquote drastisch. Wir beschlossen, woanders hinzugehen.

Mein Spiel wurde nun schnell und geschmeidig und entsprach dem Tempo jedes beliebigen Croupiers. Auch fühlte ich mich mit der Erhöhung der Einsätze immer wohler. Nachdem ich in der nächsten Spielbank, die wir besuchten, erst mit 25 bis 250 Dollar gespielt hatte, erhöhte ich die Einsätze nach einer Stunde in den Bereich von 50 bis 500 Dollar. Ich hatte berechnet, dass dies der Höchstbetrag war, den wir mit unseren 10.000 Dollar Kapital unbedenklich einsetzen konnten. Dieser Plan, nur auf einem Niveau zu setzen, mit dem ich mich emotional wohlfühlte, und erst dann voranzuschreiten, wenn ich so weit war, ermöglichte es mir, mein System mit ruhiger, disziplinierter Präzision zu spielen. Diese Lehre von den Blackjack-Tischen erwies sich während meines ganzen Lebens als Anleger, wenn die Einsätze immer größer wurden, als unschätzbar wertvoll.

Am Samstagabend kam Eddie Hand an und zu dritt gingen wir in den berühmten Harold’s Club in der Innenstadt von Reno.

Der Besitzer, Harold Smith, Sr., hatte in den 1930er-Jahren mit einer daniederliegenden Bingohalle angefangen und sie zu dem berühmtesten Casino der Vereinigten Staaten ausgebaut. Zusätzlich zu den 2.300 Werbetafeln an Amerikas Highways und Werbung im Ausland durch Soldaten, die gut behandelt worden waren, hatte Smith als Neuerungen weibliche Croupiers eingeführt, den 24-Stunden-Betrieb und eine Kundenbetreuung, die auf den Durchschnittsspieler ausgerichtet war.[3] Diese Strategie war enorm profitabel und in den Club gingen auch Spieler, die hohe Einsätze tätigten. Als meine Familie 20 Jahre zuvor von Kalifornien nach Chicago gefahren war, hatten mich als zehnjähriger Junge die vielen Plakate fasziniert, auf denen es hieß: „Harold's Club, Reno, oder pleite." Nun saß ich dort.

Manny, Eddie und ich gingen in das Erdgeschoss von Harold's Club, das im Vergleich zu den üblichen Spielbanken hell und geräumig war. Nachdem wir an den Reihen der Spielautomaten vorbeigegangen waren, setzte ich mich hin, um mich mit 25 bis 250 Dollar aufzuwärmen, während Manny und Eddie genau zuschauten. Dann fragten meine Geldgeber, ob wir mit Limit 500 Dollar spielen könnten, ohne von Spielern gestört zu werden, die zwischendurch vorbeikamen, um kleine Einsätze zu spielen. Da lud uns der Saalchef in den privaten Bereich für Spieler mit höheren Einsätzen im Obergeschoss ein. Dort hatte ich meinen eigenen Croupier und einen der drei Tische ganz für mich allein. Besser hätten die Spielbedingungen nicht sein können. Aber nach etwa einer Viertelstunde, als ich erst 500 Dollar gewonnen hatte, kam der Besitzer Harold Smith, Sr. mit seinem Sohn Harold Smith, Jr. im Schlepptau durch eine Seitentür herein und stellte sich hinter unseren Croupier. Rückblickend glaube ich, dass er wusste, wer Manny und Eddie waren, und dass er angesichts ihrer illustren Vorgeschichte befürchtete, sie hätten irgendeinen Plan, der sich für das Casino als kostspielig erweisen könnte. Scherzworte und Höflichkeiten wurden ausgetauscht, aber die beiden stellten klar: Das Blatt würde so oft wie nötig gemischt werden, um mich an dem zu hindern, was ich womöglich zu tun vorhatte.

Die Besitzer wiesen den Croupier an zu mischen, wenn vom Blatt nur noch zwölf bis 15 Karten übrig waren. Ich gewann immer noch. Dann mischten sie ab dem halben Blatt. Schließlich wurde das Blatt schon nach wenigen Runden gemischt, ich holte nochmals 80 Dollar heraus und dann gingen wir.

Bei unserer nächsten Station betrug das Limit nur 300 Dollar, dafür waren die Regeln hervorragend. Man konnte versichern, alle Paare teilen und bei beliebigen Karten verdoppeln. Trotzdem kamen ungünstige

Karten, ich verlor stetig, nach vier Stunden hatte ich 1.700 Dollar verloren und war entmutigt. Natürlich wusste ich, dass ebenso, wie das Haus trotz seines Vorteils auf kurze Sicht Verluste machen kann, ein Kartenzähler ins Minus rutschen und dass dies Stunden oder manchmal sogar Tage dauern kann. Ich hielt durch und wartete darauf, dass wenigstens einmal ein günstiges Blatt käme.

Das geschah ein paar Minuten später, als sich ein Vorteil von fünf Prozent ergab. Ich setzte den Höchstbetrag von 300 Dollar, womit ich alle meine restlichen Chips aufbrauchte. Darüber nachdenkend, ob ich aufhören oder Chips nachkaufen würde, wenn ich dieses Spiel verlor, nahm ich meine Hand auf und fand ein Achter-Paar vor. Das muss geteilt werden. Warum? Weil 16 Punkte ganz schlecht sind. Wenn man zieht, geht man wahrscheinlich „bust", und wenn man nicht zieht, besiegt einen der Croupier wahrscheinlich mit 17 oder mehr Punkten. Aber wenn man teilt, beginnt man beide neuen Hände mit einer Acht – einer mittelmäßigen Anfangskarte. Ich legte drei 100-Dollar-Scheine aus meiner Geldbörse auf die zweite Acht. Zu einer der Achten bekam ich als zweite Karte eine Drei. Da war Verdoppeln das Richtige und so legte ich weitere 300 Dollar auf diese Hand und bekam noch eine Karte. Nun lagen 900 Dollar auf dem Tisch, der größte Einsatz, den ich je getätigt hatte.

Der Croupier hatte zu seiner offen daliegenden Sechs noch eine Zehn, kam prompt über 21 und ich gewann beide Hände, also 900 Dollar, sodass ich nur noch 800 im Verlust stand. Das Blatt erwies sich weiterhin als günstig, es verlangte hohe Einsätze, und das nächste Blatt wurde bald auch gut. Nach ein paar Minuten hatte ich meine Verluste wettgemacht und 255 Dollar gewonnen. Dann machten wir für diesen Abend Schluss.

Zum zweiten Mal hatte das System der Zehnerzählung mäßige Verluste durchmischt mit überaus blendenden „Glückssträhnen" eingebracht. Ich stellte später fest, dass dies eine Eigenschaft zufälliger Serien günstiger Wetten ist.[4] Und ich erlebte das immer wieder in meinem Leben, sowohl in der Welt des Glücksspiels als auch in der Welt der Geldanlage.[5]

Am nächsten Tag besuchten wir zu dritt erneut das Casino außerhalb der Stadt. Bevor ich mich an den Tisch setzte, rief ich Vivian an. Als ich zurückkam, sagten mir meine Freunde, dass uns das Casino vom Spiel ausschloss, aber sehr gern unsere Zeche für das Essen übernehmen würde. Ich fragte den Saalchef, worum es dabei ging. Er erklärte mir freundlich und höflich, sie hätten mich am Vortag spielen sehen und seien irritiert, weil ich stetig in einem Ausmaß gewonnen hatte, das für die Höhe meiner Einsätze hoch gewesen sei. Er sagte, sie seien zu dem Schluss gekommen, dass ein System im Spiel war.

Später las ich, dass die Casinos in Nevada Spieler ohne Grund sperren dürfen, weil sie – so unglaublich das klingt – als private Clubs gelten, deren Angebot sich nicht an die Allgemeinheit richtet, und daher dürfen sie ausschließen, wen immer sie wollen. Früher war die Hautfarbe eines der Kriterien, das manche Spielbanken anlegten.

Am nächsten Tag fuhren wir nach Stateline am südlichen Ende des Lake Tahoe. Diese Stadt schmiegt sich an die Grenze Nevadas zu Kalifornien. Auf der kalifornischen Seite sah es normal aus – Motels, Cafés und Wohngebiete. Aber in Nevada, wo Glücksspiele erlaubt waren, drängten sich die Casinos und die Hotels so dicht wie möglich an Kalifornien heran, um ihre Chancen zu erhöhen, Touristen nach Nevada zu locken.

Mitten in dem Geglitzer und dem Verkehrsstau kamen wir etwa um sechs Uhr abends in einer großen, hell erleuchteten Glücksspielfabrik an. Sie war proppenvoll. Ich schaffte es kaum, einen Platz an den Blackjack-Tischen zu bekommen.

Ich legte Chips im Wert von 2.000 Dollar auf den Tisch und Manny, der es nicht mehr aushielt, nur zuzusehen, bestand darauf, neben mir zu spielen, wobei ich seine Spiele ansagen und versuchen sollte, die Größe seiner Einsätze zu kontrollieren. Das war eine schlechte Idee, weil er die Strategie nicht kannte und durch seine gewohnte Art zu spielen den Vorteil einbüßte. Es gelang mir nicht, ihn am Tisch zu korrigieren, ohne dass offensichtlich wurde, was wir taten. Ich spielte also meine Karten, versuchte, ihn stillschweigend zu instruieren, und dabei zählte ich Karten und errechnete, wie viel wir jeweils setzen sollten. Da er so reizbar und schon unter normalen Umständen ein schlechter Zuhörer war, schenkte er mir kaum Aufmerksamkeit, spielte Hände falsch und setzte für unser Kapital von 10.000 Dollar zu viel. Bald hatte ich 1.300 Dollar gewonnen und Manny dank seiner wilden Einsätze 2.000 Dollar. Dann lud uns ein verzückter Saalchef zum Essen und zur Show ein. Die Show ließen wir sausen, genossen aber Filet Mignon und Champagner. Innerhalb von Stunden präsentierte uns das Schicksal die Rechnung. Der Preis? Entgangene Gewinne in Höhe von 11.000 Dollar.

Nach dem Essen schlenderten wir zu dem neuen glitzernden Hochhaus hinüber, das eines der größten Casinos beherbergte, Harvey's Wagon Wheel. Es war aus einem Blockhaus mit nur einem Zimmer hervorgegangen, dass der Fleischgroßhändler Harvey Grossman aus Sacramento und seine Frau Llewellyn 1944 auf der Nevada-Seite der Grenze zu Kalifornien gebaut hatten. Der Name rührte von dem Wagenrad her, das sie über die Tür genagelt hatten. Nun stand hier das erste Hochhaus des Südufers, mit einem Casino und einem zwölfstöckigen Hotel mit 197 Zimmern. Ich kaufte am Kassenkäfig Chips für 2.000 Dollar und bahnte mir den Weg zu einem freien Tisch. Schon bald wurde ich von Spielern geplagt, die einen Dollar setzten, kamen und gingen, das Spiel bremsten und Karten verdeckten, was das Zählen erschwerte.

Ich setzte 50 bis 500 Dollar und fuhr meinen Mindesteinsatz prompt auf einen Dollar herunter, wenn wieder ein Spieler dazukam. Nach ein paar Minuten hatte der Croupier die Botschaft verstanden und fragte mich, ob ich an einem privaten Tisch spielen möchte. Ich antwortete, das fände ich entzückend. Er sagte, dem Klub gefalle die psychologische Wirkung eines privaten Tisches auf die anderen Spieler nicht, aber mit einem angedeuteten Lächeln setzte er hinzu, ein Spiel mit 25 Dollar Mindesteinsatz lasse sich arrangieren, und fragte, ob das ausreichen würde. Das tat es wirklich und als das Schild aufgestellt wurde, vertrieb es alle Kunden außer mir. Eine kleine Menschenmenge versammelte sich. Sie waren still, vielleicht weil sie die unmittelbar bevorstehende Schlachtung ihres finanziell unbeholfenen Mit-Lamms voraussahen.

Nachdem ich ein paar Hundert Dollar gewonnen hatte, stieg Manny schon wieder ein. Er hatte nach dem letzten Mal zugesagt, das nicht mehr zu tun. Wieder hörte er nicht auf mich und ich versuchte, das Beste daraus zu machen. Ich zählte konsequent und steuerte wieder unser beider Spiel. Ich versuchte, das unauffällig zu machen, und er passte nicht besonders gut auf, aber immerhin folgte er mir, was die Erhöhung und

Verminderung der Einsätze betraf. Da dies wichtiger ist als das genaue Spielen der Karten, hatte er somit immer noch einen Vorteil. Nach einer halben Stunde hatten wir das Zählbrett des Tisches geleert – die Blackjack-Version der gesprengten Bank. Nun lächelte der Saalchef nicht mehr, sondern er hatte Angst.

Die Mitarbeiter gerieten in Panik. Unsere Geberin bettelte ihren besser dastehenden Freund an, den die Unruhe angelockt hatte: „Hilf mir aus, bitte hilf mir aus!" Der Saalchef versuchte unseren Gewinn gegenüber einem nervösen Trupp Untergebener abzutun. Während das Zählbrett neu bestückt wurde, wuchs die Menschenmenge. Sie begann, den David anzufeuern, der gegen den Casino-Goliath antrat.

Wir spielten zwei Stunden weiter und sprengten wieder die Bank. Der große Chiphaufen, der vor uns lag, bedeutete über 17.000 Dollar an Gewinnen. Ich hatte 6.000 Dollar gewonnen und Manny, der wieder stark überzogen setzte, hatte seinen Berg um 11.000 Dollar vergrößert. Ich wurde aufgrund der Nachwirkungen unseres opulenten Essens müde, aufgrund der gesteigerten Anstrengung, die es bedeutete, neben meiner eigenen Hand auch noch die von Manny zu managen, und weil mich schon die vorigen Tage ermüdet hatten. Es fiel mir immer schwerer, richtig zu zählen, und auch mein Partner machte langsam schlapp. Ich bestand darauf, dass wir aufhörten, und ging in Richtung Kasse. Meine mit Chips vollgestopften Taschen waren ausgebeult wie Satteltaschen. Meine Beute blieb nicht unbemerkt. Es erschreckte mich, unterwegs drei reizenden Damen zu begegnen, die liebevoll lächelnd immer wieder meinen Weg kreuzten.

Ich machte die Chips flüssig und begab mich auf den Rückweg zu den Tischen, wo ich voller Entsetzen zusah, wie Manny, der sich in einer Glückssträhne wähnte und sich weigerte aufzuhören, Tausende Dollar wieder einsetzte. Für mich war Blackjack ein Spiel der Mathematik, nicht des Glücks. Jegliches Glück oder Pech ist zufällig, unberechenbar und kurzfristig. Auf lange Sicht ist es bedeutungslos. Manny sah das aber nicht so. Als ich versuchte, ihn loszueisen, schrie er aufgeregt: „Ich ... werde ... diesen ... Platz ... nicht ... verlassen!" In den circa 45 Minuten, die ich brauchte, um ihn wegzuzerren, verlor er die gesamten 11.000 Dollar wieder, die er zuvor gewonnen hatte. Trotzdem hatten wir, als wir an jenem Abend mit meinen Gewinnen ins Hotel zurückkehrten, auf dieser Reise bislang 13.000 Dollar gewonnen. Meine täglichen Anrufe bei Vivian hatten ihr verraten, dass wir jeden Tag mehr gewannen. Und nun kam der beste Anruf von allen. Mit dramatischer Stimme fragte ich nach Edward M. Thorp (12.000 bis 13.000 Dollar Gewinn). Mit erleichterter, fröhlicher Stimme sagte sie der Vermittlung, ich sei nicht zu Hause.

An unserem letzten Tag gingen wir wieder in den Club, in dem ich zum ersten Mal geübt hatte. Ich legte Chips im Wert von 1.000 Dollar auf den Tisch und begann zu gewinnen. Das sprach sich herum und nach wenigen Minuten erschien der Besitzer auf der Bildfläche. Panisch gab er der Geberin und dem Saalchef Anweisungen. Wenn ich meinen Einsatz änderte, sollte die Dealerin vor dem nächsten Geben das gesamte Blatt mischen. Jedes Mal, wenn ich die Anzahl der Hände, die ich nahm, änderte (inzwischen konnte ich bis zu acht Hände gleichzeitig spielen und das schneller, als die besten Croupiers austeilen konnten), wurden die Karten gemischt. Der Croupier, gegen den ich bei meiner kleinen Übungssitzung zum Schluss gespielt hatte, stand im Hintergrund und sagte immer wieder in ehrerbietigem Ton, wie viel geschickter ich seit jenem Abend geworden sei. Als ich mich zufällig an der Nase kratzte, mischte die Geberin! Ungläubig fragte ich sie, ob sie das jedes Mal tun würde, wenn ich mir die Nase kratzte. Sie bejahte. Ich überprüfte das, indem ich mich noch ein paarmal kratzte. Sie hielt Wort. Ich fragte sie, ob jedes ungewöhnliche Verhalten, egal wie winzig, sie zum Mischen veranlassen würde. Sie bejahte wieder.

Nun spielte ich also nur noch gleichauf mit dem Haus, denn das Mischen aller Karten, sodass jedes Austeilen aus dem vollständigen Blatt erfolgte, machte meinen Vorteil zunichte.[6] Ich bat um größere Chips – 50 oder 100 Dollar –, weil ich nur 20er hatte. Da trat der Besitzer heran und sagte, das Haus werde sie uns nicht verkaufen. Dann ließ er ein fabrikneues Kartenspiel bringen. Die Dealerin breitete es sorgfältig verdeckt aus, dann aufgedeckt. Ich fragte, weshalb sie es verdeckt ausbreitete. Es kommt zwar öfter vor, aber eigentlich untersuchen Casinos die Rückseiten der Karten nur selten. Diesmal jedoch taten sie es geschlagene zwei

Minuten lang. Obwohl ich Brillenträger bin, erklärte die Geberin, sie dächten, ich würde ungewöhnlich gut sehen und könnte winzige Fehler auf den Kartenrückseiten unterscheiden. Somit wüsste ich, welche Karten als nächste kommen. Ich lachte darüber, aber der panische Besitzer ließ innerhalb von fünf Minuten vier neue Blätter bringen.

Mir war es egal, ob die Blätter ausgetauscht wurden, und daher gaben sie es auf. Flüsternd stellten sie eine neue Theorie auf. Ich fragte sie, was sie jetzt meinten, worin mein Geheimnis bestehe. Die Geberin behauptete, ich würde mir alle ausgespielten Karten merken und wüsste dadurch immer genau, welche Karten noch nicht gekommen waren. Wer sich mit Mnemotechnik (Gedächtnistraining) befasst hat, weiß, dass man lernen kann, sich ein Kartenspiel zu merken, während es ausgeteilt wird. Allerdings bin ich mit der entsprechenden Methode ausreichend vertraut, um zu wissen, dass man die auf diese Art gewonnenen Informationen nicht schnell genug für ein Blackjack-Spiel verwenden kann. Deshalb forderte ich die Geberin heraus, indem ich voreilig behauptete, niemand auf der Welt könne beobachten, wie 38 Karten zügig aus einem Stapel ausgeteilt werden, und mir dann schnell sagen, wie viele von jedem Kartentyp noch übrig sind.

Sie behauptete, der neben ihr stehende Saalchef könne das. Ich bot fünf Dollar für eine Vorführung. Beide schauten betreten auf den Boden und sagten nichts. Ich erhöhte mein Angebot auf 50 Dollar. Sie blieben still und beschämt. Eddie Hand, der die ganze Zeit zugeschaut hatte, erhöhte das Angebot auf 500 Dollar. Keine Antwort. Angewidert gingen wir weg.

Die Frühlingsferien des MIT neigten sich dem Ende zu und auch unser Ausflug endete. In 30 Mannstunden Spiel mit mittleren bis hohen Einsätzen waren unsere 10.000 Dollar auf 21.000 Dollar angewachsen. Zu keinem Zeitpunkt hatten wir mehr als 1.300 Dollar von unserem ursprünglichen Kapital antasten müssen (zuzüglich Kosten). Unser Experiment war ein Erfolg und mein System funktionierte an den Spieltischen genau so, wie es die Theorie vorhergesagt hatte. Ich war zufrieden. Künftige Blackjack-Reisen, so es denn welche geben sollte, würden sich meinem wissenschaftlichen Zeitplan und meinem Familienleben anpassen müssen. Ich hatte keine Pläne für weitere Reisen mit Manny und Eddie und ließ diese Möglichkeit einfach offen.

Auf dem Rückflug nach Boston dachte ich wieder an den Casinosprecher, der, als er von meiner Behauptung gehört hatte, ich könne das Blackjack-Spiel schlagen, gespottet hatte: „Wenn ein Lamm zur Schlachtbank geht, mag es sein, dass es den Schlachter tötet. Aber wir setzen immer auf den Schlachter."

Nun war der Tag des Lamms gekommen.

Gut 30 Jahre danach informierte mich die Autorin und Investigativjournalistin Connie Bruck über Manny Kimmels Vorgeschichte, als sie mich wegen eines Interviews für ihr Buch „Master of the Game" anrief. Darin erzählt sie detailliert die Geschichte, wie Steve Ross „aus dem Bestattungsunternehmen seines Schwiegervaters und einer Parkplatzfirma den größten Medien- und Unterhaltungskonzern der Welt machte, Time Warner". Die Parkplatzfirma war die Kinney Service Corporation gewesen, die 1945 von einem geheimen Gesellschafter gegründet wurde – Emmanuel Kimmel. Kimmel hatte sein Vermögen angeblich in den 1920er-Jahren durch Schmuggel und illegale Lotterien gemacht, als Komplize von Abner „Longie" Zwillman (dessen Geschichte in dem Buch „Gangster #2" von Mark Stuart erzählt wird), dem Mafiaboss von New Jersey und im Jahr 1935 vermutlich zweitmächtigsten Gangsterboss der Vereinigten Staaten. Nachdem ich dies nun weiß, bin ich froh, dass ich beschlossen hatte, nur mit 10.000 Dollar auf einen fast sicheren mäßigen Gewinn zu spielen und nicht mit einem Kapital von 100.000 Dollar ernste Verluste zu riskieren.[7] Das veranlasste mich auch, über meine damalige Naivität und darüber nachzudenken, dass meine Frau Vivian in solchen Dingen klüger war als ich.

Mannys Freund Eddie Hand fungierte ebenfalls als Quelle für Connie Bruck. Zur Zeit unseres Ausflugs lieferte sein Unternehmen „alle Autos und Lastwagen für Chrysler aus". In Buffalo im Bundesstaat New York ansässig, war er durch die Auseinandersetzung mit der Gewerkschaft der Transportarbeiter kampferprobt. Ein paar Jahre später verkaufte er sein Unternehmen an Ryder Industries. In meiner Börsenzeit erfuhr ich, dass er von Ryder Optionsscheine bekommen hatte, die an dem Tag, an dem ich ihren Preis überprüfte, 47 Millionen Dollar wert waren. Einmal, als er, Kimmel und ich von Reno nach Las Vegas flogen, wurde Eddie Hand plötzlich wehmütig, als er die Kolumne „Milestones“ in dem Nachrichtenmagazin *Time* las. Darin wurden die bevorstehenden Hochzeiten zweier Damen angekündigt, mit denen er Liebesbeziehungen gehabt hatte. Die eine war eine chilenische Kupfererbin, die andere die Tennisspielerin „Gorgeous Gussie“ Moran, die in Wimbledon für einen Skandal sorgte, weil sie zu einem Spiel mit kurzem Rock und Spitzenhöschen erschien.

Laut Bruck starb Manny Kimmel 1982 in Florida im Alter von 68 Jahren und hinterließ eine junge Witwe namens Ivi, die ältere der beiden Nichten, die uns vor so vielen Jahren zusammen mit Manny an jenem düsteren Winternachmittag in Boston besucht hatten.[8] Manny erzählte mir, er habe sie kennengelernt, als sie in einem Schmuckgeschäft arbeitete. Nach dem Tod seiner Frau hatten die beiden geheiratet. Im Jahr 2005 wurden Vivian und ich in einer einstündigen Sendung des History Channel über meine Blackjack-Geschichte porträtiert. Ivi, die in der Sendung ebenfalls auftrat, besaß noch einen Brief, den ich an Manny 1964 über einige meiner neuen Entdeckungen zum Baccara geschrieben hatte. Als ich zum letzten Mal mit Eddie Hand sprach, lebte er gut in der reichen Enklave Montecito in Südkalifornien. Später setzte er sich in Südfrankreich zur Ruhe.

Zwischenzeitlich hielt Blackjack noch viele Lehren für mich bereit, sowohl zur Geldanlage als auch dazu, wie die Welt funktioniert.

7

KAPITEL

Kartenzählen für alle

Zurück am Massachusetts Institute of Technology zog ich die Aufmerksamkeit auf mich, wenn ich einmal die Woche mit einem Hundertdollarschein bezahlte, der aus meinen Casinogewinnen stammte. Aufgrund der Abwertung, die unsere Währung seit 1961 erlitten hat, war es fast genauso, als würde ich heute mit Tausendern bezahlen.

Meine Anstellung am MIT sollte am 30. Juni enden, das waren nur noch drei Monate. Der Fakultätsleiter, W.T. „Ted" Martin, ermunterte mich, noch ein drittes Jahr am MIT zu bleiben, und verriet mir, welch hohes Ansehen ich bei Institutsprofessor Shannon genösse. Es bestehe die Möglichkeit, danach oder später eine Festanstellung zu bekommen. Ob ich sie anstreben sollte, war eine schwierige Entscheidung. Aus dem MIT war eines der weltbesten mathematischen Zentren geworden, nachdem es sich im Laufe des Zweiten Weltkriegs durch Projekte im Auftrag des Staates von einer technischen Lehranstalt in ein wissenschaftliches Kraftpaket verwandelt hatte.[1] Wenn ich einfach nur durch den Gang schlenderte, plauderte ich mit Menschen wie dem Wunder an Gelehrsamkeit Norbert Wiener (Kybernetik) und dem späteren Abelpreisträger

Isadore Singer. Das Programm namens C.L.E. Moore Instructorship, zu dem ich gehörte, hatte neue Doktoren wie John Nash ins Boot geholt, der später den Wirtschaftsnobelpreis bekam, und den späteren Empfänger der Fields-Medaille Paul Cohen. Für Mathematik gibt es keinen Nobelpreis, aber die Fields-Medaille und der Abelpreis haben den gleichen Status. Cohen war ein paar Tage vor meiner Ankunft gegangen, sein Name wurde einfach von seiner Tür abgekratzt.

Schließlich beschloss ich, nicht dort zu bleiben.[2] Vom Karrierestandpunkt her dachte ich zwar, ich besäße das Talent, mit den großen Tieren mitzuhalten, aber ich fand, ich bräuchte mehr mathematische Bildung. Auch hatte ich nicht gemeinsam mit einem höhergestellten Fakultätsangehörigen oder mit anderen Kollegen auf meinem Spezialgebiet geforscht und eine solche Zusammenarbeit ist oft der Schlüssel zum Fortkommen in einer wissenschaftlichen Fakultät. Stattdessen hatte ich einen Großteil meiner Zeit mit der Arbeit über Blackjack und mit dem Bau eines Computers zusammen mit Professor Shannon für die Roulette-Vorhersage verbracht. Dabei war meine Arbeit mit Shannon keinem wissenschaftlichen Fach zugeordnet. Es war an sich keine Mathematik, es gab keine Vertreter dieses Gebiets und es hatte keinen Namen. Meine wissenschaftliche Laufbahn konnte diese Arbeit nicht voranbringen. Ironischerweise war das MIT 30 Jahre später führend in der Entwicklung der nun so genannten „Wearable Computer“ geworden und die Chronologie, die das Media Lab des MIT ins Internet stellte, schrieb Shannon und mir den Bau des ersten derartigen Geräts zu.[3]

Die New Mexico State University suchte aufgeweckte junge Lehrkräfte und förderte gute Studenten in höheren Semestern. Gerade waren ihr von der National Science Foundation fünf Millionen Dollar für „post-Sputnik Centers of Excellence“ gestiftet worden, was heutigen 40 Millionen Dollar entsprach und mit dem Auftrag verbunden war, in den nächsten vier Jahren einen Promotionsstudiengang aufzubauen. Sie bot mir an, mir statt der 6.600 Dollar Jahresgehalt, die mir das MIT und die University of Washington geboten hatten, 9.000 Dollar zu bezahlen und mich zum außerordentlichen Professor auf Lebenszeit zu machen. Meine Lehrverpflichtung sollte sich auf sechs Wochenstunden belaufen und ich konnte mir die Kurse für höhere Semester aussuchen. Das bot mir die Gelegenheit, mein mathematisches Fundament auszubauen, durch die Lehre zu lernen, eigene Forschungen zu betreiben, Doktorarbeiten zu betreuen und mit meinen Studenten zusammenzuarbeiten.

Mir schien die Stellung in New Mexico der beste nächste Karriereschritt zu sein, auch wenn meine Kollegen es als unkluge Spekulation auf eine Uni betrachteten, die bislang mathematische Provinz gewesen war. Vor allen Dingen würde der Umzug nach New Mexico Vivian und die kleine Raun aber in ein viel besseres Klima und viel näher an unsere Verwandten bringen.

Als ich diese Entscheidung traf, erklärte ich mich auch bereit, ein Buch über Blackjack zu schreiben. Dies hatte sich ergeben, nachdem ich ein paar Freunden von meiner erfolgreichen Erprobung im Casino erzählt hatte. Den Rest besorgte die Gerüchteküche des MIT. Yale Altman, damals Vertreter des Wissenschaftsverlags Blaisdell (damals ein Tochterunternehmen von Random House), forderte mich zu einem Buchexposé auf. Ich gab ihm die zehn Kapitelüberschriften eines Entwurfs, an dem ich bereits arbeitete, und er nahm sie begeistert an. Mein Arbeitstitel lautete „Fortune's Formula: A Winning Strategy for Blackjack". Dann entzog Random House Blaisdell trotz des energischen Protests des Chefs das Projekt. Der Verlag wollte das Buch ins allgemeine Sortiment nehmen und schlug als neuen Titel „Beat the Dealer" vor. Es sollte im November 1962 erscheinen, sodass ich Zeit hatte, meine Strategie in den Casinos von Nevada vor der Veröffentlichung auszunutzen. Ich rechnete nämlich damit, dass es mir hinterher schwergemacht würde, wenn ich irgendwo auftauchen würde, um Blackjack zu spielen.

In den nächsten paar Monaten schrieb ich das Buch. Vivian und ich packten unsere Sachen und Raun zusammen und verbrachten den Sommer 1961 in Los Angeles. Wie rasend schrieb ich, betrieb mathematische Forschung, machte einen weiteren Blackjack-Ausflug nach Nevada, bereitete mich für den Umzug im Herbst an die New Mexico State University vor, arbeitete 20 Stunden die Woche mit Claude Shannon am Roulette und machte mich für die Geburt unseres zweiten Kindes Karen bereit. Im Rückblick verstehe ich nicht, wie Vivian und ich das alles geschafft haben.

Im August reiste ich auf Einladung von „Junior" von Los Angeles nach Las Vegas, um Blackjack zu spielen. Ich schrieb an meinem Buch und wollte mehr über die Taktiken herausfinden, mit denen die Casinos womöglich meine Leser am Gewinnen hindern würden. Junior (auch Sonny genannt) war ein Jurastudent aus Harvard, der mich kontaktiert hatte, als ich am MIT war. Er hatte an seinem 21. Geburtstag angefangen, Blackjack zu spielen, und verwendete dabei eine Methode namens „end play", ein System, das von einigen frühen Spielern entdeckt und genutzt wurde.[4] Die Grundidee bestand darin, mit einzelnen Blättern zu spielen, die bis zum Ende ausgeteilt wurden. Auch wenn es den Spielern jener Zeit mit ihren unvollkommenen Strategien gewöhnlich übel erging, so wurde das Blatt doch manchmal gegen Ende sehr Asse- und Zehner-lastig. Geschickte Spieler platzierten dann im großen Stil günstige Wetten. Allerdings brauchten sie ein riesiges Kapital, um die daraus resultierenden extremen Schwankungen auszuhalten. Dabei konnten die Casinos viel gewinnen, aber auch viel verlieren, und deshalb mochten sie solche Spieler nicht. Zum Beispiel war Junior an vielen Orten gesperrt oder betrogen worden oder man hatte für ihn neu gemischt. Deshalb war er zu einer Maskenbildnerin in Hollywood gegangen, die ihn zum Chinesen umgestaltete. Mit schwarz gefärbtem Haar und einem mit dem Rasiermesser sorgfältig nach hinten verschobenen Haaransatz setzte er sich in Las Vegas an einen Blackjack-Tisch. Unter seiner Chinatown-Kleidung trug er eine dicke Wattierung, sodass er aussah wie ein anderer Mensch. Der Saalchef zeigte auf ihn, lachte und sagte: „Schaut mal, da ist Junior, als Chinese verkleidet."

Vivian half mir beim Training für diese Reise, indem sie in Hochgeschwindigkeit Karten austeilte, mir Zigarettenrauch ins Gesicht blies und mich währenddessen in komplexe Gespräche verwickelte. Dabei verfolgte ich die Karten, berechnete den prozentualen Vorteil und die Höhe meines Einsatzes, dann spielte ich anhand von Strategien, die sich je nach Zählung änderten. Der Schlüssel bestand darin, einen Schritt nach dem anderen zu machen und erst dann eine neue Schwierigkeit hinzuzufügen, wenn ich mit dem, was ich bereits machte, entspannt zurechtkam. Was einschüchternd gewirkt hatte, wurde am Ende leicht.

Junior finanzierte mein Spiel mit der bescheidenen Summe von 2.500 Dollar, was etwa heutigen 20.000 Dollar entsprach. Er heftete sich in Las Vegas an meine Fersen und schaute mit einem Auge auf Betrugsversuche und mit dem anderen auf sein Geld. Während ich im Sands spielte, erzählte ein Saalchef, der Junior kannte, seinen Freunden, dass der Typ in der Stadt war. Die Casinoleitung sah, dass immer dann, wenn Junior da war, ich in der Nähe spielte. Dann mischten und mogelten meine Croupiers häufiger. Beim Austeilen wurde so oft geschummelt, dass ich mir Sorgen machte, wie es wäre, wenn ich in Zukunft allein spielen würde ohne einen Fachmann, der darauf achtete und mich warnte. Nach einem bescheidenen Gewinn kehrte ich nach Los Angeles zurück. Im nächsten Monat, dem September 1961, zogen Vivian, Raun und ich nach Las Cruces in New Mexico, wo ich meine Arbeit an der New Mexico State University aufnahm.

Von Junior lernte ich zwar, dass das Mogeln ein ernstes Problem war und dazu führen konnte, dass ich verlor statt zu gewinnen, aber er zeigte mir nicht, wie es funktioniert oder wie man es erkennt. Ich schrieb an einem Buch, das vielleicht Tausende Spieler mit der Ansicht an die Tische schickte, sie könnten gewinnen. Wenn unehrliche Croupiers sie ausradieren würden, käme es zu einem Gemetzel. Ich musste daher verstehen, wie gemogelt wurde, und es meinen Lesern erklären, damit sie die Chance hatten, es zu erkennen und zu umgehen. Das war der Anlass für meinen nächsten Besuch in Nevada.

Die Gelegenheit ergab sich, weil ich mit Russell T. Barnhart korrespondiert hatte, einem Zauberkünstler und Glücksspielkenner, der sich nach meinem Vortrag in Washington im Januar 1961 an mich gewandt hatte. Wir lernten uns kennen, als ich noch am MIT war, und wir trafen uns in seiner Wohnung in der Nähe der Columbia University, um uns über Glücksspiele und Magie zu unterhalten. Als Schmankerl lud Russell das 17-jährige Wunderkind Percy Diaconis ein. Percy erstaunte mich etwa eine Stunde lang mit Kartentricks und dann sprachen wir auf Russells Vorschlag hin über Percys Zukunft. Was hielt ich von einer wissenschaftlichen Laufbahn als Mathematikprofessor im Vergleich dazu, professioneller Magier zu werden? Was würde ich ihm raten?

Ich erzählte ihm von der Glorie des Geisteslebens, dass man so viel man möchte über interessante Problemstellungen nachdenken kann und so lange man will, dass man mit geistig inspirierenden Kollegen und Studenten interagieren kann, etwas über beliebige selbst gewählte Fächer lernen kann, dass man viel selbstbestimmte Zeit hat und im Sommer reisen und forschen kann. Ob nun unser Gespräch Diaconis beeinflusst hat oder nicht – jedenfalls wurde er Mathematikprofessor in Harvard und bekam ein „Genie"-Stipendium der MacArthur Foundation. Er untersuchte die Theorie des Kartenmischens und die allgemeine Presse berichtete ausgiebig über seine Schlussfolgerung, dass sieben recht gründliche Mischdurchgänge in der Praxis reichen, um ein beliebiges Kartenspiel in eine zufällige Reihenfolge zu bringen.[5]

Als ich Russell nach meinem Ausflug mit Junior von meinem Problem mit der Unehrlichkeit der Casinos erzählte, schlug er vor, dass ich mich gemeinsam mit ihm und seinem Freund Mickey MacDougall ins Blackjack-Gewühl stürze. Mickey war perfekt, denn er war sowohl Zauberkünstler als auch ein bekannter Kartendetektiv. Sein Buch „Danger in the Cards" beschreibt seine abenteuerlichen Erlebnisse beim Aufspüren von Schwindeleien bei privaten Spielen.[6] Auch hatte er mehrere Jahre als Sonderberater beim Nevada Gaming Control Board, der dortigen Glücksspiel-Aufsichtsbehörde, gearbeitet. Das hatte dazu geführt, dass die Behörde mehrere kleine Casinos des Betrugs überführte. Russell löste das Geldproblem, indem er 10.000 Dollar von anonymen Geldgebern beschaffte, wobei ein etwaiger Gewinn – nach Begleichung unserer Ausgaben – aufgeteilt werden sollte.

Wir trafen uns im Januar 1962 in Las Vegas während der Semesterferien der New York State University zum Jahresende. Russell war ein nervöser 35-jähriger Junggeselle und Mickey ein extrovertierter Mann in den 60ern, der gerne Spaß hatte.

Als wir ein Casino ausgewählt hatten und ich einen Platz an den Blackjack-Tischen gefunden hatte, der mir zusagte, besagte unser Plan, dass ich bescheiden setzen sollte, bis ich von Mickey das Signal bekam, loszulegen. Dann würde ich immer höher setzen und eine Stunde lang spielen, jedoch vorzeitig aufhören, wenn mich Mickey oder Russell warnte. Nach einer Stunde machte ich eine Pause und wechselte das Casino. Durch diese Wechsel und dadurch, dass wir zu unterschiedlichen Zeiten wiederkamen, begrenzten wir die Zeit, in der uns ein Casinomitarbeiter jeweils beobachten konnte. Außerdem hörte ich, um nicht aufzufallen, immer auf, bevor meine Gewinne zu groß wurden, und ich hörte auch nach mäßigen Verlusten auf, damit es sich nicht zu stark auswirkte, falls wir betrogen wurden, ohne dass wir es merkten. Mathematisch gesehen machten diese Unterbrechungen nichts aus, denn meine lebenslange Spielzeit war eine lange Serie von Händen. Die Aufsplitterung in Sitzungen zu verschiedenen Zeiten sowie in verschiedenen Casinos sollte sich weder auf meinen Vorteil noch auf lange Sicht auf den zu erwartenden Gewinn auswirken. Dieses Prinzip gilt beim Glücksspiel ebenso wie bei der Geldanlage.

Wenn Mickey und Russell mir signalisierten, dass ich betrogen worden war, hörte ich auf, ging mit ihnen weg und erhielt eine Lektion darüber, wie es passiert war. Mickey führte es mir vor, zunächst langsam und dann in Casinogeschwindigkeit. Wenn ich es sehen konnte beziehungsweise meistens, wenn ich es aus dem ableiten konnte, was Pokerspieler als „Tells“ bezeichnen, gingen wir zu demselben Croupier zurück und nahmen das Spiel wieder auf, nur kurz und mit kleinen Einsätzen, damit ich besser lernte, das getürkte Austeilen am Tisch zu erkennen.

Ich erlebte in dem Casino in einem Hotel am Strip, das mein bevorzugtes geworden war, dass dies mit großem Geschick gemacht wurde. Wir hatten bei diesem Ausflug mehrere Sitzungen mit Gewinn, sodass ich insgesamt auf 15 Runden mit Gewinn und keine mit Verlust kam. Als ich Sitzung Nummer 16 begann, kam der Saalchef zu uns und fragte, wie es uns ergehe. „Rauf und runter, wie ein Aufzug“, erwiderte Mickey. Nach 20 Minuten hastete ein Mann durch die Vordertür des Hotels, eilte zum Tisch und nahm den Platz unseres Croupiers ein. Da ich Verdacht schöpfte, senkte ich meine Einsätze auf das Minimum, verlor bei mehreren Händen und bekam von Mickey das Signal zum Gehen. Als wir wieder in unseren Zimmern waren, zeigte mir Mickey, wie der neue Mann fast nicht wahrnehmbar nachgeschaut und die zweite statt der ersten Karte von oben gegeben hatte.

Diese gängige Methode bestand darin, die nächste zu gebende Karte, die sogenannte Top Card, heimlich anzuschauen. Wenn sie gut für den Spieler war, gab man stattdessen die zweite Karte, weil sie wahrscheinlich schlechter war. Hingegen nahm der Croupier, wenn er sich selbst Karten gab, die Top Card, wenn sie gut für ihn war, hingegen andernfalls die zweite. Ein Croupier, der dies tut, hat sehr gute Chancen, den Spieler zu besiegen. Ein professioneller Falschspieler oder Magier macht das so gut, dass man es nicht einmal dann sieht, wenn man vorher darauf hingewiesen wurde und genau hinschaut. Auch ist es so gut wie unmöglich nachzuweisen, dass es praktiziert wurde. In jenen Tagen wurde in Las Vegas derart gnadenlos gemogelt, dass ich mit dem Erlernen der vielen Methoden genauso viel Zeit verbrachte wie mit dem Erlernen des Spiels. Überall, wo wir hinkamen, gelangten wir an einen Punkt, ab dem wir betrogen wurden, vom Spiel ausgeschlossen wurden oder ab dem der Croupier nach jeder Hand die Karten neu mischte.

Für die letzten paar Tage flogen wir in das Gebiet Tahoe-Reno und besuchten dort Mickeys Ansprechpartner vom Nevada Gaming Control Board. Nachdem er uns aufgefordert hatte, unsere Geschichte zu erzählen, berichteten wir zwei Stunden lang unsere Litanei von zweiten Karten, ungünstig gemischten Karten, fehlenden oder gezinkten Karten und so weiter.

Wir nannten Dutzende von Casinos und beschrieben die Croupiers und ihre Methoden. Natürlich bewegte sich das Gewicht unserer Anschuldigungen zwischen „todsicher" und „Indizien, aber sehr starken". Obwohl uns der Vertreter der Glücksspielaufsicht aufforderte, zu raten oder zu spekulieren, stellten wir klar, welche Aussagen Tatsachen und welche Mutmaßungen waren. Ich hatte das ungute Gefühl, dass wir ermuntert wurden, uns leichtfertig zu äußern und übertriebene Behauptungen aufzustellen. Ich fragte mich damals, ob das die natürliche Ungeduld aufgrund meiner akademischen Gewohnheit war, sorgfältig und präzise vorzugehen, oder ob der Behördenvertreter versuchte, Belege zu bekommen, um zu diskreditieren, was im Endeffekt unsere vernichtende Anklage der Behörde selbst war.

Nachdem er unseren Marathonbericht über den grassierenden Betrug angehört hatte, behauptete Mickeys Ansprechpartner, er wolle über weitere Beratungstätigkeiten sprechen, und schlug vor, einstweilen solle ich die Gelegenheit nutzen und Blackjack spielen. Aus irgendeinem Grund ging Russell nicht mit. Da ich dagegen war, ohne meine Mogelaufpasser zu spielen, teilte mir Mickeys Kontaktmann einen Agenten der Aufsichtsbehörde zu, der auf mich aufpassen sollte. Mickey hielt das für eine gute Idee und hatte mir vorher bereits erzählt, dass die Croupiers alle von der Behörde eingesetzten Leute kannten, sodass die Schummelei bei ihrem Erscheinen so lange eingestellt wurde, bis sie wieder weg waren.

Ich fing im Riverside Hotel in der Innenstadt von Reno an (Jahre später wurde der Casino-Anbau, in dem ich gespielt hatte, mit meinem stillschweigenden Beifall abgerissen) und setzte vorsichtig zwischen fünf und 50 Dollar. Dort war nichts los und ich setzte mich allein in die Mitte eines leeren Tisches. Mein „Beschützer", der so tat, als kenne er mich nicht, schlenderte eine Minute nach mir herein und setzte sich ebenfalls zum Spielen hin. Unsere Geberin, eine junge Frau mit tief ausgeschnittener Bluse und vielen Sommersprossen, gewann gegen uns beide die ersten paar Hände. Dann bekam ich einen „Stiff" (10, 6) auf die Hand, während die Dealerin eine offene 9 oder 10 hatte. Ich kaufte und zu meinem großen Erstaunen schob sich die für mich gedachte Karte ein Stück aus dem Blatt heraus und blieb zwischen der obersten Karte und dem Rest des Stapels stecken. Die Geberin erstarrte und lief von den Wangen bis zum Dekolletee knallrot an. Der Saalchef, der das Geschehen vom aus meiner Sicht linken Ende des Tisches aus beobachtete, fragte mich doch tatsächlich, ob ich die oberste oder die zweite Karte wolle! Ich sah, dass die zweite Karte eine Bildkarte war, die mich wie beabsichtigt „verbrennen" würde. Damit mich der Agent der Glücksspielaufsicht auch dann hören konnte, wenn er halb taub war, sagte ich laut und deutlich: „Die zweite Karte macht mich tot, deshalb nehme ich die oberste." Das war eine Acht, also hatte ich sowieso verloren. Ich tauschte meine Chips ein und ging.

Als mir mein Beschützer nach draußen gefolgt war, fragte ich: „Haben Sie eine solche zweite Karte schon einmal gesehen?" Er entgegnete: „Zweite? Was für eine zweite?" Der Agent hatte nur einen Meter von der Dealerin entfernt gesessen. Er hatte alles gesehen und so getan, als sähe er nichts. Da begriff ich, dass er da war, um mich bei den Casinos zu verpfeifen, wurde ihn durch die bekannte Ausrede mit dem Klo los und ging zum Spielen in ein anderes Casino. Es lief gut und es versammelte sich eine kleine Menschenmenge, aber dann wurde der Croupier, und zwar nur meiner, abgelöst. Als ich mich umblickte, sah ich in der Menge meinen nun unerwünschten Begleiter. Ich spielte dann noch weitere zweieinhalb Stunden mit ihm Verstecken.

Am nächsten Morgen war es Zeit für die Heimreise. Wir drei schafften es kaum, aus Reno herauszukommen. Wegen dichten Schneefalls war der Flughafen geschlossen, aber es flog noch ein Flugzeug von der Startbahn einer Luftwaffenbasis in der Nähe ab, die noch geöffnet war. Wir erwischten es und erfuhren später, dass das für elf Tage der letzte abgehende Flug gewesen war. Hinterher erfuhr ich außerdem, dass unsere Helfer William F. Rickenbacker – einer der beiden Adoptivsöhne des berühmten Fliegerasses Eddie (der als erster Mensch, der schneller fuhr als eine Meile in der Minute, der ursprüngliche „Fast Eddie“ gewesen war) – und andere Mitarbeiter der *National Review* gewesen waren.[7]

Dieser Ausflug lehrte mich, dass ich selbst dann, wenn ich gut spielte und mich sogar Fachleute vor krummen Dealern warnten, keine hohen Beträge mehr gewinnen konnte. Bei späteren Besuchen würde ich mein Äußeres verändern müssen, unauffällig sein und grundsätzlich keine Aufmerksamkeit auf mich ziehen. Mickey MacDougall erklärte der Glücksspiel-Aufsichtsbehörde, er habe in den acht Tagen, in denen ich spielte, in den Casinos von Nevada mehr falsches Spiel gesehen als in den gesamten fünf Jahren zuvor, in denen er für die Behörde gearbeitet hatte.[8] Nach diesem vernichtenden Bericht wurde er nie wieder als Berater engagiert. Russell Barnhart war nun vom Glücksspiel fasziniert und schrieb später mehrere Bücher zu diesem Thema.

So langsam wurde mir klar, dass Las Vegas eine erschreckende Kehrseite hatte. Diese hatte sich im Laufe der Jahre entwickelt. Im Jahr 1947 erschossen Bandenmitglieder in Südkalifornien den Gangsterkollegen Bugsy Siegel, angeblich weil sie mit seinem Management des Casinos Tropicana unzufrieden waren. Im Jahr 1960 brannte das El Rancho Vegas aus ungeklärten Gründen bis auf die Grundmauern ab, nachdem zwei Wochen zuvor ein bekanntes Bandenmitglied hinausgeworfen worden war. Als ich Anfang der 1960er-Jahre spielte, wurden zig Millionen Dollar Bargeld ohne abzurechnen aus den Zählräumen getragen. Mit diesen verborgenen Gewinnen wurden Steuern unterschlagen und Mafiaaktivitäten im ganzen Land finanziert.

Als nicht lange, nachdem ich gespielt hatte, zahlreiche Kartenzähler aufzutauchen begannen, wurden sie unter Vorwänden inhaftiert, ihnen wurde das Geld weggenommen und manche wurden in Hinterzimmern verprügelt. Ein Trupp Mitarbeiter eines Casinos am Strip raubte in seiner Freizeit Betrunkene aus. In den 1970er-Jahren war es nicht mehr ganz so schlimm – Nicholas Pileggi dokumentierte das in seinem Buch „Casino", das später unter demselben Titel verfilmt wurde –, aber noch schlimm genug.

Seither hat sich Nevada dramatisch verwandelt, von Bugsy Siegels Traum von einem Disneyland für die Mafia in ein allgemeines Vergnügungs-Reiseziel, das von Großunternehmen betrieben wird. Die alten Zeiten verwahrt Las Vegas nun in dem Schrein eines öffentlich zugänglichen Mafiamuseums. Unter professionellen Blackjack-Experten herrscht heute die Auffassung vor, in den älteren etablierten Revieren wie Nevada und Atlantic City sei der Betrug selten geworden, aber in den kleineren, weniger regulierten und entlegeneren Casinos in den Vereinigten Staaten und im Ausland solle man als Spieler vorsichtig sein.

„Beat the Dealer" erschien im November 1962. Es verkaufte sich nach guten Kritiken recht flott und lief auch weiterhin solide, wobei es nach kleineren Werbeaktionen jeweils einen Zwischenspurt einlegte.[9] Die Leser waren begeistert und enthusiastisch. Ich glaubte, es könnte vielleicht so richtig durchstarten, wenn es eine Möglichkeit gäbe, im größeren Rahmen dafür zu werben.

Ralph Crouch, der Vorsitzende der mathematischen Fakultät der New Mexico State University, kannte den Verleger der Zeitschrift *Life* und schlug ihm vor, einen Artikel darüber zu bringen. Ein mathematisches System, um Blackjack zu schlagen, sei sowohl von wissenschaftlichem als auch von öffentlichem Interesse, und am Ende stimmte die Zeitschrift einem Beitrag begeistert zu. Allerdings war diese Story zeitlos und nicht tagesaktuell, sodass dafür kein Erscheinungstermin angesetzt wurde. Zwischenzeitlich bekam David Scherman die Erlaubnis, in der Zeitschrift *Sports Illustrated*, die ebenfalls zu Time Life gehörte, schon vor dem Artikel in *Life* einen zu bringen.

Mit der Zeit stießen Blackjack-Spieler in Nevada auf zunehmende Gegenmaßnahmen der Casinos. Das Management beobachtete uns durch das „Himmelsauge", ein System von Einwegspiegeln über den Tischen. Unsere Gesichter wurden mit einem Heft voller Fotos von unerwünschten Personen abgeglichen. Ehrliche Kartenzähler wurden genauso behandelt wie Falschspieler und andere Verbrecher. Wenn ein Casino einen Unerwünschten erkannte, verbreitete es die Nachricht.

Zu den Gegenmaßnahmen gehörte es, dass die Karten neu gemischt wurden, sobald die Hälfte oder noch weniger davon ausgespielt worden war. Das vermindert nicht nur die Chancen des Kartenzählers, günstige Einsätze zu tätigen, sondern es ist auch für das Casino kostspielig, denn es bremst den Spielablauf – die normalen Spieler werden langsamer ausgenommen und der Gewinn des Casinos sinkt. Vergleicht man ein Casino mit einem Schlachthof für die Verarbeitung von Spielern, dann bedeutet mehr Zeit, die mit Mischen verbracht wird, eine weniger effiziente Kapazitätsauslastung.

Hingegen bringt ihnen das Mogeln nicht nur schneller Geld ein, sondern es bringt auch Gewinne, die dem Haus andernfalls entgehen würden. Ich erlebte das eines Abends, als ich gegen 22 Uhr in die Lounge eines überfüllten Hotelcasinos am Las Vegas Strip kam. Das Unterhaltungsprogramm bestritt der damals berühmte Musiker Louis Prima mit seiner neuen Ehefrau Gia Maione als Leadsängerin. Die Blackjack-Tische quollen über und Horden von Spielern warteten. Ich war gekommen, um Blackjack zu spielen, und als ich an allen Tischen schaute, ob ich vielleicht einen Platz bekommen könnte, fiel mir auf, dass die Spieler an allen Tischen in einem erstaunlichen Tempo verloren. Alle Croupiers trugen orange getönte Brillen, durch die sie die gezinkten Karten erkennen konnten. War die oberste Karte gut für den Spieler, gab ihm der Croupier stattdessen die zweite Karte. Da den Spielern somit schneller das Geld ausging und die frei gewordenen Plätze sofort wieder besetzt wurden, stieg der Profit. Dies hatte zur Folge, dass viele Spieler, denen das Warten sonst zu lange geworden wäre und die ihr Geld woanders hingetragen hätten, es stattdessen in diesem Casino ließen.

Oft wurde jemand, der des Kartenzählens verdächtig war, einfach vom Blackjack ausgeschlossen. Offenbar war dies nach den Gesetzen von Nevada erlaubt. Ironischerweise wurden auch viele harmlose Spieler, die nicht zählten, sowie unfähige Möchtegern-Kartenzähler ausgeschlossen. Um dies zu umgehen, experimentierte ich mit Verkleidungen, unter anderem mit Kontaktlinsen, Sonnenbrillen, einem Bart und drastischen Änderungen meiner Garderobe und meines Verhaltens am Tisch. Das verschaffte mir zusätzliche Zeit zum Spielen. Einmal erkannten mich meine Kinder nicht, als ich nach Hause kam. Aus Angst vor dem bärtigen Fremden brachen sie in Tränen aus. Obwohl Raun und Karen damals erst fünf und drei Jahre alt waren, erinnern sie sich noch daran. Unser erst einjähriges Baby Jeff kümmerte es hingegen nicht.

Eine solche Verkleidung probierte ich in Reno aus, wo ich mit gemeinsamen Bekannten eine Begegnung mit einem Paar ausgemacht hatte, das als Lohn für das Vergnügen, mir beim Spielen zuzusehen, ein Auge auf mich hatte. Wir hatten uns noch nie gesehen und sie wussten nicht, wie ich aussah. Als ich mich zum Abendessen vorstellte, sahen sie einen bärtigen Kerl im bunt gemusterten Hawaiihemd, mit Wraparound-Sonnenbrille und Jeans. Nach dem Essen gingen wir in eines der großen Hotelcasinos, wo ich mich an einen Tisch mit höherem Limit im ruhigeren ersten Stock setzte. Ich wählte den für Kartenzähler besten Platz namens „third base", also den vom Spieler aus gesehen am weitesten links am Tisch befindlichen.

An diesem Platz war ich als Letzter an der Reihe und hatte so den Vorteil, mehr Karten gesehen zu haben, wenn es an mir war, meine Hand auszuspielen. Ich zückte ein Bündel Banknoten und kaufte einen Berg Chips. Als meine Geberin, eine attraktive junge Frau, mein Geld gesehen hatte, fand sie mich interessant. Während wir plauderten und das Casino Drinks servierte, die ich nicht etwa annahm, um mich selbst zu beruhigen, sondern eher um sie zu beruhigen, sagte sie mir, ihre Schicht sei um zwei Uhr morgens vorbei und vielleicht könnten wir ja danach „etwas unternehmen". Indes zogen meine stetigen Gewinne die Aufmerksamkeit des Saalchefs auf sich. Irgendwann kam er zu dem Schluss, ich sei ein Kartenzähler, und eine Parade von Management-Angehörigen kam, um zuzuschauen. Um ein Uhr reichte es ihnen und sie eröffneten mir, zum Erstaunen und zur Enttäuschung der Geberin, ich sei an den Tischen nun nicht mehr willkommen. Offenbar verbreiteten sie diese Nachricht, denn in dieser Verkleidung war mir am nächsten Tag das Spielen in mehreren Casinos verwehrt.

An jenem Nachmittag beschloss ich, meine Verkleidung dem absoluten Härtetest zu unterziehen. Bevor ich mich mit meinen Begleitern zum Essen traf, rasierte ich mir den Bart ab, ersetzte die verordnete Sonnenbrille durch Kontaktlinsen und kämmte mir das Haar anders. Sakko und Krawatte – Cocktail-Outfit – komplettierten meine Verwandlung. Sie öffneten auf mein Klopfen hin die Tür und zeigten keinerlei Anzeichen des Erkennens. Vielmehr fragten sie: „Sie wünschen"? Ihr Erstaunen bereitete mir große Freude.

Nach dem Abendessen ging ich in dasselbe Casino und nahm denselben Platz ein wie am Abend davor. Dieselbe Geberin blickte auf, als ich ein paar Chips aus meiner Tasche vor mich auf den Tisch legte. Sie sah kein Geldbündel und ich trug jetzt einen Ehering – keine interessante Person. Um zu vermeiden, dass mich meine Stimme verriet, sprach ich nicht. Als die Cocktailkellnerin mir einen Drink anbot, flüsterte ich kaum hörbar: „Milch." Wieder gewann ich und alles war gut – für eine Weile.

Wie schon zuvor kam der Saalchef, um zuzuschauen, gefolgt von derselben Parade wie am Vorabend. Aber sie konzentrierten sich nicht auf mich, sondern auf einen Falschspieler, der – noch mehr Pech – neben mir saß. Nachdem er gesetzt und seine beiden ersten Karten bekommen hatte, erhöhte er seinen Einsatz, wenn sie ihm gefielen, und nahm etwas davon weg, wenn sie ihm nicht gefielen. Ungefähr eine Stunde lang rügten sie ihn mehrmals und als er weder mit dem Betrügen aufhören noch gehen wollte, begleiteten sie ihn nach draußen. Ich hingegen spielte ungestört, während sich meine Chips immer höher stapelten. Und ich hatte am nächsten Tag keine Probleme, in den Häusern zu spielen, die noch am Vortag meinem bärtigen Ich das Spielen verboten hatten.

Es wurde klar, dass der Sieg über Blackjack mehr erforderte als nur das Zählen von Karten und cool zu bleiben, während das Kapital wuchs und schrumpfte. Der grüne, filzbezogene Tisch war eine Bühne und ich war ein Schauspieler auf dieser Bühne. Wenn man als Kartenzähler wollte, dass man spielen durfte, musste man eine wirksame Rolle kreieren und eine harmlose Person darstellen. Dafür gibt es so viele Möglichkeiten, wie es Figuren gibt, die man im Theater darstellen kann. Man kann den betrunkenen texanischen Cowboy spielen oder die überaus aufgeregte Dame aus Taiwan, die es gar nicht abwarten kann, ihren nächsten Einsatz zu platzieren. Man kann Caspar Milquetoast sein, der nervöse Steuerberater aus Indianapolis, der nebenan schon zu viel verloren hat. Oder Miss Spectacular, die die gesamte Aufmerksamkeit auf sich selbst lenkt und nicht darauf, wie sie setzt und spielt.

Dave Schermans ausführlicher Artikel „It's Bye! Bye! Blackjack" erschien in der Januarausgabe 1964 von *Sports Illustrated* – und „Beat the Dealer" war danach überall ausverkauft.[10] Zwei Monate danach brachte *Life* eine neunseitige Story und das Buch rückte in die Bestsellerliste der *New York Times* auf.[11]

Die Publicity zog erwartete und unerwartete Konsequenzen nach sich. Mir war es eine Freude, den stillen Stolz meines Vaters zu sehen, dass ich einige der Hoffnungen erfüllt hatte, die er in mich gesetzt hatte. Zudem nahm die jüngere Schwester meines Vaters, die im Jahr 1904 ebenso wie seine Mutter aus seinem Leben verschwunden war, als sich seine Eltern scheiden ließen, Kontakt auf. Der Artikel in *Life* führte seine Schwester über mich zu ihm und er wollte sie in Iowa besuchen, wo sie, ihre fünf Kinder und ihre zahlreichen Enkelkinder inzwischen lebten. Sie waren voneinander getrennt worden, als er sechs und sie vier Jahre alt war, und mein Vater hatte sein Leben lang davon geträumt, dass er sie irgendwie wiederfinden würde. Aber er bekam sie nie zu sehen. Kurz vor der Reise starb er an einem Herzinfarkt.[12]

Tausende von Kartenzählern und Möchtegern-Kartenzählern machten sich nach Las Vegas auf, nachdem sie die Artikel gelesen hatten. Die

Nevada Resort Hotel Association hielt eine geheime Dringlichkeitssitzung ab. Der langjährige Casinomanager Vic Vickrey beschrieb diese Sitzung 29 Jahre später so:

> *„,Woher zum Teufel soll ich wissen, wie er das macht? Ich nehme an, er hat so einen mathematischen Kopf oder so ein fotografisches Gedächtnis oder so was.'*
>
> *Das sagte Cecil Simmons, der Chef des Casinos im Desert Inn, am Telefon zu Carl Cohen, dem Manager des Sands-Casinos. Das war Mitte der 1960er-Jahre, als sie über ein Buch sprachen, das tief greifende Auswirkungen auf die Casinos in Las Vegas und ihren Umgang mit dem Spiel haben sollte, das man als 17 und 4 oder als Blackjack kennt.*
>
> *,Ich weiß nur eins', brüllte Simmons, ,er hat ein Buch geschrieben, das jedem beibringt, wie er beim Blackjack jedes Mal gewinnt. Ich sage Ihnen, dieser Bücherwurm hat uns ruiniert ... wir sind aus dem Blackjack-Geschäft draußen.'*
>
> *Thorps Buch war stets das Hauptgesprächsthema, wenn sich Casinobosse in den 1960er-Jahren irgendwo trafen. [...]*
>
> *Es wurde eine Versammlung einberufen, [...] um eine Lösung zu finden [...].*
>
> *Wir [...] trafen uns im [...] Desert Inn. Ich weiß bis heute nicht, warum die Leute von der Ostküste meinten, mir müssten so verflucht geheimnisvoll tun [...]. Ich erinnerte sie daran, dass diese Sitzung nicht gerade so etwas war wie ihr Appalachia-Meeting im Bundesstaat New York, bei dem es ein paar Jahre vorher eine Razzia gegeben hatte.*
>
> *[...] Sie wären alle als Schauspieler durchgegangen, die dem Set eines alten George-Raft-Films entsprungen waren. Sie begannen alle gleichzeitig aus dem Mundwinkel zu reden und jeder rief laut sein Mittel gegen das Problem in die Runde.*
>
> *Hard-Knuckle Harrys Lösung war ganz einfach: ,Ein paar Beine brechen ...'*

‚Nein, Hard-Knuckles, nein‘, schrie unser Vorsitzender fast schon. ‚Wir sind jetzt alle legal und wir müssen denken wie legale Geschäftsleute.‘

[...] Am Ende herrschte Übereinstimmung, dass einige Regeln geändert werden müssten [...], um diesen Kartenzählern einen Schlag zu versetzen.[13]

Am 1. April 1964 verkündete der Verband das Ergebnis: Zum ersten Mal in der Geschichte des Blackjacks änderte er die Blackjack-Regeln. Das Teilen von Paaren und das Verdoppeln wurden eingeschränkt und bereits nach ein paarmal Geben wurde das komplette Blatt neu gemischt.“

Im Rahmen einer konzertierten PR-Kampagne versicherte der Leitartikel der *Las Vegas Sun* vom 3. April 1964: „Jeder, der schon sehr lange in Nevada ist, weiß, dass Spieler mit System [in Casinos willkommen sind].“ „Edward O.Thorp [...] kennt offenbar nicht die Fakten des praktischen Glücksspiels. Es wurde noch nie ein System erfunden, das den Vorteil überwindet, den das Haus bei allen Glücksspielen genießt.“ „‚Dr. Thorp mag als Mathematiker qualifiziert sein, aber im Spiel ist er unerfahren‘, formulierte Edward A. Olsen, der Vorsitzende des Gaming Control Board.“ Gene Evans von Harrah's Club erklärte in versöhnlichem Ton: „Der Club ist überzeugt, dass der Spieler vielleicht eine bessere Chance hat, wenn das Blatt jedes Mal gemischt wird, denn bei jedem Mischen könnten Asse und Bildkarten nach oben kommen.“

Ich sagte der Presse, die Änderungen würden das Geschäft schwer schädigen und versierte Kartenzähler würden trotzdem noch gewinnen. Vickrey berichtete später: „Unsere normalen 17+4-Spieler, die nicht versuchten, die Karten zu zählen, gingen [nach mehreren Wochen] in alarmierendem Tempo zurück. Uns blieb nichts anderes übrig, als die ursprünglichen Regeln wieder einzuführen, die für den Spieler günstiger waren.“ Die Casinobosse hatten das verstanden, was ihre Apologeten leugneten. Der Spott von wenigen Wochen zuvor wich Schlagzeilen wie den folgenden: „Casinos in Las Vegas bitten um Gnade und ändern die Regeln – Spieler zu schlau“ und „Chancen-Zauberer besiegt die Karten in Las Vegas“.[14]

Aus einer mathematischen Idee in meinem Kopf hatte ich ein System geschmiedet, um das Spiel zu schlagen. Dann wurde ich von der Casinokrake mit der Behauptung lächerlich gemacht, man würde Narren wie mir ein Taxi schicken. Ich hatte gedacht, die Casinos würden fair spielen und ich würde meine Geheimwaffe – mein Gehirn – zu einer sportlichen Veranstaltung mitnehmen, doch dann sah ich mich ausgeschlossen, betrogen, von einem Vertreter der Glücksspielaufsicht verraten und grundsätzlich als Persona non grata an den Spieltischen. Ich empfand Befriedigung und Bestätigung, als die Krake in Panik geriet. Es war ein gutes Gefühl, dass ich einfach dadurch, in einem Zimmer zu sitzen und reine Mathematik anzuwenden, die Welt um mich her verändern konnte.

Anstatt das Feld zu räumen, hatte ich mit „Beat the Dealer" eine Armee entsendet. Der große Blackjack-Krieg zwischen den Casinos und den Spielern ging weiter und 50 Jahre nach der Erfindung des Kartenzählens wütet er immer noch.

8

KAPITEL

Spieler gegen Casinos

Nachdem mein Buch erschienen war, strömten Legionen von Blackjack-Spielern an die Tische in Nevada. Jedermann konnte die kleinen Strategiekärtchen aus dem Buch mitnehmen und ein Spiel finden, dessen Regeln gut genug waren, damit er auf Augenhöhe mit dem Casino spielen konnte, auch ohne Karten zu zählen. Und dann waren da noch die Kartenzähler und Möchtegern-Kartenzähler. Viele von ihnen waren gut und verdienten danach ihren Lebensunterhalt mit Blackjack, doch bei der Mehrzahl von ihnen stellten die Mühe und die Beharrlichkeit, die notwendig sind, um das Kartenzählen zu üben, sowie die notwendige Zurückhaltung und Disziplin – vom Temperament gar nicht zu reden – Hürden dar, die dem Erfolg im Weg standen.

Trotzdem führte die Tatsache, dass sich Blackjack schlagen ließ, zu einer Zunahme des Spielaufkommens. Infolgedessen löste Blackjack in den nächsten Jahrzehnten Craps als vorherrschendes Spiel an den Tischen ab. Das brachte die Casinos allerdings in eine Zwickmühle: Sollten sie die Minderheit der Spieler, die Karten zählten und sie schlugen, angesichts der enorm angewachsenen Einnahmen durch die große Mehrheit der

Spieler, die nicht zählen konnten oder wollten, einfach gewähren lassen? Oder sollten sie versuchen, die Kartenzähler mit Gegenmaßnahmen kleinzuhalten, auch wenn dies den Blackjack-Boom bremsen würde?

Als die Casinos es zum ersten Mal mit einer Änderung der Regeln probiert und dadurch mehr Einnahmen verloren als Vorteile errungen hatten, kehrten sie zu den alten Regeln zurück. Als Nächstes führten sie Kartenschlitten ein, dank deren vier, sechs oder gar acht Blätter auf einmal verwendet werden konnten. Das sollte das Kartenzählen erschweren. Aber für diejenigen, die das System der hohen und niedrigen Karten verwendeten, wurde es dadurch nicht viel schwerer. Das liegt daran, dass die korrekte Spielweise bei unterschiedlichen Anzahlen so gut wie gleich ist und sich das Hoch-niedrig-System ohnehin an die Anzahl der noch nicht eingesetzten Karten anpasst, ob das Spiel nun mit einem oder mit mehreren Blättern gespielt wird.[1] Gute Spieler, die durch Übung immer besser wurden, gewannen daher weiterhin.

Die von den Casinos am häufigsten genutzte Fotogalerie unerwünschter Personen stellte Griffin Investigations, Inc. zusammen, eine 1967 von Beverly und Robert Griffin gegründete Privatdetektei. Die übliche Sammlung von Verbrechern, Falschspielern und Erregern öffentlichen Ärgernisses wurde durch das Hinzufügen von immer mehr Kartenzählern rasant erweitert. Sobald sie gesehen wurden, bekamen sie Hausverbot und ihre Personenbeschreibungen wurden unter den Casinos verteilt. Aber oft konnten die Croupiers und die Saalchefs nicht erkennen, wer zählte und wer nicht. Verblüfften Spielern, die nicht zählten und unbewusst Verdacht erregt hatten, wurde das Spielen untersagt. Spieler wurden betrogen und in Hinterzimmern verprügelt. Schließlich wurde die Detektei Griffin von zwei Spitzen-Kartenzählern erfolgreich verklagt, unter anderem von James Grosjean, Mitglied der Blackjack Hall of Fame, und im Jahr 2005 meldete die Firma Konkurs an.

Die Kartenzähler bildeten internationale Netzwerke und entwickelten neue, verbesserte Methoden. In „Beat the Dealer“ war die Idee angesprochen worden, Teams zu bilden. Nehmen wir an, mehrere Spieler, sagen wir fünf mit jeweils 10.000 Dollar Kapital, spielen getrennt und gewinnen mit einer durchschnittlichen Rate von einem Prozent beziehungsweise

100 Dollar pro Stunde. Dann gewinnen die fünf Spieler zusammengenommen also 500 Dollar pro Stunde. Wenn sie ihr Geld stattdessen zu einer Bank von 50.000 Dollar zusammenlegen und nur einer spielt, kann er fünfmal so viel setzen, als er mit seinen eigenen 10.000 Dollar bedenkenlos riskieren könnte. Infolgedessen kann er nun damit rechnen, fünfmal so viel zu gewinnen, nämlich ein Prozent von 50.000 Dollar, also 500 Dollar die Stunde. Es wird aber noch besser. Die vier anderen Spieler können auch spielen, normalerweise an verschiedenen Tischen oder in verschiedenen Casinos, und so tun, als hätte jeder 50.000 Dollar Kapital, sodass die Gruppe 2.500 Dollar pro Stunde verdient, während sie ohne das Zusammenlegen gemeinsam nur 500 Dollar pro Stunde verdienen könnten.[2]

Der nächste Schritt lag daher nahe. Unternehmer stiegen ins Blackjack-Geschäft ein, indem sie Spieler einstellten und ausbildeten, ihnen Kapital zur Verfügung stellten und die Gewinne zwischen sich und ihnen aufteilten. Bekannte Teams waren unter anderem das von Tommy Hyland und die berühmte MIT-Gruppe, beschrieben in dem Buch „Bringing Down the House“, das die Anregung für den 2008 erschienenen Film „21“ bildete. Al Francesco leistete Pionierarbeit in der Bildung von Blackjack-Teams und die Idee wurde von einem seiner Angestellten namens Ken Uston (1935-1987) weithin bekannt gemacht. Ken Ustons Bücher „Million Dollar Blackjack“ und „The Big Player“ regten die Bildung weiterer Teams sowie intensivere Bemühungen der Casinos an, sie zu stoppen. Ken Uston gehörte zu den schillernderen Gestalten der Blackjack-Historie. Dank eines japanischen Großvaters zu einem Viertel Asiate, war er unter dem Namen Kenneth Senzo Usui geboren worden. Er hatte seine Laufbahn in der Wertpapierbranche begonnen und war der jüngste Senior Vice President gewesen, den die Pacific Stock Exchange je hatte.[3] Vom Reiz des Blackjacks angelockt, verließ er die Wertpapierbranche, um professionell zu spielen.

Kartenzähler möchten so wenig wie möglich setzen, wenn das Casino im Vorteil ist, und dann einen großen Einsatz platzieren, wenn die Karten zu ihren Gunsten stehen. Idealerweise setzt ein Spieler, dessen Kapital bei günstigem Blatt Einsätze von 1.000 Dollar erlaubt, im ungünstigen Fall ein Minimum von beispielsweise fünf Dollar. Diese weite Spanne von 200:1 ist für das Casinopersonal ein Warnsignal. Aber wenn man in guten Situationen 1.000 Dollar setzen und eine engere Spanne von beispielsweise 4:1 einhalten will, muss man bei schlechtem Blatt 250 Dollar setzen und dies senkt insgesamt den Gewinn.

Die Lösung für dieses Problem war der Einsatz eines „Big Players". Die Teams platzierten Mitglieder an mehreren Blackjack-Tischen, die das jeweilige Blatt beobachteten und niedrige Einsätze tätigten. Wurde ein Blatt günstig, gaben sie dem Big Player ein Zeichen, der zufällig von Tisch zu Tisch zu gehen schien und dabei unvermittelt große Einsätze platzierte. Da er vor seinem Einsatz nicht an diesem Tisch gewesen war, konnte er ja nicht gezählt haben. Das Ganze wurde noch durch Schauspielerei verbrämt. Zum Beispiel trat der Big Player als großspuriger, auffälliger dicker Fisch auf, häufig mit einer schönen Begleiterin.

Indes erkundete und entwickelte die Blackjack-Community die verschiedenen möglichen Methoden des Kartenzählens.[4] Diese folgten unmittelbar aus meinen Originalberechnungen, die zeigten, wie es sich auswirkt, wenn man unterschiedliche Karten aus dem Blatt entfernt. Ein Zählsystem weist jeder Karte eine Punktzahl zu, welche die Auswirkung dieser Karte angibt, wenn man sie herausnimmt. Je genauer diese Punktzahlen den tatsächlichen Auswirkungen der Karten entsprechen, umso genauer gibt diese konkrete Zählmethode den geschätzten aktuellen Vorteil des Spielers an.

Um diese Grundidee zu veranschaulichen, präsentierte ich eine Strategie, die ich als die ultimative Strategie bezeichnete. Sie wies jeder Karte eine ganze Zahl zu, die dicht an ihrem Einfluss auf die Chancen lag. Die Zahlen in Tabelle 1 stammen aus der Ausgabe 1962 von „Beat the Dealer". Die zweite Zeile gibt an, wie sich der Vorteil des Spieler verändert, wenn man die betreffende Karte herausnimmt.[5] Die dritte Zeile – berechnet durch Multiplikation mit 13 und Runden auf die nächste ganze Zahl – gibt die Punktzahl der jeweiligen Karte für die ultimative Strategie an, eine gute Näherung für eine perfekte Kartenzählung.[6] Aufgrund der Vielzahl der Punktwerte rechnete ich damit, dass dieses System von Computern verwendet würde, nicht von Menschen. Ich hatte es nur abgebildet, um das Grundprinzip der Konstruktion von Kartenzählsystemen zu veranschaulichen – je näher die zugewiesene Punktzahl an der Auswirkung der betreffenden Karte liegt, umso leistungsfähiger ist das System. Andererseits: Je mehr unterschiedliche Punktzahlen bei einem Zählsystem verwendet werden, umso schwieriger ist es, diese Zählung einzusetzen.[7]

Tabelle 1 **Auswirkung der Entfernung einer Karte aus dem Blatt und die ultimative Strategie (der Punktezählung)**

Karte	2	3	4	5	6	7	8	9	10	A
Veränderung des Vorteils	0,36	0,48	0,59	0,82	0,47	0,34	0,03	-0,23	-0,54	-0,68
Punkte	5	6	8	11	6	4	0	-3	-7	-9

Der womöglich beste Kompromiss zwischen Leistungsfähigkeit und Einfachheit ist der „High-Low Count“ oder „Complete Point Count“, der in der überarbeiteten Auflage 1966 von „Beat the Dealer“ erschien. Diese heute noch von den besten Profis verwendete Zählung ist die einfachste mögliche, denn sie weist den Karten lediglich Werte von −1 oder 0 oder +1 zu. Man beginnt mit dem Zählen bei 0. Wenn die „niedrigen“ Karten 2, 3, 4, 5, 6 verbraucht werden, addieren sie jeweils +1 zu der Gesamtzählung. Die mittleren Karten 7, 8 und 9 werden mit 0 gezählt, sodass ihr Erscheinen an der Gesamtzählung nichts ändert. Hohe Karten – Asse und Karten mit dem Wert zehn – zählen als −1, sodass sie die Summe jeweils um eins vermindern.

Angenommen, ein Spieler, der hohe und niedrige Karten zählt, sieht in der ersten Runde des Spiels folgende Karten: A, 5, 6, 9, 2, 3. Daraus ergibt sich aus der bei 0 beginnenden Zählung: −1 + 1 + 1+ 0 + 1+ 1 = +3. Bei dieser Zählung hat der Spieler, wenn mit nur einem Blatt gespielt wird und die Regeln halbwegs günstig sind, einen Vorteil, wenn die nächsten Karten gegeben werden. Während die Karten ausgeteilt werden, steigt und fällt die Zählung in einem Bereich um null. Ist die Zahl positiv, profitiert der Spieler, ist sie negativ, kommt das dem Casino zugute. Die Wirkung eines bestimmten Zahlenwerts ist umso größer, je weniger Karten noch übrig sind. Gute Spieler schätzen das einfach durch einen Blick auf die verworfenen Karten ab.[8]

Wie schwer ist es, diese Zählung durchzuhalten?[9] Ein üblicher Test besteht darin, das Blatt zu mischen, eine bis drei Karten verdeckt herauszunehmen und dann das restliche Blatt „durchzuzählen". Der Spieler sagt das Ergebnis, dann werden die fehlenden Karten aufgedeckt, um zu sehen, ob er richtigliegt. Nehmen wir zum Beispiel an, nachdem eine Karte verdeckt weggelegt wurde, beträgt die Zählung für das restliche Blatt null. Da die Gesamtzählung null ergeben muss (vielleicht ist Ihnen bereits aufgefallen, dass es in einem Blatt mit 52 Karten 20 mit negativen und 20 mit positiven Punktwerten gibt), muss die verdeckte Karte eine mit null Punkten sein, also eine Sieben, eine Acht oder eine Neun. Das kann zu gewissen Überraschungen führen.

Eines Abends spielte ich in Puerto Rico mit Henry Morgan, einem in den 1950er- und 1960er-Jahren bekannten Radio- und Fernsehkomiker. Seit etwa einer Stunde hatte ich eine Verluststrähne. Am Ende eines Schlittens, der zwei Blätter enthielt, deckte mein Croupier eine Zehn auf. Da das Einsatzlimit des Casinos 50 Dollar je Blatt betrug, konnte ich dadurch mehr Geld auf den Tisch legen und andere Spieler fernhalten, dass ich an allen sieben Plätzen setzte. Ich verwendete eine Variante der Punktezählung, bei der die Karten 2, 3, 4, 5, 6, und 7 als +1 gezählt werden, 8 als 0 und 9, 10 und A als −1, wenn sie vorkommen. Alle Karten waren gegeben und die Punktezählung betrug null. Deshalb musste die verdeckte Karte des Croupiers eine 0 sein. Er hatte also eine Acht und somit insgesamt 18 Punkte. Das Blatt wurde neu gemischt, damit ich meine sieben Hände zu Ende spielen konnte. Da ich bei mehreren Blättern 17 Punkte hatte und da nur ich wusste, dass sie mit Sicherheit verlieren würden, wenn ich nichts tat, warf ich sie ab. Das ist eine katastrophale Entscheidung – außer man kennt die verdeckte Karte des Croupiers und weiß, dass er einen besiegt. Da ich dieses Pech hatte, warf ich sie alle weg.

Der Croupier lachte höhnisch und sagte: „Du zählst also die Karten, Amigo. Ich wette, du weißt sogar, was ich habe."[10] Die anderen Croupiers grinsten und ich sagte: „Nun ja, Sie haben da drunter eine Acht." Lachend rief der Croupier ein paar andere Croupiers und den Saalchef herbei. Verächtlich erklärte er, der fachkundige Americano habe gesagt, er habe eine verdeckte Acht. Ein unhöfliches spanischsprachiges Stimmengewirr wogte hin und her.

Ich war müde und brauchte eine Pause. In der vergangenen Stunde hatte ich beim Zählen den einen oder anderen Fehler gemacht. Es bestand die Möglichkeit, dass ich mich irrte (was wahrscheinlich besser für mich gewesen wäre). Dann drehte der Croupier seine verdeckte Karte um. Es war eine Acht. Der spanische Sturzbach brach erneut los.

Wie schwer ist das Kartenzählen? Je mehr ich übte, umso besser wurden meine Zeiten, und ich merkte, dass ich problemlos mit jedem Spiel, an dem ich beteiligt war, mithalten konnte, wenn ich es schaffte, ein Blatt innerhalb von 24 Sekunden zu zählen. Deshalb prüfte ich zur Sicherheit einfach jedes Mal vor dem Spielen nach, ob ich noch auf diesem Stand war. Ein Mitglied der Blackjack Hall of Fame beeindruckte die Profis, indem es zwei Blätter innerhalb von 33 Sekunden zählte. Doch die erstaunlichste Vorführung, die ich je gesehen habe, fand auf der dritten World Game Protection Conference im Paris Hotel in Las Vegas statt. An einem Abend war der Höhepunkt des Unterhaltungsblocks ein Kartenzähl-Wettbewerb. Um wirklich niedrige Zeiten zu erreichen, kommt es vor allem darauf an, mit welcher Technik man die Karten handhabt. Der Gewinner – unter Dutzenden Mitbewerbern aus der Casinobranche – hatte die beste Zeit, die ich je erlebt habe: 8,8 Sekunden.

Die Casinos führten technische Hilfsmittel ein, um die Kartenzähler zu stoppen. Kameras und Beobachter verfolgten das Geschehen durch Einwegspiegel über den Tischen. Heutzutage ist das automatisiert und beinhaltet Gesichtserkennungs-Software. RFID-Chips verfolgen die Einsätze eines Spielers, Maschinen können die Karten und das Ausspielen der Hände verfolgen, wobei sie nach Mustern suchen, die für Kartenzähler typisch sind. Maschinen, die ständig die Karten neu mischen, erwiesen sich als perfekte Abwehr, ohne dass dadurch das Spiel verlangsamt wird, allerdings bezahlen die Casinos den Herstellern solcher Geräte Gebühren.

Zwischenzeitlich entwickelten die Kartenzähler weitere Methoden, die zum Sieg führen. Eine dieser Methoden beruht auf der Tatsache, dass den Spielern jeweils zwei Karten und dem Croupier ebenfalls zwei Karten gegeben werden, die erste aufgedeckt und die zweite verdeckt unter der ersten. Ist die Top Card des Dealers ein Ass oder eine Karte mit zehn Punkten (K, Q, J, 10), schaut er die verdeckte Karte an, um zu sehen, ob er einen

Natural oder ein Blackjack hat; in diesem Fall deckt er auf und alle Einsätze werden sofort abgerechnet. Ein Blackjack des Croupiers schlägt alle Hände der Spieler außer ebenfalls einem Blackjack. Wenn ein Dealer seine verdeckte Karte anschaut, biegt er normalerweise die Ecken seiner beiden Karten nach oben. Dadurch werden Asse und Zehner mit der Zeit etwas verbogen, sie haben einen sogenannten Warp. Ist ein Croupier besonders leichtsinnig oder werden die Karten nicht oft genug gemischt, kann ein versierter Spieler die gebogenen Ecken vor dem Austeilen erkennen und somit wissen, wo die Asse und die Zehner sind – ein Riesenvorteil.

Aus der gleichen Quelle schöpfen die sogenannten Spooks, das sind strategisch platzierte Komplizen, die einem unvorsichtigen Dealer beim Nachschauen in die Karte schauen. Hat der Dealer keinen Blackjack, werden die Hände weiter ausgespielt und ein Spieler, dem sein Spook den Wert der verdeckten Karte des Dealers mitteilt, hat einen immensen Vorteil. Manche Casinos verhindern die Nutzung von Spooks und Warps, indem der Geber mit dem Ziehen der zweiten Karte wartet, bis alle Spieler ihre Hände ausgespielt haben. Dann kann die zweite Karte des Croupiers offen gegeben werden.

In den 1970er-Jahren entwickelten mehrere Personen verborgene Computer, um Blackjack zu spielen.[11] Die Casinobranche reagierte darauf, indem sie vom Parlament in Nevada 1985 ein Gesetz verabschieden ließ, das Geräte ächtete, die die Spieler bei der Berechnung der Chancen unterstützen. Aber die erfindungsreichen Spieler waren damit noch nicht besiegt. Wenn ein oder mehrere Kartenspiele gemischt werden, ist das Mischen womöglich nicht gründlich genug, um das Blatt in eine zufällige Reihenfolge zu versetzen. Ein Blatt, das nicht gut gemischt ist, kann berechenbare Muster aufweisen, die man ausnutzen kann.

Dies war eine natürliche Weiterentwicklung meiner anfänglichen Gedanken über unzufälliges Mischen in den Jahren 1961 und 1962. Mir war klar geworden, dass sich die Art des Mischens bei vielen Spielen erheblich auf die Chancen auswirken kann. Ich entwarf eine zweigleisige Attacke: Ich wollte einerseits mathematische Modelle erstellen, die Näherungen an den tatsächlichen Mischvorgang darstellen, andererseits das reale Mischen empirisch untersuchen.

Als ersten einfachen Versuch, dies auszunutzen, dachte ich mir eine Möglichkeit aus, in einem einzelnen Blackjack-Blatt die Asse zu lokalisieren. Um zu sehen, wie das funktioniert, mischen Sie das Blatt und breiten Sie es aufgedeckt aus. Um beispielsweise das Pikass zu verfolgen, merken Sie sich die Karte unmittelbar davor. Nehmen wir an, es ist der Herzkönig (HK). Dann mischen Sie noch einmal, heben ab und verfolgen, was mit diesem Kartenpaar passiert ist. Damit es sich leichter verfolgen lässt, drehen Sie das Pikass und die vorherige Karte um, sodass sie offen in dem ansonsten verdeckten Blatt stecken. Dann heben Sie ab und mischen noch einmal. Dabei geraten ein oder mehrere Karten zwischen das Ass und die vorige Karte, in unserem Beispiel den Herzkönig, und trennen die beiden voneinander. Wenn man nun mit diesem Blatt Blackjack spielen würde, wüsste man, sobald der Herzkönig käme, dass recht bald auch das Pikass kommen würde. Wenn man mehrmals abhebt und mischt, drängen sich noch mehr Karten zwischen die beiden. Da bei jedem Mischen auch abgehoben wird, kehrt sich manchmal die Reihenfolge der beiden Karten um und das Pikass kommt zuerst – in diesem Fall ist keine Vorhersage möglich. Wird das Blatt nicht gut gemischt, kann der Spieler häufig vorhersagen, dass eine überdurchschnittliche Wahrscheinlichkeit für das baldige Erscheinen des betreffenden Asses besteht. Wendet man das auf alle vier Asse an, ist es ein starker Vorteil.[12]

Die Lokalisierung von Assen führte zu dem Konzept, zu verfolgen, wo Kartengruppen nach dem Mischen landen. Casinos verwenden normalerweise standardisierte Mischtechniken, die sich analysieren lassen. Die Spieler lernten, oft mithilfe von Computern, zu verfolgen, an welche Stelle im Blatt stark asse- und zehnerhaltige Kartengruppen verschoben werden. Der daraus abgeleitete Vorteil kann beträchtlich sein. Auch die Tarnung war effektiv, denn Mischbeobachter stießen oft bereits beim ersten Austeilen auf einen Vorteil und setzten schon, bevor sie auch nur eine Karte gesehen hatten. In anderen Fällen erhöhten sie ihre Einsätze, wenn die Zählung schlecht war, falls sie wussten, dass unter den nächsten ausgeteilten Karten überdurchschnittlich viele Asse und Zehner waren.

Im Jahr 1997 fuhren Vivian und ich nach St. George im Bundesstaat Utah, wo ich beim alljährlichen Marathon mitlief. Auf dem Hin- und auf dem Rückweg schauten wir in Las Vegas vorbei. Mein Freund Peter Griffin (nicht mit der Detektei Griffin oder ihren Gründern verwandt), der durch „The Theory of Blackjack" berühmt wurde, arrangierte es, dass Joe Wilcox, der damalige Casinomanager im Treasure Island, unseren Aufenthalt bezahlte. Joe war unter der Bedingung einverstanden, dass ich in keinem von Steve Wynns Casinos spielen würde. Joe war ein freundlicher Gastgeber und das Zimmer, das Essen und die Veranstaltungen waren ausgezeichnet. Er sagte, die Casinos würden erhebliche Beträge an die Mischbeobachter verlieren, und wies darauf hin, dass anscheinend noch niemand eine Mischmethode gefunden hatte, die einen wirksamen Schutz darstellte. Nachdem ich die Geber im Treasure Island und in zwei weiteren Casinos beobachtet und gesehen hatte, was falsch lief, entdeckte ich mit ein bisschen Mathematik eine neue Mischmethode, die das Verfolgen verhinderte. Die behielt ich aber für mich.

Die Spieler und die Casinos fochten nicht nur an den Tischen und in den Hinterzimmern, sondern auch vor Gericht. In Nevada durften die Casinos Spieler ausschließen, während sie dies nach den in New Jersey geltenden Vorschriften nicht durften. In beiden Bundesstaaten konnten sich die Spielbanken jederzeit dadurch schützen, dass sie die Spielregeln günstiger für sich selbst gestalteten oder dass sie die Karten nach Gutdünken neu mischten. Was die Frage angeht, ob Kartenzählen als Betrug galt, so definierten die Statuten in Nevada Betrug eindeutig: „Änderung der Auswahl der Kriterien, die Folgendes bestimmen: (a) den Ausgang eines Spiels; oder (b) die Menge oder Häufigkeit der Auszahlungen in einem Spiel"; sein Gehirn einzusetzen, um gut zu spielen, ist demnach eindeutig erlaubt.[13] Die Verwendung von gezinkten Würfeln wäre Betrug nach Klausel (a), das Hinzufügen oder Wegnehmen von Chips beim Blackjack, nachdem man seine Karten gesehen hat, wäre Betrug nach Klausel (b).

Während sich der Krieg zwischen den Casinos und den Zählern weiter aufflammte, veränderte sich Las Vegas selbst. Die frühe von Mafiosi beherrschte Zeit wurde in dem Bestseller „The Green Felt Jungle" aus dem

Jahr 1964 beschrieben. Die Kontrolle durch die Mafia ließ im Zuge der unternehmerischen Transformation der 1980er-Jahre, des nachfolgenden Aufstiegs der Glücksspiel-Milliardäre und der anhaltenden Expansion des Glücksspiels auf der ganzen Welt nach. Heutzutage prosperieren die besten Spieler zwar immer noch, aber die Gelegenheiten werden immer rarer und Neulingen fällt der Erfolg immer schwerer.[14]

Die professionellen Spieler tauschen ihre Storys jedes Jahr auf einem privaten Treffen in Nevada namens Blackjack Ball aus.[15] Der Ball wird von dem professionellen Kartenzähler Max Rubin veranstaltet und vom Barona Casino gesponsert, das sich Hunderte Meilen entfernt in Südkalifornien befindet, und dort treffen sich viele der früheren und aktuell besten Spieler der Welt. Mitglieder der Blackjack Hall of Fame sind Ehrengäste. Auch werden sie in einer Fotogalerie im Barona ausgestellt, wo sie außerdem kostenlos wohnen, jedoch nicht spielen dürfen. Dem Barona kommt dieser Ball zugute, denn jeder Experte, der daran teilnimmt, muss versprechen, dort niemals Blackjack zu spielen – eine der rentabelsten Investitionen, die je ein Casino getätigt hat.

Meine Kinder Raun, Karen und Jeff gingen mit mir im Jahr 2013 zu dem Ball und mischten sich unter Legenden, die unter Pseudonym agieren, wie den Mathematiker James Grosjean, der in Harvard studiert und danach neue Methoden für das „Vorteilsspiel" entwickelt und verwendet hat. Wir sprachen mit den Holy Rollers, einem Kartenzähler-Team, das aus jungen Christen besteht, deren Robin-Hood-artiger Auftrag darin besteht, den Casinos („den Bösen") Geld wegzunehmen und es ihrer Kirche („den Guten") und sich selbst zu geben. Unter den 102 Gästen hatte fast die Hälfte professionelle Gewinne von mehr als einer Million Dollar erzielt. Der Rest waren Familienangehörige, Ehegatten und Lebenspartner. Einer der Champions war Blair Hull, der ein Vermögen, das er durch die Leitung eines Blackjack-Teams verdient hatte, an der Chicago Board Options Exchange in Hunderte Millionen Dollar verwandelt hatte. Bill Benter verwendete seine Blackjack-Gewinne, um ein milliardenschweres, weltweit agierendes Unternehmen für Pferdewetten zu finanzieren und aufzubauen. Ein fröhlicher Taiwaner, der das Namensschild B. J. Traveller trug, setzte sich mit einer Einkaufstasche voller Bücher neben mich, die er für das chinesische

Publikum über seine Abenteuer geschrieben hatte. Er hatte sechs Jahre lang in 67 Ländern gespielt und damit fast sieben Millionen Dollar verdient. Das Erstaunlichste daran war, dass er ein Jahr lang in Moskau überlebt hatte und den Dieben ausgewichen war, als er das Geld aus den Casinos heimkarrte.

Am nächsten Tag aß ich am Strip zusammen mit John Chang, einem Star des MIT-Teams, das in „21“[16] dargestellt wird, und einem mit ihm befreundeten Experten zu Mittag. Danach baten wir drei in einem Casino in der Nähe darum, uns vor einem Blackjack-Tisch fotografieren lassen zu dürfen. Nicht erlaubt. Also setzten wir uns hin, um die eine oder andere Runde an einem Tisch mit 100 Dollar Mindesteinsatz und 10.000 Dollar Höchsteinsatz bei guten Regeln zu spielen. Chang und sein Freund zückten jeweils Bündel aus 100-Dollar-Scheinen, zählten davon 5.000 Dollar ab und kauften Chips. „Unsere Taschen sind unsere Banken“, sagten sie. Unsere Dealerin, eine freundliche ältere Dame aus Osteuropa, die keine Ahnung hatte, wer da an ihrem Tisch saß, hielt einige von Johns unorthodoxen Spielen für Anfängerfehler. Als sie ihm Ratschläge gab, wie man richtig spielt, dankte er ihr höflich für ihre Hilfe und deutete an, er wolle sich bessern. 20 Minuten später war das Casino um ein paar Tausend Dollar ärmer und wir ließen uns am Eingang von einem Mitarbeiter fotografieren.

Kann ein normaler Spieler heute noch das Spiel schlagen? Meine Antwort ist ein bedingtes Ja. Bei vielen Blackjack-Spielen haben sich die Regeln so weit geändert, dass sie schwer zu gewinnen sind. Zum Beispiel sollte man nie an einem Tisch spielen, an dem die Auszahlungsquote für 21 Punkte mit zwei Karten – also Blackjack – von den ursprünglichen 3:2 auf niedrigere Verhältnisse wie 6:5 oder 1:1 geändert wurde. Es gibt Newsletter und Dienste, die aktuelle Einstufungen der Spiele bieten und einem verraten, welche immer noch gut sind.[17]

Als ich auf der dritten World Game Protection Conference in Las Vegas im Jahr 2008 der Hauptredner war, wurde ich gefragt, ob ich damals, als ich „Beat the Dealer“ schrieb, vorausgesehen hätte, wie groß und langanhaltend die Auswirkungen des Buches auf die Casinobranche sein würden. Ich antwortete, 1962 hätte ich nicht gewusst, ob es fünf oder 50 Jahre sein würden, aber jetzt wüssten wir, dass sie bis zum heutigen Tag anhalten.

9

KAPITEL

Ein Computer, der Roulette vorhersagt

Die moderne Form des Roulettes scheint zum ersten Mal 1796 in Paris gespielt worden zu sein. Es wurde zum beliebtesten mit hohen Einsätzen gespielten Spiel der Reichen und des Hochadels. Im 19. Jahrhundert wurde ihm in Monte Carlo ein Denkmal gesetzt und es wird in Geschichten und Liedern gefeiert. Aufgrund der hohen Einsätze, des glanzvollen Rahmens und der extremen Glücks-, häufiger jedoch Pechsträhnen wurde es zum Zielobjekt für jene, die Systeme hatten, mit denen sie versuchten, den Vorteil des Casinos zu überwinden. Diese Systeme waren zu komplex, als dass die Spieler sie präzise hätten analysieren können, wiesen jedoch plausible Merkmale auf, die Hoffnung weckten.

Eines der beliebtesten Systeme war eine Abstreichprogression namens Labouchère. Beim Roulette wurde es für Spiele eingesetzt, bei denen Gewinn oder Verlust gleich dem Einsatz sind. Eines davon ist das Setzen auf Rot oder Schwarz, wobei die Gewinnchance 18 von 38 beträgt. Um mit dem Labouchère-System zu spielen, schreibt man zunächst eine Zahlenreihe auf, zum Beispiel 3, 5, 7. Die Summe ergibt 15 und das ist der angestrebte Gewinn. Als ersten Einsatz wählt man die Summe aus der ersten und letzten Zahl der Reihe, 3 + 7 = 10. Wenn man gewinnt, streicht man die erste und die letzte Zahl durch, sodass nur noch die 5 bleibt. Als Nächstes setzt man also 5 und hat im Gewinnfall sein Ziel erreicht. Verliert man hingegen, fügt man der Zahlenreihe eine 10 hinzu, sodass sie 3, 5, 7, 10 lautet, und man setzt die Summe der äußeren Zahlen, 3 + 10 = 13. Auf jeden Fall ergänzt man jedes Mal, wenn man verliert, die Reihe um eine weitere Zahl und man streicht jedes Mal, wenn man gewinnt, zwei Zahlen. Somit braucht man nur in etwas mehr als einem Drittel der Fälle zu gewinnen, um sein Ziel zu erreichen. Was kann da schon schiefgehen? Spieler, die Systeme im Stil von Labouchère ausprobierten, waren verblüfft, dass sie anscheinend nie die Oberhand gewannen.

Jedoch war anhand der mathematischen Wahrscheinlichkeitstheorie bewiesen worden, dass es dann, wenn alle Zahlen des Roulettes mit gleicher Wahrscheinlichkeit erscheinen und dies in zufälliger Reihenfolge, unmöglich ist, dass irgendein Wettsystem Erfolg hat. Trotzdem flammte gegen Ende des 19. Jahrhunderts kurzzeitig Hoffnung auf, als der große Statistiker Karl Pearson (1857–1936) entdeckte, dass die täglich in einer französischen Zeitung gemeldeten Roulettezahlen Muster aufwiesen, die sich ausnutzen ließen.[1] Dieses Rätsel wurde gelöst, als festgestellt wurde, dass die Menschen, die mit dem Aufzeichnen der Zahlen beauftragt waren, nicht stundenlang die Kessel beobachteten, sondern sich einfach am Ende des Tages Zahlen ausdachten. Die von Pearson erkannten statistischen Muster deckten einfach die Unfähigkeit der Reporter auf, vollkommen zufällige Zahlen zu erfinden.

Einsatzsysteme funktionieren also nicht, aber wie sieht es mit mangelhaften Kesseln aus, bei denen auf lange Sicht bestimmte Zahlen häufiger kommen als andere? Im Jahr 1947 fanden zwei Studenten der University of Chicago namens Albert Hibbs (1924–2003) und Roy Walford (1924–2004) in Reno einen Roulettekessel, der offenbar die 9 begünstigte. Sie verwandelten ihren Anfangseinsatz von 200 Dollar in 12.000 Dollar. Im Jahr darauf fanden sie im Palace Club in Las Vegas ein Roulette, mit dem sie 30.000 Dollar verdienten. Sie nahmen sich ein Jahr frei und segelten durch die Karibik, dann schlugen sie glänzende wissenschaftliche Laufbahnen ein.[2] Neben anderen Leistungen wurde Hibbs Direktor für

Weltraumforschung im Jet Propulsion Laboratory von Caltech und Walford, der an der UCLA medizinische Studien betrieb, bewies unter anderem, dass sich die Lebenserwartung von Mäusen durch Kalorienbeschränkung mehr als verdoppeln lässt. Hibbs schrieb später: „Ich wollte den Weltraum erobern und mein Zimmergenosse Walford beschloss, dass er den Tod besiegen wollte.“[3]

Feynman musste von den fehlerhaften Kesseln gewusst haben, als er mir sagte, es gebe keine Möglichkeit, Glücksspiele zu schlagen, denn Hibbs hatte im Jahr zuvor an der Caltech bei Feynman promoviert. Auf jeden Fall waren fehlerhafte Kessel in Casinos wahrscheinlich eine Sache der Vergangenheit, denn die Spielbanken achteten nun besser auf ihre Anlagen.[4]

Dies war also der Stand der Dinge, als Claude Shannon und ich uns im September 1960 an die Arbeit machten, einen Computer zu bauen, der das Roulette schlagen sollte. Soweit wir wussten, waren alle anderen der Meinung, eine physikalische Vorhersage sei unmöglich.

Da dies das letzte Jahr meiner zweijährigen Anstellung am MIT war, mussten wir die Aufgabe in neun Monaten bewältigen. Wir verbrachten jede Woche 20 Stunden in Shannons dreistöckigem Holzhaus. Es stammte aus dem Jahr 1858 und stand an einem der Mystic Lakes, ein paar Meilen von Cambridge entfernt. Der Keller war ein Bastlerparadies, das elektronische, elektrische und mechanische Teile im Wert von bestimmt 100.000 Dollar enthielt. Dort gab es Tausende mechanische und elektronische Bauteile – Motoren, Transistoren, Schalter, Rollen, Zahnräder, Kondensatoren, Transformatoren und so weiter und so fort. Als jemand, der einen großen Teil seiner Jugend mit Basteln und Experimentieren auf den Gebieten Elektronik, Physik und Chemie verbracht hatte, arbeitete ich nun glückselig mit dem ultimativen Bastler zusammen.

Wir kauften einer Firma aus Reno einen überholten vorschriftsmäßigen Roulettekessel für 1.500 Dollar ab. Aus den Laboren des MIT liehen wir uns eine Stroboskoplampe und eine große Uhr mit einem zweiten Zeiger, der einmal pro Sekunde umlief. Sie übernahm die Rolle, die bei meinen früheren Experimenten mit Filmaufnahmen die Stoppuhr gespielt hatte. Das Zifferblatt war in Hundertstelsekunden aufgeteilt und wir konnten daraus noch kleinere Zeiteinheiten interpolieren. Wir bauten das Ganze im Billardzimmer auf, in dem ein massiver alter Schiefertisch eine solide Basis für den Roulettekessel bildete.

Unser Kessel war klassisch, sorgfältig gearbeitet und mit einem eleganten, schönen Design, das den Reiz des Spiels vergrößerte. Er bestand aus einem großen unbeweglichen Teil, dem Stator, mit einer Kreisbahn am oberen Rand, dort wo der Croupier jedes Spiel dadurch beginnt, dass er eine kleine weiße Kugel hineinwirft. Während die Kugel im Kreis herumläuft, wird sie immer langsamer, bis sie durch die kegelförmige Innenseite des Stators hinabrollt und auf den runden mittleren Teil trifft, den Rotor mit den nummerierten Fächern, den der Croupier zuvor in eine Drehung entgegen der Richtung versetzt hat, in die er die Kugel geworfen hat.

Die Bewegung der Kugel ist kompliziert, da sie aus verschiedenen Phasen besteht, und erscheint daher derart abschreckend, dass sich eine Analyse zu verbieten scheint. Wir hielten uns an meinen ursprünglichen Plan, die Bewegungen der Kugel und des Rotors in mehrere Stadien einzuteilen und diese getrennt voneinander zu analysieren.

Wir begannen mit der Vorhersage, wann und wo die kreisende Kugel ihre äußere Umlaufbahn verlassen würde. Dies taten wir, indem wir die Zeit maßen, die die Kugel für einen Umlauf brauchte. War diese Zeit kurz, rollte die Kugel schnell und würde relativ weit kommen. War diese Zeit länger, bewegte sich die Kugel langsamer und würde bald aus der Spur fallen.

Um die Geschwindigkeit der Kugel zu messen, drückten wir einen Mikrotaster, sobald die Kugel eine Markierung am Stator passierte. Dadurch wurde die Uhr gestartet. Wenn die Kugel die Markierung ein zweites Mal passierte, drückten wir die Taste erneut und hielten dadurch die Uhr an, die somit anzeigte, wie lange die Kugel für eine Runde gebraucht hatte.

Gleichzeitig mit dem Starten und Stoppen der Uhr löste der Taster die Stroboskoplampe aus, die kurze Blitze wie in einer Disco abgab. Dabei verdunkelten wir den Raum, sodass die Stroboskopblitze die Kugel bei jedem Drücken des Tasters „anhielt“ und wir sehen konnten, wie weit sich die Kugel vor oder hinter der Markierung befand. Dies zeigte uns, wie sehr wir mit dem Drücken des Tasters für die Uhr danebenlagen. Anhand dessen korrigierten wir die Zeiten, die die Uhr für einen Umlauf der Kugel aufgezeichnet hatte, sodass wir genauere Daten erhielten. Außerdem erhielten wir dadurch ein numerisches Maß für unsere Fehler beim Drücken des Tasters sowie unmittelbares visuelles Feedback. Daher lernten wir, unser Timing zu verbessern. Durch Übung sank unser Fehler von Werten um 0,03 auf Werte um 0,01 Sekunden. Wir schafften es, diese Genauigkeit zu halten, als wir später alles zum Spielen im Casino verbargen und unsere großen Zehen darauf trainiert hatten, Taster in unseren Schuhen zu betätigen.

Wir stellten fest, dass wir mit hoher Genauigkeit vorhersagen konnten, wann und wo die Kugel so langsam würde, dass sie aus der Kreisbahn herausfallen würde. So weit, so gut. Im nächsten Schritt wollten wir ermitteln, wie lange die Kugel für den spiralförmigen Weg hinab durch den konischen Stator zum sich drehenden Rotor brauchen würde und wie lang dieser Weg sein würde. In den meisten Kesseln befanden sich in diesem Bereich Rhomben zum Ablenken, auf die die Kugel häufig traf. Dadurch wurde die Bewegung der Kugel dem Zufallsprinzip unterworfen. Ihr Weg konnte dadurch verlängert oder verkürzt werden, je nachdem, ob und wo sie auf eine dieser Ablenkvorrichtungen traf. Wir stellten fest, dass die dadurch hineingebrachte Ungewissheit zu klein war, als dass sie unseren Vorteil ruiniert hätte. Außerdem bescherten uns diese Deflektoren eine praktische Auswahl von Bezugspunkten für Zeitmessungen hinsichtlich Kugel und Rotor.

Und schließlich: Sobald die Kugel den Übergang zum sich drehenden Rotor geschafft hatte, würde sie zwischen den einzelnen nummerierten Fächern hin- und herspringen, was einen weiteren Unsicherheitsfaktor in unsere Prognose hineinbrachte.

Der gesamte Vorhersagefehler war die Summe vieler Effekte, darunter unseres unvollkommenen Timings, des unbändigen Springens der Kugel auf den Leisten, die die Fächer voneinander trennten, der Ablenkung der Kugel durch die Metallblöcke auf dem spiralförmigen Weg nach unten durch den Stator und die mögliche Neigung des Kessels.

Unter der Annahme, dass der Gesamtfehler in etwa normalverteilt war (gemäß der Gauß'schen Glockenkurve), durfte die Standardabweichung (ein Maß für die Unsicherheit) des Vorhersagefehlers um das tatsächliche Ergebnis höchstens 16 Fächer (0,42 Umdrehungen) betragen, damit wir einen Vorteil bekamen. Wir schafften den schmaleren Bereich von zehn Fächern beziehungsweise 0,26 Umdrehungen. Dies verschaffte uns den enormen Gewinn von 44 Prozent des Betrags, den wir auf die prognostizierte Zahl setzten. Wenn wir unseren Einsatz über die beiden jeweils benachbarten Zahlen verteilten, also insgesamt auf fünf Zahlen setzten, senkten wir dadurch das Risiko und hatten immer noch einen Vorteil von 43 Prozent.

Der Einsatz von Physik, um im Roulette zu gewinnen, erinnert an das bizarre Spiel namens russisches Roulette. Dort kann man zwar nicht gewinnen, aber die Physik kann einem helfen, zu überleben. Der Name scheint seinen Ursprung in einer Geschichte von Georges Surdez aus dem Jahr 1937 zu haben:

> ***„‚Haben Sie je vom russischen Roulette gehört?' […] Im Jahr 1917 zückte ein Offizier der russischen Armee in Rumänien plötzlich seinen Revolver, steckte eine einzelne Patrone in die Trommel, ließ sie rotieren, dann einrasten, hielt sich den Revolver an den Kopf und drückte ab …"***

Das Drehen der Revolvertrommel erinnert an den wirbelnden Rotor des Roulettekessels. Bei sechs Kammern, von denen nur eine geladen ist, scheint die Wahrscheinlichkeit ein Sechstel zu betragen. Aber bei einer ordentlich geschmierten und gewarteten Waffe, die gerade gehalten wird, sodass die Trommel parallel zum Erdboden steht, führen die Masse der Patrone und die Schwerkraft dazu, dass die bestückte Kammer in der Nähe des Bodens anhält – falls man die Trommel von selbst auslaufen lässt. Wird die Trommel dann wieder eingerastet, hat der Spieler (ausdrücklich *der Spieler* und nicht die Spielerin, denn Frauen sind zu intelligent für dieses Spiel) die Chancen zu seinen Gunsten verschoben.[5] Die Auswirkung der Schwerkraft auf die endgültige Ruheposition einer unausgewogenen Trommel ändert sich je nach Ausrichtung der Waffe. Meine jüngere Tochter, die seit über 20 Jahren stellvertretende Bezirksstaatsanwältin ist, berichtet mir, moderne Kriminaltechniker seien sich dieser Tatsache bewusst.

Mit Shannon zusammenzuarbeiten, einer Schatzgrube voller faszinierender Informationen und genialer Ideen, war eine wahre Freude. Als wir über die Notwendigkeit der Geheimhaltung sprachen, erwähnte er, dass Wissenschaftler, die soziale Netzwerke erforschen und sich mit der Ausbreitung von Gerüchten und Geheimnissen befassen, die Behauptung aufstellen, wenn man in den Vereinigten Staaten zwei Menschen zufällig herausgreife, seien sie gewöhnlich über eine Kette von drei oder noch weniger Bekanntschaften („drei Grade der Trennung") miteinander verbunden. Eine naheliegende Möglichkeit, dies nachzuprüfen: Wenn man fremden Leuten begegnet, fragt man sie, welche berühmten Menschen sie kennen. Es ist wahrscheinlich, dass eine berühmte Persönlichkeit, die sie kennen, einen gemeinsamen Bekannten mit einer berühmten Person hat, die man selbst kennt. Die drei Schritte sind also (1) von einem selbst zu einer berühmten Person, (2) von dieser berühmten Person zu einer anderen berühmten Person und dann (3) von der berühmten Person zu dem Fremden. Die beiden berühmten Menschen, die Sie verbinden, ergeben „zwei Grade der Trennung".

Entsprechend meiner lebenslangen Gewohnheit prüfte ich diese Behauptung nach, und zwar häufig mit bemerkenswerten Ergebnissen. Als ich einmal im Zug von Manhattan nach Princeton im Bundesstaat New Jersey saß, merkte ich, dass die lustige, freundliche und gut gekleidete Dame mit dem mütterlichen Aussehen, die neben mir saß, anscheinend aufgeregt war. Sie verstand weder Englisch noch Französisch noch Spanisch, jedoch antwortete sie auf mein rudimentäres Deutsch und sagte mir, ihr Problem sei, dass sie nicht wisse, wo sie in Philadelphia aussteigen sollte. Nachdem ich ihr geholfen hatte, erfuhr ich von ihr, dass sie eine offizielle Wirtschaftsvertreterin aus Budapest war, die zu einer Sitzung fuhr. Ich beschloss, mein Spiel der „Trennungsgrade" zu spielen.

„Kennen Sie in Budapest jemanden namens Sinetar?“, fragte ich sie.

„Natürlich, das ist eine berühmte Familie“, erwiderte sie. „Da gibt es Miklos, den Filmproduzenten, und dann noch einen Ingenieur und einen Psychologen.“

„Nun ja“, sagte ich, „das sind Verwandte meiner Frau.“

Von mir über Vivian und einen Sinetar aus Budapest zu meiner Sitznachbarin. Zwei Grade der Trennung. Bis jetzt habe ich noch nie mehr als drei gebraucht, um eine Verbindung zu einer fremden Person herzustellen.

Dieses Konzept hielt unter der Bezeichnung „sechs Grade der Trennung“ nach dem gleichnamigen Bühnenstück von John Guare aus dem Jahr 1990 Einzug in die Populärkultur. Unter Mathematikern war der Begriff der Trennungsgrade bereits 1969 als Erdös-Zahl bekannt – als Verbindung über andere Mathematiker mit dem produktiven und umtriebigen ungarischen Mathematiker Paul Erdös über die Beziehung „hat gemeinsam mit ... einen Artikel verfasst“. Hat man mit Erdös einen Artikel verfasst, hat man eine Erdös-Zahl von 1. Hat man keine Erdös-Zahl von 1, aber zusammen mit jemandem geschrieben, der eine 1 hat, dann hat man eine 2 – und so weiter.

Die wenigen Schritte, über die Fremde miteinander verbunden sind, erklären, wieso sich Gerüchte so schnell und so weit verbreiten. Wenn man eine gute Anlageidee hat, möchte man sie vielleicht geheim halten. Im Jahr 1998 hieß es in einem Artikel der *New York Times*, Mathematiker hätten entdeckt, wie Netzwerke „eine große Welt klein“ machen könnten, indem sie das Pendant zu der Idee mit der berühmten Persönlichkeit anwendeten. Dabei wurde das Konzept der sechs Trennungsgrade einem Soziologen zugeschrieben, der sie im Jahr 1967 gehabt haben soll. Aber Claude Shannon wusste das alles bereits 1960.

Er liebte es, ausgeklügelte Apparate zu bauen. Einer davon warf eine Münze so, dass sie eine bestimmte Anzahl von Malen rotierte und auf der Seite seiner Wahl – Kopf oder Zahl – landete. Außerdem führte ein Kabel von seiner Werkstatt (dem „Spielzimmer“) in die Küche. Wenn Claude an dem Kabel zog, zitierte ein Finger, der daran gebunden und in der Küche angebracht war, lautlos und im Scherz seine Frau Betty herbei.

In unseren Arbeitspausen brachte mir Claude bei, mit drei Bällen zu jonglieren, was er auf einem Einrad fahrend konnte. Auch hatte er zwischen zwei Baumstümpfen ein Stahlseil gespannt, auf dem er entlangging, und er ermunterte mich, das mithilfe einer Balancierstange ebenfalls zu lernen. Er konnte zwei von drei beliebigen Kunststücken gleichzeitig ausführen: mit drei Bällen jonglieren, Einrad fahren und Seiltanzen, und sein Ziel war es, alle drei auf einmal zu können. Eines Tages fielen mir zwei riesige Styroporblöcke auf, die aussahen, als könnte man sie wie Schneeschuhe tragen. Claude erläuterte, das seien Wasserschuhe, mit denen er „auf dem Wasser wandeln" könne, in diesem Fall auf dem Mystic Lake vor seinem Haus. Die Nachbarn hatten gestaunt, als sie Claude aufrecht über den See gehen sahen. Ich probierte die Wasserschuhe auch einmal aus, es fiel mir aber schwer, nicht umzukippen.

Wir verstanden uns so gut, weil für uns beide die Wissenschaft seit jungen Jahren ein Spiel gewesen war. Zu basteln und Dinge zu bauen gehörte zu dem Spaß dazu, ebenso wie der Neugier freien Lauf zu lassen.

Beim amerikanischen Roulette hat der Kessel 38 Fächer, in die die Kugel hineinfallen kann. Davon sind 36, die von 1 bis 36 nummeriert sind, entweder rot oder schwarz, es gibt also von jeder Sorte 18. Die grünen Fächer 0 und 00 (Null und Doppelnull) liegen einander auf dem Rotor gegenüber und teilen so die restlichen 36 in zwei Gruppen zu je 18. Gewinn man mit einem Einsatz auf eine einzelne Zahl, bekommt man ihn 35:1 ausgezahlt, das heißt, man bekommt seinen Einsatz zurück und dazu einen Gewinn in Höhe des 35-fachen Betrags, den man gesetzt hat. Gäbe es keine 0 oder 00, wäre das Spiel dank dieser Auszahlung ausgewogen, denn im Durchschnitt gewinnt der Spieler bei Einsätzen von einem Dollar bei 36 Drehungen des Rades einmal 35 Dollar und verliert 35-mal einen Dollar, sodass er weder Gewinn noch Verlust macht. Dadurch, dass die 0 und die 00 hinzukommen, gewinnt der durchschnittliche Spieler, der keine Vorhersagen machen kann, bei 38 Spielen einmal 35 Dollar und verliert 37-mal einen Dollar, sodass er bei 38 Einsätzen im Schnitt zwei Dollar verliert. Wenn er auf einzelne Zahlen setzt, beträgt also der Bankvorteil ihm gegenüber 2 Dollar : 38 Dollar = 5,26 Prozent. Das europäische Roulette ist normalerweise großzügiger, weil es nur eine einfache Null oder Zéro besitzt.

Was die Größe der Einsätze bei günstigen Spielen angeht, schlug mir Shannon vor, ich solle mir einen Artikel von John Kelly aus dem Jahr 1956 ansehen.[6] Ich nutzte ihn als Richtschnur für meine Einsätze beim Blackjack und beim Roulette sowie später auch bei anderen günstigen Glücksspielen, bei Sportwetten und an der Börse.[7] Für das Roulette bewies die Kelly-Strategie, dass es sich lohnt, auf ein wenig Erwartungsgewinn zu verzichten, um das Risiko erheblich zu senken, indem man auf mehrere (benachbarte) Zahlen anstatt auf eine einzelne Zahl setzt.

Der Croupier beginnt das Spiel, indem er den Rotor in Drehung versetzt. Mit unserem Roulettecomputer messen wir dann die Zeit, die der Rotor für eine Umdrehung benötigt, sodass unsere Vorrichtung weiß, wo er sich in Zukunft befindet bis zu dem Zeitpunkt, zu dem ihn der Croupier noch einmal anschiebt. Dann gibt unser Computer eine wiederholte ansteigende Tonfolge ab, C, D, E ... auf dem Klavier gesehen vom mittleren C bis zum nächsten C eine Oktave höher und dann von vorn. Wir beschlossen, die Geschwindigkeit der Kugel dann zu messen, wenn noch drei bis vier Runden blieben. Je näher am Ende unsere Messungen lagen, umso genauer würden unsere Vorhersagen sein, und bei drei verbleibenden Umläufen hatten wir immer noch genug Zeit, unsere Einsätze zu platzieren. Der Timing-Taster des Computers wurde gedrückt, sobald die kreisende Kugel einen Referenzpunkt im Kessel passierte. Geschah dies, veränderte sich die Tonfolge und wurde schneller abgespielt. Stoppte der Timing-Taster die Kugel, wenn sie den Referenzpunkt nach einer Runde erneut passierte, hörten die Töne auf. Der letzte gehörte Ton benannte die Zahlengruppe, auf die wir setzen mussten. Wenn die für das Timing zuständige Person die Anzahl der Runden falsch eingeschätzt hatte, die die Kugel noch lief, hörten die Töne nicht auf und wir setzten nichts, höchstens zur Tarnung. Wurde eine Vorhersage abgegeben, kam sie also gleichzeitig mit der Erfassung der Eingangsgröße: Die Berechnungszeit war gleich null!

Daran arbeiteten Claude und ich in der Zeit, als ich mit Manny und Eddie nach Nevada fuhr, um mein Blackjack-System zu testen, sodass ich Gelegenheit hatte, Roulettekessel zu überprüfen und festzustellen, ob sie sich verhielten wie unser Laborkessel. Ich sah, dass viele schief standen, und wir hatten ja bereits festgestellt, dass dies unsere Vorhersagen noch weiter verbessern konnte, weil es die Bereiche der Umlaufbahn einschränkte, aus denen heraus die Kugel in Richtung Rotor fallen konnte. Ich berichtete Claude, dass Neigungen um einen halben oder gar einen ganzen Chip gang und gäbe waren. In unserem Labor hatten wir damit experimentiert, eine Münze von der halben Dicke eines Casinochips unter einen der drei Füße des Kessels zu legen, und dabei hatten wir gemerkt, dass eine solche Neigung unseren Vorteil deutlich anwachsen ließ.

Monatelanges Experimentieren mit einem breiten Spektrum von Anordnungen führte uns zu einer abschließenden Version des Systems. Unsere Ausrüstung teilten wir auf, sodass ein Zweierteam erforderlich war. Einer von uns hatte den Computer bei sich, der zwölf Transistoren enthielt und so groß war wie eine Zigarettenpackung. Die Eingabe erfolgte über Taster, die in den Schuhen versteckt waren und mit den großen Zehen bedient wurden. Die Prognose des Computers wurde per Funk übertragen, und zwar über modifizierte allgemein erhältliche Bauteile, die normalerweise für Fernsteuerungen von Modellflugzeugen verwendet wurden. Die zweite Person – die die Einsätze tätigte – trug einen Funkempfänger bei sich, der die Töne abspielte, die ihm verrieten, auf welche Gruppe von Zahlen er setzen sollte. Wir beiden Komplizen taten dabei, als würden wir uns nicht kennen.

Derjenige, der die Einsätze platzierte, hörte die Töne aus einem winzigen Lautsprecher, der in den Gehörgang geschoben wurde und mit sehr dünnen Kabeln an den Funkempfänger angeschlossen war, den er unter seiner Kleidung verbarg. Damit die Kabel nicht auffielen, befestigten wir sie mit Mastix und färbten sie so, dass sie zu Haut und Haar des Trägers passten. Die empfindlichen Kupferdrähte, die so dünn wie ein Haar waren, brachen ständig. Claude schlug vor, wir sollten ultradünne Stahldrähte auftreiben, durch die wir das Kupfer ersetzen könnten. Nach einer Stunde Herumtelefonieren fanden wir einen Lieferanten in Worcester im Bundesstaat Massachusetts, der das Gewünschte hatte.

Den April und den Mai 1961 hindurch arbeiteten wir fieberhaft an der Fertigstellung des Computers, weil ich im darauffolgenden Monat das MIT verlassen und mit Vivian und unserer nicht ganz vierjährigen Tochter Raun zunächst nach Los Angeles ziehen würde und dann im Herbst an die New Mexico State University. Da wir noch nicht ganz fertig waren, als Vivian, Raun und ich abreisten, nahm ich ein paar Wochen später einen Nachtflug von Los Angeles nach Boston und erschien an einem sonnigen Sommermorgen um sieben Uhr an der Schwelle der Shannons. Ich wohnte dort drei Wochen lang, in denen Claude und ich wie rasend arbeiteten, um mit dem Projekt fertig zu werden. Nach weiteren Feinabstimmungen und Tests waren wir schließlich fertig. Die tragbare Version des Computers war Ende Juni 1961 funktionsfähig.

Als ich wieder in Los Angeles war, berichtete ich Vivian, dass der Roulettecomputer fertig war und dass Claude und ich ihn testen wollten. Vivian und ich trafen uns im August in Las Vegas mit Claude und Betty. Nachdem wir uns samt unserer Ausrüstung in benachbarten Hotelzimmern einquartiert hatten, machten wir uns auf den Weg, um geeignete Kessel zu finden. Unser Gerät konnte alle Kessel schlagen, die wir sahen, und so suchten wir uns für den nächsten Tag einen aus, wo uns das Ambiente des Casinos gefiel. Dann aßen wir zu Abend und machten Pläne für den nächsten Tag.

Am nächsten Morgen verkabelten wir uns. Claude trug den Computer und den Funksender und würde mit seinen großen Zehen die in den Schuhen verborgenen Taster bedienen. Ich trug den Funkempfänger, dessen neue Stahlkabel meinen Hals hinauf zum Lautsprecher in meinem rechten Ohr verliefen. Als ich für den Aufbruch ins Casino bereitstand, legte Claude den Kopf schief und fragte mit elfenhaftem Lächeln: „Wie tickst du?"

Damit spielte er scherzhaft auf die seltsamen Geräusche an (auch wenn es in Wirklichkeit Töne waren), die er von dem Computer aus, den er bei sich trug, in meine Ohrmuschel senden würde, sobald wir am Roulettetisch zur Tat schritten. Nun, da ich aus der Zukunft zurückblicke und mich dastehen sehe, mit unserer Ausrüstung verkabelt, halte ich an diesem

Zeitpunkt kurz inne und gehe der tieferen Bedeutung der Frage nach, wie ich ticke.

Ich stand damals an einem Punkt im Leben, an dem ich zwischen zwei sehr unterschiedlichen Arten meiner Zukunft wählen konnte. Ich konnte als professioneller Spieler durch die Welt streifen und jedes Jahr Millionen gewinnen. Während ich zwischen Blackjack und Roulette abwechselte, konnte ich einen Teil der Gewinne als perfekte Tarnung dadurch ausgeben, dass ich auch bei anderen Spielen mit kleinem Bankvorteil wie Craps oder Baccara setzte.

Die andere Möglichkeit war, dass ich meine wissenschaftliche Laufbahn fortsetzen würde. Der Pfad, den ich nahm, wurde durch meinen Charakter bestimmt, also dadurch, *wie ich ticke*. Wie der griechische Philosoph Heraklit gesagt hat: „Der Charakter des Menschen ist sein Schicksal." Nun lasse ich die Zeit weiterlaufen und schaue uns zu, wie wir uns an die Roulettetische begeben.

Wir kommen zu viert im Casino an. Vivian und Betty Shannon schlendern plaudernd umher, wobei sie Claude und mich nicht kennen und auch wir beide uns nicht kennen. Da den anderen meine Casinoerfahrung fehlt, sind sie zwar nervös, lassen es sich aber zum Glück nichts anmerken. Claude steht neben dem Kessel und stoppt die Kugel und den Rotor. Als Ablenkung von dem, was er wirklich tut, schreibt er nach jedem Spiel die Gewinnzahl auf und sieht dadurch aus wie noch einer dieser zum Scheitern verurteilen Systemspieler. Indessen setze ich mich ans andere Ende, ein ganzes Stück von Claude und dem Kessel entfernt.

Claude wartet ab, bis der Croupier dem Rotor noch einen Stoß versetzt, um ihn am Laufen zu halten. Wenn die grüne Null des Rotors einen Referenzpunkt am Stator passiert – wofür Claude einen der Rhomben gewählt hat, die die Kugel ablenken –, drückt sein großer Zeh einen der geräuschlosen Quecksilbertaster, die in seinen Schuhen verborgen sind. Kontakt. Das lautlose Pendant zu einem Klick! Wenn die grüne Null wieder an die Stelle kommt, ein erneuter Klick. Die verstrichene Zeit ist die Dauer einer Umdrehung des Rotors. Nach dem zweiten Klick wird in meinem Ohr eine achtstufige Tonleiter abgespielt – C, D, E und so weiter – und wiederholt sich mit jeder Umdrehung des Rotors. Jetzt weiß der Computer nicht nur, wie schnell sich der Rotor dreht, sondern auch, wo er sich im Verhältnis zum Stator befindet. Nach und nach wird der Rotor langsamer, obwohl er auf sehr reibungsarmen Steinen gelagert ist. Auch dies berücksichtigt der Computer. Claude muss alle paar Minuten erneut die Zeit des Rotors nehmen, wenn ihm der Croupier einen weiteren Stoß versetzt, um den Geschwindigkeitsverlust auszugleichen.

Ich bereite mich auf das Setzen vor. Der Croupier wirft die Kugel in den Kessel. Während sie am oberen inneren Rand des Stators umherrast, beobachtet Claude sie jedes Mal, wenn sie den Bezugspunkt passiert. Wenn er meint, sie hätte nur noch drei oder vier Runden vor sich, klickt er mit dem anderen Zeh. Das Tempo der Tonleiter steigert sich. Und dann, wenn die Kugel die nächste Runde hinter sich hat, drückt Claudes Zeh wieder auf den Schalter. *Klick!* Die Töne brechen ab. Der letzte Ton, den ich höre, sagt mir, auf welche Zahlengruppe ich setzen soll. Da es nur eine Probe ist, setze ich 10-Cent-Chips. Schon nach wenigen Spielen wirkt der Computer Wunder und verwandelt ein paar Groschen in einen ganzen Haufen, als ich wieder eine Wette gewinne. Ich setze jedes Mal auf eine Gruppe von fünf Zahlen, die auf dem Rotor nebeneinander liegen. In Europa ist das üblich und die Franzosen bezeichnen es als „Voisinage“ oder „Nachbarschaft“.

Wir teilten die Zahlen des Kessels in acht Fünfergruppen ein, wobei 0 und 00 zweimal vorkamen, weil unsere Gruppen 40 Zahlen beinhalteten und der Kessel nur 38 hat. Wir nannten diese Fünfergruppen „Oktanten“. Der durchschnittliche Spieler, der je einen Dollar auf die Zahlen der Fünfergruppe setzt, gewinnt etwa fünf- von 38-mal, also etwa in einem Achtel der Fälle, und verliert in allen anderen Fällen alle fünf Einsätze, sodass sich insgesamt die Verlustquote auf zwei Dollar je 38 gesetzten Dollar beläuft, also ein Nachteil von 5,3 Prozent. Unter Verwendung unseres Computers hingegen gewann unser Einsatz auf fünf Zahlen in einem Fünftel der Fälle, sodass wir einen Vorteil von 44 Prozent hatten.

Wir hatten aber auch Probleme. Als ich einmal mitten in einer Gewinnsträhne steckte, schaute mich eine neben mir sitzende Dame völlig entsetzt an. Wissend, dass ich gehen musste, aber nicht, warum, eilte ich zur Toilette und sah dort im Spiegel, dass der Lautsprecher wie ein fremdartiges Insekt aus meinem Ohr ragte. Ein ernsteres Problem: Obwohl wir oft kleine Chipstapel in große verwandelten, wurden wir auf dieser Reise daran gehindert, zu hohen Einsätzen überzugehen. Das lag an den Kabeln, die zu dem Ohrlautsprecher führten. Sie waren zwar aus Stahl, jedoch so dünn, dass sie häufig brachen. Das führte zu langen Unterbrechungen, in denen wir auf unsere Zimmer gingen und den nervtötenden Prozess absolvierten, die Verdrahtung zu reparieren und mich neu zu verkabeln.

Doch wenn der Computer funktionierte, war er ein Erfolg. Wir wussten, dass wir das Problem mit den Kabeln lösten konnten, indem wir dickere verwendeten und uns die Haare wachsen ließen, sodass sie sowohl unsere Ohren als auch die Kabel verdecken würden, die am Hals entlang aufwärts führten. Auch überlegten wir uns, ob wir unsere Frauen dazu überreden sollten, sich verkabeln zu lassen und das Ganze unter ihren der damaligen Mode entsprechenden längeren Haaren zu verstecken.

Wenn ich setzte, kam niemand, der zuschaute, auf die Idee, dass das, was Claude und ich taten, irgendwie ungewöhnlich war, und niemand erkannte die Verbindung, die zwischen uns Vieren bestand. Allerdings wurde mir klar, dass die Casinos dann, wenn sie herausfanden, was wir machten, eine einfache Möglichkeit hatten, uns auszubremsen. Sie brauchten nur „Rien ne va plus" zu sagen, bevor die Kugel eingeworfen wurde, anstatt damit wie üblich zu warten, bis die Kugel mit ihren Umlaufbahnen fast fertig war. Um zu verhindern, dass sie uns durchschauten und dies taten, hätten wir Theater spielen müssen, um die Aufmerksamkeit von unseren Gewinnen abzulenken. Ich wusste aufgrund meiner Erfahrungen mit Blackjack bereits, welchen Aufwand das erfordern würde. Weder ich noch Vivian noch Claude und Betty wollten die wiederholten Proben, die Verkleidungen und die Irreführungen auf sich nehmen. Außerdem wurde ich durch die ganze Blackjack-Publicity zu bekannt, als dass ich lange hätte unerkannt bleiben können. Auch war das nicht die Art, wie irgendeiner von uns Vieren seine Zeit verbringen wollte, denn dies hätte unweigerlich sehr viel Zeit gekostet. Deshalb legten wir das Projekt mit gemischten Gefühlen beiseite. Ich war schon immer der Ansicht, dass das eine gute Entscheidung war.

Das MIT Media Lab führt unser Gerät als ersten Vertreter dessen auf, was man später als „wearable computers", heute kurz „Wearables", bezeichnete, also Computer, die man als Teil ihrer Funktion am Körper trägt.[8] Ende 1961 baute ich den zweiten tragbaren Computer, eine Nachahmung des ersten, um das Glücksrad vorherzusagen. Ebenso wie der Roulettecomputer nutzte meine Vorrichtung den mit einem Zeh betätigten Taster als Eingabegerät, den Ohrlautsprecher als Ausgabegerät und enthielt nur einen einzigen Unijunctiontransistor. Dafür war nur eine Person notwendig.[9] Es war so groß wie eine Streichholzschachtel und funktionierte in den Casinos gut, aber bei diesem Spiel passierte zu wenig, durch das sich die spektakulären Konsequenzen meiner späten Einsätze verbergen ließen. Mehrmals, als ich 40:1-Einsätze auf das rotierende Rad platzierte, versetzte der Croupier dem Rad einen weiteren Stoß.

Schließlich machte ich unser Roulettesystem 1966 öffentlich bekannt, weil inzwischen klar war, dass wir es nicht ausbeuten würden.[10] Die Einzelheiten veröffentlichte ich später.[11] Als mich ein Mathematiker von der UC in Santa Cruz anrief, erklärte ich ihm die Methode. Die UCSC war auch der Ort, an dem eine Gruppe von Physikern namens „The Eudaemonic Pie" die fortgeschrittenere Technik des nächsten Jahrzehnts nutzte, um einen eigenen Roulettecomputer zu bauen. Wie auch wir kamen sie auf einen Vorteil von 44 Prozent und wie wir waren sie von den Hardwareproblemen frustriert.[12] Später gewannen Gruppen, die Roulettecomputer einsetzten, angeblich große Geldbeträge.

Shannon und ich hatten auch darüber diskutiert, einen tragbaren Blackjack-Computer zu bauen. Mithilfe des Programms, das ich für die Analyse von Blackjack verwendet hatte, konnte ein solcher Computer die Karten zählen, das perfekte Spiel spielen und bis zu doppelt so schnell gewinnen wie die besten menschlichen Kartenzähler. Das war ein früher, vielleicht sogar der erste Fall, in dem ein Computer einen Menschen bei einem Spiel übertreffen konnte. Später wurden Computer zu perfekten Schachspielern und schlugen die besten Spieler der Welt im Schach, im Go und bei Jeopardy. Nach uns bauten andere Leute Blackjack-Computer und verkauften sie. Damals verboten die Gesetze von Nevada und insbesondere die Vorschriften zum Betrug ihre Verwendung nicht. Aber als versteckte Computer beim Blackjack und beim Roulette die Gewinne der Casinos immer mehr schmälerten, wurde als dringliche Maßnahme am 30. Mai 1985 in Nevada das Gerätegesetz erlassen.[13] Es verbot die Verwendung oder den Besitz jeglicher Vorrichtungen zum Vorhersagen von Ausgängen, zum Analysieren von Eintrittswahrscheinlichkeiten, zum Analysieren von Strategien für das Spielen oder Setzen oder zum Verfolgen der ausgespielten Karten. Die Strafen: Geldbußen und Haft. Anscheinend verbietet dieses breit gefasste Gesetz auch die in die Handfläche passenden Strategiekarten, die in jedem Exemplar von „Beat the Dealer" enthalten sind. Als im Jahr 2009 ein Unternehmer eine beliebte App für das iPhone zum Kartenzählen entwickelte und Blackjack-Spielweisen empfahl, erinnerten die Casinos die Nutzer daran, dass es ein Verbrechen war, dies an den Spieltischen zu tun.

Claude und ich korrespondierten noch einige Jahre lang in gewissen Abständen, zunächst über Roulette, aber dann wurde klar, dass wir die Sache nicht fortführen wollten. Den letzten Brief habe ich meiner Erinnerung nach Ende 1965 oder Anfang 1966 geschrieben und darin rief ich unsere Diskussionen über die Börse ins Gedächtnis, die dadurch ausgelöst worden waren, dass ich an seiner Tafel die Zahl 2^{11} gesehen hatte, also 2048 – die Summe, die sich ergibt, wenn man einen Dollar elfmal hintereinander verdoppelt. Das hatte er als Anlageziel ins Auge gefasst. Ich schrieb ihm damals, ich hätte eine Methode zum Anlegen in einer kleinen Nische des Aktienmarkts gefunden, von der ich glaubte, sie könnte 30 Prozent im Jahr einbringen. Mit ausreichend Zeit könnte ich so über die 2^{11} hinauskommen. Er sagte mir nie, was er von dieser Überheblichkeit hielt. Und Überheblichkeit war es auf jeden Fall, denn es zeigte sich, dass die tatsächliche Rendite eher bei 20 Prozent lag.

Zum letzten Mal gesehen haben wir uns 1968 bei einem Mathematikerkongress in San Francisco. Die letzten prägnanten Worte, die er an mich richtete: „Raufen wir uns noch mal zusammen, bevor wir unter der Erde liegen."

Nach Claudes Tod im Jahr 2001 vermachte Betty viele seiner Unterlagen und Geräte dem MIT-Museum, darunter auch den Roulette-Computer. Er wurde dem Heinz-Nixdorf-Computermuseum in Paderborn für eine Ausstellung im Jahr 2008 als Leihgabe überlassen und dort sahen ihn in den ersten acht Wochen 35.000 Menschen.

Als Claude im Jahr 1961 an den Roulettetisch trat, benutzte er etwas, das bislang außer uns vier noch nie jemand gesehen hatte. Es war der erste tragbare Computer der Welt. Für mich ist ein tragbarer Computer genau das, was sein Name besagt: ein Computer, den eine Person bei sich trägt, damit er seine vorgesehene Funktion erfüllt. Zwar hatte unser Gerät wenig Einfluss auf spätere Entwicklungen, aber heute sind die Wearables überall, wie zum Beispiel meine Apple Watch.

Nach Blackjack und Roulette fragte ich mich, ob sich noch andere Casinospiele schlagen ließen.

10

KAPITEL

Ein Vorteil bei anderen Glücksspielen

Im September 1961, einen Monat nach dem Test des Roulettecomputers in Las Vegas, zogen Vivian, Raun und ich nach Las Cruces in New Mexico, wo ich meine Verpflichtungen als Professor in der mathematischen Fakultät der New Mexico State University aufnahm. Die Stadt, die damals 37.000 Einwohner hatte, liegt in der Wüstenhochebene auf knapp 1.200 Metern Höhe sowie an der hauptsächlichen Wasserquelle des Staates, dem Rio Grande. In der weiten Wüste waren die Kleinstädte locker verstreut und das nächste Bevölkerungszentrum war das etwa 45 Meilen südlich gelegene El Paso im Bundesstaat Texas. Nach der rund 200 Meilen nördlich gelegenen University of New Mexico in Albuquerque war die NMSU der zweitbedeutendste Campus im Universitätssystem des Bundesstaats. Als ich dort ankam, wurde sie gerade von einem landwirtschaftlichen College in eine Universität umgewandelt. Direkt östlich vom Campus befand sich der sogenannte A-Berg, ein großer Hügel, der ein riesiges weißes A für „Aggies" – Studenten der Agrarwissenschaften – trug. Manche behaupteten, sobald die Footballmannschaft den ersten Buchstaben des Alphabets gelernt hätte, würde es gegen ein B ausgetauscht.

Unsere vier Jahre in New Mexico waren eine denkwürdige Zeit. Dort wurde unsere jüngere Tochter Karen geboren und unser Sohn Jeff im nahe gelegenen El Paso. Ungefähr 20 Meilen entfernt gab es das White Sands Proving Ground and National Monument, wo wir eine gewisse Linderung von der sommerlichen Hitze fanden, weil dort die Sonnenstrahlen von dem weißen, aus Gips bestehenden „Sand“ wirksam reflektiert werden.

Ich knüpfte an das Interesse an Astronomie aus meiner Jugend an und genoss den dunklen Himmel New Mexicos durch ein kleines Teleskop. Mein astronomisches Highlight war ein Essen mit Professor Clyde Tombaugh (1906–1997), der damals in Las Cruces mein Kollege war und der 1930 dadurch berühmt geworden war, dass er am Lowell Observatory in Flagstaff im Bundesstaat Arizona den Planeten Pluto (kürzlich zum „Zwergplaneten“ umgewidmet) entdeckt hatte. Mein Student William E. „Bill“ Walden, der in Los Alamos arbeitete, arrangierte es, dass ich dort einen Nachmittag mit Stanislaw Ulam (1909–1984) verbrachte, einem der größten Mathematiker des 20. Jahrhunderts. Ulam war am Manhattan Project zur Entwicklung der Atombombe beteiligt gewesen und lieferte später entscheidende Ideen für die Wasserstoffbombe – das sogenannte Teller-Ulam-Design thermonuklearer Waffen.[1]

Während ich an der NMSU fortgeschrittene Lehrveranstaltungen hielt und mathematische Forschungen betrieb, fragte ich mich, ob mich das, was ich bislang gelernt hatte, in die Lage versetzen würde, auch andere Glücksspiele zu schlagen. Zu den Casinospielen, die mir bei meinen Blackjack-Ausflügen nach Nevada aufgefallen waren, gehörte auch Baccara, das James Bond sowohl in Ian Flemings Roman „Casino Royale“ als auch am dramatischen Anfang der Originalfassung des gleichnamigen Films spielt. Dieses Spiel, das in Europa schon lange mit hohen und manchmal unbegrenzten Einsätzen gespielt wurde, war damals von einigen Casinos in Las Vegas in leicht abgewandelter Form eingeführt worden. Dank seiner Ähnlichkeiten mit Blackjack war Baccara ein natürliches Zielobjekt für meine Methoden. Zum Glück ließ sich Bill Walden, ein Informatiker mit Interesse an angewandter Mathematik, gerne dafür heranziehen. Wir fingen mit unserer Baccara-Analyse 1962 an und verfolgten das Ziel, herauszufinden, inwieweit wir dort meine Methoden des Kartenzählens anwenden konnten.

Beim in Nevada üblichen Baccara wurden die Karten aus acht Blättern gegeben, also aus insgesamt 416 Karten. Diese haben den gleichen Wert wie beim Blackjack, nur dass hier lediglich die letzte Stelle zählt. Somit zählt ein Ass einen Punkt, die Zweier bis Neuner entsprechen ihrer Augenzahl, Zehner, Buben, Damen und Könige zählen jedoch nicht zehn, sondern null Punkte. Das Spiel beginnt, nachdem die Karten gemischt wurden und eine neutrale Abhebekarte knapp vor dem Ende in den Stapel geschoben wurde. Dann werden die 416 Karten in den hölzernen Kartenschlitten gelegt. Die erste Karte wird aufgedeckt und ihr Wert notiert – dieser Kartenwert wird nun verworfen oder „verbrannt“. Wenn die aufgedeckte Karte eine Zehn oder eine Bildkarte ist, werden alle Zehner-(Nuller-)Karten verbrannt.

Ein Casinotisch hatte damals zwölf Sitzplätze, die von Gästen und Lockvögeln besetzt waren (Mitarbeiter, die Geld setzten und so taten, als seien sie Spieler, um Gäste anzulocken). Auf dem Baccara-Plan stehen zwei Hauptwetten: „Banker“ und „Player“.

Nachdem die Spieler ihre Einsätze platziert haben, gibt der Croupier jeweils zwei Karten, die er auf die zwei Stellen auf dem Tisch legt, die mit „Banker“ und „Player“ beschriftet sind. Dann deckt der Croupier die Karten auf. Wie bei einzelnen Karten zählt auch bei der Summe nur die letzte Stelle. So zählt beispielsweise 9 + 9 = 18 als 8. Ergeben die beiden ersten Karten 8 oder 9, was als Natural 8 oder Natural 9 bezeichnet wird, werden alle Einsätze abgerechnet, ohne dass weitere Karten ausgeteilt werden. Wenn weder auf Player noch auf Banker ein Natural liegt, bekommt jede Hand, beginnend mit der des Players, gemäß bestimmten Regeln vom Croupier entweder eine weitere Karte oder er passt beziehungsweise „steht“.[2] Die höhere Hand gewinnt. Bei einem Unentschieden bekommen die Spieler ihre Einsätze zurück.

Unsere Baccara-Analyse folgte aufgrund der Ähnlichkeiten zwischen den beiden Spielen dem gleichen Ansatz, den ich für Blackjack gewählt hatte. Zunächst berechneten wir – zum ersten Mal überhaupt – die korrekten Werte für den Hausvorteil bei der in Nevada gespielten Version des

Baccara für beide Einsätze, Player und Banker.[3] Für den Banker belief er sich bezogen auf alle platzierten Einsätze auf 1,058 Prozent beziehungsweise auf 1,169 Prozent, wenn Unentschieden nicht berücksichtigt wurde. Für den Einsatz des Spielers betrug er 1,235 Prozent beziehungsweise 1,365 Prozent ohne Berücksichtigung von Unentschieden. Diese Zahlen gelten unter der Annahme, dass der Spieler nicht die Karten verfolgt, die bereits verwendet wurden. Der Vorteil des Casinos fällt für die beiden Einsätze, Banker und Player, deshalb unterschiedlich aus, weil die Regeln für das Ziehen einer dritten Karte unterschiedlich sind und weil von Gewinnen des Bankhalters fünf Prozent an das Casino abgeführt werden.

Was ist nun, wenn ein Spieler die Karten zählt?

Um das herauszufinden, bewiesen Bill Walden und ich den von uns so genannten Fundamentalsatz des Kartenzählens, der in präziser mathematischer Formulierung besagt, dass der Vorteil durch Kartenzählen umso größer wird, je mehr Karten gesehen wurden.[4] Dies bedeutet, dass die besten Situationen gegen Ende auftreten. Wir fanden jedoch heraus, dass diese winzig und selten waren.

Der Grund dafür, dass es beim Baccara nicht genügend Chancen gibt, liegt darin, dass die Auswirkung des Wegnehmens einer Karte aus dem Stapel nur etwa ein Neuntel so groß ist wie beim Blackjack und somit auch die Auswirkung auf den Hausvorteil entsprechend kleiner ist.[5] Zudem ist der zu überwindende Hausvorteil von über einem Prozent größer.

Allerdings gab es beim Baccara zusätzlich zu den beiden Hauptwetten Banker und Player noch vier separate Nebenwetten: Banker natural 9, Player natural 9, Banker natural 8 und Player natural 8. Banker natural 9 gewann, wenn die beiden ersten Banker-Karten 9 ergaben, und dann wurde 9:1 ausgezahlt, also man erhielt neun Dollar Gewinn, wenn man mit einem Dollar Einsatz gewann. Die Auszahlung der drei anderen Nebenwetten war die gleiche.

Für jemanden, der nicht zählt, waren die Chancen bei diesen Wetten fürchterlich, ein Hausvorteil von 5,10 Prozent bei den beiden Wetten auf Natural 9 und 5,47 Prozent bei den beiden Wetten auf Natural 8. Wir stellten nun fest, dass ein Kartenzähler zwar die Wetten Banker und Player nicht schlagen konnte, dafür aber diese Nebenwetten! Wie ich durch

Überlegung vorausgesagt hatte und wie wir durch Berechnungen belegten, schwankte bei diesen Nebenwetten der Vorteil sehr, wenn Karten verbraucht wurden. Wenn der Schlitten zu etwa einem Drittel geleert war, ergaben sich gute Gelegenheiten und je mehr Karten gespielt wurden, umso besser wurde es.

Wir dachten uns ein praktikables Kartenzählsystem aus, das sich die Tatsache zunutze machte, dass die Wette auf Natural 9 zugunsten des Spielers stand, wenn in den verbliebenen Karten ein hoher Überschuss an Neunen vorhanden war. Waren viele Achten übrig, galt das Gleiche für Einsätze auf Player natural 8.

Ich gewann Ralph Crouch, den Vorsitzenden der mathematischen Fakultät, für einen Testlauf im Casino. Wir übten, den aus acht Blättern bestehenden Stapel herunterzuzählen. Dafür mussten die aktuelle Anzahl der noch nicht verwendeten Karten und die Anzahl der darin enthaltenen Achten und Neunen berücksichtigt werden. Das Zählen war hier also schwieriger als beim Blackjack, denn acht Blätter ergeben 416 Karten, darunter 32 Neuner und 32 Achter, und alle drei Anzahlen mussten verfolgt werden.

Ralph war anders als alle anderen Fakultätsleiter, denen ich je begegnet bin. Er war mittelgroß, rotgesichtig, temperamentvoll und gesprächig – äußert extrovertiert. Dies unterschied ihn von dem typischen introvertierten Mathematiker. Ein bekannter Witz lautet so: „Woran erkennt man, ob ein Mathematiker introvertiert oder extrovertiert ist? – Schaut er auf seine Schuhe, wenn er mit einem spricht, ist er introvertiert. Schaut er auf die Schuhe des Gesprächspartners, ist er extrovertiert." Der Partylöwe Ralph veranstaltete Fakultätsfeiern, die durch „Las Cruces Punch" befeuert wurden, ein Gebräu, das in einer riesigen Bowleschüssel angerührt wurde und aus mindestens zwei Gallonen (gut sieben Liter) Bacardi-Rum sowie eisgekühltem Orangensaft, Ananassaft und Limonade bestand. Vivian und ich drückten uns so oft wie möglich um diese Partys und wenn wir doch mal hingingen, beschränkten wir uns auf kurze Höflichkeitsbesuche. Als meine Töchter Jahre später auf das Rezept und die Mengenverhältnisse stießen – vor allem Rum –, fragten sie sich, wie noch irgendjemand in der Senkrechte hatte bleiben können.

Oft werde ich gefragt, was man braucht, um ein guter Kartenzähler zu werden. Ich habe festgestellt, dass das wissenschaftliche Verständnis nicht ausreicht. Man muss schnell überlegen, diszipliniert genug sein, um sich an das System zu halten, und das passende Temperament einschließlich der Fähigkeit haben, seinen Verstand auf das Hier und Jetzt zu richten und auf die Karten, die Menschen und die Umgebung konzentriert zu bleiben. Noch besser ist es, wenn man durch sein Auftreten eine Rolle verkörpert, die einem Spielertypus entspricht, mit dem die Casinos vertraut sind.

Ich fand, Ralph wäre zusammen mit seinem Golfpartner Kay Hafen, dem Rechnungsprüfer der Universität, die perfekte Besetzung für mein geplantes Baccara-Team. Kay war unauffällig, besonnen und durch nichts aus der Ruhe zu bringen. In den Übungsstunden, die ich mit ihnen abhielt, lernten sie beide, gut zu zählen. Unsere Ehefrauen fuhren auch mit und Vivian, die bei meinen diversen Blackjack-Trips nicht dabei gewesen war, war erleichtert, dass sie meine Sicherheit höchstpersönlich überwachen konnte. Wir hatten vor, uns dann, wenn wir nicht spielten, zu sechst in der Stadt zu vergnügen.

In den Frühlings-Semesterferien 1963 fuhren wir nach Las Vegas. Wir kamen kurz vor der Eröffnung des Baccara-Spiels um 21 Uhr im Dunes an und taten, als würden wir uns nicht kennen. Die Baccara-Nische war mit samtenen Tauen vom restlichen Saal abgeteilt. An den hufeisenförmigen Enden des imposanten hohen Tisches standen jeweils sechs Stühle. Als wir uns hinsetzten, saßen dort bereits mehrere weibliche Lockvögel. Trotz der Blackjack-Publicity fiel ich dem Casinopersonal nicht auf, jedenfalls nicht gleich.

Als das Spiel begann, versammelte sich außerhalb der samtenen Absperrung eine Menschenmenge, um bei einem Spiel zuzuschauen, bei dem die Einsätze hoch werden konnten. Die Limits betrugen fünf bis 2.000 Dollar für die Hauptwetten und fünf bis 100 Dollar für die Nebenwetten, was im Jahr 2016 etwa den zehnfachen Dollarbeträgen entsprochen hätte.

Dann rief jemand: „Das ist der Typ, der das Buch geschrieben hat!“ Der Baccara-Aufseher riss die Augen auf und rannte zu einem Telefon in der Nähe. Eine unserer Ehefrauen, die das Telefonat aus dem ersten

Stock belauschte, sah, wie sich die Besorgnis des Mannes in Beruhigung und dann in Belustigung verwandelte. Blackjack zu schlagen sei die eine Sache, Baccara jedoch eine andere. Unsere Spionin hörte: „Ha, ha, lass ihn nur spielen!“ Und so spielten wir.

Unser erster Abend war angenehm. Bei dem frisch gemischten aus 416 Karten bestehenden Spiel standen sämtliche Chancen zugunsten des Hauses und daher begann ich mit Mindesteinsätzen auf Banker, also jeweils fünf Dollar. Dabei verfolgte ich die Anzahl der Achten und Neunen sowie die Gesamtzahl der restlichen Karten und wartete auf vorteilhafte Situationen. Ich wählte unsere hohen Einsätze so, dass wir etwa 100 Dollar pro Stunde gewannen, und hoffte, dass das niedrig genug war, damit wir nicht vom Spiel ausgeschlossen wurden.

Es dauerte etwa 45 Minuten, einen Kartenschlitten leerzuspielen. Nachdem ich zwei Stück durchgespielt hatte, ruhte ich mich aus, während Ralph und Kay den nächsten spielten. Sie teilten die Arbeit unter sich auf: Ralph beobachtete die Wetten auf Natural 8, Kay zählte und setzte auf Natural 9. Das war leichter, denn so hatte jeder nur zwei Anzahlen zu verfolgen und keine drei. Nach ihrem ersten Schlitten machten sie eine Pause und ich spielte noch zwei durch. Und nach diesem Muster verfuhren wir weiterhin. Als das Spiel wie üblich um drei Uhr morgens geschlossen wurde, standen wir 500 oder 600 Dollar im Plus, was in etwa unseren Erwartungen entsprach.

Als ich mich am nächsten Abend zu Beginn des Spiels hinsetzte, hatte sich die Atmosphäre verändert. Das Casinopersonal war distanziert und unfreundlich – und die Lockvögel taten etwas Merkwürdiges. Am Vorabend hatte das Spiel mit mir, einem oder zwei weiteren Spielern und einem halben Dutzend weiblicher Lockvögel begonnen, die auf die zwölf Plätze verteilt waren. Bald wurden durch diese gespielt lebhafte Szenerie weitere Spieler angelockt und schlossen sich dem Geschehen an. Wenn alle Sitzplätze belegt waren, stand ein Lockvogel auf, sodass nur einer frei blieb und so die größtmögliche Lockwirkung auf die potenziellen Spieler ausübte: *Es ist nur noch ein Platz frei, schnapp ihn dir, solange du noch kannst!* Sobald ein neuer Spieler auf diesen Platz gelockt worden war, sprang ein weiterer Lockvogel vom seinigen auf. Dieses Tänzchen – Vogel rein, Vogel raus, sodass immer genau ein Platz frei blieb – hatte sich den ganzen Vorabend über fortgesetzt. An diesem unserem zweiten Abend jedoch blieben die Lockvögel links und rechts von mir sitzen und beobachteten mich genau. Ich hatte damals leicht gereizte Bronchien und daher häufige intensive Hustenanfälle. Unsere verdeckt operierenden Ehefrauen fanden es lustig, als die mir zugeteilten Lockvögel um ihre Gesundheit fürchteten, rebellierten und zurück auf ihre Posten befohlen werden mussten.

Während wir weiterhin gewannen, spielten andere Spieler Hauptrollen in ihren eigenen Dramen. Vivian bemerkte eine blondierte asiatische Dame mit langen magentafarbenen Fingernägeln, stark geschminkt und mit Juwelen behängt. Sie setzte bei jeder Hand das Limit von 2.000 Dollar und verlor. Sie besaß eine Supermarktkette und verlor an diesem Abend einen ihrer Supermärkte. Baccara ist ein Spiel, das von Leuten bevorzugt wird, die hohe Einsätze tätigen wollen. Im Jahr 1995 brachte Baccara den Casinos in Nevada zwar nur etwa halb so viel ein wie Blackjack, dies aber mit lediglich einem Fünfzigstel der Tische.[6] Ein Baccara-Tisch warf also 25-mal so viel ab wie ein Blackjack-Tisch.

Auch am zweiten Abend wurde das Spiel um drei Uhr morgens geschlossen. Nachdem wir unsere Gewinne gezählt hatten, gingen Ralph und Kay zurück an die Bar, um etwas zu trinken. Der Saalchef und ein paar Männer vom Casino saßen da mit dem Baccara-Kartenschlitten und den acht Kartenspielen. Sie brummelten vor sich hin und untersuchten jede Karte einzeln darauf, ob sie verbogen waren, geknickt oder ob sie sonstige Markierungen oder Hinweise darauf trugen, auf welche Weise wir gewannen.

Am dritten Abend waren alle Mitarbeiter mir gegenüber von vornherein feindselig. Es war unübersehbar, dass sie jede meiner Bewegungen beobachteten. Um sie in die Irre zu führen, fasste ich häufig mit dem Daumen hinter mein Ohr, so als wäre ich ein Betrüger, der die Karten mit „daub“ markierte, einer so gut wie unsichtbaren vaselineartigen Substanz, die man jedoch durch eine Spezialbrille problemlos sehen kann. Ich hoffte, sie würden einen weiteren Abend damit vergeuden, alle Karten einzeln zu überprüfen und nach etwas zu suchen, das nicht vorhanden war. An den ersten beiden Abenden hatten sie mir mehrmals Getränke angeboten, ich hatte mich jedoch für Kaffee mit Sahne und Zucker entschieden. Doch heute Abend herrschte Krieg und sie boten mir nichts an. Wieder gewannen wir.

Als ich mich am vierten Abend zum Spielen hinsetzte, hatte sich die Atmosphäre erneut drastisch verändert. Der Saalchef und seine Schergen lächelten und waren entspannt. Sie schienen erfreut, mich zu sehen. Dann boten sie mir „Kaffee mit Sahne und Zucker" an, „genau so, wie Sie ihn mögen". Ich war mit dem ersten Kartenschlitten schon weit fortgeschritten und am Gewinnen und Kaffeetrinken – als ich plötzlich nicht mehr denken konnte. Ich hielt das Zählen nicht mehr durch. Ich war schockiert, denn mir war das stets recht gut gelungen, trotz Lärm, Rauch, Gesprächen, trotz des Drucks, in Hochgeschwindigkeit zu spielen, trotz der Aufregung aufgrund von Gewinnen oder Verlusten sowie der Auswirkungen alkoholischer Getränke. Es war etwas Unerwartetes passiert. Ich nahm meine Chips und stand auf, beim nächsten Schlitten lösten mich Ralph und Kay ab.

Unsere Frauen sahen, dass meine Pupillen stark geweitet waren. Bellamia Hafen war Krankenschwester und sagte, so etwas habe sie schon oft bei Menschen gesehen, die nach Drogenkonsum ins Krankenhaus gebracht wurden. Ich wäre am liebsten schlafend niedergesunken, aber Vivian, Isobel Crouch und Bellamia drängten mir schwarzen Kaffee auf und gingen mehrere Stunden mit mir umher, bis die Wirkung nachließ. Ralph und Kay spielten Nacht vier bis zum Ende durch und wieder hatten wir gewonnen.

Nach intensiven Diskussionen setzte ich mich am fünften Abend erneut zum Spielen hin. Die Jungs lächelten nicht mehr und boten mir wieder Kaffee mit Sahne und Zucker an. Ich sagte: „Nein danke, bringen Sie mir einfach ein Glas Wasser." Der Rest unserer Truppe seufzte im Stillen. Es dauerte verdächtig lange und als das Wasser schließlich kam, dachte ich mir, dass wohl etwas drin war. Igitt! Es schmecke, als wäre eine Schachtel Backsoda hineingeschüttet worden. Doch dieser eine Tropfen reichte, um mich wieder auf die Bretter zu schicken. Ich fragte mich, was wohl ein ganzer Schluck bewirkt hätte.

Mit taubem Gehirn und geweiteten Pupillen ging ich und wiederholte die Prozedur aus Kaffee und Gehen. Indes wurden Ralph und Kay gebeten, für immer zu gehen, und das Hausverbot galt auch für alle ihre Freunde.

Es gab noch ein weiteres Baccara mit Nebenwetten, und zwar im Sands-Casino. Nach einem Tag Ruhe und Entspannung ging ich mit unserem Geld dorthin und nahm am Tisch Platz. Ich erhöhte unser Ziel von 100 auf 1.000 Dollar pro Stunde, weil ich mir dachte, das Dunes hätte wohl das Sands kontaktiert, sodass ich bald gesperrt würde. Nach zweieinhalb Stunden hatte ich 2.500 Dollar gewonnen. Dann setzte sich Carl Cohen, Teilhaber des Sands und an diesem Abend zuständig, neben mich. Zuvor hatte er schon einmal Frank Sinatra zur Ordnung gerufen, weil er für einen Eklat im Casino gesorgt hatte. Als Sinatra nicht nachgab, sorgte Cohen dafür, dass er nie wiederkam, obwohl er Miteigentümer des Casinos war. Nun eröffnete mir also Cohen, ich solle in seinem Casino nicht mehr spielen. Ich fragte nach dem Grund und er sagte: „Kein Grund. Wir wollen einfach nicht, dass Sie hier spielen." Sein Begleiter war der größte Wachmann, den ich je gesehen hatte. Diskussion zwecklos. Ich ging.

An den sechs Abenden, an denen wir gespielt hatten, hatten wir bewiesen, dass das System an den Tischen funktioniert. Wir hatten die theoretischen mathematischen Berechnungen in der Praxis bestätigt und eine weitere Anwendung des Kelly-Systems für Wetten und Investitionen demonstriert. Jedoch hatte unsere Reise ein Nachspiel, das uns aus der Fassung brachte.

Am nächsten Morgen verließen wir alle sechs Las Vegas und wollten zurück nach Las Cruces fahren. Ich saß am Steuer, als wir im nördlichen Arizona eine Bergstraße hinabfuhren. Wir fuhren gerade um die 100 Stundenkilometer, als auf einmal das Gaspedal hängenblieb. Mit dem starken Gefälle und dem Gas waren die Bremsen überfordert. Der Wagen beschleunigte auf 130 und die Kurven waren nicht mehr zu schaffen.

Zeit zum Nachdenken hatte ich kaum und ich stand bereits so fest ich konnte auf der Bremse. Zusätzlich zog ich die Handbremse und schaltete herunter, damit der Motor das Auto herunterbremsen sollte, außerdem schaltete ich die Zündung aus. Schließlich gelang es mir, das Auto an einer Ausweichstelle zum Stehen zu bringen. Ein barmherziger Samariter, der sich mit Autos auskannte, hielt an und wollte uns helfen. Als er die Motorhaube öffnete, um nachzusehen, weshalb das Gas geklemmt hatte, entdeckte er, dass sich ein langer Gewindestab gelockert hatte – etwas, was er noch nie gesehen hatte und was er verblüffend fand. Er schraubte ihn fest und wir setzten unsere Fahrt fort, lebendig, erleichtert und ernüchtert.

Wir hatten bewiesen, dass das System an den Tischen ebenso funktionierte wie in der Theorie. Das hatte zur Folge, dass das Dunes und auch das Sands die Wetten auf Natural 8 und Natural 9 abschafften.

Während ich an der New Mexico State University arbeitete, legte ich meine Tantiemen vom Buch und meine Casinogewinne in Aktien an. Aber ich hatte von der Börse keine Ahnung und außerdem noch Pech. Die Ergebnisse waren schlecht und ich wollte es besser machen. Die Geldanlage stellte einen neuen Typus von Unsicherheit dar, aber vielleicht konnte mir die Wahrscheinlichkeitstheorie helfen, gute Anlageentscheidungen zu treffen.

Es fügte sich alles zusammen, als mir klar wurde, dass ich hier ein Casino vor mir hatte, das größer war als ganz Nevada. Konnten mir meine Methoden, mit denen ich Glücksspiele besiegte, auch in der größten Spielbank der Erde einen Vorteil verschaffen, nämlich an der Wall Street? Neugierig wie immer beschloss ich, das herauszufinden. Ich begann, mich über die Finanzmärkte zu informieren, und leuchtete mir dabei mit einer ungewöhnlichen Lampe den Weg – mit dem Wissen, das ich anhand von Glücksspielen gewonnen hatte.

11

KAPITEL

Die Wall Street: Das größte Casino der Welt

Glücksspiel ist vereinfachtes Investieren. Die frappierenden Ähnlichkeiten zwischen den beiden Disziplinen ließen mich vermuten, dass es ebenso, wie es möglich war, manche Glücksspiele zu schlagen, auch möglich sein könnte, besser zu sein als die Börsenindizes. Beide lassen sich mithilfe von Mathematik, Statistik und Computern analysieren. Beide erfordern Money-Management, also die Wahl eines geeigneten Gleichgewichts zwischen Risiko und Rendite. Wenn man zu viel einsetzt, kann man sich selbst dann ruinieren, wenn bei jedem Einsatz die Chancen zu den eigenen Gunsten stehen.[1] Als die Nobelpreisträger, die den gigantischen Hedgefonds Long-Term Capital Management betrieben, diesen Fehler begingen, brachte sein Kollaps im Jahr 1998 beinahe das US-amerikanische Finanzsystem ins Wanken. Auf Nummer sicher zu gehen und zu wenig einzusetzen bedeutet hingegen, dass man Geld auf dem Tisch liegen lässt. Die psychologische Veranlagung für erfolgreiche Geldanlage besitzt außerdem Ähnlichkeiten mit derjenigen für Glücksspiele. Großartige Anleger können oft beides gut.

In der intellektuellen Herausforderung und in dem Spaß schwelgend, den es machte, die Märkte zu erkunden, verbrachte ich den Sommer 1964 damit, mich diesbezüglich zu bilden. Regelmäßig suchte ich den großen Martindale's-Buchladen in Beverly Hills heim. Ich las Börsenklassiker wie „Wertpapieranalyse" von Graham und Dodd, das Werk von Edwards und Magee über Technische Analyse sowie Dutzende anderer Bücher und Zeitschriften, die von der Fundamentalanalyse zur Technischen Analyse, von der Theorie zur Praxis und vom Einfachen bis zum Abstrusen reichten. Vieles, was ich las, war Mist, aber wie ein Bartenwal, der aus enormen Mengen Meerwasser das winzige nahrhafte Krill herausfiltert, stand ich hinterher mit einer soliden Grundlage da. Ebenso wie bei den Glücksspielen war ich auch hier wieder überrascht und ermutigt, weil so viele Menschen so wenig wussten. Und ebenso wie beim Blackjack war meine erste Investition ein Verlust, der zu meiner Ausbildung beitrug.

Ein paar Jahre zuvor, als ich noch keinerlei Ahnung von der Geldanlage hatte, hörte ich von einem Unternehmen, dessen Aktie angeblich zum Schleuderpreis gehandelt wurde. Das war Electric Autolite, das unter anderem Autobatterien für die Ford Motor Company herstellte. In dem Artikel im Wirtschaftsteil meiner Tageszeitung hieß es, wir könnten mit einer großartigen Zukunft rechnen: technische Neuerungen, große neue Aufträge und ein Umsatzsprung. (40 Jahre später wurde den Herstellern von Batterien genau das Gleiche prophezeit.)

Da ich aus dem Blackjack und aus den Buchverkäufen endlich etwas Kapital besaß, beschloss ich, es wachsen zu lassen, indem ich es anlegte, während ich mich auf meine Familie und auf meine akademische Laufbahn konzentrierte. Ich kaufte 100 Aktien zu 40 Dollar und sah zu, wie die Aktien in den nächsten zwei Jahren auf 20 Dollar fielen, sodass ich die Hälfte meiner Investition von 4.000 Dollar verlor. Ich hatte keine Ahnung, wann ich die Aktien verkaufen sollte. Ich beschloss, so lange drin zu bleiben, bis die Aktie auf meinen Einstandspreis zurückgekehrt wäre, damit ich keinen Verlust hätte. Das ist genau das, was Spieler tun, wenn sie verlieren und unbedingt so lange spielen wollen, bis sie wieder auf null stehen. Es dauerte zwar vier Jahre, aber am Ende kam ich mit meinen ursprünglichen 4.000 Dollar heraus. 50 Jahre später machten

Heerscharen von Aktienanlegern meine Erfahrung, als sie 15 Jahre bis zum Break-even warten mussten, nachdem sie am 10. März 2000 auf dem Höhepunkt gekauft hatten.[2]

Als ich Jahre später bei einer Heimfahrt vom Restaurant mit Vivian über den Kauf von Electric Autolite sprach, fragte ich sie: „Was habe ich falsch gemacht?“

Sie las fast meine Gedanken, als sie sagte: „Zunächst einmal hast du etwas gekauft, das du nicht wirklich verstanden hast, also war das nicht besser, als wenn du einen Dartpfeil auf eine Aktienliste geworfen hättest. Hättest du einen Investmentfonds mit niedrigem Ausgabeaufschlag [Fonds ohne Aufschlag gab es damals noch nicht] gekauft, hättest du die gleiche Gewinnerwartung, aber eine geringere Risikoerwartung gehabt.“[3] Ich hatte gedacht, der Artikel über Electric Autolite würde bedeuten, dass es eine gute Investition wäre. Diese Denkweise war aber falsch. Wie ich noch lernen sollte, sind die meisten Stockpicking-Artikel, Ratschläge und Empfehlungen völlig wertlos.

Dann sprach Vivian meinen zweiten Denkfehler an, nämlich meinen Plan für den Ausstieg, der darin bestand, zu warten, bis ich wieder auf null stand. Damit hatte ich mich auf einen Preis konzentriert, der von einmaliger historischer Bedeutung für mich und nur für mich war, nämlich meinen Kaufpreis. Die Theoretiker der Behavioral Finance, die in den letzten Jahrzehnten begonnen haben, die psychologischen Denkfehler zu analysieren, von denen die meisten Anleger ständig geplagt werden, bezeichnen das als Ankerheuristik (man verankert sich an einem Preis, der zwar für einen selbst Bedeutung hat, nicht aber für den Markt). Da ich wirklich keine Vorhersagemacht hatte, war jede Ausstiegsstrategie so gut wie die andere. Wie auch mein erster Fehler bestand mein Fehler beim Nachdenken über die Frage, wann ich verkaufen sollte, darin, dass ich dafür ein irrelevantes Kriterium wählte – den Preis, den ich bezahlt hatte –, anstatt mich auf wirtschaftliche Fundamentaldaten zu konzentrieren, etwa ob Baranlagen oder alternative Investments meinen Zweck besser erfüllt hätten.

Die Ankerheuristik ist eine subtile, allgegenwärtige Verirrung des Anlegerdenkens. Zum Beispiel sah ein ehemaliger Nachbar von mir, Herr

Davis (so nenne ich ihn hier), dass der Marktwert seines Hauses von den rund zwei Millionen Dollar, die er Mitte der 1980er-Jahre dafür bezahlt hatte, auf 3,5 Millionen Dollar gestiegen war, als die Preise für luxuriöse Wohnhäuser 1988/1989 einen Höhepunkt erreichten. Kurz danach beschloss er, dass er es verkaufen wollte, und verankerte sich selbst an dem Preis von 3,5 Millionen Dollar. In den nächsten zehn Jahren, in denen der Marktpreis seines Hauses wieder auf 2,2 Millionen Dollar fiel, versuchte er weiterhin, es zu seinem inzwischen lächerlich gewordenen Ankerpreis zu verkaufen. Am Ende kam er im Jahr 2000, als die Börse in die Höhe geschnellt war und teure Häuser aufgrund des Dotcom-Booms im Wert gestiegen waren, mit 3,25 Millionen Dollar davon. Wie so oft brachte auch ihm der Denkfehler der Ankerheuristik trotz des Verkaufspreises, den er am Ende erzielte, erheblich weniger Geld ein, als wenn er anders gehandelt hätte.

Herr Davis und ich joggten gelegentlich gemeinsam und unterhielten uns über seine Lieblingsthemen – Geld und Geldanlagen. Auf meinen Ratschlag hin trat er einer Personengesellschaft bei. Diese verteilte ihrerseits Geld auf Personengesellschaften, die man Hedgefonds nennt, von denen sie glaubte, sie würden wahrscheinlich überdurchschnittliche Investments platzieren. Dabei betrug seine jährliche Erwartungsrendite nach Abzug der Kapitalertragsteuer circa zehn Prozent und dies bei größerer Wertstabilität, als sie bei Wohnimmobilien oder am Aktienmarkt anzutreffen ist.[4] Auch riet ich ihm kurz nach dem Höhepunkt 1988/1989, sein Haus zum aktuellen Marktpreis zu verkaufen. Dann hätte er dafür vielleicht 3,3 Millionen Dollar bekommen und wäre, wie geplant, in ein Haus für eine Million gezogen. Nach Abzug von Gebühren und Steuern hätte er somit 1,6 Millionen zusätzlich gehabt, die er hätte anlegen können. Hätte er sie in den Hedgefonds gesteckt, in den er auf meinen Rat hin bereits eingestiegen war, hätte sich das Geld elf Jahre lang um zehn Prozent jährlich vermehrt und es wären 4,565 Millionen Dollar daraus geworden. Zählt man das Haus für eine Million dazu, dessen Marktwert gefallen und dann wieder gestiegen wäre, hätte Herr Davis im Jahr 2000 also 5,565 Millionen Dollar statt der 3,25 Millionen gehabt, die ihm nun blieben.

Ich habe es erlebt, dass dieser mein Ankerfehler immer wieder von Immobilienkäufern und -verkäufern sowie auch in ganz alltäglichen Situationen begangen wird. Als ich eines Tages im dichten Verkehr nach Hause fuhr, drängelte sich ein SUV direkt vor mich und stellte mich vor die Wahl, nachzugeben oder „auf meinem Recht zu bestehen" und mir einen Blechschaden einzuhandeln. Da ich solche Einladungen täglich erhalte, sah ich keine Notwendigkeit, diese hier aus Angst anzunehmen, sie könnte mir entgehen. Das SUV befand sich auf „meinem" Platz (Ankerheuristik: Ich habe mich an einen abstrakten, sich vorwärts bewegenden Raum gebunden, der für mich eine einzigartige historische Bedeutung besitzt, und lasse mir von diesem Raum mein Fahrverhalten vorschreiben). Nun waren wir mit rund 70 anderen Autos zusammen auf der notorisch langsamen Linksabbiegerspur in Newport Beach aufgereiht. Diese Straße ist normalerweise zweispurig, aber aufgrund einer Baustelle gab es gerade nur eine Spur und aufgrund der komplizierten Ampelschaltung kamen pro zweiminütigem Zyklus nur rund 20 Autos durch. Was wäre nun, wenn wir schließlich an die Ampel kommen würden und das böse SUV käme als letzter Wagen noch bei Gelb durch? Da es sich ja eigentlich um „meinen" Platz handelte, stand mir da das Recht zu, einen Unfall zu riskieren, indem ich bei Rot über die Ampel fuhr? Sonst hätte ja der Zeitdieb zwei Minuten auf meine Kosten gewonnen. Diese Versuchung mag Ihnen ebenso verrückt erscheinen wie mir, wenn ich sie in gedruckten Buchstaben vor mir sehe, aber ein solches Verhalten erlebe ich regelmäßig.

Nachdem ich aus meiner Investmenterfahrung gelernt hatte, wie töricht die Ankerheuristik ist, sah ich auch, dass sie im Straßenverkehr genauso töricht sein kann. Dass ich zum rationaleren Anleger wurde, machte mich auch zum rationaleren Autofahrer!

Zwei „fachkundige" langjährige Versicherungsanleger aus Dallas zogen mich in mein nächstes Börsenabenteuer hinein. Sie behaupteten, sie seien dadurch reich geworden, dass sie in Lebensversicherungsgesellschaften investiert hätten. Laut ihren Zahlen war der Index von A.M. Best AAA für den Durchschnittspreis von derlei Unternehmen in jedem einzelnen der vergangenen 20 Jahre gestiegen und sie hatten plausible

Argumente dafür, dass es so weitergehen würde. Natürlich endete die fantastische Gewinnsträhne, die sie identifiziert hatten, kurz nach meinem Kauf und wir alle machten Verlust.

Die Lehre daraus: Gehe nicht davon aus, dass sich das von Anlegern so genannte Momentum steigender oder fallender Preise fortsetzen wird, außer du hast solide Gründe für diese Annahme.

Als ich über das Momentum nachdachte, stellte sich mir die Frage, ob man die vergangenen Preise überhaupt in irgendeiner Weise verwenden konnte, um die künftigen Preise vorherzusagen. Um dies zu überprüfen, befasste ich mich mit der Charttechnik, also mit der Kunst, Muster in den Diagrammen von Aktien- oder Rohstoffpreisen für Prognosen ihrer künftigen Änderungen zu verwenden. In diese Kunst wurde ich von Norman eingeführt, einem Kanadier, der in Las Cruces wohnte, als ich an der New Mexico State University lehrte. Nachdem ich seine Daten und Vorhersagen monatelang studiert hatte, gelang es mir nicht, darin etwas von Wert zu finden. Wie Vivian gleich am Anfang gesagt hatte: „Das ist Zeitverschwendung. Norman macht das schon seit Jahren und du siehst ja, dass er kaum über die Runden kommt. Schau dir nur seine abgetragenen Schuhe und seine schäbigen Klamotten an. Und an der Qualität der alten, aus der Mode gekommenen Garderobe seiner Frau sieht man, dass es ihnen schon mal besser ging."

Noch mehr Lehrgeld bin ich Mr. Market für seinen Einführungskurs in Anlagefehlern schuldig.[5] Mr. Market ist eine berühmte allegorische Figur, die Benjamin Graham eingeführt hat, um die exzessiven Schwankungen der Marktpreise zu veranschaulichen, die weit über beziehungsweise unter die Werte der börsennotierten Unternehmen steigen beziehungsweise fallen können. An manchen Tagen ist er manisch und die Preise sind hoch. An anderen Tagen ist er übel gelaunt und man kann Aktien deutlich unter dem Preis kaufen, den Graham als ihren „inneren Wert" bezeichnete. Anfang der 1960er-Jahre überstieg die Silbernachfrage das Angebot und ich rechnete damit, dass der Preis steil in die Höhe schnellen würde. Es wurde erwartet, dass der Wert des Silbers, das man durch Einschmelzen gewöhnlicher Geldmünzen erhielt, irgendwann so weit über dem Nennwert der Münzen liegen würde, dass es reichte, um die Kosten zu decken und noch einen Gewinn übrig zu haben. Bill Rickenbacker, der meinen Blackjack-Ausflug mit Mickey MacDougall und Russell Barnhart finanziert hatte, hatte bereits Silberdollar gekauft und in einem Tresor gelagert, während er darauf wartete, dass es eintrat.

Ein bisschen würde der weitere Anstieg des Silberpreises dadurch gebremst werden, dass das Einschmelzen von Münzen das Angebot vergrößern würde. Außerdem ließen sich aus dem immens großen Schmuckaufkommen in Indien möglicherweise fünf Milliarden Unzen Silber gewinnen. Doch sobald die Nachfrage dieses zusätzliche Angebot aufgesogen hätte, würde der Preis noch schneller steigen. Als der Silberpreis dann tatsächlich über 1,29 Dollar je Unze stieg, waren diejenigen US-amerikanischen Münzen, die 90 Prozent Silber enthielten, wirklich als Metall mehr wert denn als gesetzliches Zahlungsmittel. Es wurden Münzen aus dem Verkehr gezogen und eingeschmolzen. Nachdem der amerikanische Staat dies verboten hatte, wurden die Münzen stattdessen gehortet und über Händler in 60-Pfund-Säcken gekauft und verkauft.

In dem Glauben, diese Analyse der Ökonomie von Angebot und Nachfrage sei korrekt, eröffnete ich ein Schweizer Bankkonto, um Silber zu kaufen, und wurde dabei von Werbern vor Ort unterstützt und ermuntert, die eine Gebühr dafür kassierten, dass sie die Sache arrangierten. Sie empfahlen mir, es mit 33 1/3 Prozent Sicherheitshinterlegung zu machen. Das heißt, für jeden Dollarwert in Silber, den ich kaufte, brauchte ich nur 33 1/3 Cent auf mein Konto einzuzahlen. Die Werber organisierten es, dass mir die freundliche Schweizer Bank den Rest lieh. Natürlich bekamen sie, wenn ich mir Geld lieh, um dreimal so viel Silber zu kaufen, wie ich für meine Barschaft bekommen hätte, die dreifache Kommission und die Bank freute sich darauf, von mir Darlehenszinsen sowie Gebühren für die Verwahrung des Silbers zu kassieren.

Wie vorhergesagt stieg der Silberpreis und die Werber empfahlen, von den Gewinnen und zusätzlichen Bankdarlehen noch mehr Silber zu kaufen. Als das Edelmetall auf 2,40 Dollar je Unze gestiegen war, enthielt mein Depot viel mehr davon als am Anfang und ich verzeichnete auf meine sämtlichen Käufe einen hohen Gewinn. Da ich jedoch meine Gewinne im Zuge des Preisanstiegs reinvestiert hatte, schuldete ich 1,60 von diesen 2,40 Dollar der Bank für mein Darlehen. Das war, als hätte ich mit einem Drittel Eigenkapital ein Haus gekauft. Dann sackte der Silberpreis ab. Als dies passierte, verkauften manche Leute, um ihren Gewinn mitzunehmen. Dies drückte den Preis noch weiter, bis irgendwann die Bestände anderer Investoren, die sich in noch höherem Maße Geld geliehen hatten als ich, von ihren Kreditgebern verkauft wurden, weil die Gefahr bestand, dass ihre Konten nicht mehr gedeckt wären – dass also nicht mehr genug übrig wäre, um das Darlehen abzuzahlen. Diese Verkäufe trieben den Silberpreis noch weiter nach unten und er sackte rasant auf knapp unter 1,60 Dollar, was gerade ausreichte, um mich auszuradieren – und dann begab er sich wieder auf den Weg nach oben. Daraus lernte ich, dass zwar meine ökonomische Analyse richtig gewesen war, dass ich jedoch das Risiko eines zu großen Schuldenhebels nicht korrekt eingeschätzt hatte. Für ein paar Tausend Dollar Lehrgeld lernte ich aus diesem Fehler, das richtige Risikomanagement für über 50 Jahre zu einem Hauptthema meines Lebens zu machen. Im Jahr 2008 hatte fast das gesamte Finanz-Establishment der Welt diese Lektion noch nicht begriffen und sich überschuldet.

Außerdem lernte ich aus meinem verlustreichen Silberinvestment, dass man als Anleger dann, wenn sich die Interessen der Verkäufer und Werber von denen des Kunden unterscheiden, die Sache lieber selbst regeln sollte. Dies ist das in der Ökonomie wohlbekannte Problem der Prinzipal-Agent-Theorie – der Fall, dass die Interessen der Agenten oder Vermögensverwalter nicht mit denen der „Prinzipale" oder Eigentümer übereinstimmen. Aktionäre von Unternehmen werden von eigennützigen Vorstandsvorsitzenden ausgeplündert und den Verwaltungsräten ist dies schmerzlich bewusst.

Nach diesen Lektionen von Mr. Market war ich versucht zu glauben, die Wissenschaftler hätten recht mit ihrer Behauptung, jeglicher etwaige Vorteil an den Märkten sei begrenzt, klein, vorübergehend und würde von den klügsten oder am besten informierten Anlegern schnell ergriffen. Wieder einmal war ich eingeladen, die herrschende Meinung zu akzeptieren, und wieder einmal beschloss ich, mir das selbst anzusehen.

Im Juni 1965 begann ich einen zweiten Sommer des Selbststudiums in Wirtschaft, Finanzwesen und den Märkten. Die dünne Broschüre über Call-Optionsscheine auf Stammaktien, die ich bestellte hatte, war gerade mit der Post eingetroffen, ich ließ mich in einem Liegestuhl nieder und war neugierig, herauszufinden, wie diese Wertpapiere funktionieren. Es war eine Offenbarung.

Die Broschüre erklärte, dass ein Call-Optionsschein auf Stammaktien ein von einem Unternehmen begebenes Wertpapier ist, das dem Besitzer das Anrecht verleiht, zu dem oder vor dem angegebenen Verfallsdatum Aktien zu einem festgelegten Preis zu kaufen. So berechtigte beispielsweise ein Optionsschein auf Sperry Rand aus dem Jahr 1964 den Inhaber, Stammaktien des Unternehmens bis zum 15. September 1967 für 28 Dollar das Stück zu kaufen. Lag der Aktienkurs an diesem letzten Tag über dem angegebenen Preis, war der Optionsschein den Betrag wert, um den die Aktie über 28 Dollar stand. Lag der Aktienkurs jedoch unter 28 Dollar, war es billiger, die Aktie unmittelbar zu kaufen, sodass der Optionsschein in diesem Fall wertlos war.

Ein Optionsschein ist also ebenso wie ein Lotterielos vor dem Verfallsdatum immer etwas wert, selbst dann, wenn der Aktienkurs sehr niedrig ist – solange irgendeine Wahrscheinlichkeit besteht, dass der Aktienkurs über den Ausübungspreis hinaus steigen und den Optionsschein „ins Geld" bringen könnte. Je mehr Zeit noch blieb und je höher die Aktie stand, umso mehr war der Optionsschein wahrscheinlich wert. Die Preise der beiden Wertpapiere standen in einer einfachen Beziehung zueinander, unabhängig von den Komplexitäten der Bilanz oder des Geschäftsgangs des zugrunde liegenden Unternehmens. Als ich darüber nachdachte, machte ich mir eine grobe Vorstellung von den Regeln, die den Preis des Optionsscheins zum Aktienkurs in Beziehung setzten. Da die Preise der beiden Wertpapiere sich tendenziell im Gleichschritt bewegten, kam mir der bedeutende Gedanke des „Hedgings" oder des Absicherungsgeschäfts, also dass ich diese Beziehung ausnutzen könnte, um etwaige Fehlpreisungen des Optionsscheins auszunutzen, und gleichzeitig das Risiko minimieren konnte.

Um einen Hedge aufzubauen, nimmt man zwei Wertpapiere, deren Preise mehr oder weniger parallel verlaufen, zum Beispiel einen Optionsschein und die Aktie, zu deren Kauf er berechtigt, und zwar dann, wenn in ihrem Verhältnis eine Fehlpreisung vorliegt. Man kaufe das verhältnismäßig unterbewertete Papier und shorte das verhältnismäßig überbewertete. Wenn die Verhältnisse dieser kombinierten Position gut gewählt sind, gleichen einander die Gewinne und Verluste auf beiden Seiten trotz etwaiger Preisschwankungen aus, sichern einander also gegenseitig ab. Sobald die relative Fehlpreisung zwischen den beiden Papieren erwartungsgemäß verschwindet, schließe man beide Positionen und kassiere einen Gewinn.

Ein paar Tage nachdem ich die Idee gehabt hatte, Optionsscheine und Aktien gegeneinander zu hedgen, packten wir unsere Sachen und zogen von der New Mexico State University nach Südkalifornien, wo ich Gründungsmitglied der mathematischen Fakultät auf dem neuen Campus der University of California in Irvine (UCI) wurde. In den vier Jahren, die wir in Las Cruces verbracht hatten, hatte ich zwar noch viel mehr über Mathematik gelernt, die Dissertationen begabter Studenten betreut und meine Forschungen in Form mehrerer Artikel in mathematischen Zeitschriften publiziert, aber wir wollten in Südkalifornien wohnen, wo unsere Kinder ihre Großeltern, unsere eigenen Geschwister und deren Familien sehen konnten und wo wir in der Nähe alter Freunde wären. Auch gefiel mir die Tatsache, dass die UCI von Anfang an bewusst Wert auf die Zusammenarbeit zwischen Lehrkräften und Studenten aus verschiedenen Fachbereichen legte.

An meinem ersten Tag auf meinem neuen Lehrstuhl an der UCI im September 1965 fragte mich Julian Feldman, der Leiter der Abteilung für Informatik und Computertechnik, woran ich gerade arbeitete. Als ich ihm meine Ideen zu einer Theorie der Bewertung von Optionsscheinen und zum Hedging schilderte, erzählte er mir, ein anderes Mitglied des Lehrkörpers, ein Wirtschaftswissenschaftler namens Sheen Kassouf (1928–2005), habe seine Doktorarbeit über dieses Thema geschrieben.[6] Feldman machte uns miteinander bekannt und ich erfuhr, dass Kassouf die gleichen Konzepte bereits 1962 entdeckt hatte, dass er bereits überbewertete Optionsscheine geshortet und gehedgt und sein Anfangskapital von 100.000 Dollar innerhalb von nur drei Jahren verdoppelt hatte.

Mir war klar, dass wir, wenn wir zusammenarbeiten würden, sowohl die Theorie als auch die Methoden für die gehedgte Geldanlage schneller entwickeln konnten, als wenn wir einzeln arbeiteten. Bei den wöchentlichen Besprechungen, die ich vorgeschlagen hatte, ermittelten wir grob die angemessenen Preise von Optionsscheinen und stießen auf nicht wenige, die beträchtlich überbewertet waren. Die Möglichkeit, davon zu profitieren, war der Leerverkauf, auch als Shorten oder Shortselling bezeichnet. Um ein Wertpapier leerzuverkaufen, leiht man sich das betreffende Wertpapier über einen Broker von jemandem aus, der es besitzt, verkauft es auf dem Markt und erhält den Verkaufserlös. Um seine vertragliche Verpflichtung zu erfüllen, das Geliehene wieder zurückzugeben, muss man das Papier später zurückkaufen, egal wo sein Preis gerade steht. Liegt der Rückkaufpreis unter dem vorher bezahlten Kaufpreis, macht man Gewinn. Liegt er darüber, macht man Verlust.

Der Leerverkauf überbewerteter Optionsscheine war zwar im Schnitt profitabel, aber riskant. Das Gleiche galt für Aktien. Die beiden Risiken kompensierten einander jedoch weitgehend, wenn wir die Optionsscheine durch den Kauf der zugehörigen Aktien absicherten. Bei einer historischen Simulation brachte unsere optimierte Methode eine Jahresrendite von 25 Prozent bei geringem Risiko und das sogar während des Großen Crashs 1929 und dessen Nachwehen. Während wir an der Theorie arbeiteten, investierten Kassouf und ich beide in Optionsschein-Hedges, die ebenfalls 25 Prozent im Jahr einbrachten.

Wir erklärten unsere Anlagemethoden und legten die real erzielten Ergebnisse unserer Hedges in dem Buch „Beat the Market" dar, das Ende 1966 fertig wurde und im Jahr 1967 bei Random House erschien.[7] Darin dehnten wir unsere Methode auf das noch viel größere Gebiet der Wandelanleihen aus. Ebenso wie beim Blackjack wollte ich unsere Entdeckungen aus mehreren Gründen mit der Öffentlichkeit teilen. Dazu gehörten das Bewusstsein, dass früher oder später andere die gleichen Entdeckungen machen würden, die Auffassung, dass wissenschaftliche Forschung Allgemeingut sein sollte, und dass ich weiterhin neue Ideen haben würde.

Da Kassouf und ich unterschiedliche Vorstellungen davon hatten, wie wir unsere gehedgten Anlagen aufbauen sollten, beendeten wir unsere Zusammenarbeit, nachdem wir „Beat the Market“ fertiggestellt hatten. Als Wirtschaftswissenschaftler war Sheen der Auffassung, er durchschaue die Unternehmen gut genug, um von einem neutralen Hedge abzuweichen. Ein neutraler Hedge bietet einen ausgewogenen Schutz gegen Verluste, egal ob der Markt nach oben oder nach unten geht. Sheen war jedoch bereit, den Long- und den Short-Anteil des Hedges dahingehend abzuwandeln, dass er je nach seiner Analyse eher auf einen Kursanstieg oder einen Kursrückgang der zugrunde liegenden Aktie ausgerichtet war. Aufgrund meiner schlechten Erfahrungen mit der Auswahl einzelner Aktien und aufgrund meines mangelnden Hintergrundwissens bezüglich der Analyse von Unternehmen wollte ich hingegen Hedges bilden, die mich so weit wie möglich gegen Änderungen des Aktienkurses absicherten, egal in welche Richtung. Ich arbeitete auf eigene Faust weiter an der Theorie und investierte auch weiterhin.

Im Jahr 1967 erzielte ich einen bedeutenden theoretischen Durchbruch. Mithilfe von Ockhams Rasiermesser – des Prinzips, dass man dann, wenn mehrere Erklärungen vorliegen, mit der einfachsten anfangen sollte – und plausibler Überlegungen kam ich auf eine saubere Formel, um den „korrekten“ Preis eines Optionsscheins zu ermitteln. Mit dieser Formel bewaffnet konnte ich sagen, ob ein Optionsschein fehlgepreist war, und auch grob, um wie viel. Im selben Jahr begann ich die Formel einzusetzen, um OTC-Optionsscheine, Optionen und etwas später auch Wandelanleihen zu handeln und zu hedgen. Eine Kaufoption auf eine Aktie ähnelt einem entsprechenden Optionsschein, wobei der Hauptunterschied darin besteht, dass ein Optionsschein normalerweise von dem Unternehmen selbst ausgegeben wird, Optionen hingegen nicht. Wandelanleihen sind eigentlich wie normale Anleihen, jedoch mit dem zusätzlichen Merkmal, dass der Inhaber sie, falls gewünscht, gegen eine festgelegte Anzahl Aktien eintauschen kann.

Der Besitz dieser Formel steigerte mein Selbstbewusstsein und meine Renditen noch weiter. Dies führte in Kombination mit der Tatsache, dass die verfügbaren Anlagechancen weitaus größer waren als das, was ich mit meinem bescheidenen Kapital ausschöpfen konnte, zum nächsten Schritt. Ich begann, für Freunde und Bekannte gehedgte Portfolios zu managen.

12
KAPITEL

Bridge mit Buffett

Da sich mein Ruf als Anleger an der UC in aller Stille ausbreitete, baten mich Freunde und Universitätsangehörige, für sie Geld zu verwalten. Unter Anwendung der Optionsschein-Hedging-Methoden aus „Beat the Market" nahm ich mehrere Depots mit einer Mindestanlagesumme von 25.000 Dollar an. Zu meinen neuen Kunden gehörten auch Ralph Waldo Gerard, der Studiendekan der UCI, und seine Frau Frosty, die wegen ihrer Krone aus weißem Haar so genannt wurde. Ralph, ein ausgezeichneter Medizinwissenschaftler und Biologe, war Mitglied der auserlesenen National Academy of Sciences.[1] Er war vornehm, neugierig, überaus kenntnisreich und diskutierte gerne mit mir über große Ideen, so wie er es auch mit einem seiner Verwandten getan hatte, dem großen Börsentheoretiker und Philosophen Benjamin Graham. Das erstmals 1934 erschienene Buch „Wertpapieranalyse" von Graham und Dodd war das Grundlagenwerk der Fundamentalanalyse von Aktien und es war inzwischen mehrmals überarbeitet und aktualisiert worden.[2] Über Graham hatte Gerard Warren Buffett kennengelernt und er war ein früher Investor eines von dessen Anlagevehikeln, Buffett Partnership, Ltd.

Buffett, der Grahams bester Student und – wie man mit Fug und Recht sagen kann – der erfolgreichste Anleger aller Zeiten wurde, hatte seine Investmentgesellschaft Buffett Associates, Ltd., im Jahr 1956 im Alter von 25 Jahren mit 100.100 Dollar gegründet. Er erzähle mir lachend, die 100 Dollar seien sein Beitrag gewesen.[3] Nachdem er noch zehn weitere Gesellschaften gegründet hatte, fusionierte er sie Anfang 1962 alle zu Buffett Partnership, Ltd. In den zwölf Jahren von 1956 bis 1968 vermehrte sich das Vermögen, das Buffett verwaltete, um durchschnittlich 29,5 Prozent jährlich, wovon er als Gebühr ein Viertel desjenigen Gewinns abschöpfte, der über sechs Prozent hinausging. Er hatte keine Verlustjahre, obwohl die Aktien großer und kleiner Unternehmen in vier dieser Jahre fielen. Nach Abzug von Buffetts Gebühren wuchs Gerards Investition jährlich um 24 Prozent, womit er die typische Erfahrung des Börsenanlegers übertraf, der mit Aktien von Kleinunternehmen 19 Prozent und mit Aktien von Großunternehmen zehn Prozent im Jahr verdiente. Vor Steuern wuchs ein Dollar der Teilhaber von Buffett in dieser Zeit auf 16,29 Dollar an. Aus jedem von Buffetts eigenen Dollar, die sich ohne Abzug von Gebühren mehrten, wurden 28,80 Dollar.

Wie kam es also, dass die Gerards daran interessiert waren, ihr Geld von dem 38-jährigen Buffett, der seit seiner Kindheit investierte und bei dem sie 24 Prozent im Jahr bekamen, zu dem 36-jährigen Thorp zu verschieben, der erst seit wenigen Jahren investierte und von dem sie gemäß der bisherigen Performance nur 20 Prozent im Jahr erwarten konnten? Das lag daran, dass Buffett nach dem Kursschub der Aktien im Jahr 1967, als die Inhaber von Aktien von Großunternehmen innerhalb von zwei Jahren durchschnittlich 38 Prozent Rendite erzielt hatten und die Small Caps um unglaubliche 150 Prozent gestiegen waren, erklärte, es sei zu schwierig, unterbewertete Unternehmen zu finden.[4] Im Laufe der nächsten Jahre liquidierte er seine Investmentgesellschaft. Seine Anleger konnten sich entweder ausbezahlen lassen oder aber zusammen mit Warren selbst ihr Kapital ganz oder teilweise in zwei Unternehmen stecken, die der Gesellschaft gehörten. Eines davon war ein kleines notleidendes Textilunternehmen namens Berkshire Hathaway. Inzwischen gehörten Buffett 25 von den 100 Millionen Dollar der

Gesellschaft – dank seiner Verwaltungsgebühren und dank des Wachstums nach Reinvestition in die Gesellschaft.

Die Gerards entschieden sich dafür, sich vollständig in bar auszahlen zu lassen, und suchten eine neue Heimat für ihr Geld. Ralph gefiel der analytische Ansatz von „Beat the Market" und meinen anderen Schriften und er wollte mich nicht nur selbst testen, sondern – wie mir später klar wurde – auch etwas von dem großen Anleger darüber hören, mit dem es ihm so gut ergangen war. So kam es, dass die Gerards im Sommer 1968 Vivian und mich zu sich nach Hause zum Essen mit Susie und Warren Buffett einluden.

Von ihrem Haus aus in dem Teil von Newport Beach, der Harbor View Hills genannt wird, genossen die Gerards die Aussicht auf Newport Harbor, auf den Pazifik und auf die spektakulären Sonnenuntergänge hinter der westlich gelegenen Insel Catalina Island. Nachdem wir uns zum Essen hingesetzt hatten, bat Ralphs Frau Frosty alle am Tisch, sich vorzustellen. Susie Buffett erzählte uns von ihren Ambitionen, Nachtklubsängerin zu werden, und dass Warren sie darin bestärkte. Auch sprach sie über ihre Tätigkeiten für Hilfsorganisationen wie Fair Housing und die National Conference of Christians and Jews.

Warren sprach in Hochgeschwindigkeit mit dem für Nebraska typischen Näseln und ließ reihenweise Scherze, Anekdoten und schlaue Sprüche vom Stapel. Er spielte sehr gern Bridge und hatte von Natur aus eine Vorliebe für das Logische, das Quantitative und das Mathematische. Im Laufe des Abends erfuhr ich, dass er sich darauf konzentrierte, unterbewertete Unternehmen zu finden und zu kaufen. Er rechnete damit, dass jedes seiner Investments im Laufe mehrerer Jahre den Markt, repräsentiert durch Indizes wie den Dow Jones Industrial Average (DJIA) oder den Standard & Poor's 500 (S&P 500), deutlich übertreffen würde. Wie schon sein Mentor Benjamin Graham investierte auch Warren Buffett in Optionsschein- und Wandelanleihen-Hedges sowie in Merger-Arbitrage. Das war der Bereich, in dem sich seine und meine Interessen überschnitten, und der Bereich, in dem mich Buffett ohne mein Wissen als möglichen Nachfolger für die Verwaltung der Anlagen der Gerards prüfte.

Als wir über den Zinseszins plauderten, gab mir Warren eines seiner berühmten Beispiele für dessen bemerkenswerte Macht: Wenn die Indianer auf Manhattan 24 Dollar – das war der Wert des billigen Schmucks, mit dem ihnen Peter Minuit[5] 1626 Manhattan abkaufte – mit einer Nettorendite von acht Prozent hätten anlegen können, dann könnten sie jetzt ihr Land mitsamt allen Verbesserungen zurückkaufen.[6] Warren erzählte, er werde oft gefragt, wie er so viele Millionäre für seine Investmentgesellschaft finde, und sagte lachend: „Ich antworte: Ich ziehe sie selber."

Dann fragte mich Warren, ob ich ein Spiel mit drei ungewöhnlich beschrifteten Würfeln kennen würde. Er hatte erst kürzlich davon gehört und in den Jahren danach machte es ihm Spaß, einen klugen Menschen nach dem anderen damit zu verblüffen. Diese Würfel tragen ebenso wie die gängigen Würfel Zahlen, die von eins bis sechs reichen, jedoch können anders als bei normalen Würfeln Zahlen mehrfach vorkommen. Genau genommen tragen die Würfel, nach denen mich Warren fragte, nur zwei oder drei unterschiedliche Zahlen. Sie werden für ein Glücksspiel verwendet: Man wählt den „besten" der drei Würfel aus, dann aus den beiden verbleibenden den „zweitbesten". Beide Spieler würfeln und die höhere Zahl gewinnt. Dabei kann man den anderen selbst dann im Durchschnitt besiegen, wenn er den besseren Würfel gewählt hat. Das für fast alle Überraschende ist nämlich, dass es keinen „besten" Würfel gibt. Nennen wir die Würfel A, B und C. Wenn Würfel A Würfel B schlägt und Würfel B schlägt Würfel C, dann klingt es ja plausibel, das A viel besser als C sein müsse, weil A besser als B und B besser als C ist. Doch in Wirklichkeit schlägt Würfel C Würfel A.

Das irritiert die Menschen deshalb, weil sie erwarten, dass sich die Dinge an das halten, was Mathematiker als Transitivität bezeichnen: Wenn A besser ist als B und B besser als C, dann ist A auch besser als C. Ersetzt man „besser als" durch „länger als", „schwerer als", „älter als", „mehr als" oder „größer als", stimmt diese Regel. Aber manche Beziehungen halten sich nicht daran, zum Beispiel „ist ein Bekannter von" oder „ist sichtbar für". Und wenn man „ist besser als" durch „schlägt im Durchschnitt" ersetzt, halten sich die drei Würfel nicht an die Transitivität. Deshalb nennt man sie auch intransitive Würfel. Ein einfaches Beispiel für eine intransitive Regel ist das Kinderspiel „Stein, Papier, Schere". Der Stein schlägt (zerbricht) die Schere, die Schere schlägt (schneidet) das Papier und das Papier schlägt (bedeckt) den Stein.

Ein Beispiel für Intransitivität, das große praktische Auswirkungen hat, sind Wählerpräferenzen. Häufig bevorzugt eine Mehrheit der Wähler Kandidat A gegenüber Kandidat B, Kandidat B gegenüber Kandidat C und Kandidat C gegenüber Kandidat A. Wer wird bei einer solchen Wahl mit intransitiven Präferenzen wohl gewählt? Das hängt von der Struktur des Wahlverfahrens ab. Der Wirtschaftsmathematiker Kenneth Arrow bekam den Wirtschaftsnobelpreis für den Beweis, dass kein Wahlverfahren existiert, das einer vollständigen Liste von intuitiv und von Natur aus wünschenswerten Eigenschaften genügt. In einem Artikel in der Zeitschrift *Discover* zu diesem Thema wurde behauptet, bei einem „vernünftigeren" Wahlverfahren, das auf dem Vergleich aller wichtigen demokratischen und republikanischen Kandidaten seitens der Wähler basiert, hätten die Republikaner im Jahr 2000 John McCain statt George W. Bush als republikanischen Kandidaten nominiert und McCain wäre statt Bush zum Präsidenten gewählt worden.[7]

Doch zurück nach Newport, wo die Würfel fielen. Ich bestand Warrens Prüfung, als ich ihm erklärte, dass dann, wenn die Würfel mit A = (3, 3, 3, 3, 3, 3), B = (6, 5, 2, 2, 2, 2) und C = (4, 4, 4, 4, 1, 1) beschriftet sind, Berechnungen zeigen, dass im Durchschnitt Würfel A in zwei Dritteln der Fälle gegen B gewinnt, B in fünf Neunteln der Fälle gegen C gewinnt und C in zwei Dritteln der Fälle gegen A gewinnt. Es sind auch andere intransitive Würfelkombinationen möglich. Ich habe Menschen damit unterhalten, dass ich Würfel mit diesen Zahlen beschriftete und meine Gegner als Erste einen aussuchen ließ. Nachdem sie alle drei Würfel ausprobiert und jedes Mal verloren haben, sind die Menschen normalerweise völlig ratlos.[8]

Warren lud die Gerards und mich zum nachmittäglichen Bridge in seinem Haus in Emerald Bay ein. Diese gehobene Gated Community für Superreiche am nördlichen Ende von Laguna Beach besaß einen herrlichen Privatstrand und fantastische Aussichten auf den Pazifik. Während Warren und ich uns unterhielten, wurden mir die Ähnlichkeiten und

Unterschiede unserer Herangehensweise an die Geldanlage immer klarer. Er bewertet Unternehmen mit dem Ziel, Anteile daran oder auch das gesamte Unternehmen so billig zu kaufen, dass er eine reichliche Sicherheitsmarge hat, die Ungewisses und Unvorhergesehenes abdecken soll. Seiner Ansicht nach ergeben sich solche Gelegenheiten von Zeit zu Zeit, wenn die Anleger bezüglich eines bestimmten Unternehmens oder bezüglich Aktien im Allgemeinen übertrieben pessimistisch werden: „Fürchte dich, wenn die anderen gierig sind, und sei gierig, wenn sich die anderen fürchten." Sein Ziel ist es, auf lange Sicht den Markt zu schlagen, und daher beurteilt er sich selbst vor allem anhand seiner Performance im Verhältnis zur Marktperformance.

Ich hingegen beurteilte nicht den Wert diverser Unternehmen. Stattdessen verglich ich verschiedene Wertpapiere desselben Unternehmens mit dem Ziel, verhältnismäßige Fehlpreisungen zu finden, aufgrund deren ich eine gehedgte Position konstruieren konnte – long auf das unterbewertete und short auf das überbewertete Papier –, aus der ich trotz Auf- und Abwärtsbewegungen des Marktes einen positiven Ertrag beziehen konnte. Warren störten erhebliche Marktschwankungen über Monate oder gar ein paar Jahre hinweg nicht, weil er überzeugt war, dass der Markt auf lange Sicht kräftig steigen würde und dass sein Vermögen, wenn er ihn regelmäßig übertraf, viel schneller anwachsen würde als der Gesamtmarkt. Sein Ziel war es, möglichst viel Geld anzusammeln. Mir hingegen machte es Spaß, mithilfe der Mathematik interessante Rätsel zu lösen, die ich zuerst in der Welt des Glücksspiels gefunden hatte und nun in der Geldanlage fand. Dass ich damit Geld verdiente, bestätigte meine Theorien, da es bewies, dass sie auch in der wirklichen Welt funktionierten. Warren hatte mit der Geldanlage begonnen, als er noch ein Kind war, und er hatte sein Leben damit verbracht, dies bemerkenswert gut zu machen. Meine Entdeckungen fügten sich in meinen Lebensweg als Mathematiker und schienen mir viel unkomplizierter zu sein, denn sie ließen mir genug Zeit, mich meiner Familie zu erfreuen und meine akademische Laufbahn zu verfolgen.

Warrens Haus in Emerald Bay wurde später im Zuge des erfolgreichen Wahlkampfs 2003 von Arnold Schwarzenegger (dem „Terminator"), der

Gouverneur von Kalifornien wurde, durch die Nachrichten bekannt. Anfangs war Buffett Unterstützer und Wirtschaftsberater von Arnold. Eines der Wahlkampfthemen war die Frage, wie Kalifornien sein Haushaltsdefizit senken sollte. Dieses Problem wurde vor allem durch die steuerbegrenzende Maßnahme Proposition 13 verursacht, die von den kalifornischen Wählern 1978 eingeführt worden war. Sie begrenzte die Steuern auf Immobilien auf ein Prozent des Schätzwerts, wobei Erhöhungen aufgrund von Neubewertungen bei zwei Prozent im Jahr gedeckelt waren. Da die Immobilienpreise in Kalifornien stiegen, fielen die Steuern auf Häuser, die nicht verkauft wurden, im Laufe der Zeit auf einen kleinen Bruchteil von einem Prozent ihres aktuellen Wertes, sodass sie die Steuerbasis aushöhlten und das Haushaltsdefizit vergrößerten. Ein Haus wurde erst dann zum aktuellen Marktwert neu bewertet, wenn es verkauft wurde. Infolgedessen fielen die Steuern auf vergleichbare Häuser sehr unterschiedlich aus, je nachdem, wann sie zum letzten Mal den Besitzer gewechselt hatten. Dies führte zu extremen Ungleichgewichten der Steuern, die verschiedene Hausbesitzer bezahlten. Zudem minderte Proposition 13, indem sie den effektiven Steuersatz auf Wohnraum so drastisch senkte, die jährlichen Kosten für Hausbesitz, was wiederum den exzessiven Anstieg der Häuserpreise befeuerte.

Den Unternehmen ging es sogar noch besser als den Eigenheimbesitzern. Sie gründeten Gesellschaften, die Immobilien besaßen, und dann verkauften sie keine konkrete Immobilie, sondern stattdessen die Gesellschaft, der die Immobilie gehörte. Da dadurch der „Eigentümer" gleich blieb, stieg die Steuer nicht aufgrund eines neuen, höheren und realistischeren Kaufpreises an, sondern dieses Manöver konservierte die ursprüngliche niedrige Bewertung der Immobilien, die jeweils einer bestimmten Gesellschaft gehörten. Die Einnahmen, die dem Staat dadurch entgingen, hätten gereicht, um sämtliche Haushaltsdefizite Kaliforniens von 1978 bis heute zu tilgen sowie die zahlreichen Streichungen von Finanzmitteln für Bildung und Strafverfolgung überflüssig zu machen – vorausgesetzt natürlich, die Politiker hätten sich, nachdem sie das Ergebnis der verschwundenen Defizite gesehen hätten, beherrscht und keine törichten oder verschwenderischen neuen Ausgaben beschlossen.

Buffett, der sich des ökonomischen Schadens für den Staat bewusst war, empfahl Schwarzenegger öffentlich, auf eine gerechte, gleiche Grundsteuer umzustellen. Er wies darauf hin, dass dank Proposition 13 die Grundsteuer auf sein Haus in Emerald Bay, das er in den 1960er-Jahren gekauft hatte und das inzwischen mehrere Millionen Dollar wert war, erheblich niedriger war als die auf sein Haus in Omaha, das zu jenem Zeitpunkt auf 700.000 Dollar geschätzt wurde. Der künftige Gouverneur fürchtete, es würde ihn Wählerstimmen kosten, wenn er Buffetts Rat befolgte, und sagte: „Ich habe Warren gesagt, wenn er Proposition 13 noch einmal erwähnt, muss er 500 Sit-ups machen." Warren stellte seine Beratertätigkeit für Schwarzenegger stillschweigend ein.

Als ich hinterher über Buffett, über sein Lieblingsspiel – Bridge – und die intransitiven Würfel nachdachte, fragte ich mich, ob das Reizsystem beim Bridge vielleicht diesen Würfeln ähnelte. Konnte es vielleicht sein, dass es, egal welches System man zum Reizen verwendet, immer ein anderes System gibt, das besser ist, sodass es kein bestes System gibt? Wenn dem so war, konnten die Erfinder „besserer" neuer Reizsysteme ewig ihrem eigenen Schwanz nachjagen, weil ihre Systeme von noch neueren Systemen übertroffen wurden, die ihrerseits womöglich gegenüber den alten, verworfenen Systemen verloren.

Konnte man die Antwort auf diese Frage finden? Vielleicht dann, wenn Computer Bridge spielen und auf hohem Niveau reizen könnten. Und wie? Indem man den Computer große Mengen von Händen spielen ließe, dabei verschiedene Reizsysteme gegeneinander ausspielen und dann auswerten würde, wie sie sich bewährten.

Nehmen wir an, es würde sich herausstellen, dass kein Reizsystem das beste wäre. Dann bestünde die beste Strategie darin, die Gegner aufzufordern, ihr Reizsystem offenzulegen, was sie dann auch tun müssten, und dann das tödlichste Kontersystem zu wählen. Durchschaut die Gegenpartei dies und verlangt vom anderen Team, dass es als Erstes sein Reizsystem wählt, führt dies in eine Sackgasse, die wohl durch eine Auslosung aufgelöst werden müsste, wer als Erster wählen muss, oder durch eine andere zufällige Zuweisung von Reizsystemen.

Ein Spiel wie Bridge bezeichnen Mathematiker als Spiel mit imperfekter Information. Das Reizen, das dem Kartenspiel vorausgeht, liefert gewisse Informationen über die vier Hände, die von den beiden einander gegenübersitzenden Spielerpaaren verdeckt gehalten werden. Wenn dann die Karten ausgespielt werden, nutzen die Spieler das Reizen und die Karten, die sie bisher gesehen haben, um Schlüsse darüber zu ziehen, wer welche noch nicht ausgespielten Karten besitzt. Die Börse ist ebenfalls ein Spiel mit imperfekter Information und ähnelt dem Bridge auch darin, dass es bei beiden zu Enttäuschungen kommt. Wie beim Bridge ergeht es einem an der Börse besser, wenn man früher mehr Informationen bekommt und sie besser einsetzt. Es ist keine Überraschung, dass Buffett, den man durchaus als den besten Investor der Geschichte bezeichnen kann, bridgesüchtig ist.

Ich war von Warrens Verstand, von seinen Methoden und von seinen Ergebnissen als Anleger beeindruckt und sagte zu Vivian, ich sei überzeugt, dass er irgendwann der reichste Mann Amerikas sein würde. Buffett sei außerordentlich geschickt darin, unterbewertete Unternehmen zu beurteilen, daher könne er viel schneller Geld ansammeln als der Durchschnittsanleger. Dabei könne er sich auf seine Begabung verlassen und sein Geld zu einer enormen Summe anwachsen lassen. Zudem habe Warren die Macht des Zinseszinses begriffen und eindeutig vor, sie über lange Zeit zu nutzen.

Meine Vorhersage bewahrheitete sich für ein paar Monate im Jahr 1993, in denen er der reichste Mann der Welt war, dann jedoch von Bill Gates und später von mehreren Dotcom-Leuten überholt wurde. Im Jahr 2007 erreichte er erneut den Spitzenplatz, tauschte ihn aber im Jahr 2008 wieder mit seinem Bridge-Genossen Gates. Inzwischen war Zeit, die man mit Warren verbrachte, zu einer Ware von hohem Wert geworden. Bei einer lebhaften Ebay-Auktion bot ein asiatischer Investor zwei Millionen Dollar, die für wohltägige Zwecke gespendet wurden, für das Privileg, mit ihm essen zu dürfen.

Ralph Gerard gab mir Exemplare von Buffetts Briefen an seine Gesellschafter sowie seines Gesellschaftsvertrags, der lediglich zwei Seiten lang war. Daraus ging klar hervor, dass der ideale Plan darin bestünde, die Anlagen für mich selbst und für andere in einer einzigen Gesellschaft mit beschränkter Haftung zusammenzulegen, genauso wie es Buffett am Ende getan hatte.

Damals verwaltete ich insgesamt circa 400.000 Dollar. Bei 25 Prozent im Jahr warfen die Depots 100.000 Dollar ab und da meine Performancegebühr 20 Prozent des Gewinns betrug, verdiente ich damit 20.000 Dollar im Jahr, also ungefähr so viel wie mein Professorengehalt. Indem ich die Depots zu einem einzigen Depot zusammenlegte, konnte ich mit weniger Aufwand mehr Geld managen. Ein bestimmter Optionsschein-Hedge brauchte dann nicht mehr in jedem verwalteten Depot einzeln nachgebildet zu werden, sondern nur noch einmal aufgebaut und verwaltet zu werden.

Während ich über meine nächsten Schritte nachdachte, wurde ich von einem jungen Börsenmakler aus New York namens Jay Regan angerufen, der „Beat the Market" gelesen hatte. Er erklärte mir, er wolle ins Investmentgeschäft einsteigen, indem er in einer Gesellschaft mit beschränkter Haftung meine Methode gehedgter Wandelanleihen umsetzte. Da ich mir dachte, er könnte sich um die unternehmerischen Aspekte des Hedgefondsbetriebs kümmern, während ich mich auf die Auswahl der Investments und auf weitere börsenbezogene Forschungen konzentrierte, vereinbarte ich mit ihm einen Gesprächstermin in meinem Büro an der mathematischen Fakultät der UCI an einem Tag im Jahr 1969.

Der mittelgroße Regan, der mit 27 Jahren zehn Jahre jünger war als ich, hatte lichter werdendes rotes Haar, Sommersprossen und die soziale Kompetenz eines Werbers. Er hatte in Dartmouth Philosophie studiert und erfasste die Prinzipien, auf denen meine Anlagemethoden basierten, schnell.

Wir schienen das geborene Team zu sein. Ich würde die meisten Ideen beisteuern, er hingegen Empfehlungen und Handelsmöglichkeiten von der „Street". Ich würde die Analysen vornehmen und Orders berechnen, die er mittels mehrerer Broker ausführen würde. Er sollte die Steuern, die Buchhaltung sowie den meisten rechtlichen und regulatorischen

Papierkram erledigen – Dinge, die ich vermeiden wollte, damit ich mich auf Forschung und Entwicklung konzentrieren konnte.

An jenem Tag gaben wir uns die Hand und vereinbarten, gemeinsam eine neue Investmentgesellschaft zu gründen, die auf den Ideen in „Beat the Market" basierte. Newport Beach sollte der Thinktank und der Trade-Generator sein, New York das Büro und das Trading Desk. Nach einer Diskussion darüber, wie viel Startkapital wir brauchten, setzten wir uns fünf Millionen Dollar als Ziel. Wenn wir nach Abzug der Kosten 20 Prozent Gewinn erzielten und eine jährliche Performance Fee von 20 Prozent verlangten, konnten wir vier Prozent von fünf Millionen Dollar unter uns aufteilen, also 200.000 Dollar – mehr als mein Gehalt als Mathematikprofessor und mehr, als ich mit meiner kleineren Anhäufung von Depots verdiente.

Unsere Unternehmung war ein Beispiel für das, was inzwischen als „Hedgefonds" bekannt war. Ein Hedgefonds ist in den Vereinigten Staaten einfach eine Kommanditgesellschaft, die von einem oder mehreren Komplementären (die aufgrund ihrer persönlichen Haftung jeweils den Verlust ihres gesamten Vermögens riskieren, wenn etwas schwer danebengeht) gemanagt wird und ansonsten aus einer Gruppe von Investoren oder beschränkt haftenden Kommanditisten besteht, deren Verlust sich auf die von ihnen beigetragene Summe beschränkt. Die Investoren sind überwiegend passiv und spielen weder beim Management der Gesellschaft noch bei ihren Investitionen eine Rolle. Damals waren solche Fonds nur schwach reguliert, solange sie nicht mehr als 99 Teilhaber hatten und sich nicht an die Allgemeinheit richteten. Hedgefonds mit Sitz im Ausland, auch als Offshore-Fonds bezeichnet, können auch als Aktiengesellschaften oder als Treuhandgesellschaften organisiert sein.

Zwar gab es damals erst wenige Hedgefonds, aber neu war das Konzept nicht. Jerome Newman und Buffetts Mentor Benjamin Graham hatten bereits 1936 einen gegründet.[9] Von geschickten Managern, deren Interessen durch den Anreiz des geteilten Gewinns mehr oder weniger denen der Anleger entsprachen, erhofften sich die Anleger höhere Renditen. Die Bezeichnung „Hedgefonds" kam wahrscheinlich auf, als der Journalist Alfred Winslow im Jahr 1949 auf Anregung dessen, was er bei Recherchen für einen Artikel erfahren hatte, eine Investmentgesellschaft gründete. Er kaufte nicht nur Aktien, die er für preiswert hielt, sondern versuchte auch, das Risiko zu begrenzen beziehungsweise zu „hedgen", indem er Aktien leerverkaufte, die er für zu teuer hielt. Als Leerverkäufer oder Shortseller macht man Gewinn, wenn der Preis fällt, und Verlust, wenn der Preis steigt. Mithilfe des Shortsellings kann man als Anleger von fallenden Märkten profitieren. Ein Fonds wie der von Jones kann potenziell stabilere Renditen liefern. Zwar erregte die Idee von Jones zunächst keine breite Aufmerksamkeit, aber ein Artikel in der Zeitschrift *Fortune* von Carol Loomis mit dem Titel „The Jones Nobody Keeps Up With" („Der Jones, mit dem keiner mithalten kann") machte 1966 bekannt, dass Jones' Hedgefonds in den zehn Jahren zuvor alle der vielen Hundert existierenden Investmentfonds übertroffen hatte, und so wurden die Möglichkeiten allgemein ersichtlich.[10]

Ich wusste, dass es nicht leicht würde, Anleger zu finden. Nachdem die Jahre 1967 und 1968 an den Märkten und für die wenigen existierenden Hedgefonds verrückt verlaufen waren, brachte das Jahr 1969 einen schweren Dämpfer.[11] Die Aktien von Großunternehmen verloren im Durchschnitt neun Prozent und die Aktien von kleinen Unternehmen stürzten um alarmierende 25 Prozent ab. Die meisten Hedgefonds erlitten schwere Verluste und stellten den Betrieb ein.[12] Wir erklärten zwar, dass wir marktneutral und gehedgt sein würden und so das Kapital schützen würden, aber unsere Ideen waren neu und die Menschen hatten Angst. Schließlich nahmen wir 14 beschränkt haftende Teilhaber unter Vertrag und dazu uns selbst, jeweils mit 50.000 Dollar oder mehr. Zu den ersten Gesellschaftern gehörten auch meine bisherigen privaten Anleger. Regan beschaffte dadurch weiteres Geld, dass er ins Gericht ging, dort in Unterlagen, die von anderen Hedgefonds eingereicht worden waren, die Namen von deren Gesellschaftern fand und bei ihnen Kaltakquise betrieb. Ich flog nach New York, um mich mit potenziellen Anlegern zu treffen, unsere Methoden zu erklären und meine Bücher sowie meine akademische Stellung in die Waagschale zu werfen. Bis Ende Oktober hatten wir zwar erst 1,4 Millionen Dollar zusammen, aber wir beschlossen, trotzdem loszulegen. Dann würden wir eben einfach durch die Gewinne wachsen und diese würden später weiteres Kapital sowohl von bestehenden als auch von neuen Investoren anlocken. Convertible Hedge Associates (später in Princeton Newport Partners umbenannt) öffnete seine auf zwei Küsten verteilten Tore am Montag, dem 3. November 1969. Ein Artikel im *Wall Street Letter* gab unseren Start bekannt und stellte ihn in den Kontext der umfassenden Börsenschlappe jenes Jahres sowie der Schließung mehrerer Hedgefonds:[13]

> *„DAS GELD ZIEHT UM. Während so mancher Hedgefonds im Kielwasser der schlechten Performance in diesem Jahr zerbricht, werden weiterhin neue Gesellschaften gegründet. Eine der neuesten ist Convertible Hedge Associates, deren aktive Teilhaber Ed Thorp und Jay Regan sind. Thorp ist der Mann, der ein computerisiertes System entwickelt hat, um die Blackjack-Tische in Las Vegas zu schlagen – woraufhin die Regeln geändert wurden –, und der das Buch ‚Beat the Dealer' geschrieben hat. Dann wandte er sein Computertalent auf die Vermögensverwaltung an und schrieb ein Buch namens ‚Beat the Market'. Regan arbeitete früher bei Butcher & Sherrerd, Kidder, Peabody and White, Weld. Zu ihren Kommanditisten gehören Dick Salomon, Vorsitzender von Lanvin-Charles of the Ritz, Charlie Evans (vormals bei Evan-Picone), Bob Evans (Paramount Pictures) und Don Kouri, der Präsident von Reynold Foods, Ltd."*

In den ersten vier Monaten erzielten wir einen Gewinn von vier Prozent beziehungsweise 56.000 Dollar. Der S&P 500 Index gab im selben Zeitraum fünf Prozent ab. Mein Anteil von 5.600 Dollar an den Gebühren für die Komplementäre überstieg mein universitäres Einkommen in diesem Zeitraum.

Es war klar, dass ich an einem Scheideweg stand. Ich konnte meine mathematischen Fähigkeiten verwenden, um Hedging-Strategien zu entwickeln und möglicherweise reich zu werden, oder ich konnte in der akademischen Welt um Fortkommen und Auszeichnung wetteifern. Ich liebte die Lehrtätigkeit an der Universität und auch die Forschung, sodass ich beschloss, so lange dabeizubleiben, wie es ging. Meine besten quantitativen Ideen würden unseren Anlegern vorbehalten bleiben und nicht veröffentlicht werden. Im Laufe der Zeit würden sie von anderen wiederentdeckt und ihnen zugeschrieben werden.

Buffetts Bericht über mich an die Gerards muss wohl günstig ausgefallen sein, denn sie schlossen sich uns an und ihr Treuhandfonds blieb bis nach dem Tod von Ralph und dann Frosty in die Gesellschaft investiert. Die Zeit, die ich mit Buffett verbrachte, hatte zwei wesentliche Auswirkungen auf mein Leben: Sie half mir dabei, den Weg zu meinem eigenen Hedgefonds zu gehen, und veranlasste mich später, eine sehr profitable Investition in das Unternehmen zu tätigen, das er umwandelte – Berkshire Hathaway.

13

KAPITEL

Hinein in die Gesellschaft

Als wir Princeton Newport Partners (PNP) 1969 gründeten, war es eine revolutionäre Idee. Wir spezialisierten uns auf das Hedgen von Wandelpapieren – Optionsscheinen, Optionen, Wandelanleihen, Vorzugsaktien und anderen Arten von Derivaten, sobald sie auf den Markt kamen. Das Hedgen von Risiken war nicht neu, aber wir trieben es auf ein Extrem, das noch nie ausprobiert worden war.[1] Zunächst gestalteten wir jeden unserer Hedges – bestehend aus einer Kombination von Aktien und Wandelpapieren desselben Unternehmens – so, dass das Risiko möglichst gering war, wenn die Aktie fiel oder stieg. Dann erfanden wir weitere Hedging-Strategien, um unser Portfolio zusätzlich gegen Zinsänderungen, allgemeine Marktbewegungen sowie gegen die katastrophalen Verluste abzusichern, die gelegentlich aus enormen unerwarteten Preisänderungen und Preisschwankungen entstehen. Wir managten das Ganze mithilfe mathematischer Formeln, ökonomischer Modelle und von Computern. Diese fast ausschließliche Verwendung quantitativer Methoden war damals einzigartig und machte uns zum ersten Vertreter einer neuen Sorte von

Investoren, die später als Quants bezeichnet wurden und die Wall Street radikal verwandelten.

Ich konnte von Anfang an sehen, wie unser Vermögen wachsen würde. Aber wenn ich Freunden und Kollegen erzählte, was ich vorhatte, war Vivian fast die einzige, die es begriff – trotz allem, was ich im Glücksspielbereich bereits geleistet hatte. Sie war zwar weder Naturwissenschaftlerin noch Mathematikerin, hatte allerdings zwei von den Eigenschaften der Besten unter ihnen gemeinsam: Sie stellte die richtigen Fragen und erfasste das Wesentliche. Sie hatte mir stundenlang dabei geholfen, rotierende Roulettekugeln zu filmen, damit ich eine Maschine bauen konnte, die vorhersagte, welche Zahl kommen würde, und sie hatte mir Tausende Male Blackjack-Karten ausgeteilt, damit ich das Kartenzählen üben konnte. Auch half sie mir bei der Bearbeitung meiner Bücher über Glücksspiele und die Börse sowie bei den Vertragsverhandlungen.

Anfangs verfolgte ich mit Princeton Newport Partners, das in den ersten fünf Jahren Convertible Hedge Associates hieß, den Plan, Paare eng zusammenhängender Wertpapiere zu finden, die im Verhältnis zueinander inkonsistent bewertet waren, und aus ihnen Investments zu konstruieren, die das Risiko senkten. Um solche Hedges zu bilden, kauften wir zur selben Zeit das verhältnismäßig unterbewertete Papier und shorteten das verhältnismäßig überbewertete Papier. Da sich die Preise der beiden Papiere meistens parallel bewegten, rechnete ich damit, dass die Kombination das Risiko senken und gleichzeitig zusätzliche Renditen einbringen würde. Ich identifizierte solche Situationen mittels der mathematischen Methoden, die ich ausgearbeitet hatte, um den angemessenen Preis eines Optionsscheins, einer Option oder einer Wandelanleihe im Verhältnis zu der Stammaktie desselben Unternehmens zu beurteilen.

Wenn ich auf einen Hedge setzte, den ich recherchiert hatte, war es so, als würde ich auf eine Blackjack-Hand setzen, bei der ich einen Vorteil hatte. Wie beim Blackjack konnte ich meine Erwartungsrendite sowie mein Risiko einschätzen und mich entscheiden, wie viel von meinem Kapital ich einsetzen wollte. Anstatt eines Kapitals von 10.000 Dollar hatte ich nun 1,4 Millionen Dollar und statt eines Höchsteinsatzes von

500 Dollar gab es im Wall-Street-Casino kein Limit. Anfangs setzten wir je Hedge 50.000 bis 100.000 Dollar ein.

Auf der Suche nach Gelegenheiten gingen am frühen Nachmittag nach dem New Yorker Börsenschluss Studenten der UC in Irvine, die ich angestellt hatte, in die Büros zweier Brokerfirmen, bei denen ich handelte. Sie holten dort die Schlusskurse von Hunderten Optionsscheinen, Wandelanleihen, Wandel-Vorzugsaktien und den zugehörigen Stammaktien ab. Eine Vorzugsaktie schüttet eine regelmäßige Dividende aus, während das bei einer Stammaktie der Fall sein kann oder auch nicht – und wenn sie eine Dividende ausschüttet, dann ändert diese sich normalerweise im Laufe der Zeit. Die Dividende einer Vorzugsaktie wird als Erste ausgezahlt – sie erhält den Vorzug –, bevor etwaige Zahlungen auf Stammaktien erfolgen. Im Normalfall einer festgelegten Dividende verhält sich eine Vorzugsaktie wie eine Anleihe, allerdings ist sie riskanter, weil die Dividendenzahlungen und die Forderungen auf das Vermögen im Falle einer Liquidation erst nach den entsprechenden Zahlungen auf Anleihen erfolgen. Eine sogenannte Wandel-Vorzugsaktie ist eine Vorzugsaktie, die man gegen eine festgelegte Anzahl von Stammaktien eintauschen kann. Sie ähnelt somit einer Wandelanleihe, ist aber unsicherer, denn sie wird erst dann ausbezahlt, wenn genug Geld übrig ist, nachdem die Anleiheinhaber ihre Zinsen erhalten haben. Damals boten sie uns zahlreiche Anlagechancen.

Am Anfang, 1969, betrieb ich das Unternehmen von unserem Haus aus und an dem Haus an sich war schon abzulesen, wie sehr sich unsere Lebensumstände bereits geändert hatten. Acht Jahre zuvor, als wir an die New Mexico State University gezogen waren, hatten wir ein einstöckiges Haus mit gut 80 Quadratmetern Wohnfläche und vier winzigen Schlafzimmern gemietet, die schon bald alle gebraucht wurden. Unsere zweite Tochter Karen wurde nämlich ein paar Monate später geboren und unser Sohn Jeff im Jahr darauf. Bald danach erlaubten es mir meine Glücksspielgewinne und meine Buchtantiemen nicht nur, meine autodidaktische Börsenausbildung zu bezahlen, sondern auch unser erstes Haus zu kaufen. Als wir ein paar Jahre später an die UCI zogen, fanden wir ein größeres und schöneres zweistöckiges Haus in Newport Beach – und dort nahm die Westküstenabteilung von Princeton Newport Partners ihren Betrieb auf.

Vivian und ich ließen von einer Baufirma eine Außentreppe und ein großes Zimmer im ersten Stock anbauen, das die Firma beherbergen sollte. In diesem Raum wurden die Daten in Form mathematischer Diagramme geplottet, die ich mir ausgedacht hatte. Sie offenbarten vorteilhafte Situationen und dank ihrer konnte ich schnell die geeigneten Trades angeben. Alle Tagesschlusskurse eines Wandelpapiers und seiner Aktie wurden als farbcodierte Punkte in das Diagramm dieses Wandelpapiers gedruckt. Dazu zeichnete der Computer anhand meiner Formel eine Linie, die den „fairen" oder angemessenen Preis des Wandelpapiers angab. Das Schöne daran war, dass ich aus der Grafik sofort ablesen konnte, ob wir eine profitable Trading-Chance vor uns hatten. Lag der Punkt, der den Kurs angab, über der Kurve, hieß das, dass das Wandelpapier überbewertet war und sich daraus ein möglicher Hedge ergab: das Wandelpapier shorten und die Aktie kaufen. Ein Datenpunkt dicht an der Linie oder auf der Linie hieß, dass der Preis angemessen war – also sollte eine bestehende Position aufgelöst und keine neue eingegangen werden. Ein Punkt unterhalb der Kurve bedeutete, dass ich das Wandelpapier kaufen und die Aktie shorten sollte. Der Abstand des Punktes von der Linie verriet mir, wie viel Gewinn möglich war. Wenn wir der Ansicht waren, dass er unserem Ziel entsprach, versuchten wir, das Handelsgeschäft am nächsten Tag auszuführen. Die Steigung der Kurve im Bereich des Datenpunkts zeigte mir das Hedge-Ratio an, also die Anzahl der Stammaktien, die mit einer Wandelanleihe, einer Vorzugsaktie, einem Optionsschein oder einer Option gepaart werden sollten.

Nachdem Vivian mehrere Monate unter dem störenden geschäftigen Bienenstock im Haus gelitten hatte, brachte sie mich dazu, ein Büro zu mieten. Ich zog mit der Firma in den ersten Stock eines kleinen Bürogebäudes um, kaufte Computer und stellte weitere Mitarbeiter ein. Für alle Hedgegeschäfte entwickelte ich Tabellen, die ich ausdruckte. In diesen Tabellen waren die Preise angegeben, die die Aktie im Verhältnis zum Wandelpapier erreichen musste, damit wir unsere angepeilte Rendite erzielten. Neben neuen Hedges, die wir aufbauen konnten, verrieten uns diese Tabellen auch, wie wir die bestehenden Positionen abwandeln sollten, bei denen das Hedging-Ratio verändert werden musste (man nennt das „dynamisches Hedging“), weil sich der Aktienkurs geändert hatte, oder die geschlossen werden sollten, weil wir unser Ziel erreicht hatten.

Unsere Computer zogen so viel Strom, dass es in dem Büro immer heiß war. Selbst in der kühlsten Zeit des kalifornischen Winters hatten wir die Fenster offen und bliesen die Wärme mit Ventilatoren nach draußen. Unser Vermieter rechnete mit seinen Mietern keine Verbrauchskosten ab, sondern bezahlte die Versorger aus seinen Mieteinnahmen. Als ich auf die Hitze aufmerksam wurde, rechnete ich mir aus, dass die Kosten für den Strom, den wir verbrauchten, höher waren als unsere Miete: Wir wurden dafür bezahlt, dass wir da waren.

Jeden Tag nach Handelsschluss teilte ich Jay Regan in New York telefonisch die Handelsinstruktionen für den nächsten Tag mit. Die Ergebnisse der Trades dieses Tages hatte er mir zuvor bereits mitgeteilt, sodass ich bis dahin die Aufzeichnungen zu meinen Positionen bereits auf den neuesten Stand gebracht hatte. Am nächsten Tag führte er die von mir empfohlenen Trades aus, meldete mir die Ergebnisse und das Ganze begann von vorn.

Zur Information unserer beschränkt haftenden Gesellschafter sowie auch potenzieller neuer Investoren gaben wir regelmäßig aktualisierte Fassungen unseres Confidential Private Placement Memorandums heraus, in denen beispielsweise der Betrieb und die Ziele der Gesellschaft erläutert wurden, die Gebührenstruktur und die potenziellen Risiken. Auch druckten wir dort vereinfachte schematische Darstellungen einiger unserer tatsächlichen Investments ab – ohne die mathematischen Formeln, ohne die Diagramme und ohne die Berechnungen.

Einer dieser Trades hätte direkt aus „Beat the Market“ stammen können: Im Jahr 1970 verkaufte die American Telephone and Telegraph Company (AT&T) Optionsscheine auf den Kauf von 31 Millionen Stammaktien zum Stückpreis von 12,50 Dollar. Damit erzielte der Konzern einen Erlös von 387,5 Millionen Dollar – so viel hatte noch nie ein Unternehmen mit einer Optionsscheinbegebung erlöst. Damals reichte die Fehlbewertung zwar noch nicht aus, aber die typische historische Entwicklung von Optionsscheinpreisen deutete darauf hin, dass dies noch vor dem Verfallsdatum im Jahr 1975 eintreten könnte. Als es so weit war, setzten wir einen wesentlichen Teil des Gesellschaftskapitals darauf.

Wir orientierten uns bei diesem Trade und bei Tausenden anderen an einer Formel, deren Anfänge auf die Doktorarbeit des französischen Mathematikers Louis Bachelier aus dem Jahr 1900 zurückgehen. Bachelier entwickelte mithilfe der Mathematik eine Theorie für die Bewertung der Optionen an der Pariser Börse. Sein Doktorvater, der weltberühmte Mathematiker Henri Poincaré, wusste Bacheliers Bemühungen nicht zu schätzen und dieser verbrachte sein restliches Leben als obskurer Professor in der Provinz. Bald danach veröffentlichte ein 26-jähriger Mitarbeiter des Schweizer Patentamts namens Albert Einstein in seinem „Wunderjahr“ 1905 mehrere Artikel, die die Physik verwandeln sollten.[2] Einer davon begründete die Relativitätstheorie, die die Theorie der Gravitation revolutionierte und ins Atomzeitalter führte. Ein Artikel über die Quantennatur des Lichtes trug zur Begründung der Quantentheorie bei. Derjenige Artikel Einsteins, der mit meiner Geschichte in Zusammenhang steht, ist jedoch ein anderer.

Darin erklärte Einstein eine verblüffende Entdeckung, die der Botaniker Robert Brown im Jahr 1827 gemacht hatte. Er hatte mithilfe seines Mikroskops Pollen beobachtet, die in Wasser suspendiert waren. Wurden sie beleuchtet, ergab das von ihnen reflektierte Licht eine endlose, unregelmäßige, zufällige Bewegung. Einstein erkannte, dass dies dadurch verursacht wurde, dass ständig Moleküle der umgebenden Flüssigkeit auf die Pollen einstürzten. Er stellte Gleichungen auf, die die statistischen Merkmale der Zufallsbewegung dieser Teilchen korrekt vorhersagten. Damals hatte noch nie jemand ein Molekül oder ein Atom gesehen (Moleküle bestehen aus mehreren durch elektrische Kräfte miteinander verbundenen Atomen) und ihre Existenz war umstritten. Dies war nun der endgültige Beweis, dass es wirklich Atome und Moleküle gibt. Dieser Artikel wurde zu einem der meistzitierten der gesamten Physik.

Ohne dass Einstein es wusste, waren seine Gleichungen für die Beschreibung der brownschen Bewegung im Prinzip die gleichen, die Bachelier fünf Jahre zuvor in seiner Dissertation verwendet hatte, um ein völlig anderes Phänomen zu beschreiben, nämlich die endlose unregelmäßige Bewegung von Aktienkursen. Bachelier verwendete diese Gleichungen, um den angemessenen Preis von Optionen bezüglich der zugrunde liegenden Aktien herzuleiten. Im Gegensatz zu Einsteins Arbeit blieb die von Bachelier weitgehend unbekannt, bis der spätere (1970) Nobelpreisträger Paul Samuelson in den 1950er-Jahren in einer Pariser Bibliothek darauf stieß und sie ins Englische übersetzen ließ. Bacheliers Artikel erschien 1964 in „The Random Character of Stock Market Prices", herausgegeben von Paul Cootner und veröffentlicht von MIT Press. Diese Sammlung von Artikeln, in denen wissenschaftliche Analysen auf das Finanzwesen angewendet wurden, gehörte zu meiner selbst organisierten Finanzausbildung und beeinflusste mich ebenso wie viele andere.

Bachelier war davon ausgegangen, dass die Änderungen von Aktienkursen einer Glockenkurve gemäß der Gaußverteilung beziehungsweise Normalverteilung folgen. Das entsprach jedoch nicht sehr gut den tatsächlichen Preisen, vor allem nicht über Zeiträume von mehr als nur ein paar Tagen. In den 1960er-Jahren hatten Wissenschaftler Bacheliers Arbeit durch Verwendung einer zutreffenderen Beschreibung der Aktienkursbewegungen verbessert.[3] Trotzdem waren die neueren Formeln für angemessene Optionspreise, die auch auf Optionsscheine anwendbar waren, nicht für den Handel geeignet, weil sie zwei Größen enthielten, die sich anhand der Daten nicht zufriedenstellend abschätzen ließen. Die eine war die Wachstumsrate des Aktienkurses zwischen dem jetzigen Zeitpunkt und dem Verfallsdatum, die andere der Abzinsungsfaktor, der auf die ungewisse Auszahlung des Optionsscheins für den Zeitpunkt seines Verfalls angewendet wurde, um seinen aktuellen Barwert zu berechnen.

Dieser Abzinsungs- oder Diskontierungsfaktor trug der Tatsache Rechnung, dass Anleger eine ungewisse Auszahlung meist geringer bewerten als eine gewisse. Wenn man beispielsweise eine faire Münze wirft – bei der per definitionem die Wahrscheinlichkeiten für Kopf oder Zahl gleich groß sind –, hat ein Investor, der zwei Dollar für Kopf und nichts für Zahl bekommt, eine durchschnittliche, aber ungewisse Rendite von einem Dollar. Dieser Wert ergibt sich aus der Multiplikation aller Auszahlungen mit der Anzahl von Arten und Weisen, durch die sie zustande kommt (in diesem Fall 1), und dann der Division durch 2, also die Anzahl der möglichen Ergebnisse des Wurfs. Die meisten Anleger würden lieber einen sicher ausgezahlten Dollar einstreichen. Haben zwei Investments die gleiche Erwartungsrendite, wird tendenziell das weniger riskante bevorzugt. Da ich von meiner Kindheit in der Großen Depression sowie von meinen ersten Erfahrungen mit der Geldanlage geprägt war, machte ich die Senkung des Risikos zu einem zentralen Merkmal meiner Anlagemethode.

Bereits im Jahr 1967 hatte ich einen weiteren Schritt auf dem Weg geschafft, den Wert eines Optionsscheins zu ermitteln. Aufgrund plausibler und intuitiver Überlegungen nahm ich an, man könnte die unbekannte Wachstumsrate und den Diskontierungsfaktor in der bereits existierenden Formel zur Bewertung von Optionsscheinen durch den sogenannten risikolosen Zinssatz ersetzen,[4] also durch das, was US-Schatzwechsel abwarfen, die zum Verfallsdatum des Optionsscheins fällig wurden.[5] Dies verwandelte eine unbrauchbare Formel mit unbekannten Größen in ein einfaches, praktisches Handelswerkzeug. Ich begann im Jahr 1967, es auf eigene Rechnung und für meine Kunden einzusetzen.[6] Seine Leistung war spektakulär. Im Jahr 1969 bewiesen Fischer Black und Myron Scholes, ohne dass ich es wusste, jedoch zum Teil durch „Beat the Dealer" motiviert,[7] ihre identische Formel streng und veröffentlichten sie in den Jahren 1972 und 1973.[8] Dies löste die Entwicklung und allgemeine Verwendung sogenannter Derivate oder derivativer Wertpapiere in der Finanzwelt aus. Im Jahr 1997 bekamen Myron Scholes und Robert Merton für ihre Beiträge den Wirtschaftsnobelpreis. Das Preiskomitee würdigte dabei auch die Beiträge von Fischer Black (1938–1995) und allgemein wird angenommen, er hätte Preis ebenfalls erhalten, wenn er nicht zuvor an Kehlkopfkrebs verstorben wäre.

Princeton Newport florierte, vor allem aufgrund der Formel. In unseren ersten beiden Monaten, im November und Dezember 1969, machten unsere Anleger 3,2 Prozent Plus, der S&P 500 hingegen gab 4,8 Prozent ab, sodass wir einen Vorsprung von acht Prozent hatten. Im Jahr 1970 legten wir um 13,0 Prozent zu, der S&P 500 um 3,7 Prozent. Im Jahr 1971 stand es 26,7 zu 13 Prozent, sodass unsere Gesellschafter um fast 13 Prozent besser dastanden. Dann, im Jahr 1972, lief der S&P 500 besser, er schaffte 18,5 Prozent gegenüber unseren zwölf Prozent. Heißt das, dass es schlecht für uns gelaufen war? Nein. Es bewies, dass wir genau das taten, was wir uns vorgenommen hatten, nämlich in guten wie in schlechten Zeiten stetige Renditen zu produzieren. Die Hedges schützten uns gegen Verluste, dies jedoch zu dem Preis, dass wir bei kräftigen Haussen einen Teil der Gewinne verschenkten. Unsere jährlichen Renditeschwankungen beruhten größtenteils auf der Qualität und Quantität der gehedgten Anlagen, weniger auf dem Auf und Ab der Märkte. Unsere schwerste Prüfung kam mit der großen Baisse der Jahre 1973 und 1974. Zum Teil wurde der Niedergang durch das arabische Ölembargo bewirkt. Die daraus resultierenden rekordhohen Ölpreise wurden inflationsbereinigt erst wieder im Zuge des Durchmarschs auf 140 Dollar im Jahr 2008 erreicht.

Im Jahr 1973 fiel der S&P 500 um 15,2 Prozent und wir legten 6,5 Prozent zu, sodass unsere Partner den Markt um mehr als 20 Prozent schlugen. Im Jahr 1974 erlitten Börsenanleger einen noch schwereren Schlag. Der S&P 500 stürzte 27,1 Prozent ab und unsere Partner verdienten 9,0 Prozent, eine Kluft von über 36 Prozent zu unseren Gunsten. In jenem zweijährigen Zyklus wurden aus 1.000 Dollar jedes beschränkt haftenden Gesellschafters von PNP 1.160 Dollar, während sie bei Anlegern, die in den S&P 500 investierten, auf 618 Dollar schrumpften. Zudem verdiente PNP in allen Monaten der ersten sechs Jahre Geld – außer Anfang 1974, als es um weniger als ein Prozent abwärts ging. Vom Höhepunkt am 11. Januar 1973 bis zum Tiefpunkt am 3. Oktober 1974 brach die Börse um grausame 48,2 Prozent ein – der schwerste Einbruch seit der Großen Depression. Sogar Warren Buffett sagte damals, es sei für seine Partner gut gewesen, dass er zum gewählten Zeitpunkt dichtgemacht hatte.[9]

Unsere Bestandsgesellschafter zahlten zusätzliches Geld ein und potenzielle neue Partner erfuhren durch Mundpropaganda von uns. Das

Gesellschaftskapital war von den anfänglichen 1,4 Millionen Dollar auf 7,4 Millionen Dollar angewachsen und entsprechend wuchs auch die Entlohnung der aktiven Teilhaber. Da uns der Investment Company Act auf 99 Gesellschafter beschränkte, hätte die Beteiligung jedes Gesellschafters mehr als eine Million betragen müssen, wenn wir auf 100 Millionen Dollar hätten kommen wollen. Deshalb wollten wir wohlhabende Privatleute und institutionelle Anleger haben, deren Anfangsinvestition in PNP für uns beträchtlich, für sie aber nur ein kleiner Teil ihres Gesamtvermögens war. Auch gefiel es uns, dass reiche Anleger sich meist besser auskannten, mehr Erfahrung hatten, die Risiken der Gesellschaft besser beurteilen konnten und ihre eigenen Berater hatten. Um die Menge an Kapital zu erhöhen, das wir aus den weniger werdenden Plätzen für neue Partner beziehen konnten, erhöhten wir die Mindestanlagesumme von unseren anfänglichen 50.000 auf 100.000 Dollar, dann auf 250.000, 1.000.000 und schließlich auf 10.000.000 Dollar. Wir nahmen neue Partner erst auf, nachdem wir ihren Hintergrund sorgfältig überprüft hatten. Das war im Allgemeinen nicht schwer, denn häufig gab es über ihren Werdegang öffentlich verfügbare Informationen oder wir kannten sie persönlich.

Wir veränderten unsere jährlich in Rechnung gestellte Performancegebühr von 20 Prozent, indem wir eine „New High Water Mark" einführten. Das heißt, dass wir im Falle von Verlustjahren den Verlust in das nächste Jahr mitnahmen und ihn als Kompensation künftiger Gewinne einsetzten, bevor wir wieder Gebühren bezahlt bekamen. Dies brachte unsere wirtschaftlichen Interessen noch mehr in Einklang mit denen der beschränkt haftenden Gesellschafter. Es kam allerdings so, dass wir nie ein Jahr oder auch nur ein Quartal mit Verlust hatten, sodass diese Berechnung nie zum Einsatz kam.

Die Büros von PNP in Manhattan und in Newport Beach wurden immer größer und wir stellten immer mehr Mitarbeiter ein. Kandidaten fand ich an der nahe gelegenen University of California, an der ich immer noch Mathematikprofessor war. Nun musste ich lernen, wie man Mitarbeiter einstellt und führt. Ich legte mir das selbst zurecht und kam zu dem Managementstil, den man später als Management by Walking Around oder als Führung durch Herumgehen bezeichnete. Anstatt der endlos vorausgeplanten offiziellen Besprechungen, die mir im Wissenschaftsbetrieb ein Gräuel waren, sprach ich mit allen Mitarbeitern direkt und forderte sie auf, es mit ihren Kollegen ebenso zu halten.

Ich erläuterte unseren allgemeinen Plan und die Richtung, ich erklärte, was ich von jeder Person erledigt sehen wollte, wobei ich die Rollen und Aufgaben gemäß dem Feedback, das ich bekam, abwandelte. Damit dies funktionierte, brauchte ich Leute, die weitere Schritte unternehmen konnten, ohne dass man sie ständig an die Hand nahm, denn die Zeit für Führungsaufgaben war knapp. Da vieles von dem, was wir machten, im Zuge unserer Arbeit erst erfunden wurde und da unser Investmentansatz neu war, musste ich jeweils einzigartige Kompetenzbündel vermitteln. Ich entschied mich für intelligente junge Leute direkt von der Universität, weil sie noch nicht aufgrund früherer Arbeitsstellen festgefahren waren. Lieber trainiert man einen jungen Athleten, der neu in die betreffende Sportart einsteigt, als jemand umzutrainieren, der etwas Schlechtes gelernt hat.

Vor allem in diesem kleinen Unternehmen war es wichtig, dass alle gut zusammenarbeiteten. Da ich aus einem Bewerbungsgespräch nicht einschätzen konnte, wie ein neuer Mitarbeiter mit der Unternehmenskultur harmonieren würde, erklärte ich allen, dass die ersten sechs Monate eine Probezeit waren, in der wir uns gegenseitig testeten. Manchmal wurden sie, falls wir uns beiderseits darauf einigten, bereits in dieser Zeit fest angestellt.

Während ich im Laufe der Zeit Erfahrungen sammelte, wandelte ich unsere Verfahrensweisen ab. Als meine Sekretärin jeden zweiten Freitag krank machte und ich eine ihrer Freundinnen im Büro diskret fragte, wieso, erfuhr ich, dass sie einen feststehenden Friseurtermin hatte und dann auch noch einige persönliche Angelegenheiten regelte, die sich angesammelt hatten. Sie nutzte die ihr jährlich zustehenden bezahlten Krankheitstage für diesen Zweck, weil sie verfallen wären, wenn sie sie nicht genutzt hätte. In diesem System hatten Menschen, die ihre Krankheitstage nutzten, mehr bezahlte freie Tage und wurden daher gegenüber denjenigen, die sie nicht nutzten, belohnt. Ich beseitigte dieses Beispiel für das, was Ökonomen als Fehlanreiz bezeichnen, indem ich jedem eine

Gesamtanzahl bezahlter freier Tage zugestand, die sich anhand der geleisteten Arbeitsstunden ansammelten und bezahlte freie Tage, Urlaubszeiten und Krankheit beinhalteten. Die Mitarbeiter konnten diese Tage auf alle drei Arten nutzen, wobei die einzige Einschränkung darin bestand, dass die freie Zeit nicht mit unerlässlichen Anforderungen der Arbeit kollidierte.

Um ausgezeichnete Mitarbeiter anzulocken und auch zu halten, bezahlte ich Gehälter und Boni, die weit über dem Marktüblichen lagen. Im Endeffekt sparte ich dadurch Geld, weil meine Mitarbeiter viel produktiver waren als der Durchschnitt. Die höhere Entlohnung dämpfte die Fluktuation, was mir Zeit und Geld sparte. Diese Ressourcen konnte ich anderweitig einsetzen, um meine Anlagemethode zu erlernen, die die einzige ihrer Art war. Auf der höheren Personalebene verhinderte es, dass die Leute aufhörten und eine eigene Firma gründeten.

Auch die Anlagechancen mehrten sich, vor allem als im April 1973 die neue Chicago Board Options Exchange (CBOE), die von dem seit Langem etablierten Chicago Board of Trade gegründet und gemanagt wurde, den Optionshandel aufnahm. Zuvor waren Optionen nur im Freiverkehr gehandelt worden – im sogenannten OTC-Handel („over the counter" = über den Ladentisch/am Schalter). Das heißt, wer Optionen kaufen oder verkaufen wollte, musste Makler damit beauftragen, jemanden zu finden, der bereit war, die andere Seite des Geschäfts einzunehmen. Das war ineffizient und die Broker verlangten dafür von ihren Kunden hohe Gebühren.[10] Die CBOE bot nun ein breites Spektrum von Optionen unter standardisierten Bedingungen an, die in ihrem Handelssaal auf eine ähnliche Art und Weise gekauft und verkauft wurden, wie an der New York Stock Exchange Aktien gehandelt wurden. Dadurch sanken die Kosten für Käufer und Verkäufer drastisch und das Handelsvolumen schoss wie eine Rakete in die Höhe.

Um uns darauf vorzubereiten, programmierte ich unseren Hewlett-Packard 9830 A mithilfe meiner Formel aus dem Jahr 1967 so, dass er für diese Optionen theoretische faire Bewertungen berechnete. Dieser Computer war ein wunderbar verarbeitetes hochwertiges Gerät von der Größe eines großen Lexikons und steuerte einen jener Plotter an, für die

Hewlett-Packard damals berühmt war. Mit Tinte gefüllte Stifte zeichneten die Ergebnisse in Form mehrfarbiger Diagramme auf Papier. Zu jeder Option wurde die theoretische korrekte Bewertung in Form einer Kurve dargestellt. Jeder Punkt einer solchen Kurve stellte einen möglichen Aktienkurs und den entsprechenden angemessenen Preis der Option dar. Wenn wir dann die tatsächlichen Börsenkurse der Aktie und der Option als farbcodierten Punkt druckten, verglichen wir seine Lage mit der Kurve. Lag der Punkt über der theoretischen Kurve, war die Option überbewertet und somit ein Kandidat für den Leerverkauf unter gleichzeitigem Kauf der Aktie, um das Risiko zu hedgen. Der Abstand des Punktes von der Linie zeigte das Ausmaß der Fehlpreisung. Im gleichen Sinne zeigte ein Punkt unterhalb der Kurve, dass die Option unterbewertet war und um wie viel. Das hieß, dass sie ein Anwärter auf die umgekehrte Form des Hedgings war, long auf die Option, short auf die Aktie. Die Steigung unserer theoretischen Kurve gab automatisch zu jedem Zeitpunkt die richtigen Anzahlen von Aktien im Verhältnis zu Optionen für einen Hedge mit minimiertem Risiko an.

Die Kurve der theoretischen fairen Preise von Optionen im Verhältnis zu allen möglichen Aktienkursen erzeugte der Computer anhand der Formel.[11] In diese wiederum gingen Daten wie die Volatilität der Aktie (ein Maß für die täglichen Änderungen des Aktienkurses in der jüngeren Vergangenheit), die Verzinsung von US-Staatsanleihen und die Dividenden ein, die die Aktie während der Laufzeit der Option ausschüttete.

Einige Monate vor Eröffnung der CBOE war ich bereit, anhand der Formel zur Optionsbewertung zu handeln, von der ich dachte, dass sonst niemand sie kannte. Princeton Newport würde abräumen. Dann bekam ich einen Brief und einen Vorabdruck eines Artikels von jemandem, von dem ich noch nie gehört hatte, namens Fischer Black. Er schrieb, er sei ein Bewunderer meiner Arbeit und habe zusammen mit Myron Scholes eine zentrale Idee aus „Beat the Market“ namens Delta-Hedging um einen Schritt weiterentwickelt und daraus eine Optionsformel abgeleitet. Ich überflog den Artikel und sah, dass es die gleiche Formel war, die auch ich verwendete. Die gute Nachricht war, dass der strenge Beweis der beiden belegte, dass die Formel, die ich intuitiv entdeckt hatte, richtig war. Die schlechte war natürlich, dass die Formel nun allgemein bekannt war. Jeder würde sie verwenden. Zum Glück dauerte das noch ein bisschen. Als die CBOE den Geschäftsbetrieb aufnahm, waren wir offenbar die Einzigen, die mithilfe der Formel handelten. Es war, als würden im Börsensaal Gewehrschützen gegen Bogenschützen antreten.

Um die Preisabweichungen so schnell wie möglich auszunutzen, bevor andere das auch konnten und sie sich auflösen würden, fragten wir die Optionsbörse, ob unsere Händler auf dem Parkett programmierbare Taschenrechner verwenden dürften, wurden aber abschlägig beschieden. Die Neulinge sollten gegenüber den etablierten Händlern aus der alten Zeit keinen Vorteil haben. Dann fragten wir nach der zweitbesten Möglichkeit, nämlich ob wir per Funkgerät mit unseren Parketthändlern kommunizieren dürften. Abgelehnt. Das erinnerte mich ein bisschen daran, in was ich hineingeraten war, als ich in Las Vegas Karten gezählt hatte. Also statteten wir unsere Parketthändler mit gedruckten Tabellen zu der stetig wachsenden Anzahl von börsennotierten Optionen aus. Diese wurden während der Nacht mit unseren Hochgeschwindigkeitsdruckern angefertigt und per Eilpost an unsere Büros in Princeton und Chicago geschickt. Damit fuhren wir fast ebenso gut, wie wir es mit Taschenrechnern getan hätten.

Da wir die Tabellen in beiden Büros sowie für die Trader auf dem Börsenparkett brauchten, druckten wir sie jeweils in fünf Exemplaren aus. Durch unsere Geräte von der Printronix Corporation lief jede Nacht die ganze Nacht hindurch mit Kohlepapier versehenes Endlospapier. Die Hedging-Anweisungen und Kursziele für alle etwaigen Situationen, die in den nächsten paar Tagen wahrscheinlich eintreten konnten, umfassten mehrere Hundert Seiten. Jede Tabelle reichte über mehrere Seiten und insgesamt war der Stapel, dessen Format ungefähre DIN A3 entsprach, locker zehn Zentimeter dick. Vieles davon wurde im Jahr 1974 in einem Artikel auf der Titelseite des *Wall Street Journal* beschrieben.[12] Später, als die alteingesessenen Händler das Gefühl hatten, sie könnten mithalten, wurden programmierbare Taschenrechner für die Berechnung von Optionsbewertungen zugelassen und zu einem grundlegenden Werkzeug der Branche.

Während ich mit der Universität und mit dem Unternehmen vollständig ausgelastet war, bewältigte Vivian den Großteil der Erziehung unserer drei noch nicht jugendlichen Kinder. Trotzdem fand sie noch Zeit, einem anständigen lokalen Kongressabgeordneten zur Wiederwahl zu verhelfen. Als sie in Corona del Mar ein Wahlkampfbüro eröffnete, versuchten Parteisoldaten vergeblich, sie daran zu hindern. Sie beschaffte Geld für den Wahlkampf, engagierte Ehrenamtliche und startete eine umfangreiche Telefonkampagne. Nach der Wiederwahl des Abgeordneten schrieben sich zwei Parteisoldaten den gesamten Betrieb, den sie aufgezogen hatte, auf die eigenen Fahnen und stolperten auf der Karriereleiter der Partei nach oben. Allerdings war es Vivian um das Ergebnis gegangen, nicht um ihr persönliches Fortkommen oder um Lob und Beifall. Ich kann mich nicht erinnern, dass sie in den 55 ½ Jahren unsere Ehe auch nur ein einziges Mal angegeben hätte. Das, was dem noch am nächsten kommt, war das, was sie sagte, wenn ich die Art bewunderte, wie sie die Farbtöne ihrer Garderobe harmonisch zusammenstellte oder unser Haus mit dem Blick einer Designerin ausstattete. Dann schaute sie mich an und erklärte sachlich: „Ich habe eben ein Auge für Farben."

Auch organisierte und betrieb sie im Stillen eine große Telefonzentrale, die dazu beitrug, dass in Kalifornien zum ersten Mal ein Schwarzer in ein Amt auf Bundesstaatsebene gewählt wurde. Sie wirkte auch im persönlichen Gespräch auf Menschen ein. Eine Frau, der sie begegnete, beschwerte sich über „diese Juden". Vivian hatte im Zweiten Weltkrieg mehrere Verwandte in Gefangenenlagern verloren. Als sie uns von der Begegnung mit dieser Frau erzählte, erwarteten wir zu hören, dass sie sie in der Luft zerrissen hätte. Als Erklärung, weshalb sie das nicht getan hatte, wies Vivian darauf hin, dass die Frau daraus nichts gelernt haben würde und lediglich zu einer Feindin geworden wäre. Geduldig „erzog" Vivian diese Frau, die im Grunde ein guter Mensch war, und sie wurden Freundinnen für den Rest ihres Lebens.

Vivians Erkenntnisse halfen mir, mit den verschiedenen Charakteren zurechtzukommen, auf die ich in der Welt der Geldanlage traf und denen oft der moralische Kompass zu fehlen schien. Menschen faszinierten sie. Es war ihr zur zweiten Natur geworden, aus den Bruchstücken, die ihr jemand über sich erzählte, eine einheitliche Lebensgeschichte zusammenzufügen, die sie dann analysierte und auf Konsistenz prüfte. Dies hatte zur Folge, dass meine Frau in der Beurteilung des Charakters und des zu erwartenden künftigen Verhaltens von Menschen nahezu unfehlbar war. Ich war immer wieder erstaunt, wenn sie es auf Geschäftsleute und sonstige Experten anwandte, die ich ihr zum ersten Mal vorstellte.

Es gelang ihr ganz mühelos anhand so weniger Anzeichen, dass ich es kaum glauben konnte. Aber immer wieder hatte sie recht, wie eine Kassandra, auf die ich nicht hörte.

Nachdem sie einen dieser Charaktere kennengelernt hatte, sagte sie: „Er ist gierig, unaufrichtig und man kann ihm nicht trauen."

„Woher weißt du das?", fragte ich.

Sie erwiderte: „Dass er gierig ist, sieht man daran, wie er Auto fährt. Die Unaufrichtigkeit kommt heraus, wenn er lächelt. Auch lächeln seine Augen nicht wirklich, sie belächeln einen. Und seine Frau hat einen traurigen Blick in den Augen, der es nicht besser macht. Das Gesicht, das sie zu Hause sieht, ist nicht dasjenige, das er der Welt zeigt."

Jahre später betrieb dieser „Freund", den ich hier Glen nenne, einen Hedgefonds, in den wir investiert waren. Dieser Fonds hatte durch eines seiner Investments zwei Millionen Dollar verloren, und zwar zum Teil durch Betrug. Als die Anwälte am Ende eine Million dieser Verluste zurückgeholt hatten, teilte Glen das Geld seinen aktuellen Partnern zu, die größtenteils nicht unter denjenigen Partnern waren, die den ursprünglichen Verlust erlitten hatten. Da seine aktuellen Partner ihm in Zukunft wirtschaftliche Vorteile bringen würden, seine ehemaligen hingegen nicht, würde ihm diese Ungerechtigkeit Gewinn bringen. Als ich ihn darauf ansprach, erklärte er, er könne die circa 20 ehemaligen Partner nicht ausfindig machen. Ich hatte eine Liste und sagte ihm, ich hätte aktuelle Angaben zu allen bis auf drei und wüsste, wie ich diese über gemeinsame Bekannte finden würde. Dann sagte er, er würde nicht bezahlen und gemäß den Geschäftsbedingungen der Gesellschaft müsse jeder Partner einzeln ein Schiedsgericht anrufen. Es ging um Beträge, die meist etwa im Bereich von 50.000 Dollar lagen, und er wusste, dass sich der Aufwand an Anwaltskosten und eigener Zeit, die Unannehmlichkeiten und der Stress nicht lohnten. Meine Aufforderung, er solle sich auf ein einziges Schlichtungsverfahren für die ganze Gruppe einlassen, wie er zurück. Listig schlug er vor, vielleicht könnten wir ein paar einzelne Schlichtungen ausprobieren und wenn er sie alle verlieren würde, könnte er vielleicht seine Meinung ändern. Als ich seinen Rechtsanwalt fragte, wie er denn einem solchen unmoralischen Verhalten zustimmen könne, sagte er: „Im Jurastudium wird keine Ethik gelehrt."

Während Princeton Newport Partners prosperierte, lernte ich interessante Menschen kennen. Seltsamerweise führte nicht unsere Anlageperformance, sondern ein Kniff in der Steuergesetzgebung zu einem Treffen mit Paul Newman. Die Gesetze hinkten bezüglich der börsennotierten Optionen hinterher und bis zu einer Änderung ein paar Jahre später war es möglich, durch Transaktionen die Steuern an den Bund und an den Bundesstaat zu senken. Um dies zu erörtern, war ich eingeladen, mich mit Paul am Set für den Film „Flammendes Inferno" bei Twentieth Century Fox in Los Angeles zu treffen.

Das Studio lag direkt neben der Beverly Hills High School, der einzigen Highschool in Südkalifornien mit einer Ölquelle auf ihrem Gelände. Als ich ankam, trug Paul Bluejeans, ein Hemd und ein passendes Jackett, lange bevor dies als schick galt. Das erinnert mich an die saubere, aber ausgewaschene Levi's, die ich in den 1940er-Jahren vor allem aus Geldmangel trug, und daran, wie sehr es mich erstaunte, als 50 Jahre später elegante Menschen Aufpreise für absichtlich zerrissene und durchlöcherte Jeans bezahlten, die in einem wesentlich schlechteren Zustand waren als die Hosen, die ich in der Highschool trug.

Mich frappierten Newmans auffallend blaue Augen, die in Wirklichkeit noch intensiver waren als im Film. Wenn er jemanden zum ersten Mal traf, war er zurückhaltend oder gar schüchtern. Er betrachtete mich genau, sagte zuerst gar nichts und dann: „Ein Bier?" Ich sagte: „Klar." Da entspannte er sich und kam zu dem Schluss, dass ich ein normaler Mensch war. Während wir aßen – ich nahm ein spezielles Sandwich, das er empfohlen hatte –, fragte er mich nach meinem System des Kartenzählens beim Blackjack und wie viel ich damit meiner Meinung verdienen könnte, wenn ich es hauptberuflich betreiben würde. Ich schätzte, wenn ich mit den Verkleidungen durchkam und kein Team leitete, sondern allein spielte, könnte ich auf 300.000 Dollar im Jahr kommen. „Warum tun Sie es dann nicht?", fragte er mich. Ich verriet ihm, dass ich damit rechnete, mit meinem Hedgefonds mehr zu verdienen.[13] Da er in jenem Jahr ein steuerpflichtiges Einkommen von sechs Millionen Dollar hatte und dies der Grund für unser Essen war, gefiel ihm diese Antwort. Allerdings ergab sich aus dem Treffen nichts. Pauls Anwalt glaubte zwar, dass die Ideen zur Steuerersparnis, die ich vorlegte, solide waren, aber auch neu, und daher würden sie wahrscheinlich infrage gestellt werden. Der Anwalt riet Paul – einem profilierten progressiven Demokraten –, sich nach Möglichkeit nicht mit einer republikanischen Finanzbehörde anzulegen.

Wir hatten öfter mit Hollywood zu tun. Zwei meiner ersten beschränkt haftenden Partner waren Robert Evans und sein Bruder Charles. Bob war ein vergleichsweise unbekannter Schauspieler und Produzent, bis 1966 das Konglomerat Gulf and Western Paramount übernahm und Evans zum Produktionsleiter machte. In den acht Jahren danach brachte Evans Paramount zurück in die Erfolgsspur, unter anderem durch Filmschlager wie „Ein seltsames Paar", „Rosemaries Baby", „Love Story", „Chinatown" und „Der Pate". In dem Film „Wag the Dog – wenn der Schwanz mit dem Hund wedelt" aus dem Jahr 1997 spielt Dustin Hoffman eine Figur, die bis ins Detail dem Aussehen, den Gewohnheiten und Marotten von Evans entspricht.

An einem Tag im Jahr 1971 oder 1972 fuhr ich zu Bobs Villa in Beverly Hills, um zu versuchen, die Arten von Trades zu erklären, die wir mit unserer Gesellschaft durchführten. Während er und Charles durch Hüte und Sonnenbrillen geschützt im Pool hinter dem Haus umhertrieben, saß ich am Beckenrand und erklärte die grundsätzlichen Ideen, die hinter dem Hedging von Wandelpapieren stehen. Damals war Robert mit seiner dritten Frau (von sieben) verheiratet, mit der Schauspielerin Ali MacGraw. Natürlich hoffte ich, dass sie erscheinen würde, um mich über die Feinheiten des Marktes auszufragen, aber sie war auf Reisen. Ali war 1970 für ihre Rolle in „Love Story" für den Oscar als beste Schauspielerin nominiert worden und noch 20 Jahre später, als sie 52 Jahre alt war, wählte die Zeitschrift *People* sie zu einem der 50 schönsten Menschen der Welt.

Der Drehbuchautor Charles A. Kaufman (1904–1991), dessen Drehbuch für „Freud“ 1963 für einen Oscar nominiert worden war, wurde beschränkt haftender Gesellschafter und verwies regelmäßig Leute an uns, was womöglich indirekt dazu führte, dass sich manche potenziellen Partner bei uns meldeten. Kaufman hatte einen Buchhalter in Los Angeles, der auch für einige der großen Casinos in Las Vegas die Bücher führte. Die Kaufmans veranstalteten für Vivian, mich, den Buchhalter und seine Frau eine Dinnerparty. Dabei ging es darum, dass ich Fragen bezüglich der Handelsstrategien der Gesellschaft sowie bezüglich unserer Buchführungsverfahren beantworten sollte. Als die Rede auf Blackjack kam und ich erzählte, was ich über Betrügereien in Casinos wusste, über das Abschöpfen von Gewinnen sowie über zweierlei Buchführung, tat der Buchhalter ungläubig und erstaunt. Seine Frau, ein schönes, freimütiges ehemaliges Showgirl, wollte nichts davon wahrhaben und erklärte uns, ihres Wissens sei das ganz anders. Anscheinend hatte der Buchhalter mehr Verbindungen, als er hatte durchblicken lassen, denn kurz nach diesem Essen erhielt ich von „Moe“ Dalitz (1899–1989) und Beldon Katleman (1914–1988) Anfragen über Investitionen in unsere Gesellschaft. Diese Figuren aus Las Vegas waren damals berühmt und hatten Verbindungen bis in höchste Kreise. Jay Regan und ich kamen schnell überein, dass bei uns keine Plätze frei seien.

Eine meiner Storys, die den Buchhalter Lügen straften, begann im Sommer 1962, als sich ein Spezialagent des Finanzministeriums an mich wandte.[14] Das Ministerium ermittelte wegen möglichen Steuerbetrugs in der Casinobranche von Nevada und war überzeugt, dass manche Betreiber große Geldmengen beiseiteschafften, die sie in ihren Steuererklärungen nicht angaben. „John“, der zu den verdeckten Ermittlern gehörte, hatte Ähnlichkeit mit dem Schauspieler Mike Connors, der vor allem für seine Rollen in den damaligen Fernsehserien „Mannix“ und „Tightrope“ sowie ein paar Kinofilme bekannt ist. Wir trafen uns regelmäßig im Hamburger Hamlet in Westwood Village, direkt neben dem Gelände der UCLA. John spielte eine Rolle, um die Casinos zu täuschen. Er trug einen Stetson mit breiter Krempe, Cowboyklamotten und Papiere, die ihn als reichen Texaner namens C. Cash Anderson (ein kleiner Scherz des Finanzministeriums) auswiesen. Er fuhr ein neues rotes Cadillac-Kabrio mit heruntergeklapptem weißen Dach.

Er spielte an den Blackjack-Tischen mit hohen Einsätzen und gelangte dank dieser Rolle in die Räume, in denen die Casinos das Geld aus den verplombten Geldbehältern von den Tischen zählten. Er berichtete, er habe zweierlei Buchführungsunterlagen und die dazugehörigen Addiermaschinen gesehen. Die einen hätten die tatsächlichen Summen und die anderen die geringeren Summen enthalten, die an den Staat gemeldet wurden. John wollte im Auftrag des staatlichen Teams von mir wissen, wie es beim Blackjack mit hohen Einsätzen besser spielen und dadurch die Kosten des Finanzministeriums senken könnte, während die Teammitglieder so taten, als seien sie unerfahrene Angeber.

Während unsere Gesellschaft florierte, prosperierten auch Vivian und ich. Als wir 1969 anfingen, sagte ich voraus, wie schnell mein und Regans Vermögen wachsen würde. Auf einem gelben A4-Block rechnete ich anhand plausibler Annahmen bezüglich der Rendite unserer Firma, der Wachstumsrate des Anlagevermögens und der Steuern vor, dass wir im Jahr 1975 Millionäre sein würden. Ich schickte Regan eine Kopie davon.

Natürlich waren wir im Jahr 1975 tatsächlich Millionäre und das Geld veränderte das Leben unserer jeweiligen Familien. Vivian und ich ließen unser Haus erheblich erweitern und ausbauen. Im Jahr 1964 hatte ich einem meiner Studenten in Las Cruces einen gebrauchten VW abgekauft. Gut zehn Jahre später, 1975, fuhr ich einen neuen roten Porsche 911S. Aus Vivians preiswerter praktischer Garderobe wurden koordinierte Designeroutfits samt modischer Handtaschen und Schuhe. Nachdem wir zuvor unsere Urlaubszeiten mit preisgünstigen Reisen zu beruflichen Terminen verbracht hatten, fielen sie jetzt luxuriöser und ausgedehnter aus – Kreuzfahrten oder Aufenthalte in gehobenen Hotels im Ausland kamen nun hinzu.

Wir lebten jetzt auf größerem Fuß als die meisten unserer Freunde an der Uni. Das hatte die unbeabsichtigte Folge, dass eine gewisse Distanz zwischen uns und den intelligenten, lustigen und gebildeten Menschen entstand, mit denen wir uns am engsten verbunden fühlten. Auf der anderen Seite hatten wir in den wohlhabenden Kreisen der Geschäftsleute in Orange County noch nicht viele neue Bekanntschaften geschlossen, denn die meisten unserer Geschäftspartner waren über die gesamten Vereinigten Staaten verstreut. Vivian stellte fest: „Wir sind weder Fisch noch Fleisch."

Auch distanzierte mich die Verlagerung meiner mathematischen Interessen beruflich von meinen Fakultätskollegen an der UCI. Wie an den meisten Universitäten lag dort der Forschungsschwerpunkt auf reiner Mathematik. Salopp gesagt geht es dabei um die Entwicklung der abstrakten Mathematik beziehungsweise von Theorien als Selbstzweck.

Meine Doktorarbeit hatte ich über reine Mathematik geschrieben und das blieb 15 Jahre lang mein Schwerpunkt. Jedoch entwickelte ich im Zuge der Analyse von Glücksspielen auch ein starkes Interesse an angewandter Mathematik – der Verwendung mathematischer Theorien zur Lösung von Problemen in der wirklichen Welt. Die Finanzwelt und Princeton Newport Partners legten mir ein endloses Feld mit derartigen Rätseln vor, die ich unterhaltsam und gewinnbringend lösen konnte. Ich wurde zum angewandten Mathematiker und war in einer Fakultät für reine Mathematik auch fachlich weder Fisch noch Fleisch.

Gleichzeitig steuerte die mathematische Fakultät auf ernste Schwierigkeiten zu. Sowohl die bewilligten Mittel für die Forschung als auch die Zuwendungen des Staates Kalifornien zur Unterstützung der Universität waren geschrumpft. Dadurch kam es zwischen den verschiedenen Fraktionen innerhalb der Fakultät zu erbitterten Kämpfen um das, was noch blieb. Um diese internen Machtkämpfe zu schlichten, wurde ein externer Fakultätsleiter geholt. Nach drei turbulenten Jahren wurde er aus dem Amt gedrängt. Da sonst niemand da war, den die Kriegsparteien akzeptiert hätten, und wider mein besseres Wissen ließ ich mich von der Universitätsverwaltung dazu überreden, vorübergehend die Leitung zu übernehmen.

Diese Aufgabe war schlimmer, als ich gedacht hatte. Ich stellte fest, dass ein Dozent nicht mehr zu seinen Lehrveranstaltungen erschien und seine Zeit zur Hälfte mit seiner Freundin 400 Meilen weiter nördlich in der Gegend von San Francisco und zur Hälfte in den Casinos in Reno und Lake Tahoe verbrachte. Er war Kartenzähler und rief mich sogar an, um mir Fragen zum Blackjack zu stellen! Ein anderer Dozent bescherte der Fakultät Telefonrechnungen von 2.000 Dollar, während die anderen 25 Dozenten und Professoren zusammen nur auf 200 Dollar kamen. Als ich ihn darauf ansprach, behauptete er, das sei für mathematische Forschung. Beim Durchgehen der Telefonrechnungen zeigte sich, dass fast sämtliche Gebühren auf Gespräche mit New York entfielen. Ich wählte die Nummern und sprach so einmal mit seiner Mutter und einmal mit einem Schallplattenladen. Als ich das aufgedeckt hatte, war er wütend auf mich und es war ihm kein bisschen peinlich.

Indes hatte ein Professor die vertrauliche Personalakte eines anderen Professors aus dem Aktenschrank der Fakultät gestohlen. Als ich das entdeckt hatte und ihn darauf ansprach, verweigerte er die Rückgabe. Es stellte sich heraus, dass die Akte einen sehr bösen Brief enthielt, den er über seinen Feind geschrieben hatte. Er befürchtete, wenn ich als Fakultätsleiter erfahren würde, was er getan hatte, würde ich ihn anschwärzen. Als ich die Universitätsverwaltung aufforderte, Disziplinarverfahren gegen diese Unverbesserlichen einzuleiten, weigerte sie sich, etwas zu unternehmen. Ich war fassungslos und schachmatt.

Ein Problem an großen Bürokratien ist, dass viele ihrer Mitglieder zu dem Schluss kommen, es sei besser, nicht mit anderen Menschen über Kreuz zu geraten, als auf Prinzipien zu beharren. Ich bat einen guten Freund, dem ich zu einer Anstellung in unserer Fakultät verholfen hatte, mein Vizevorsitzender zu werden und mir zu helfen. Obwohl er inzwischen Professor auf Lebenszeit war, lehnte er ab und sagte: „Ich muss mit diesen Affen im selben Käfig wohnen." Für dieses Argument hatte ich Verständnis. Ich hingegen war nicht in diesen Käfig eingesperrt. Ich hatte PNP. Ich dachte mir: *Warum soll ich versuchen, das zu beheben, wenn mich überhaupt niemand dabei unterstützt?* Ich war freiwillig an der mathematischen Fakultät, nicht aus Notwendigkeit. Es war Zeit, die Zelte abzubrechen und weiterzuziehen.

Zunächst wechselte ich an die Graduate School of Management der UCI, wo ich es genoss, Kurse in Finanzmathematik zu halten. Jedoch merkte ich, dass die Querelen und die Hinterhältigkeit dort genauso ausgeprägt waren wie an der mathematischen Fakultät. An beiden gab es endlose Ausschusssitzungen, Kleinkriege um Bezüge, Menschen, die keinerlei Einsatz brachten, jedoch nicht abgesetzt werden konnten, und das Prinzip „publiziere oder krepiere“. Ich entschied, dass es an der Zeit war, den Universitätsbetrieb zu verlassen. Trotz allem fiel mir diese Entscheidung nicht ganz leicht. Ich hatte von mehr als einer Person gehört, das höchste Ziel ihres Lebens sei eine lebenslange Professur an der University of California. Das war auch mein Traum gewesen. Ich hatte im Laufe der Jahre Studenten und ehemalige Mitarbeiter der UC Irvine eingestellt, aber nur ein Dozent – ohne Anstellung auf Lebenszeit – war bereit gewesen, etwas zu wagen und in meine Firma einzusteigen. Die anderen fanden diese Vorstellung furchteinflößend. Natürlich bedauerten manche es später.

Ich schraubte meine Lehrverpflichtungen nach und nach von der Vollzeit herunter und gab schließlich im Jahr 1982 meine Professur an der UCI auf. Ich liebte die Lehre und die Forschung und empfand es als Verlust, eine Position aufzugeben, die ich lebenslang hatte genießen wollen, aber es stellte sich heraus, dass es so am besten war. Das, was mir daran gefiel, nahm ich mit. Ich behielt meine Freunde und führte meine Forschungskooperationen fort. Da es mir nun freistand, zu tun, was ich wollte, war der Traum aus meiner Kindheit wahr geworden. Ich präsentierte meine Arbeiten weiterhin bei Sitzungen und veröffentlichte weiterhin in den Bereichen Mathematik, Finanzwesen und Glücksspiel.

Ich konzentrierte mich zunehmend darauf, mit der Welle von Mathematikern, Physikern und Finanzökonomen konkurrieren zu können, die nun aus dem Wissenschaftsbetrieb an die Wall Street schwappte.

14

KAPITEL

Vorreiter der Quant-Revolution

Als Black und Scholes ihre Formel veröffentlichten – die gleiche, die ich bereits verwendete –, wusste ich, dass ich, um den Handelsvorteil von PNP aufrechtzuerhalten, meine eigenen Werkzeuge für die Bewertung von Optionsscheinen, Optionen, Wandelanleihen und anderen Derivaten schnell genug entwickeln musste, um meinen Vorsprung vor den marschierenden Legionen von Doktoren zu behalten, die auf akademisches Fortkommen durch Publikationen versessen waren. Zwar musste ich zum Wohle unserer Investoren wichtige Ergebnisse geheim halten, aber kleinere Ideen, von denen ich dachte, dass andere bald darauf stoßen würden, konnte ich durchaus veröffentlichen.

Schon vor der Veröffentlichung durch Black und Scholes war ich über die grundlegende Formel hinausgegangen und hatte sie dahingehend verallgemeinert, dass sie auch Fälle einschloss, in denen die Erlöse aus Leerverkäufen vom Broker so lange einbehalten wurden (zu seinem eigenen Nutzen, da er das Geld in dieser Zeit verwenden konnte), bis der Short eingedeckt wurde. Gleich nach der Veröffentlichung von Black und

Scholes präsentierte ich dies bei einer Sitzung des International Statistics Institute in Wien, wo ich einen Vortrag hielt.[1] Außerdem hatte ich das Modell auf Aktien erweitert, die Dividenden ausschütten, denn ich handelte mit Call-Optionen und Optionen auf viele derartige Aktien. Dann meldete die CBOE, sie würde im Laufe des folgenden Jahres 1974 mit dem Handel von Put-Optionen beginnen. Diese Optionen wurden ebenso wie die bereits gehandelten Call-Optionen als amerikanische Optionen bezeichnet, um sie von den europäischen Optionen zu unterscheiden. Europäische Optionen kann man nur innerhalb eines kurzen Zeitraums kurz vor dem Verfallsdatum ausüben, während amerikanische Optionen während ihrer Laufzeit jederzeit ausgeübt werden können.

Wenn die zugrunde liegende Aktie keine Dividenden ausschüttet, fällt die Black-Scholes-Formel, die für europäische Call-Optionen gilt, mit der Formel für die amerikanischen Call-Optionen zusammen, die an der CBOE gehandelt werden. Jedoch weicht die Mathematik für amerikanische Put-Optionen von derjenigen für europäische Put-Optionen ab und bis heute wurde keine allgemeine Formel dafür gefunden. Mir wurde klar, dass ich mithilfe eines Computers und meiner unveröffentlichten „integralen Methode" der Optionsbewertung numerische Ergebnisse mit einem beliebigen Genauigkeitsgrad für dieses noch nicht gelöste „Problem der amerikanischen Puts" berechnen konnte. In einer produktiven Stunde im Herbst 1973 skizzierte ich diese Lösung und meine Mitarbeiter programmierten anhand ihrer einen Computer so, dass er präzise Werte ausgab. Und meine integrale Methode hatte gegenüber der Methode nach Black-Scholes noch einen weiteren Vorteil: Während ihre auf einem einzigen konkreten Modell für Aktienkurse – das eine begrenzte Präzision besaß – basierte, konnte meine Methode Optionen unter Berücksichtigung eines breiten Verteilungsspektrums angenommener Aktienkurse bewerten.[2]

Im Mai 1974 aß ich zusammen mit Fischer Black in Chicago zu Abend, nachdem er mich zu einem Vortrag auf der halbjährlichen Sitzung des CRSP (Center for Research in Security Prices) an der University of Chicago eingeladen hatte. Fischer war damals in seinen Dreißigern, groß und schlank, hatte sein schwarzes Haar nach hinten gekämmt und trug eine „seriöse“ Brille. Er konzentrierte sich intensiv auf jedes Finanzthema, das besprochen wurde, er sprach deutlich, logisch und prägnant. Dies schlug sich auch in seinen kompakten, überaus leserlichen Notizen nieder. Später wurde er zu einer der innovativsten und einflussreichsten Figuren der akademischen und angewandten Finanzlehre.[3] Da mir die Berechnungsmethode für die Bewertung amerikanischer Puts so leichtgefallen war, hatte ich sie mitgebracht, um sie Fischer zu zeigen und von ihm zu erfahren, wie andere dieses Problem gelöst hatten. Ich legte die Lösung zwischen uns auf den Tisch, aber bevor ich etwas sagen konnte, begann mir Fischer von seiner Herangehensweise an die Problemstellung und von den Schwierigkeiten zu erzählen, die ihn bisher noch aufhielten. Ich hatte mich zuvor schon mit seinem Ansatz befasst und war zwar überzeugt, dass er funktionieren würde, jedoch verwendete ich meine integrale Methode, weil sie so einfach war. Wenn Fischer die Lösung nicht kannte, dann kannte sie niemand. Da ich es meinen Partnern schuldete, unseren Wettbewerbsvorteil zu sichern, steckte ich meine Unterlagen unauffällig wieder in meine Aktentasche. Schließlich wurden 1977 zwei andere Berechnungsmethoden für die Preisfindung von amerikanischen Puts in wissenschaftlichen Zeitschriften veröffentlicht.[4]

Abgesehen von der Bewertung amerikanischer Puts lösten meine Kollegen und ich weitere Probleme der Bewertung sogenannter Derivate, bevor sie von Wissenschaftlern entdeckt und publiziert wurden. Von 1967 bis zur Schließung Ende 1988 verschaffte uns dies einen beträchtlichen Vorteil im Handel mit dem breiter werdenden Spektrum von Finanzinstrumenten.

Einige unserer Trades ließen sich unseren Gesellschaftern ohne Zuhilfenahme der Theorie problemlos erklären. Bei einem davon ging es um Optionsscheine, die von der Mary Carter Paint Company begeben worden waren. 1958 als Nachfolgerin eines seit 1908 bestehenden Unternehmens gegründet, konzentrierte sie sich zunächst darauf, andere Farbenunternehmen zu übernehmen, entwickelte sich dann aber zu einem Bauträger für Hotels und Casinos auf den Bahamas. Sie benannte sich in Resorts International um und gliederte das Farbengeschäft samt seinem

Namen aus. Im Jahr 1972 wurden gewisse Optionsscheine der Firma für 27 Cent gehandelt, während die Aktie bei acht Dollar stand. Die Optionsscheine waren deshalb so billig, weil sie wertlos waren, bis die Aktie über 40 Dollar stehen würde – eine gr0ße Chance. Da die Optionsscheine laut unseres Modells vier Dollar wert waren, kauften wir, so viel wir davon bekommen konnten, zum Schnäppchenpreis von 27 Cent. Das waren insgesamt 10.800 Optionsscheine, die uns einschließlich Gebühren 3.200 Dollar kosteten. Wir hedgten unser Verlustrisiko, indem wir 800 Stammaktien zum Stückpreis von acht Dollar shorteten. Als die Aktie später auf 1,50 Dollar fiel, kauften wir unsere geshorteten Aktien mit circa 5.000 Dollar Gewinn zurück. Unser Gewinn bestand nun aus „kostenlosen“ Optionsscheinen und circa 1.800 Dollar Bargeld. Die Optionsscheine wurden nahe null gehandelt, dabei jedoch unter dem minimalen Betrag, den ihnen das Modell als Wert beilegte, sodass ich beschloss, sie auf Eis zu legen und zu vergessen.

Sechs hektische Jahre vergingen. Und dann erhielten wir 1978 Anrufe von Menschen, die unsere Optionsscheine kaufen wollten. Das Unternehmen hatte Immobilien in Atlantic City im Bundesstaat New Jersey gekauft und danach zusammen mit anderen erfolgreiche Lobbyarbeit für die Einführung von Casino-Glücksspielen im Bundesstaat geleistet, allerdings ausschließlich in Atlantic City. Am 26. Mai 1978 eröffnete Resorts das erste US-amerikanische Casino außerhalb von Nevada. Da das Unternehmen seine Konzession frühzeitig erhalten hatte, gab es keine Konkurrenz und es erntete einen warmen Regen an Gewinnen, bis Ende 1979 weitere Casinos eröffneten. Als die Aktie nun bei 15 Dollar stand, also beim Zehnfachen ihres bislang niedrigsten Preises, und die Optionsscheine für drei bis vier Dollar gehandelt wurden, besagte unser Modell, dass sie circa sieben bis acht Dollar wert seien. Anstatt sie zu verkaufen und einen Gewinn von 30.000 bis 40.000 Dollar einzufahren, kaufte ich daher weitere Optionsscheine und shortete Aktien, um uns gegen das Verlustrisiko abzusichern. Als die Aktie die Marke von 100 Dollar durchstieß, kauften wir immer noch Optionsscheine und shorteten Aktien. Am Ende verkauften wir die zu 27 Cent gekauften Optionsscheine und andere für mehr als 100 Dollar das Stück und erzielten einen Gewinn von über einer

Million Dollar.[5] Gleichzeitig beuteten Blackjack-Teams mithilfe meiner Methoden den Casino-Boom in Atlantic dank des vorläufig noch freundlichen Umfelds und der annehmbaren Spielregeln aus. Ironischerweise profitierte ich, während sie an den Blackjack-Tischen von Resorts und anderen Firmen Millionen Dollar kassierten, von den Wertpapieren von Resorts.

In den drei Jahren und zehn Monaten von Anfang 1973 bis Oktober 1976 erzielten die stillen Gesellschafter von PNP einen Gewinn von 48,9 Prozent. „Normale" Anleger erlebten in dieser Zeit am Aktienmarkt eine wilde Achterbahnfahrt. Der S&P 500 fiel in den ersten zwei Jahren um 38 Prozent, stieg dann von 1975 bis Oktober 1976 um 61 Prozent und schaffte so einen Nettogewinn von einem Prozent. Princeton Newport hingegen machte in jedem einzelnen Quartal Gewinn.

Dass gute Jahre an der Börse besser als die schlechten ausfallen müssen, nur um ohne Verlust zu enden, ist eine Grundregel.[6] Ein extremes Beispiel anhand der monatlichen Schlusskurse: Der S&P 500 fiel von seinem Hoch Ende August 1929 bis Ende Juni 1932 um 83,4 Prozent.[7] Ein investierter Dollar wurde auf 16,6 Cent zurechtgestutzt. Damit aus diesen 16,6 Cent wieder ein Dollar wurde, musste der Index auf das 6,02-Fache anwachsen, also um 502 Prozent steigen. Die Wartezeit dauerte über 18 Jahre, bis Ende November 1950. Die jährliche Wachstumsrate betrug in dieser Zeit 10,2 Prozent und lag damit in der Nähe des langfristigen historischen Durchschnitts.

Im Laufe der 1970er-Jahre erweiterte sich das Spektrum unserer Anlagen und sie wurden immer ausgeklügelter. Die Unternehmen gaben Wertpapierfamilien aus, die Wandelanleihen und Wandel-Vorzugsaktien beinhalteten, Optionsscheine sowie Call- und Put-Optionen. Ihr Wert leitete sich größtenteils vom Wert der jeweils zugrunde liegenden Aktie ab und man bezeichnete sie als Derivate oder abgeleitete Wertpapiere. In den darauffolgenden Jahrzehnten wurden es immer mehr, sowohl im Hinblick auf die Menge als auch die Zahl der Typen, denn sogenannte Finanzingenieure oder Financial Engineers erfanden neue, die möglicherweise das Risiko senkten und mit Sicherheit die Gebühreneinnahmen erhöhten. Ich wandte meine Methode an, um diese

Derivate und die späteren zu bewerten. Dies versetzte Princeton Newport Partners in die Lage, Wandelanleihen korrekter zu bewerten als alle anderen. Das Hedging mithilfe von Derivaten war in den gesamten 19 Jahren des Bestehens von PNP eine entscheidende Quelle des Gewinns. Diese Art des Hedgings wurde auch bei vielen späteren Hedgefonds zur zentralen Strategie, zum Beispiel bei Citadel, Stark und Elliott, die jeweils Milliarden Dollar managten.

Heutzutage können Wandelanleihen mit komplexen Konditionen ausgestattet sein. Der Grundgedanke ist jedoch einfach. Nehmen wir die hypothetische Wandelanleihe von XYZ bis 2020 zu sechs Prozent. Jede Wandelanleihe wurde am 1. Juli 2005 zum Preis von rund 1.000 Dollar verkauft und wird am 1. Juli 2020 mit 1.000 Dollar getilgt. Die Anleihe verspricht eine Verzinsung über ihre gesamte Laufzeit in Höhe von sechs Prozent auf ihren Nennwert, zu zahlen in halbjährlichen Raten zu drei Prozent respektive 30 Dollar, jeweils am 1. Januar und am 1. Juni, an den Inhaber. Bis dahin entsprechen die Konditionen denjenigen einer üblichen gewöhnlichen Anleihe. Jedoch verfügt die Wandelanleihe über ein zusätzliches Merkmal. Im Ermessen ihres Eigentümers kann sie zu jedem beliebigen Zeitpunkt bis zu ihrer Fälligkeit am 1. Juli 2020 gegen 20 Stammaktien des Unternehmens XYZ eingetauscht werden. Somit vereint die Wandelanleihe die Merkmale einer gewöhnlichen Anleihe mit denen einer Option oder eines sonstigen Bezugsrechts. Man kann sich den Marktwert der Anleihe als Summe zweier Teile vorstellen. Der erste ist der Wert einer vergleichbaren Anleihe ohne Wandelmöglichkeit, der aufgrund des herrschenden Zinssatzes und der finanziellen Solidität des Unternehmens schwankt. Dieser Teil zieht einen „Boden“ unter den Preis.

Der zweite Teil ist der Optionswert der Wandlungsmöglichkeit. Wenn man in unserem Beispiel die Anleihe gegen 20 Aktien eintauscht, wenn die Aktie bei 50 Dollar steht, erhält man die 1.000 Dollar, die die Anleihe bei Fälligkeit ohnehin wert ist, sodass man aus der Wandlungsmöglichkeit keinen Vorteil zieht. Steigt die Aktie hingegen auf 75 Dollar, sind 20 Aktien 1.500 Dollar wert. Dann müsste die Anleihe, die ja sofort gegen diese Anzahl Aktien eingetauscht werden kann, am Markt mindestens zu diesem Preis gehandelt werden.

Warum geben Unternehmen solche Anleihen aus? Weil der Wert der zusätzlichen Option beziehungsweise der Wandlungsmöglichkeit dem Käufer ein Lotterielos auf die Zukunft des Unternehmens beschert und das Unternehmen daher den Zinssatz senken kann, den es auf diese Optionen bezahlen muss, um sie verkaufen zu können.

Ebenso wie PNP die Methoden der Optionsbewertungen einsetzte, um Preisbildungsmodelle für Wandelanleihen zu erstellen, so tat es das auch bei anderen Derivaten. Von den 200 Derivaten, die ich Anfang der 1970er-Jahre verfolgte, waren 80 Prozent Gewinner, zehn Prozent kamen etwa auf null heraus und zehn Prozent brachten Verlust. Dabei waren die Verluste im Schnitt wesentlich geringer als die Gewinne.

Um noch stetigere Gewinne zu produzieren, hedgten wir das Gesamtrisiko unserer kompletten Sammlung von Hedges, indem wir die Auswirkungen von Zinsänderungen (quer durch das Spektrum von Bonitäten und Laufzeiten) auf unser Portfolio neutralisierten.[8] Außerdem kompensierten wir Gefährdungen des Portfolios durch plötzliche Kursänderungen des Gesamtmarkts und durch die Volatilität der Börse. Ab den 1980er-Jahren wurden einige dieser Methoden von modernen Investmentbanken und Hedgefonds eingeführt. Sie führten außerdem einen Begriff ein, den wir ablehnten, „Value at Risk" oder VaR: Sie schätzten die Schädigung ihres Portfolios durch die schlimmsten Ereignisse unter den wahrscheinlichsten beispielsweise 95 Prozent der künftigen Ausgänge ab, ignorierten dabei die extremen als „Tails" bezeichneten Enden der Verteilungskurve und ergriffen Maßnahmen, um etwaige inakzeptable Risiken zu senken. Der Nachteil der alleinigen Verwendung von VaR ist, dass die schlimmsten fünf Prozent der zu erwartenden Fälle nicht vollständig berücksichtigt werden. Doch gerade solche extremen Ereignisse führen zum Ruin. Außerdem trifft es zu, dass extreme Preisänderungen von Wertpapieren größer ausfallen können, als man es aufgrund der üblicherweise verwendeten Statistiken aufgrund der Gauß- oder Normalverteilung erwarten würde. Als der S&P 500 Index am 19. Oktober 1987 um 23 Prozent fiel, sagte ein führender Finanzprofessor, wenn der Börsenhandel während der bisherigen 13 Milliarden Jahre langen Existenz des Universums stattgefunden hätte, wäre die Wahrscheinlichkeit, dass so etwas auch nur ein einziges Mal passiert, vernachlässigbar klein.

Ein weiteres Instrument, das heutzutage eingesetzt wird, sind sogenannte „Stresstests" von Portfolios, bei denen die Auswirkungen bedeutender unheilvoller Ereignisse aus der Vergangenheit auf das Portfolio simuliert werden. Im Jahr 2008 verwendete ein milliardenschwerer Hedgefonds, der von einem führenden Quant gemanagt wurde, dafür 10-tägige Zeitfenster, die den Crash 1987, den ersten Golfkrieg, den Hurrikan Katrina, die Krise von Long-Term Capital Management, den durch Technologie-Aktien bedingten Absacker der Börse in den Jahren 2000–2002, den Irakkrieg und so weiter abdeckten. Alle diese Daten wurden auf das Portfolio dieses Fonds im Jahr 2008 angewendet und zeigten, dass diese Ereignisse bei dem 13 Milliarden Dollar schweren Portfolio zu Verlusten von höchstens 500 Millionen Dollar geführt hätten, also nicht einmal vier Prozent. Doch in Wirklichkeit verlor es bis zum Tief 2009 über 50 Prozent und geriet an den Rand des Ruins, bevor es seine Verluste bis zum Jahr 2012 wieder hereinholte. Der Kreditkollaps 2008 war von der Art her anders als die früheren schlimmsten Fälle, auf die getestet worden war. Dass der Fonds beinahe ausgelöscht worden wäre, spiegelt die Tatsache wider, dass es nicht reicht, einfach die Vergangenheit noch einmal durchzuspielen.

Wir nahmen eine umfassendere Perspektive ein. Wir analysierten und berücksichtigten das Tail Risk und wir befassten uns mit extremen Fragen wie etwa: „Was würde passieren, wenn der Markt an einem Tag um 25 Prozent fallen würde?" Mehr als zehn Jahre später passierte genau das tatsächlich und unser Portfolio war davon kaum betroffen. Als das Spektrum und die Größe unserer Trades wuchsen und wir mit unserem Depot zu Goldman Sachs als unserem hauptsächlichen Broker wechselten, stellte ich unter anderem folgende Frage: „Was passiert mit unserem Depot, wenn Goldman Sachs durch eine Atombombe zerstört wird, die Terroristen in den New Yorker Hafen geschmuggelt haben?" Die Antwort lautete: „Wir lagern Duplikate unserer Unterlagen unter der Erde im Iron Mountain in Colorado."

Und es gibt an der Wall Street noch eine andere Art von Risiko, vor der einen Computer und Formeln nicht schützen können: die Gefahr, beschwindelt oder betrogen zu werden. Dass ich in den 1960er-Jahren beim Kartenspielen in den Casinos beschummelt worden war, war eine wertvolle Vorbereitung auf die Unredlichkeit im größeren Maßstab, der ich später in der Welt der Geldanlage begegnete. Die Finanzpresse enthüllt ja täglich neue Betrügereien.

Als sich die Inflation zweistelligen Werten näherte und die Rohstoffpreise steil anstiegen, boomte das Geschäft mit dem Kauf und Verkauf von Edelmetallen und entsprechenden Optionen. Als ich zurück im Büro war, verglich ich die Preise für die XYZ Corporation mit den „korrekten" Preisen laut dem Modell, das wir bei PNP verwendeten, wenn wir solche Optionen an einen größeren Händler verkauften.

Zu meinem Erstaunen stellte ich fest, dass mir die XYZ Corporation anbot, mir Optionen zu weniger als der Hälfte des von mir erwarteten Preises zu verkaufen! Nachdem ich mir über meinen freundlichen Verkäufer Finanzunterlagen beschafft hatte, entdeckte ich, dass die XYZ Corporation beim Verkauf einer Option den Erlös als Einnahme verbuchte, aber keinerlei Rückstellungen bildete, um sie zu begleichen, falls und wenn der Käufer sie flüssig machte. Da die angemessenen Rückstellungen für jede Option, die das Unternehmen verkaufte, mehr als doppelt so hoch wie der Erlös hätten sein müssen, wäre aus einer korrekten Buchführung hervorgegangen, dass das Vermögen des Unternehmens bei jedem Verkauf einer Option negativer wurde.

Es war klar, dass es immer mehr Optionen verkaufen und den Cashflow für die Bezahlung der früheren „Investoren" verwenden musste, die womöglich ihre Papiere flüssig machen wollten – ein klassisches Pyramidensystem, das böse enden musste. Was tun?

Ich beschloss, ein kleines lehrreiches Experiment durchzuführen. Nachdem ich die spärlichen Informationen durchgesehen hatte, die über die Umsätze, die umlaufenden Optionen und die anfänglichen Rücknahmequoten verfügbar waren, schätzte ich, dass das Unternehmen noch mindestens acht Monate lang überleben würde. Es wurden dann zehn. Indem ich für 4.000 Dollar Optionen mit einer Laufzeit von sechs Monaten kaufte, verdoppelte ich in vier Monaten mein Geld und ließ es mir auszahlen. Ein paar Monate später waren die Büros geschlossen, die Betreiber weg und es lief eine weitere Betrugsermittlung.

Die nächste große Prüfung für den Investmentansatz von PNP kam bald danach. Von 1979 bis 1982 gab es an den Märkten extreme Verzerrungen. Die Renditen kurzfristiger US-Schatzwechsel stießen in zweistelliges Terrain vor und sie warfen im Jahr 1981 fast 15 Prozent ab. Die Zinsen auf Hauskredite mit Zinsbindung betrugen in der Spitze über 18 Prozent. Die Inflation stand dem kaum nach. Diese beispiellosen Preisbewegungen verschafften uns neue Profitgelegenheiten. Eine davon entstand am Markt für Gold-Futures.

Zu einem gewissen Zeitpunkt wurde Gold, das in zwei Monaten geliefert wurde, für 400 Dollar je Unze und Futures mit 14 Monaten Restlaufzeit für 500 Dollar gehandelt. Wenn wir das Gold, für das wir 400 Dollar bezahlt hatten, in zwei Monaten geliefert bekamen, konnten wir es zu symbolischen Kosten ein Jahr lang lagern und dann für 500 Dollar verkaufen und somit in zwölf Monaten 25 Prozent Gewinn erzielen. Dabei gab es diverse Risiken, die wir vollständig hedgten, und auch mehrere „Kicker", also Szenarien, in denen wir eine höhere – oft viel höhere – Rendite erzielen würden. Ähnliche Geschäfte machten wir mit Silber und Kupfer und sie funktionierten wie erwartet, von einer winzigen Ausnahme abgesehen. Als wir uns das Kupfer hatten liefern lassen, wurde ein Teil davon aus dem Lagerhaus gestohlen, das unser Broker nutzte, und es dauerte ein bisschen, bis uns die Versicherung des Lagerhausbetreibers dafür entschädigte.

Als sich die Ära der hohen Zinsen entspann, begannen die Sparkassen hohe Verluste zu machen, und zwar aus folgendem Grund: Sie liehen sich kurzfristiges Geld von ihren Einlegern und verliehen einen Großteil davon langfristig als Hausdarlehen mit Zinsbindung. Als die kurzfristigen Zinsen in die Höhe schossen, stieg der Preis, den die Sparkassen für das Geld bezahlen mussten, rasant, jedoch ihre Einnahmen aus den

Bestandsdarlehen, die sie früher mit viel niedrigerer Zinsbindung vergeben hatten, nicht. Diese Diskrepanz zwischen den Zinsen auf kurzfristig aufgenommene und denen auf langfristig vergebene Schulden ruinierte in den 1980er-Jahren viele Sparkassen und ihre Rettung kostete den Steuerzahler mehrere Hundert Milliarden Dollar.[9]

Man hätte den möglichen Kollaps der Sparkassen vorhersehen und durch geeignete Regulierungen verhindern können, aber das geschah nicht. Auch die späteren Finanzkrisen wiesen diese Eigenschaft auf.

Indes weitete Princeton Newport Partners seine Tätigkeit auf neue Arten von Investments aus.

Der Autor im Alter von fünf Jahren.

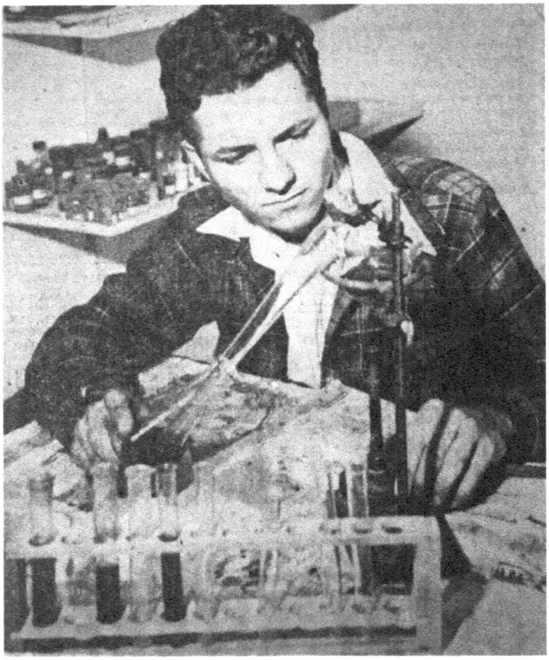

Lomita News (diese Zeitung ging später zugrunde)

Der Autor mit Laborgeräten. Dieses Foto wurde in der südkalifornischen Stadt Lomita aufgenommen, wo er wohnte und die Narbonne High School besuchte.

Der Wearable-Computer, der das Roulettespiel schlug. Er wurde 1961 von Claude Shannon und Edward Thorp fertiggestellt und erfolgreich in Las Vegas eingesetzt.
Jetzt steht er im MIT-Museum.

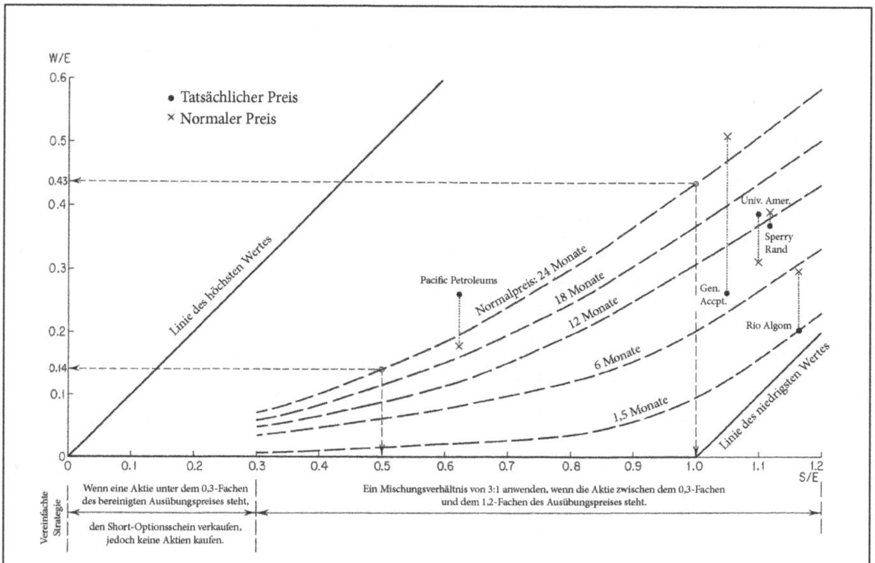

Abbildung 6.3 Die Auswahl derjenigen Optionsscheine, die zu shorten am rentabelsten ist, 21. Juli 1966.

Random House

Das Optionsschein-Hedging, 1966. Aus „Beat the Market“.

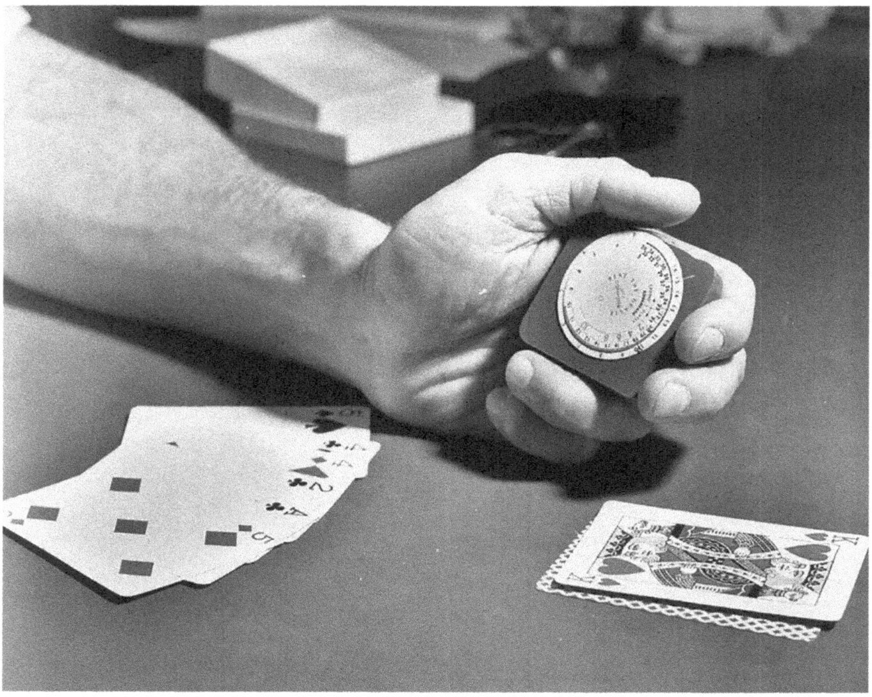

Eine einfache mechanische Vorrichtung, um Karten zu zählen und den Vorteil zu berechnen, gebaut 1964.

Don Cravens, *Life*

Beim Kartenzählen im Tropicana Hotel, 1964.

George Kew, *Life*

Zusammenarbeit mit meinen Doktoranden Dorothy Daybell und David Arterburn an der New York State University, 1964.

Don Cravens, *Life*

Als Sitzungsleiter bei einem mathematischen Kongress, 1964.

Das in Europa übliche Roulette mit nur einer Null. Unser Wearable-Computer ist im Hintergrund ausgestellt.

Gambler's Book Club Press, Las Vegas, Nevada

Beim Blackjack-Spiel in Lake Tahoe in Nevada mit Stanford Wong (links) und Peter Griffin (rechts).

Claude Shannon

Foto von Alfred Eisenstaedt/
The LIFE Picture Collection/Getty Images

Umschlaggestaltung: Richard Adelson; Umschlagfoto: Tom Campbell/Alpha

Der Umschlag von
„Beat the Dealer“.

Vivian und Edward Thorp bei sich zu Hause, 2004.

15
KAPITEL

Aufstieg …

Am 1. November 1979, zehn Jahre nach der Gründung von Princeton Newport Partners, beliefen sich die annualisierte Rendite des S&P 500 einschließlich Dividenden auf 4,6 Prozent und die Rendite von Aktien von Kleinunternehmen auf 8,5 Prozent, beides unter weit höherer Volatilität als bei Princeton Newport. Wir standen nach zehn Jahren 409 Prozent im Plus und hatten vor Gebühren eine annualisierte Rendite von 17,7 Prozent erzielt, nach Gebühren 14,1 Prozent. Unsere anfänglichen 1,4 Millionen Dollar waren auf 28,6 Millionen Dollar angewachsen. Wir beschlossen das Jahr 1979 mit einem großen Traum für die 1980er-Jahre: unsere Kompetenzen auf neue Gebiete der Geldanlage auszuweiten. Für mich bedeutete dies, weitere interessante Problemstellungen der quantitativen Finanzlehre zu lösen. Für die Firma konnte dies dazu führen, dass sich das Kapital mehren würde, das wir zu hohen Zinsen investieren konnten.

Unsere erste diesbezügliche Anstrengung bezeichnete ich als Indicators Project. Ziel war es, die finanziellen Charakteristika oder Indikatoren von Unternehmen zu untersuchen und zu schauen, ob man sie verwenden könnte, um Aktienrenditen vorherzusagen. Das Vorbild war Value Line, ein Investment-Dienstleister, der im Jahr 1965 ein Programm gestartet hatte, das Informationen wie Gewinnüberraschungen, Kurs-Gewinn-Verhältnisse und Momentum verwendete, um Aktien in Gruppen von I (die besten) bis V (die schlechtesten) einzuordnen. Man spricht bei einer Aktie von positivem Momentum, wenn ihr Preis in der jüngeren Vergangenheit stark nach oben tendiert hat, von negativem Momentum, wenn sie stark nach unten tendiert hat.

Der Leiter unseres Indikatorenprojekts war Dr. Jerome Baesel, ein talentierter und eloquenter junger Wirtschaftswissenschaftler, den ich kennengelernt hatte, als wir beide an dem Institut lehrten, das heute Paul Merage School of Business at UC, Irvine heißt.[1] Ebenso entscheidend für dieses und so gut wie alle anderen damaligen und späteren Projekte war Steven Mizusawa. Steve und ich hatten uns 1972 kennengelernt, als er und ein anderer UCI-Student ein spezielles mathematisches Sommerprojekt unter meiner Leitung beantragt hatten, in dem wir einen Aspekt der Kartenzählung beim Blackjack erforschten. Sie leisteten hervorragende Arbeit und daher war Steve zur Hand, als ich 1973 jemanden mit Computerkenntnissen brauchte. Mit Abschlüssen sowohl in Informatik als auch in Physik war Steve für unsere Computerarbeit und für einen Großteil des damit verbundenen Researchs zuständig. Er wurde zum unbeschränkt haftenden Gesellschafter von Princeton Newport Partners und zu einem unschätzbaren Freund.

Das Projekt nutzte zwei riesige Wertpapier-Datenbanken und die Rechenleistung zu ihrer Verarbeitung – beides stand erst seit kurzer Zeit zur Verfügung. Die historischen Aktien-Tageskurse, die Zeitpunkte und die Beträge der ausgeschütteten Dividenden sowie andere Daten wurden vom CRSP verkauft, dem Center for Research in Security Prices der University of Chicago. Die Compustat-Datenbank lieferte historische Informationen zu Bilanzen und Gewinnen. Unter den Dutzenden von Indikatoren, die wir systematisch analysierten, korrelierten mehrere eng mit der früheren Performance. Dazu gehörten die Gewinnrendite (Jahresgewinn durch Aktienkurs), die Dividendenrendite, das Buchwert-Kurs-Verhältnis, das Momentum, das Short Interest (die Anzahl der momentan leerverkauften Aktien eines Unternehmens), Gewinnüberraschungen (Zahlenbekanntgaben, die wesentlich und unerwartet vom Analystenkonsens abweichen), Käufe und Verkäufe durch Unternehmensvertreter, Verwaltungsratsmitglieder und Großaktionäre sowie das Verhältnis des Umsatzes zum Börsenwert des Unternehmens.[2] Wir untersuchten alle diese Indikatoren einzeln und fanden dann heraus, wie wir sie kombinieren konnten. Als sich die historischen Muster in der künftigen Kursentwicklung stabil hielten, erstellten wir ein Handelssystem namens MIDAS (Multiple Indicator Diversified Asset System) und betrieben damit einen separaten Long/Short-Hedgefonds (long auf die „guten" Aktien, short auf die „schlechten"). Das Gute an MIDAS war, das es den gesamten Billionen Dollar umfassenden Aktienmarkt berücksichtigte und so die Investition sehr großer Geldbeträge ermöglichte.

Die beiden Finanzprofessoren Bruce Jacobs und Kenneth Levy hatten unabhängig von mir in die gleiche Richtung gedacht. Dies erfuhr ich, als sie ihre Arbeit im Studienplan für Finanzwesen der UC-Berkeley im Herbst 1986 vorstellten. Unser System funktionierte erfolgreich, bis wir es Ende 1988 zusammen mit Princeton Newport beendeten. Jacobs und Levy verwalteten mithilfe dieser Methode weiterhin mehrere Milliarden Dollar.[3]

Bis zum Jahr 1985 waren unsere Büros im kalifornischen Newport Beach und in Princeton in New Jersey auf jeweils rund 40 Mitarbeiter angewachsen. Ich leitete das Büro im kalifornischen Newport Beach und Jay Regan das Büro in Princeton. Inzwischen handelten wir an Märkten auf der ganzen Welt. London war New York fünf Zeitzonen voraus und daher kamen unsere Trader früh ins Büro, brachten unsere über den Atlantik reichenden Positionen auf den neuesten Stand und standen dann für New York bereit, wo der Handel um 9:30 Uhr eröffnet wurde, sowie für mehrere US-amerikanische Optionsbörsen (Chicago Board Options Exchange, AMEX, Pazifikküste, Philadelphia).[4] In Newport Beach, das zeitlich drei Stunden hinter Princeton lag, ging es um circa 6:00 Uhr morgens damit los, dass wir die neuesten Kurse in unsere Computer eingaben, um neue Handelsempfehlungen für unser Ostküstenbüro zu erstellen. Zudem waren die asiatischen Börsen zu der Zeit geöffnet, zu der die meisten Menschen in den Vereinigten Staaten schliefen. Besonders wichtig war der Handel mit Optionsscheinen und Wandelanleihen in Tokio. Die Telefonate zwischen Newport und Princeton begannen um sechs Uhr, nahmen im Tagesverlauf enorm zu und ließen am späten Nachmittag langsam wieder nach.

Wir nahmen neue Arten von Trades in unser Programm auf und leisteten bei mehreren davon Pionierarbeit.[5] Einer davon war eine einmalige riesige Transaktion, die uns Goldman Sachs Ende 1983 anbot. Sie ergab sich aus der staatlich angeordneten Zerschlagung des Monopols von AT&T (American Telephone and Telegraph Company). Der Konzern wurde in ein neues Unternehmen, das den Namen AT&T trug, sowie in die sogenannten sieben Schwestern aufgeteilt, neue regionale Telefongesellschaften. Gemäß den Bedingungen dieses Deals wurden jeweils zehn alte AT&T-Aktien gegen zehn Aktien der neuen AT&T zuzüglich je einer Aktie der sieben Schwestern eingetauscht. Der Gesamtpreis der neuen Wertpapiere, die „per Erscheinen" gehandelt wurden (man konnte also „jetzt" einen Kauf- oder Verkaufsvertrag darüber abschließen, musste aber das Geld für den Fall des tatsächlichen Kaufs erst dann aufbringen beziehungsweise erhielt das Geld für den Fall des tatsächlichen Verkaufs erst dann, als die Papiere wirklich ausgegeben wurden), lag weit genug über dem Preis der alten AT&T, damit dieser Trade attraktiv erschien.

Princeton Newport kaufte fünf Millionen Aktien der alten AT&T für circa 66 Dollar das Stück, also eine Beteiligung von 330 Millionen Dollar. Den größten Teil davon bezahlten wir mithilfe einer befristeten Finanzierung – das war eine spezielle Form eines Darlehens seitens des Brokers nur für das betreffende Geschäft und es musste von dem Erlös bezahlt werden, sobald die Position geschlossen wurde. Dabei kompensierten wir das Risiko des Besitzes alter AT&T-Aktien dadurch, dass wir gleichzeitig die Aktien shorteten, die wir im Austausch gegen unsere alten AT&T-Titel bekommen würden. Bei diesen „per Erscheinen" gehandelten Papieren handelte es sich um fünf Millionen Aktien der alten AT&T und 500.000 Aktien jeder der neuen sieben Schwestern. Wir wickelten das Geschäft über Goldman Sachs ab, indem wir die Hälfte der beiden aufeinander folgenden 5-Millionen-Dollar-Tranchen à 330 Millionen

Dollar übernahmen. Ich habe eine goldfarbene Gedenktafel, ein sogenanntes Deal Toy, auf meinem Schreibtisch, zur Erinnerung an den 1. Dezember 1983, denn das war damals der größte Dollarbetrag der Geschichte in einem einzelnen Handelsgeschäft an der New York Stock Exchange. PNP erzielte innerhalb von anderthalb Monaten mit dem AT&T-Trade nach Abzug aller Kosten einen Gewinn von 1,6 Millionen Dollar.

Zwischenzeitlich erweiterte eine Armee von Doktoren, die in unsere Fußstapfen traten, die Theorie der Derivate enorm und leitete die Revolution der quantitativen Finanzlehre an der Wall Street ein. Sie halfen Hedgefonds, Investmentbanken und anderen Institutionen bei der Organisation ihrer Anlagen. Zum Teil von der „Sell Side" getrieben – den Vertriebsabteilungen, die neue Produkte finden und verkaufen –, erfanden diese Quants neue Derivate, die dann von den Vertrieblern gepusht wurden. Diese Produkte höhlten das weltweite Finanzsystem in Form einer Reihe immer schwererer Krisen aus. Die erste dieser Krisen kam für fast alle überraschend.

Am Freitag, dem 16. Oktober 1987, fiel der Aktienmarkt – gemessen am Dow Jones Industrial Average – um circa vier Prozent. Da sich die tägliche Kursbewegung im Durchschnitt auf circa ein Prozent beläuft, war das zwar viel, aber kein Grund zur Panik. Doch immerhin war der Markt ein Stück gefallen und wurde volatiler.

Am Montag danach sahen wir zu, wie der Markt weiter fiel. Um die Zeit, als ich wie üblich mit Vivian essen ging, war er um sieben Prozent gefallen, mehr als die Hälfte der Rekorde von 13 beziehungsweise zwölf Prozent am 28. und am 29. Oktober 1929, die zusammen den Beginn der Großen Depression signalisiert hatten. Als die Börse noch weiter fiel, rief mich mein Büro im Restaurant an und sagte mir besorgt, dass der Dow Jones um 400 Punkte beziehungsweise 18 Prozent gefallen war, was bereits der schlechteste Tag aller Zeiten war, und dies unter allgemeiner Panik. Vivian fragte sich, ob ich unser Essen vorzeitig abbrechen und zurück ins Büro eilen müsste. PNP und wir persönlich könnten ja schwere Verluste erleiden. Ich erklärte ihr, ich könne an diesem Tag an den Märkten nichts ausrichten. Unsere Anlagen seien entweder sicher, weil sie durch das Hedging so abgesichert waren, wie ich dachte, oder eben nicht. „Was wirst du tun?", fragte sie mich. Ich antwortet: Als Erstes würden wir uns entspannen und in Ruhe zu Ende essen. Dann würde ich nach einem kurzen Besuch im Büro heimkommen und nachdenken.

Als ich wieder an meinen Schreibtisch kam, war die Börse geschlossen, nachdem der Index um 508 Punkte beziehungsweise 23 Prozent gefallen war – der mit Abstand schlimmste einzelne Tag in seiner Geschichte. Ein Viertel des Wertes des US-amerikanischen Aktienmarkts war „weg". Die Nation hatte an nur einem Tag fünf Prozent ihres Vermögens verloren und der Schock pflanzte sich durch Märkte rund um die Welt fort. Die Angst regierte. Für die meisten wissenschaftlichen Theoretiker kam dies dem Unmöglichen so nahe, wie es nur geht. Es war, als wäre plötzlich die Sonne erloschen oder die Erde hätte aufgehört, sich zu drehen. Sie beschrieben den Aktienmarkt mithilfe einer Wahrscheinlichkeitsverteilung mit dem nur für Eingeweihte verständlichen Begriff „Log-Normalverteilung". Diese passte zwar gut zu den historischen Preisänderungen vom kleinen bis zum ziemlich großen Bereich, sie unterschätzte jedoch die Wahrscheinlichkeit sehr großer Änderungen in hohem Maße. Finanzmodelle wie die Black-Scholes-Formel für Optionspreise waren für die Verwendung der Log-Normalverteilung konstruiert worden. Da wir uns dieser Einschränkung des wissenschaftlichen Modells für Aktienkurse bewusst waren, hatten wir im Rahmen des Indikatorenprojekts etwas gefunden, das den historischen Kursdaten viel besser entsprach, vor allem bei relativ großen Kursveränderungen.[6] Deshalb war ich von dem gigantischen Einbruch zwar überrascht, aber nicht annähernd so geschockt wie die meisten anderen.

Es gab kein größeres äußeres Ereignis, das diesen Tageskollaps erklärte, und als ich an jenem Abend darüber nachdachte, fragte ich mich: *Warum ist das passiert? Wird die Katastrophe morgen weitergehen? Werden durch das Chaos Gewinnchancen entstehen?* Ich glaube, die Ursache war ein neues Finanzprodukt namens Portfolioversicherung. Hätte ich früher genauer darauf geachtet, dass sich ihr Einsatz enorm ausbreitete, hätte ich das Desaster vielleicht vorhersehen können. Diese Investmentmethode wurde vor allem von der Quant-Firma Leland, O'Brien and Rubinstein erstellt und vermarktet. Stellen Sie sich einen betrieblichen Altersvorsorge- und Gewinnbeteiligungsplan mit einem breit angelegten Aktienportfolio vor, der sich gegen scharfe Einbrüche des Marktes absichern will. Er richtet ein Programm ein – entweder im eigenen Haus oder mithilfe eines Fachmanns für Portfolioversicherungen –, das von Aktien auf Schatzwechsel umstellt, wenn die Börse fällt. Dies geschieht in mehreren Phasen: Nach Einbrüchen um soundsoviel Prozent wird jeweils ein Teil des Aktienportfolios verkauft und von dem Erlös werden Schatzwechsel gekauft. Wenn der Markt später wieder steigt, findet der umgekehrte Prozess statt, bis am Ende das Portfolio wieder vollständig in Aktien investiert ist.

Zum Zeitpunkt des Crashs waren um die 60 Milliarden Dollar an Aktien mittels dieser Methode versichert, was weitgehend mithilfe von Computern umgesetzt wurde. Als die Börse am Freitag um vier Prozent fiel, platzierten die Versicherungsprogramme Orders, die zur Handelseröffnung am Montag ausgeführt werden sollten – Aktien verkaufen und Schatzwechsel kaufen. Als der Handel am Montag begann, trieben diese Verkäufe die Aktienkurse noch weiter nach unten, was wiederum weitere Verkäufe durch Portfolioversicherungs-Programme auslöste. Als daher die Kurse weiter abstürzten, gerieten die Anleger in Panik und verstärkten die Sintflut noch durch ihre eigenen Verkäufe. Diese positive Rückkopplungsschleife setzte sich den ganzen Tag über fort und strebte auf einen verheerenden Höhepunkt zu. Die Portfolioversicherung war dafür gedacht, die Anleger vor großen Börseneinbrüchen zu schützen, doch ironischerweise wurde das Heilmittel zur Krankheitsursache.[7]

Um zu verstehen, was ich als Nächstes tat, ist ein bisschen Hintergrund nötig. Es ist relativ kostspielig, wenn Portfolioversicherungs-Programme ständig Aktien verkaufen, wenn der Markt sinkt, und sie dann zurückkaufen, wenn er wieder steigt, einerseits aufgrund der Brokergebühren für die Ausführung der Trades, andererseits wegen der Auswirkungen des Verkaufs oder Kaufs auf den Markt.

Obwohl die Institutionen, die die Portfolioversicherung einsetzten, geringere Gebühren als kleinere Investoren bezahlten, senkten sie die Handelskosten noch weiter, indem sie statt der zugrunde liegenden

Aktien Kontrakte auf den Kauf (oder Verkauf) des Aktienkorbs, aus dem der S&P 500 Index besteht, zu einem festgelegten Zeitpunkt verwendeten. Diese sogenannten Futures oder Terminkontrakte wurden an gewissen Börsen zusammen mit Kontrakten auf die künftige Lieferung anderer Vermögenswerte gehandelt, unter anderem Anleihen, Devisen, Metalle, Öl und Gas sowie landwirtschaftliche Produkte, beispielsweise Mais, Weizen und Schweinebäuche. Diese Kontrakte besitzen standardisierte Mengen und Lieferzeitpunkte, beispielsweise über einhundert Unzen Gold, die zu einem bestimmten Zeitraum im September 2017 geliefert werden. Die Börse fungiert als Vermittler zwischen Käufer und Verkäufer, die jeweils bei der Börse Sicherheiten hinterlegen müssen, um nachzuweisen, dass sie ihre Seite des Vertrags auch einhalten werden. Diese als Margin bezeichneten Geldmittel betragen nur einen Bruchteil der gesamten Kontraktsumme. Da der Terminkontrakt später gegen den zugrunde liegenden Vermögenswert eingetauscht werden kann, verlaufen die Preise beider weitgehend parallel. Dadurch war die Bühne für die Katastrophe bereitet.

Im Oktober 1987 waren die Futures auf den S&P 500 bereits seit einigen Jahren im Handel und sehr beliebt, entweder um sich schnell und kostengünstig dem Markt auszusetzen (kaufen oder „long gehen") oder sich von ihm abzusetzen (verkaufen oder „short gehen"). Normalerweise lagen die Preise dieser Futures sehr dicht am Preis des S&P 500 Index an sich. Das lag daran, dass ausreichend große Abweichungen dazu führten, dass Arbitrageure durch einen nahezu risikolosen Hedge Gewinne abschöpften, indem sie den Index oder den Terminkontrakt kauften – das, was von beiden gerade billiger war – und gleichzeitig den Index oder den Terminkontrakt shorteten – das, was von beiden gerade teurer war. Dies sorgte normalerweise für eine geringe Preisdifferenz. Wir hatten seit dem ersten Tag im Jahr 1982, an dem diese Futures an der Chicago Mercantile Exchange gehandelt wurden, auf diese Art Gewinne eingefahren.

Nachdem ich über Nacht intensiv darüber nachgedacht hatte, kam ich zu dem Schluss, dass die massiven Rückkopplungsverkäufe der Portfolioversicherungen wahrscheinlich die Ursache des Kurseinbruchs vom Montag waren. Am nächsten Morgen wurden die S&P-Futures für 185 bis 190 gehandelt, der S&P 500 stand hingegen bei 220. Eine Preisdifferenz von 30 bis 35 hatte es noch nie gegeben, weil Arbitrageure wie wir die Preise im Allgemeinen auf einem Abstand von einem bis zwei Punkten hielten. Die Institutionen hatten massive Mengen an Futures verkauft, aber der Index selbst fiel nicht annähernd so tief wie diese Kontrakte, weil die verschreckten Arbitrageure den Spread nicht ausnutzen wollten. Wenn die Futures weit genug unter dem Index selbst gehandelt wurden, shorteten die Arbitrageure normalerweise einen Aktienkorb, der dem Index dicht folgte, und kauften zum Ausgleich eine Position der preiswerteren Index-Futures. Wenn sich die Preise der Futures und des zugrunde liegenden Aktienkorbs einander wieder annäherten, was sie zu einem späteren Zeitpunkt taten, wenn die Futures-Kontrakte abgerechnet wurden, schloss der Arbitrageur den Hedge und erntete die vorherige Preisspanne als Gewinn. Am Dienstag, dem 20. Oktober 1987, war es allerdings bei vielen Aktien schwierig oder unmöglich, sie zu shorten. Das lag an der Uptick-Regel.

Diese Vorschrift war Teil des Securities Exchange Act aus dem Jahr 1934 (Rule 10a-1). Sie schrieb vor, dass Leerverkäufe von bestimmten Ausnahmen abgesehen nur zu einem höheren als dem letzten anderen Preis (nach einem „Uptick") erlaubt waren. Diese Regel sollte verhindern, dass Shortseller den Kurs einer Aktie absichtlich drücken. Da ich in der beispiellosen Kursspanne zwischen den Terminkontrakten und dem Index ein enormes Gewinnpotenzial erblickte, wollte ich Aktien shorten und Index-Futures kaufen, um den übertriebenen Spread auszunutzen. Der Index wurde um 15 Prozent beziehungsweise 30 Punkte über den Futures gehandelt. Der potenzielle Gewinn aus einer Arbitrage belief sich auf 15 Prozent in wenigen Tagen. Aber da die Preise einbrachen, waren Upticks selten. Was tun?

Ich überlegte mir eine Lösung, rief unseren Chef-Trader an, der als untergeordneter Komplementär von seinem Anteil an unseren Gebühren stark profitierte, und gab ihm folgende Order: Kaufe Index-Futures im Wert von fünf Millionen Dollar, egal zu welchem Preis sie gerade gehandelt werden (circa 190), und platziere Orders, um den Index zum Marktpreis zu shorten, der bei rund 220 stand, allerdings keine ausgesuchten

Aktien im Wert von fünf Millionen Dollar – was die optimale Menge zum Hedgen der Futures war –, sondern im Wert von zehn Millionen Dollar. Ich entschied mich für doppelt so viele Aktien, als ich eigentlich wollte, weil ich vermutete, dass aufgrund der Knappheit der erforderlichen Upticks nur etwa die Hälfte davon tatsächlich geshortet würde und ich somit den richtigen Hedge erzielen würde. Falls deutlich mehr Aktien leerverkauft würden, wäre der Hedge zwar nicht ganz so gut, aber das Polster von 15 Prozent Gewinn verschaffte uns ausreichend Schutz gegen Verluste.

Ich erklärte dem Trader ausführlich meine aus dem Rahmen fallende Analyse, aufgrund deren dieses Geschäft die Chance auf einen unverhofften hohen Gewinn sei. Allerdings ging dieser Tag über alles hinaus, was unser Trader je erlebt oder sich ausgemalt hatte. Die Angst hatte ihn fest im Griff und er war wie gelähmt. Er weigerte sich, die Trades auszuführen. Ich sagte ihm, er solle es entweder für PNP tun, und zwar genau jetzt, und wenn nicht, dann eben auf meine Rechnung. Falls er sich für Letzteres entscheiden würde, würde ich jedoch hinterher allen anderen Partnern sagen, der Gewinn, den ich erzielt habe, gehöre nicht mir, sondern der Gesellschaft – von ihm abgesehen.

Meine Überlegung sah folgendermaßen aus: Wenn wegen der Uptick-Regel nur etwa die Hälfte der Shorts durchginge, wären wir korrekt gehedgt und würden etwa 750.000 Dollar verdienen. Wenn gar keiner durchginge (was äußerst unwahrscheinlich war), hätten wir die Futures mit einem enormen Abschlag gekauft – der Index hätte um weitere 13 Prozent fallen müssen, um uns in die Verlustzone zu bringen. Das andere Extrem – dass alle Shorts durchgehen würden – war vor allem angesichts der Börsenpanik so gut wie unmöglich. Doch selbst wenn alle Short-Orders geklappt hätten, hätte der Markt um mehr als 14 Prozent steigen müssen, damit wir Verlust gemacht hätten. Um uns gegen diese Möglichkeit zu schützen, wies ich meinen Chef-Trader an, wenn fast die Hälfte der Short-Orders ausgeführt wäre, solle er die restlichen stornieren. Nachdem er meiner Aufforderung endlich nachgekommen war und die erste Runde abgeschlossen hatte, orderte ich eine zweite Runde von gleicher Größe. Am Ende brachten wir ungefähr die Hälfte unserer Shorts durch, was einen annähernd optimalen Hedge ergab. Wir hatten Futures für rund neun Millionen Dollar long und Aktien im Wert von zehn Millionen Dollar short, wodurch wir eine Million verdienten. Wenn mein Trader durch seine Weigerung, etwas zu tun, nicht so viel Zeit vergeudet hätte, hätten wir noch ein paar Runden mehr abwickeln und weitere Millionen verdienen können.

Wir schlossen den Oktober insgesamt „auf null" ab (weder Gewinn noch Verlust), während der S&P 500 um 22 Prozent gefallen war. In den 5-Monats-Spanne davor und danach – von August bis Ende Dezember – fiel der Index ebenfalls um 22 Prozent, während Princeton Newport Partners neun Prozent gewann.[8]

In den ersten zehn Jahren seines Betriebs, von 1969 bis 1979, stieg PNP von einer nur 1,4 Millionen Dollar schweren Gesellschaft zur womöglich mathematischsten, analytischsten und am stärksten computerorientierten Gesellschaft der Wall Street auf. In den darauffolgenden acht Jahren und zwei Monaten, vom 1. November 1979 bis zum 1. Januar 1988, wuchs unser Kapital von 28,6 Millionen Dollar auf 273 Millionen Dollar und zu diesem Zeitpunkt beliefen sich unsere Investmentpositionen auf eine Milliarde Dollar. Das Gesellschaftskapital warf vor Gebühren eine Jahresrendite von 22,8 Prozent ab und das Vermögen der beschränkt haftenden Gesellschafter wuchs um jährlich 18,2 Prozent. Der S&P 500 stieg um durchschnittlich 11,5 Prozent und die niedrig kapitalisierten Aktien um annualisierte 17,3 Prozent. Wir waren deutlich weniger riskant als diese beiden, was durch die Branchenstatistiken bestätigt wurde.[9] Wir hatten keine Verlustjahre und keine Verlustquartale.[10]

Wir nahmen weitere außerordentliche Anlageprodukte auf, die unser Kapital auf Milliarden Dollar erhöhen konnten.

Dazu gehörten unter anderem:

1. ***Modernste computerisierte Analysemodelle und Handelssysteme für Wandelanleihen, Optionsscheine und Optionen. Damit waren wir bereits zum größten Akteur am japanischen Markt für Optionsscheine geworden.***
2. ***Statistische Arbitrage – ein computerisiertes Analysemodell und Handelssystem für Stammaktien, das Echtzeitdaten aus***

dem Ticker in unser zwei Millionen Dollar teures Rechenzentrum einspeiste. Dort generierten wir automatische elektronische Orders, die wir auf das Parkett übermittelten. Von einem 2,50 x 2,50 Meter großen Büro aus handelten wir täglich eine bis zwei Millionen Aktien, was damals ein bis zwei Prozent des täglichen Handelsvolumens an der NYSE waren.

3. *Ein Expertenteam von Salomon Brothers stieß zu uns und verdiente in den 18 Monaten, die es bei uns war, für diese Firma 50 Millionen Dollar.*
4. *MIDAS: Dieses indikatorgesteuerte System der Vorhersage von Aktienkursen sollte unser Einstieg in das allgemeine Vermögensverwaltungsgeschäft werden.*
5. *OSM Partners: Ein Dachfonds („Fund of Hedge Funds“), der in andere Hedgefonds investierte.*

Aber all das sollte ein Ende haben.

16
KAPITEL

... und Fall

Am Donnerstag, dem 17. Dezember 1987, um die Mittagszeit stürzten etwa 50 bewaffnete Männer und Frauen aus den Aufzügen im zweiten Stock, um in unserem Büro in Princeton in New Jersey eine Razzia durchzuführen. Sie waren vom Finanzamt, vom FBI und von der Postbehörde. Unsere Mitarbeiter wurden durchsucht, bevor sie das Gebäude verlassen durften. Sie durften nicht dorthin zurückkehren. Die Eindringlinge beschlagnahmten mehrere Hundert Kartons mit Büchern und Unterlagen einschließlich Rolodexes. Sie wühlten sich durch Papierkörbe und krochen durch die abgehängten Zimmerdecken. Das alles dauerte bis in die frühen Morgenstunden des nächsten Tages.

Die Aktion war Teil einer Kampagne von Rudolph Giuliani, dem Bundesstaatsanwalt für den südlichen Bezirk New York, in deren Rahmen er tatsächliche und angebliche Kriminelle an der Wall Street verfolgte. Wie mir später ein anderer Staatsanwalt erzählte, verfolgte Giuliani, indem er die Personen in unserem Büro in Princeton attackierte, eigentlich das Ziel, Informationen zu bekommen, mit denen er seine Klage gegen Michael

Milken bei Drexel Burnham und gegen Robert Freeman bei Goldman Sachs vorantreiben konnte. Mein Partner Jay Regan kannte beide gut und sprach oft mit ihnen. Freeman war in Dartmouth sogar Regans Zimmergenosse gewesen. Giuliani dachte, Regan könnte ihm helfen, sie zu überführen. Er weigerte sich jedoch, zu kooperieren.

Der Staat verwendete Indizien aus der Razzia und Zeugenaussagen eines verärgerten ehemaligen Mitarbeiters, um seine Anklage aufzubauen. Ironischerweise war dieser Mann, als geprüft wurde, ob er für eine Stelle als Trader im Büro in Princeton infrage käme, nach Newport Beach geflogen worden, um unsere Meinung einzuholen. Wir hatten mit Nachdruck vertreten, dass er nicht geeignet sei. Jedoch war es bei uns üblich, dass jedes Büro in den geschäftlichen Dingen, für die es in erster Linie zuständig war, selbst das letzte Wort hatte. Das Büro in Princeton stellte ihn ein. Die fünf höchsten dortigen Angestellten wurden angeklagt und es fanden Gerichtsverhandlungen wegen 64 Anschuldigungen statt: Kursmanipulation, Parken von Aktien, Steuerbetrug, Postbetrug und Telekommunikationsbetrug. Neben Jay Regan wurde gegen unseren Chef-Trader, gegen unseren leitenden Wandelanleihen-Händler, gegen den Finanzvorstand und seine Sekretärin sowie gegen einen Wandelanleihen-Händler von Drexel Burnham verhandelt.

Weder ich noch einer der rund 40 anderen Partner und Mitarbeiter im Büro in Newport Beach hatten eine Ahnung von den angeblichen Taten im Büro in Princeton. Wir wurden nie mit Vergehen in Verbindung gebracht oder beschuldigt, weder in dieser Angelegenheit noch in anderen. Unsere beiden über 2.000 Meilen voneinander entfernten Büros hatten völlig unterschiedliche Aktivitäten, Funktionen und Unternehmenskulturen.

Der Schlüssel zu der staatlichen Anklage waren mehrere Gespräche, die die Staatsanwaltschaft auf drei alten Bändern aus dem Handelsraum fand, die Jahre zuvor aufgenommen, dann verlegt und vergessen worden waren. Sie waren erstellt worden, weil es in dem Büro in Princeton ebenso wie anderswo an der Wall Street üblich war, alle Telefonate im Handelsraum vorübergehend aufzuzeichnen. Das diente hauptsächlich dem Zweck, Meinungsverschiedenheiten zwischen den Parteien bezüglich

Orders und ihrer Ausführung schnell zu klären. Bei unserem Handelsvolumen von 18 Milliarden Aktien im Jahr waren Fehler unvermeidlich. Einer dieser Trades im Rahmen unseres gigantischen Hedges mit japanischen Optionsscheinen, der über eine Firma ausgeführt wurde, die ich hier Enco nenne, beruhte auf dem, was man uns über die Konditionen des Optionsscheins gesagt hatte. Unsere Trader erklärten, Enco habe uns mehrmals versichert, die Informationen, die es uns gegeben hatte, seien zutreffend. Das waren sie aber nicht. Und unser Beweis befand sich auf diesen Bändern.

Der daraus resultierende Fehler bezüglich der Anzahl der Wertpapiere, die wir für den Hedge einsetzten, hatte uns zwei Millionen Dollar gekostet. Normalerweise liefen die Bänder kontinuierlich durch, sodass die Gespräche der letzten vier Tage erhalten blieben, dann wurden die ältesten mit den neuesten überspielt. Wenn jedoch eine Entschließung noch ausstand, bewahrten unsere Trader die Aufnahme auf, die den umstrittenen Trade enthielt. Da Enco nicht zugeben wollte, dass der Fehler auf seiner Seite lag, hatten sich unsere Trader auf ein Schieds- oder Gerichtsverfahren vorbereitet, indem sie zwei weitere Gespräche geführt und aufgezeichnet hatten, in denen Enco ihnen erneut mitteilte, die anfänglichen Informationen, die es uns gegeben hatte, seien zutreffend. Das hieß, dass zwei weitere Bänder, die die Gespräche von weiteren acht Tagen enthielten, als Beweisstücke aufbewahrt worden waren. Dann bewiesen wir dem Enco-Management, dass die Tatsachen dem widersprachen, was uns seine Mitarbeiter gesagt hatten, und verlangten eine Entschädigung. Normalerweise entschädigt der Broker die andere Partei, wenn er einen Fehler gemacht hat. Enco weigerte sich jedoch und drohte, wenn wir klagen würden, würde es keine Geschäfte mehr mit uns machen. Wir wussten, dass in diesem Fall die vier großen japanischen Brokerfirmen, die den Markt für japanische Optionsscheine und Wandelanleihen beherrschten, nachziehen würden. Da dieser Bereich wesentlich zu unserem Gewinn beitrug, nahmen wir den Verlust von zwei Millionen Dollar in Kauf. Eigentlich hätten die drei Bänder danach wie üblich erneut verwendet werden sollen, aber sie lagen ein paar Jahre lang vergessen in einem Schreibtisch, bis der Staat sie bei der Razzia 1987 mitsamt Hunderten von Kartons mit Akten und Unterlagen beschlagnahmte.

Der Staat berief sich zum ersten Mal überhaupt gegen Angeklagte aus der Wertpapierbranche auf den Racketeer Influenced and Corrupt Organizations Act (RICO), ein Instrument, das eigentlich für die Strafverfolgung des organisierten Verbrechens gedacht war. Es war ein Grundsatzprozess. Die Beklagten hinterlegten Kautionen in Höhe von insgesamt 20 Millionen Dollar.

Um sie noch mehr unter Druck zu setzen, nahm die Staatsanwaltschaft Kontakt mit unseren beschränkt haftenden Gesellschaftern auf und traf Vorbereitungen, sie für Zeugenaussagen (worüber?) vor einer Anklagejury nach New York vorzuladen. Da diese passiven Beteiligten nichts mit dem Geschäftsbetrieb der Gesellschaft zu tun hatten, konnten diese Vorladungen zu Giulianis Klage gegen Regan und die anderen nichts Sinnvolles beitragen, außer sie zu belästigen und aufzubringen, vielleicht so sehr, dass sie sich aus der Gesellschaft zurückziehen würden.

Eine unserer Anlegerinnen kam gerade mit einem Auto voll Lebensmitteln vom Einkaufen zurück zu ihrem Haus auf dem Lande in Nordkalifornien. Sie erzählte, es sei ein sonniger Nachmittag im August gewesen, der Pinienduft in der trockenen Wüstenluft habe sie an die unvergessliche Atmosphäre von Lake Tahoe im Hochsommer erinnert. Als sie die Tüten ins Haus tragen wollte, fiel ihr ein auf der anderen Seite der Straße geparkter Wagen auf, verbeult und stark verrostet. Er gehörte eindeutig nicht in die Nachbarschaft und als zwei ungepflegte Männer ausstiegen und auf sie zukamen, war sie beunruhigt. Sie übergaben ihr eine Vorladung der Bundestaatsanwaltschaft, nach New York zu kommen und im Fall Princeton Newport vor der Anklagejury auszusagen.

Die große, selbstsichere und elegante Frau mit künstlerischem Hintergrund gehörte zur etablierten Szene der Bay Area. Zunächst bat sie die beiden Männer, ihr den Einkauf ins Haus zu tragen. Während sie sich unterhielten, sagte sie, sie wisse gar nichts über den Fall Princeton Newport, aber sie würde sehr gerne helfen. Und auf eine Reise nach New York freue sie sich immer. Sie würden sie doch sicherlich in ihrem Lieblingshotel unterbringen, Karten fürs Theater besorgen und Plätze im Restaurant reservieren, oder? Und sie brauche Informationen über die derzeitigen Ausstellungen im Metropolitan, im Guggenheim und im Whitney – und könnten sie ihr auch das Programm der Carnegie Hall beschaffen?

Die verwirrten Vorladungsüberbringer machten sich davon und sie hörte nie wieder etwas von Giuliani.

Nicht alle unsere Investoren reagierten derart gelassen, aber jeder einzelne unserer über 90 beschränkt haftenden Gesellschafter blieb standhaft. Keiner wollte sein Vermögen abziehen. Dass Giuliani mit seinen Tricks nur geblufft hatte, flog auf, als niemand wirklich zur Zeugenaussage geladen wurde. Trotzdem befürchteten wir, dass er unser Unternehmen zugrunde richten würde, wenn Regan ihm nicht dabei half, Milken und Freeman zu überführen.

Die beschränkt haftenden Gesellschafter befürchteten, RICO könnte auch auf ihr in der Gesellschaft angelegtes Vermögen ausgeweitet werden, und sie waren wegen der Zweifel alarmiert, die die Ermittlungen bezüglich einiger unserer Führungskräfte im Büro in Princeton weckten. Dies irritierte mich ebenso wie die Tatsache, dass mir das Büro in Princeton nicht ohne Weiteres Informationen über den Fall lieferte. Ein Beispiel: Als die Staatsanwaltschaft eine Transkription der Bänder aus dem Handelsraum angefertigt und sie den Beklagten zugestellt hatte, wollte ich sie sehen, wurde jedoch wochenlang mit Versprechungen vertröstet. Zwischenzeitlich hatten die Anwälte von PNP, also der Gesellschaft, die unabhängig von dem Anwaltsteam der Verteidigung operierte, ebenfalls ein Exemplar davon erhalten. Auf meine Bitte schickten sie mir ordnungsgemäß eine Kopie davon. Als ein Berater eines der Angeklagten davon erfuhr, war er erbost und verlangte, die PNP-Anwälte sollten gefeuert werden. Als ich den 30 Zentimeter hohen Stapel Unterlagen las, verstand ich, weshalb ich hingehalten worden war, denn dort standen schwarz auf weiß Unterhaltungen, die den Betroffenen äußerst peinlich sein mussten.

Die Anwaltskosten der Beklagten wurden auf zehn bis 20 Millionen Dollar geschätzt. Es ließ sich nicht sagen, wie der Prozess verlaufen und wie er ausgehen würde. Wurden die Angeklagten schuldig gesprochen, mussten sie ihre Anwaltskosten selbst bezahlen, wurden sie freigesprochen, musste die Gesellschaft sie bezahlen. Um die Sache abzuschließen, handelte ich eine pauschale Vorauszahlung an die Beklagten in Höhe von 2,5 Millionen Dollar aus, mit der jegliche Anwaltskosten der Gesellschaft abgegolten waren. Allerdings wurden der Gesellschaft zusätzlich ihre erheblichen eigenen Anwaltskosten aufgebürdet.

Die Rendite von PNP in diesem traumatischen Jahr belief sich auf mittelmäßige vier Prozent. Sie wurde nicht nur von den Millionen Dollar an Anwaltskosten aufgrund des Prozess gedrückt, sondern auch dadurch, dass das Team in Princeton, das durch seine Verteidigung in Anspruch genommen wurde, den Geschäften der Gesellschaft nicht seine übliche Aufmerksamkeit widmen konnte. Als sich das Jahr 1988 seinem Ende näherte, sah ich für PNP keinen guten Weg voraus. Ich sagte, ich würde gehen. Beschränkt haftende Gesellschafter taten es mir nach und danach wurde die Gesellschaft abgewickelt.

Rudolph Giuliani trat Anfang 1989 als Bundesstaatsanwalt zurück und kandidierte, gefördert durch seinen Ruhm und seine Bekanntheit durch die Jahre, in denen er zunächst gegen die Mafia und dann gegen Akteure der Wall Street vorgegangen war, in jenem Jahr erfolglos für das Amt des Bürgermeisters von New York. Vier Jahre später kandidierte er erneut, diesmal erfolgreich, und absolvierte zwei Amtszeiten.

Die Beklagten wurden im August 1989 in mehreren Punkten schuldig gesprochen und zu dreimonatigen Haftstrafen sowie Geldstrafen verurteilt. Diese Verurteilungen unter Anwendung von RICO waren maßgeblich dafür, den Widerstandswillen von Milken und Freeman zu brechen. Beide trafen außergerichtliche Vereinbarungen. Doch womöglich handelten sie damit voreilig. Zwei Monate nach den PNP-Urteilen, die organisiertes Verbrechen gemäß RICO beinhalteten, unternahm das US-Justizministerium ein zweites Mal „Schritte, um die Taktiken der Strafverfolgung des organisierten Verbrechens einzudämmen, die im Laufe von Korruptionsprozessen bezüglich der Wall Street, die der ehemalige Bundesstaatsanwalt für Manhattan, Rudolph Giuliani, eingeleitet hatte, Kontroversen entfacht hatten“. Die PNP-Angeklagten legten Berufung ein und der Second Circuit Court of Appeals kippte die Verurteilungen wegen organisierten Verbrechens und Steuerbetrugs. Die Vorwürfe wegen Verschwörung erhielt dieses Berufungsgericht bei allen sechs Beklagten aufrecht, den Wertpapierbetrug bei zweien. Als die Staatsanwaltschaft im Januar 1992 ihr eigentliches Ziel erreicht hatte – nämlich Milken und Freeman zu verurteilen –, ließ sie die verbleibenden Anschuldigungen gegen vier der fünf PNP-Beklagten sowie einen damit verbundenen Vorwurf gegen den Trader von Drexel fallen. Der Chef-Trader von Princeton und der Beklagte von Drexel hatten wegen der restlichen Anklagepunkte immer noch Geldstrafen und dreimonatige Haftstrafen vor sich, doch im September 1992 hob ein Bundesrichter auch diese Urteile auf.

Oberflächlich betrachtet scheint der PNP-Fall einfach die strafrechtliche Verfolgung von Wertpapiervergehen zu sein. Um zu verstehen, warum es wirklich dazu kam, muss man in das Jahr 1970 zurückgehen, als Unternehmen aus der ersten Reihe ihren Finanzierungsbedarf routinemäßig aus der Wall Street und aus Bankenkreisen deckten, während sich weniger etablierte Unternehmen abstrampelten. Ein junger Finanzinnovator namens Michael Milken ergriff die Gelegenheit, Letztere zu finanzieren, und errichtete aus einer schwerfälligen alten Wall-Street-Firma namens Drexel Burnham Lambert heraus eine Kapitalbeschaffungsmaschine für solche Unternehmen. Milkens Team emittierte niedrig geratete hochverzinsliche Anleihen – sogenannte Junkbonds –, von denen manche Wandelanleihen waren oder mit Optionsscheinen auf Aktien verknüpft waren. Die höhere Verzinsung war die zusätzliche Entlohnung, die die Anleger als Ausgleich für das Risiko verlangten, dass die Anleihen ausfallen könnten. Da Milkens Team damit eine klaffende Bedarfslücke füllte und die gierige Nachfrage der Geschäftswelt befriedigte, wurde es zur größten Finanzierungsmaschine in der Geschichte der Wall Street.

Diese Neuerungen empörten die alteingesessenen Unternehmen Amerikas, die zunächst gebannt wie Rehe im Scheinwerferlicht dastanden, während eine Horde Jungunternehmer mithilfe des scheinbar unbegrenzten von Drexel generierten Geldes eine Welle feindlicher Übernahmen startete. Viele alte Unternehmen waren verwundbar, weil ihre Vorstände und Verwaltungsräte das Kapital der Aktionäre nicht besonders gut investiert hatten. Aufgrund der suboptimalen Kapitalrenditen waren ihre Aktien billig. Eine Übernahmegruppe konnte ein Unternehmen sanieren, die Kapitalrendite erhöhen und den Unternehmenswert beträchtlich steigern. Da das Potenzial des Unternehmens so groß war, konnten die voraussichtlichen neuen Eigentümer dafür mehr als den aktuellen Marktpreis bezahlen.

Die Vorstände und Verwaltungsräte von Amerikas Großunternehmen waren mit dem bisherigen Stand der Dinge zufrieden gewesen. Sie genossen ihre Jagdhütten und ihre Privatjets, spendeten für wohltätige Zwecke, um sich selbst zu verherrlichen und persönliche Ziele zu verfolgen, und gönnten sich selbst großzügige Gehälter, Pensionspläne, Bonuszahlungen in bar, in Form von Aktien sowie von Aktienbezugsrechten und am Ende großzügige Abfindungen. Alle diese Dinge hatten sie selbst für sich eingerichtet und sie wurden von den Geldern des jeweiligen Unternehmens bezahlt, wobei dieser Aufwand von der verstreuten und zersplitterten Aktionärsbasis regelmäßig abgesegnet wurde. Ökonomen bezeichnen diesen Interessenkonflikt zwischen der Unternehmensleitung, also den sogenannten Agenten, und den Aktionären als den eigentlichen Eigentümern im Rahmen der Prinzipal-Agent-Theorie als Agency-Problem oder Agenturproblem. Das gibt es bis heute, zum Beispiel in Form der weiterhin massiven Aktienbezugsrechte, die sich die Unternehmensleitungen selbst gewähren und die Schätzungen zufolge bereits im Jahr 2000 auf 14 Prozent des Gesamtwerts aller amerikanischen Unternehmen angewachsen waren. Bis zum Jahr 2008 hatte die geldgierige Inkompetenz der Häuptlinge der amerikanischen Unternehmenswelt dazu beigetragen, eine der schwersten Finanzkrisen der Geschichte zu verursachen, die zu einer massiven vom Steuerzahler finanzierten Rettungsaktion führte, um die US-Wirtschaft vor dem Ruin zu bewahren.

Die von Drexel finanzierten Neulinge holten die verwundbareren Manager von ihren hohen Rössern herunter, ab in den Schmutz. Dagegen musste etwas getan werden. Der Staat hätte dem eigentlich mit Wohlwollen begegnen müssen – das alte Wirtschafts-Establishment besaß das meiste Geld und war die politische mächtigste und einflussreichste Gruppe des Landes. Vielleicht würde seine Wall-Street-Abteilung einen gewissen Schaden erleiden, aber es war zu erwarten, dass der Sturz von Drexel – wie es dann auch geschah – eine riesige Schatztruhe mit Geschäften öffnen würde, die dann von allen anderen gemacht wurden.

Die Finanziers des alten Establishments hatten insofern Glück, als die Strafverfolger in Milkens Team sowie bei vielen seiner Verbündeten, Geschäftspartnern und Kunden zahlreiche Verstöße gegen Wertpapiergesetze fanden.[1] Es ist jedoch schwer zu beurteilen, wie schlimm diese im Verhältnis zu den unaufhörlichen Verstößen waren, die in der Geschäfts- und Finanzwelt schon immer heimisch waren und es bis heute sind, weil von den vielen Sündern nur wenige erwischt werden – und wenn sie strafrechtlich verfolgt werden, dann womöglich nur wegen eines Bruchteils ihrer Verstöße. Dazu stand der Fall Drexel in scharfem Kontrast, denn hier war der Suchscheinwerfer des Staates darauf fokussiert, so viele Verstöße wie möglich aufzudecken. Das ist wie bei dem Mann, der in einem Jahr dreimal wegen Trunkenheit am Steuer vorgeladen wurde. Sein Nachbar fuhr genauso oft unter Alkoholeinfluss, wurde aber nie angehalten. Wer von beiden ist der größere Verbrecher? Wenn ich Ihnen nun sagen würde, dass der Mann, der erwischt wurde, es nur dreimal getan hat und bei jedem Mal erwischt wurde, während sein Nachbar es hundertmal getan hat, aber nie erwischt wurde ... doch wie ist so etwas möglich? Wenn ich Ihnen nun sagen würde, dass die beiden Männer erbitterte Geschäftsfeinde sind und dass der Leiter der Verkehrspolizei hohe Wahlkampfspenden von dem Mann erhält, der keine Verwarnung bekommen hat? Wer ist in diesem Fall der größere Verbrecher?

Durch diese Situation wurde für die Streitaxt des Staates – Rudolph Giuliani – ein Traum wahr. Dem politisch ehrgeizigen Giuliani war bekannt, dass ein früherer Bundesanwalt namens Thomas E. Dewey in den 1930er-Jahren Schwarzhändler verfolgt und es dadurch zum Gouverneur von New York sowie 1948 beinahe zum Präsidenten der Vereinigten Staaten gebracht hatte. Die Verfolgung von Verstößen gegen die Wertpapiergesetze und von Insidergeschäften war die perfekte Karriereleiter.

Wie viel hätte PNP 25 Jahre später im Jahr 2015 wohl wert sein können? Wie könnte ich davon auch nur eine Vorstellung haben? Erstaunlich genug ist die Tatsache, dass ein marktneutraler Hedgefonds-Konzern nach dem Vorbild von Princeton Newport aufgebaut wurde – die Citadel Investment Group. Sie wurde 1990 in Chicago von dem ehemaligen Hedgefonds-Manager Frank Meyer gegründet, nachdem er den Wunderknaben

Ken Griffin entdeckt hatte, der damals nach quantitativen Prinzipien von seinem Wohnheimzimmer in Harvard aus mit Optionen und Wandelanleihen handelte.[2] Ich traf mich mit Frank und Ken, legte ihnen die Funktionsweise und die Haupteinnahmequellen von PNP dar – und ich übergab ihnen Kartons mit Unterlagen, die detailliert die Konditionen älterer noch umlaufender Optionsscheine und Wandelanleihen angaben. Das waren wertvolle Daten, denn sie waren nicht mehr erhältlich.

Citadel wuchs nach seinen bescheidenen Anfängen im Jahr 1990 (als ich zum ersten beschränkt haftenden Gesellschafter wurde) von ein paar Millionen Dollar und nur einem Angestellten – Griffin – innerhalb von 25 Jahren auf eine Ansammlung von Unternehmen an, die ein Kapital von 20 Milliarden Dollar verwalteten, mehr als 1.000 Mitarbeiter hatten und ihren beschränkt haftenden Gesellschaftern eine durchschnittliche Jahresrendite von 20 Prozent bescherten.[3] Im Jahr 2015 wurde Kens Vermögen auf 5,6 Milliarden Dollar geschätzt.[4]

Als Princeton Newport Partners schloss, dachte ich über die Aussage nach, im Leben komme es darauf an, wie man seine Zeit verbringt. Als J. Paul Getty der reichste Mann der Welt und eindeutig nicht erfüllt war, sagte er, die glücklichste Zeit seines Lebens sei gewesen, als er 16 Jahre alt war und vor Malibu in Kalifornien auf den Wellen surfte.[5] Im Jahr 2000 schrieb das *Los Angeles Times Magazine* über den frischgebackenen Multimilliardär Henry T. Nicholas III, den Gründer der Broadcom Corporation: „Es ist 1:30 Uhr. Gerade ist er 40 geworden – an seinem Schreibtisch in einem schwach beleuchteten Büro. Seine Frau und seine Kinder, ‚mein Lebenszweck', hat er seit mehreren Tagen nicht gesehen. ‚Als wir das letzte Mal miteinander sprachen, sagte mir [Stacey], sie vermisse die alten Zeiten, als ich bei TRW arbeitete und wir in einer Eigentumswohnung lebten. Sie sagte mir, sie wolle dieses Leben zurückhaben.' Aber sie können nicht zu diesem Leben zurückkehren, weil er nicht loslassen kann."[6] (Später ließen sie sich scheiden.)

Anfangs dachte ich, ich würde vielleicht auf eigene Faust mit einer Gesellschaft im Stil von PNP weitermachen. Aber dann wäre ich zusätzlich zu dem unterhaltsamen Teil auch für Dinge zuständig gewesen, die mir keinen Spaß machen. Ich änderte meine Meinung und wickelte unser

PNP-Büro in Newport Beach nach und nach ab, wobei ich für einige unserer Schlüsselmitarbeiter gute Stellen in der Wertpapierindustrie fand, zum Beispiel bei dem gigantischen Hedgefonds D. E. Shaw, bei der Financial-Engineering-Firma Barra und bei der Investmentfirma, die den milliardenschweren Pensions- und Gewinnbeteiligungsplan von Weyerhaeuser managt.[7] Dann rief ich Fischer Black an, der inzwischen bei Goldman Sachs arbeitete, denn ich hatte gehört, er wolle ein computerisiertes Analysesystem für den Handel mit Optionsscheinen und vor allem mit Wandelanleihen aufbauen.[8] Unser bewährtes System auf dem neuesten Stand stand zum Verkauf, also flog er her und verbrachte zwei Tage mit Steve und mir, um zu erfahren, wie es funktionierte. Er machte sich zwar ausführliche Notizen, sagte am Ende aber, es sei zu kostspielig, den Programmcode so umzuschreiben, dass er auf ihren Computern laufen würde.

17
KAPITEL

Eine Phase der Anpassung

Joseph Heller und Kurt Vonnegut waren auf der Party eines Milliardärs zu Gast, als Vonnegut Heller fragte, wie es sich anfühlt, zu wissen, dass der Gastgeber womöglich an einem Tag mehr Geld verdient hatte als Hellers Roman „Catch-22", seit er geschrieben wurde. Heller sagte, er habe etwas, das der reiche Mann niemals haben würde. Als Vonnegut irritiert fragte, was das wohl sei, erwiderte Heller: „Das Wissen, dass ich genug habe."[1]

Als Princeton Newport Partners schloss, hatten Vivian und ich genug Geld für den Rest unseres Lebens. Zwar war das Ende von PNP für uns alle traumatisch und das vernichtete künftige Vermögen ging in die Milliarden, aber dies gab uns die Freiheit, zu tun, was wir am liebsten taten: Zeit miteinander und mit der Familie oder mit Freunden verbringen, die wir mochten, reisen und unseren Interessen nachgehen. Indem wir uns den Text von „Enjoy Yourself (It's Later than You Think)" zu Herzen nahmen, machten Vivian und ich das Beste aus der einen Sache, von der wir nie genug bekommen konnten – gemeinsame Zeit. An der Wall Street bedeutete Erfolg, möglichst viel Geld zu verdienen. Für uns war Erfolg, das bestmögliche Leben zu leben.

Durch einen Zufall stieß ich in dieser Zeit auf den größten Finanzbetrug überhaupt. Und am Nachmittag des 11. Dezember 2008, einem Donnerstag, erhielt ich die Nachricht, auf die ich mehr als 17 Jahre gewartet hatte. Mein Sohn Jeff rief mich aus New York an und teilte mir mit, Bernie Madoff habe gestanden, dass er im Rahmen des größten Pyramidensystems aller Zeiten Anleger um 50 Milliarden Dollar betrogen hatte. „Genau das, was du schon 1991 vorausgesagt hast", sagte er.

An einem milden Morgen im Frühling 1991 betrat ich das New Yorker Büro eines bekannten internationalen Beratungsunternehmens. Das Investmentgremium hatte mich als unabhängigen Berater engagiert, der seine Hedgefonds-Investments unter die Lupe nehmen sollte. Dort überprüfte ich ein paar Tage lang historische Performances, Unternehmensstrukturen sowie die Hintergründe von Managern und machte auch Besuche vor Ort. Ein Manager war derart paranoid, dass er, als ich ihn in seinem Büro befragte, nicht einmal verraten wollte, welche Art von PCs sein Fonds verwendete. Als ich zur Toilette ging, begleitete er mich, weil er Angst hatte, ich könnte auf dem Weg dahin wertvolle Informationsbrösel erhaschen.

Ich genehmigte das Portfolio … mit einer Ausnahme. Die Story von Bernard Madoff passte nicht zusammen. Mein Klient hatte von ihm seit zwei Jahren regelmäßige monatliche Gewinne im Bereich von einem Prozent bis über zwei Prozent erhalten. Zudem wusste er von anderen Madoff-Anlegern, die seit über zehn Jahren jeden Monat Gewinn erzielten.

Madoff behauptete, er wende eine Strategie der geteilten Ausübungspreise an: Er kaufe eine Aktie, verkaufe eine Call-Option mit einem höheren Ausübungspreis und verwende den Erlös, um eine Put-Option mit niedrigerem Ausübungspreis zu verkaufen.

Ich erklärte, dass sich gemäß der Finanztheorie die langfristigen Auswirkungen zahlreicher korrekt gepreister Optionen bei einem Nettoerlös von null ebenfalls auf null belaufen müssten. Daher könne man erwarten, dass die Portfoliorendite des Klienten etwa gleich der Aktienrendite sein müsste. Die Renditen, die Madoff meldete, waren zu hoch, um glaubhaft zu sein. Zudem hätte dieses Strategie in Monaten, in denen die Aktien fielen, Verluste produzieren müssen – aber Madoff meldete keinerlei

Verluste. Nachdem ich die Depotauszüge des Klienten überprüft hatte, stellte ich fest, dass die Verlustmonate der Strategie auf magische Weise durch Leerverkäufe von S&P-Futures in Gewinnmonate verwandelt worden waren. Auf die gleiche Weise wurden Monate, die sehr hohe Gewinne hätten produzieren müssen, „geglättet".

Da ich einen Betrug vermutete, bat ich meinen Klienten, einen Termin für mich bei Madoffs Firma im 17. Stockwerk des berühmten Lipstick Building in der Third Avenue in Manhattan zu vereinbaren. Bernie war in jener Woche in Europa und wie wir heute wissen, warb er wahrscheinlich weitere Gelder ein. Sein Bruder Peter, Leiter der Compliance- und der Computerabteilung, erklärte, man werde mich nicht hereinlassen.

Ich fragte meinen Klienten, wer die Buchhaltung und die jährlichen Revisionen des Madoff-Fonds erledige. Mir wurde gesagt, das mache ein Einzelunternehmer, der seit den 1960er-Jahren ein Freund und Nachbar von Bernie sei. Da ich nun akuten Betrug witterte, fragte ich den Klienten, wann er denn die Bestätigungen der Handelsgeschäfte erhalte. Die Antwort lautete, sie kämen alle ein bis zwei Wochen gebündelt per Post, also lange nach den Zeitpunkten, zu denen sie angeblich stattgefunden hatten. Auf meine Empfehlung hin beauftragte der Klient nun meine Firma mit einer detaillierten Analyse der einzelnen Transaktionen, um meinen Verdacht, dass sie gefälscht seien, zu bestätigen oder zu widerlegen. Nach der Prüfung von circa 160 einzelnen Options-Trades wussten wir, dass zur Hälfte davon an der Börse, an der sie laut Madoff angeblich erfolgt waren, keine Trades stattgefunden hatten. Bei einem großen Teil der anderen Hälfte überstieg allein die Menge, die Madoff im Auftrag meines Klienten gemeldet hatte, das gesamte tatsächliche Volumen. Um die wenigen restlichen Trades zu prüfen, bei denen es keine Widersprüche zu den Preisen und Stückzahlen gab, die von den Börsen gemeldet wurden, bat ich einen Vertreter von Bear Stearns, vertraulich herauszufinden, wer die Käufer und Verkäufer der Optionen gewesen waren.[2] Wir konnten keinen von ihnen mit Madoffs Firma in Verbindung bringen.

Ich berichtete meinem Klienten, die Trades seien vorgetäuscht und Madoffs Investmentfirma sei ein Schwindel. Nun steckte mein Klient in einem Dilemma. Wenn ich recht hatte und er seine Depots bei Madoff schloss, würde er sein Kapital schützen, seinen guten Ruf wahren und juristisches Chaos vermeiden.[3] Er argumentierte dagegen, wenn ich mich irren würde, dann würde er ohne Not sein bestes Investment opfern.[4] Ich antwortete, ich könne mich nicht irren: Ich hätte anhand öffentlich zugänglicher Unterlagen bewiesen, dass die Trades gar nicht stattgefunden hatten. Der Klient habe gefälschte Auszüge erhalten. Ich führte ins Feld, wenn er dies ignoriere, riskiere er seinen Job. Das gab den Ausschlag. Er schloss seine Depots bei Madoff und bekam das angelegte Geld zurück. Während der nächsten 18 Jahre musste er zusehen, wie andere Madoff-Anleger vermeintlich reich wurden. Ich frage mich, wie oft er es bereut hat, mich engagiert zu haben.

Bei meinem Versuch, per „Networking" herauszufinden, wie viel sonstiges Geld bei Madoff angelegt war, hörte ich immer wieder, allen seinen Anlegern sei gesagt worden, sie sollten ihre Geschäftsbeziehung nicht offenlegen, nicht einmal untereinander, und dass ihnen der Abbruch derselben angedroht worden sei. Trotzdem fragte ich herum, machte eine halbe Milliarde Dollar ausfindig und kam zu dem Schluss, dass der Schwindel noch viel größer sein müsse. Die Aufzeichnungen eines Anlegers zeigten allmonatliche Gewinne, die bis 1979 zurückreichten und annualisierte 20 Prozent ergaben, und mir wurde erzählt, sie würden in ähnlicher Weise bis Ende der 1960er-Jahre zurückreichen. Der Schwindel wurde also bereits seit über 20 Jahren betrieben!

Nachdem ich bewiesen hatte, dass Madoff erfundene Trades auf die Depots meines Klienten verschickte und dass er anscheinend auch mit mehreren anderen Personen so verfuhr, mit denen ich gesprochen hatte, hielt ich den schlagenden Beweis für den Betrug in der Hand. Ich warnte diejenigen, mit denen ich vernetzt war, und sagte ein stetig wachsendes Pyramidensystem voraus, das eines Tages in einer Katastrophe enden würde. Pyramidensysteme bescheren den Investoren Gewinne. Dafür verwenden sie das von den Anlegern angelegte Geld, aber irgendwann brauchen sie noch mehr und das beschaffen sie sich, indem sie weitere Anleger anwerben. Diese neuen Anleger müssen ebenfalls bezahlt werden, sodass die Betreiber des Pyramidensystems immer mehr Anleger anwerben. Je länger dies unbemerkt bleiben würde, umso mehr würde es wachsen und umso schlimmer würde es beim Zusammenbruch werden.

Zur damaligen Zeit war Madoff eine bedeutende Figur der Wertpapierbranche, unter anderem Vorsitzender der NASDAQ, Betreiber einer der größten Aktienhandelsgesellschaften des Landes für den Drittmarkt (außerbörslich), er wurde von der Regierung um Rat gefragt und regelmäßig von der Börsenaufsicht SEC geprüft.

Hätten die etablierten Kreise dem Vorwurf von Rechtsverletzungen Glauben geschenkt? Die Antwort liefert die Geschichte von Harry Markopoulos. Als ihn sein Vorgesetzter 1999 aufforderte zu erklären, wieso Madoff mit einer angeblich ähnlichen Strategie viel bessere und stetigere Renditen produzieren konnte, kam Markopoulos aufgrund quantitativer finanzieller Überlegungen zu dem Schluss, dass das unmöglich war – genauso wie ich, bevor ich meine Ermittlungen aufnahm, die den Betrug bewiesen. Markopoulos belegte zwar nicht, dass die einzelnen Handelsgeschäfte gefälscht waren, doch selbst ohne diesen unwiderlegbaren Beweis waren seine Argumente von überwältigender Überzeugungskraft. In den zehn Jahren danach versuchte Markopoulos, die SEC zu einer Untersuchung zu bewegen, doch sie ließ ihn wiederholt abblitzen, sprach Madoff nach oberflächlichen Ermittlungen von den Vorwürfen frei und lehnte den von Markopoulos angestrengten Antrag des Bostoner Büros ab, gegen Madoff Investment wegen eines möglichen Pyramidensystems zu ermitteln.

In einem bemerkenswerten 477-seitigen Dokument mit dem Titel „Investigation of Failure of the SEC to Uncover Bernard Madoff's Ponzi Scheme – Public Version" vom 31. August 2009, Report No. OIG-509, untersucht und dokumentiert die SEC ihre wiederholte Unterlassung ab 1992 und bis zu Madoffs Geständnis im Jahr 2008, offenkundigen Indizien, gezielten Beschwerden und eindeutigen Verstößen gegen Wertpapiergesetze nachzugehen. Jedoch vernichtete die SEC weiterhin – mindestens bis Juli 2010 – Unterlagen, die nicht nur mit Madoff zu tun hatten, sondern auch mit großen Finanzinstituten wie Goldman Sachs und Bank of America sowie mit SAC Capital Advisors im Rahmen laufender Ermittlungen gegen letztere Firma.[5] Auf den Vorwurf des Insiderhandels hin akzeptierte SAC Capital Ende 2013 eine Rekord-Geldbuße von 1,8 Milliarden Dollar und schloss seinen Fonds für externe Anleger.

Zehn Jahre nachdem ich Madoffs Betrug aufgedeckt hatte, drehte sich bei einer Hedgefonds-Anlegerkonferenz, die von *Barron's* veranstaltet wurde – einer wöchentlichen Publikation von *The Wall Street Journal*, die Finanzdaten und ausführliche Artikel veröffentlicht –, der Hauptartikel um den Vermögensverwalter, der nicht anwesend war, denjenigen mit der besten Erfolgsbilanz aller: Bernie Madoff.[6] Was für die Anleger noch besser war: Er verlangte nicht die übliche Hedgefonds-Gebühr von einem Prozent des Vermögens pro Jahr zuzüglich 20 Prozent vom etwaigen Reingewinn. Mutmaßlich bezog er sein Geld daraus, dass er geringe Gebühren auf das immense Handelsvolumen kassierte, das aufgrund der Orders entstand, die er im Auftrag seiner Investmentkunden platzierte und die über sein Brokerhaus liefen.

Trotz der nun durch den *Barron's*-Artikel öffentlich bekannten Zweifel und obwohl nun viele ihren Betrugsverdacht äußerten, schliefen die Regulierungsbehörden weiter. Und Tausende Anleger von Madoff sowie die Treuhänder, die sie zu ihrem eigenen Schutz bezahlten, taten das ebenfalls. Wie endete der Betrug? Als klar wurde, dass nicht mehr genug Geld da sein würde, um die Anleger weiterhin zu bezahlen – so enden alle Pyramidensysteme –, stellte sich Bernie Madoff (ausgesprochen wie „made-off", „abgehauen", und zwar „mit Ihrem Geld") am 11. Dezember 2008 selbst. Vermutlich um seine Kollegen zu schützen, wartete er mit der unwahrscheinlichen Geschichte auf, er sei der einzige Verschwörer gewesen. Dieser Mann, der von Computern so gut wie gar keine Ahnung hatte, behauptete, er habe ganz allein den kompletten computerisierten Betrieb im 17. Stock geleitet, in dem um die 20 Mitarbeiter – angeblich unwissentlich – täglich einen Schwall von Milliarden Dollar an vorgetäuschten Trades für Tausende Depots generierten.

Am 11. August 2009, genau acht Monate später, wurde Frank DiPascali, Jr., der Mann, der für die regelmäßige Aufsicht über Madoffs Tätigkeiten zuständig war, von der SEC vor dem US District Court, Southern District of New York, verklagt. Zu diesem Zeitpunkt wusste die SEC, dass Bernard Madoff Investment Securities (BMIS) „bereits seit den 1960er-

Jahren Anlegerdepots verwaltete ...". Jedoch hieß es in der Klageschrift der SEC, die Strategie der geteilten Ausübungspreise datiere von 1992, obwohl ich Kundenunterlagen durchgesehen hatte, aus denen hervorging, dass sie bereits Jahre zuvor angewandt wurde. Als sich Madoff schuldig bekannte, beichtete er dem Richter, er habe Anfang der 1990er-Jahre begonnen, Geld zu stehlen.[7] Aber damals war sein kriminelles Imperium bereits groß und es hatte mindestens 20 Jahre zuvor begonnen. Madoff behauptete, sein Bruder Peter und seine Söhne Mark und Andrew, die alle Direktoren der Firma waren, sowie seine detailverliebte und praktisch veranlagte Frau Ruth seien vollkommen unschuldig und hätten keinerlei Mitschuld an dem gewaltigen 40-jährigen Betrug. Nicht nur hatte Madoff seinen Schwindel angeblich ganz allein betrieben, sondern er machte auch Urlaub an seinen diversen Wohnsitzen, reiste ins Ausland, um noch mehr Geld zu beschaffen, schob enorme Geldbeträge zwischen internationalen Banken hin und her und bezahlte hohe Gebühren an „Treuhänder", die ihm Investments antrugen, wobei das komplexe Komplott während seiner Abwesenheiten „irgendwie" wie ein Uhrwerk ablief.

Bernie Madoff erklärte in seiner Ansprache an den Richter entgegen den Tatsachen, er glaube, sein Schwindel habe 1991 begonnen, wohingegen ich entdeckt hatte, dass der Plan bereits seit Jahrzehnten lief. Der Vorwurf der SEC gegen Frank DiPascali – vermutlich unter Verwendung von Informationen von DiPascali –, der Betrug sei mit Computern betrieben worden und die Strategie der geteilten Ausübungspreise habe 1992 begonnen, wurde auch durch die Kundenberichte von 1989 bis 1991 entkräftet, die ich durchgesehen hatte. Peter Madoff, DiPascali und mehrere andere Mitarbeiter bekannten sich später schuldig und wurden zu Geld- und Haftstrafen verurteilt.

Madoff gab den Umfang des Schwindels mit 50 Milliarden Dollar an, jedoch wurde die Summe später anhand der Menge an fingiertem Kapital, das Anleger in ihren Depots vermuteten, auf 65 Milliarden Dollar geschätzt.[8] Um etwa verbliebenes Geld gerecht zu verteilen, musste der Konkursverwalter ermitteln, wie viel Geld jedes Opfer investiert hatte, wie viel ausgezahlt wurde und an wen. Mehrere „Betreuer", die jeweils Milliarden bei den Anlegern eingesammelt hatten, denen gegenüber sie behaupteten, sie hätten die Legitimität von Madoffs Strategie gründlich geprüft, hatten Hunderte Millionen Dollar an Gebühren abgeschöpft. Von dieser Geldflut befeuert stiegen sie in den Kreis der politisch und gesellschaftlich vernetzten Superreichen auf. Eine Person hatte Berichten zufolge über fünf Milliarden Dollar mehr abgehoben als eingezahlt![9] Allein die Tatsache, dass Madoff andere Leute immense Summen als Verwaltungsgebühren kassieren ließ und sich die ganze Zeit mit viel geringeren Handelsgebühren zufrieden gab, hätte schon reichen müssen, um die Investoren, die Berater und die Regulierer zu alarmieren.

Der Staat veröffentlichte eine Liste von mehr als 13.000 Personen, die früher oder gegenwärtig Depots bei Madoff hatten. Sie reichte von Hunderten nicht besonders reichen Rentnern aus Florida bis hin zu Prominenten, Milliardären und Non-Profit-Organisationen, beispielsweise Universitäten und wohltätige Einrichtungen. Wenn sich diese Scharen von Investoren teils über Jahrzehnte hinweg problemlos übertölpeln ließen, was sagt uns dann dieser Schwindel (und andere) über die akademische Theorie, die Märkte seien „effizient" – was die Behauptung einschließt, die Anleger würden bei der Wahl ihrer Anlagen schnell und rational jegliche öffentlich zugänglichen Informationen berücksichtigen?

Unter den Tausenden von Madoff-Anlegern, die auf der Liste standen, war auch ein prominenter Finanzberater, der bei den Besprechungen im Jahr 1991 zugegen gewesen war, bei denen ich Madoffs Betrug aufgedeckt hatte. Damals kannte ich Ned, wie ich ihn hier nenne, schon seit vielen Jahren und sorgte dafür, dass er jedes Detail verstand. Wir hatten uns Mitte der 1990er-Jahre aus dem Augen verloren und ich war im Jahr 2008 erstaunt, dass er und seine Familie auf der staatlichen Liste von Madoffs Anlegern standen. Überdies verriet mir ein gemeinsamer Bekannter, Ned – der mit der Beratung von Kunden Hunderte Millionen Dollar verdient hatte – habe noch in der Woche, in der Madoff gestand, Anleger an ihn verwiesen.

Da ich Ned früher gut gekannt hatte, versetzte ich mich zurück, um herauszufinden, wieso er an Madoff geglaubt hatte. Meiner Meinung nach war Ned kein Gauner. Ich glaube vielmehr, dass er an der sogenannten kognitiven Dissonanz litt. Das heißt, dass man etwas so sehr glauben möchte, dass man jegliche gegenteilige Information schlicht ablehnt. Nikotinabhängige leugnen oft, dass das Rauchen ihre Gesundheit gefährdet. Mitglieder politischer Parteien reagieren milde auf Lügen, Verbrechen und sonstige unmoralische Handlungen ihrer eigenen Politiker, wollen aber Blut sehen, wenn Politiker der anderen Partei das Gleiche tun.

Ich hatte schon frühzeitig gemerkt, dass es kaum etwas bewirkte, wenn ich Ned meine Meinung zu etwas mitteilte, auch wenn sie noch so durchdacht und überlegt war. Andere machten die gleiche Erfahrung. Wenn Ned eine Entscheidung traf, fragte er einfach alle seine Bekannten nach ihrer Meinung und richtete sich dann nach der Mehrheit. Nachdem ich das durchschaut hatte, vergeudete ich meine Zeit nicht mehr damit, meine Überlegungen mit ihm zu teilen.

In bestimmten Situationen funktioniert Neds Befragungsmethode bemerkenswert gut, beispielsweise wenn es darum geht, die Anzahl von Bohnen in einem Fass oder das Gewicht eines Kürbisses zu schätzen. Der Durchschnitt aller abgegebenen Tipps ist normalerweise viel besser als die meisten einzelnen Tipps.[10] Dieses Phänomen bekam den Namen „Weisheit der Vielen“. Jedoch hat diese Vereinfachung wie die meisten anderen auch eine Kehrseite, so auch bezüglich des Falls Madoff. Hier gab es nur zwei Antworten: Betrüger oder Investmentgenie. Die Mehrheit stimmte für Investmentgenie und lag damit falsch. Ich bezeichne die Kehrseite der Weisheit der Vielen als Wahnsinn der Lemminge.

Bis 1991 hatte ich unsere Belegschaft auf vier Personen reduziert. Steve Mizusawa hedgte japanische Optionsscheine und ich half ihm ein bisschen dabei.[11] Außerdem managte ich für mich selbst ein Portfolio aus Hedgefonds, wobei mir Judy McCoy half. Sie war für Steuern und Finanzbuchhaltung zuständig, sie half Steve und sprang als Büroleiterin ein.

Da ich das Leben genoss und einer Rückkehr in den Tumult der Investmentbranche zwiespältig gegenüberstand, versuchte ich eine zeitsparende Möglichkeit zu finden, aus unserem Wissen über statistische Arbitrage Kapital zu schlagen. Nach Diskussionen mit Steve, der bei der Umsetzung eines solchen Projekts von entscheidender Bedeutung sein musste, sah ich mich nach einem Partner um, an den wir unsere Software gegen Tantiemen auslizenzieren konnten.

Ich wandte mich an Bruce Kovner, einen erfolgreichen Rohstoffhändler, den ich aus der Zeit von Princeton Newport kannte. Kovner hatte in den 1970er-Jahren bei der Commodity Corporation angefangen und betrieb dann einen eigenen Hedgefonds, der ihm und seinen Anlegern Milliarden einbrachte.

Zusammen mit Jerry Baesel – dem Finanzprofessor von der UCI, der zu PNP gekommen war – hatte ich in den 1980er-Jahren einen Nachmittag lang mit Bruce in dessen Wohnung in Manhattan darüber diskutiert, wie er dachte und wie er an den Märkten zu seinem Vorteil kam. Kovner war und ist ein Generalist, der Zusammenhänge erkennt, bevor es anderen gelingt.

Etwa um diese Zeit wurde ihm klar, dass ein derart großes Überangebot an großen Öltankern herrschte, dass ältere Schiffe für nicht viel mehr als ihren Verschrottungswert verkauft wurden. Er gründete eine Gesellschaft, um einen Tanker zu kaufen, und ich war einer der beschränkt haftenden Gesellschafter. Es war eine interessante Option. Gegen Verlust waren wir weitgehend abgesichert, denn wir konnten den Tanker jederzeit zum Verschrotten verkaufen und so den größten Teil unserer Investition wieder hereinholen. Wir hatten aber auch eine beträchtliche Gewinnchance: Im Laufe der Zeit hatte die Nachfrage nach Tankern stark geschwankt – und damit auch ihre Preise. Nach wenigen Jahren durchpflügte unser überholtes 475.000-Tonnen-Monster namens Empress Des Mers mit Öl vollgetankt profitabel die Seewege dieser Welt. Ich stellte mir meinen Anteil gern als 20 Fuß langen Abschnitt direkt vor der Brücke vor. Später verhandelte die Gesellschaft über den Kauf des damals größten jemals gebauten Schiffes, des 650.000-Tonners Seawise Giant. Zum Pech der Verkäufer wagte sich ihr Schiff, als die Besitzübertragung noch nicht abgeschlossen war, nicht besonders weise in die Nähe der Insel Kharg im Persischen Golf, wo es von irakischen Flugzeugen bombardiert wurde, in Flammen aufging und sank. Die Empress Des Mers fuhr profitabel bis ins 21. Jahrhundert, doch dann endete die Saga. Nachdem sie eine annualisierte Kapitalrendite von 30 Prozent generiert hatte, wurde sie 2004 zum Schrottwert verkauft und brachte fast 23 Millionen Dollar ein, weitaus mehr als den Kaufpreis von sechs Millionen Dollar.

Kovner verwies mich an einen Hedgefonds, bei dem er Großanleger war. Ich schlug dem Manager des Fonds vor, dass wir die Software für ein komplettes funktionsfähiges System der statistischen Arbitrage liefern und gegen 15 Prozent seiner Bruttoeinnahmen aus der Verwendung des Produkts lizenzieren würden. Wir würden die Mitarbeiter darin schulen und sie kontinuierlich beraten. Unsere Lizenzgebühr würde im Laufe der Zeit sinken – als Ausgleich für Verbesserungen, die der Fonds womöglich vornehmen würde, und für die Obsoleszenz des alten Systems. Aber jedes Mal, wenn wir uns auf etwas geeinigt hatten, bestand der Komplementär auf noch einer Änderung zu seinen Gunsten. Nachdem wir uns auf mehrere Änderungen geeinigt hatten, wurde offensichtlich, dass sie kein Ende fanden. Ich brach die Verhandlungen ab.

Den meisten Leuten, die schon einmal mit Gebrauchtwagenhändlern oder Teppichhändlern zu tun hatten oder Immobilien gekauft und verkauft haben, ist ein Verhandlungsprozess bekannt, den man wohl am besten als Schachern bezeichnet. Nehmen wir zum Beispiel an, ein Haus, das Sie kaufen wollen, soll 300.000 Dollar kosten. Sie bieten 250.000 Dollar. Der Verkäufer kommt Ihnen bis auf 290.000 Dollar entgegen, Sie kontern mit 265.000 Dollar und so weiter und so fort. Am Ende einigen Sie sich auf einen Kaufpreis von 275.000 Dollar. Bei diesem ritualisierten Tänzchen kann es zu Überredungsversuchen, Tricksereien und Täuschungsmanövern kommen. Wäre es nicht einfacher und für den Verkäufer befriedigender, wenn er einfach seinen Preis angeben würde und der Käufer würde entweder kaufen oder es sein lassen? Schließlich wird es in den meisten Geschäften in den Vereinigten Staaten so gehandhabt. Wie könnte man einkaufen gehen, wenn die Preise, die man vergleicht, nicht feststünden?

Doch bei Unternehmensdeals ist Feilschen in der Weise üblich, wie der Fondsmanager mit mir schacherte. Worum geht es dabei? Nehmen wir in unserem Hausbeispiel an, der niedrigste Preis des Verkäufers wären 260.000 Dollar und der höchste Preis, den der Verkäufer noch zu zahlen bereit wäre, betrüge 290.000 Dollar. (Vielleicht findet ja der Verkäufer heraus, dass der Käufer in Wirklichkeit 290.000 Dollar bezahlen würde, indem er behauptet, jemand anders habe 289.000 Dollar geboten – und daraufhin bietet der Käufer 290.000 Dollar.) Dann sind beliebige

Preise zwischen 260.000 und 290.000 Dollar für beide Parteien akzeptabel, aber zu diesem Zeitpunkt weiß die jeweils andere das noch nicht. Es sind also 30.000 Dollar „zu haben". Ziel des Feilschens ist es, möglichst viel von diesen 30.000 Dollar zu bekommen.

Wenn hingegen der Käufer nur bis 270.000 Dollar zu gehen bereit ist und der (geheime) niedrigste Preis des Verkäufers 280.000 Dollar beträgt, gibt es keine Schnittmenge, keinen Preis, den beide akzeptieren, und das Geschäft kommt nicht zustande.

An welchem Ort meine Familie und ich wohnten, war von einem solchen Schacherer entschieden worden. Wir hatten beschlossen, neu zu bauen, und hatten ein Grundstück mit spektakulärer Aussicht auf einem Hügel in Newport Beach ausfindig gemacht. Da der Immobilienmarkt 1979 im Keller war, wurde es für 435.000 Dollar angeboten. Wir fingen mit 365.000 Dollar an. Nach mehreren Geboten und Gegenangeboten nannten wir irgendwann 400.000 Dollar, was mit 410.000 Dollar erwidert wurde. Wir boten 405.000 Dollar, unser absolutes Limit. Abgelehnt. Wir gingen. Ein paar Tage später lenkte der Verkäufer ein und bot uns an, uns bei unseren 405.000 Dollar zu treffen. Das nahmen wir aber nicht an. Warum nicht?

An unserem absoluten Limit war es uns fast egal, ob aus dem Geschäft etwas wurde oder nicht. Doch inzwischen hatte uns der Verkäufer gegen sich aufgebracht und wir wollten nichts mehr mit ihm zu tun haben. Somit war sein Angebot für uns nun weniger attraktiv und unsere Obergrenze fiel unter 405.000 Dollar. Inzwischen befassten wir uns mit Alternativen. Schon bald kauften wir ein besseres Grundstück, bauten ein neues Haus und verbrachten dort 22 glückliche Jahre. Das Grundstück des Schacherers blieb weitere zehn Jahre unverkauft.

Wie es der Zufall wollte, erlebten wir beim Verkauf dieses Hauses ein weiteres Beispiel für gescheitertes Feilschen. Nachdem es ein Jahr zum Verkauf gestanden hatte, erhielten wir an einem Wochenende gleich zwei Angebote. Wir verlangten 5.495.000 Dollar und rechneten damit, etwa 5.000.000 Dollar zu bekommen. Das eine Gebot betrug 4,6 Millionen Dollar und der potenzielle Käufer ließ seinen aggressiven Geschäftspartner mit uns verhandeln. Die freche Art des Partners und sein Herumkritteln an dem Haus waren dafür gedacht, den Preis zu drücken. Das andere Angebot waren fünf Millionen Dollar von einer angenehmen Familie, der das Haus „wie besehen“ gefiel. Wir nahmen das Angebot an, woraufhin der andere Käufer uns anflehte, es uns noch einmal zu überlegen, und andeutete, er werde über den anderen Preis hinausgehen und den Deal nicht von dem dreisten Herren abschließen lassen. Pech gehabt. Die Moral: Es lohnt sich nicht, die andere Partei bis an ihre absolute Grenze zu treiben. Ein kleiner zusätzlicher Gewinn ist das erhebliche Risiko nicht wert, dass das Geschäft platzt.

Für Trader ist es nützlich zu wissen, wann man feilschen sollte und wann nicht. In den Tagen von Princeton Newport frohlockte unser Chef-Trader darüber, dass er uns große Beträge einsparte, indem er regelmäßig noch ein Achtel oder Viertel extra abwartete. Hier die Idee: Nehmen wir an, wir wollen 10.000 Aktien von Microsoft (MSFT) kaufen, die derzeit zum Geldkurs von 71 auf 50.000 nachgefragt und zu 71 ¼ für 10.000 Aktien angeboten werden. Wir können also für 71 ¼ unsere 10.000 Aktien sofort kaufen. Oder wir können, wie es unser Trader machte, einen Kauf von 10.000 Stücken zu 71 ⅛ anbieten und schauen, ob jemand annimmt. Wenn das funktioniert – und das tut es meistens –, sparen wir ⅛ Dollar mal 10.000 Stück, also 1.250 Dollar.

Klingt gut. Besteht dabei ein Risiko? Ja. Durch den Versuch, ⅛ Dollar je Aktie zu sparen, könnte uns ein großer Gewinner entgehen, wenn die Aktie in der Zeit, in der wir sie zu kaufen versuchen, immer für 71 ¼ gehandelt wird. Solche entgangenen Aktien, die nach oben weglaufen, hätten uns einen Geldsegen beschert. Einfach ausgedrückt kann es zwar sein, dass man 20-mal ⅛ Dollar abschöpft, aber auch, dass man auf einmal zehn Dollar verliert. Gefällt Ihnen diese Rechnung? Mir nicht.

Ich fragte unseren Trader, woher er wisse, ob sein wiederholtes sogenanntes „Scalping“ eines Achtelpunkts seine Verluste durch entgangene Chancen ausglich. Er konnte keine Argumente für das liefern, was er tat. Ich stellte anderen Tradern an der Wall Street die gleiche Frage und fand niemanden, der eindeutig belegen konnte, dass er dadurch mehr gewann als verlor.

Märkte sind eine Grundlage der modernen Wirtschaft und der Handel ist eine grundlegende Aktivität. Deshalb analysieren moderne Finanztheoretiker die Funktionsweise von Märkten intensiv – sowohl indem sie Daten untersuchen als auch indem sie Theorien entwickeln, um das zu erklären, was sie beobachtet haben. Dabei stellen sie fest, dass Handelsgeschäfte aus vielfältigen Gründen einmal von einem Käufer und ein andermal von einem Verkäufer initiiert werden. Manche Marktteilnehmer haben keinen Vorteil – keine speziellen vorteilhaften Informationen – und das gilt wahrscheinlich auch für die meisten Menschen, die meinen, sie hätten einen. Beispiele für diese sogenannten Noise-Trader oder „Rauschhändler" sind möglicherweise auch Indexfonds, die ein Unternehmen verkaufen, weil es aus dem Index geflogen ist, oder die eine Aktie kaufen, die in den Index aufgenommen wurde – oder eine Haushaltsauflösung, um Steuern zu begleichen, oder dass ein Investmentfonds durch Käufe oder Verkäufe auf Mittelzuflüsse beziehungsweise Mittelabflüsse reagiert. Natürlich sind solche Beispiele, insoweit bei solchen Geschäften überhaupt lohnenswerte Informationen verwendet werden, unvollkommen.

Die andere Art von Handelsgeschäft wird von Händlern angebahnt, die einen Vorteil haben. Beispiele dafür sind etwa die illegalen Insidergeschäfte, die durch die Strafverfolgung von Ivan Boesky und anderen in den 1980er-Jahren bekannt wurden – auch wenn solche Aktivitäten bis heute fortdauern; oder die legalen von denjenigen durchgeführten Geschäfte, die als Erste auf öffentlich zugängliche Informationen hin handeln, zum Beispiel auf Geschäftszahlen, eine Übernahme oder eine Zinsänderung.

Kommt es auf all das wirklich an? Was ist schon ein Achteldollar pro Aktie? Bei unserem Programm für statistische Arbitrage, das im Jahr anderthalb Millionen Aktien handelte, hätte sich das auf fast 200 Millionen Dollar jährlich belaufen. Wie die Aussage, mit der Senator Everett Dirksen einmal bezüglich der Ausgaben des Kongresses zitiert wurde: Eine Milliarde Dollar hier, eine Milliarde da und ganz schnell spricht man über richtiges Geld.

Das, was die Schacherer und die Trader tun, erinnert mich an eine Unterscheidung der Verhaltenspsychologie zwischen zwei Extremen eines Typenkontinuums: Anspruchserfüller und Nutzenmaximierer beziehungsweise Satisficer und Maximizer. Wenn ein Maximizer einkaufen geht, nach einem Handwerker sucht, sein Auto auftankt oder eine Reise plant, sucht er nach dem besten (maximalen) Geschäft. Auf Zeit und Aufwand kommt es ihm dabei kaum an. Entgeht ihm das allerbeste Geschäft, löst es Bedauern und Stress aus. Hingegen berücksichtigt der Satisficer, der so genannt wird, weil er mit einem Ergebnis zufrieden ist, das sich dem bestmöglichen annähert, die Kosten für die Suche und die Entscheidungsfindung sowie das Risiko, eine annähernd optimale Lösung zu verpassen und vielleicht nie wieder etwas so Gutes zu finden.

Das erinnert an das sogenannte Sekretärinnenproblem oder Heiratsproblem aus der Mathematik.[12] Nehmen Sie an, Sie befragen eine Reihe von Menschen, aus denen Sie den am besten geeigneten auswählen werden. Nehmen Sie weiter an, Sie müssen sie einen nach dem anderen befragen und dürfen es sich, wenn Sie jemanden abgelehnt haben, nicht noch einmal überlegen. Die optimale Strategie besteht darin, abzuwarten, bis man 37 Prozent der Kandidaten gesehen hat, und dann den nächsten auszuwählen, der besser ist als alle abgelehnten unter den ersten 37 Prozent. Ist niemand besser, bleibt man auf der letzten Person der Liste sitzen.

Diese Idee hat mich in meiner Zeit als Doktorand an der UCLA einmal gerettet, kurz nachdem ich von Physik auf Mathematik umgestiegen war. Mein Doktorvater Angus Taylor entschied, dass ich ebenso wie andere Doktoranden einen mathematischen Vortrag vor Studenten halten sollte. Angesichts meines recht mageren mathematischen Hintergrunds war ich um ein Thema verlegen, das die mathematisch versierten Leute interessieren würde, die anwesend sein würden, und das auch neue Gesichter von außerhalb der Fakultät anlocken würde. In letzter Minute brachte ich den Titel „Was jedes junge Mädchen wissen sollte" und weigerte mich, irgendjemandem zu sagen, was ich dazu sagen wollte. Der Saal war überfüllt, ein so großes Publikum war noch nie da gewesen. Das Angenehmste war, dass zusätzlich zu dem üblichen überwiegend männlichen Publikum viele hübsche Kommilitoninnen da waren. Aus ihren Fragen und Gesichtern nach dem Vortrag zu schließen waren meine Zuhörer nicht enttäuscht. Ich hatte über die Lösung des sogenannten Heiratsproblems gesprochen und die Mathematik, die dahintersteht, verständlich erklärt.

18

KAPITEL

Schwindeleien und gefährliche Spiele

Als ich meinen Fokus vom Gewinnen von Glücksspielen auf die Analyse des Aktienmarkts verlagerte, dachte ich naiv, ich würde eine Welt verlassen, in der das Falschspielen ein Problem war, und in eine Arena eintreten, in der Regulierungen und Gesetze den Anlegern ein ebenes Spielfeld bescheren. Stattdessen musste ich erfahren, dass höhere Einsätze größere Diebe anlocken. Bernie Madoffs Pyramidensystem war nur eines der vielen, die in den Jahren 2008 und 2009 aufgedeckt wurden, als eine steil fallende Börse die Versorgung mit neuem Geld abschnitt, das in die Schwindeleien floss. Sie reichten von einem acht Milliarden Dollar schweren Bankbetrug über Schwindeleien, bei denen es jeweils um Hunderte Millionen Dollar ging (darunter mehrere Hedgefonds) bis zu mehrere Millionen umfassenden Immobilien-, Hypotheken- und Darlehens-Schwindeln. Die Schwindelaktionen folgen wahrscheinlich einem einfachen mathematischen Gesetz, das beschreibt, wie ihre Anzahl wächst, während ihre ökonomische Größe schrumpft.

Der Aufstieg des Internets und der elektronischen Vernetzung schufen neue Betrugsgelegenheiten. Am Freitag, dem 25. August 2000, rief mich meine Nichte Diana, die sich für Aktien zu interessieren begann, nach Handelsschluss an.

„Weißt du etwas über eine Aktie namens Emulex?“, fragte sich mich.

„Nein, warum?“

„Ich habe ein paar Stücke davon und heute brach sie kurz nach Handelseröffnung von 113 auf 45 Dollar ein, danach wurde der Handel ausgesetzt!“

„Und auf welche Nachricht hin?“, fragte ich sie.

„Weiß ich nicht.“

„Nun, ich rate dir, gar nichts zu tun. Ich würde sagen, die Wahrscheinlichkeit ist hoch, dass es sich wieder um einen Internetbetrug handelt und dass das Unternehmen noch so solide ist wie gestern.“

Bald danach erfuhren wir, was passiert war. Ein 23-jähriger Collegestudent hatte einen Bericht an die elektronische Nachrichtenagentur Internet Wire geschickt, bei der er früher gearbeitet hatte, und ihn als offizielle Pressemitteilung von Emulex (EMLX) ausgegeben. Der Bericht behauptete, der Präsident des Unternehmens werde zurücktreten, die soliden Gewinne der beiden Vorjahre würden nach unten revidiert, sodass sie in hohe Verluste umschlügen, und die SEC werde ermitteln. Diese Falschinformation verbreitete sich schnell und die Aktie war um 56 Prozent gefallen, als die NASDAQ den Handel einstellte. Der Trickbetrüger hatte zuvor durch Emulex-Leerverkäufe 100.000 Dollar verloren und es nun geschafft, diese wieder hereinzuholen sowie zusätzlich 250.000 Dollar Gewinn zu erzielen, bis er in der Woche danach gefasst wurde. Dabei hatte er die Marktkapitalisierung von EMLX zum schlimmsten Zeitpunkt von 4,1 Milliarden Dollar auf 1,6 Milliarden Dollar gedrückt, was einen Verlust von 2,5 Milliarden Dollar bedeutete. Zwar machte die Aktie im weiteren Tagesverlauf den Großteil ihrer Verluste wieder wett, sie schloss mit 105,75 Dollar aber immerhin 7,31 Dollar niedriger, was einen Kursverfall um 6,6 Prozent und einen um 270 Millionen Dollar gesunkenen Marktwert bedeutete. Bei denjenigen, die während des Kurssturzes verkauft hatten, war der Schaden noch viel größer. Elf Tage nach der Aufdeckung der Falschmeldung und nachdem der Betrüger erwischt worden war, schloss die Aktie bei 100,13 Dollar, also mit 11,4 Prozent im Minus, und hatte sich bis dahin auch In der Zwischenzeit nicht mehr vollständig erholt.

Laut der Theorie der Markteffizienz (EMH = Effizienzmarkthypothese) legt der Markt die Preise so fest, dass sie alle verfügbaren Informationen zutreffend widerspiegeln. Inwiefern stellt ein Kollaps um 60 Prozent innerhalb von 15 Minuten als Reaktion auf eine falsche Information eine rationale Einpreisung von Informationen dar? Auch bitte ich die EMH-Gläubigen, mir zu erklären, weshalb sich die Aktie in den elf Tagen nach Aufdeckung der Fälschung nicht wieder erholte. Die Nachrichten zu EMLX waren gut. Also?

So langsam akzeptieren die Anhänger der Markteffizienz, dass es kleinere Abweichungen von der Theorie gibt. Womöglich erkennen sie die Reaktion auf die EMLX-Falschmeldung als eine solche Abweichung an; aber wie die Presse schrieb, wimmelt es im Internet von solchen Versuchen, vor allem in Chatrooms, und EMLX war nur ein Beispiel in einer Reihe spektakulärer Versuche, die Allgemeinheit im großen Stil zum Narren zu halten, um daraus Gewinn zu schlagen.[1]

Kurz danach, am 21. September 2000, hieß es auf dem Titelblatt der *New York Times*: „SEC: Teenager hatte nach der Schule ein Hobby: Online-Aktienbetrug." Der 15-jährige Schüler aus New Jersey hatte mit elf Trades 273.000 Dollar eingefahren. Er kaufte zunächst ein Aktienpaket eines dünn gehandelten Unternehmens und flutete dann Chatrooms im Internet mit Mitteilungen, wonach beispielsweise eine 2-Dollar-Aktie „sehr bald" für 20 Dollar gehandelt werde. Da war der Text ungefähr so wertvoll wie der in einem Glückskeks. Dr. EMHs rationale allwissende Investoren trieben prompt den Preis in die Höhe und daraufhin verkaufte der junge Herr Lebed. Das Depot bei einem Broker hatte er auf den Namen seines Vaters eröffnet. Lebed schloss mit der SEC einen Vergleich und bezahlte Gewinne in Höhe von 273.000 Dollar zuzüglich 12.000 Dollar Zinsen zurück. Aus den jeweiligen Artikeln geht nicht hervor, ob etwas von dem Geld verwendet wurde, um die geprellten Anleger zu entschädigen, deren Identität oder Ausmaß der Schädigung wohl sowieso unmöglich zu ermitteln sind. Der Kommentar des Vaters? „Jetzt haben sie es schon auf Kinder abgesehen."

Anfang der 1980er-Jahre, also zehn Jahre bevor ich auf Madoff stieß, erfuhr ich von einer bemerkenswerten Vermögensverwaltung. Ihr Devisenhändler fuhr monatliche Gewinne von einem Prozent, zwei Prozent, drei Prozent und sogar vier Prozent ein. Er schien nie Verluste zu machen. Ich bat George Shows, einen Partner in meinem Newport-Büro, J. David Dominelli im nahe gelegenen La Jolla einen Besuch abzustatten. George kam mit der fantastischen Erfolgsbilanz und mit „Werbe"-Material zurück, konnte aber keine Belege für eine tatsächliche Handelstätigkeit finden. Unsere Bitten um geprüfte Finanzabschlüsse, Vermögensnachweise und Handelsnachweise wurden glatt abgelehnt. Ich vermutete ein Pyramidensystem und wir investierten dort nicht. Zwei Jahre später, 1984, brach Dominellis Schwindel zusammen, dabei vernichtete er 200 Millionen Dollar und hatte eintausend Investoren betrogen, darunter viele aus der gesellschaftlichen, politischen und finanziellen Elite der Region San Diego.

Im Jahr 1984 stieß ich auf ein innovatives Unternehmen mit einem neuen, computerisierten Hightech-Produkt für die Finanz-Community. Es war auf der Suche nach zusätzlichem Kapital, um seine Forschung und Entwicklung abzuschließen sowie sein Produkt zu vermarkten. Die Story war überzeugend, der Businessplan war sinnvoll und mein Computerfachmann Steve Mizusawa hob bezüglich der Pläne des Unternehmens den Daumen. Ich und mehrere meiner Freunde investierten bei den Komplementären und bezahlten ihnen die damals übliche Hedgefonds-Gebühr von 20 Prozent des Gewinns. Die Abschlüsse des ersten Jahres wiesen keinen Gewinn aus, nur erhebliche Ausgaben für Forschung und Entwicklung. Trotzdem verkündeten die Komplementäre einen Gewinn und bezahlten sich selbst 20 Prozent davon! Dabei gab es gar keinen Gewinn, sondern nur Kosten. Wie rechtfertigten es die Komplementäre also, dass sie unser Geld einsteckten? Sie behaupteten, die Ausgaben für Forschung und Entwicklung hätten einen größeren Wert als den aufgewendeten Betrag produziert, und sie behandelten diesen angeblichen Überschuss, als wäre er Geld auf der Bank! Irgendwann schafften wir es, sie dazu zu bewegen, dass sie uns das Geld zurückgaben.

Danach verspielte das schlecht geführte Unternehmen seinen klaren technischen Vorsprung und der Konkurrent Michael Bloomberg überholte es mit einem ähnlichen Produkt, das allgegenwärtig wurde und mit dem er Milliarden verdiente. Ein paar Jahre später eröffneten zwei der Komplementäre einen Hedgefonds und da ich ihren Charakter kannte, warnte ich vor Investitionen in diesen Fonds. Im Jahr 2008 wurde ihnen vorgeworfen, sie hätten im Rahmen eines weiteren Pyramidensystems mehrere Hundert Millionen Dollar vom Kapital ihrer Investoren veruntreut.

In den über 50 Jahren meiner Investmentkarriere ließen die Betrügereien, Schwindeleien und Falschmeldungen nicht nach und fast täglich wurde in der Finanzpresse eine Flut davon gemeldet.

Aber schließlich gibt es Falschmeldungen, Betrügereien, Manien und finanzielle Irrationalitäten im großen Stil bereits seit den Anfängen der Börse im 17. Jahrhundert, lange vor dem Internet.[2] Doch die wiederholten Bloßstellungen werden vom wahren Gläubigen der EMH gar nicht registriert. Der ehemalige UCI-Professor Robert Haugen, ein lautstarker wissenschaftlicher Kritiker der EMH und Verfasser mehrerer Bücher, die gegen die EMH argumentieren, erlebte eine extreme Reaktion. Nach einer UCLA-Konferenz mit dem Titel „The Market Debate: A Break from Tradition" berichtete er, nachdem er einen Artikel über die Ineffizienz von Märkten eingereicht habe, habe Eugene Fama, der Vater der EMH und spätere Ko-Nobelpreisträger 2013, „vor dem Publikum auf mich gezeigt und mich als kriminell bezeichnet. Dann sagte er, er sei überzeugt, GOTT wisse, dass der Aktienmarkt effizient sei. Er setzte noch hinzu, je mehr man sich der Behavioral Finance nähere, umso heißer spüre man das Höllenfeuer unter seinen Füßen."[3]

Seit einigen Jahren versuchen sogenannte Hochfrequenzhändler (HFTs = High-Frequency Traders), durch Computereinsatz Geld aus dem Markt zu ziehen, indem sie sich zwischen den Käufern und den Verkäufern einklinken und dann bei jeder Transaktion einen geringen Profit erzielen. Diese räuberischen Programme müssen extrem schnell sein, um sich vor alle anderen zu schieben, wobei sich die Zeiten nach Mikrosekunden bemessen. Da elektrische Signale an die Börsen den Naturgesetzen unterliegen, können sie nicht schneller sein als das Licht, was eine

Geschwindigkeitsbegrenzung von circa 300 Metern pro Mikrosekunde bedeutet. Daher kommt es auf den Standort an und die Firmen bezahlen viel Geld dafür, dass sie ihre Computer so nahe wie möglich an der Börse unterbringen können. Jüngeren Berichten zufolge sind solche Programme an der Mehrzahl der Trades beteiligt und generieren einen jährlichen Gewinn von 21 Milliarden Dollar.[4] Das waren 0,1 Prozent des Börsenwerts aller US-amerikanischen Aktien. Eine große Investmentfirma berichtete meinem Sohn Jeff, es habe „Leute mit ein paar Millionen Dollar Kapital, die ihre Trades über sie abwickeln und pro Tag für Hunderte Millionen handeln". Ich habe mich schon gefragt, ob die häufig vorkommenden „krummen" Handelskurse für die A-Aktie von Berkshire Hathaway von beispielsweise 89.375,37 Dollar von einem solchen Handelsprogramm herrühren.[5]

Viele dieser Komplotte sind zwar entweder zu komplex oder noch nicht öffentlich bekannt, aber einer der Mechanismen ist durchaus bekannt.[6] Manche Börsen, zum Beispiel die NASDAQ, lassen die HF-Trader vor allen anderen einen Blick auf die Kundenorders werfen, etwa 30 Millisekunden bevor die Order bei der Börse eingeht. So können die HF-Trader beispielsweise als Erste kaufen, wenn sie eine Kauforder sehen, den Aktienkurs in die Höhe treiben und die Aktien dann mit Gewinn an den Kunden weiterverkaufen. Sieht der HF-Trader eine Verkaufsorder, verkauft er als Erster, drückt dadurch den Aktienkurs und kauft dann zu einem niedrigeren Preis zurück. Inwiefern unterscheidet sich dies vom Vergehen des Frontrunnings, das von Wikipedia als „das Ausnutzen des vertraulichen Wissens um die Handelsstrategie des Auftraggebers (vor der Durchführung der in Auftrag gegebenen Wertpapierorder) durch den Vertreter des ausführenden Instituts zum eigenen Vorteil" erklärt wird?

Manche Vertreter der Wertpapierbranche argumentieren, das Abschöpfen dieses Vermögens von den Anlegern mache die Märkte irgendwie effizienter und die Märkte bräuchten Liquidität. Der Wirtschaftsnobelpreisträger Paul Krugman widerspricht dem entschieden und er argumentiert, der Hochfrequenzhandel sei lediglich ein Weg, normalen Anlegern Vermögen abzuluchsen, er erfülle keinen sinnvollen Zweck und verschwende nationales Vermögen, denn die verbrauchten Ressourcen würden kein Allgemeingut schöpfen.[7]

Da unsereins als Gruppe betrachtet umso mehr an die Computer verliert, je mehr wir handeln, haben wir hier einen weiteren Grund, lieber zu kaufen und zu halten als zu handeln – es sei denn, man hat einen ausreichend großen Vorteil. Sie ist zwar politisch nicht wahrscheinlich, aber eine geringe Bundessteuer von durchschnittlich ein paar Cent auf jeden Kauf könnte diese Trader und ihre Profite eliminieren, dadurch den Anlegern mehr als die zusätzliche Steuer ersparen und der Staatskasse zusätzliches Geld bescheren. Wenn sich dadurch die Aktienhandelsquote von 30 Billionen Dollar im Jahr halbieren würde, dann würde eine Steuer von 0,1 Prozent (drei Cent bei einer Aktie zu 30 Dollar) immer noch 15 Milliarden Dollar einbringen.[8]

Auch die übliche Finanzberichterstattung hält die Anleger zum Narren. „Kurseinbruch wegen Gewinnbefürchtungen“ lautete eine reißerische Schlagzeile im Wirtschaftsteil der *New York Times*.[9] In dem Artikel hieß es: „Die Aktienkurse fielen, weil die Anleger weiterhin Bedenken wegen der Ergebnisse zum dritten Quartal haben.“ Ein Einbruch? Mal schauen. „Der Dow Jones Industrial Average (DJIA) fiel um 2,96 Punkte auf 10.628,36.“ Das sind 0,03 Prozent im Vergleich zu der typischen täglichen Kursänderung von circa einem Prozent. Laut den historischen Daten zu den Veränderungen des DJIA kommt eine größere prozentuale Änderung als diese an 97 Prozent der Tage vor. Der Wahrscheinlichkeit zufolge ist der Dow Jones nicht einmal an acht Tagen im Jahr so dicht an der Stagnation – wohl kaum ein Indiz für Besorgnis seitens der Anleger.

Der DJIA wird berechnet, indem die Kurse der 30 Aktien addiert werden, aus denen der Index derzeit besteht, und die Summe dann mit einer Zahl multipliziert wird, die immer wieder angepasst wird, um die Auswirkungen von Dividenden und Aktiensplits zu berücksichtigen. Damals betrug der Multiplikator knapp über fünf, das heißt, wenn auch nur eine Aktie um einen und einen Viertelpunkt höher geschlossen hätte, wäre die Schlusskurs des Dow Jones um sechs Punkte höher gewesen, was einen Anstieg um mehr als drei Basispunkte oder 0,03 Prozent bedeutet hätte. Dann hätten die DJIA-Aktien angeblich einen Kurssprung vollführt statt einen Einbruch erlitten. Der S&P 500 stand 0,04 Prozent im Minus, also eine fast genauso winzige Veränderung wie beim Dow Jones. Die einzige wirkliche Bewegung fand im NASDAQ Composite statt, der um 32,8 Punkte beziehungsweise 0,9 Prozent fiel. Und selbst dieser volatile Index verzeichnete an zwei Dritteln der Tage größere Veränderungen.

Was geht da vor sich? In dem Artikel hieß es, Aktien mit Ergebnissen, die nicht den Erwartungen entsprachen, seien am Vortag abgestraft worden. Doch die Auswirkungen auf die Indizes waren vernachlässigbar klein. Der Reporter hatte zwei Fehler begangen. Erstens hatte er gedacht, statistisches Rauschen bedeute etwas. Zweitens entging ihm die andere Hälfte der Story – über diejenigen Aktien, die gestiegen sein mussten, und darüber, weshalb, denn das musste passiert sein, um die Auswirkungen der gefallenen Aktien auszugleichen.

In der Finanzberichterstattung kommt es immer wieder vor, dass Erklärungen für bedeutungslose Preisänderungen geliefert werden. Oft wissen die Reporter nicht, ob eine Schwankung statistisch häufig oder selten ist. Dann wiederum machen viele Menschen den Fehler, dass sie Muster oder Erklärungen sehen, wo es gar keine gibt – wie wir es bei der Geschichte der Glücksspiel-Systeme, bei dem Füllhorn der wertlosen musterbasierten Handelsmethoden und bei einem Großteil des auf „Storys“ basierenden Investings erlebt haben.

19

KAPITEL

Billig kaufen, teuer verkaufen

Es ist Frühling 2000 und wieder ein sonniger Tag in Newport Beach. Von meinem Haus auf einem 200 Meter hohen Hügel aus kann ich 30 Meilen weit über den Pazifischen Ozean bis zu Wrigleys 26 Meilen langer Insel Catalina Island blicken, die sich wie ein riesiges Schiff über den Horizont erstreckt. Zur Linken ist 60 Meilen weit entfernt die Spitze der fast genauso großen San Clemente Island gerade noch über dem Horizont sichtbar. Der Ozean beginnt zweieinhalb Meilen entfernt von dort, wo ich sitze, das Band der weißen Brandungszone trennt ihn von breiten Sandstränden. Die ersten verstreuten Boote stechen von Newport Harbor aus – mit über 8.000 Segel- und Motorbooten sowie einigen der teuersten Luxuswohnungen der Welt einer der größten Bootsliegeplätze der Welt – in See. Jedes Mal, wenn ich in Urlaub fahre, frage ich mich, ob das ein Fehler war.

Wenn ich mit dem Frühstück fertig bin, steigt die Sonne über den Hügeln hinter mir auf und illuminiert die Finanztürme im Westen in dem riesigen Unternehmens- und Einzelhandelskomplex Fashion Island. Etwa zu der Zeit, zu der die Wolkenkratzer vollständig von der Sonne angestrahlt werden, fahre ich drei Meilen weit zu meinem Büro in einem davon. Das Unternehmen für statistische Arbitrage, das Steve und ich 1992 neu gegründet haben, läuft bereits seit acht Jahren erfolgreich.

In der ersten Stunde haben unsere Computer über eine Million Aktien gehandelt und wir stehen mit 400.000 Dollar im Plus. Derzeit verwalten wir 340 Millionen Dollar, wir haben Aktien im Wert von rund 540 Millionen Dollar gekauft und die gleiche Menge geshortet. Unsere Computersimulationen und unsere Erfahrungen zeigen, dass dieses Portfolio annähernd marktneutral ist – die Wertschwankungen des Portfolios sind im Allgemeinen wenig mit den durchschnittlichen Änderungen des Marktpreises korreliert. Das Niveau unserer Marktneutralität, gemessen an dem von Finanztheoretikern so genannten Beta, beläuft sich im Schnitt auf 0,06. Wenn das Beta eines Portfolios null beträgt, haben seine Preisbewegungen keine Korrelation mit denen des Marktes und man bezeichnet es als marktneutral. Portfolios mit positivem Beta bewegen sich meist mit dem Markt auf und ab, je größer das Beta, umso mehr. Das Beta des Marktes selbst wird auf 1,0 festgesetzt. Portfolios mit negativem Beta schwanken meistens entgegengesetzt zum Markt. Unsere risikobereinigte Risikorendite, also der Betrag, um den unsere annualisierte Rendite diejenige von Anlagen mit vergleichbarem Risiko übertraf und der von Finanztheoretikern Alpha genannt wird, betrug im Schnitt circa 20 Prozent im Jahr. Das heißt, dass man sich unsere frühere jährliche Rendite von 26 Prozent (vor Gebühren) als Summe dreier Teile vorstellen kann: fünf Prozent aus risikolosen Schatzwechseln, circa ein Prozent aus unserer leichten Korrelation mit dem Markt und dazu die restlichen 20 Prozent, um die unsere Rendite diejenige von vergleichbaren Investments übertraf.

Unsere Computer berechnen täglich mithilfe unseres Modells für jedes der rund 1.000 größten und am stärksten an der New York Stock Exchange und an der American Stock Exchange gehandelten Unternehmen einen „fairen“ Preis. Börsenprofis bezeichnen Aktien mit hohem Handelsvolumen als „liquide“. Sie bieten den Vorteil, dass man sie leichter handeln kann, ohne dadurch den Preis nach oben oder nach unten zu drücken. Die neuesten Preise von den Börsen fließen in unsere Computer ein und werden sofort mit den laut unserem Modell fairen Werten verglichen. Weicht der tatsächliche Preis ausreichend vom fairen Preis ab, kaufen wir das unterbewertete Papier und shorten das überbewertete Papier.

Um das Risiko zu dämpfen, beschränken wir den Dollarwert, den wir in Form von Aktien eines einzelnen Unternehmens halten. Unsere Vorsichts- und Risikokontrollmaßnahmen scheinen zu funktionieren. Unsere täglichen, wöchentlichen und monatlichen Ergebnisse weisen eine „positive Schiefe" auf, was heißt, dass wir erheblich mehr Tages-, Wochen- und Monatsgewinne haben als Verluste und dass die Gewinner meist größer sind als die Verlierer.

Ich werfe einen Blick auf den Computerbildschirm und sehe die interessanten Positionen des Tages, unter anderem die größten Gewinner und die größten Verlierer. So kann ich schnell sehen, ob gewisse Gewinner oder Verlierer ungewöhnlich groß erscheinen. Alles sieht normal aus. Ich gehe den Gang entlang zum Büro von Steve Mizusawa, wo dieser in sein Bloomberg-Terminal schaut und nach Meldungen Ausschau hält, die sich womöglich stark auf eine der Aktien auswirken, die wir handeln. Findet er Ereignisse wie etwa die unerwartete Ankündigung einer Fusion, einer Übernahme, einer Ausgliederung oder Umstrukturierung, weist er den Computer an, sie auf die Liste der gesperrten Aktien zu setzen: keine neue Position eingehen und die bestehenden schließen.

Gerade hat Steve den Broker, bei dem wir die meisten Geschäfte abwickeln, dazu überredet, unsere Kommission um 0,16 Cent je Aktie zu senken. Das ist eine große Einsparung. Unsere gesamten Aktienpositionen, long und short, werden etwa alle zwei Wochen einmal umgeschlagen, also etwa 25-mal im Jahr. Auf dem derzeitigen Niveau bedeutet dies, dass wir long gehaltene Aktien im Wert von 540 Millionen Dollar verkaufen und sie durch neue Aktien im Wert von 540 Millionen Dollar ersetzen, was insgesamt einen gehandelten Wert von 1,08 Milliarden Dollar ergibt. Das Gleiche machen wir mit unseren Shorts, die weitere Trades im Wert von 1,08 Milliarden Dollar ergeben. Wenn wir beide Seiten 25-mal im Jahr umschlagen, bedeutet dies jährlich Aktien im Wert von 54 Milliarden Dollar oder 1,5 Milliarden Aktien.[1] Als sich der berühmte Hedgefonds-Manager Michael Steinhardt zur Ruhe setzte, erstaunte er viele durch die Aussage, er habe in einem Jahr eine Milliarde Aktien gehandelt.

Die Preissenkung, die Steve ausgehandelt hat, spart uns daher 1,6 Millionen Dollar im Jahr. Doch selbst danach kassieren unsere Broker im Jahr 14,3 Millionen Dollar von uns. Es war klug von unserem Broker, wettbewerbsfähig zu bleiben.

Warum wird die statistische Arbitrage so genannt? Arbitrage bedeutete ursprünglich ein Paar aus einander ausgleichenden Positionen, das einen sicheren Gewinn bringt. Ein Beispiel wäre, dass man in London Gold für 300 Dollar je Unze verkauft und es gleichzeitig in New York für 290 Dollar kauft, sodass man zehn Dollar gewinnt. Betragen die Kosten für die Finanzierung des Geschäfts und um das Gold zu versichern sowie nach London zu liefern fünf Dollar, bleiben fünf Dollar an sicherem Profit. Das ist die ursprüngliche Anwendung der Arbitrage.

Später wurde der Begriff auch auf Investments angewendet, bei denen erwartet wird, dass einander die Risiken weitgehend ausgleichen, sodass ein Gewinn wahrscheinlich, wenn auch nicht ganz sicher ist. So kann es beispielsweise bei der sogenannten Merger-Arbitrage sein, dass Unternehmen A mit einem Aktienkurs von 100 Dollar anbietet, Unternehmen B zu übernehmen, dessen Aktie bei 70 Dollar steht, indem jede Aktie von Unternehmen B gegen eine Aktie von Unternehmen A getauscht wird. Der Markt reagiert darauf sofort und die Aktie von Unternehmen A fällt auf 88 Dollar, während die von Unternehmen B auf 83 Dollar springt. Nun steigen Merger-Arbitrageure ein, sie kaufen Aktien von B für 83 Dollar und shorten Aktien von A für 88 Dollar. Wird die Übernahme innerhalb von drei Monaten vollzogen, verdient der Arbitrageur fünf Dollar an einer Investition von 83 Dollar, das sind sechs Prozent. Aber der Deal ist erst sicher, wenn er von der Regulierungsbehörde und von den Aktionären genehmigt wurde, daher besteht ein Verlustrisiko, falls die Verhandlungen scheitern und die Preise von A und B wieder wenden. Kehren die Kurse von A und B auf ihre Niveaus von vor der Ankündigung zurück, verliert der Arbitrageur mit seinem Leerverkauf von A 100 – 88 = 12 Dollar und mit seinem Kauf von B 83 – 70 = 13 Dollar, also insgesamt 25 Dollar auf 83 investierte Dollar, macht 30 Prozent. Dieses einseitige Risiko geht der Arbitrageur nur dann ein, wenn er überzeugt ist, dass die Wahrscheinlichkeit eines Scheiterns gering ist.

Unser Portfolio besitzt die risikosenkenden Eigenschaften der Arbitrage, wobei wir hoffen, dass die große Anzahl von Aktien auf der Long-Seite und auf der Short-Seite uns dank einer hohen Anzahl günstiger Wetten statistisch einen Profit liefert. Das ist wie das Kartenzählen beim Blackjack, nur in viel größerem Maßstab. Die durchschnittliche Größe unserer Trades beträgt 54.000 Dollar und wir platzieren jährlich eine Million solcher Einsätze, also auf die Handelszeiten gerechnet alle sechs Sekunden einen Einsatz.

Während ich zurück in mein Büro gehe, denke ich darüber nach, wie es zu unserem Unternehmen für statistische Arbitrage gekommen ist. Als ich an der UCI Graduate School of Management Finanzwesen lehrte, hatte ich viele anregende Diskussionen mit Dr. Jerome Baesel, dem Professor im Büro nebenan. Ich lud ihn ein, in Vollzeit bei Princeton Newport Partners zu arbeiten. Eine seiner Hauptaufgaben war das Indikatorenprojekt, ein von mir konzipiertes Forschungsprogramm. Weder Jerry noch ich glaubten an die Theorie der Markteffizienz. Ich hatte überwältigende Belege für die Ineffizienz aus dem Blackjack, aus der Historie von Warren Buffett und Freunden sowie aus unserem täglichen Erfolg mit Princeton Newport Partners. Wir fragten nicht: „Ist der Markt effizient?“, sondern vielmehr: „In welcher Weise und in welchem Maße ist der Markt ineffizient?“ und „Wie können wir das ausnutzen?“

Hinter dem Projekt stand die Idee, zu untersuchen, in welcher historischen Beziehung die Wertpapierrenditen zu diversen Merkmalen oder Indikatoren standen. Zu den Dutzenden fundamentaler und technischer Kennzahlen, die wir betrachteten, gehörten die Gewinnrendite, das Kurs-Buchwert-Verhältnis und der gesamte Marktwert des Unternehmens (seine „Größe“). Heute ist unser Ansatz allgemein bekannt und wird weithin ausgebeutet, aber im Jahr 1979 wurde er noch von massenhaften Scharen von Wissenschaftlern verunglimpft, die überzeugt waren, die Börsenkurse hätten diese Informationen bereits eingepreist. Viele Praktiker waren anderer Meinung. Die Zeit für unser Projekt war deshalb reif, weil die erforderlichen hochwertigen Datenbanken und die leistungsfähigen Computer, um sie auszunutzen, gerade erst erschwinglich wurden.

Durch einen Glücksfall fand einer unserer Forscher fast auf Anhieb die Grundidee, die hinter der statistischen Arbitrage steht.[2] Er sortierte die Aktien nach dem Gewinn oder Verlust in den beiden vorangegangenen zwei Wochen. Diejenigen Aktien, die am stärksten gestiegen waren, entwickelten sich in den Wochen danach insgesamt betrachtet schlechter, und diejenigen, die am stärksten gefallen waren, besser. Historisch gesehen erzielte man eine Jahresrendite von 20 Prozent, wenn man das am stärksten gefallene Zehntel der Aktien kaufte und das am stärksten gestiegene Zehntel shortete. Wir nannten das System MUD, weil es aus den Aktien bestand, die am stärksten gestiegen beziehungsweise am stärksten gefallen – „most-up, most-down" – waren. Der Mathematiker William F. Donoghue von der UCI sagte gern im Scherz: „Thorp, ich rate Ihnen, billig zu kaufen und teuer zu verkaufen." Das Portfolio der Long-Aktien folgte dem Markt und das Short-Portfolio tat das Gegenteil, sodass die beiden Seiten die Marktbewegung weitgehend ausschalteten. Dies verschaffte uns das, was uns gefiel, nämlich ein marktneutrales Portfolio. Aber dieses Portfolio schwankte immer noch stärker als unsere üblichen Investments, deshalb legten wir die statistische Arbitrage zunächst einmal auf Eis.

Ohne dass wir es wussten, entwickelte ein paar Jahre später ein genialer Forscher von Morgan Stanley ein ähnliches Produkt wie unseres, allerdings mit erheblich geringeren Schwankungen. Den Handel damit begann er wahrscheinlich 1983. Mit zunehmender Erfahrung wuchs sein Vertrauen und seine Investments erweiterten sich. Bis 1985 war die statistische Arbitrage bei Morgan Stanley zu einem bedeutenden Profitcenter geworden, aber die Anerkennung für seine Entdeckung und die Belohnung seitens der Firma fielen nicht dem Entdecker Gerry Bamberger zu.[3] Während sein Boss Nunzio Tartaglia das Projekt weiter ausbaute, reichte der unzufriedene Bamberger seine Kündigung ein.

Im Rahmen unseres Vorhabens, diversifizierte weitere Profitcenter aufzubauen, versuchte Princeton Newport Partners, Personen einzustellen, die erfolgreiche quantitative Strategien hatten. Der nun arbeitslose Bamberger kontaktierte uns. Er erklärte, seine Strategie sei mit einem hohen Umschlag verbunden, marktneutral und risikoarm, wobei jederzeit eine große Anzahl Aktien long und eine große Anzahl short gehalten werde. Das klang sehr nach unserer Strategie der statistischen Arbitrage und daher riefen wir zurück, obwohl wir nur die allgemeinen Eigenschaften des Portfolios kannten und keinerlei Details über die Aktienauswahl. Nachdem ich ihm mein Wort gegeben hatte, dass ich niemandem davon erzählen würde, außer er hätte seine Erlaubnis gegeben oder die Strategie wäre auf anderem Wege Allgemeingut geworden, traf ich mich mit Gerry und er erzählte mir, wie seine Strategie funktionierte.

Gerry Bamberger war ein hochgewachsener, schlanker orthodoxer Jude mit einer originellen Sicht auf Problemstellungen und einem schrägen Humor. Wir arbeiteten mehrere Wochen lang in Newport Beach gemeinsam an einem ausgiebigen Test seiner Strategie. Falls ich zufrieden wäre, wollten wir ein Joint Venture mit Gerry aufziehen. Er brachte immer eine braune Tüte mit, die stets ein Sandwich mit Thunfischsalat enthielt. Irgendwann musste ich ihn einfach fragen: „Wie oft essen Sie zu Mittag ein Sandwich mit Thunfischsalat?“ Gerry sagte: „Seit sechs Jahren jeden Tag.“ Er war starker Raucher und ich bin extrem empfindlich gegen Tabakrauch – so empfindlich, dass wir keine Raucher einstellten und das Rauchen in unserem Büro nicht erlaubten. Deshalb verhandelten wir darüber, wie wir das handhaben sollten. Wir schlossen einen Kompromiss. Wenn Gerry eine Zigarette brauchte, würde er jedes Mal unser im Erdgeschoss liegendes Gartenbüro verlassen. In Südkalifornien ist das keine so große Qual wie etwa im Winter an der Ostküste.

Die Gewinne von Bambergers Version der statistischen Arbitrage beruhten auf dem MUD-Effekt, den wir in den Jahren 1979 und 1980 entdeckt hatten. Wir hedgten dabei das Marktrisiko, aber Gerry senkte das Risiko noch weiter, indem er einzelne Branchen separat handelte. Um die historische Performance seines Systems zu ermitteln und den Handel in Echtzeit zu simulieren, verwendeten wir das 100 Quadratmeter große Rechenzentrum von Princeton Newport, in dem Geräte im Wert von zwei Millionen Dollar standen. Dort gab es Gigabyte-Plattenlaufwerke so groß wie Waschmaschinen sowie Bandlaufwerke und zentrale Recheneinheiten (CPUs) so groß wie Kühlschränke. All das stand auf einem Podest mit abnehmbaren Brettern, unter dem sich ein Dschungel von Kabeln, Drähten und sonstigen Verbindungen entlangschlängelte.

Außerdem gab es für diesen Raum ein separates Sicherheitssystem. Im Brandfall wurde die Luft sofort innerhalb von 80 Sekunden durch ein nicht brennbares Halogen ersetzt. Wenn dies passierte, gab es in dem Raum nicht genug Sauerstoff für ein brennendes Feuer oder atmende Menschen. Wir übten, den Raum rechtzeitig zu verlassen und das Halogen im Notfall manuell auszulösen.

Mitte der 1980er-Jahre war unsere Anlage Hightech, aber dank der enorm fortgeschrittenen Miniaturisierung, Beschleunigung und der fallenden Preise können heutzutage sogar Mobiltelefone viele Gigabyte speichern. Der Raum wurde von einem eigenen System ständig auf 15,5 Grad Celsius gekühlt und besaß zwecks Reinhaltung abgedichtete Türen und Staubfilter. Da Raucher bereits nach einer einzigen Zigarette noch über eine Stunde lang in hohem Maße winzige Partikel emittieren, stimmte Gerry unter vielen launigen Scherzen zu, dass der Computerraum für ihn tabu war.

Als ich vollkommen zufrieden war, gründeten wir ein von PNP finanziertes Joint Venture, das Gerry in New York nach schlüsselfertiger Übergabe leitete. Wir nannten es BOSS Partners – das stand für „Bamberger (plus) Oakley Sutton Securities" –, wobei letztere Gesellschaft von uns zur Unterstützung von PNP gegründet worden war. Mit einem Kapital im Bereich zwischen 30 und 60 Millionen Dollar erzielte BOSS im Jahr 1985 eine Rendite von 25 bis 30 Prozent. Bis zum Jahr 1988 gingen die Renditen nach und nach auf circa 15 Prozent zurück. Die schwindende Profitabilität und Giulianis zunehmende Attacken gegen unser Büro in Princeton brachten Gerry davon ab, in der Wertpapierindustrie weiterzumachen.[4] Er zog es vor, sich als Millionär zur Ruhe zu setzen.

Indes trieb ich das Konzept der statistischen Arbitrage noch einen Schritt weiter. Der Handel mit meiner verbesserten Methode begann im Januar 1988, sodass ihr per Zufall der Crash 1987 erspart blieb. Wie hätte sie sich damals geschlagen? Obwohl der S&P 500 im Oktober 1987 um 22 Prozent absackte, hätte BOSS in diesem Monat sieben Prozent verdient. Computersimulationen zeigten, dass unser neues Produkt der statistischen Arbitrage außerdem einen guten Tag und einen Rekordmonat verzeichnet hätte. Dies war ein Schiff, dem Katastrophenfluten nichts anhaben konnten.

Um das Risiko noch besser zu kontrollieren, ersetzte ich Bambergers Unterteilung in Branchengruppen durch ein statistisches Verfahren namens Faktoranalyse. Faktoren sind gemeinsame Tendenzen mehrerer, vieler oder aller Unternehmen. Der wichtigste unter ihnen ist der sogenannte Marktfaktor, der die Tendenz jeder Aktie angibt, sich mit dem Markt nach oben und nach unten zu bewegen. Die täglichen Renditen einer beliebigen Aktie lassen sich als ein Teil ausdrücken, der dem Markt folgt, dazu das Übrige, das man als Residuum bezeichnet. Theoretiker und Praktiker des Finanzwesens haben eine große Anzahl solcher Faktoren identifiziert, die zur Erklärung der Veränderung von Wertpapierpreisen beitragen. Manche, wie etwa die Teilhabe an einer bestimmten Branchengruppe oder einem Branchensektor (beispielsweise Öl- oder Finanzindustrie), wirken sich vor allem auf Untergruppen von Aktien aus. Andere Faktoren, zum Beispiel der Markt an sich, der Stand der kurzfristigen und der langfristigen Zinsen oder die Inflation, wirken sich auf fast alle Aktien aus.

Das Schöne an der statistischen Arbitrage ist, dass man sie so gestalten kann, dass sie die Auswirkungen so vieler dieser Faktoren ausgleicht, wie man möchte. Das Portfolio wird dadurch inflationsneutral, ölpreisneutral und so weiter, indem man dies auch mit den einzelnen Faktoren macht. Natürlich schließt man dabei einen Kompromiss: Die Verminderung des Risikos geht mit einer eingeschränkten Auswahl möglicher Portfolios einher. Dann sind nur noch solche zulässig, die marktneutral, inflationsneutral, ölpreisneutral und so weiter sind, und daher senkt der Versuch, das Risiko zu senken, auch die Rendite.

Wir nannten die neue Methode STAR – STatistische ARbitrage. Auf Antrag eines unserer Investoren schickten wir eine Trading-Historie an Barra, ein weltweit in der Erforschung und Entwicklung von Finanzprodukten führendes Unternehmen. Es testete STAR mithilfe seines E2 genannten Modells, das 55 Branchenfaktoren und 13 makroökonomische Faktoren beinhaltete. Es fand heraus, dass unsere Renditen prinzipiell faktorneutral waren und offenbar nicht aus glücklich ausgegangenen Wetten resultierten.

Es war gut, dass wir über Bambergers Modell hinausgegangen waren, denn in der Simulation gingen seine Renditen weiterhin zurück. Zudem weitete Morgan Stanley nach einem guten Jahr 1987 seine Investitionen in diese Strategie angeblich auf 900 Millionen Dollar long und 900 Millionen Dollar short aus, was zwangsläufig die Renditen drückte, die jeder erzielen konnte, der sie anwandte. Es gingen Gerüchte, die Bank habe damit sechs bis zwölf Prozent Verlust gemacht, was dann zur Abwicklung des Produkts führte.

Mitarbeiter von Morgan Stanley begannen die Abteilung für quantitative Systeme zu verlassen, die für die statistische Arbitrage zuständig war. Unter denen, die gingen, war auch David E. Shaw, ein ehemaliger Informatikprofessor von der Columbia University. Er war an die Wall Street gelockt worden, um mithilfe von Computern Marktchancen ausfindig zu machen.

Im Frühjahr 1988 verbrachte Shaw einen Tag in Newport Beach. Wir sprachen über sein Vorhaben, ein verbessertes Produkt der statistischen Arbitrage aufzulegen. PNP war in der Lage, die zehn Millionen Dollar aufzubringen, die er für den Start brauchte, und wir waren von seinen Ideen beeindruckt – beschlossen aber, es nicht zu machen, weil wir bereits ein gutes Produkt der statistischen Arbitrage hatten. Er fand eine andere Finanzierung, gründete eine der erfolgreichsten Analysefirmen der Wall Street und würde später Mitglied des wissenschaftlichen Beratungsgremiums des Präsidenten. Mithilfe der statistischen Arbitrage als hauptsächlichem Profitcenter erweiterte er seinen Ansatz auf benachbarte Hedging- und Arbitragebereiche (wieder der Geschäftsplan von PNP) und stellte zahlreiche Quants aus dem Wissenschaftsbetrieb ein. Im Jahr 2014 führte ihn *Forbes* unter den reichsten Amerikanern mit 3,8 Milliarden Dollar auf Platz 134. Einer seiner Angestellten war Jeff Bezos, der bei der Suche nach von Geschäftsideen für Shaw im Jahr 1994 auf die Idee eines Online-Buchhandels kam und kündigte, um ein Unternehmen zu gründen, das er Amazon.com nannte. Bezos belegte unter den reichsten Amerikanern des Jahres 2014 mit 30 Milliarden Dollar Rang 10.

Als sich PNP Ende 1988 aufzulösen begann, entwickelten wir trotz des Stresses eine weitere Methode der statistischen Arbitrage, die einfacher und trotzdem leistungsfähiger war.[5] Als PNP auslief, wollte ich es einfach halten. Wir konzentrierten uns auf zwei Bereiche, die von einer kleinen Belegschaft bewältigt werden konnten: das Hedging japanischer Optionsscheine und Investitionen in andere Hedgefonds.[6] Beides klappte gut.

Ich hatte keine unmittelbaren Pläne, unsere neue Methode der statistischen Arbitrage einzusetzen, und ich rechnete damit, dass die fortgesetzten Innovationen durch Investoren, die verwandte Systeme verwendeten, nach und nach ihren Wert aushöhlen würden, wie es eben der Lauf der Dinge ist. Vier Jahre vergingen und dann kam mein Freund und ehemaliger Partner Jerry Baesel mit Berichten über außerordentliche Erträge mit statistischer Arbitrage zu mir. Neben D. E. Shaw & Company gehörten zu den betreffenden Praktikern ehemals bei Morgan Stanley beschäftigte Quants, die eigene Hedgefonds gegründet hatten, und einige meiner früheren PNP-Mitarbeiter. Ich fragte ehemalige Mitarbeiter von Morgan Stanley, ob sie wüssten, wie es mit der statistischen Arbitrage in ihrer Firma angefangen hatte. Keiner wusste es. Ein paar hatten Gerüchte über einen namenlosen legendären „Entdecker" des Systems gehört – das war natürlich Gerry Bamberger, und so gründlich war die Anerkennung für seinen Beitrag ausgelöscht worden.

Jerry Baesel sagte mir, falls unser System der statistischen Arbitrage noch funktioniere, wolle ein milliardenschwerer Pensions- und Gewinnbeteiligungsfonds, einer unserer früheren Investoren und sein derzeitiger Arbeitgeber, einen Großteil der Kapazität oder die gesamte haben. Jedes Börsensystem mit Vorteil ist zwangsläufig auf den Geldbetrag beschränkt, den es nutzen und dabei immer noch Überrenditen produzieren kann. Einer der Gründe dafür ist, dass der Kauf unterbewerteter Wertpapiere die Preise hebt und somit die Fehlpreisung verkleinert oder beseitigt – und dass das Shorten überbewerteter Wertpapiere den Preis drückt und somit ebenfalls die Fehlpreisung schrumpfen lässt. Daher sind die Möglichkeiten, den Markt zu schlagen, hinsichtlich ihrer Größe durch die Art ihrer Auswirkungen auf die Marktpreise eingeschränkt.

Da unsere Methode der statistischen Arbitrage weitgehend computerisiert war, konnten Steve und ich das Treuhandkonto mithilfe einer kleinen Bürobelegschaft managen. Das würde mir Zeit zum Leben lassen. Wir beschlossen, es zu machen. Das Projekt begann vielversprechend. Unsere Software lief reibungslos, zunächst in der Simulation und dann, ab August 1992, mit echtem Geld.

Ich wollte auch mein eigenes Geld investieren. Das konnte ich effizient und profitabel tun, indem ich eine neue Investmentgesellschaft schuf. Dies führte zur Gründung der Gesellschaft Ridgeline Partners im August 1994, die neben unserem institutionellen Depot handelte. Die beschränkt haftenden Gesellschafter fuhren in den achteinviertel Jahren ihrer Existenz einen jährlichen Gewinn von 18 Prozent ein.

Anhang E zeigt die Ergebnisse des großen Depots, das ich aus Gründen der Vertraulichkeit als XYZ bezeichne. Die annualisierte Rendite des S&P 500 von 7,77 Prozent in diesem Zeitraum und seine Standardabweichung von 15,07 Prozent liegen ein Stück weit unter seinen langfristigen Werten. Die ungehebelte Rendite von XYZ von 18,21 Prozent vor Gebühren war mehr als doppelt so hoch wie die des S&P 500. Das Risiko in Form der Standardabweichung betrug 6,68 Prozent. Das Verhältnis aus (annualisierter) Rendite und Risiko war bei XYZ mit 2,73 über fünfmal so hoch wie beim S&P 500. Bei geschätzten fünf Prozent Rendite von dreimonatigen Schatzwechseln im Betrachtungszeitraum belaufen sich die Sharpe Ratios des S&P 500 und von XYZ auf 0,18 respektive 1,98.

Das Diagramm in Anhang E – „Performancevergleich XYZ“ – zeigt zwei große „Epochen“. Die erste, vom 12. August 1992 bis Anfang Oktober 1998, weist einen stetigen Anstieg auf. Die zweite, von da an bis zum 13. September 2002, zeigt eine höhere Rendite einschließlich eines bemerkenswerten sechsmonatigen Spurts kurz nach dem Zusammenbruch (nach vier Jahren) des großen Hedgefonds, der paradoxerweise Long-Term Capital Management hieß. Nach dem Spurt im letzen Quartal 1998 und im ersten Quartal 1999 kehrt die Rendite etwa in den Bereich der ersten Epoche zurück. Aber die Schwankungen um den Trend herum waren größer.[7]

Ein Grund für diese größere Wechselhaftigkeit könnte die sich hinziehende und umstrittene Wahl von George W. Bush gewesen sein. Auch fand damals ein ökonomischer Gezeitenwechsel von Haushaltsüberschüssen zu massiven Defiziten infolge erhöhter Staatsausgaben und Steuersenkungen statt. Zusätzliche Unsicherheit brachten der Kollaps der Dotcom-Blase und die Schrecken des 11. September mit sich.

Wir verlangten bei Ridgeline Partners ein Prozent im Jahr zuzüglich 20 Prozent von den neuen Nettogewinnen. In einer Phase, in der wir von unserer Performance enttäuscht waren, senkten wir freiwillig die Gebühren. Wir gaben den beschränkt haftenden Gesellschaftern mehr als eine Million Dollar zurück. Einige der gierigen heutigen Hedgefonds-Manager mögen meinen, unsere Rendite nach Gebühren sei ökonomisch irrational, aber unsere Anleger waren glücklich und wir hatten fast immer eine Warteliste. Ridgeline war während eines großen Teils seiner Zeit für neue Anleger geschlossen und die Zuführung neuen Kapitals durch Bestandsgesellschafter war häufig beschränkt. Um die hohen Renditen aufrechtzuerhalten, senkten wir manchmal sogar die Größe des Fonds, indem wir den Partnern Kapital zurückzahlten.

Wir hätten ebenso wie andere Hedgefonds-Manager, die ebenfalls Wartelisten hatten, unsere Gebühreneinnahmen steigern können, indem wir unsere Gewinnbeteiligung erhöht oder zusätzliches Kapital angenommen und dadurch die Rendite der beschränkt haftenden Gesellschafter gesenkt hätten. Solche Taktiken des Komplementärs, um fast den gesamten risikobereinigten Ertrag – das „Alpha" – zu kassieren statt ihn mit den anderen Investoren zu teilen, sind das, was die ökonomische Theorie vorhersagt. Ich zog es stattdessen vor, die beschränkt haftenden Gesellschafter so zu behandeln, wie ich selbst an ihrer Stelle hätte behandelt werden wollen.

Im August 1998 verlor der Hedgefonds Long-Term Capital Management (LTCM), der ein Kapital von vier Milliarden Dollar angesammelt hatte, fast sein ganzes Geld. Er war hoch verschuldet und es bestand die Gefahr, dass er Kontrakte in der Größenordnung von 100 Milliarden Dollar nicht erfüllen konnte. Manche behaupteten, dadurch sei das weltweite Finanzsystem an sich gefährdet worden. Die Federal Reserve kam zu dem Schluss, LTCM sei „too big to fail“, und handelte eine Rettung durch ein Konsortium aus Broker- und Bankhäusern aus, die alle ein finanzielles Eigeninteresse an der Rettung von LTCM hatten. Etwa zur selben Zeit gerieten mehrere asiatische Volkswirtschaften in Schwierigkeiten und Russland konnte seine Schulden nicht mehr bedienen.

Das Zusammentreffen der Ereignisse erhöhte die Volatilität der Finanzmärkte massiv. Würden diese Störungen unsere potenzielle Rendite steigern oder unser System der statistischen Arbitrage ausbremsen? Die Hedgefonds litten in mehrfacher Hinsicht. Die Besitzer asiatischer Wertpapiere machten schwere Verluste. Plötzlich waren die Finanzinstitute nicht mehr so gerne bereit, Kredite zu vergeben, und gehebelte und somit verschuldete Hedgefonds waren gezwungen, Positionen zu liquidieren. Wir hörten, dass große Positionen in statistischer Arbitrage geschlossen wurden. Das klingt wahrscheinlich, denn diese sind liquide und lassen sich zur Geldbeschaffung schnell verkaufen. Diese Entschuldungs- und Liquiditätskrise deutete auf die ähnliche und viel größere, globale Wiederholung im Jahr 2008 voraus.

Falls eine derart große Bewegung heraus aus Positionen der statistischen Arbitrage erfolgte, konnten wir im Zuge dessen mit Verlusten unserer Portfolios rechnen, denn wenn andere die Aktien verkaufen, die wir besitzen, drückt das den Preis und unsere Long-Positionen verzeichnen Verluste. Und wenn die anderen umgekehrt die gleichen Aktien geshortet haben wie wir und sie zurückkaufen, treibt dies den Preis der von uns immer noch geshorteten Aktien in die Höhe und wir weisen einen Verlust aus. Geht die Liquidation der Portfolios ihrem Ende entgegen, können wir mit einem erneuten Anstieg rechnen. Tatsächlich kam es dann so, dass nach einem kleinen Absacker an den letzten vier Septembertagen der Oktober mit sechs Verlusttagen hintereinander begann, in denen unser Portfolio 4,2 Prozent verlor – der schwerste Schlag, den wir je erlitten hatten.[8] Da dies kurz nach Ende des Quartals passierte, nehme ich an, dass es an unfreiwilligen Liquidierungen von Positionen der statistischen Arbitrage zwecks Geldbeschaffung zur Befriedigung von Gläubigern lag. Zum Glück hatten wir den September gerade als besten Monat unseres bisherigen Bestehens abgeschlossen.

Obwohl der Oktober so schlecht anfing, holten wir unsere gesamten Verluste wieder herein und setzten die Gewinnsträhne fort, die im September begonnen hatte. Sie lief noch sechs fantastische Monate weiter, bis zum Februar 1999. In diesem Zeitraum verdienten wir 54,5 Prozent. Das Ergebnis der zwölf Monate, die mit dem August 1999 endeten, war für die beschränkt haftenden Gesellschafter von Ridgeline ein Plus von 72,4 Prozent. Und das mit einem marktneutralen Produkt, das einen Hebel von höchstens 2:1 einsetzte. Mehrere unserer Partner fragten uns, ob wir so etwas schon einmal erlebt hätten. Ich antwortete, dass ich in 35 Jahren der marktneutralen Geldanlage so etwas noch nie erlebt hätte, aber dass sie sich auch nicht daran gewöhnen sollten, denn es sei unwahrscheinlich, dass wir eine solche Performance noch einmal schaffen würden.

Mit Ridgeline und XYZ verwalteten wir bis zu 400 Millionen Dollar mit statistischer Arbitrage und 70 Millionen Dollar mit anderen Strategien, während PNP zu Spitzenzeiten nur 272 Millionen Dollar gemanagt hatte. Im Gegensatz zu den bis zu 80 Mitarbeitern von PNP stellten wir uns bei Ridgeline lediglich zu sechst unseren formidablen Konkurrenten.[9] Mehrere von ihnen hatten Hunderte von Mitarbeitern, darunter Dutzende Doktoren der Mathematik, der Statistik, der Informatik, der Physik, der Finanzwissenschaft und der Ökonomie. Wir waren ein hochgradig automatisierter, schlanker und profitabler Betrieb.

Im Herbst 2002 beschlossen wir, dichtzumachen. Die Renditen waren zwar immer noch beachtlich, aber sie waren in den Jahren 2001 und 2002 zurückgegangen. Ich glaubte, das liege an dem enorm gewachsenen Vermögen, das in Hedgefonds angelegt war, bei gleichzeitiger Expansion von Programmen der statistischen Arbitrage. Ich hatte das 1988 schon einmal erlebt, als sich Morgan Stanleys Expansion in diesem Bereich offenbar negativ auf unsere Renditen ausgewirkt hatte. Dass die Rendite der statistischen Arbitrage sank, schien durch die Erfahrungen der meisten anderen Hedgefonds bestätigt zu werden, die in diesem Bereich agierten.[10]

Der wichtigste Grund für die Auflösung des Fonds war die Tatsache, dass mir Zeit mehr wert war als zusätzliches Geld. Vivian und ich wollten uns unserer Kinder und ihrer Familien erfreuen, außerdem reisen, lesen und lernen. Wieder einmal war es an der Zeit, einen Kurswechsel in unserem Leben vorzunehmen.

Und ich hatte Investments, die immer noch interessant waren, zum Beispiel die Sparkassen-Sanierungen, an denen mein Sohn Jeff und ich uns bereits seit 1990 beteiligten.

20

KAPITEL

Den Karren der Banken aus dem Dreck ziehen

Eines Tages im Jahr 1990 rief mein unternehmerisch denkender Sohn Jeff an und riet mir, Sparbücher bei Sparkassen zu eröffnen. Warum sollte ich Geld zu fünf Prozent binden wollen, wenn ich anderswo 20 Prozent verdiente? Jeff antwortete: „Wie wäre es mit einem kleinen Stück von ein paar Milliarden Dollar an Werten, die niemandem gehören?“ Ich sagte: „Erzähl weiter.“ Und er erklärte, wie es funktionierte.

Es gab damals im ganzen Land ein paar Tausend Sparkassen und Kreditvereinigungen. Sie waren ursprünglich als Genossenschaften von Einlegern gegründet worden, die ihr Geld zusammenlegten und es den Mitgliedern erlaubten, nach Bedarf Kredite aufzunehmen, während sie gleichzeitig Zinsen für ihre Kredite an diejenigen zahlten, die Geld in den Pool eingelegt hatten. Die Einleger besaßen die Genossenschaft „auf Gegenseitigkeit“, was bedeutete, dass der Geschäftswert, der sich während des Betriebs aufbaute, auch den Einlegern „gehörte“. Im Laufe der Zeit kamen und gingen die Einleger, aber wenn sie gingen, ließen sie ihren Geschäftsanteil zurück. Es gab keinen Mechanismus, um diesen Wert herauszuziehen.

Der riesige in Zeitlupe stattfindende Kollaps der US-amerikanischen Spar- und Kreditwirtschaft, der Ende der 1970er-Jahre begann und in den 1980er-Jahre andauerte, schuf einen Kapitalbedarf, um die geschwächten Institutionen zu stützen, um die neuen Möglichkeiten auszunutzen, die von bankrotten Instituten hinterlassene Lücke zu füllen, und Kapital, um mit den neuen größeren konsolidierten Sparkassen zu konkurrieren, die nun entstanden.

Die Genossenschaften konnten nur dadurch Kapital aufbringen, dass sie mehr Einleger anlockten – ein langsamer Prozess mit ungewissem Ausgang. Hingegen waren ihre Rivalen, die „Aktien"-Sparkassen, Großunternehmen im Besitz von Aktionären. Sie könnten sich bei Bedarf durch den Verkauf von Aktien am Markt zusätzliches Kapital beschaffen. Einige der eher unternehmerisch denkenden Manager genossenschaftlicher Sparkassen beschlossen, sich in Aktiengesellschaften umzuwandeln, und so begann der Prozess, Milliarden von Dollar zu extrahieren, die bisher niemand für sich beanspruchen konnte.

Das funktionierte so: Stellen Sie sich eine hypothetische Sparkasse vor, die wir Magic Wand S&L, kurz MW, nennen wollen, mit einem Liquidations- oder Buchwert von zehn Millionen Dollar und einem Reinerlös von einer Million Dollar pro Jahr. Wenn MW eine Aktienbank mit einer Million umlaufenden Aktien wäre, hätte jede Aktie einen Buchwert von zehn Dollar und der Gewinn je Aktie betrüge einen Dollar, was zehn Prozent des Buchwerts entspräche. Angenommen, es gäbe eine MW-Aktie, dann würde sie normalerweise zu einem einmaligen Kurs-Buchwert-Verhältnis von 1 gehandelt werden, also zum Preis von zehn Dollar das Stück.

Dann beschließt das Management, MW in eine Aktien-Sparkasse umzuwandeln und bei einer Erstemission eine Million Aktien zu zehn Dollar auszugeben, wodurch sie zehn Millionen Dollar erlöst. Nach diesem Börsengang oder IPO hat MW zehn Millionen Dollar an neuem Bargeld plus die zehn Millionen Dollar Eigenkapital, die sich zuvor im Besitz der Einleger befanden, sodass sich nun ein neues Eigenkapital von 20 Millionen Dollar ergibt. Jetzt hat jede Aktie einen Buchwert von zehn Dollar zuzüglich der zehn Dollar zugeschossenem Eigenkapital, was insgesamt 20 Dollar ergibt.

Zu welchem Kurs werden die neuen Aktien an der Börse gehandelt? Das beigetragene Eigenkapital sollte angesichts des derzeitigen Marktpreises vergleichbarer Aktien-Sparkassen zehn Dollar wert sein und die zehn Dollar Cash sollten weitere zehn Dollar wert sein – sobald die Öffentlichkeit dies begreift, rechnen wir damit, dass die neuen Aktien bei circa 20 Dollar stehen.

Man kann also eine 20-Dollar-Aktie für zehn Dollar kaufen. Wer verliert dabei? Niemand, aber diejenigen Einleger, die beim Börsengang nicht genügend Aktien kaufen, um sich ihren Anteil am Vor-IPO-Eigenkapital, den sie „besaßen", zu sichern, geben einen Teil der Gewinne an die anderen ab, die sich daher mehr davon holen können. Glücklicherweise sind solche Börsengänge in der Regel so strukturiert, dass die Einleger beim Zeichnen von Aktien Vorrang vor anderen Anlegergruppen haben. Normalerweise gibt es nur eine Gruppe mit noch größerem Vorrang. Wer wohl? Sie haben es erraten! Die Insider: Führungskräfte, Direktoren und Gewinnbeteiligungspläne für Beschäftigte. Dies ermöglicht es den Insidern, sich einen Teil des Wertes der Einleger zu sichern, was eine starke Motivation für das Management darstellt, die Genossenschaft in eine Aktiengesellschaft umzuwandeln.

Nehmen wir an, wir wären so vorausschauend, rechtzeitig vor der Frist, innerhalb deren man zur Teilnahme am IPO berechtigt ist, Einleger der Magic Wand S&L zu werden. Irgendwann nach Ablauf der Zulassungsfrist gibt die Bank ihre Absicht zur Umwandlung bekannt, sucht sich einen Investmentbanker aus, der den Börsengang managt, und erhält die Genehmigung der Aufsichtsbehörden. Magic Wand gründet eine provisorische Abteilung, das sogenannte Conversion Center, das ein Bündel von Dokumenten herausgibt, unter anderem einen Verkaufsprospekt, der die Bedingungen der Umwandlung und Informationen über die teilnahmeberechtigten Gruppen, über deren Priorität sowie Hintergrundinformationen einschließlich der Jahresabschlüsse der Bank für die letzten Jahre enthält. Mit dem im Paket enthaltenen „Bestellformular" für Aktien können wir den Kauf von bis zu einem Prozent der eine Million angebotenen Aktien oder 10.000 Aktien zu einem Preis von zehn Dollar pro Aktie beantragen.[1] Wir überweisen 100.000 Dollar an das Conversion

Center in der Hoffnung, unsere volle Zuteilung von 10.000 Aktien zu erhalten, aber wir wissen aus Erfahrung, dass alles zwischen null und 10.000 Aktien möglich ist. Ein paar Wochen später erfahren wir, dass wir 9.000 Aktien gekauft haben. Wir erhalten per Post eine Aktienurkunde und übertragen sie in unser Depot bei einem Brokerhaus. Außerdem erhalten wir einen Scheck über 10.191,78, Dollar. Davon sind 10.000 Dollar die Rückerstattung für die 1.000 Aktien, die wir beantragt, aber nicht erhalten haben, und 191,78 Dollar sind Zinsen für die Übergangszeit vor dem Abschluss des Zeichnungsverfahrens, in diesem Fall fünf Prozent auf unsere 100.000 Dollar für 14 Tage Wartezeit.

Was passiert nun mit dem Preis unserer Aktie? Sie eröffnet bei zwölf Dollar und innerhalb der nächsten paar Wochen steigt sie langsam auf 16 Dollar, was noch unterhalb der 20 Dollar liegt, die für vergleichbare Aktien bezahlt werden, die bereits seit einer Weile am Markt gehandelt werden.

Sie schafft es also nicht ganz bis auf 20 Dollar. Warum nicht? Zunächst einmal fließen an MagicWand etwas weniger als zehn Dollar Cash je Aktie, weil die Underwriter ein paar Prozent vom Erlös erhalten, also ist der neue Buchwert ein wenig kleiner als 20 Dollar, vielleicht 19,30 Dollar je Aktie. Zweitens schwankt der Marktpreis von Sparkassen und das Unternehmen hat in letzter Zeit ein bisschen geschwächelt. Der Preis ist um ein paar Punkte unter den Buchwert gesunken. Drittens wird das Management Zeit brauchen, um das neue Bargeld produktiv einzusetzen, sodass der Gewinn erst nach einem oder zwei Jahren die zwei Dollar pro Aktie erreichen wird. Trotzdem haben wir innerhalb weniger Wochen 60 Prozent Gewinn erzielt.

Viele Teilnehmer an diesem Spiel, die sogenannten „Flipper“, nehmen ihren Gewinn bereits in den ersten Tagen mit und widmen sich anderen Geschäften. Ich hingegen halte ein gut geführtes Unternehmen über Monate oder Jahre hinweg. Wenn die Aktie weiterhin in Richtung Buchwert steigt, ergeben sich weitere Kursgewinne. Außerdem bezahlt man weniger Steuern, wenn man mit dem Verkauf länger als ein Jahr wartet, weil der Gewinn dann als langfristiger Kapitalertrag gilt.

Im Allgemeinen bringen Sparkassen-IPOs den Käufern zwar Gewinn, aber die meisten Deals sind nicht so gut wie im MW-Beispiel.[2]

Der kurzfristige Gewinn liegt im Bereich von zehn bis 25 Prozent, manchmal fallen auch kleine Verluste an.

Es gibt Dienstleister, die einem helfen, solche Deals zu analysieren und die eher schlechten zu vermeiden. Oder man bewertet sie selbst.

Jeff und ich eröffneten jeweils Hunderte von Sparkonten. Zum Teil erledigten wir das per Post, aber viele mussten wir persönlich eröffnen. Wann immer wir auf Geschäftsreisen gingen, sahen wir in unserer Datenbank nach, welche Sparkassen wir unterwegs besuchen sollten.

In einem Fall schien eine sehr große Sparkasse reif für die Umwandlung zu sein, sodass auch der Börsengang groß sein würde. Die Bank verlangte, dass Konten nicht per Post, sondern persönlich eröffnet wurden, was die Konkurrenz einschränkte. Jeff drängte meinen Schwiegersohn Rich und mich, für einen Tag nach Dallas zu fliegen.

Als wir ankamen, saß neben uns – ebenfalls auf die Kontoeröffnung wartend – ein Teufelskerl in den 30ern aus Beverly Hills mit seiner Freundin. Wie ein unfähiger CIA-Agent, der offenkundig geheim vorgeht, quatschte uns der Sonnenbrillenträger voll, erfuhr, dass wir nicht aus der Stadt waren, und fragte sich, ob wir das Spiel mit den Sparkassen ebenso wie er, der Experte, spielten. Wir stellten uns naiv und wichtigtuerisch gab er uns seine Visitenkarte. Amüsiert bewahrte ich sie auf und schickte ihm einige Monate später, als ein Artikel über mich in *Newsweek* erschien, ein Exemplar mit einer Notiz, es habe mich gefreut, ihn in der Bank getroffen zu haben. Ein Jahr später stand ich um 85.000 Dollar besser da, weil ich jenen Tag in Dallas verbracht hatte.

Ich stellte mir die Eröffnung dieser Konten bildlich so vor, als würde ich Eicheln einpflanzen und hoffen, dass daraus Eichen wachsen. Nur waren das eben seltsame Eicheln. Es konnte sein, dass sie Monate oder Jahre schlummerten, vielleicht für immer. Aber ab und zu schoss ein riesiger Geldbaum explosionsartig aus dem Boden. Lohnte es sich, diese „Pflanzung" zu betreiben?

Unsere Hunderte Konten zogen Kapital von anderen Investitionen ab. Da wir auf unsere Sparbücher und Einlagezertifikate niedrige Zinssätze bekamen, opferten wir für die Fortführung unserer Konten eine geschätzte Differenz von zehn bis 15 Prozent. Außerdem hatten wir auch Ausgaben und es fielen die sogenannten Opportunitätskosten an.[3] Zum Glück managte Judy McCoy in meinem Büro das Projekt kompetent und effizient.

Manchmal belief sich die Ernte aus unserer Sparkassen-Pflanzung auf eine Million Dollar im Jahr. In den letzten zwei Jahrzehnten ist dieses Spiel nach und nach im Sande verlaufen. Die Sparkassen haben sich inzwischen in Aktiengesellschaften verwandelt und es sind nur noch wenige Chancen übrig.

Außerdem sind die Gewinne kleiner geworden, weil mehr Menschen Konten eröffnet haben und sich Gewinne auf mehr Spieler verteilen. Auch legten die Investoren größere Guthaben auf Einlagezertifikate, Sparkonten und Girokonten in der Hoffnung ein, bei einer zukünftigen Umwandlung mehr Aktien zu erhalten. Wenn man mehr Kapital bindet, wird es kostspieliger, im Spiel zu bleiben. Unsere Gewinne sind geschrumpft. Momentan haben wir unsere alten Konten zwar noch, aber wir betreiben weniger Aufwand, um neue zu eröffnen. Trotzdem war das Jahr 2014 – ein Vierteljahrhundert nachdem wir mit der Kontoeröffnung begonnen hatten – ein gutes Jahr.

Und in dieser Zeit liefen auch meine anderen Investments gut. Eines von ihnen ist Buffetts Unternehmen Berkshire Hathaway.

21

KAPITEL

Ein letzter Zug

Nach zwölf erfolgreichen Jahren, in denen die Börse seiner Meinung nach stark überteuert war, legte Warren Buffett im Oktober 1969 die Abwicklung von Buffett Partnership, Ltd. dar. Die Gesellschafter würden eine Auszahlung erhalten, die aus mindestens 56 Prozent Bargeld, vielleicht ein paar Restaktien diverser Unternehmen und – für diejenigen, die sich nicht für den Verkauf gegen Bargeld entschieden – zu geschätzten 30 bis 35 Prozent aus Aktien zweier Unternehmen bestehen würde: Diversified Retailing und eine Textilfirma aus Neuengland namens Berkshire Hathaway. Dazu schrieb er den entmutigenden Kommentar: „Zum ersten Mal in meinem Anlegerleben bin ich derzeit überzeugt, dass es für den durchschnittlichen Anleger kaum eine Wahl zwischen professionell verwalteten Aktienanlagen und der passiven Anlage in Anleihen gibt."

Als ich heute Buffetts Brief noch einmal las, sah ich darin ebenso wenig wie damals einen Hinweis darauf, dass Berkshire Hathaway der Nachfolger von Warrens vorheriger Investmentgesellschaft sein würde. Auch Ralph Gerard, ein langjähriger Investor bei Buffett und der Mann, der uns miteinander bekannt machte, sah ihn auch nicht.[1] Von den 100

Millionen Dollar, die an die Gesellschafter verteilt wurden, gehörten etwa 25 Millionen Dollar Buffett. Am Ende gehörte ihm fast die Hälfte der Aktien von Berkshire Hathaway.

Berkshire war das, was Buffett und sein Mentor Benjamin Graham als „Zigarrenstummel" bezeichneten – man kann ihn billig aufheben und einen letzten Zug daraus nehmen. Wie *Forbes* 1990 in seinem charakteristischen knappen Stil schrieb:[2] „[Buffett] kaufte die Textilfabriken von Berkshire Hathaway 1965 (12 Dollar/Aktie), löste seine Gesellschaft 1969 nach dreißigfachem Wachstum auf und beschloss, Berkshire Hathaway als hauptsächliches Anlagevehikel zu verwenden.[3] Das Textilgeschäft brach zusammen (Betrieb 1985 eingestellt), aber das Investitionsgeschäft boomte."

Da ich mich auf Princeton Newport konzentrierte, verlor ich Warren nach 1969 aus den Augen. 1983 hörte ich dann von dem bemerkenswerten Wachstum einer Firma namens Berkshire Hathaway. Nicht wissend, dass dies Warrens Investmentvehikel werden sollte, hatte ich seit 1969 nicht mehr darauf geachtet. Der Aktienkurs betrug damals 42 Dollar, falls man jemanden zum Handeln fand. Nun stand er an der Börse bei 900 Dollar. Ich wusste sofort, was das bedeutet: Der Zigarrenstummel war zu einem Humidor voller Havannas geworden. Obwohl die Aktie innerhalb von 14 Jahren auf mehr als das 23-Fache gestiegen war, kaufte ich meine ersten Stücke für 982,50 Dollar und sammelte weiter Aktien ein.[4] Ein gegenteiliges Beispiel: Als ich im Jahr 2004 mit einem Bankdirektor in San Francisco sprach, erwähnte er, dass seine Mutter Gesellschafterin von Buffett Partnership, Ltd. gewesen war und im Rahmen der Verteilung anlässlich der Schließung der Gesellschaft einige Berkshire-Aktien erhalten hatte. „Das ist ja wunderbar", sagte ich. „Bei den heutigen Preisen [damals etwa 80.000 Dollar pro Aktie] muss sie sehr reich sein." Er erwiderte: „Leider verkaufte sie sie mit mehreren Hundert Prozent Gewinn bei 79 Dollar."

Wenn ich um Rat gefragt wurde, empfahl ich die Aktie Verwandten, Freunden und Bekannten unter Klarstellung, dass es sich um eine langfristige Position mit möglicherweise volatiler Zukunft handelte. Ich schlug sie keinen Menschen vor, die die hinter dem Kauf stehenden

Überlegungen nicht verstehen konnten und die sich von einem schweren Preisverfall verschrecken lassen würden. Die Reaktionen waren manchmal frustrierend.

1985 erhielt unsere geschiedene Putzfrau Carolyn 6.000 Dollar als Schadenersatz nach einem Autounfall. Sie wollte das Geld anlegen, um ihre fünf und sechs Jahre alten Kinder später aufs College zu schicken. Woche für Woche bat sie mich, sie zu beraten, aber da sie absolut nichts über Wertpapiere oder Geldanlage wusste, weigerte ich mich. Von ihrer Wahrsagerin gedrängt, die ihr sagte, ich würde ihr Geld verdoppeln oder sogar verdreifachen, beharrte sie darauf. In einem schwachen Moment gab ich unter der Voraussetzung nach, dass sie die Aktie, die ich ihr empfahl, auf keinen Fall verkaufen sollte, bevor sie das mit mir geklärt hätte. Ich handelte für sie bei einem befreundeten Broker, der mir damit einen Gefallen tat, günstige Gebühren aus und sie kaufte zwei Aktien von Berkshire Hathaway (BRK) für jeweils 2.500 Dollar. Später gab sie das Putzen auf, machte einen Bürojob und der Kontakt zu ihr brach ab. Unterdessen stieg BRK kurz vor dem Crash im Oktober 1987 auf rund 5.000 Dollar. Von dem Broker erfuhr ich später, dass Carolyn etwa auf dem Tiefpunkt nach dem Crash bei 2.600 Dollar verkauft hatte. 16 Jahre später, im ersten Quartal 2003, als ihre Kinder das College hätten abschließen können, bewegte sich die Aktie zwischen 60.000 und 74.000 Dollar.[5]

Meine Frau und ich, unsere älteste Tochter Raun, ihr Mann Brian, ihre Tochter Ava und mein Sohn Jeff beschlossen auf Anregung von Jeff, die Jahreshauptversammlung von Berkshire Hathaway im Mai 2003, die wie immer in Warrens Heimatstadt Omaha im Bundesstatt Nebraska stattfand, zu besuchen. Ich schrieb Warren zuvor, dass wir kommen würden und dass die siebenjährige Ava, ebenfalls Aktionärin, Fragen an ihn hatte. Obwohl wir seit 1969 keinen Kontakt mehr gehabt hatten, hatte er unsere Begegnungen in guter Erinnerung schrieb, wir sollten Ava sagen, dass er „büffeln" würde, um auf ihre Fragen vorbereitet zu sein.

Die Aktionärsversammlung war an einem Samstagmorgen, wir flogen am Donnerstag hin und erwarteten, dass wir am Sonntag oder Montag wieder abreisen würden. Aus den kleinen Jahreshauptversammlungen von 30 Jahren zuvor waren riesige mehrtägige Feiern mit

„Berkshire-Millionären" geworden, die im Volksmund als „Woodstock für Kapitalisten" bezeichnet wurden.

Als Erstes verschafften wir uns Kostproben von Berkshire-Unternehmen, unter anderem Dairy Queen (eine Eiscreme-Kette), Borsheims (das größte unabhängige Juweliergeschäft) mit seinen Sonderpreisen für Aktionäre zum „Wochenende der Hauptversammlung", Nebraska Furniture Mart (das größte unabhängige Möbelhaus) und natürlich der in Kalifornien beliebten See's Candies. Jeder Berkshire-Mitarbeiter, dem wir begegneten – und es waren zahlreiche ganz unterschiedliche –, war offenkundig kompetent, höflich und gut ausgebildet. Eine bemerkenswerte Tatsache und allein schon wegen dieser Erfahrung hatte sich (in Anbetracht der Größe unseres Anteils) die Reise gelohnt. Am Freitagabend aßen wir in Buffetts Lieblingsrestaurant, Gorat's Steak House, große und leckere T-Bone-Steaks mit Beilagen für ... 18.95 Dollar. Buffett und sein Geschäftspartner Charlie Munger sollten dort am Samstagabend an einem speziellen Essen für Aktionäre teilnehmen, also buchten wir das auch noch.

Die Versammlung am Samstag begann um 7:30 Uhr mit einem Video für frühe Besucher. Wir schliefen aus und schlenderten gegen 9:30 Uhr zum Omaha Civic Auditorium, als Warren und Charlie die Bühne betreten sollten. Auf dem Weg passierten wir mehrere wild durcheinander schreiende Demonstranten, die Warren und sein Unternehmen auf Transparenten vorwarfen, sie würden die Tötung von Kindern unterstützen. Sie zeigten blutige Fotos von abgetriebenen Föten und beschuldigten das Unternehmen fälschlicherweise, es würde für Abtreibungen eintreten. Über die ironischen Folgen wird im Folgenden noch berichtet.

Als wir ins Omaha Civic Auditorium kamen, war es mit 14.000 Menschen bereits voll und wir schlossen uns weiteren 2.000 in einem Ausweichsaal an. Warren und Charlie präsentierten einen knappen Bericht über das Vorjahr von Berkshire, was wir auf einem Großbildfernseher sahen, und beantworteten dann Fragen. Es waren zehn Mikrofone aufgestellt worden und zu jedem gab es eine lange Teilnehmerliste. Ava war die neunte auf der kürzesten Liste, die wir fanden. Nach einer Stunde war klar, dass sie aufgrund des langsamen Fortgangs der Fragen und Antworten nicht an die Reihe kommen würde. Auf dem Weg nach draußen besuchten wir die umfangreichen Produktausstellungen verschiedener Berkshire-Firmen. Man konnte See's Candies oder Enzyklopädie-Sets kaufen und sich für acht Dollar mit einem aus Pappe ausgeschnittenen Warren fotografieren lassen. Vivian sagte: „Die verschenken nichts."

Berkshire hat sich seit den Zeiten des einfachen Stockpickings in den 1960er-Jahren zu einem Konglomerat mit drei zentralen Säulen entwickelt. Zum einen gibt es Beteiligungen an Unternehmen wie Coca-Cola, Gillette und *The Washington Post*. Zweitens gibt es hundertprozentige Tochterunternehmen wie Wesco Financial, World Book Encyclopedia und Clayton Homes. Der Geschäftsbericht 2003 listet rund 66 Töchter mit 172.000 Mitarbeitern auf, die von Warren und Charlie aus einem auf 16 Mitarbeiter „angeschwollenen" Büro dirigiert wurden. Die dritte und vielleicht wichtigste Säule ist das Versicherungssegment, das hauptsächlich aus GEICO und dem Rückversicherer General Re besteht.

Wir gingen essen und dann zur NetJets-Ausstellung am Flughafen. Am Samstagabend waren wir wieder bei Gorat's. Der Preis für das T-Bone-Dinner am Freitag war ein „Sonderpreis für Aktionäre" gewesen, jetzt zahlten wir drei Dollar mehr. Charlie Munger arbeitete sich widerwillig durch den Raum, in dem wir saßen, und ich erwähnte ihm gegenüber eine Geschichte aus seiner Jugend, die ich gehört hatte. Charlie hatte an der Harvard Law School studiert und als mein Freund Paul Marx dort ein paar Jahre später seinen Abschluss machte, stellte er fest, dass Charlie eine Legende war – viele sagten, er sei der klügste Mensch, der je dort studiert hatte. Als Studienanfänger soll Charlie regelmäßig Professoren eingeschüchtert haben. In einem berühmten Wortwechsel forderte der Professor Charlie, der den Fall nicht gelesen hatte, auf, dazu Fragen zu beantworten.[6] Charlies Antwort lautete: „Sir, sagen Sie mir die Fakten, dann nenne ich Ihnen das Gesetz." Als Charlie meine Speisekarte signierte, sagte er traurig: „Das ist lange her ... lange her."

Omaha erwies sich als überraschend angenehm. In dieser Stadt im Mittleren Westen, die Anfang des letzten Jahrhunderts ihren Höhepunkt überschritten hatte, war ein Großteil der Bevölkerung in die Vororte abgewandert und hatte eine ruhige, weitläufige Innenstadt hinterlassen. Am Sonntag besuchten wir das Kunstmuseum von Omaha, in dem eine spektakuläre Fotoausstellung von Warrens Sohn Howard stattfand. Interessant war auch der Zoo, der über zwei große charakteristische begehbare Kuppel-Habitate verfügte. Am Sonntagnachmittag ertönten die Tornado-Warnsirenen und alle im Hotel Anwesenden wurden in den Fitnessraum im Keller evakuiert. Während wir auf das Ende des Sturms warteten, trainierte ich an den Geräten, während mein Schwiegersohn Brian Tichenor in den dritten Stock ging und nach draußen schaute, um die horizontalen durch Gegengewichte ausbalancierten Arme der Hochhaus-Baukräne zu sehen, die sich auf ihren vertikalen Stützen frei drehten, was sie davor bewahrte, von dem Tornado zerstört zu werden. Die abwechselnden Wellen von niedrigem und hohem Luftdruck führten dazu, dass das kohlensäurehaltige Getränk in seiner Hand manchmal übermäßig sprudelte, dann überhaupt nicht mehr. Der Tornado zog kreuz und quer durch die Stadt und richtete vereinzelte kleinere Schäden an. Der Tornadogürtel, der sich von Omaha bis Dallas durch die Mitte der Vereinigten Staaten zieht, terrorisiert die Bewohner mit durchschnittlich 80 Tornados pro Jahr – mehr als irgendwo sonst auf der Welt.

Die Flüge ab Omaha waren storniert worden. Da 30.000 Menschen, die zu dem Berkshire-Wochenende gekommen waren, ihre Flüge verpasst hatten und so schnell wie möglich abreisen wollten, sah es so aus, als würden wir mindestens zwei Tage Verspätung haben. Wir hielten einen Familienrat ab und innerhalb einer Stunde hatte Jeff einen Privatjet für uns gechartert. Am nächsten Morgen fuhren wir zehn Minuten zum örtlichen Flughafen und gingen in wenigen Minuten an Bord – kein Warten, keine Schlangen, kein Stress mit dem Gepäck, keine TSA-Körperscans und keine Durchsuchungen. Wir hatten zwei Triebwerke, zwei Piloten, eine Flugbegleiterin und ein gutes Essen. Die siebenjährige Ava sprach uns allen aus dem Herzen, als sie erklärte, sie wolle nie wieder anders fliegen. Während es zehn Stunden gedauert hatte, um von Newport Beach nach Omaha zu gelangen, einschließlich mehreren Stunden Verspätung in Dallas wegen Gewittern, waren wir nun nach zwei Stunden zu Hause.

Berkshire hatte bereits seit vielen Jahren ein von Aktionären geleitetes Programm für wohltätige Spenden. Das Unternehmen erlaubte es jedem Inhaber von A-Aktien, einen Betrag zu spenden, der sich zu Beginn auf einen Dollar pro Aktie belief und allmählich auf etwa 18 Dollar pro Aktie anstieg. Die Aktionäre und nicht die Unternehmensleitung entschieden darüber, welche Wohltätigkeitsorganisationen das Geld bekommen sollten, und Berkshire überwies es an diese. Infolge der Proteste gegen Abtreibungen, die bei diesem Jahrestreffen stattgefunden hatten, und des damit verbundenen Boykotts eines Berkshire-Unternehmens wurde das Programm eingestellt. Die Demonstranten hatten es geschafft, nicht nur Spenden von Aktionären zur Unterstützung der Familienplanung zu kappen, sondern auch an andere Wohltätigkeitsorganisationen, darunter auch solche, die die Demonstranten selbst für gut hielten.

Um zu entscheiden, ob man Berkshire kaufen soll, kann man eine kleine Analyse vornehmen. Berkshire besteht, wie bereits erwähnt, aus drei großen Teilen. Erstens aus Positionen in börsennotierten Unternehmen wie Coca-Cola, *The Washington Post* und Gillette. Die Börsen legen täglich Preise deren Preise fest. Ist dieses Buffett-Portfolio mehr wert als den Marktpreis, weniger oder ebendiesen Preis? Sollte man eine Prämie für Buffetts Fähigkeiten bezüglich Markt-Timing und Stockpicking-Fähigkeiten hinzurechnen?

Der zweite Teil sind die zahlreichen hundertprozentigen Töchter wie zum Beispiel See's Candies, Clayton Homes und NetJets. Diese lassen sich bewerten, indem man die Grundsätze der Wertpapieranalyse auf die Bilanzen anwendet und die Wachstumsraten der Unternehmen, ihren „Franchise-Wert" und die Qualität des Managements berücksichtigt.[7]

Die dritte Komponente ist die Versicherungsgruppe, innerhalb deren GEICO am bedeutendsten ist. Zur Bewertung dieser nicht börsennotierten Unternehmen verwenden wir zusätzlich zur oben beschriebenen Wertpapieranalyse den Wert des sogenannten „Floats". Das sind die als Prämien eingezahlten Geldbeträge, die derzeit gehalten werden, um künftige Schadenersatzansprüche auszuzahlen. Buffett investiert dieses Geld und erzielt damit einen Gewinn, der deutlich über den prognostizierten Schadenskosten liegt. Da Warren überdurchschnittliche Renditen auf den Float erzielt und sich an seine Praxis hält, Versicherungen zu verkaufen, wenn die Preise hoch sind, sich aber zurückzuhalten, wenn Konkurrenten die Preise drücken, ist der Wert von Berkshire größer. Vor

2008 hatte Berkshire einige Jahre lang einen nicht investierten Bargeldüberschuss von bis zu 40 Milliarden Dollar, da Buffett Aktien grundsätzlich für überteuert hielt. Dieser „Cash Drag" verlangsamte den Preisanstieg von Berkshire in diesem Zeitraum. Als der Markt 2008 zusammenbrach, ließ er dieses Geld arbeiten.

Während Berkshire wuchs, ging Buffetts Gewinn gegenüber dem S&P 500 wie von ihm vorhergesagt zurück. Dies geht aus Tabelle 2 hervor, die meine Erfahrungen abbildet. Sein Vorsprung ging in jedem neuen Zeitraum zurück. In Zukunft wird es immer schwieriger werden, den Index zu schlagen. Ein weiteres Kursrisiko ergibt sich aus der Unsicherheit, wenn Buffett die Leitung von Berkshire abgibt. Obwohl es wahrscheinlich ist, dass seine Nachfolger ungewöhnlich talentiert sein werden, könnte der Aktienkurs dann stark fallen, vielleicht über einen längeren Zeitraum.

Nicht lange nachdem ich Berkshire gekauft hatte, begann ich auch, einen Teil meiner PNP-Gewinne in andere Hedgefonds zu investieren. Durch die Vernetzung mit einigen der intelligentesten und reichsten Leute an der Wall Street, durch den Austausch von Informationen und Investitionsmöglichkeiten nutzte ich auch die Vorteile der Diversifizierung meines persönlichen Portfolios.

Tabelle 2 **Gesamtrendite der A-Aktie von Berkshire Hathaway im Vergleich zum S&P 500 in vier aufeinanderfolgenden Zeiträumen**[8]

Datum	Kurs BRKA in US-Dollar	Verstrichene Zeit	Annualisierte Rendite	Kurs S&P 500	Annualisierte Rendite	Vorsprung BRKA im Jahr
10.08.1983	980,50	–	–	161,54	–	–
31.01.1990	7.455	6,48 Jahre	36,8 %	329,08	11,6 %	25,2 %
30.04.1999	76.400	9,25 Jahre	28,6 %	1.335,18	16,3 %	12,3 %
23.01.2009	86.250	9,73 Jahre	1,3 %	831,95	-4,7 %	6,0 %
12.04.2016	215.360	7,22 Jahre	13,5 %	2.061,72	13,4 %	0,1 %

22

KAPITEL

Die Wetten absichern

Die Absicherung der Einsätze schützt einen angeblich vor katastrophalen Verlusten. Doch als die Rezession 2008 zuschlug, erlitten viele Hedgefonds-Anleger massive Verluste. Der weltweite Einbruch des Kreditaufkommens und der Anlagepreise war schlimmer als alle Abschwünge seit der Großen Depression. Die Immobilienpreise stürzten ab, der S&P 500 fiel von seinem Hoch am 9. Oktober 2007 um 57 Prozent und das Privatvermögen in den Vereinigten Staaten sank von 64 Billionen auf 51 Billionen Dollar. Kleinanleger wie meine Nichte und meine Putzfrau, die zusah, wie die Indexfonds in ihrer steuerbegünstigten Altersvorsorge fielen, fragten mich, ob sie ihre Aktien abstoßen sollten. Viele Anleger mussten damals verkaufen, darunter auch der wohlhabendste universitäre Stiftungsfonds des Landes – nämlich der von Harvard, der Anfang 2008 auf einen Wert von 36,9 Milliarden Dollar geschätzt worden war, aber nun verzweifelt nach Bargeld Ausschau hielt.[1]

Die Hedgefonds, die ja eigentlich die Anleger vor solchen Rückgängen schützen sollten, fielen um durchschnittlich 18 Prozent.[2] Dennoch verdiente der bestbezahlte Hedgefonds-Manager, James Simons von

Renaissance Technologies, 2,5 Milliarden Dollar. Die 25 bestbezahlten Fondsmanager kassierten 11,6 Milliarden Dollar, nachdem es im Jahr 2007 noch 22,5 Milliarden Dollar gewesen waren.[3]

Das Ende von Princeton Newport Partners war nun 20 Jahre her und die Hedgefonds hatten sich vermehrt, bis es weltweit Zehntausende mit einem geschätzten Gesamtkapital von zwei Billionen Dollar gab. Der weltweite Pool an vermögenden Anlegern, aus dem sie schöpfen, ist eine Mischung aus Privatpersonen, Treuhandfonds, Unternehmen, Pensions- und Gewinnbeteiligungsplänen sowie Stiftungen. Der Crash des Jahres 2008 versetzte der Hedgefonds-Branche einen massiven Schlag. 400 Milliarden Dollar waren hinweggefegt worden. Dies löste weltweit Rücknahmeanträge von Investoren aus, die sich über Verluste ärgerten, die nicht hätten entstehen sollen. Sie waren schockiert, als viele Fonds sich weigerten, ihnen ihr verbliebenes Geld zurückzugeben.

Als sich die Wirtschaft langsam wieder erholte und der Markt neue Höchststände erreichte, vergaßen die Anleger, was ihnen 2008 und 2009 passiert war. Im Jahr 2015 erreichte das Fondsvermögen einen neuen Höchststand von 2,9 Billionen US-Dollar. Verwaltungsgebühren von 1,5 bis 2,0 Prozent bescherten den Fondsbetreibern 50 Milliarden Dollar.[4] Und durch ihre Gewinnbeteiligung kamen vielleicht noch einmal 50 Milliarden hinzu. Diese 50 Milliarden Dollar an Performancegebühren machen angeblich 20 Prozent des Gewinns nach allen anderen Kosten aus. Aber die Anleger bezahlen als Gruppe genommen in Wirklichkeit einen höheren Prozentsatz. Um zu sehen, wieso das so ist, nehmen wir einmal an, es gibt zwei Fonds, die das Jahr jeweils mit einer Milliarde Dollar beginnen. Der eine Fonds erwirtschaftet 300 Millionen Dollar und der andere verliert 100 Millionen Dollar. Bei 20 Prozent der Gewinne kassiert der erste Fonds eine Performancegebühr von 60 Millionen Dollar und der zweite keine. Wenn wir die Ergebnisse der beiden Fonds zusammenfassen, sehen wir, dass die Investoren 60 Millionen Dollar auf einen Gewinn von 200 Millionen Dollar bezahlen, also 30 Prozent der kombinierten Gewinne und Verluste.

Bei Princeton Newport wuchs das neue Kapital nur langsam und wurde durch Performance verdient. Im Laufe von 40 Jahren hat sich dieser

Kampf um Finanzmittel dramatisch verändert. Sogenannte alternative Investments wurden zum heißesten Neuland für das, was man mit seinem Geld anfangen konnte. Ab Ende der 1990er-Jahre reichte es schon, wenn man ein Schild aufstellte, auf dem stand: „Hier eröffnet ein Hedgefonds", und schon bald zog sich eine Schlange von Anlegern um den Block. Ein mäßig großer Hedgefonds mit 100 Millionen Dollar, der eine Bruttorendite von zehn Prozent pro Jahr (zehn Millionen Dollar) erzielt, bezahlt seinem Manager oder Kommanditisten womöglich eine Verwaltungsgebühr von einem Prozent der 100 Millionen Dollar – macht eine Million Dollar. Zusätzlich erhält der Manager 20 Prozent von den verbleibenden neun Millionen Dollar Gewinn, also weitere 1,8 Millionen Dollar als Performance Fee, sodass sich insgesamt 2,8 Millionen Dollar pro Jahr ergeben. Ein Teil davon, vielleicht eine Million Dollar, wird für die Bezahlung von Ausgaben verwendet, sodass ein Bruttoeinkommen von 1,8 Millionen Dollar im Jahr übrig bleibt. Die Investoren oder Kommanditisten erhalten die restlichen 7,2 Millionen Dollar, also eine Jahresrendite von 7,2 Prozent.

Die unbeschränkt haftenden Gesellschafter eines ähnlichen milliardenschweren Hedgefonds – und davon gibt es viele Dutzende – teilen sich vielleicht das Zehnfache, also 28 Millionen Dollar im Jahr. Sogar ein kleiner Hedgefonds mit zehn Millionen Dollar würde einem einzelnen Komplementär mit anteiligen Gebühren, Kosten und Erträgen 280.000 Dollar im Jahr bescheren. Das zeigt ganz klar, dass man als Betreiber eines Hedgefonds sehr reich werden kann. Angesichts dieser Belohnungen sollte es nicht überraschen, dass viele der (vermeintlich) besten Investoren im Hedgefonds-Geschäft zu finden sind.

Branchenstudien über die Renditen, die Hedgefonds den Anlegern bescheren, scheinen übereinstimmend zu besagen, dass die Hedgefonds ihren Investoren unter Berücksichtigung ihres Risikoniveaus früher Überrenditen bescherten, dass diese aber mit der Expansion der Branche geschrumpft sind.[5] Spätere Analysen besagen, dass die durchschnittlichen Ergebnisse schlechter sind als dargestellt.[6] Die Fonds melden ihre Ergebnisse gerne an die Branchen-Datenbanken. Die Gewinner unter ihnen beteiligen sich daran allerdings viel stärker als die Verlierer. Eine Studie hat gezeigt, dass sich die durchschnittliche jährliche Rendite der Fonds als Gruppe genommen dadurch von tatsächlichen 6,3 Prozent im Zeitraum 1996 bis 2014 auf angebliche 12,6 Prozent verdoppelt hat.[7]

Des Weiteren weist die Studie darauf hin, dass die Renditen im Laufe der Jahre, wenn man ihnen Gewichtungen zuweist, die den investierten Dollarbeträgen entsprechen, „nur geringfügig höher sind als die risikolosen Renditen [von US-Staatsanleihen]". Ein weiterer Grund dafür, dass die Berichte der Branche besser aussehen als das, was Investoren erlebt haben, ist, dass sie höhere prozentuale Erträge aus den früheren Jahren, als die in Hedgefonds investierten Summen noch kleiner waren, mit den späteren niedrigeren prozentualen Renditen in einen Topf werfen, als sie viel mehr Geld verwalteten.

Es ist schwierig, mit der Auswahl von Aktien einen Vorsprung zu erzielen. Hedgefonds sind kleine Unternehmen ähnlich den Unternehmen, die an den Börsen gehandelt werden. Sollte man bei der Auswahl von Hedgefonds besser sein als bei der Auswahl von Aktien?

Außerdem erleben auch Hedgefonds-Anleger echte Katastrophen. Im Frühjahr 2000 kündigte eine der weltgrößten Ansammlungen von Hedgefonds, diejenige von Julian Robertson, darunter auch das Flaggschiff Tiger Fund, nach schweren Verlusten ihre Schließung an. Seit er in den 1980ern klein angefangen hatte, war Robertsons Kapital vor seinem Niedergang auf 22 Milliarden Dollar angewachsen. Am Ende hatte eine Kombination aus Marktverlusten und Anlegerabzügen den Anlagepool auf sieben Milliarden Dollar gestutzt und weitere Rücknahmen standen an. Robertson, der behauptet, Value-Investor zu sein, gab den irrationalen, irrsinnigen Hightech-Märkten die Schuld. Shakespeare könnte hier den Rat geben: „Der Fehler liegt nicht bei unseren Märkten, sondern bei uns selbst …"[8]

Ein paar Monate später meldete eine weitere der weltweit größten Hedgefonds-Gruppen, die von George Soros und seinen Partnern verwaltet wurde und zu der auch das Flaggschiff Quantum Fund gehörte, schwere Verluste, worauf der größte Teil des Anlegervermögens abgezogen wurde. Nach einer drastischen Schrumpfung nach einem Spitzenwert von über 20 Milliarden Dollar wurde Soros' Betrieb umstrukturiert und in ein Vehikel zur Verwaltung seines eigenen Geldes umgewandelt. Soros und sein Mitgesellschafter Stanley Druckenmiller hatten die zu Robertson entgegengesetzte Haltung eingenommen: Sie hatten auf Technologie-Aktien gesetzt. Etwa zur selben Zeit gab Van Hedge Fund Advisors in einem Artikel mit dem Titel „Ein gutes Jahr für Hedgefonds“ bekannt, dass das vorangegangene Jahr 1999 das beste Jahr für seinen Hedgefonds-Index gewesen war, der 1988 aufgelegt wurde: +40,6 Prozent in den USA und +37,6 Prozent im Ausland.[9] Soros kam später wieder auf die Beine. Im Jahr 2008 verdiente er persönlich 1,1 Milliarden Dollar, womit er es unter den Hedgefonds-Managern in diesem Jahr allerdings nur auf den vierten Platz schaffte.[10]

Sollte man in Hedgefonds investieren? Dazu muss man zunächst feststellen, ob man wirtschaftlich dafür infrage kommt. Normalerweise verlangen solche Fonds Mindestanlagesummen von 250.000 Dollar oder mehr, aber manche Start-ups verlangen nur 50.000 oder 100.000 Dollar, wenn sie sich ihr erstes Geld beschaffen. Der ursprüngliche Grund, eine erhebliche Mindestinvestition zu verlangen, war historisch bedingt. Damit die Hedgefonds für bestimmte Ausnahmen von den Wertpapiervorschriften infrage kamen und so die Freiheit hatten, eine breite Palette von Investitionen zu tätigen, mussten sie sich auf weniger als 100 Partner beschränken. Um jedoch einen Pool von Dutzenden oder Hunderten von Millionen Dollar zu haben, musste es der Fonds vermeiden, seine Partnerquote mit Kleinanlegern zu füllen.

Später hob die SEC die Grenze unter bestimmten Bedingungen auf 500 Gesellschafter an. Viele Hedgefonds lassen nur akkreditierte Anleger zu, also Personen, die zusammen mit ihrem Ehepartner ein Vermögen von mindestens einer Million Dollar haben oder in den letzten beiden Jahren ein Einkommen von jeweils mindestens 200.000 Dollar hatten und dieses wohl auch im laufenden Jahr erzielen werden. Da bleiben noch genug Kandidaten übrig. Im Jahr 2013 wurde die Zahl der Haushalte mit einem Vermögen von über einer Million Dollar unter den mehr als 100 Millionen US-Haushalten auf fünf bis acht Millionen geschätzt.

Dann muss man herausfinden, ob man selbst oder ein Vertreter, den man beauftragen möchte, sich gut genug auskennt. Wie das von Bernard

Madoff gestartete 65 Milliarden schwere Pyramidensystem gezeigt hat, hatten 13.000 Anleger und ihre Berater nicht einmal eine grundlegende Due Diligence durchgeführt, weil sie dachten, die anderen Investoren müssten das bereits getan haben. Hier stellt sich die gleiche Aufgabe wie beim Kauf von Aktien, Anleihen oder Investmentfonds. Man muss genug wissen, um überzeugende, begründete Argumente dafür zu finden, warum die vorgeschlagene Anlage besser ist als gängige passive Anlagen wie Aktien- oder Anleihe-Indexfonds. Führt man diesen Test durch, findet man wahrscheinlich nur selten Investitionen, die den Indizes überlegen sind.

Ein weiteres Thema sind die Steuern. US-amerikanische Hedgefonds sind wie die meisten aktiven Investmentprogramme steuerlich ineffizient. Ihre hohen Umschläge produzieren meist kurzfristige Kapitalerträge und entsprechende Verluste, die höher besteuert werden als Wertpapiere, die man länger als ein Jahr hält.

Bei steuerbefreiten Anlegern lösen US-Hedgefonds, die sich Geld leihen (aber nicht ihre Klone mit Sitz außerhalb der Vereinigten Staaten), Steuern für die ansonsten steuerbefreite Person aus, insoweit die realisierten Gewinne, Verluste und Erträge mithilfe von Darlehen generiert werden. Man bezeichnet das als „unrelated business taxable income" oder UBTI, etwa: steuerpflichtige Einkünfte aus unternehmensfremden Geschäften.

Wenn man ein Fachgebiet hat, sollte man nach Fonds suchen, die man mithilfe seines Fachwissens beurteilen kann. Die Hedgefonds-Datendienste listen in der Regel mehr als 1.000 der derzeit existierenden mehreren Tausend Fonds auf. Sie ordnen sie ebenso wie andere Internetquellen, zum Beispiel Wikipedia, nach Asset-Typen. Eine andere Möglichkeit der Sortierung ist die methodologische, zum Beispiel: fundamental orientiert, Nutzung ökonomischer Daten statt technischer Daten, Verwendung korrekter Preis- und Volumendaten; oder quantitativ (Einsatz von Computern und Algorithmen) im Unterschied zu nicht-quantitativ; oder bottom-up (Analyse einzelner Unternehmen) im Unterschied zu top-down (Fokussierung auf breitere ökonomische Variablen). Weitere wichtige Merkmale sind die Erwartungsrenditen des Fonds, die Risiken und die Korrelation der Erträge zu denen aus anderen Assetklassen. Zum Beispiel sind die Renditen von Fonds, die die Preisentwicklung von Rohstoff-Futures ausnutzen, oft nicht signifikant mit dem Markt korreliert. Dadurch kann man sie nutzen, um die Wertschwankungen des Gesamtportfolios zu reduzieren. Es gibt Long-only-Fonds, Short-only-Fonds und Long/Short-Fonds. Marktneutrale Fonds (wie PNP und Ridgeline) versuchen Renditen zu erzielen, die nicht mit dem Markt korreliert sind.

Manche Fonds spezialisieren sich auf geografische Gebiete oder auf den Stand der finanziellen und wirtschaftlichen Entwicklung von Ländern, zum Beispiel auf die sogenannten Emerging Markets, oder auf Wirtschaftssektoren wie Biotechnologie, Gold, Öl oder Immobilien.

Man kann sich auch für einen Dachfonds entscheiden, der in ein Portfolio aus anderen Hedgefonds investiert – ähnlich wie Investmentfonds in eine Sammlung von Aktien – und dessen Management sich mit der Bewertung von Hedgefonds befasst. Zusätzlich zu dem, was die Hedgefonds direkt an Gebühren verlangen, kassiert der Dachfonds-Manager eine zweite Schicht von Gebühren, in der Regel ein Prozent pro Jahr plus zehn Prozent von den Gewinnen.

Von einer Gruppe von Menschen, die so intelligent wie die Hedgefonds-Manager sind, kann man kaum erwarten, dass sie die Vorteile der Täuschung übersehen. Tatsächlich fangen Hedgefonds häufig klein an, erzielen spektakuläre Rekorde und werden später im Laufe ihres Wachstums gewöhnlich.

Eine Methode, die zu diesem Phänomen führt, wird auch bei der Auflage neuer Investmentfonds angewendet. Manchmal gründen Fondsmanager einen neuen Fonds mit einem kleinen Kapitalbetrag. Dann stopfen sie ihn mit angesagten IPOs voll, die ihnen gewisse Broker als Belohnung für das große Geschäftsvolumen anbieten, das sie ihnen über ihre etablierten Fonds verschafft haben. Während der Fonds auf diese Weise sozusagen ein paar glänzende Brocken ins Bergwerk legt, ist er für die Öffentlichkeit geschlossen. Wenn er eine hervorragende Erfolgsbilanz vorweisen kann, wird er für jedermann geöffnet. Von der fantastischen Erfolgsgeschichte angezogen, strömt das Publikum herbei und verschafft den Fondsmanagern eine riesige Kapitalbasis, von der sie hohe Gebühren ernten. Die Broker, die ihnen die heißen Börsengänge geliefert haben, werden von den triumphierenden Managern des neuen Fonds mit einer Flut von zusätzlichem Geschäftsaufkommen belohnt. Das verfügbare Volumen an heißen IPOs ist zu klein, um die Renditen noch zu erhöhen, wenn der Fonds größer wird, daher sinkt die Erfolgsbilanz auf Mittelmaß. Doch die Fondspromoter können weitere angesagte Börsengänge nutzen, um erneut einen Fonds mit spektakulärer Performance zu gründen; und so geht es dann weiter.

1999 schritt die SEC schließlich zur Tat, als sie zum ersten Mal die Entlassung eines bekannten Fondsmanagers wegen dieses Spiels bewirkte.[11] Der Growth Fund dieses Managers, der in seiner Kategorie 1996 der beste, aber für die Öffentlichkeit geschlossen war, hatte zu diesem Zeitpunkt angeblich nur ein paar Hunderttausend Dollar an Kapital und bezog mehr als die Hälfte seines Gewinns im ersten Jahr von 62 Prozent aus 31 heißen IPOs! Der Manager öffnete den Fonds im Februar 1997 für die Öffentlichkeit, eine Flut von Geld strömte herein, aber er unterließ es offenzulegen, dass er IPOs genutzt hatte, um seine Erfolgsbilanz aufzublähen.

Natürlich gibt es außer dem Aufpeppen der Performance noch andere Gründe für den Abstieg in die Mittelmäßigkeit. Damit ein Manager größere Aufmerksamkeit seitens der Anleger auf sich ziehen kann, braucht er in der Regel eine anständige Anfangsbilanz oder eine überzeugende Argumentation, die auf Tatsachen wie etwa einer bisherigen Reputation oder gar auf einem Businessplan basiert. Manchmal reicht ein simpler Verkaufshype. Manche Manager haben schlicht am Anfang Glück, zum Beispiel indem sie Ende der 1990er-Jahre einen Growth-Fonds gründen und ein paar neue Internet-Aktien wie AOL oder Amazon.com kaufen. Mit der Zeit verblassen die meisten Manager, die Glück hatten, jedoch.[12]

Hedgefonds-Betreiber finden Wege, am Ende weit mehr als die 20 Prozent der Gewinne einzustreichen, die normalerweise als Managementgebühr angegeben werden. Eine davon nenne ich „Bei Kopf gewinne ich, bei Zahl verlierst du“. Um zu sehen, wie das funktioniert, gehen wir ins Jahr 1986 zurück, als ich mit einem wohlhabenden Hedgefonds-

Manager sprach, um zu sehen, ob mein Dachfonds OSM Partners bei ihm investieren sollte. Die Zeiten waren gut, seine Schar von Hedgefonds florierte und er machte mir das Angebot, PNP zu verlassen, mein Fachwissen und meine Mitarbeiter mitzubringen und sich ihm anzuschließen. Ich sollte die Hälfte der Managementgebühr für einen viel größeren Geldpool erhalten. Nein, danke.

Im folgenden Jahr traf der Absturz vom Oktober 1987 seine Fonds mit Verlusten von 30 bis 70 Prozent. Performance Fees wurden ihm erst wieder ausgezahlt, wenn diese Verluste wieder aufgeholt wurden. Das konnte Jahre dauern. Wenn er zum Beispiel 50 Prozent im Minus steht, muss er das Geld verdoppeln und 100 Prozent verdienen, nur um wieder auf null zu kommen. Da er jahrelang keine Performancegebühren bekommen hatte, beschloss er, seine Hedgefonds zu beenden, was ihm seinen Reichtum und seinen Anlegern ihre Verluste sicherte. Das Ergebnis war, dass er sich mit allen Gewinnen davonmachte. Nach weniger als einem Jahr lancierte er eine neue Hedgefonds-Serie, bei der er die Chance hatte, sofort Performancegebühren zu kassieren.

Eine andere Art, wie manche Hedgefonds-Manager ihre beschränkt haftenden Gesellschafter melken, besteht darin, dass sie sich sozusagen die Rosinen herauspicken. Das habe ich Ende der 1970er-Jahre zum ersten Mal erlebt. Das Jahrzehnt war für Aktien glanzlos gewesen. Ein Guru hatte unterbewertete Unternehmen ausgewählt und etwa 20 Prozent pro Jahr vor Abzug seiner Gebühren erwirtschaftet. Nachdem mir Freunde empfohlen hatten, bei ihm zu investieren, bohrte ich etwas nach und erfuhr, dass er einen weiteren Pool besaß, der 40 Prozent erwirtschaftete. Der war nur für ihn selbst, seine Familie und guten Freunde. Diesem Pool wurden die besten Situationen zugeschustert, der Rest floss in die 20-prozentigen Anlagen. Ich investiere nicht bei schlechten Menschen, deshalb ließ ich es sein. Die Dokumentation der Hedgefonds, die normalerweise von Anwälten aufgesetzt wurde, die der unbeschränkt haftende Gesellschaft engagiert und instruiert hat, lassen solche Interessenkonflikte normalerweise zu.

Eine andere Art, wie die Kommanditisten weniger bekommen, als sie sollten, besteht darin, dass der Gesellschaft unsachgemäße Kosten abverlangt werden. Die Liste der Probleme ist noch länger, aber der springende Punkt ist, dass Hedgefonds-Anleger keinen großen Schutz genießen und dass das Allerwichtigste, was man prüfen sollte, bevor man irgendwo investiert, die Ehrlichkeit, die Ethik und der Charakter der Betreiber sind.

Der Hedgefonds Long-Term Capital Management wurde 1994 mit einem Dreamteam aus 16 Komplementären unter der Leitung des legendären ehemaligen Traders von Salomon Brothers John Meriwether und zwei zukünftigen (1997) Nobelpreisträgern für Wirtschaftswissenschaften aufgelegt, Robert Merton und Myron Scholes. Zu seinen Investoren gehörten weitere ehemalige Trader von Salomon, weitere renommierte Wissenschaftler und ein ehemaliger Zentralbankchef, außerdem Notenbanken von acht Ländern sowie große Brokerhäuser, Banken und andere Institutionen,

Die Chefs eines mir bekannten Unternehmens für Financial Engineering, das ich kannte und das damals für LTCM arbeitete, fragten mich, ob ich Interesse daran hätte, in den Fonds zu investieren. Ich lehnte ab, weil sich Meriwether bei Salomon den Ruf erworben hatte, große Risiken einzugehen, und weil es den Theoretikern der Anlagegesellschaft meines Erachtens an Schläue sowie an praktischer Investmenterfahrung mangelte. Warren Buffett sagt: „Schlag nur bei fetten Pitches.“ Das sah für mich aber nicht nach einem fetten Pitch aus.

Die jährliche prozentuale Rendite für LTCM-Investoren lag zwar bei 30 bis 40 Prozent, aber sie basierte auf einer enormen Hebelwirkung, die angeblich zwischen 30:1 und 100:1 schwankte. Ohne diese Leverage hätte die Rendite nur ein Bruchteil eines Prozents über den Geldkosten gelegen. Sie standen mit Hunderten von Milliarden Dollar long und mit Hunderten von Milliarden short. Der Fonds wuchs auf sieben Milliarden Dollar Kapital an, bevor er 2,7 Milliarden Dollar zurückgab, was sowohl das Risiko als auch die Rendite des verbleibenden Kapitals erhöhte. Als später die ungünstigen Marktbedingungen zu relativ geringen prozentualen Verlusten führten, vergrößerte der Hebel deren Wirkung und löschte den Fonds beinahe aus. Nachdem der Fonds innerhalb von Wochen 90 Prozent seines Kapitals verloren hatte und der vollständige Ruin unmittelbar bevorstand, führte die Tatsache, dass er „too big to fail" war, zu einer Rettungsaktion, die von der Federal Reserve gefördert wurde. Der Fonds wurde ordnungsgemäß liquidiert und die Investoren bekamen einen kleinen Prozentsatz ihrer Beteiligungen zurück.[13]

Nicht lange danach gründeten Meriwether und vier weitere von den 16 Partnern einen ähnlichen Fonds wie LTCM, allerdings mit geringeren Schuldenhebeln. Die Nobelpreisträger Scholes und Merton beschlossen, sich ihm nicht noch einmal anzuschließen. Investoren, darunter einige, die durch LTCM Geld verloren hatten, legten schon bald 350 Millionen Dollar an, die dank Wachstum und neuen Kapitals noch weiter anwuchsen. Dann wurde gemeldet, dass der sogenannte Flaggschiff-Fonds der Gesellschaft das Jahr 2008 mit einem Minus von 42 Prozent abgeschlossen und über 300 Millionen Dollar verloren hatte. Sie wurde 2009 geschlossen. Im Jahr 2010 gründete Meriwether schon wieder einen Hedgefonds. Merton wurde Berater von J. P. Morgan & Co., während er seine Lehrtätigkeit in Harvard beibehielt. Scholes kehrte an seinen Lehrstuhl in Stanford zurück, wurde Finanzberater und lancierte später einen weiteren Hedgefonds.

Die Lehren, die man aus dem Zusammenbruch von Long-Term Capital Management bezüglich übermäßiger Schuldenhebel hätten ziehen sollen, wurden ignoriert. Zehn Jahre später, im Jahr 2008, wiederholte sich die Geschichte im weltweiten Maßstab, als laxe Regulierungen und hohe Hebelwirkungen zum Beinahekollaps des gesamten Finanzsystems führten. Im Rahmen der allgemeinen Kernschmelze schrumpfte das Hedgefonds-Vermögen durch Verluste und den Abzug von Kapital von zwei Billionen auf 1,4 Billionen Dollar. Hedgefonds waren nun eine reife Anlageklasse. Ich sagte dem *Wall Street Journal* voraus, dass jeglicher Vorsprung der Investoren allmählich verschwinden würde.

Indes ging es mit den Superreichen, die mit milliardenschweren staatlichen Rettungspaketen unterstützt worden waren, nach der Großen Rezession wieder steil aufwärts. Im Jahr 2012 waren sie reicher als je zuvor.

23
KAPITEL

Wie reich ist reich?

Bei einem Ferngespräch mit einem Finanzunternehmer aus London fragte ich: „Wie viel bräuchten Sie heute, um sich zur Ruhe zu setzen und bequem zu leben?" „Das kann ich Ihnen genau sagen", antwortete er. „20 Millionen Dollar." Ich sagte darauf: „Nach meinen Berechnungen können Sie jedes Jahr zwei Prozent dieses Betrags, also 400.000 heutige Dollar, abheben und es ist sehr unwahrscheinlich, dass Sie Ihr Vermögen jemals aufzehren." Er war Anfang 40, verheiratet, hatte drei Kinder und fand, dass das gut klang.[1] Aber der Betrag ist bei jedem anders.

Der berühmte amerikanische Schriftsteller John D. MacDonald charakterisierte 1970 in seiner Travis-McGee-Reihe verschiedene Stufen des Reichtums. Soweit ich mich erinnere, erklärte sein Nebenheld und Ökonom Meyer Meyer, 100.000 Dollar seien „angemessen" und 250.000 Dollar „komfortabel", während eine Million „beachtlich" seien. Wenn man fünf Millionen Dollar habe, sei das „beeindruckend". Da die Inflation die reale Kaufkraft des Dollars gesenkt hat, wären die Zahlenangaben von MacDonald im Jahr 2015 sechsmal so hoch: 600.000 Dollar wären angemessen, 1,5 Millionen komfortabel, sechs Millionen beachtlich und 30 Millionen Dollar beeindruckend.

Dinesh D'Souza gab die folgende Klassifizierung an, die ich um die Inflation bereinigt habe.[2]

Tabelle 3 **Vermögens-Klassifizierungen**

	Einkommen	Vermögen
Superreich	> 15 Millionen US-Dollar	> 150 Millionen US-Dollar
Reich	1,5-15 Millionen US-Dollar	15-150 Millionen US-Dollar
Gehobene Mittelschicht	112.000-1,5 Millionen US-Dollar	750.000-15 Millionen US-Dollar
Mittelschicht	50.000-112.000 US-Dollar	82.000-750.000 US-Dollar
Untere MIttelschicht	22.000-50.000 US-Dollar	15.000-82.000 US-Dollar
Arm	0-22.000 US-Dollar	0-15.000 US-Dollar

Das gesamte Vermögen der US-Haushalte wurde Ende 2014 auf 83 Billionen Dollar geschätzt, hauptsächlich in Form von Aktien, Anleihen, Immobilien und persönlichem Eigentum.[3] Was wäre, wenn man es so aufteilen würde, dass alle den gleichen Betrag hätten? Bei 320 Millionen Menschen hätte jeder etwa 270.000 Dollar. Allerdings sind solche Schätzungen des Nationalvermögens, der Vermögensverteilung und des Einkommens problematisch. Es kommt darauf an, was mitgezählt wird und wie es gezählt wird, zudem sind viele Daten nicht verfügbar.[4]

Außerdem trifft es zu, dass sich das wachsende Nationalvermögen immer ungleichmäßiger verteilt. Das mediane Vermögen eines US-Haushalts ging von 2003 bis 2013 um 36 Prozent von 88.000 Dollar auf 56.000 Dollar zurück, wobei ein Haushalt im Perzentil 97,5 um zwölf Prozent besser gestellt und sein Vermögen von 1,19 Millionen Dollar auf 1,36 Millionen Dollar gestiegen war.[5]

Eine Million Dollar klingt immer noch nach richtigem Geld, obwohl man sich dafür nicht einmal annähernd mehr so viel kaufen kann wie früher. Tatsächlich würde man heute 20 Millionen Dollar brauchen, um über die Kaufkraft von einer Million vor hundert Jahren zu verfügen. Wie viele Menschen in den Vereinigten Staaten haben ein Vermögen von einer Million Dollar? Niemand weiß es genau, denn umfassende Informationen über das Privatvermögen sind schwierig zu erheben. Vieles ist nicht verfügbar, wird nicht gemeldet oder absichtlich versteckt, um Steuern, Diebstahl oder Strafverfolgung zu vermeiden, oder einfach nur zum Schutz der Privatsphäre. Die meisten verfügbaren Informationen beziehen sich auf Haushaltseinheiten, und davon gibt es etwa 125 Millionen. Manche Haushalte bestehen nur aus einer Person und in den meisten anderen gibt es eine wirtschaftlich dominierende Person, sodass die Zählung der wohlhabenden Haushalte wahrscheinlich eine gute Schätzung für die Zahl der wohlhabenden Personen ergibt.

2015 wurde die Zahl der Haushalte mit einem Vermögen von mindestens einer Million Dollar auf etwa zehn Millionen geschätzt. Wenn es so viele Millionärshaushalte gibt, erscheint das Ziel, einer von ihnen zu werden, in greifbarer Nähe zu sein. Stellen Sie sich vor, Sie wären ein 18-jähriger Arbeiter ohne Ersparnisse und ohne Perspektiven. Was wäre dann, wenn Sie jeden Tag sechs Dollar sparen und am Ende jedes Monats Anteile des Vanguard S&P 500 Index Fund kaufen könnten? Wenn diese Investition im Rahmen einer steuerlich begünstigten Altersvorsorge mit der durchschnittlichen langfristigen Wachstumsrate der Aktien von Großunternehmen in Höhe von zehn Prozent wächst, dann können Sie nach 47 Jahren im Alter von 65 mit 2,4 Millionen Dollar in Rente gehen.[6] Aber wo holen Sie die zusätzlichen sechs Dollar pro Tag her? Wer am Tag anderthalb Schachteln Zigaretten raucht und seine Sucht aufgibt, spart jeden Tag sechs Dollar.[7] Wenn ein Bauarbeiter, der jeden Tag zwei Sixpacks Bier oder Cola für fünf Dollar trinkt, auf Leitungswasser umsteigt, kann er pro Tag zehn Dollar sparen. Sechs davon legt er in einem Indexfonds an und vier gibt er für gesunde Lebensmittel aus, um die wertlosen Kalorien des Bieres oder der Cola zu ersetzen.

Die meisten von uns haben mehr Möglichkeiten, ihre Ausgaben umzuwidmen, und können erwarten, dass es ihnen besser ergeht als unserem armen jungen Arbeiter. Ein Artikel mit der Überschrift „Budget-Grundlagen: 25 Dinge, die Sie tun können, um Ihres zu verkleinern“[8] begann mit dem ausgezeichneten Vorschlag: „Schreiben Sie alle Ihre Ausgaben auf. Dann dürfte die Verschwendung unter Ihren täglichen Ausgaben bald sichtbar werden.“ Nummer 2 stimmt mit meinem Rat überein, Kreditkartenschulden so schnell wie möglich abzubezahlen. Nummer 4 lautet, man soll mit dem Rauchen aufhören. Nummer 23 schlägt vor, lieber ein gebrauchtes Auto als ein neues zu kaufen, denn „ein Auto verliert in der Minute, in der es vom Hof fährt, ein Drittel seines Wertes". Egal ob der sofortige Verlust wirklich so groß ist – allgemein herrscht Einigkeit, dass der Käufer eines Neuwagens für die ersten Jahre des schnellen Wertverlusts relativ wenig echten Nutzwert erhält. Angenommen, Sie könnten sich mit einem Gebrauchtwagen für 10.000 Dollar anstelle eines Neuwagens für 20.000 Dollar anfreunden. Investiert man die Differenz von 10.000 Dollar ebenso wie das Zigarettengeld zu einer hypothetischen jährlichen Nachsteuerrendite von acht Prozent, wächst sie in 30 Jahren auf mehr als 100.000 Dollar an.[9] Diejenigen, die sich weigern, ihre Gewohnheiten zu ändern, können wir nur mit Günter Jauch fragen: „Wer wird Millionär?"

Die Anleger, mit denen ich zu tun hatte, waren in der Regel nicht nur Millionäre, sondern Multimillionäre mit einem Vermögen von fünf Millionen Dollar und mehr. Wie viele Haushalte haben diese luftigen Höhen wohl erreicht? Der große italienische Wirtschaftswissenschaftler Vilfredo Pareto hat die Einkommensverteilung studiert und 1897 eine Formel für das „Potenzgesetz" aufgestellt, die heute wie damals offenbar recht gut beschreibt, wie viele Besitzer von Spitzenvermögen in unserer modernen Gesellschaft diverse Niveaus erreicht haben. Um die Formel passend einzustellen, brauchen bloß zwei Fakten: den Schwellenwert für die *Forbes 400* in den Vereinigten Staaten, der im Jahr 2014 bei 1,55 Milliarden Dollar lag, und das gesamte Vermögen der 400 Personen – erstaunliche 2,3 Billionen Dollar.[10] So ergibt sich aus der Formel Tabelle 4.

Tabelle 4 **Geschätzte Anzahl der wohlhabendsten Haushalte in den Vereinigten Staaten im Jahr 2014**

Wohlstandsniveau W: dieser Betrag oder mehr	Anhand der Formel geschätzte Anzahl N der US-Haushalte, die so viel oder mehr besitzen
1 Million US-Dollar	9.300.000
5 Millionen US-Dollar	1.030.000
10 Millionen US-Dollar	400.000
20 Millionen US-Dollar	155.000
50 Millionen US-Dollar	44.000
100 Millionen US-Dollar	17.000
250 Millionen US-Dollar	4.900
500 Millionen US-Dollar	1.900
1 Milliarde US-Dollar	730
1,55 Milliarden US-Dollar	400

Die Formel passt nur bei großen Vermögen gut. Unterhalb eines Punktes im Bereich von einer Million Dollar liefert sie zu hohe Zahlen.

Nun fragen Sie sich vielleicht, wie die Zahlen in Tabelle 4 wohl in Ihrer Stadt, in Ihrem Landkreis, in Ihrem Regierungsbezirk oder in Ihrem Bundesland aussehen. Auf die Vereinigten Staaten bezogen könnten Sie, falls Sie in einem durchschnittlichen Gebiet wohnen, einfach die für die Vereinigten Staaten geschätzte Zahl mit dem Bevölkerungsanteil multiplizieren, der in Ihrem Gebiet wohnt. Das kalifornische Orange County, in dem ich lebe, hatte im Jahr 2014 gut drei Millionen Einwohner, was circa ein Prozent der gesamten US-Bevölkerung war, daher war die Berechnung einfach. Man braucht nur das Komma in Tabelle 4 um zwei Stellen nach links zu verschieben, um eine Tabelle für Orange County zu erhalten. Daraus ergeben sich 49 Menschen mit einem Vermögen von einer Viertelmilliarde Dollar oder mehr.[11] Allerdings sind die Reichen sehr unterschiedlich verteilt. Gebiete wie Redmond im Bundesstaat Washington, die Heimat von Microsoft, oder das kalifornische Silicon Valley, ein Zentrum der Dotcom-Revolution, oder auch Manhattan im Bundesstaat New York, die selbst ernannte Finanzhauptstadt des Universums, haben weit mehr

Reiche, als ihrem Bevölkerungsanteil entspricht, während andere Regionen folglich unterrepräsentiert sind.

Manche Superreiche bezeichnen 100 Millionen Dollar als eine „Einheit“ und wenn sie ihre erste Einheit haben, verkünden sie stolz: „Die erste Einheit ist die schwerste.“ Laut Tabelle 4 gehören 17.000 Haushalte zu dieser exklusiven Gruppe. Bei 125 Millionen amerikanischen Haushalten besteht das politisch umstrittene eine Prozent aus den 1.250.000 reichsten Menschen. Ab etwa vier Millionen Dollar gehört man dazu. Wie wir jedoch noch besprechen werden, sind die obersten 0,01 Prozent der Haushalte – nur 12.500 – diejenigen, die unsere Gesellschaft lenken. Mitglieder dieser Gruppe besitzen mindestens 125 Millionen Dollar.

An der Spitze der Leiter stand William F. (Bill) Gates, der Mitgründer und größte Aktionär der Microsoft Corporation (MSFT), den sein Schicksal irgendwann zum ersten Menschen machte, der ein Vermögen von mehr als 100 Milliarden Dollar erreichte, ein Betrag, der damals mehr als einem Prozent des gesamten Bruttosozialprodukts der Vereinigten Staaten entsprach. Selbst nachdem Gates einen großen Teil seines Vermögens an seine gemeinnützige Stiftung gespendet hatte, führte er im Jahr 2014 die *Forbes*-Liste der reichsten Menschen in den Vereinigten Staaten mit 81 Milliarden Dollar erneut an.[12]

Um zu sehen, wo Sie sich auf der Wohlstandsleiter befinden, schätzen Sie Ihr Vermögen beziehungsweise das Vermögen Ihres Haushalts. Schreiben Sie den Wert von allem auf, was Sie besitzen, also Ihre Aktiva, und Ihre Schulden beziehungsweise Passiva. Die Differenz ist Ihr Vermögen. Damit Sie schnell zu einem ungefähren Ergebnis kommen, stellen Sie keine Nachforschungen an und sehen Sie nicht in Unterlagen nach. Wenn Sie einen Betrag nicht genau wissen, nehmen Sie einfach eine Schätzung. Im Zweifelsfall setzen für Besitztümer einen niedrigeren Wert an und für Schulden einen höheren – dadurch ergibt sich eine konservative Schätzung Ihres Vermögens. Tabelle 5 ist ein Beispiel für jemanden, der gerade an der Schwelle zum obersten einen Prozent steht. Sie beruht auf einer hypothetischen Kombination mehrerer reicher Leute, die ich kenne.

Tabelle 5 **Schätzung des Haushaltsvermögens**

Aktiva/Vermögensgegenstände (in Tausend US-Dollar)			
IMMOBILIEN			
Hauptwohnung	875		
Wochenendhaus/Ferienhaus	220		
		Zwischensumme	**1.095**
PERSÖNLICHES EIGENTUM			
Auto 1			35
Auto 2			21
Möbel			30
Kunstgegenstände			10
Schmuck			35
		Zwischensumme	**131**
BÖRSENGEHANDELTE WERTPAPIERE			
Aktien			1.400
Anleihen			830
Investmentfonds			775
Sonstige			25
		Zwischensumme	**3.030**
PRIVAT PLATZIERTE WERTPAPIERE			
Techologie-Start-up			10
Beteiligung an einer Kapitalanlagegesellschaft mbH (Hedgefonds)			725
BARGELD			
Girokonto			11
Sparbuch/Geldmarktkonto			23
		Zwischensumme	**759**
		SUMME AKTIVA	**5.015**
Passiva/Verbindlichkeiten (in Tausend US-Dollar)			
IMMOBILIEN			
Hypothekendarlehen für die Hauptwohnung			750
ANDERE DARLEHEN			
Kreditkarten			2
Broker, Einschusskonten			55
Noch nicht bezahlte fällige Steuern			22
		SUMME PASSIVA	**829**
Vermögen (in Tausend Dollar)			
Aktiva			5.015
Passiva			829
		VERMÖGEN	**4.186**

Diese schnelle Einschätzung vermittelt Ihnen eine Vorstellung davon, wo Sie stehen. Später werden Sie eine genauere Bilanz erstellen wollen – ich mache das etwa einmal im Jahr. Die Differenz des Bilanzvermögens von einem Jahr zum nächsten gibt die Veränderung Ihres Gesamtvermögens nach Einnahmen, Ausgaben, Gewinnen und Verlusten an. Die Reihe der alljährlichen Bilanzen zeigt dann, wie sich Ihr Vermögen im Laufe der Jahre verändert.

Geben Sie im Bereich der Aktiva zu jedem Gegenstand den Geldbetrag an, von dem Sie sicher sind, dass Sie ihn dafür innerhalb einer vernünftigen Frist verkaufen könnten. Das Auto, das Sie vor einem Jahr für 45.000 Dollar neu gekauft haben, hat jetzt zwar vielleicht noch einen Wiederverkaufswert von 39.000 Dollar, aber Sie werden es womöglich nur für 35.000 Dollar los. Tragen Sie daher 35.000 Dollar ein. Häuser, die mit Ihrem vergleichbar sind, wurden vielleicht im Preisbereich von 925.000 bis 950.000 Dollar verkauft, aber nach Abzug aller Kosten und Gebühren bleiben Ihnen möglicherweise nur 875.000 Dollar. Was Sie daran noch abzubezahlen haben, wird im Bereich der Passiva abgezogen.

Im Gegensatz zu liquiden börsennotierten Wertpapieren werden die aktuellen Marktpreise für Besitztümer wie Autos, Häuser, Kunstwerke und Schmuck nicht kontinuierlich angegeben, aber die Analogie der Wertpapierkurse hilft einem verstehen, wie sich Provisionen auf Gewinne und Verluste auswirken. So wie jedes Wertpapier einen aktuellen Preis hat, für den man es kaufen kann, den Verkaufspreis oder Briefkurs, und einen etwas höheren Preis, nachdem man die Gebühren bezahlt hat, kann man sich einen allumfassenden „Verkaufspreis“ vorstellen, den man für einen Gegenstand bezahlen müsste, der einem entspricht, den man derzeit besitzt. Das kann man Wiederbeschaffungskosten nennen. Und so wie jedes Wertpapier einen aktuellen Preis hat, den jemand dafür bezahlen wird, den sogenannten Geldkurs, und einen etwas niedrigeren Nettoerlös nach Gebühren, kann man sich auch den höchsten Nettoerlös vorstellen, den man nach Verkaufskosten für ein Besitztum erhalten könnte. Das ist der Liquidationswert, der im Bereich der Aktiva eingetragen wird.

Die Spanne zwischen Wiederbeschaffungswert und Liquidationswert kann bei Immobilien recht hoch sein – oft zehn bis 20 Prozent. Ein

Beispiel: Ich kaufe ein Gemälde für 100.000 Dollar und zahle zusätzlich 7.000 Dollar Umsatzsteuer, es kostet mich also insgesamt 107.000 Dollar. Am nächsten Tag ändere ich meine Meinung und verkaufe es zum gleichen Preis von 100.000 Dollar, zusätzlich zahle ich 10.000 Dollar Gebühren – macht einen Nettoerlös von 90.000 Dollar. Die Spanne reicht von 90.000 bis 107.000 Dollar, was eine Differenz von 17.000 Dollar beziehungsweise 17 Prozent des „Basispreises" von 100.000 Dollar ergibt. Das ist das, was bei einer „Runde" Kaufen und Verkaufen verloren geht. So läuft das bei Häusern, Autos, Kunstgegenständen und Schmuck. Im Gegensatz dazu betragen die Handelskosten bei börsennotierten Wertpapieren in der Regel nur einen kleinen Bruchteil eines Prozents – was sie zusammen mit ihrer liquiden Handelbarkeit zu attraktiven Vermögensaufbewahrungen macht.

Das *Vermögen* gibt an, wie reich man im Moment ist, während das *Einkommen* angibt, wie viel Geld das Vermögen, die Arbeit und die Geschicklichkeit derzeit generieren. Ein Großteil der allgemeinen Mehrung des Vermögens stammt – insbesondere bei größeren Vermögen – aus Investitionen wie Aktien, Anleihen, Immobilien und Sammlerobjekten. Das Vermögen, nicht das Einkommen ist das Maß dafür, wie reich jemand zum jetzigen Zeitpunkt ist. Jedoch zeigen Beispiele wie der Filmstar, der plötzlich berühmt wird und dann 20 Millionen im Jahr verdient, dass Einkommen zu hohem künftigen Vermögenswachstum führen kann.[13]

Und dieses Wachstum des Vermögens von Jahr zu Jahr ist das, was einen auf der Wohlstandsleiter emporklettern lässt. Um Ihren Vermögenszuwachs von einem Jahr zum nächsten zu messen, vergleichen Sie die Jahresbilanzen. Wenn Sie die jährliche Differenz durch das Anfangsvermögen teilen, erhalten Sie die prozentuale Veränderung im betreffenden Jahr. Dadurch bekommen Sie eine Vorstellung davon, wie schnell Sie Ihr Vermögen kumuliert wachsen lassen. Wenn Sie auch eine Gewinn- und Verlustrechnung für den betreffenden Zeitraum erstellen, sollten die Nettoerträge nach Abzug der Kosten der Veränderung Ihres Vermögens entsprechen.

Bilanzen sind Momentaufnahmen, die einem sagen, wo man zu einem bestimmten Zeitpunkt steht. Die Gewinn- und Verlustrechnung sagt einem, was zwischen zwei Bilanzen passiert. Um die Gewinn- und Verlustrechnung einzuschätzen, ohne sich die Mühe zu machen, etwas nachzusehen, fertigen Sie einfach eine Liste aller Quellen an, die Ihr Vermögen in den letzten zwölf Monaten vergrößert oder verkleinert haben. Machen Sie das „Pi mal Daumen"; konzentrieren Sie sich lieber auf Ideen als auf Einzelheiten und Genauigkeit. Hier ein paar Kategorien, die Sie prüfen könnten:

A. Einkommen, steuerpflichtig und steuerfrei:

1. *Erarbeitetes Einkommen wie Löhne und Gehälter*
2. *Nicht erarbeitetes Einkommen wie Zinsen und Dividenden*
3. *Realisierte Kapitalerträge und -verluste*
4. *Lizenzeinnahmen, Honorare, alle sonstigen steuerpflichtigen Einkünfte*
5. *Steuerfreie Zinsen, zum Beispiel auf Kommunalanleihen (in den USA)*

B. Steuerfreie Gewinne und Verluste:

1. *Wertsteigerung oder Wertverlust von Eigentum wie Immobilien, Kunstgegenständen und Autos*
2. *Unrealisierte Kapitalgewinne oder -verluste aus Wertpapieren*

C. Aufwendungen (alles Geld, das für „Kosten" bezahlt, also nicht gespart wird):

1. *Lebenshaltungskosten, Konsum*
2. *Einkommensteuern*
3. *Geschenke*
4. *Alles andere verdiente, aber nicht gesparte Geld*

Kategorie A ist das, was die meisten Menschen als Einkommen bezeichnen. Vermindert um Steuerabzüge und steuerfreie Einkünfte ist dies der Betrag, auf den man Einkommensteuer bezahlt. Kategorie B ist weniger greifbar und wird psychologisch weniger geschätzt oder verstanden, trägt aber genauso zur Mehrung des Vermögens bei, und da die darauf anfallenden Steuern aufgeschoben oder nie bezahlt werden, arbeitet dieses Geld länger für einen. Daher ist diese Art von Gewinn wünschenswerter. Ironischerweise konzentrierten sich die meisten Menschen im letzten Jahrhundert auf Einkünfte wie Dividenden und Zinsen. Als den Anlegern dämmerte, wie töricht es ist, unnötige Steuern zu zahlen, schrumpfte der Dividendensatz, den die Unternehmen ausschütteten, gegen Ende des 20. Jahrhunderts und die Aktienkurse stiegen, sodass sich die Renditen weg von regelmäßigen Einkünften und hin zu Kapitalerträgen verlagerten.

Kategorie C ist alles, was Sie aufwenden oder verbrauchen und das nichts zu Ihrem Vermögen beiträgt. Stellen Sie sich Ihr Vermögen zum Jahresanfang als wenig Flüssigkeit in einem riesigen Messbecher vor. Die Bilanz sagt Ihnen, wie viel in dem Messbecher ist. Die Kategorien A und B sagen Ihnen, wie viel Sie im Laufe des Jahres hinzugeben, und C sagt Ihnen, wie viel Sie herausschöpfen. Die Differenz, also A + B – C, gibt an, wie viel Sie im Laufe des Jahres hinzugefügt oder weggenommen haben. Dass ist der wirtschaftliche Reingewinn – und den sollte man als Anleger maximieren. Die Bilanz zum Jahresende entspricht der Flüssigkeit, die noch im Messbecher ist.

Die Gewinn- und Verlustrechnung zeigt, dass sich Ihr zu versteuerndes Einkommen stark von Ihrem wirtschaftlichen Einkommen unterscheiden kann. Statistiken über die wirtschaftlichen Einkommen liegen nicht vor, da dieses Einkommen meist unbekannt ist und nicht offiziell angegeben wird. Obwohl die Unterschiede zwischen dem wirtschaftlichen Einkommen und dem steuerpflichtigen Einkommen von Steuerzahler zu Steuerzahler und von Jahr zu Jahr extrem variieren können, wissen wir, wie sich die steuerpflichtigen Einkommen auf die Haushalte verteilen. Zum Beispiel bezahlten diejenigen amerikanischen Haushalte, die 2007 die meiste Einkommensteuer bezahlten – also die obersten 0,01 Prozent, 15.000 an der Zahl –, jeweils 11,5 Millionen Dollar oder mehr. Die 6,04 Prozent des gesamten deklarierten landesweiten Einkommens, die auf sie entfielen, waren der bis dahin höchste Prozentsatz aller Zeiten. Insgesamt waren es 557 Milliarden Dollar, also im Schnitt 37 Millionen je Haushalt.[14]

Die Zeitschrift *Tax Notes* schrieb, dass die obersten 0,01 Prozent der amerikanischen Haushalte ihr inflationsbereinigtes Einkommen von 1973 bis 2007 um das 8,58-Fache gesteigert hatten, während die unteren 90 Prozent nur etwa acht Dollar pro Jahr mehr verdienten!

Einer der Schlüssel, ein solches Spitzenvermögen zu erreichen, ist das Wachstum nach dem Prinzip des Zinseszinses.

24

KAPITEL

Der Zinseszins: Das achte Weltwunder

Für diejenigen, die auf der Leiter des Reichtums emporklettern wollen, ist es hilfreich, die ungewöhnliche Arithmetik zu kennen und zu schätzen, nach der sich das Geld vermehrt. Laut einer Aussage umstrittener Herkunft ist sie „das achte Weltwunder".[1] Ob nun Wunder oder Trick – sie hat große Vermögen aufgebaut und Sie können sie verwenden, um reicher zu werden.

1944 verließ die 51-jährige Finanzprüferin Anne Scheiber die Finanzverwaltung, die sie für ihre 23 Jahre langen ausgezeichneten Dienste dadurch belohnt hatte, dass sie sie nie befördert hatte. Dann investierte sie ihre 5.000 angesparten Dollar an der Börse. Sie lebte sparsam, studierte Unternehmen und reinvestierte kontinuierlich ihre Dividenden. Ihr Portfolio wuchs ständig weiter, bis sie 1995 im Alter von 101 Jahren starb. Als ihr Anwalt Ben Clark versuchte, sich mit Vertretern der Yeshiva University zu treffen, um sie von dem Erbe in Kenntnis zu setzen, das sie der Schule hinterlassen hatte, hatten sie noch nie von Anne Scheiber gehört und fragten sich, wie sie diese Zeitverschwendung umgehen könnten. Als aber das Treffen endlich stattfand, erfuhren sie, dass Frau Scheiber ihnen 22 Millionen Dollar zugunsten von Studentinnen hinterlassen hatte.

Hatte Anne Scheiber bei ihren Entscheidungen ungewöhnlich viel Glück? Wie wäre es einem Durchschnittsanleger ergangen? In der Zeit von Anfang 1944 bis Ende 1997, also einschließlich der Jahre für die Abwicklung des Nachlasses und die Lieferung der Wertpapiere an die Yeshiva University, wuchsen 5.000 Dollar, die in einen großen Aktienindex investiert wurden, lediglich auf 3,76 Millionen Dollar an. Investierte man den gleichen Betrag in kleine Aktien, wuchs er im Schnitt hingegen auf 12,31 Millionen Dollar an. Hätte der durchschnittliche Käufer von Small Caps mit etwas mehr als Anne angefangen, nämlich mit 8.936 statt 5.000 Dollar, hätte er ihr Ergebnis von 22 Millionen Dollar erzielt.[2]

Der Prozess, den Anne Scheiber dafür nutzte, ist der Zinseszins oder genauer gesagt das kumulierte Wachstum: Sie mehrte ihr Vermögen, indem sie ihre Gewinne reinvestierte. Man kann sich das kumulierte Wachstum und auch die Wohlstandsleiter gut anhand einer Verdopplung und einer erneuten Verdopplung klarmachen. Sehen wir uns zwei Anleger an, Anton Angst und Christoph Cumulus. Angenommen, Anton Angst fängt mit einem Dollar an. Jedes Mal, wenn sich der Dollar verdoppelt hat, steckt er seinen Gewinn von einem Dollar in einen Sparstrumpf anstatt ihn zu reinvestieren. Nach zehn Verdopplungen hat Anton in der Socke den Gewinn von 10 x 1 Dollar und seinen anfänglichen Dollar, also insgesamt elf Dollar. Christoph beginnt ebenfalls mit einem Dollar und tätigt die gleichen Investitionen, lässt aber seine Gewinne mitlaufen. Aus seinem Dollar werden zwei Dollar, vier Dollar, acht Dollar und so weiter, bis er nach zehn Verdoppelungen 1.024 Dollar hat. Das Vermögen von Anton wächst nach dem Prinzip 1, 2, 3, ... 11. Das nennt man einfaches Wachstum, arithmetisches Wachstum oder Wachstum durch Addition. Das Vermögen von Christoph wächst nach dem Prinzip 1, 2, 4, ... 1.024. Dies nennt man kumuliertes, exponentielles, geometrisches oder multiplikatives Wachstum. Über einen hinreichend langen Zeitraum hinweg übertrifft das kumulierte Wachstum selbst bei niedriger Verzinsung jede noch so hohe arithmetische Wachstumsrate bei Weitem! Wenn Anton Angst zum Beispiel 100 Prozent pro Jahr verdienen und sie in einen Strumpf stecken, Christoph hingegen nur ein Prozent verdienen und es reinvestieren würde, dann würde Christophs

Vermögen das von Anton spielend übertreffen. Dies gilt selbst dann, wenn Anton mit weit mehr als Christoph angefangen hätte, sogar bei einer Milliarde Dollar gegen Christophs einen Dollar. Als Robert Malthus (1766-1834) diese Wahrheit begriffen hatte, sagte er, weil er überzeugt war, dass die Bevölkerung geometrisch wachse, die Ressourcen aber arithmetisch, der Menschheit wachsendes Elend voraus.

Politiker, die sich der gewaltigen Macht des Zinseszinses vage bewusst sind, haben in vielen Ländern Gesetze gegen ewige Renten erlassen, um die enormen Konzentrationen von Reichtum zu vermeiden, die sich ergeben könnten, wenn sich Anlagen grenzenlos per Zinseszins vermehren dürften. Andererseits begrüßen einige Staaten und Landkreise ewige Trusts, da sie sich inzwischen mehr für die Einnahmen interessieren, die sie selbst daraus beziehen können.

Von 1930 bis 2015 wuchs die Weltbevölkerung von 2,5 Milliarden auf 7,3 Milliarden, eine jährliche Wachstumsrate von etwa einem Prozent. Bis 2050 sollen es 9,7 Milliarden sein. Jeder weiß, dass dies so nicht weitergehen kann. Die Tragfähigkeit der Erde – die Anzahl Menschen, die die Erde tragen kann und die durch die verfügbare Sonnenenergie für die Nahrungsmittelerzeugung sowie durch andere knappe Ressourcen begrenzt ist – wird auf bis zu 100 Milliarden Menschen geschätzt. Aber was wäre, wenn sich die Menschheit auf irgendeine Weise weiterhin mit einer Wachstumsrate von beispielsweise einem Prozent im Jahrhundert vermehren könnte? Die Berechnung ergibt, dass wir dann in 1,2 Millionen Jahren eine massive Fleischkugel mit einem Radius fast so groß wie der unserer Galaxie wären, die sich mit Lichtgeschwindigkeit ausdehnt!

Wie schnell wachsen normale Geldanlagen? Die beste einfache langfristige Wahl ist ein breit angelegter Aktien-Indexfonds. Bei der durchschnittlichen bisherigen Wachstumsrate von etwa zehn Prozent im Jahr hat sich eine solche Investition nach etwa 7,3 Jahren verdoppelt. Historisch gesehen glich die Inflation etwa drei Prozent davon aus, sodass sich die Zeit, die man durchschnittlich für die Verdopplung der realen Kaufkraft brauchte, auf etwas mehr als zehn Jahre verlängerte. Steuerpflichtige Anleger in einem Indexfonds, der Dividenden und einige realisierte Kapitalgewinne generiert, bezahlen ein weiteres Prozent jährlich an den Staat, wodurch sich die Verdoppelungszeit auf etwa zwölf Jahre verlängert.

Um Fragestellungen im Zusammenhang mit dem Zinseszins wie diese schnell näherungsweise zu lösen, haben Buchhalter einen praktischen Trick namens 72er-Regel. Er besagt: Wenn das Geld in jeder Periode mit einem Prozentsatz R wächst und alle Gewinne reinvestiert werden, dann verdoppelt es sich in 72/R Perioden.

Ein Beispiel: Ihr Geld wächst um jährlich acht Prozent. Wenn Sie Ihre Gewinne reinvestieren, wie lange dauert es, bis es sich verdoppelt hat? Laut 72er-Regel dauert es 72 : 8 = 9 Jahre, da die Periode in diesem Beispiel ein Jahr beträgt.

Anderes Beispiel: Die Netto-Nachsteuerrendite Ihres marktneutralen Hedgefonds beträgt durchschnittlich zwölf Prozent pro Jahr. Sie fangen mit einer Million Dollar an und legen Ihre Nettogewinne wieder an. Wie viel werden Sie in 24 Jahren haben?

Laut 72er-Regel verdoppelt sich Ihr Geld in etwa sechs Jahren. Dann verdoppelt es sich in den nächsten sechs Jahren wieder und so weiter, das ergibt 24 : 6 = 4 Verdoppelungen. Somit multipliziert es sich mit 2 × 2 × 2 × 2 × 2 × 2 × 2 = 16 und wird zu 16 Millionen Dollar. Mehr über die 72er-Regel erfahren Sie in Anhang C.

Die 72er-Regel kann unverschämte Behauptungen entlarven. Mein Privattrainer war einmal bei einem Börsenseminar, auf dem die Veranstalter eine Methode namens „Aktien rollen“ anpriesen. Sie rieten den Anlegern, Aktien auszuwählen, die angeblich immer wieder zwischen zwei Niveaus hin und her schwanken würden, und diese dann wiederholt billig zu kaufen und teuer zu verkaufen. Sie behaupteten, die Geprellten könnten damit 22 Prozent im Monat verdienen. Aber warum sollten sie sich die Mühe machen, ihr Geheimnis mit anderen zu teilen, wenn sie 2.000 Dollar in eine steuerlich geförderte Altersvorsorge stecken, die Gewinne reinvestieren und damit in zehn Jahren mehr als 46 Milliarden Dollar verdienen könnten?

Angenommen, Sie investieren Zeit und Energie, um Ihr Vermögen um 1.000 Dollar zu vergrößern. Werden Sie für weitere 1.000 Dollar genauso viel opfern? Und noch einmal? Wirtschaftstheoretiker glauben, dass die meisten Menschen dies nicht tun würden und dass wir zusätzlichen 1.000 Dollar normalerweise immer weniger Wert beilegen. So ergeht es uns mit allen nützlichen Dingen, die knapp sind, also mit sogenannten Wirtschaftsgütern. Jede weitere Einheit ist uns weniger wert als die vorige.[3]

Ich wende dies auf die Abwägung zwischen Gesundheit, Wohlstand und Zeit an. Man kann Zeit und Gesundheit für mehr Vermögen opfern. Wieso Gesundheit? Man kann gestresst sein, wenig Schlaf bekommen, sich schlecht ernähren oder den Sport vernachlässigen. Wenn es Ihnen geht wie mir und Sie gesünder sein wollen, können Sie Zeit und Geld in medizinische Versorgung, in Diagnosen und vorbeugende Maßnahmen investieren sowie Sport und Fitnessübungen treiben. Seit Jahrzehnten verwende ich sechs bis acht Stunden die Woche darauf, zu laufen, zu wandern, Tennis zu spielen und in einem Fitnessraum zu trainieren. Ich stelle mir jede Stunde, die ich mit Fitness verbracht habe, als einen Tag weniger vor, den ich in einem Krankenhaus verbringe.[4] Man kann auch Geld für mehr Zeit opfern, indem man weniger arbeitet sowie zeitsparende Waren und Dienstleistungen kauft. Eine Haushaltshilfe und eine Privatsekretärin einstellen sowie andere Leute für die Erledigung von Dingen bezahlen, die man nicht selbst machen möchte. New Yorker Geschäftsleute mit 1.000 Dollar Stundenlohn, die für einen Wagen mit Chauffeur 50 Dollar die Stunde bezahlen, damit sie auf der Fahrt zur Arbeit und zurück arbeiten können, haben eindeutig den Geldwert ihrer Zeit verstanden.

Um eine Vorstellung davon zu bekommen, was Ihre Zeit wert ist, nehmen Sie sich einen kurzen Moment und überlegen Sie sich, wie viel Sie arbeiten und welches Einkommen Sie für diese Anstrengungen beziehen. Sobald Sie Ihren Stundensatz kennen, können Sie Situationen identifizieren, in denen es viel günstiger wäre, sich etwas Zeit zurückzukaufen, und andere Situationen, in denen Sie noch mehr von Ihrer Zeit verkaufen möchten. Ich prophezeie Ihnen: Wenn Sie sich an diese Denkweise gewöhnen, werden Sie oft überrascht sein, wie viel Sie gewinnen können.

Die meisten Menschen, die ich kenne, haben nicht gründlich darüber nachgedacht, was ihnen Zeit, Geld und Gesundheit im Vergleich zueinander wert sind. Denken Sie an den alleinstehenden Arbeiter, der täglich zwei Stunden damit verbringt, über 40 Meilen weit zwischen dem heißen und versmogten Riverside und einem Job für 25 Dollar die Stunde im lauen Newport Beach zu pendeln. Wenn dieser Arbeiter von seiner Wohnung in Riverside, die 1.200 Dollar im Monat kostet, in eine vergleichbare Wohnung für 2.500 Dollar in Newport Beach zieht, steigt zwar seine Monatsmiete um 1.300 Dollar, aber er vermeidet dadurch 40 Stunden Pendeln.[5] Wenn seine Zeit 25 Dollar pro Stunde wert ist, spart er somit jeden Monat 1.000 Dollar (25 Dollar × 40). Dazu kommen noch die Kosten dafür, dass er mit seinem Auto 1.600 Meilen extra fährt. Wenn er ein sparsames Auto hat, das ihn 50 Cent je Meile beziehungsweise 800 Dollar im Monat kostet, steht er mit einem Wohnsitz in Newport Beach, der ihm monatlich 40 Stunden Fahrzeit erspart, um 500 Dollar besser da (1.000 Dollar + 800 Dollar – 1.300 Dollar). Tatsächlich verdient er als Pendler nur 12,50 Dollar pro Stunde. Ob sich der Arbeiter dies wohl klarmacht? Ich glaube das nicht, denn die 1.300 Dollar mehr, die er in Newport Beach an Miete bezahlen würde, sind klar sichtbare Kosten, die wehtun und regelmäßig anfallen, während die Kosten für sein Auto weniger offensichtlich sind und sich mental verdrängen lassen.

Angeblich verbringen Amerikaner im Durchschnitt 40 oder mehr Stunden pro Woche vor dem Fernseher. Wer das tut, hat viel „Junktime", die er stattdessen für ein Trainings- oder Fitnessprogramm nutzen könnte. Verwendet man darauf pro Woche fünf Stunden, kann einem das fünf zusätzliche Jahre gesundes Leben bescheren.

Es ist ein weit verbreiteter Anlagefehler, dass man derartige verzögerte Nutzeffekte unterschätzt. Dieser Fehler scheint in unserer grundlegenden psychologischen Veranlagung verwurzelt zu sein. Ein Psychologe, der mit vierjährigen Kindern experimentierte, bot jedem Kind einen Marshmallow an und versprach ihm einen zweiten Marshmallow, wenn der erste noch da war, wenn der Experimentator nach 20 Minuten wieder in den Raum kam. Zwei Drittel der Kinder aßen den Marshmallow sofort auf, nachdem sie sich selbst überlassen waren, und ein Drittel wartete, um einen zweiten zu bekommen. Als die Experimentatoren die Kinder acht Jahre später im Alter von zwölf Jahren überprüften, stellten Sie fest, dass die Kinder mit den zwei Marshmallows deutlich höhere Leistungen erbrachten als die mit einem Marshmallow. Wenn Sie ein Kind mit einem Marshmallow sind, das als Erwachsener Anschaffungen auf Kredit getätigt hat, für die Sie niederschmetternde 16 bis 29 Prozent Zinsen bezahlen, und Sie fragen mich, wo Sie etwas Bargeld investieren sollen, das gerade vorhanden ist, dann rate ich Ihnen als Erstes, Ihre Kreditkartenschulden abzuzahlen. Die Zinsen sind nicht abzugsfähig und die Einsparung ist gewiss, sodass Sie dadurch eine risikolose Nachsteuerrendite von 16 bis 29 Prozent erzielen. Als Zweites empfehle ich, dass Sie anfangen, ein paar Ihrer Marshmallows anzulegen, damit Sie später mehr davon genießen können – anstatt sie alle sofort zu verschlingen.

25

KAPITEL

Durch Indexing die meisten Anleger schlagen

Die einfachste Möglichkeit, die meisten Investoren zu übertreffen und Ihr Vermögen zu vergrößern, basiert auf einem einfachen Konzept, das alle Investoren verstehen sollten, sowohl als Anlageinstrument als auch als Beispiel für ein logisches Nachdenken über die Märkte. Stellen Sie sich einen Investmentfonds vor, der alle an einer großen US-Börse gehandelten Aktien kauft und dabei in jedes Unternehmen einen Prozentsatz investiert, der dem Anteil dieses Unternehmens am Gesamtwert aller US-Aktien entspricht.[1] Somit verhält sich der Fonds wie der Gesamtmarkt mit den gleichen täglichen prozentualen Kursveränderungen und Dividendenausschüttungen. Das heißt, wenn der Öl-Gigant Exxon einen Marktwert – berechnet aus dem Aktienpreis mal die Anzahl umlaufender Aktien – von 400 Milliarden Dollar hat und der Gesamtmarktwert aller Aktien zehn Billionen Dollar beträgt, dann legt der Indexfonds vier Prozent seines Anlagevermögens in Exxon an und macht es mit allen anderen genauso. Ein solcher Investmentfonds, der die Zusammensetzung und die Anlageergebnisse eines bestimmten Pools von Wertpapieren nachbildet, wird als Indexfonds bezeichnet und die Anleger, die solche Fonds kaufen, nennt man manchmal „Indexer".

Alle Anlagen, die den Gesamtmarkt der in den Vereinigten Staaten notierten Aktien nachahmen, bezeichnet man als „passiv". Und da jede dieser Anlagen sich genauso wie der Markt verhält, tut dies auch ein Pool aus solchen Anlagen. Wenn beispielsweise die passiven Anleger zusammen von jeder Aktie 15 Prozent besitzen, dann besitzen alle anderen 85 Prozent und gemeinsam betrachtet ähneln ihre Anlagen einem einzigen gigantischen Indexfonds. Aber „alle anderen" bedeutet alle aktiven Anleger, von denen jeder sein eigenes Rezept hat, wie viel er von jeder Aktie besitzt, und von denen keiner Indexing betreibt. Wie der Nobelpreisträger Bill Sharpe feststellt, folgt aus den Gesetzen der Arithmetik, dass die gemeinsamen Positionen aller aktiven Investoren ebenfalls den Index nachbilden. Diese Idee ist allgemein bekannt und ich bin nicht sicher, wo sie zum ersten Mal auftauchte,[2] aber ich habe sie zuerst von Sharpe gehört und von ihm stammt die klarste Darstellung, die ich je davon gesehen habe.[3] Ich werde sie also als Sharpe-Prinzip bezeichnen.

Ich lernte Bill Sharpe 1968 oder 1969 kennen, als wir beide junge Professoren an der UCI waren. Er war hoch angesehen und hatte das Werk, für das er 1990 den Nobelpreis erhielt, bereits geschrieben. Leider arbeitete er an der School of Social Sciences der UCI und ich lernte ihn nicht wirklich kennen, da er bereits zwei Jahre nach seiner Ankunft von Stanford abgeworben wurde. Ob wir wohl zusammengearbeitet hätten, wenn er noch an der UCI gewesen wäre, als Princeton Newport Partners schon gut lief? Er hatte eine wichtige Vereinfachung zum Verständnis von Optionen beigetragen – das binäre Modell – und ich hätte ihn vielleicht davon überzeugen können, dass die Märkte erhebliche Ineffizienzen aufweisen, anders gesagt Möglichkeiten für anormale risikoadjustierte Renditen. Als ich ihn 1975 zu einem Vortrag an der UCI einlud, argumentierte Bill in einem Gespräch, dass meine Entlohnungen bei PNP keine Marktineffizienz demonstrierten, weil man argumentieren könnte, dass ich und meine Mitarbeiter einfach entsprechend unserem Wert bezahlt wurden. Hätten wir unsere Talente für andere wirtschaftliche Unternehmungen eingesetzt, könnten wir das Gleiche erwarten.

Vor Abzug der Kosten erhält jeder passive Investor die gleiche Rendite wie der Index. Dies gilt auch für die aktiven Investoren als Gruppe genommen, nicht aber für jeden einzelnen. Da sie von manchen Aktien einen größeren und von manchen einen kleineren Anteil halten als der Index, können sie in verschiedenen Zeiträumen besser oder schlechter abschneiden als der Index. Obwohl die Ergebnisse (vor Kosten) für die gesamte Gruppe der aktiven Investoren mit der Rendite des Index übereinstimmen, sind ihre individuellen Renditen statistisch darum verteilt, wobei die meisten ziemlich nahe daran liegen und einige stark abweichen.

Ihr Risiko ist ohne die Erwartung einer höheren Rendite größer. Die Reduzierung des Risikos durch Diversifizierung ist einer der Gründe, einen Index zu kaufen, aber noch wichtiger ist die Reduzierung der Kosten, die die Anleger tragen. Indexfonds handeln selten, wobei im Laufe des Jahres nur ein paar Prozent der Aktien umgeschlagen werden, weil die „Hüter" des Index gelegentlich Aktien hinzu- oder herausnehmen oder weil der Fonds Mittelzuflüsse oder Mittelabflüsse verzeichnet. Hingegen handeln die aktiven Investoren als Gruppe pro Jahr mehr als 100 Prozent ihres Portfolios. Dadurch entstehen ihnen erhebliche Kosten aufgrund der Gebühren und aufgrund ihrer Auswirkungen auf die Börsenkurse.

Um die Verluste durch die Auswirkungen auf den Markt zu veranschaulichen, nehmen wir an, die XYZ-Aktie hätte einen „wahren" Preis von 50 Dollar. Der Einfachheit halber gehen wir davon aus, dass sie in 10-Cent-Schritten gehandelt wird, sodass die Käufer bei den Trades 49,90 Dollar, 49,80 Dollar, 49,70 Dollar und so weiter bieten können. In ähnlicher Weise verlangen die Verkäufer 50,10 Dollar, 50,20 Dollar und so weiter. Jemand, der eine Order für den Kauf zu dem Preis aufgibt, der gerade verfügbar ist – eine Market-Order und eine der häufigsten Ordertypen –, bezahlt dann 50,10 Dollar, also ein bisschen mehr als den wahren Preis. Diese Differenz von zehn Cent zwischen dem bezahlten Preis und dem „wahren" Preis wird als „Market Impact" bezeichnet – eine Auswirkung auf den Marktpreis. Diese Auswirkungen wachsen mit der Ordergröße, denn – um bei unserem Beispiel zu bleiben – eine große Market-Order räumt möglicherweise nicht nur das Angebot bei 50,10 ab, sondern auch Aktien, die zu höheren Verkaufspreisen angeboten werden, sodass sich ein höherer durchschnittlicher Kaufpreis als 50,10

Dollar und eine Auswirkung auf den Markt von mehr als zehn Cent pro Aktie ergibt.

Als Steve Mizusawa und ich Ridgeline Partners betrieben, senkten wir diese Kosten, indem wir große Orders in kleinere aufteilten, von 20.000 bis 100.000 Dollar, und zwischen den Transaktionen ein paar Minuten abwarteten, damit sich der Marktpreis erholen konnte. Wir wissen, dass der „wahre" Preis irgendwo zwischen dem höchsten Geldkurs (Bid) und dem niedrigsten Briefkurs (Ask) liegt, aber nicht genau, wo. Im Durchschnitt liegt er etwa in der Mitte. Um zu erkennen, dass die Marktauswirkungen reale Kosten sind, nehmen Sie in unserem Beispiel an, der Kunde wollte die Aktie gleich nach dem Kauf für 50,10 Dollar zum Marktpreis verkaufen. Dann bekommt er 49,90 Dollar, was einen Verlust von 20 Cent oder rund 0,4 Prozent bedeutet.

Anleger, die kein Indexing betreiben, bezahlen im Durchschnitt pro Jahr zusätzlich ein Prozent an Handelskosten und ein weiteres Prozent für diejenigen, die Warren Buffett als „Helfer" bezeichnet – Vermögensverwalter, Vertriebsmitarbeiter, Berater und Treuhänder, von denen alle Bereiche der Geldanlage durchsetzt sind.[4] Infolge dieser Kosten hinken die aktiven Investoren als Gruppe dem Index um etwa zwei Prozent hinterher, während der passive Anleger, der sich für einen Indexfonds ohne Vertriebsgebühren und mit einer niedrigen Kostenquote (wenige laufende Kosten und geringe Verwaltungsgebühr) entscheidet, vielleicht weniger als 0,25 Prozent an Gebühren und Handelskosten zahlt. Aus der Sicht des Glücksspiels ist der Ertrag eines aktiven Investors der Ertrag eines passiven Investors plus der zusätzliche Gewinn oder Verlust, der dadurch anfällt, dass er (im Durchschnitt) zwei Prozent dafür bezahlt, dass er in einer Art (imaginärem) Casino eine Münze werfen darf. Aktiven Anlegern, die Steuern bezahlen müssen, ergeht es noch schlechter, denn ein hoher Portfolioumschlag bedeutet kurzfristige Kapitalgewinne, die derzeit höher besteuert werden als Gewinne aus Wertpapieren, deren Verkauf um ein Jahr verschoben wird. Für das Beispiel, dass 1.000 Dollar zu acht Prozent investiert werden und die Gewinne bei der Realisierung besteuert werden, vergleicht Tabelle 6 das Ergebnis der alljährlichen Steuerzahlung mit dem Ergebnis, wenn die Steuern erst nach einer gewissen Anzahl von Jahren anfallen. Als kurzfristige Kapitalertragsteuer habe ich 35 Prozent und als langfristige 20 Prozent angesetzt. Die tatsächlichen Steuersätze hängen von der Steuerklasse des Anlegers und von Gesetzesänderungen ab.

Einflussreiche Manager von Private-Equity-Fonds und Hedgefonds haben ihre Freunde im Kongress dazu überredet, ihnen den Vorteil zu gewähren, dass sie die Steuern auf ihre Einkünfte im Ausland auf viele Jahre hinaus aufzuschieben können und – was noch besser ist – dass sie dann nicht den Steuersatz für gewöhnliche Einkünfte bezahlen, der für Lohn- oder Gehaltsempfänger gilt, sondern den viel niedrigeren Steuersatz für langfristige Kapitalerträge. Die Differenz zwischen der ersten und der letzten Spalte der Tabelle 6 gibt das Ausmaß der Vorteile an.

Tabelle 6 **Was sich bei einer Anlage, die acht Prozent abwirft, bei jährlichen Steuerzahlungen von 35 Prozent beziehungsweise 20 Prozent oder aber einer Zahlung am Ende von 20 Prozent ergibt**

	Wert der Geldanlage		
Anzahl Jahre, nach denen die Anlage endet	**Jährliche Steuer 35 %**	**Jährliche Steuer 20 %**	**20 % Steuer am Ende**
0	1.000	1.000	1.000
1	1.052	1.064	1.064
10	1.660	1.860	1.927
20	2.756	3.458	3.929
30	4.576	6.431	8.250

Wenn der Index den Pool der aktiven Investoren jedes Jahr um zwei Prozent übertrifft, bedeutet das dann, dass er auch die meisten Aktien-Investmentfonds schlägt? Intensiv beworbene Jahresabschlussberichte zeigen, dass der aus 500 Aktien bestehende Index S&P 500 die Mehrheit der Investmentfonds in den meisten Jahren schlägt, aber nicht immer. Wieso das? Erstens vergleichen wir Äpfel mit Birnen: Der S&P 500 Index ist nicht der gesamte Markt – wenn unser Universum der gesamte Aktienmarkt ist, dann ist der Index ein aktiver Investor, wenn auch einer mit niedrigen Kosten –, da er die meisten Kleinunternehmen nicht enthält. Daher fallen diejenigen Vermögenswerte eines Investmentfonds, die nicht im S&P 500 enthalten sind, in Bezug auf diesen Index nicht unter das Sharpe-Prinzip. Die im S&P 500 Index enthaltenen Aktien werden von der Standard & Poor's Corporation ausgewählt, gelegentlich werden welche herausgenommen oder aufgenommen. Diese 500 größten Unternehmen machen zwar rund 75 Prozent des Marktwerts aller börsennotierten Aktien aus, aber es fehlen einige sehr große Unternehmen, insbesondere vor 2010 Berkshire Hathaway, eines der nach Marktwert zehn größten US-amerikanischen Unternehmen. Tatsächlich lag die durchschnittliche kumulierte Jahresrendite der Kleinunternehmen in den 82 Jahren von 1926 bis 2007 bei 12,45 Prozent, die der Großunternehmen bei 10,36 Prozent. Doch der zusätzliche Schub, den die Investmentfonds durch die Anlage eines Teils ihres Vermögens in kleinere Aktien erhielten, machte ihre zusätzlichen Kosten nicht wett.

Ein weiterer Aspekt des Vergleichs zwischen Äpfeln und Birnen ist der Einfluss der Cashquoten. Da die Fondsanleger kontinuierlich Geld zuschießen oder herausziehen, werden die Mittel zum Teil in schwankende Barbestände investiert. Wenn der Markt kräftig steigt, halten die Zinsen auf diese Barmittel nicht Schritt und die Rendite des Fonds ist geringer als die seiner Aktienanlagen. Wenn umgekehrt der Markt stark fällt, werden die Verluste aus den Aktienpositionen des Fonds durch den Cashanteil und die Zinsen auf diesen Cashanteil reduziert. Normalerweise ist die Bremswirkung der Cashquote gering.

Außerdem sind die Publikumsfonds, die keine Indexfonds sind, nur ein Teil des gesamten Pools der aktiven Anleger. Man könnte sich vorstellen, dass ihre Manager relativ geschickt agieren, sodass die Gruppe der Investmentfonds die restlichen aktiven Anleger übertrifft. In diesem Fall könnte sich die Gruppe der Investmentfonds im Vergleich zu den anderen hervorragend schlagen, obwohl die aktiven Anleger insgesamt hinterherhinken. Jedoch bieten wissenschaftliche Studien über die historischen Renditen von Investmentfonds kaum Belege dafür, dass die Manager von Investmentfonds derart kompetent wären. Drittens kommt es gemäß dem Sharpe-Prinzip nicht auf die Anzahl der aktiven Investoren an, die hinter dem Index zurückbleiben. Vielmehr muss die Rendite des gesamten Pools an aktiv verwalteten Vermögen, die in den Index investiert sind, schlechter sein.

Das Unternehmen Morningstar, das die Performance von Fonds verfolgt, führt regelmäßig Studien durch, in denen die Fondsperformance mit der Indexperformance verglichen wird. Die Ergebnisse für 2009 sind typisch. Bereinigt um Risiko, Größe und Anlagekategorie übertrafen nur 37 Prozent in den drei Vorjahren ihre Benchmark, bei fünf und zehn Jahren waren die Ergebnisse ähnlich.[5]

Tabelle 7 zeigt die Vorteile des Indexings. Ich habe dafür historische Renditen großer Aktien wie derjenigen, die im S&P 500 enthalten sind, und die von mir angenommenen Kosten verwendet. Anhang B enthält weitere Einzelheiten. Nach Kosten und Inflation erzielten steuerbefreite passive Anleger jährlich 6,7 Prozent Gewinn, die aktiven dagegen 4,7 Prozent. Nach Steuern sind das 2,0 Prozent für die aktiven Investoren und 4,8 Prozent für die Indexanleger, also bekamen die passiven Anleger über ein Drittel mehr.

Tabelle 7 **Vergleich zwischen passiver und aktiver Geldanlage**

	Index	Passiv	Aktiv
Vor Kosten	10,1 %	10,1 %	10,1 %
Nach Kosten	–	9,7 %	7,7 %
Nach Inflation	7,1 %	6,7 %	4,7 %
Steuerfrei nach Inflation	–	6,7 %	4,7 %
Nach Steuern	–	4,8 %	2,0 %

Wenn Sie in einen Index investieren wollen, wählen Sie einen Fonds, dessen jährliche Kosten unter 0,2 Prozent liegen. Lehnen Sie Fonds ab, die zusätzlich Verwaltungsgebühren, Vertriebskosten oder sonstige Gebühren verlangen. Die einzige Gebühr, die Sie ignorieren dürfen, ist die Strafgebühr beim Verkauf nach einer kurzen Halteperiode, normalerweise 30 Tage. Die Fonds haben diese Gebühr eingeführt, um zu verhindern, dass manche Anleger durch schnelle Ein- und Ausstiege in großem Stil hohe Kosten verursachen.

Einmal im Jahr, meist Ende Oktober, teilen die US-amerikanischen Aktienfonds ihren aktuellen Anlegern die seit Jahresbeginn zu versteuernden Gewinne oder Verluste zu. Wenn man in einem Jahr, in dem der Fonds einen hohen Gewinn erzielt hat, kurz vor diesem Zeitpunkt investieren würde, könnte man die Ungerechtigkeit erleben, dass man auf einen viel größeren Betrag als seinen tatsächlichen wirtschaftlichen Gewinn Steuern bezahlen muss. Andererseits könnten Anleger in einem Jahr, in dem der Fonds große Verluste verteilt, dank eines Kaufs kurz vor diesem Zeitpunkt ihre Steuerlast senken, ohne einen entsprechenden wirtschaftlichen Verlust gehabt zu haben.[6]

Steuerbefreite Investoren wie Altersversorgungen, Mitarbeiterbeteiligungsprogramme und Stiftungen sollten erwägen, ihre aktiven Investitionen in einen breit angelegten Indexfonds ohne Vertriebsgebühren umzuschichten, außer wenn sie gute Gründe für die Überzeugung haben, dass ihre derzeitigen Investitionen ihnen einen erheblichen Vorteil verschaffen. Nach meiner Erfahrung sind überlegene Fähigkeiten in der Aktienauswahl allerdings selten, was bedeutet, dass fast alle diese Umstellung vornehmen sollten.

Steuerpflichtige Anleger müssen ihre Positionen einer Einzelfallprüfung unterziehen. Zum Beispiel hätte ich 2015 bei einer Kostenbasis von etwa 1.000 Dollar pro Aktie, einem aktuellen Kurs von 225.000 Dollar pro Aktie und einem Gesamtsteuersatz von 30 Prozent durch den Verkauf meiner Berkshire-Hathaway-A-Aktien einen Reinerlös von 157.800 Dollar pro Aktie erzielt. Ein von diesem geringeren Betrag gekaufter Indexfonds müsste in Zukunft rund 43 Prozent besser abschneiden als Berkshire, damit ich aufholen könnte.[7] Das erscheint extrem unwahrscheinlich.

Ebenso wie ich es mit Berkshire tue, vermeiden Investoren, die nicht handeln und keine Berater in Anspruch nehmen, die üblichen Kosten, die aktive Investoren bezahlen müssen. Tatsächlich können ihre Kosten sogar noch geringer ausfallen als die von Indexanlegern. Würde ein solcher Buy-and-hold-Anleger beispielsweise Aktien nach dem Zufallsprinzip auswählen und für einen Betrag proportional zur jeweiligen Marktkapitalisierung kaufen, ließe sich durch Überlegungen wie diejenigen für den Beweis des Sharpe-Prinzips zeigen, dass seine Erwartungsrendite die gleiche ist wie die des Index, aus dem die Aktien ausgewählt wurden, abzüglich der vermutlich geringen Kosten für den Erwerb der Aktien.

Der größte Nachteil von Buy-and-hold-Anlegern gegenüber Indexern ist ihr zusätzliches Risiko. In Begriffen des Glücksspiels gesprochen ist die Rendite von Buy and hold etwa so hoch, wie wenn man den Index kauft und dann noch zufällige Gewinne oder Verluste hinzukommen, indem man wiederholt eine Münze wirft. Bei einem Bestand von etwa 20 Aktien, die über verschiedene Branchen verteilt sind, ist dieses zusätzliche Risiko jedoch eher gering. Die Gefahr für das Buy-and-hold-Programm ist der Investor selbst. Wenn er seine Aktien beobachtet und sich Geschichten und Ratschläge über sie anhört, kann dies zu aktivem Handeln führen und im Durchschnitt die minderwertigen Ergebnisse produzieren, vor denen ich gewarnt habe. Indem man einen Index kauft, umgeht man diese Falle.

Hier noch eine andere Art, Index-Investitionen zu betrachten: Nehmen wir an, dass der gleiche Prozentsatz jeder US-amerikanischen Aktie in einen Indexfonds mit niedrigen Gebühren fließt. Der Rest würde komplett in einen riesigen Pool fließen, der von den besten Managern der Welt aktiv verwaltet wird. Dann würde ein Mitarbeiter, der den Indexfonds mithilfe eines Buchhaltungscomputers verwaltet, das Team der besten Manager der Welt um den Betrag von deren zusätzlichen Provisionen und Gebühren schlagen. Bei von Journalisten angeregten Wettbewerben behaupten sich zufällige Portfolios aus Aktien, die mit Zufallsvorrichtungen wie Darts, Würfeln oder (bildlich gemeinten) Schimpansen ausgewählt wurden, durchaus gegen die Experten.

26

KAPITEL

Kann man den Markt schlagen? Sollte man es versuchen?

Als ich mich zum ersten Mal für Blackjack interessierte, sagten alle, es gebe keine Möglichkeit, das Spiel zu gewinnen. Es war mathematisch bewiesen worden, dass Gewinnsysteme, bei denen die eingesetzten Beträge oft auf komplizierte Weise verändert wurden, bei vielen klassischen Glücksspielen unmöglich sind. Außerdem würden die Regeln geändert werden, wenn jemand die Casinos schlagen könnte, um diese Leute zu stoppen. Als ich mich für die Börse zu interessieren begann, hörte ich über die Geldanlage die gleichen Behauptungen. Wissenschaftler hatten eine Reihe von Argumenten entwickelt, die als Markteffizienzhypothese (EMH) bekannt sind. Mithilfe von Finanzmarktdaten zeigten sie, dass die Preise von morgen wie regellose Schwankungen um die heutigen Preise aussehen und sich daher nicht vorhersehen lassen.

Außerdem würde, wenn eine Preisänderung vorhersehbar wäre, jemand sofort daraufhin handeln, bis das nicht mehr der Fall wäre. Aus dieser Vorstellung ging eine erfundene Geschichte hervor, die alle Finanzstudenten schon einmal gehört haben. Eugene Fama, der Vater der EMH, schlenderte mit einem Doktoranden über den Campus der University of Chicago. Als der Student zu Boden blickte, rief er: „Schauen Sie, da liegt ein 100-Dollar-Schein auf dem Boden." Ohne einen Blick nach unten oder seine Schritte zu unterbrechen, antwortete Fama: „Nein, da liegt keiner. Hätte da einer gelegen, hätte ihn schon jemand aufgehoben."

Die Karten, die beim Blackjack ausgeteilt werden, scheinen auch dem Zufall zu gehorchen, aber nicht, wenn man das Mischen beobachtet. Dies ist eine Möglichkeit, das Spiel zu schlagen, indem man die Reihenfolge beobachtet, in der die abgelegten Karten in den Stapel wandern, und dann die jeweilige Mischtechnik mathematisch analysiert, was zu einer teilweisen Prognose der neuen Reihenfolge der Karten beim nächsten Geben führt. Die Wahrscheinlichkeit, dass eine Karte beim Blackjack als Nächste ausgeteilt wird, ist auch dann nicht zufällig, wenn man die Karten zählt. Was bei einem bestimmten Wissensstand zufällig erscheint, ist es womöglich nicht mehr, wenn man mehr Informationen bekommt. Zukünftige Preise sind nicht vorhersehbar und niemand kann den Markt schlagen, aber nur dann, wenn die Marktpreise „wirklich" regellos schwanken.[1]

Die Anhänger der Effizienzmarkthypothese, die in Wirklichkeit eine Ansammlung miteinander verbundener Hypothesen ist, sind im Allgemeinen überzeugt, dass die Wertpapiermärkte hoch entwickelter Industrieländer schnell und nahezu vollständig auf neue Informationen reagieren. Ursprünglich waren die Rechtgläubigen über Jahrzehnte hinweg der Meinung, die meisten Anleger seien rational und gut informiert. Zwar haben sie sich widerwillig den überwältigenden Beweisen des Gegenteils gebeugt, aber sie behaupten immer noch, die kollektive Wirkung der Investoren halte die aktuellen Marktpreise im Allgemeinen nahe an der bestmöglichen Schätzung des Wertes anhand des Mittels aus allen Zukunftsszenarien.[2] Seit den 1960er-Jahren verteidigen Wirtschafts- und Finanzwissenschaftler verschiedene Versionen der Effizienzmarkthypothese, wobei sie Zehntausende von Artikeln, Tausende von Doktorarbeiten und Hunderte von Büchern hervorgebracht haben.[3]

Die klassische Auffassung vom korrekten Preis einer Aktie besagt, dass er sich aus dem Wert aller künftigen Gewinne ableitet.[4] Diese Gewinne sind jedoch ungewiss und unterliegen unbekannten Faktoren.

Hätte jemand vorab wissen können, wie man die Auswirkungen des 11. September auf die zukünftigen Erträge, also auf den damals aktuellen Marktpreis, von Firmen mit Sitz in den Twin Towers des World Trade Center berücksichtigen musste? Die zukünftigen Erträge werden auf einen Barwert diskontiert, der ihre unterschiedlichen Wahrscheinlichkeiten und Risiken widerspiegelt. Wenn der Markt die heutigen öffentlichen Informationen gut nutzt, um die aktuellen Preise festzulegen, dann sind die einzigen Investoren, die einen Vorteil haben, diejenigen mit relevanten vertraulichen Informationen. Die intensive Verfolgung von Anlegern in den 1980er-Jahren wegen des illegalen Handels bekräftigt diesen Punkt.[5]

Die EMH ist eine Theorie, die sich niemals logisch beweisen lässt. Man kann lediglich behaupten, sie sei eine gute oder weniger gute Beschreibung der Wirklichkeit. Widerlegt werden kann sie allerdings nur durch die Vorlage von Beispielen, in denen sie versagt, und je zahlreicher und substanzieller diese Beispiele sind, umso schlechter beschreibt die Theorie die Wirklichkeit.

Bis jetzt habe ich anhand von Beispielen aus dem Glücksspiel, dem Börsenhandel und der Ergebnisse von Princeton Newport Partners, Ridgeline und anderen Hedgefonds sowie der Geschichte von Warren Buffett und Berkshire Hathaway gezeigt, dass Märkte geschlagen wurden. Besser als der Markt zu sein ist nicht dasselbe wie ihn zu schlagen. Ersteres ist oft einfach Glücksache, Letzteres bedeutet, einen sinnvollen statistisch signifikanten Vorteil zu finden und diesen dann auszunutzen. Um dies zu verdeutlichen: PNP tat das in den 1980er-Jahren, als es die großen Abschläge auf den Liquidationswert ausnutzte, die bei Geschlossenen Fonds häufig auftraten.

Geschlossene Fonds verkaufen zunächst Anteile an Investoren. Sie werden als geschlossen bezeichnet, weil dieser Anteilsverkauf nur einmalig bei der Auflegung des Fonds erfolgt. Dann investiert das Management das Geld in eine bestimmte Kategorie von Wertpapieren, zum Beispiel Hightech, koreanische Papiere, Junkbonds, erneuerbare Energien oder Biotechnologie. Um zu veranschaulichen, wie ein solcher Fonds etwa funktioniert, nehmen wir an, wir würden uns mitten in einem Edelmetallboom befinden. Die Fondswerber verkaufen nun Anteile des

Geschlossenen Fonds „Pot of Gold" (POG) über Brokerfirmen und zahlen acht Prozent des Erlöses an diese Firmen und ihre Vertriebsmannschaften. Die Anleger kaufen zehn Millionen Anteile zum Preis von zehn Dollar das Stück, was einen Erlös von 100 Millionen Dollar abzüglich acht Prozent, also netto 92 Millionen Dollar ergibt, die die Manager von POG in börsennotierte Gold-Aktien investieren. Jeder Anteil, der ursprünglich zehn Dollar kostete, steht jetzt für Aktien im Wert von 9,20 Dollar – das ist der Nettoinventarwert (NAV) des Fonds pro Anteil. Acht Prozent des Geldes hat kurzerhand die „Sell-Side" kassiert, die Promotoren der Wall Street. Beachten Sie dabei, dass man als Anleger die Gold-Aktien auch direkt hätte kaufen und somit für jeweils zehn Dollar Aktien im Wert von zehn Dollar hätte bekommen können.

Nun beginnt der Handel mit POG-Anteilen am Markt. Investoren, die hinsichtlich der Fähigkeiten des Managements optimistisch sind, könnten die Anteile auf elf Dollar, zwölf Dollar oder noch weiter in die Höhe treiben, obwohl der NAV weiterhin 9,20 Dollar beträgt. Im Laufe der Zeit schwanken dann sowohl der Marktpreis der POG-Anteile als auch deren NAV (der Wert pro Aktie der von POG gehaltenen zugrunde liegenden Vermögenswerte). Liegt der Kurs von POG über seinem NAV, wird das als Aufschlag oder Prämie zum NAV bezeichnet. Liegt der Kurs unter dem NAV, spricht man von einem Discount oder Abschlag. Und noch ein Punkt: Der NAV stellt zwar den Liquidationswert der POG-Anteile dar, aber solange das Management den Fonds kontrolliert, sind sie wesentlich weniger wert. Das liegt daran, dass das Management Gebühren kassiert und Kosten hat, wodurch die Vorteile der Besitzer von Fondsanteilen kleiner sind als die eines Anlegers, der das zugrunde liegende Portfolio unmittelbar hält.

Aufgrund der Kosten und Gebühren des Managements werden Geschlossene Fonds meistens mit einem Abschlag auf ihren Nettoinventarwert gehandelt. Wenn sich die Kosten und Gebühren des Managements beispielsweise auf 15 Prozent des durch das zugrunde liegende Portfolio geschaffenen Vermögens belaufen, können die Anteilseigner vielleicht 85 Prozent des zukünftigen Einnahmenstroms erwarten, sodass ein angemessener Preis, den man für die Anteile bezahlen sollte, etwa 85 Prozent des NAVs betragen sollte, das wäre ein Abschlag auf den NAV von 15 Prozent. Im Falle von POG bezahlen die ersten Anleger zehn Dollar je Anteil. Die Verkaufskosten der Wall Street senken diesen Betrag auf 9,20 Dollar. Dann nimmt sich das Management 15 Prozent des zukünftigen Gewinns, was den Wert für den Investor um weitere 15 Prozent senkt und einen Wert pro Anteil von 85 Prozent × 9,20 Dollar gleich 7,82 Dollar für ihn übrig lässt. Er hat also sofort 2,18 Dollar von seinen zehn Dollar beziehungsweise 21,8 Prozent seiner Investition an seine Helfer verloren. Das ist wie bei einem nagelneuen Auto, das an Wert verliert, sobald man damit vom Hof fährt. Im Laufe der Zeit schwankt der Prozentsatz des NAVs, den der Marktpreis darstellt, wobei das Muster je nach Fonds sowie den allgemeinen Marktbedingungen variiert. Ich habe schon Abschläge von 50 Prozent und Aufschläge von 80 Prozent erlebt. Man kann als Anleger versuchen, dies auszunutzen, indem man Fonds mit hohen Abschlägen im Verhältnis zu ihrer Vorgeschichte sowie zu vergleichbaren Fonds kauft.

Man kann auch Anteile von Fonds leerverkaufen, die mit hohem Aufschlag gehandelt werden. Je nach Zusammenstellung kann es dann sein, dass sich die im Portfolio long und short enthaltenen Fonds gegenseitig absichern. Die Erträge aus einer solchen Strategie können ziemlich konstant sein, aber die langen Phasen der „Abarbeitung“, in denen Prämien oder übermäßige Discounts tendenziell verschwinden, können auch zu bescheidenen Renditen führen. Ich habe einmal ein paar Jahre lang in einen intelligent gemanagten Hedgefonds investiert, der diesen Ansatz verfolgte. Da die Fehlbewertungen so langsam zurückgingen, lag unsere Jahresrendite nur bei zehn Prozent statt der erhofften 15 Prozent.

Wenn POG bei einem Anteilspreis von sechs Dollar und einem NAV von zehn Dollar je Anteil mit einem Abschlag von 40 Prozent gehandelt würde, könnte man versuchen, genügend Aktien zu kaufen, um Stimmrechte zu bekommen und den Fonds in einen offenen Investmentfonds umzuwandeln, der es den Aktionären erlaubt, ihre Anteile zum Nettoinventarwert zurückzugeben. Dann zahlen wir sechs Dollar pro Anteil und kassieren zehn Dollar pro Anteil, was einen Gewinn auf unsere sechs Dollar von vier Dollar ergibt, also 67 Prozent. Geschlossene Fonds, die mit hohem Abschlag gehandelt wurden, stellten für Princeton Newport Chancen dar. Obwohl sich das etablierte Management heftig dagegen wehrte, gelang es uns, derlei Geschäfte profitabel durchzuführen.[6]

Die Differenzen zwischen dem Marktpreis und dem Nettoinventarwert Geschlossener Fonds lassen denjenigen, die glauben, dem Markt gelinge es gut, die richtigen Preise festzustellen, keine Chance. Warum bezahlen Anleger das eine Mal für Anlagen, die einen Dollar wert sind, 1,80 Dollar und bieten das andere Mal an, Anlagen im Wert von einem Dollar für 50 Cent zu verkaufen? Informationsmangel kann es nicht sein, denn die NAVs und die berechneten prozentualen Kursabweichungen werden regelmäßig zusammen mit den tatsächlichen Portfoliopositionen veröffentlicht.

Im Zuge des Finanzcrashs 2008/2009 ergab sich eine ungewöhnliche Gelegenheit, Vermögenswerte mit Abschlag zu kaufen, und zwar in Form von bestimmten Geschlossenen Fonds namens SPACs. Diese „Special Purpose Acquisition Companies" – Akquisitionszweckunternehmen – wurden während des vorangegangenen Booms der Private-Equity-Investitionen vermarktet. Die Manager der SPACs nahmen die Erlöse aus dem Börsengang (IPO) der SPAC treuhänderisch in Verwahrung und versprachen, sie in eine bestimmte Art von Start-up-Unternehmen zu investieren. Zum Zeitpunkt des Crashs hatten die SPACs eine klägliche Erfolgsbilanz, ihre Investitionen in die jeweiligen Unternehmen erlitten im Durchschnitt 78 Prozent Verlust. Eine typische SPAC erklärte sich bei ihrer Gründung bereit, das Geld innerhalb von zwei Jahren zu investieren. Dabei hatten die Investoren die Wahl – bevor sich die SPAC in Unternehmen einkaufte –, ihr Geld zuzüglich Zinsen zurückzubekommen anstatt an den Übernahmen teilzunehmen.

Im Dezember 2008 waren sogar SPACs von Panik erfasst worden, die nur US-Staatsanleihen mit Abschlag auf den NAV besaßen. Diese SPACs hatten bis zu zwei Jahre Zeit, entweder zu investieren oder zu liquidieren und den Anlegern vor der Investition die Möglichkeit zu bieten, sich zum NAV auszahlen zu lassen. Manchen blieb aber weniger Zeit, teils nur noch ein paar Monate. In einigen Fällen konnten wir sogar SPACs kaufen, die US-Schatzanleihen mit Jahresrenditen von zehn bis zwölf Prozent hielten und in wenigen Monaten liquidieren würden.[7] Und das zu einer Zeit, als die Zinsen kurzfristiger US-Staatsanleihen auf nahe null gefallen waren!

Für diejenigen, die immer noch glauben, dass der Markt Wertpapiere immer richtig bewertet: Hier ergab sich eine Gewinnmöglichkeit, die entstand, weil die Anleger nicht einmal rechnen konnten.

Um zu sehen, was dann passierte, stellen Sie sich zunächst zwei Gebrauchtwagenhändler mit unmittelbar benachbarten Geschäften vor. Der erste Händler bietet neue Ford-Limousinen für 9.000 Dollar plus 2.000 Dollar Rabatt in sechs Monaten. Der zweite Händler bietet exakt die gleichen Ford-Limousinen für 14.850 Dollar an. Jeder, der vorbeifährt, sieht beide Preise auf riesengroßen Schildern. Der teurere Händler lässt über seinem Grundstück Luftballons aufsteigen und eine Band auftreten. Der billigere Händler macht zwar ein reges Geschäft, aber dem teureren Händler rennen die Kunden die Türen ein. Die meisten „rationalen" Anleger bezahlen lieber zu viel. Verrückt? Unmöglich? Das passiert oft. Im nächsten Beispiel entspricht der Ford für 9.000 Dollar plus 2.000 Dollar Rabatt 100 Aktien von 3Com und der Ford für 14.850 Dollar entspricht 135 Aktien von PalmPilot. Nun zu den Details.

3Com, das durch den Personal Digital Assistant (PDA) PalmPilot berühmt geworden war (Börsensymbol COMS), kündigte die Ausgliederung seiner PalmPilot-Sparte als eigenständiges Unternehmen an. Rund sechs Prozent von PalmPilot (PALM) wurden am Donnerstag, dem 2. März 2000, bei einer Erstemission an der Börse zu einem Preis von 38 Dollar pro Aktie angeboten. Bis zum Ende des Tages wechselten die 23 Millionen ausgegebenen Aktien mehr als eineinhalb Mal den Besitzer, was ein Handelsvolumen von 37,9 Millionen Aktien an diesem Tag ergab. Der Kurs stieg in der Spitze bis auf 165 Dollar und schloss bei 95 Dollar. Der Anteil von PalmPilot, der im Rahmen des Börsengangs verkauft wurde, war bewusst deutlich unter der Nachfrage angesetzt worden und führte zu einem damals für Tech-IPOs typischen Kaufrausch und Kursschub. Bis hierher war es nur eine Wiederholung dessen, was wir in den vorangegangenen 18 Monaten des Tech-Aktien-Booms oft gesehen hatten.

Nun zur Ineffizienz des Marktes. Zum Handelsschluss am Donnerstag bewertete der Markt PalmPilot mit 53,4 Milliarden Dollar, jedoch 3Com, das immer noch 94 Prozent von PalmPilot besaß, „nur“ mit 28 Milliarden Dollar. Das bedeutet aber, dass der Markt 3Coms 94 Prozent von PalmPilot mit 50 Milliarden Dollar und somit den Rest von 3Com mit minus 22 Milliarden bewertete! Hingegen schätzten Analysten den Wert des Restes von 3Com auf 5,0 bis 8,5 Milliarden Dollar. Und 3Com hatte vor, diese PalmPilot-Aktien innerhalb von sechs Monaten an seine Aktionäre zu verteilen. In dieser Erwartung hatte mich mein Sohn Jeff ein paar Tage zuvor angerufen, um Kapital für diese mögliche Chance zu mobilisieren. Man konnte PALM direkt über den Börsengang kaufen (um IPO-Aktien zu bekommen, musste man „Connections“ haben) oder aber zu stark schwankenden, viel höheren Preisen am Sekundärmarkt, als der Handel dort losging. Oder man konnte PALM indirekt kaufen, indem man COMS kaufte und ein paar Monate wartete, bis man für jede COMS-Aktie 1,35 Aktien von PALM bekam. Außerdem bekam man dadurch auch eine Beteiligung am Unternehmen 3Com nach dem Spin-off, das profitabel war und einen Cashbestand von acht Dollar pro Aktie haben würde. Nach Jeffs Schätzung würde die Aktie dann 15 bis 25 Dollar wert sein.

Analystennotiz: Jeffs Schätzung, dass auf 100 COMS-Aktien 135 PALM-Aktien verteilt würden, war verglichen mit der typischen Wall-Street-Schätzung von 150 Aktien bewusst konservativ – der „Worst Case“. Die Schätzung der Wall Street legte eine gegenüber unserer Schätzung noch größere Diskrepanz nahe. Die Unsicherheit rührte daher, dass die Anzahl der Aktien von PALM, die an COMS-Aktionäre verteilt werden sollten, davon abhing, wie viele Aktien von COMS zu diesem Zeitpunkt umliefen. Und dies würde davon abhängen, eine wie große Verwässerung in der Zwischenzeit unter anderem durch ausstehende Optionen auftreten würde.

Als Jeff und ich am ersten Tag über Strategien sprachen, stand der Aktienkurs von 3Com zu einem Zeitpunkt bei 90 Dollar und der von PalmPilot bei 110 Dollar. Der direkte Kauf von 135 Aktien von PalmPilot kostete 14.850 Dollar, aber wenn wir 9.000 Dollar für 100 Aktien von 3Com bezahlten, bekamen wir sowohl 135 Aktien von PalmPilot als auch 100 Aktien des „Zigarrenstummel“-Unternehmens. (Stellen Sie sich 100 Aktien von3Com als zweiteiligen Gutschein vor. Auf dem einen Teil steht

„135 Aktien von PalmPilot“ und auf dem anderen Abriss steht „100 Aktien von 3Com nach dem Spin-off“.) Wenn man die 100 Aktien von 3Com kauft, bezahlt man 9.000 Dollar und erhält Aktien von PalmPilot im Wert von 14.850 Dollar sowie einen 3Com-Abriss mit einem aktuellen Schätzwert zwischen 1.500 und 2.500 Dollar. Wenn man diesen für sagen wir 2.000 Dollar verkauft, haben die 135 PalmPilot-Aktien im Endeffekt nur 7.000 Dollar gekostet.

Ich fordere die Vertreter der Effizienzmarkthypothese auf, die beiden folgenden Fragen zu beantworten: Warum waren die Menschen bereit, 14.850 Dollar für 135 Aktien von PALM zu bezahlen, die sie für 7.000 Dollar hätten bekommen können, und warum kauften manche Anleger PALM-Aktien zu einem Preis, der dem Unternehmen einen Wert von 53 Milliarden Euro beilegte, anstatt sie zu nicht einmal der Hälfte dieses Preises zu erwerben, indem sie sie mittels Aktien von 3Com kauften? An den Informationen lag es nicht. Die Konditionen waren leicht verständlich und sie waren im Voraus öffentlich bekannt.

Wie konnten Jeff und ich das ausnutzen? Ein Methode war, 3Com zu kaufen, etwa sechs Monate abzuwarten und dann sowohl die PalmPilot-Aktien zu verkaufen, die wir von 3Com erhalten würden, als auch den Rest von 3Com. Aber was wäre, wenn 3Com und PalmPilot zum Kaufzeitpunkt beide erheblich überteuert wären und ihre Preise bis zum Verkauf drastisch gefallen wären? Es gab durchaus Grund zu der Annahme, dass dies geschehen könnte: Erstens war COMS von etwa 50 Dollar zwei Monate zuvor im Vorgriff auf den Börsengang auf über 100 Dollar gestiegen. Zweitens waren wir überzeugt, dass sich die Technologiewerte in einer von einer großen Gruppe irrationaler Anleger aufgeblähten Spekulationsblase befanden. Viele dieser Anleger spekulierten in den neuen Day-Trading-„Casinos“. Mit der Spekulationsblase hatten wir recht. Der NASDAQ Composite erreichte zu diesem Zeitpunkt sein Allzeithoch und verlor dann in weniger als drei Jahren 75 Prozent. 16 Jahre später hatte er sich immer noch nicht vollständig erholt.

Wir konnten uns 135 Aktien von PALM leihen und dann zu einem Preis von 110 Dollar, also mit einem Erlös von 14.850 Dollar, shorten, den unser Broker auf einem Treuhandkonto verwahren würde, bis wir die geliehenen Aktien zurückgaben. Wir konnten außerdem 100 COMS-Aktien zu einem Preis von 90 Dollar, also insgesamt 9.000 Dollar, kaufen und so einen fast risikolosen Hedge mit fast sicherem Gewinn einrichten. Nach etwa sechs Monaten würden wir auf unsere 100 COMS-Aktien 135 PALM-Aktien erhalten und sie dem Broker liefern, um unsere Short-Position glattzustellen. Dann würden die 14.850 Dollar Erlös aus dem Leerverkauf vom Treuhandkonto freigegeben, sodass wir einen Nettogewinn von 5.850 Dollar in bar und 100 Aktien des Restunternehmens 3Com hätten. Falls diese 15 Dollar je Stück kosten würden, könnten wir sie für einen zusätzlichen Erlös von 1.500 Dollar verkaufen und somit innerhalb von sechs Monaten auf eine Investition von 9.000 Dollar insgesamt einen Gewinn von 7.350 Dollar beziehungsweise 82 Prozent erzielen.[8]

Begrenzt wurden derartige Profite für uns selbst und andere Arbitrageure durch die Menge am COMS, die unsere Broker uns leihen würden, um sie zu shorten. Einem Freund von uns, der einen Hedgefonds für Wandelpapiere mit einem verwalteten Vermögen von 2,7 Milliarden Dollar betreibt, gelang es, 200.000 Aktien von PALM zu shorten, nachdem er COMS zuvor schon zu einem viel niedrigeren Preis gekauft hatte, weil er den Kursschub vor dem IPO vorausgesehen hatte.

Wie das *Wall Street Journal* betonte, hätte es den Arbitrageuren, wenn sie sich in den wenigen Tagen, in denen es möglich war, mehr PALM-Aktien hätten leihen können, vielleicht gelingen können, die Disparität zu verringern, indem sie wie in unserem Beispiel PALM geshortet und 3Com gekauft hätten.[9] Wir sehen hier eindeutig einen Mechanismus der Marktineffizienz, nämlich das unterschiedliche Verhalten der „dummen“ oder irrationalen PALM-Käufer und der versierten Arbitrageure. Das *Journal* wies darauf hin, dass eine ähnliche Preisdiskrepanz Mitte Februar auftrat, als IXnet, Inc. aus IPC Communications Inc. ausgegliedert wurde. Obwohl IPC noch 73 Prozent von IXnet besaß, wurde es vom „effizienten“ Markt mit weniger als der Hälfte von IXnet bewertet. Auch diesen Deal hedgte Jeff.

Ebenso wie Mitglieder der Flat-Earth Society haben die Gläubigen der Markteffizienz mit dem Beispiel 3Com kein Problem. Ein führender Verfechter der EMH erklärte, die Arbitrageure hätten den Preisunterschied deshalb nicht korrigieren können, weil nicht genügend PALM-Aktien zum Shorten zur Verfügung gestanden hätten, um Leerverkäufe zu tätigen – und wenn dies der Fall gewesen wäre, hätten die Arbitrageure (Hedger) die Preise in passende Verhältnisse zu den relativen Werten gebracht.[10] Das stimmt auch. Ich und andere hätten einen großen Teil unseres Vermögens dafür eingesetzt, wenn wir uns die Aktien hätten ausleihen können. Aber die Käufer von PALM-Aktien hätten die Fehlbewertungen selbst korrigieren und dadurch ihren Bestand an PALM kostenlos erheblich erhöhen können, indem sie einfach ihre PALM-Aktien verkauft und den Erlös in 3Com reinvestiert hätten – und das hätten sie auch tun sollen. Doch im großen Stil veröffentliche Erklärungen, unter anderem eine Titelstory in der *New York Times* am Tag nach dem Börsengang, hatten kaum eine unmittelbare Wirkung.[11] Die Anleger konnten nicht nur nicht rechnen, offenbar kannten sie auch niemanden, der es konnte.

Lassen Sie uns mit dem PALM/COMS-Beispiel im Hinterkopf noch einmal einen Blick auf die Theorie der Markteffizienz werfen.

Von einem perfekt effizienten Markt, den man nicht schlagen kann, erwarten wir Folgendes:

1. ***Alle Informationen sind sofort für viele Marktteilnehmer verfügbar.***
2. ***Viele Marktteilnehmer sind in Finanzdingen rational – beispielsweise ist ihnen unter ansonsten identischen Bedingungen mehr Geld immer lieber als weniger Geld.***
3. ***Viele Marktteilnehmer sind in der Lage, sofort alle verfügbaren relevanten Informationen auszuwerten und den aktuellen fairen Preis jedes einzelnen Wertpapiers zu ermitteln.***
4. ***Neue Informationen führen dazu, dass die Preise sofort auf den neuen fairen Preis springen und verhindern dadurch, dass jemand am Markt eine Überrendite erzielt, indem er in der Übergangsphase zu mittleren Preisen tradet.***

Anmerkung: Den Anhängern dieser Theorie ist in unterschiedlichem Maße klar, dass einige oder alle dieser Bedingungen unrealistisch sind. Sie behaupten aber, dass sie für eine gute Annäherung ausreichend gut gelten.

Und jetzt wollen wir uns einmal anschauen, wie die Märkte wirklich funktionieren, damit wir verstehen, wie man besser investieren kann.

Auf unserer Odyssee durch die reale Welt der Geldanlage haben wir in folgenden Fällen einen ineffizienten Markt erlebt, den manche von uns schlagen können:

1. *Wenn manche Informationen sofort der Minderheit zur Verfügung stehen, die zufällig zur richtigen Zeit und am richtigen Ort zuhört. Viele Informationen sind anfangs nur einer begrenzten Anzahl von Menschen bekannt und breiten sich dann in Phasen über eine breitere Gruppe aus. Diese Ausbreitung kann je nach Situation Sekunden bis Monate dauern. Die ersten Menschen, die auf die Informationen reagieren, kassieren die Gewinne. Die anderen bekommen entweder nichts oder sie machen Verlust. (Anmerkung: Die Verwendung frühzeitig bekannt werdender Informationen durch Insider kann je nach Art der Informationen, nach der Art ihrer Beschaffung und ihrer Verwendung legal oder illegal sein.)*
2. *Jeder von uns ist in Finanzdingen nur in begrenztem Maße rational. Das Spektrum reicht von Menschen, die fast vollständig irrational sind, bis hin zu Menschen, die sich bemühen, bei fast allen ihren Handlungen finanziell rational zu sein. An den realen Märkten ist die Rationalität der Teilnehmer begrenzt.*
3. *Die Marktteilnehmer verfügen normalerweise nur über einen Teil der Informationen, die für die Ermittlung des fairen Preises eines Wertpapiers von Belang sind. Die Verarbeitungszeit der Informationen und die Fähigkeit, sie zu analysieren, unterscheiden sich von Situation zu Situation sehr.*
4. *Die Kauf- und Verkaufsaufträge, die als Reaktion auf eine bestimmte Information eingehen, kommen manchmal innerhalb weniger Sekunden sintflutartig herein, wodurch der Preis beinahe oder tatsächlich in Form einer Kurslücke – auch „Gap“ genannt – auf ein neues Niveau springt. Häufiger verteilt sich die Reaktion auf Nachrichten über Minuten, Stunden, Tage oder Monate, was in der wissenschaftlichen Literatur dokumentiert ist.*[12]

Unser Porträt der realen Märkte sagt uns, was man braucht, um die Märkte zu schlagen. Jeder der folgenden Punkte kann dafür ausreichen:

1. *Frühzeitig gute Informationen bekommen. Woher weiß man, ob die Informationen gut oder frühzeitig genug sind? Wenn Sie nicht sicher sind, dann sind sie es wahrscheinlich nicht.*
2. *Ein disziplinierter rationaler Anleger sein. Halten Sie sich lieber an Logik und Analysen als an Verkaufsgespräche, Launen oder Emotionen. Gehen Sie davon aus, dass Sie nur dann einen Vorteil haben können, wenn Sie eine rationale, positive Argumentation aufbauen können, die Ihren Versuchen widersteht, sie zu widerlegen. Wagen Sie das Spiel nur dann, wenn Sie sehr zuversichtlich sind, einen Vorteil zu haben. Wie Buffett sagt: „Schlag nur bei den fetten Pitches."*
3. *Eine überlegene Analysemethode finden. Einige, von denen Sie gesehen haben, dass sie sich für mich gelohnt haben, sind die statistische Arbitrage, das Hedgen von Wandelpapieren, die Black-Scholes-Formel und das Kartenzählen beim Blackjack. Andere gewinnbringende Strategien sind überlegene Wertpapieranalysen durch die wenigen Begabten sowie die Methoden der besseren unter den Hedgefonds.*
4. *Wenn von Wertpapieren bekannt ist, dass sie falsch bewertet sind und Personen dies ausnutzen, beseitigt der Handel mit ihnen meist die Fehlbewertung. Das bedeutet, dass diejenigen Trader, die als Erste agieren, den größten Gewinn machen und ihr fortgesetztes Handeln dazu führt, die Fehlpreisbildung zu vermindern oder zu beseitigen. Wenn Sie eine Chance erkannt haben, investieren Sie vor der Masse.*

Beachten Sie, dass die Ineffizienz des Marktes vom Wissen des Beobachters abhängt – die meisten Marktteilnehmer haben keinen nachweisbaren Vorteil. Ihnen erscheint der Markt ebenso, wie ihnen die Karten beim Blackjack oder die Zahlen beim Roulette zufällig erscheinen: vollkommen effizient.

Um den Markt zu schlagen, konzentrieren Sie sich auf Investitionen innerhalb Ihres Wissensumfangs und Ihrer Bewertungsfähigkeit, also alles innerhalb Ihres „Kompetenzradius". Stellen Sie sicher, dass Ihre

Informationen aktuell, zutreffend und im Wesentlichen vollständig sind. Seien Sie sich bewusst, dass Informationen über eine Art „Nahrungskette“ fließen, wobei diejenigen, die zuerst an sie gelangen, „fressen“, und diejenigen, die später auf sie zugreifen, gefressen werden. Und setzen Sie schließlich nur dann auf eine Investition, wenn Sie logisch oder gegebenenfalls anhand der Erfolgsbilanz beweisen können, dass Sie dabei einen Vorteil haben.

Ob Sie nun versuchen, den Markt zu schlagen oder nicht – Sie fahren besser, wenn Sie Ihr Vermögen richtig managen, und über dieses Thema spreche ich als Nächstes.

27

KAPITEL

Asset Allocation und Vermögensmanagement

In den Industrieländern verteilt sich das Privatvermögen grob gesagt auf die Anlageklassen Aktien (Stammaktien), Anleihen, Immobilien, Sammlerobjekte, Rohstoffe und sonstiges Privatvermögen. Wenn Anleger für jede Anlageklasse, in die sie investieren möchten, Indexfonds wählen, hängen Risiko und Rendite ihres kombinierten Portfolios davon ab, wie sie das Vermögen auf die einzelnen Anlageklassen verteilen. Dies gilt aber auch für Anleger, die nicht in Indizes investieren. Tabelle 8 bietet einen groben Überblick über die Anlagekategorien. Dabei ist das Anlagevermögen von Investmentfonds, Hedgefonds, Stiftungen und Fonds zur Mitarbeiterbeteiligung nicht aufgeführt, weil deren Basiswerte bereits gezählt wurden.[1] Bei Derivaten, zu denen Optionsscheine, Optionen, Wandelanleihen und komplexe jüngere Erfindungen gehören, leitet sich der Wert – wie wir bereits gesehen haben – aus einem zugrunde liegenden Wertpapier, also einem Basiswert, ab, zum Beispiel aus der Stammaktie eines Unternehmens. Sie sind nicht separat aufgeführt, sondern sind im Rahmen der jeweils zugrunde liegenden Anlageklasse bereits berücksichtigt.

Wie sind Ihre Vermögenswerte auf die in Tabelle 8 aufgeführten Kategorien verteilt? Bei den meisten Anlegern sind die „großen Drei“

Aktien, verzinsliche Wertpapiere und Immobilien. Sie machen jeweils etwa ein Viertel des Gesamtvermögens der US-Haushalte aus, wobei die Anteile schwanken, vor allem wenn eine Anlageklasse einen Aufschwung oder einen Einbruch erlebt.

Tabelle 8 **Die wichtigsten Assetklassen und ihre Unterabteilungen**

AKTIEN
Stammaktien
Vorzugsaktien
Optionsscheine und Wandelanleihen
Private Equity
VERZINSLICHE WERTPAPIERE
Anleihen
– US-Staatsanleihen
– Unternehmensanleihen
– öffentliche Anleihen
– Wandelanleihen
Baranlagen
–US-Schatzwechsel
– Sparkonten
– Einlagezertifikate
Hypothekenbesicherte Anleihen
IMMOBILIEN
Wohnimmobilien
Gewerbliche Immobilien
ROHSTOFFE
Agrarrohstoffe
Industrierohstoffe
Devisen
Edelmetalle
SAMMLEROBJEKTE (Kunst, Schmuck, Münzen, Autos und so weiter)
SONSTIGES (MARKTFÄHIGES) EIGENTUM
Kraftfahrzeuge, Flugzeuge, Boote, Schmuck und so weiter

Anleger, die der Rendite nachjagen, indem sie Anlageklassen kaufen, wenn sie steigen, und sie verkaufen, wenn sie fallen, haben historisch gesehen schlechte Ergebnisse erzielt. Die Technologieblase, die im Jahr 2000 endete, die Inflation der Immobilienpreise, die 2006 ihren Höhepunkt erreichte, und der steile Einbruch der Aktienkurse 2008/2009 waren für sie besonders kostspielig. Auf der anderen Seite haben Anleger, die billig kaufen und teuer verkaufen – und die man sich als „antizyklisch" beziehungsweise „contrarian" oder auch als „Value-Investoren" vorstellen kann –, durch die Umschichtung von Teilen ihres Vermögens zwischen den Anlageklassen meist eine bessere Performance erzielt.[2]

Aus den Tabellen in Anhang B geht hervor, dass Aktien und gewerbliche Immobilien den Anlegern auf lange Sicht die besten Ergebnisse bescherten. Die verzinslichen Anlagen kamen nach Steuern und Inflation in etwa auf null und lagen bei nicht steuerpflichtigen Anlegern nur leicht im Plus. Zwar schneiden Aktien auf lange Sicht am besten ab, doch hatten sie längere Zeiträume mit „Drawdowns", in denen sie unter ihren bisherigen Allzeithochs standen. Die Immobilienpreise gingen im Zuge der Finanzkrise 2008/2009 steil zurück.

Geht man davon aus, dass die Risiken und Renditen der Anlageklassen im 21. Jahrhundert ähnlich ausfallen werden wie im 20. Jahrhundert, dürften langfristig orientierte passive Investoren mit Stammaktien und renditestarken Gewerbeimmobilien am besten fahren, wobei die Daten für Letztere ungenauer sind. Die Diversifizierung auf beide kann das Risiko verringern und die Gesamtrendite erhöhen.

Viele Investoren wollen das Maß an Risiko nicht eingehen, das mit Aktien oder Immobilien verbunden ist, wo die hohen Gesamtrenditen durch heftige Rückgänge des Vermögens unterbrochen werden.

Ein Rentnerehepaar, das ich kannte, hatte Anlagen im Wert von sechs Millionen Dollar, die sie als Unterhalt für den Rest ihres Lebens nutzen wollten. Wenn sie jährlich vier Prozent davon ausgaben und den nicht verbrauchten Teil in etwas „Sicheres, das die Inflation ausgleicht", investierten, konnte dieses Paar in den 25 Jahren, die zumindest einem von ihnen womöglich noch blieben, das inflationsbereinigte Äquivalent von circa 240.000 Dollar brutto im Jahr genießen. Sie beschlossen, die Hälfte in steuerfreie Kommunalanleihen und den Rest in Aktien zu investieren. Sie befürchteten eine Wiederholung der Großen Depression.

Ich fand, dass dieser Plan zu ihnen passte. Da weder der Mann noch die Frau daran interessiert waren, etwas über Finanzen und Investments zu lernen, sollten sie passive Anleger bleiben. Sogar mein Vorschlag Anfang der 1990er-Jahre, etwa 500.000 Dollar in Berkshire Hathaway zu investieren, dessen Aktie damals 12.000 Dollar kostete, war zu viel für sie, um auch nur darüber nachzudenken. Bis zum Jahr 2016, als der Mann starb, der seine Frau überlebt hatte, wären daraus neun Millionen Dollar geworden. Die Hälfte ihres Geldes in relativ sicheren und stabilen Kommunalanleihen anzulegen würde wahrscheinlich genug Vermögen bewahren, um Widrigkeiten zu überstehen.

Die Jahre vergingen. Obgleich ihr Marktwert im umgekehrten Verhältnis zu den Zinsen schwankte, warfen die steuerfreien Kommunalanleihen im Durchschnitt circa vier Prozent Zinsen ab, was etwa 120.000 Dollar im Jahr waren. Insgesamt verfünffachten sich Anlagen in US-amerikanischen Aktien im Schnitt um das Vier- bis Fünffache (vor Steuern, Anlageberatungsgebühren und anderen Kosten) und Berkshire Hathaway stieg von 12.000 auf fast 150.000 Dollar, fiel während der Krise auf 75.000 und stieg dann 2016 auf mehr als 200.000 Dollar. Als im Jahr 2008 die Krise zuschlug, verloren Aktien die Hälfte ihres Wertes und erholten sich dann wieder. Als die Steuereinnahmen schrumpften, schlugen sich die massiven Defizite der US-Regierung auf bundesstaatlicher und lokaler Ebene nieder. Die Sicherheit kommunaler Anleihen schien nicht mehr so gewährleistet zu sein wie zuvor. Doch obwohl das Ehepaar mit Aktien besser gefahren wäre, hatte es doch genügend Geld, fühlte sich sicher und ersparte sich die Sorgen, die sie sich gemacht hätten, wenn sie zugesehen hätten, wie sich der Wert eines Aktienportfolios auf und ab bewegte.

Ein anderer Anleger, den ich kannte, hat sein mehrere Millionen umfassendes Portfolio so strukturiert, dass es Erträge in der Höhe abwirft, die er ausgeben wollte. Dementsprechend besteht sein Portfolio überwiegend aus kurz- und mittelfristigen Anleihen, auf die er eine erhebliche Einkommensteuer zahlt. Merkwürdigerweise meint er, er könne nur

Erträge in Form von Dividenden und Zinsen ausgeben, und er betrachtet Kapitalerträge als weniger real. Ich versuchte vergeblich, ihn davon zu überzeugen, dass eine höhere Gesamtrendite (nach Steuern) mehr Geld bedeutet, das er ausgeben oder behalten kann, egal wie es sich auf realisierte Einkünfte und nicht realisierte Kapitalerträge oder Kapitalverluste verteilt. Eine Aktie wie Berkshire Hathaway zu besitzen, die noch nie eine Dividende ausgeschüttet hat und daher kein „Einkommen" bringt, wäre für ihn undenkbar. Diese kostspielige Vorliebe für realisierte Erträge gegenüber einer Gesamtrendite (wirtschaftliches Einkommen) ist gang und gäbe.

Wer als Anleger bereit ist, sich ein paar Gedanken zu machen und sich die daraus resultierende Arbeit mit der Geldanlage zu machen, muss viele Ideen überprüfen. Zum Beispiel besteht bei Aktienindizes wie dem S&P 500 eine starke umgekehrte Beziehung zwischen dem durchschnittlichen Kurs-Gewinn-Verhältnis der letzten Jahre und der Gesamtrendite in den nächsten Jahren. Einfach ausgedrückt deutet ein hohes Kurs-Gewinn-Verhältnis darauf hin, dass die Aktien überteuert sind und sich unterdurchschnittlich entwickeln werden, während ein niedriges Kurs-Gewinn-Verhältnis das Gegenteil anzeigt. Ein Anleger, der über verschiedene Anlageklassen diversifiziert ist, könnte dies ausnutzen, indem er seine Allokation in Aktien verringert, wenn das Kurs-Gewinn-Verhältnis zuvor höher war, und mehr in Aktien umschichtet, wenn das Kurs-Gewinn-Verhältnis niedriger war.

Ich denke lieber in Form des inversen Kurs-Gewinn-Verhältnisses, das manchmal auch als Gewinn-Kurs-Verhältnis bezeichnet wird, aber mit dem Begriff „Gewinnrendite" vielleicht besser beschrieben ist. Bei einem KGV von 20 beträgt die Gewinnrendite 1/20 beziehungsweise fünf Prozent. Ein Anleger, der den S&P 500 Index besitzt, könnte sich diesen als niedrig geratete langfristige Anleihe vorstellen und die Gewinnrendite dieser „Anleihe" mit der Gesamtrendite einer Benchmark für tatsächliche Anleihen vergleichen, zum Beispiel für langfristige Schatzanleihen oder Unternehmensanleihen einer bestimmten Bonitätsstufe. Wenn die Gewinnrendite des Aktienindex im Verhältnis zu der Anleihe-Benchmark historisch gesehen hoch ist, verkauft der Anleger einen Teil seiner

Anleihen und kauft Aktien. Wenn die Anleiherenditen im Vergleich zu den Aktienrenditen hoch sind, schichtet er wieder Geld von Aktien in Anleihen um.

Aktien verkaufen sich aufgrund von Storys: das wunderbare neue Produkt, das alles revolutionieren wird; das Monopol, das ein Produkt kontrolliert und die Preise bestimmt; die politisch vernetzte und geschützte Firma, die aus öffentlichen Töpfen schöpft; der sagenhafte Rohstofffund und so weiter. Wenn ein vorsichtiger Investor solche Geschichten hört, sollte er eine entscheidende Frage stellen: Zu welchem Preis ist dieses Unternehmen ein guter Kauf? Welcher Preis ist zu hoch? Angenommen, Sie kommen nach Ihrer Analyse der Jahresabschlüsse, des Managements, des Geschäftsmodells und der Aussichten des Unternehmens zu dem Schluss, dass es sich lohnt, dessen Aktie zu einem Preis von 40 Dollar zu kaufen, weil Sie zu diesem Preis nicht nur eine zufriedenstellende risikobereinigte Rendite erwarten können, sondern auch eine Sicherheitsmarge für den Fall haben, dass Ihre Analyse falsch ist. Nehmen wir des Weiteren an, Sie kommen zu dem Schluss, dass die Erwartungsrendite bei einem Kurs von 80 Dollar unterdurchschnittlich ist, weil die Aktie damit wahrscheinlich überbewertet ist. Normalerweise sollten Sie es vermeiden, in Aktien zu investieren, wenn sie über Ihrem Kaufkurs gehandelt werden, aber wenn Sie viele Unternehmen sorgfältig beobachten, werden einige von Zeit zu Zeit zu attraktiven Käufen werden. Die Spanne zwischen Ihrem Kaufpreis und dem Niveau einer wahrscheinlichen Überbewertung – in diesem Fall 40 bis 80 Dollar – ist bei besseren, erfahreneren Anlegern wahrscheinlich kleiner, sodass sie sich mit mehr Zuversicht an mehr Gelegenheiten beteiligen können.

Der Wert des US-amerikanischen Aktienmarkts betrug Ende 2014 ein bisschen mehr als ein Drittel des gesamten weltweiten Aktienmarkts. Die Verkaufsargumentation für Investitionen in Aktien aus mehreren Ländern besteht in dem üblichen Vorteil der Diversifizierung – geringeres Risiko bei einem bestimmten Renditeniveau. Die Ergebnisse sind durchwachsen: von 1970 bis 1986 ausgezeichnet, von 1987 bis 2015 mittelmäßig.[3] Seit einigen Jahren, insbesondere in Krisenzeiten, bewegen sich die Weltmärkte, an denen sich die zunehmende Globalisierung der Information durch die Technologie niederschlägt, stark zunehmend gemeinsam mit dem US-Markt, sodass sich das Ausmaß einschränkt, in dem Diversifizierung auf das Ausland das Risiko senkt.

Die Mehrzahl der US-amerikanischen Haushalte besitzt ein Eigenheim. Bei vielen stellt es einen großen Teil ihres Vermögens dar. Wie gut ist diese Investition? Im Jahr 1952 bezahlten einer meiner Onkel und seine Frau 12.000 Dollar für ein kleines einstöckiges Haus in der Arbeitergemeinde Torrance in Kalifornien. Im Jahr 2006 verkaufte er sein Haus nahe am Höhepunkt der Immobilienblase, die in Kalifornien besonders extrem war. Obwohl die Nachbarschaft zu einem grenzwertigen Bandenviertel heruntergekommen war und trotz des fortgeschrittenen Alters seines Hauses bekam er dafür nach Steuern und Provisionen circa 480.000 Dollar. Seine Investition hatte sich in 54 Jahren vervierzigfacht. Auch lagen seine Kosten von ein paar Prozent pro Jahr für Grundsteuer und Instandhaltung unter dem, was er bezahlt hätte, wenn er ein vergleichbares Objekt gemietet hätte.

Auch wenn es vor solchen Geschichten nur so wimmelt, hatte mein Onkel Glück. Laut dem Wirtschaftswissenschaftler Robert Shiller stiegen die durchschnittlichen US-Immobilienpreise inflationsbereinigt von 1890 bis 2004 um etwa 0,4 Prozent pro Jahr, wobei die Wachstumsrate im Zeitraum 1940 bis 2004 bei etwa 0,7 Prozent lag.[4] Daraus folgt, dass eine Gewinnabsicht nicht der Hauptgrund für den Besitz eines Eigenheims sein sollte.[5] Jedoch wollen Sie vielleicht wie ich die nicht quantifizierbaren Vorteile des Eigenheimbesitzes genießen: Sie sind Ihr eigener Herr und können ohne vorherige Zustimmung des Vermieters Veränderungen und Verbesserungen vornehmen. Wenn Sie Darlehen mit Zinsbindung haben oder Ihr Haus bereits vollständig abbezahlt haben, leben Sie in dem sicheren Wissen, dass sich Ihre zukünftigen monatlichen Kosten in Grenzen halten werden.

Wie ich bereits erwähnt habe, teilen steuerpflichtige Investoren ihre Gewinne mit dem Staat, was im Durchschnitt ihr Vermögen im Vergleich zu demjenigen eines nicht steuerpflichtigen Anlegers mit dem gleichen Portfolio stark reduziert. Sie haben allerdings die Möglichkeit, dies mit der bekannten Idee des steuerlichen Verlustvortrags auszugleichen.

Bei der einfachsten Form des „Tax-loss Selling“ verkaufen Anleger verlustbringende Aktien noch vor Ende des laufenden Jahres und realisieren somit Verluste, die die Einkommensteuer für dieses Jahr senken. Dieses Verhalten trägt zum sogenannten Januar-Effekt bei: Der Verkaufsdruck im Dezember drückt die Aktienkurse der Verlierer des Jahres noch weiter, aber darauf folgen im Januar eine Kurserholung und eine überdurchschnittliche Performance. Bei kleineren Unternehmen ist dieser Effekt stärker. Früher realisierten die Anleger solche steuerlich relevanten Verluste, indem sie einen Verlierer verkauften und ihn sofort ohne großes Risiko eines wirtschaftlichen Verlusts (oder Gewinns) zurückkauften. Um diesen Verlust an Steuereinnahmen zu verhindern, indem sie ihn riskanter machte, führte die US-Regierung die „wash sale rule“ ein, die besagt, dass jeder, der eine Aktie mit Verlust verkauft und sie innerhalb von 31 Tagen zurückkauft, den Verlust nicht steuerlich geltend machen darf. Diese Vorschrift ist außerdem so formuliert, dass sie versierten Anlegern einen Strich durch die Rechnung macht, die Lust hätten, zwecks Umgehung auf eine „äquivalente“ Aktie umzusteigen.

Die Kehrseite des Verkaufs zur Erzielung steuerlicher Verluste ist der Aufschub steuerlich relevanter Gewinne. Hier wartet ein Anleger, der ein Wertpapier mit hohem Gewinn verkaufen will, bis nach Jahresende, sodass sich die darauf anfallende Steuerzahlung um ein Jahr verschiebt. So kann er das Geld noch ein weiteres Jahr lang nutzen, bevor er es dem Staat geben muss.

Gesetze ändern sich zwar, jedoch ist der Steuersatz auf langfristige Kapitalerträge, also aus Positionen, die bis zum Verkauf länger als ein Jahr gehalten werden, wesentlich niedriger als der Satz für kurzfristige Kapitalerträge. So kann es einem Anleger mit Gewinn etwas bringen, wenn er mit dem Verkauf länger als ein Jahr abwartet. Auf der anderen Seite werden kurzfristige Verluste zunächst zum Ausgleich kurzfristiger Gewinne in der Steuerberechnung verwendet, sodass sie oft wertvoller sind als langfristige Verluste, was bedeutet, dass es oft besser ist, Verlierer bereits zu verkaufen, bevor man sie seit über einem Jahr besitzt.

In einer Zeit, als die Steuergesetzgebung anders aussah als heute, reduzierte oder verschob Princeton Newport Partners einen Großteil der steuerbaren Gewinne der Gesellschafter. Allerdings gibt es nach wie vor interessante Möglichkeiten.

Man kann steuerliche Verlustverkäufe so organisieren, dass sie mehr Nutzen bringen. Nehmen wir an, Sie sind ein steuerpflichtiger Anleger, der glücklich und zufrieden damit ist, einen Indexfonds zu kaufen und zu halten. Wenn Sie stattdessen einen „Korb“ aus 20 oder 30 Aktien kaufen, die so ausgewählt wurden, dass sie dem Verlauf des Index folgen, können Sie möglicherweise höhere Steuervorteile erzielen. Dass sich eine so kleine Anzahl von Aktien zusammen wie ein Index verhalten kann, belegt der Dow Jones Industrial Average, ein Korb aus nur 30 Aktien. Er hat sich in der Vergangenheit im Einklang mit dem S&P 500 entwickelt, obwohl die beiden Indizes nach völlig unterschiedlichen Methoden ausgewählt werden und das sehr ähnliche Kursverhalten der beiden nicht geplant war. PNP entwickelte Mitte der 1980er-Jahre, um Index-Arbitrage zu betreiben, Methoden, um Aktienkörbe zu finden, die einen Index besonders gut nachbildeten. Wir nutzten dies sehr gewinnbringend am Tag nach dem „Schwarzen Montag“, dem 19. Oktober 1987, um die Spanne von über zehn Prozent zwischen dem S&P 500 und den auf ihn bezogenen Futures-Kontrakten zu erbeuten. Quants haben dies zu einer hohen Kunst entwickelt und halten die Preisdiskrepanz durch ihr Trading im Allgemeinen sehr klein.

Um Steuern zu sparen, beginnen Sie mit einem Aktienkorb, der einen Index nachbildet. Verkaufen Sie jedes Mal, wenn eine Aktie um sagen wir zehn Prozent fällt, diesen Verlierer und reinvestieren Sie die Erlöse in eine andere Aktie oder andere Aktien, die so gewählt sind, dass auch der neue Korb weiterhin gut dem Index folgt. Wenn Sie nur kurzfristige Verluste wollen, was in der Regel am besten ist, verkaufen Sie die Aktien innerhalb eines Jahres nach dem Kauf. Ich rate jedem, der dies ernsthaft in Erwägung zieht, es zuerst anhand von Simulationen unter Verwendung historischer Datenbestände zu untersuchen.

Wenn man ein Investment tätigt, ist es wichtig zu wissen, wie leicht es sich später wohl wieder verkaufen lässt – man bezeichnet dieses Merkmal als Liquidität. In der Rezession der Jahre 2008 und 2009 erwies sich die mangelnde Liquidität von Hedgefonds und Immobilien für die Anleger als kostspielig.

Nach der Schließung von Ridgeline Partners im Jahr 2002 beobachtete ich mit wachsender Besorgnis, wie die Defizite anwuchsen und die Preise für Häuser und Aktien stiegen. Indes änderten die Hedgefonds ihre Konditionen, um die Anleger fester zu binden, und erschwerten es zunehmend, Kapital abzuheben. Die Abstände der zulässigen Rücknahmen verlängerten sich von monatlich auf vierteljährlich, jährlich oder noch schlimmer. Die Kündigungsfristen wurden immer länger: Aus 30 Tagen wurden 45, 60 oder 90 Tage. Die Fonds führten für den Betrag, der zu einem bestimmten Zeitpunkt abgehoben werden konnte, Grenzen ein, die als Drosseln bezeichnet werden. Die SEC schlug in die gleiche Kerbe mit einer neuen Anforderung, dass Hedgefonds-Manager mit einem verwalteten Vermögen von mehr als 100 Millionen Dollar registrierte Anlageberater werden mussten, es sei denn, sie sperrten die Anfangsinvestitionen für mindestens zwei Jahre. Da banden viele Fonds fröhlich das Geld ihrer Anleger und umgingen gleichzeitig die Registrierung – eine Win-win-Situation für die Fonds zum Nachteil der Anleger, die die SEC ja eigentlich schützen sollte.

Im Frühjahr 2008 wurde mir klar, dass der Zusammenbruch der Immobilienpreise viel weitreichendere Auswirkungen haben würde, und daher schickte ich mehreren Hedgefonds, in die ich investiert war, Rücknahmeanträge. Leider waren diese einst recht liquiden Anlagen jetzt nicht mehr so liquide. Die Finanzkrise des Jahres 2008 hatte sich im September stark verschärft, bevor die meisten meiner Rücknahmen hätten bezahlt werden sollen, denn bis zu diesem Zeitpunkt waren die Fonds deutlich im Wert gesunken. Viele Fonds standen mit ihren unvorsichtig gehebelten Vermögenswerten vor einer Krise. Dass sie sich nicht durch eine Änderung ihrer Positionierung auf den Finanzkollaps vorbereitet hatten, verursachte ihren Anlegern empfindliche Verluste. Hedgefonds, die angeblich in rückläufigen Märkten profitabel waren, fielen im Jahresverlauf um 18 Prozent, während die Aktien von Großunternehmen um 37 Prozent verloren und die REITs um mehr als 40 Prozent absackten. Die neue Generation von Hedgefonds-Managern, die von der Kredit- und Vermögensblase weggespült wurde, wusste entweder nicht, wie man sich absichert, oder glaubte nicht, dass sich die Kosten dafür lohnen würden.

Die größten Stiftungsfonds von Universitäten wie zum Beispiel Harvard, Yale, Stanford und Princeton, die unter anderem beträchtliche Investitionen in Hedgefonds hielten, waren sogar noch unflexibler, weil sie lange Zeit illiquide alternative Investment wie etwa Private-Equity-Fonds, Rohstoffe und Immobilien bevorzugt hatten. Nachdem sie mit Renditen im hohen zweistelligen Prozentbereich lange Zeit führend gewesen waren, wurden sie nun viel von ihrem angesammelten Vorsprung wieder los und erlitten prozentualen Verluste in den mittleren 20ern, während Fonds mit medianem Größenbereich der Stiftungen nur 18 Prozent verloren.[6]

Da man aus illiquiden Anlagen nicht rechtzeitig aussteigen kann, wenn Probleme nahen, werden die Überrenditen, die man von ihnen erwarten kann, womöglich durch die wirtschaftlichen Auswirkungen unvorhergesehener zukünftiger Ereignisse wieder ausgeglichen.

Der Aufschwung und anschließende Zusammenbruch der Preise für Wohnimmobilien und gewerbliche Immobilien, der im ersten Jahrzehnt dieses Jahrhunderts stattfand, machte Millionen von Hausbesitzern mit den Gefahren des Schuldenhebels bekannt. Durch den Werbemythos der Branche ermutigt, dass die Preise nur stiegen, liehen sich Hausbesitzer 80 Prozent, 90 Prozent oder sogar 100 Prozent, um ihre Häuser zu kaufen. Als die Preise stiegen, behielten Millionen diese hohe Hebelwirkung aufrecht, indem sie refinanzierten oder zweite Hypotheken beziehungsweise Darlehen auf das Hauskapital aufnahmen. Als 2006 die Preise auf den Höhepunkt stiegen und dann fielen, drückten die Verkäufe durch Eigenheimbesitzer, die jetzt „unter Wasser waren" (ihre Schulden waren höher als der aktuelle Marktwert) sowie durch solche, die sich übernommen hatten und nun ihre Raten nicht mehr bezahlen konnten, die Preise noch weiter und lösten neue Verkäufe aus. Die Lehre aus der Überschuldung besagt: Gehen Sie davon aus, dass das schlimmste erdenkliche Ergebnis eintritt und fragen Sie sich, ob Sie das aushalten können. Wenn die Antwort Nein lautet, nehmen Sie weniger Schulden auf.

Ich begann den Einsatz von Hebelwirkung zu verstehen, als ich Erfahrungen in den Casinos sammelte. Als ich mein Kartenzählsystem für Blackjack in der Praxis umsetzen wollte, schien es mir intuitiv sinnvoll, mehr einzusetzen, wenn der erwartete Gewinn beziehungsweise der

Vorsprung größer war. Die Frage war nur, wie viel? Die Antwort stand in einem Artikel des Physikers John L. Kelly, der in den Bell Labs arbeitete und über den manche sagten, er sei nach Claude Shannon der klügste Mensch dort gewesen, aus dem Jahr 1956. William Poundstone weist in seiner faszinierenden Geschichte zu diesem Thema mit dem Titel „Die Formel des Glücks" darauf hin, dass bei einer günstigen Wette, die eine Quote von A Dollar pro eingesetztem Dollar verspricht, der optimale Kelly-Einsatz der prozentuale Anteil am Kapital ist, der dem Vorteil entspricht, geteilt durch die Quote A.[7] Beim Blackjack lag ein guter Vorteil normalerweise zwischen einem und fünf Prozent und die Quote oder Auszahlung pro eingesetztem Dollar betrug gemittelt etwas mehr als eins. Also setzte ich, indem ich mich an das Kriterium hielt, wenn die Kartenzählung gut war, einen Anteil an meinem Spielkapital ein, der ein wenig kleiner als mein prozentualer Vorteil war. Das Kelly-Kriterium ist nicht auf Fälle beschränkt, in denen die Auszahlung zwei Werte annehmen kann, sondern gilt grundsätzlich für alle Glücksspiele oder Anlagesituationen, in denen die Wahrscheinlichkeiten bekannt sind oder geschätzt werden können.

Was passiert, wenn man das tut? Kelly hat mathematisch bewiesen, dass das Vermögen von jemandem, der seinem System folgt, mit zunehmender Wahrscheinlichkeit das Vermögen eines Konkurrenten übersteigt, der ein prinzipiell anderes System verwendet. Nach dem Blackjack setzte ich Kellys Formel für das Management meiner Einsätze beim Baccara ein und um Geld auf meine Investments zu verteilen.

Hier einige der entscheidenden Merkmale des Kelly-Kriteriums: (1) Der Anleger oder Wetter vermeidet im Allgemeinen einen Totalverlust; (2) je größer der Vorteil, desto größer der Einsatz; (3) je geringer das Risiko, desto größer der Einsatz.[8] Das Kelly-Kriterium, das nicht von akademischen Ökonomen alter Schule erfunden wurde, sorgte für beträchtliche Kontroversen.[9]

Bill Gross, der Mitbegründer von PIMCO, der im Sommer 1969 beim Blackjack-Spielen in Nevada vom Kelly-Kriterium erfuhr, lässt sich bei seinen Investitionsentscheidungen immer noch davon beeinflussen. Wie er dem *Wall Street Journal* sagte: „Hier bei PIMCO spielt es keine Rolle, wie viel man hat, ob es 200 Dollar oder eine Billion Dollar sind. Sie werden dies in unserem gesamten Portfolio sehen. Wir haben in keinem Kredit mehr als zwei Prozent stecken. In diesem Handelsraum wird vom Standpunkt des Risikomanagements her professionell Blackjack gespielt und das macht einen großen Teil unseres Erfolg aus."[10]

Dazu drei Warnungen: (1) Das Kelly-Kriterium kann zu großen Schwankungen des Gesamtvermögens führen, sodass die meisten Nutzer einen kleineren Anteil setzen, typischerweise einen „halben Kelly" oder noch weniger; (2) für Anleger, die einen kurzen Zeithorizont haben oder risikoscheu sind, können andere Ansätze besser geeignet sein; (3) eine exakte Anwendung von Kelly erfordert exakte Auszahlungswahrscheinlichkeiten, wie sie bei den meisten Casinospielen vorliegen; insoweit diese unsicher sind, wie im Allgemeinen in der Welt der Geldanlage, sollte der Kelly-Einsatz auf einer konservativen Schätzung des Ergebnisses basieren.

Wie ich in der Zeitschrift *Wilmott* sagte, passt Warren Buffetts Denkweise zu dem Kelly-Kriterium.[11] In einer Fragestunde mit Wirtschaftsstudenten der Emory University wurde er angesichts der Popularität von „Die Formel des Glücks" und des Kelly-Kriteriums gebeten, den Prozess zu beschreiben, mit dem er entscheidet, wie viel er in eine Situation investieren soll. Wenn er und sein Partner Charlie Munger 200 Million Dollar managten, investierten sie das meiste davon in circa fünf Positionen. Manchmal war er bereit, 75 Prozent seines Vermögens auf ein einziges Investment zu setzen. Massiv in äußerst günstige Situationen zu investieren ist eines der Kennzeichen eines Kelly-Wetters.

Im Laufe eines typischen Lebens konsumieren wir vor dem Erwachsenenalter mehr, als wir produzieren. Nachdem wir eine schulische und berufliche Ausbildung bekommen haben, tragen wir mehr zur Gesellschaft bei, als nötig wäre, um uns zu tragen. Während dieser Zeit sammelt ein umsichtiger oder glücklicher Anleger ein Vermögen an, von dem er später zehren kann, wenn er älter wird und weniger Einkommen aus seiner Arbeit bezieht.

Damit man zu dieser Zeit vollständig von seinen Ersparnissen leben kann, wie viel kann man jedes Jahr sparen, ohne dass es knapp wird?

Darauf gibt es natürlich nicht die eine richtige Antwort, weil wir uns hinsichtlich unserer individuellen Bedürfnisse, Wünsche und Umstände unterscheiden. Ein Rentner, den ich kenne, hat zehn Millionen Dollar. Er lebt gut und glaubt, dass er, wenn seine Investitionen mit der Inflation Schritt halten, in den nächsten 25 Jahren 400.000 Dollar im Jahr ausgeben kann, bevor ihm das Geld ausgeht, und das ist für seine Zwecke reichlich. Dies ist die „konservativste" Art, dieses Problem zu lösen: Das Geld, das man hat, in Dinge wie kurzfristige US-Staatsanleihen investieren, die ein geringes Risiko haben und mit der Inflation Schritt halten, die vorhandene Geldsumme durch die größte Anzahl von Jahren teilen, die Sie noch leben können – dann haben Sie den Betrag, den Sie gefahrlos jedes Jahr ausgeben können.

Was ist aber, wenn Sie wollen, dass die Auszahlungen „ewig" fortgesetzt werden, zum Beispiel für eine Stiftung? Computersimulationen haben mir gezeigt, dass man bei den besten langfristigen Investitionen, zum Beispiel Aktien und gewerblichen Immobilien, die zukünftigen Ausgaben auf das inflationsbereinigte Niveau von zwei Prozent des ursprünglichen Stiftungsbetrags begrenzen sollte.[12] Diese überraschend konservative Zahl geht davon aus, dass die zukünftigen Anlageergebnisse in Bezug auf Risiko und Rendite ähnlich ausfallen werden wie die historischen Erfahrungen in den Vereinigten Staaten. In diesem Fall ergibt sich eine Wahrscheinlichkeit von 96 Prozent, dass die Stiftung niemals aufgebraucht wird.

Die Ausgabengrenze von zwei Prozent ist deshalb so niedrig, weil der Fonds dann, wenn er in den ersten Jahren durch einen steilen Rückgang des Marktes stark dezimiert wird, durch einen höheren Ausgabenbedarf ausgelöscht werden könnte.

28

KAPITEL

Etwas zurückgeben

Im Jahr 2003 boten Vivian und ich an, einen Lehrstuhl für Mathematik an der University of California, Irvine, zu stiften. Dabei ließen wir uns von dem leiten, was wir aus den wohltätigen Spenden gelernt hatten, die wir über mehrere Jahrzehnte hinweg getätigt hatten. Ein Prinzip war es, die Spende transformativ zu gestalten mit einer Wirkung, die weit über das hinausgeht, was man von der Geldsumme erwartet. Außerdem wollten wir Projekte finanzieren, die ohne unsere Unterstützung nicht stattfinden würden. Diese Bedingungen wurden erfüllt.

Ein neuer Vorsitzender hatte die mathematische Fakultät in den 1990er-Jahren umgebaut, die Streitigkeiten überwunden, die bösartigen Akteure an den Rand gedrängt und neues, talentiertes Lehrpersonal geholt. Auf dem Campus gab es zwar Stiftungsprofessuren, jedoch keine an der mathematischen Fakultät. Durch die Schaffung einer solchen konnten wir einen Starprofessor gewinnen und die Fakultät auf ein noch höheres Niveau heben. Wir deklarierten unsere Ziele: (1) die Forschung eines einzelnen Mathematikers von außergewöhnlichem Talent unterstützen und (2) mithilfe einer ungewöhnlichen Investitions- und Verteilungspolitik dafür sorgen, dass das Grundkapital kumuliert wächst, sodass der Lehrstuhl irgendwann einer der reichsten der Welt wird und dadurch außerordentliches mathematisches Talent an die UCI lockt.

Um unser erstes Ziel zu erreichen, darf die Stiftung nur verwendet werden, um die Forschungstätigkeiten des Lehrstuhlinhabers zu bezuschussen. Diese Mittel werden zusätzlich zu den üblichen Fakultätsgehältern und der Unterstützung durch die Universität gezahlt, nicht an ihrer statt. Wenn die Universität nicht bereit ist, jemanden einzustellen, sind wir es auch nicht. Diese Regelung soll auch dann unverändert bleiben, wenn, wie von uns erwartet, die Ausschüttung aus der Stiftung eines Tages weit über das vom Campus an den Lehrstuhlinhaber gezahlte Gehalt hinausgeht.

Diejenigen Mittel, die für allgemeine Fakultäts-, Campus- oder Universitätsbudgets oder für andere Zwecke verwendet werden, die nicht unmittelbar die Forschungstätigkeit des Lehrstuhlinhabers unterstützen, sind auf fünf Prozent des jährlich bezogenen Geldes begrenzt. Wir legten eine jährliche Ausschüttungsquote von zwei Prozent fest, und zwar 0,1 Prozent für die Verwaltung und 1,9 Prozent für den Lehrstuhl. Wir wussten, dass die Begrenzung der jährlichen Bezüge aus der Stiftung auf zwei Prozent für unser langfristiges Ziel des kumulierten Wachstums ausschlaggebend war.

Wir spendeten gestiegene A-Aktien von Berkshire Hathaway, was den möglichen langfristigen Kapitalertrag für uns zunichtemachte, den wir erzielt hätten, wenn wir stattdessen die Aktien behalten und sie eines Tages verkauft hätten. Die Aktien dürfen verkauft werden, wenn dies notwendig ist, um den Lehrstuhl zu finanzieren. Allerdings generiert bereits eine einzelne A-Aktie von Berkshire mehr Geld (im Jahr 2016 über 200.000 Dollar) als die jährliche Zahlung aus der Stiftung. Deshalb verlangten wir, dass dann, wenn Geld benötigt wird, zunächst eine A-Aktie entsprechend dem angegebenen Umtauschverhältnis gegen 1.500 B-Aktien eingetauscht wird. Dann können die B-Aktien im Wert von jeweils etwa 140 Dollar (Mitte 2016) in genau passenden Mengen verkauft werden, um bei Bedarf Mittel bereitzustellen. Das soll dafür sorgen, dass das Stiftungsvermögen so lange vollständig in Aktien investiert bleibt, bis Bargeld benötigt wird. Wenn wir einmal nicht mehr leben, werden die verbleibenden Aktien gegen einen breit angelegten Indexfonds ohne Ausgabeaufschlag und mit einer sehr niedrigen Kostenquote wie den Vanguard S&P 500 oder den Vanguard Total US Stock Index getauscht.[1]

Welchen Wertzuwachs wir von der Stiftung wohl erwarten können? In den letzten 200 Jahren wuchs ein breiter US-Aktienindex um rund sieben Prozent schneller als die Inflation. Niemand weiß, ob die Zukunft genauso gut sein wird, aber selbst wenn der Zuwachs die Inflation nur um fünf Prozent überstiege, betrüge das jährliche Nettowachstum der Kaufkraft drei Prozent. Bei einer durchschnittlichen Verdopplung alle 24 Jahre hätten sich die Stiftung und ihre jährlichen Auszahlungen nach einem Jahrhundert in heutigen Dollar verneunzehnfacht. Nach 200 Jahren würde der Wert bei dieser Wachstumsrate auf das 370-Fache dessen steigen, was der Lehrstuhl im Jahr 2003 besaß. Wenn die USA weiter prosperieren, wenn die Universität weiter besteht und wenn unsere Investitions- und Ausschüttungsrichtlinien weiterhin umgesetzt werden, kann die Macht des Zinseszinses durchaus dazu führen, dass unser Lehrstuhl für Mathematik nach heutigen Dollar bewertet die finanzielle Ausstattung eines jeden Lehrstuhls, der heute in der Welt existiert, übertrifft.

Diejenigen, die sich fragen, wie wahrscheinlich es ist, dass dies passieren wird, erinnern wir an einen ähnlichen Plan von Benjamin Franklin, mit dem er – in den Worten des Biografen H. W. Brands – ein Vermächtnis hinterlassen wollte, das „sofort nützlich wäre, aber mit den Jahren an philanthropischer Macht gewinnen würde".[2] Bei seinem Tod im Jahr 1790 legte Franklin zwei spezielle revolvierende Fonds mit jeweils 1.000 Pfund zur Seite. Einer ging nach Boston, der andere nach Philadelphia. Sie sollten in kleinen Portionen zu fünf Prozent pro Jahr ausgeliehen werden, um „jungen verheirateten Handwerkern" zu helfen. Franklin erwartete, dass jeder Fonds bei einer jährlichen Verzinsung von fünf Prozent in einem Jahrhundert auf mehr als 130.000 Pfund anwachsen würde, von denen dann 100.000 Pfund für öffentliche Bauvorhaben verwendet werden sollten. In den zweiten hundert Jahren, so dachte Franklin, könnte der Rest bei fünf Prozent Verzinsung auf über vier Millionen Pfund anwachsen, die dann zwischen den beiden Städten und ihren Bundesstaaten aufgeteilt werden sollten. In Wirklichkeit war der Bostoner Fonds bis 1990 auf 4,5 Millionen Dollar und der Philadelphia-Fonds auf zwei Millionen Dollar angewachsen.

Wie ist unsere Stiftung bis jetzt gelaufen? In den ersten 13 Jahren hat sich das Kapital der Stiftung nach Abzug der Ausgaben und trotz des Börsenkollapses 2008/2009 mehr als verdoppelt. Was die zukünftige Existenz der Universität angeht, stellte der ehemalige Kanzler der Universität von Kalifornien, Clark Kerr, fest, dass „nur 85 Institutionen ununterbrochen seit 1520 bestehen ... etwa 70 ... [davon] ... sind Universitäten ... nur wenige Dinge sind dauerhafter oder widerstandsfähiger als Universitäten".[3]

Politische Modeerscheinungen kommen und gehen. Interessenverbände versuchen, ihre Programme voranzutreiben, indem sie Bevorzugungen oder Benachteiligungen für bestimmte Untergruppen anstreben. Die Geschichte der Mathematik weist über die Jahrhunderte Beiträge aus einer enormen Vielfalt von Kulturen, Überzeugungen und Gesellschaftssystemen auf. Wir haben festgelegt, dass es weder Bevorzugung noch Diskriminierung von Kandidaten aufgrund ihrer Rasse, Religion, nationalen Herkunft, Geschlechts oder ihrer Überzeugungen geben darf und dass mathematische Verdienste und Zukunftspotenzial sowie der Wille und die Fähigkeit, sie umzusetzen, die Auswahlkriterien sind.[4]

Wir hoffen, dass wir das gut geplant haben und dass unsere Stiftung ebenso wie die von Benjamin Franklin zum Nutzen vieler Generationen wachsen wird.

Eine weitere Gelegenheit zur Wohltätigkeit, die unseren Kriterien entsprach, ergab sich 2004. Die Administration von George W. Bush hatte die zulässige Bundesfinanzierung der Stammzellforschung stark eingeschränkt. Außerdem mussten Labore, die geächtete Forschungen betrieben, absolut von durch den Bund geförderten Einrichtungen getrennt sein. Theoretisch konnten bereits dann, wenn ein Bleistift, der mit Staatsgeldern bezahlt worden war, für eine verbotene Tätigkeit verwendet wurde, die gesamten Bundeszuschüsse widerrufen werden.

Unsere Nation geriet bei der Entwicklung lebensrettender Therapien ins Hintertreffen, es fand ein massiver Brain Drain statt, weil unsere Wissenschaftler ins Ausland gingen, um ihre Arbeit fortzuführen, und wir verloren unsere führende Stellung in der Stammzellentechnologie. Die kalifornischen Wähler schritten ein und bewilligten die Begebung einer Anleihe in Höhe von drei Milliarden Dollar, um das CIRM ins Leben zu rufen, das California Institute for Regenerative Medicine. Dahinter stand die Absicht, die Stammzellenforschung zehn Jahre lang befreit von Bushs Restriktionen zu fördern.

Das CIRM wollte fünf oder sechs Zentren an Universitätscampussen im gesamten Staat finanzieren, die am Ende jeweils Hunderte Millionen Dollar erhalten würden. Das Geld sollte dabei helfen, Forschungseinrichtungen zu bauen, die völlig getrennt von jeglicher Bundesfinanzierung sind, sowie Forschungsstipendien einzurichten, damit Wissenschaftler neue Stammzelltherapien für Krankheiten entwickeln können. An der UCI war bereits eine bedeutende Gruppe von Stammzellexperten tätig und sie war im biotech-lastigen Orange County strategisch günstig platziert. Um sich dafür zu qualifizieren, musste der Campus jedoch den Bau des Forschungszentrums innerhalb von zwei Jahren abschließen und wesentliche Teile der Finanzierung mussten sowohl von der Universität als auch von privaten Geldgebern kommen. Wer im Orange County war wohl reich genug und bereit, der führende private Spender zu sein?

Der nächste Teil unserer Geschichte beginnt im Jahr 1966, als ein Student der Duke University im letzten Jahr einen schrecklichen Autounfall hatte. Er verlor seine Kopfhaut und den größten Teil seines Blutes. Glücklicherweise fand ein Polizist die Kopfhaut und sie wurde wieder angenäht. Es dauerte lange, bis sein Körper geheilt war. Er verbrachte einen Großteil seines letzten Studienjahres im Krankenhaus und las dort „Beat the Dealer". In jenem Sommer ignorierte er zwischen dem Abschluss seines Studiums und seinem bevorstehenden dreijährigen Dienst bei der Navy den Rat seiner Mutter und ging als einer der ersten Kartenzähler nach Las Vegas.[5]

Er verwendete „Beat the Dealer" als Anleitung und verwandelte die mitgebrachte Barschaft von 200 Dollar in 10.000 Dollar. Das dauerte vier Monate. Die aufreibenden Tage an den mit grünem Filz bezogenen Tischen dauerten oft 16 Stunden. Es war eine harte Art, sein Geld zu verdienen, aber der wahre Wert lag wie bei so vielen vor und nach ihm in dem, was der junge Mann dabei lernte. Später sagte er: „Ich hatte keine Ahnung, dass meine vier Monate an den Tischen in Las Vegas den Grundstein für eine erfolgreiche Karriere an der Wall Street legen würden. [Sie] lehrten mich mehrere wichtige Prinzipien, die ich in den letzten 25 Jahren angewendet habe ...“[6]

Nach seiner Rückkehr aus Vietnam im Jahr 1969 ging der Kartenzähler an die UCLA, um einen Master-Abschluss in BWL zu machen. Er las in „Beat the Market“ über Wandelanleihen, was ihn dazu veranlasste, seine Masterarbeit zu diesem Thema zu schreiben. Zwei Jahre später, 1971, merkte er, dass die Jobs für MBAs knapp waren. Aber als er auf eine Stellenanzeige für einen Kreditanalysten bei Pacific Mutual reagierte, gefiel der Firma sowohl der Mann als auch das Thema seiner Masterarbeit.

In den folgenden Jahrzehnten war er unter anderem Mitbegründer der Pacific Investment Management Company (PIMCO), die eines Tages fast zwei Billionen Dollar verwalten sollte. Aus dem Studenten der Duke University war ein Milliardär geworden, der in der ganzen Welt als William H. Gross, der Anleihekönig, bekannt ist. Bill und seine Frau Sue hatten bereits Dutzende von Millionen für medizinische Zwecke gespendet und daher arrangierte eine Gruppe von Vertretern der UCI ein Essen mit Bill, um zu eruieren, ob er und Sue zehn Millionen Dollar spenden und die Hauptspender für ein neues CIRM-gefördertes Stammzellen-Forschungszentrum sein würden.[7]

Im Laufe des Gesprächs erwähnte ich, dass eine Spende von zehn Millionen Dollar in den kommenden Jahren 600 Millionen Dollar freisetzen würde, sodass sie damit die 60-fache Wirkung erzielen würden. Ich sah Bills Augen kurz aufleuchten und dachte: *Bill und Sue wissen ganz sicher die Chance zu schätzen, eine Wirkung zu erzielen, die weit über den Wert der gespendeten Summe hinausgeht, genau wie Vivian und ich.* Nach reiflicher Überlegung sagten sie Ja.

So weit, so gut. Aber das CIRM verlangte außerdem – als Nachweis für die Unterstützung der Bevölkerung –, dass bedeutende Spenden von mehreren privaten Spendern kamen, nicht nur von einem. Gemeinsam mit anderen leisteten Vivian und ich ebenfalls einen Beitrag. Das CIRM hielt 2008 mit 30 Millionen Dollar Wort und die 70 Millionen Dollar teure Einrichtung wurde in weniger als zwei Jahren, unter Einhaltung des Etats und vor dem Zeitplan fertiggestellt.[8]

Die Universität von Kalifornien bestand noch einen weiteren Test, den Vivian und ich anwandten, wenn wir über eine Spende nachdachten. Wir wollten, dass mindestens 90 Prozent des von uns gespendeten Betrags unmittelbar für den von uns angestrebten Zweck ausgegeben werden und nicht für Fundraising und Verwaltung. Man kann diesen Anteil bei allen gemeinnützigen Organisationen anhand der Jahresabschlüsse überprüfen, indem man das Verhältnis zwischen dem Geld, das für den Zweck ausgegeben wurde, und dem Geld, das insgesamt ausgegeben wurde, überprüft.

Vivian und ich waren der University of California Dank dafür schuldig, dass sie uns eine exzellente Ausbildung verschafft hatte, die wir uns andernfalls nicht hätten leisten können. Auch hatten wir uns dort kennengelernt. Es machte uns Freude, uns zu bedanken.

Der Zeitpunkt für die Finanzierung des Sue and Bill Gross Stem Cell Research Center war günstig gewählt. Das konjunkturelle Klima stand im Begriff, sich drastisch zu verschlechtern.

29

KAPITEL

Finanzkrisen: Nicht gezogene Lehren

Am 9. Oktober 2007 erreichte der S&P 500 zu Handelsschluss ein Allzeithoch von 1.565 Punkten.[1] Unter Führung der Häuserpreise, die von ihrem überzogenen Höchststand von 2006 zu fallen begannen, rutschte er ab und fiel dann bis zum 9. März 2009 zügig auf ein Tief von 676 Punkten – ein Rückgang von 57 Prozent. Ein Indexanteil, der auf dem Hoch eine Million Dollar wert gewesen war, fiel bis zum Tiefpunkt auf 430.000 Dollar. Die Preise von Einfamilienhäusern gingen um 30 Prozent zurück. Ein Lichtblick waren die Anleihen. Die Kreditaufnahme ging zurück und die Zinsen fielen, was Staatsanleihen und bonitätsstarke Unternehmensanleihen kräftig in die Höhe trieb. Obwohl die steigenden Anleihekurse einen Ausgleich boten, sank das Vermögen der US-Haushalte, das im Juni 2007 bei 65,9 Billionen Dollar einen Höhepunkt markiert hatte, im ersten Quartal 2009 auf 48,5 Billionen Dollar – ein Verlust von 26 Prozent.[2] Das war der schwerste Schlag für das Nationalvermögen seit der Weltwirtschaftskrise 80 Jahre zuvor.

Die Lehren, die unsere Großeltern damals daraus gezogen hatten, waren nach zwei Generationen vergessen. Der Börsenkollaps, der diese Katastrophe auslöste, war der Höhepunkt einer Spekulationsblase. Als die Aktienkurse in den 1920er-Jahren stiegen, gelangten „Investoren" (größtenteils Spieler) zu der Überzeugung, dass sie immer weiter steigen würden. Ein führender Ökonom jener Zeit gab die ermutigende Erklärung ab, die Aktien hätten ein dauerhaftes neues Hochplateau erreicht. Aber der Schlüssel zu der Katastrophe, die danach folgte, waren billiges Geld und Schuldenhebel. Die Anleger konnten damals Aktien mit einem Einschussbetrag („Margin") von nur zehn Prozent kaufen. Das heißt, dass sie nur zehn Prozent des Kaufpreises aufzubringen brauchten und sich die restlichen 90 Prozent leihen konnten. Das klingt so unheimlich vertraut, weil es genau das ist. Der Zusammenbruch der Immobilienpreise im Jahr 2008 hatte die gleiche Ursache: unbegrenzte ungesunde Darlehen, die dazu führten, dass sich die Kreditnehmer hoch verschuldeten.

Im Jahr 1929 funktionierte das an der Börse so: Wenn Aktien mit einem Kurs von 100 Dollar mit zehn Dollar Einschuss und 90 Dollar Darlehen gekauft wurden und die Aktie stieg danach auf sagen wir 110 Dollar, hatte der glückliche Investor ein Eigenkapital von 20 Dollar je Aktie, also die 110 Dollar abzüglich der 90 Dollar, die er sich von seinem Broker geliehen hatte – durch einen Kursanstieg von nur zehn Prozent hatte er sein Geld verdoppelt. Nun kann er sich auf den Gewinn von zehn Dollar je Aktie wieder 90 Prozent leihen, um Aktien im Wert von 90 Dollar zu kaufen, sodass sich der Gesamtwert seiner Aktien auf das Doppelte dessen beläuft, was er ursprünglich gekauft hat. Wenn der Anleger dies jedes Mal wiederholt, wenn seine Aktie um weitere zehn Prozent steigt, verdoppelt sich bei jedem Schritt sowohl sein Eigenkapital als auch sein Darlehen. Nach Kurszuwächsen um zehn Prozent kostet die Aktie 161 Dollar, was ein Gewinn von 61 Prozent ist, und bis dahin hat der Schneeball-Anleger sein Kapital fünfmal verdoppelt – auf das 32-Fache seines Anfangsbetrags.[3] Aus 10.000 Dollar werden so 320.000 Dollar. Nach zehn Schritten à zehn Prozent, durch die sich der Anteil des Investors zehnmal verdoppelt, steht die Aktie bei 259 Dollar und der Anleger, der von dem ursprünglichen Kaufpreis der Aktien von 10.000 Dollar nur 1.000 Dollar aufgebracht hat, besitzt nun Wertpapiere im Wert von 10.240.000 Dollar. Sein Eigenkapital beläuft sich auf zehn Prozent davon – er ist Millionär. So sieht die verführerische Macht der Hebelwirkung aus.

Aber was passiert, wenn der Aktienkurs dann um zehn Prozent fällt? Der vor Freude schwindelige Anleger verliert sein gesamtes Eigenkapital und sein Broker schickt ihm eine Nachschussforderung: Entweder er zahlt das Darlehen zurück – das sich inzwischen auf mehr als neun Millionen Dollar beläuft – oder die Aktien werden abverkauft. Als die Aktienkurse 1929 stiegen, verschuldeten sich die Anleger in diesem Stil und trieben dadurch die Preise noch weiter in die Höhe. Diese positive Rückkopplungsschleife führte dazu, dass die Aktien von Großunternehmen von Ende 1925 bis Ende August 1929 eine durchschnittliche Gesamtrendite von 193 Prozent abwarfen. Aktien für 100 Dollar, die man ohne geliehenes Geld gekauft hatte, wuchsen auf 293 Dollar an, und ein Anleger, der mit zehn Prozent Einschuss schneeballartig Aktien zusammenballte, konnte sein Geld mehr als zehnmal verdoppeln, sodass sein Gewinn mehr als das Tausendfache seiner Anfangsinvestition betrug.[4] Als jedoch die Kurse im September und Oktober 1929 nachgaben, löste sich das Eigenkapital der am stärksten gehebelten Anleger in Luft auf. Wenn sie nicht in der Lage waren, der Nachschussforderung nachzukommen, wurden ihre Aktien von den Brokern verkauft. Diese Verkäufe drückten die Preise, was Anleger ruinierte, die nicht ganz so stark gehebelt hatten, was wiederum eine neue Runde von Nachschussforderungen und Verkäufen auslöste – die die Preise weiter nach unten trieb. Als diese Aktienblase platzte, begann der größte Kursrückgang der Geschichte. Die Aktien von Großunternehmen fielen am Ende um 89 Prozent, also auf ein Neuntel ihrer früheren Spitzenpreise.

Und als die verschuldeten Investoren in einer Welle nach der anderen ruiniert wurden, radierte dies auch die Bank- und Brokerhäuser aus, die auf den faulen Schulden saßen, und dadurch ruinierten sie ihrerseits andere Institutionen, denen sie Geld schuldeten. Als dies wie eine ansteckende Krankheit um sich griff, ging die Konjunktur rapide zurück, die Arbeitslosigkeit stieg in den Vereinigten Staaten auf 25 Prozent und es folgte die Weltwirtschaftskrise. Erst im Januar 1945 – nach mehr als 15 Jahren und dem größten Teil des Zweiten Weltkriegs – überschritten die Monatsschlusskurse der Aktien von Großunternehmen ihr Allzeithoch vom August 1929. Wie gesagt hatte sich eine

Investition in Unternehmensanleihen in diesem Zeitraum mehr als verdoppelt und die langfristigen US-Staatsanleihen hatten sich annähernd verdoppelt, was zeigt, dass die Diversifizierung auf andere Anlageklassen als Aktien, auch wenn sie möglicherweise die langfristige Rendite opfert, in schlechten Zeiten das Vermögen bewahren kann.

Um zu verhindern, dass sich 1929 wiederholt, ermächtigte der Securities Exchange Act von 1934 den Gouverneursrat des Federal Reserve System dazu, vorzuschreiben, welchen Anteil am Kaufpreis der Anleger für den Kauf börsennotierter Wertpapiere aufbringen muss. Einen Teil des restlichen Betrags oder den gesamten darf er sich leihen. Seit 1934 hat dieser Anteil zwischen 40 und 100 Prozent geschwankt. Eine Margin von 100 Prozent bedeutet, dass alle Wertpapierkäufe vollständig mit Barmitteln bezahlt werden müssen. Im Jahr 2009 lag die Anfangsmarge bei 50 Prozent. Die Börsen bestimmen den Mindesteinschuss, der bei Kursschwankungen eingehalten werden muss, die sogenannte „Maintenance Margin".[5] Wenn zum Beispiel bei einem Mindesteinschuss von 30 Prozent das Guthaben im Depot eines Anlegers unter 30 Prozent vom Wert der Aktien liegt, die er besitzt, verlangt sein Broker einen Nachschuss in bar, um einen ausreichenden Teil des Darlehens zu begleichen, damit das Eigenkapital des Anlegers wieder auf dem Niveau von 30 Prozent steht. Andernfalls verkauft der Broker so lange Aktien, bis dieses Niveau erreicht ist.

Der Zusammenbruch des Bankensystems wurde zum Teil von Einlegern angeheizt, die, als sie sahen, dass einige Banken pleitegingen, eilig ihr Geld bei den anderen abheben wollten, solange es noch ging. Um solche Paniken in Zukunft auszuräumen, trennte der Banking Act von 1933 (der zweite Glas-Steagall Act) das Geschäftsbankwesen und das Investmentbanking, um die Auswirkungen von Spekulationen zu begrenzen.[6] Durch dieses Gesetz wurde auch die Einlagenversicherung Federal Deposit Insurance Corporation (FDIC) gegründet, die Verluste bis zu einer bestimmten Höhe abdeckte (im Jahr 2015 belief sich der versicherte Betrag auf 250.000 Dollar). Dieses Sicherheitsnetz wurde in den 1980er-Jahren auf eine harte Probe gestellt, als die Sparkassenkrise die Federal Deposit Insurance Corporation – also den US-amerikanischen

US-Steuerzahler – 250 Milliarden Dollar kostete. Das waren etwa 1.000 Dollar für jeden Mann, jede Frau und jedes Kind im Land.

Ab den 1980er-Jahren bescherte uns der Staat einschließlich der Präsidenten, des Kongresses und der Federal Reserve drei Jahrzehnte, in denen die Finanzindustrie schwächer reguliert war. In dieser Zeit brachten Schuldenhebel, billiges Geld und „Financial Engineering" eine Reihe von Vermögensblasen und Bedrohungen für die Stabilität des Finanzsystems an sich hervor.

Der erste weltweite Schock war der Crash im Oktober 1987, als die US-Börse an einem einzigen Tag um 23 Prozent fiel. Die Ursache war ein massiver Rückkopplungs-Störfall, der durch das kurz zuvor erfundene quantitative Produkt der Portfolioversicherung ausgelöst wurde, das mithilfe der neuen Finanzfutures-Märkte gehebelt wurde. Zum Glück erholten sich Aktien und die Wirtschaft schnell wieder davon. Doch zum Unglück wurden aus den Gefahren von zu viel Hebelwirkung kaum Lehren gezogen.

Eine zweite Warnung kam 1998 in Form des Zusammenbruchs des Hedgefonds Long-Term Capital Management (LTCM). Dieses sogenannte Dreamteam aus den besten Händlern und akademischen Finanztheoretikern der Welt, das von einem hochkarätigen Händler und zwei Nobelpreisträgern geleitet wurde, stand kurz davor, das gesamte Vermögen des Fonds von vier Milliarden Dollar zu verlieren. Im deregulierten Umfeld der damaligen Zeit waren die Mittel 30- bis 100-fach gehebelt. Gewinne von weniger als einem Prozent im Jahr wurden mit geliehenem Geld in Jahresrenditen von circa 40 Prozent verwandelt. Solange die Welt der Anlagepreise normal blieb, war alles gut, aber genau wie 1929, als Investoren, die nur zehn Prozent eingeschossen hatten, schon durch eine kleine Kurswende ausgelöscht wurden, so wurde LTCM, dessen Einschüsse zwischen einem und drei Prozent lagen, durch einen Gezeitenwechsel an den Märkten ruiniert.

Wie Nassim Taleb in seinem Buch „Der Schwarze Schwan" so eloquent erläutert, können offenkundige Überrenditen wie diejenigen von LTCM in normalen Zeiten illusorisch sein, weil sie durch seltene große Verluste aufgrund extremer Ereignisse mehr als ausgeglichen werden. Solche

„schwarzen Schwäne“ können für die einen schlecht und für die anderen gut sein. Es ist schon ironisch, dass ich 1994 die Chance verstreichen ließ, in LTCM zu investieren und vorübergehend reich zu werden, jedoch 1998 dadurch Geld verdiente, dass ich die verzerrten Marktpreise ausnutzte, die der Kollaps in seinem Kielwasser hinterließ. Der Verlust von LTCM war für uns – Ridgeline Partners – ein Gewinn.

Durch den Zusammenbruch von LTCM drohten um die 100 Milliarden Dollar, die in den Büchern anderer Institutionen standen, zu faulen Krediten zu werden. Das hätte einige Banken, Brokerhäuser und Hedgefonds in den Ruin getrieben, dies hätte noch mehr faule Kredite im Umfeld ausgelöst und weitere Institutionen wären bankrottgegangen. Hätte man das zugelassen, hätte der Dominoeffekt zu einem weltweiten Finanzkollaps führen können, aber ein von der Federal Reserve angeregtes Konsortium intervenierte, übernahm LTCM, stellte zusätzliche Finanzmittel bereit und organisierte eine ordnungsgemäße Abwicklung.

Anscheinend wurden daraus keinerlei Lehren gezogen. Angeführt vom Kongress bekam die Bankenbranche, was sie wollte. Der erste Glas-Steagall Act, der in der Großen Depression erlassen worden war, um Geschäfts- und Investmentbanken voneinander zu trennen, wurde 1999 aufgehoben. Dadurch konnten große Institute unter geringerer Regulierung mehr Risiken eingehen, indem sie mit enormen Mengen unregulierter Derivate handelten. Als Brooksley Born, die Vorsitzende der Commodity Futures Trading Commission (1996-1999), die Derivate regulieren wollte, die später zu einer Hauptursache des Desasters wurden, wurde in der PBS-Sendung *Frontline* detailliert berichtet, wie sie 1998 von dem Triumvirat aus dem Vorsitzenden der Federal Reserve Alan Greenspan, dem US-Finanzminister Robert Rubin und dem stellvertretenden US-Finanzminister Lawrence Summers – die später in den Jahren 2008 und 2009 alle die Regierung bei der Rettungsaktion berieten – blockiert wurde.[7] Nassim Taleb fragte, weshalb man einem Schulbusfahrer, nachdem er einen Unfall gebaut und dadurch seine Fahrgäste verletzt und getötet hat, in einen anderen Bus setzen und auffordern sollte, neue Sicherheitsvorschriften einzuführen.

Die kurze Ära der staatlichen Überschüsse, als die Einnahmen größer waren als die Ausgaben, ging zu Ende. Im Jahr 2001 gingen aufgrund von weiteren Steuersenkungen die staatlichen Einnahmen zurück. Die Ausgaben stiegen durch Kriege, den Verteidigungshaushalt und die Kosten von Anspruchsberechtigungen. Die Deregulierung ging weiter. Die Amerikaner gaben mehr aus, als sie verdienten, verbrauchten mehr, als sie produzierten, und liehen sich im Ausland Geld, um das zu bezahlen. Die Regierung und der Kongress förderten unter starkem Druck der Immobilienlobby die Ausweitung des Hausbesitzes auf Millionen Menschen, die sich das gar nicht leisten konnten. Als meine Nichte, die in der Hypothekenbranche arbeitete, sich weigerte, unsolide Darlehen zu genehmigen, leitete das Management sie zur Genehmigung an einen anderen Kreditprüfer weiter. Häuser, die angeblich immer im Wert stiegen, wurden gegen geringe oder gar keine Anzahlung und niedrige anfängliche Lockzinsen verkauft, damit die ersten Raten billiger wurden. Es war leicht, sich Darlehen zu erschleichen, indem man falsche finanzielle Angaben machte, und das wurde so Usus.

Die Hypothekenbranche verkaufte die Kredite an die Wall Street, wo sie verbrieft wurden – das heißt, sie wurden zu Pools zusammengelegt, auf denen eine Vielzahl von Anleihen basierte. Diese wurden dann von Agenturen wie S&P, Moody's und Fitch bewertet, die – was ein eklatanter Interessenkonflikt war – von ihren Kunden bezahlt wurden, denselben, deren Wertpapiere sie angeblich objektiv bewerteten. Hohe Einstufungen erleichterten den Verkauf der Wertpapiere, aber als die Häuserpreise nach ihrem exzessiven Höchststand im Jahr 2006 zu sinken begannen, stellte sich heraus, dass viele dieser Wertpapiere, einschließlich derjenigen, die von diesen Agenturen die höchste Einstufung AAA bekommen hatten, wenig Wert besaßen.

Als die Preise für Wohnimmobilien im Jahr 2006 nie zuvor gesehene Höhen erklommen, verwandelten viele Eigentümer ihre Häuser in Sparschweine. Da sie sich in vielen Fällen fast 100 Prozent des Marktwerts geliehen hatten, standen sie augenblicklich unter Wasser, sobald die Preise leicht zurückgingen. Nun überstiegen ihre Schulden den Wert ihrer Häuser.

Die riesige Ausweitung des Kreditaufkommens, die die Immobilienblase befeuerte, basierte weitgehend auf Wertpapieren, die von einer frisch eingetroffenen Armee von Finanzingenieuren oder Quants erfunden worden waren. Indem sie ihre Ausbildung in Mathematik und den strengen Naturwissenschaften mit Konzepten wie der Effizienzmarkthypothese und der mit ihr verwandten Überzeugung verbanden, die Anleger seien rational, erstellten sie mithilfe von Modellen, die angeblich die Realität abbildeten, es aber nicht taten, neue Produkte.

Diese Produkte kosteten die US-Wirtschaft mehrere Billionen Dollar in Form eines für immer verlorenem Bruttosozialprodukts und gesellschaftlichen Verfalls und sie verursachten weltweit ähnliche Schäden.[8] Es lohnt, sich die Zeit zu nehmen, sie zu verstehen.

Den ersten, CMOs oder Collateralized Mortgage Obligations genannten, begegnete ich, als sie Mitte der 1980er-Jahre entwickelt wurden. Es ist sinnvoll, zunächst die einzelnen Hypothekendarlehen für Häuser zu analysieren, die als Sicherheiten für CMOs zu Pools zusammengefasst wurden.

Nehmen Sie an, Ihr bester Freund, der sich ein Haus für 400.000 Dollar kaufen will, bittet Sie, ihm 80 Prozent des Kaufpreises oder 320.000 Dollar zu leihen. Die restlichen 80.000 Dollar bezahlt er aus seinen Ersparnissen. Im Gegenzug verpflichtet er sich, das Darlehen über 30 Jahre zurückzuzahlen und Ihnen Zinsen in Höhe von sechs Prozent jährlich zu zahlen. Dies bezeichnet man als Darlehen mit Zinsbindung, da die Zinsen bei sechs Prozent bleiben, egal wie sehr der Markt schwankt. Wenn keine laufende Tilgung erfolgen würde, würde Ihnen Ihr Freund nur jedes Jahr sechs Prozent von 320.000 Dollar bezahlen, also 19.200 Dollar im Jahr, und Ihnen den gesamten Darlehensbetrag nach Ablauf der 30 Jahre auf einmal zurückzahlen.

Sie entscheiden sich jedoch stattdessen für eine Tilgung in gleichbleibenden Monatsraten. Diese Raten sind etwas höher als die monatliche Zinszahlung von 1.600 Dollar (19.200 Dollar : 12) und errechnen sich aus den im Immobiliengeschäft üblichen Formeln zu 1.918,59 Dollar. Durch diese zusätzliche Zahlung sinkt der Darlehensbetrag nach jeder Monatsrate ein wenig, sodass auch der Zinsanteil der nächsten

Monatsrate kleiner wird. Somit fließt im Laufe der Zeit ein immer größerer Anteil jeder Rate in die Tilgung der Darlehenssumme. Diese sinkt zunächst langsam, aber gegen Ende der 30 Jahre ist das Darlehen größtenteils getilgt und die fälligen Zinsen sind gering, sodass die Raten hauptsächlich den verbleibenden Darlehensbetrag tilgen. Ihre Sicherheit für das Darlehen ist das Haus Ihres Freundes. In Ihrem Vertrag steht, dass Sie in dem Fall, dass Ihr Freund das Darlehen nicht mehr bezahlen kann, sein Haus verkaufen und den Erlös verwenden können, um einen Teil des von ihm geschuldeten Betrags oder hoffentlich den gesamten Betrag zu kassieren. Darüber hinausgehende Entschädigungsansprüche haben Sie allerdings nicht.

Wenn die Immobilienpreise noch nie stark gefallen sind, zumindest nicht für lange Zeit, worin besteht dann Ihr Risiko? Nun, bei dieser Frage geht es um Durchschnittspreise, nicht um die von einzelnen Häusern. Es könnte sein, dass das Viertel Ihres Freundes zu einem Elendsviertel wird. Oder er hat das Haus in New Orleans kurz vor dem Hurrikan Katrina gekauft. In allen Fällen gibt es Risiken, die Sie mit dem Verlust eines Teils oder des gesamten verliehenen Geldes bedrohen.

Lebens- und Haftpflichtversicherungen haben ständig mit derartigen Risiken zu tun. Sie gehen damit um, indem sie eine Vielzahl von Versicherungspolicen verkaufen, von denen jede einzelne die Versicherungsgesellschaft mehr kosten kann, als dafür Prämien gezahlt wurden – aber anhand des Ausmaßes der über den gesamten Pool gestreuten Risiken ist (anhand der bisherigen Erfahrungen) damit zu rechnen, dass der Versicherungsgesellschaft ein Gewinn bleibt, nachdem sie die Schadenskosten und ihren Aufwand bezahlt hat.

Die gleiche Idee steht hinter den besicherten Hypothekenanleihen. Man lege Hunderte oder Tausende von Hypothekendarlehen zusammen. Aus 4.000 Hypotheken zu je 250.000 Dollar ergibt sich ein Pool von einer Milliarde Dollar! Dann nehme man die Zins- und Tilgungszahlungen aller dieser Darlehen und bezahle davon die Menschen, denen man Anteile an dem Pool verkauft hat. Dieser Strom an monatlichen Zahlungen ähnelt dem Zahlungsfluss einer Anleihe und die Anteile an CMO-Pools wurden genauso wie Anleihen bewertet.

Jedoch müsste man, um sie genau zutreffend zu bewerten, wissen, wie viel man bei einem Zahlungsausfall verlieren würde. Als ich mich bei Princeton Newport damit befasste, merkte ich, dass die Finanzindustrie üblicherweise davon ausging, die Ausfallquoten würden der normalen historischen Erfahrung entsprechen. Es wurde nicht versucht, selten vorkommende schlimme Ereignisse von großem Ausmaß wie etwa die Große Depression und die daraus resultierende massive Zunahme der Zahlungsausfälle zu quantifizieren und zu berücksichtigen. Die Modelle bezogen das Risiko schwarzer Schwäne nicht in die Preisbildung ein.

Ein weiteres Problem war die Vorhersage, wie viele Hausbesitzer ihre Darlehen vorzeitig abbezahlen würden, vielleicht um ihr bestehendes Haus zu refinanzieren. Eine 30-jährige Hypothek, die man über den gesamten Zeitraum behält, ähnelt einer langfristigen Anleihe. Wird sie innerhalb von fünf bis zehn Jahren bezahlt, ähnelt sie eher einer mittelfristigen Anleihe, und wenn sie nach zwei oder drei Jahren getilgt wird, ähneln die Zahlungen denen einer sehr kurzfristigen Anleihe. Da die Zinssätze je nach der Dauer bis zur vollständigen Rückzahlung einer Anleihe unterschiedlich ausfallen (man bezeichnet das als Zinsgefüge), hängt der korrekte Preis für die CMO davon ab, wie schnell die im Pool enthaltenen Hypotheken abbezahlt werden, und natürlich auch von ihrer Ausfallquote. Ich stellte bereits in den 1980er-Jahren fest, dass es hochgradig unberechenbar ist, welcher Anteil der Festzinshypotheken vorzeitig abbezahlt wird. Wenn die Maßnahmen der Federal Reserve dazu führen, dass die langfristigen Zinsen sinken, sind neue Darlehen billiger als bestehende. Dann bezahlen Hausbesitzer ihre Hypotheken frühzeitig ab und schulden um, damit ihre Monatsraten sinken. Wenn hingegen die Zinsen steigen, bleiben die Hausbesitzer bei ihren Bestandsdarlehen mit Zinsbindung, sodass der Anteil der vorzeitigen Tilgungen abstürzt.

Obwohl die Preiskalkulation auf falschen Modellen basierte, verwendete die Wall Street CMOs, um Kredite in den Markt für Wohnimmobilien zu pumpen. Firmen, die Hypothekendarlehen vergaben, refinanzierten Darlehen für Neubauten und verkauften sie dann an Banken und Wall-Street-Firmen, wodurch sie Einnahmen für die Finanzierung weiterer Darlehen erzielten. Die Banken und Wall-Street-Firmen bündelten die Hypothekendarlehen dann, um CMOs zu besichern, die sie an „Investoren“ verkauften und so ihr Geld zurückbekommen haben, das sie dann wieder in den Kauf weiterer Hypotheken für neue CMOs fließen lassen konnten.

Dadurch wurden alle reich. Die Hypothekenbanken kassierten von den Hausbesitzern Gebühren. Die Banken und Broker kauften Hypotheken, emittierten CMOs und verkauften diese mit Gewinn. Außerdem bezogen sie aus der Bedienung der CMOs regelmäßige Einnahmen – sie kassierten die Zahlungen aus den Hypothekenpools, zogen eine Gebühr davon ab und verteilten den Rest an die CMO-Inhaber. Wie konnte es sein, dass so viele Gebühren eingezogen wurden und trotzdem noch etwas übrig blieb, das mit einem Gewinn an die Käufer von CMO-Anteilen verkauft werden konnte? Das geschah mithilfe finanzieller Zauberei. Die CMOs wurden in Tranchen aufgeteilt, wodurch eine Hierarchie von CMO-Klassen geschaffen wurde, wobei die vorrangigsten zuerst bezahlt wurden und auf diejenigen mit dem niedrigsten Rang das entfiel, was übrig blieb – wenn überhaupt etwas übrig blieb. Die von den CMO-Emittenten bezahlten Ratingagenturen täuschten sich bei der Bonität der Tranchen deutlich und waren zu optimistisch. Da höher eingestufte Wertpapiere teurer sind als niedrig eingestufte, wurden die CMOs teurer verkauft, als es sonst der Fall gewesen wäre. Die Zauberei bestand darin, dass die Summe der Teile (der Tranchen) für mehr als die Kosten der Einzelteile verkauft wurde. Auch die Politiker hatten etwas davon, denn die Immobilien- und Wertpapierbranche spendete begeistert für ihre Wahlkämpfe zur Wiederwahl. Alle gewannen dabei und die Party war eröffnet.

Auch wissenschaftliche Kreise leisteten ihren Beitrag dazu. Der Nobelpreisträger Paul Krugman betonte, die Makroökonomen würden uns versichern, dass es aufgrund ihres besseren Verständnisses nun nicht mehr zu katastrophalen Pleiten kommen könne.[9] Scott Patterson erklärt in seinem Buch „The Quants“ genau, wie all dies durch Quants erleichtert wurde, die aufgrund von Berechnungen, die auf der akademischen Finanztheorie basierten, allen versicherten, ihre anhand von Modellen berechneten Preise seien korrekt und die Risiken gering.[10]

CMOs im Wert von Hunderten Milliarden Dollar wurden an Anleger in aller Welt verkauft. Die Idee war so gut, dass sie auf CDOs – Collateralized Debt Obligations oder besicherte Schuldverschreibungen – ausgedehnt wurde, für die andere Arten von Schulden verwendet wurden, zum Beispiel Autokredite oder Kreditkartenschulden statt Hausdarlehen. So riskant diese Papiere bereits waren, betrat ein noch gefährlicheres Wertpapier die Bühne, der Credit Default Swap, kurz CDS – eine Kreditausfallversicherung –, und die verschlafenen Regulierer machten sich deswegen keine Sorgen. Ein CDS ist im Prinzip eine Versicherung, die ein Kreditgeber abschließen kann, um sich gegen einen Zahlungsausfall seitens des Kreditnehmers zu schützen. Normalerweise wird eine solche Versicherung für eine bestimmte Anzahl von Jahren zu einem festen jährlichen Preis abgeschlossen. Beispielsweise könnten Sie bei dem Darlehen über 320.000 Dollar an Ihren Freund, der sich ein Haus gekauft hat, befürchten, dass er in den nächsten fünf Jahren vielleicht nicht bezahlen kann. Dann könnten Sie, wenn es eine solche gäbe, beispielsweise für 1.600 Dollar beziehungsweise 0,5 Prozent des anfänglichen Darlehensbetrags eine Versicherung für diesen Zeitraum abschließen.

Solche Credit Default Swaps wurden im Umfang von Billionen Dollar vergeben und dann wurden sie wie beliebige andere Wertpapiere gehandelt. Um solche Verträge kaufen oder verkaufen zu können, brauchte man die über den CDS versicherten Schulden nicht zu besitzen. Das an sich war noch nicht das Problem, da die Finanzmärkte einfach ein großes Casino sind, wenn auch eines mit wirtschaftlichen Vorteilen, und alle Anlagepositionen mit Wetten gleichzusetzen sind. Das Problem war vielmehr, dass die CDS-Emittenten diese mit keinen anderen Sicherheiten als mit ihrer „vollen Glaub- und Kreditwürdigkeit" ausgeben konnten – was bedeutet, dass sie, wenn sie ihre Wetten verloren, wohl nicht das nötige Geld zur Begleichung ihrer Schuld hatten.

Die Margin (beiseitegelegte Sicherheiten zur Absicherung der Zahlungen) war meistens klein oder nicht vorhanden. Diese unregulierten Posten wurden oft von Tochtergesellschaften gehalten, sodass sie in den Abschlüssen der Muttergesellschaft nicht ausdrücklich auftauchten. Ein gutes Beispiel dafür ist die American International Group (AIG), ein weltweit agierender Versicherungskonzern, dem der Zusammenbruch drohte, als die Krise 2008 zuschlug. Als die US-Regierung Hunderte Milliarden zur Rettung des Finanzsystems in die Hand nahm, war AIG der größte einzelne Empfänger – satte 165 Milliarden Dollar. Der Konzern hatte über eine Tochtergesellschaft CDS im Wert von Billionen Dollar ausgegeben, deren Sicherheit vor allem in ihrem Namen bestand. Als die Preise der dadurch versicherten Anleihen fielen, musste er Sicherheiten für die (jetzt verlustbringenden) CDS stellen, die er verkauft hatte. Diese konnte er letztlich nicht bezahlen und es drohten Hunderte Milliarden Dollar Verluste für Banken und Investmenthäuser auf der ganzen Welt. Die Rettungsaktion des US-amerikanischen Staates half nicht nur inländischen Unternehmen wie Goldman Sachs, das faule Kreditpapiere von AIG im Wert von zehn Milliarden Dollar hielt – die der Steuerzahler übernahm –, sondern die Gelder wurden weltweit freigebig verteilt, um die Zahlungsausfälle von AIG zu decken.

Damit Sie sehen, wie irrsinnig das war, stellen Sie sich vor, Joe Sixpack würde Ihnen für Ihr Darlehen an Ihren Freund in Höhe von 320.000 Dollar einen CDS über fünf Jahre für 1.600 Dollar im Jahr anbieten. Joe geht es gut, er hat ein schuldenfreies Haus, das eine Million wert ist, und man kann deshalb davon ausgehen, dass er Wort hält, wenn es um Geld geht. Er freut sich über die zusätzliche Einnahme von 1.600 Dollar und verkauft weitere CDS auf Hausdarlehen. Da diesbezüglich keine Regulierungen bestehen, verkauft er tausend CDS wie den Ihren und sein Einkommen steigt auf 1,6 Millionen Dollar im Jahr. Wenn sich die betreffenden Darlehen im Schnitt auf 320.000 Dollar belaufen, versichert er insgesamt 320 Millionen Dollar, die sämtlich durch sein Haus im Wert von einer Million Dollar gedeckt sind. Sie mögen nun einwenden, dass Joe doch gar nicht so viele CDSs verkaufen könne, denn wenn er erst einmal ein paar verkauft hat, würden die Leute doch merken, dass er in einer Krise mit hoher Wahrscheinlichkeit nicht mehr zahlen kann. Nun ja, aber was ist, wenn Joe das über eine Tochterfirma gemacht hat und das enorme Ausmaß seiner Geschäftstätigkeit gar nicht offengelegt hat? Willkommen bei AIG.

Jeder CDS, den Joe Sixpack verkauft, ist eine potenzielle zukünftige Verbindlichkeit. Er sollte als solches in seinen Büchern stehen und sich nur dann als ordnungsgemäßer Umsatzposten erweisen, wenn die Prämien, die er erhält, zuzüglich der Einnahmen aus Reinvestitionen mehr als ausreichend sind, um zukünftige Ansprüche gegen die Kreditausfallversicherung zu decken, die er verkauft. Er ist in einer ähnlichen Situation wie eine Lebensversicherungsgesellschaft und muss in seinen Büchern Rückstellungen bilden, um künftige Zahlungen zu decken. Außerdem muss er diese Reserven erhöhen, wenn die Wahrscheinlichkeit steigt, dass er etwas auszahlen muss. Wenn Joe stattdessen die Einnahmen kassiert und keine Reserven beiseitelegt, betreibt er ein Pyramidensystem wie dasjenige, das ich anhand der XYZ Corporation in den 1970er-Jahren beschrieben habe: Sie verkaufte Call-Optionen auf Edelmetalle viel zu billig, deklarierte den Erlös als Gewinn und legte keinen angemessenen Betrag für Auszahlungen beiseite, die sie später womöglich an die Inhaber der Optionen tätigen müsste. Worin besteht nun der Unterschied zwischen dem CDS-Geschäft von AIG und Joes Plan oder dem von XYZ?

Im Jahr 2004 brachten fünf große Investmentbanken die Börsenaufsichtsbehörde US Securities and Exchange Commission dazu, ihren zulässigen Schuldenhebel zu erhöhen. Früher durften sie sich auf jeden Dollar Vermögen elf Dollar leihen. Das hieß, dass ihnen von jeweils zwölf Dollar nur einer wirklich gehörte, also nur 8,33 Prozent, der als Polster gegen eine Katastrophe fungieren konnte. Unter ihrem Vorsitzenden Christopher Cox erlaubte es die SEC Goldman Sachs, Morgan Stanley, Merrill Lynch, Bear Stearns und Lehman Brothers, ihre Hebelwirkung auf circa 33:1 zu verlängern, was sich fast mit dem Niveau messen konnte, das gerade einmal sechs Jahre zuvor den unglücklichen Hedgefonds Long-Term Capital Management zum Untergang verurteilt hatte. Bei einem Vermögen von 33 Dollar, von dem 32 Dollar Verbindlichkeiten waren, konnte ein Wertverlust von lediglich gut drei Prozent bereits ihr Eigenkapital auslöschen. Wenn dies geschah und von einer Bank bekannt wurde, dass sie technisch zahlungsunfähig war, würden die Gläubiger ihre Zahlungen einfordern, solange sie sie noch bekommen konnten, und so einen klassischen Bank Run wie in den 1930er-Jahren auslösen.

Als im Jahr 2008, also vier Jahre später – genauso lange hatte es gedauert, bis die übermäßige Verschuldung LTCM vernichtet hatte –, die

Krise zuschlug, drohte der Ansturm alle fünf auf Hochtouren laufenden Goliaths zu zerstören. Drei der fünf Investmentbanken hörten auf, als eigenständige Unternehmen zu existieren, die anderen beiden – Morgan Stanley und Goldman Sachs – wurden durch staatliche Interventionen und Goldman zusätzlich durch einen mehrere Milliarden Dollar schweren Kauf von zehn Prozent in Vorzugsaktien und Optionsscheinen durch Warren Buffetts Berkshire Hathaway gerettet. Beide florierten 2009 wieder, wobei Goldman regelrecht triumphierte. Die Teilhaber waren auf dem besten Weg, sich eine Rekordbonuszahlung von 20 bis 30 Milliarden Dollar zu teilen. Dass einige Rivalen beseitigt oder an den Rand gedrängt worden waren, war für sie nicht schlecht. Als der in der Öffentlichkeit schalkhaft auftretende CEO Lloyd Blankfein nach den gigantischen Boni gefragt wurde, erklärte er, die Firma tue „Gottes Werk". Seine Argumentation entsprach der üblichen wissenschaftlichen, dass mehr Handel effiziente Kapitalmärkte mit besseren Preisen für Käufer und Verkäufer schafft – zum Nutzen aller Menschen. Später stellte sich heraus, dass ein Teil von Gottes Werk darin bestanden hatte, hypothekenbesicherte Schrottpapiere zu verkaufen und gleichzeitig massive Wetten abzuschließen, die sich dann auszahlen würden, wenn die eigenen Kunden ruiniert wären. Vergleicht man die Größenordnung der Entlohnung für Gottes Banker mit der für seine Kleriker, kommt man zwangsläufig zu dem Schluss, dass das Werk der Banker in der Tat göttlich ist.

Zwar gab es in der etablierten Finanzszene persönliche und institutionelle Opfer, aber die politisch vernetzten Reichen hatten die Geldbörse der Allgemeinheit um eine Billion Dollar geplündert, um damit Institutionen zu retten, die „too big to fail" waren. An Interessenverbände wurden kostspielige Beschwichtigungspillen verteilt, um sie milde zu stimmen und zu belohnen. Im Rahmen der in den Vereinigten Staaten „Cash for Clunkers" genannten Abwrackprämie bekam jeder, der sein Auto verschrotten ließ und sich ein neues kaufte, bis zu 4.500 Dollar. Das war als umweltfreundliche Maßnahme gedacht, aber die einzige Voraussetzung war, dass der Neuwagen je nach Fahrzeugkategorie aufgrund seines geringeren Verbrauchs mit einer Gallone Kraftstoff eine bis vier Meilen weiter fahren konnte. Der Nutzen für die Umwelt, der durch diese geringe zusätzliche Laufleistung erzielt wurde, wurde durch die zusätzliche Umweltverschmutzung bei der Herstellung eines komplett neuen Autos mehr als wettgemacht. Die Autohändler jubelten jedoch, weil der Schub, der durch die Abwrackprämie entstand, ihre reichlichen Bestände von den Höfen fegte.

Da die Vollzeit- und Teilzeitarbeitslosenquote weiter anstieg, wurde die Arbeitslosenversicherung mehrmals ausgeweitet. Das ist zwar gut, insofern Bedarf besteht, aber im öffentlichen Interesse wäre es besser, so vielen dieser untätigen Bezieher von Leistungen wie möglich eine Anstellung zu verschaffen, bei der sie nützliche Arbeit verrichten. Programme wie die Works Progress Administration (WPA) und das Civilian Conservation Corps (CCC), an die ich mich aus meiner Kindheit erinnere, bauten in den 1930er-Jahren Straßen, Brücken und öffentliche Bauten und diese Verbesserung unserer Infrastruktur kam uns allen über Jahrzehnte hinweg zugute.

Auch die Immobilienbranche bekam von der Politik ihr Geschenk. Wer sich zum ersten Mal ein Eigenheim kaufte, erhielt eine vollständig erstattungsfähige Steuergutschrift in Höhe von 8.000 Dollar. „Vollständig erstattungsfähig“ bedeutet, dass man die 8.000 Dollar auch dann beantragen und erhalten kann, wenn man in seinem Leben noch keinen Pfennig Steuern bezahlt hat. Diese trügerische Formulierung ist typisch für Politiker. Im Rahmen dieses schlecht kontrollierten Programms kaufte sich zum Beispiel ein Vierjähriger ein Haus. Zumindest war es wirklich sein erstes Mal.

In einigen Fällen akzeptierten skrupellose Hypothekenbanken die Steuer-„Erstattung“ als Anzahlung und verlangten vom Käufer kein zusätzliches Eigenkapital. Des Weiteren belohnte der Kongress die Immobilienlobby, indem er das Programm auf Menschen ausweitete, die in den letzten drei Jahren kein Haus gekauft hatten. Warum sollte man nicht, angeregt durch die Abwrackprämie „Cash for Clunkers“, eine Abrissprämie namens „Dollars for Demolition“ verabschieden, in deren Rahmen Menschen, die heruntergekommene Häuser besitzen, eine „vollständig erstattungsfähige“ Steuergutschrift von sagen wir 100.000 Dollar erhalten, wenn sie ihr Haus abreißen und ein neues bauen? Dies würde die Bauindustrie ankurbeln – einen wichtigen Teil der amerikanischen Wirtschaft. Die Möglichkeiten sind endlos.

Vermögensblasen, bei denen die Manie der Anleger die Preise in extreme Höhen treibt, stellen die Anleger immer wieder vor ein Rätsel. Kann man davon profitieren? Größere Verluste vermeiden? Meiner Erfahrung nach ist es leicht, eine Blase zu erkennen, wenn sie bereits in vollem Gange ist, da dann die Preise und Bewertungen weit über die historischen Normen hinausgehen und offenbar wirtschaftlich keinen Sinn ergeben. Beispiele dafür sind der Sparkassenboom in den 1980er-Jahren, die Überbewertung der Technologie-Aktien in den Jahren 1999 und 2000 sowie die große Inflation der Immobilienpreise, die 2006 ihren Höhepunkt erreichte. Dabei Gewinn zu erzielen ist schon schwieriger. Ähnlich wie bei einem Pyramidensystem ist es nämlich nicht so leicht, vorherzusagen, wann es aufhören wird. Wenn man zu früh dagegensetzt, kann man sich selbst dann kurzfristig ruinieren, wenn man auf lange Sicht richtigliegt. Wie Keynes einmal gesagt hat, kann der Markt länger irrational bleiben, als Sie solvent bleiben können.[11]

Und wie sieht es mit der Verlustvermeidung aus? Sobald man die Blase entdeckt hat, investiert man schlicht nicht mehr in sie. Es gibt jedoch das Problem der schädigenden Überlaufeffekte beziehungsweise der Ansteckung. Der Zusammenbruch der Immobilienpreise von 2006 bis 2010 schädigte nicht nur Spekulanten und diejenigen, die zu spät kauften. Derivate verbreiteten den Schaden in der ganzen Welt. Im März 2009, als der S&P 500 von seinem Höchststand aus um 57 Prozent gefallen war, konnte ich nicht sagen, ob ich Aktien kaufen oder diejenigen verkaufen sollte, die ich hatte. Beide Entscheidungen konnten katastrophal sein. Wären wir in eine Weltwirtschaftskrise geraten, wäre der Zukauf kostspielig gewesen. In dem anderen Szenario, das auch tatsächlich eintrat, war das der Tiefpunkt und die Aktien stiegen in weniger als einem Jahr um mehr als 70 Prozent. Warren Buffett, der bessere Informationen und Einblicke als fast jeder andere hatte, erzählte später Scott Patterson vom *Wall Street Journal*, an einem bestimmten Punkt habe er in den Abgrund geblickt und die Möglichkeit in Betracht gezogen, dass es mit allem bergab gehen könnte, sogar mit Berkshire Hathaway.[12] Erst als die US-Regierung ankündigte, dass sie alles Notwendige tun würde, um das Finanzsystem zu retten, habe er erkannt, dass wir gerettet waren.

Wie können wir zukünftige Finanzkrisen verhindern, die durch den systemweiten und kaum regulierten Einsatz extremer Hebelwirkungen ausgelöst werden? Eine naheliegende Maßnahme ist die Begrenzung der Verschuldung, indem von beiden Kontrahenten ausreichende Sicherheiten verlangt werden, wenn sie miteinander handeln. So läuft das an regulierten Terminbörsen, wo auch die Kontrakte standardisiert sind. Dieses Modell funktioniert seit Jahrzehnten gut, lässt sich leicht regulieren – vor allem durch die Börsen selbst – und hat bislang kaum Probleme verursacht.

Institutionen, die „too big to fail" sind und bei denen ein erhebliches Risiko besteht, dass sie wirklich pleitegehen, sollten in Teile aufgebrochen werden, die klein genug sind, um sie bankrottgehen zu lassen, ohne dadurch das Finanzsystem zu gefährden. Wie Alan Greenspan irgendwann einmal zugab: „Zu groß, um pleitegehen zu dürfen, ist zu groß." Das ist zwar eine griffige Formulierung, aber sie geht am eigentlichen Problem vorbei. Nicht die schiere Größe einer Institution ist das, was die Gefahr schafft, sondern die Größe des Risikos für das Finanzsystem im Falle einer Pleite. Wie Paul Krugman unterstreicht, waren in Kanadas Finanzsystem die großen Institutionen genauso konzentriert wie in den Vereinigten Staaten, aber in Kanada gab es keine massiven Ausfälle von Hypothekendarlehen, kollabierende Finanzinstitute und gigantischen Rettungsaktionen.[13] Der Unterschied war, dass Kanada strenge Standards für Hypotheken und strengere Limits für die Verschuldung und die Risiken von Banken hatte.

Unsere Unternehmenslenker spekulieren mit dem Vermögen ihrer Aktionäre, weil sie dadurch im Gewinnfall eine große persönliche Belohnung erhalten – und selbst wenn sie verlieren, werden sie oft von gehorsamen Politikern mit öffentlichen Geldern unterstützt. Wir privatisieren den Gewinn und sozialisieren das Risiko.

Dass es den Chefs von Unternehmen gelingt, sich einen immer größeren Teil des allgemeinen Vermögens zu sichern, schlägt sich in dem nieder, was CEOs verdienen. Verglichen mit einem ihrer durchschnittlichen Beschäftigten brachten CEOs im Jahr 1965 etwa 24-mal so viel Geld mit nach Hause, aber „vier Jahrzehnte später betrug das Verhältnis 411 zu 1".[14] Ein weiteres Indiz für die zunehmende wirtschaftliche Ungleichheit ist der Anteil des Nationaleinkommens, der vom obersten Hundertstel Prozent aller Erwerbstätigen erwirtschaftet wird. 1929 bekamen sie zehn Prozent des Nationaleinkommens. Dieser Anteil fiel während der Großen Depression auf etwa fünf Prozent und begann ab den 1980er-Jahren wieder allmählich zu steigen. In den letzten Jahren brach der Anteil dieser 12.500 Haushalte am Nationaleinkommen seinen Rekord aus dem Jahr 1929 von zehn Prozent und wächst weiter. Die betreffenden Führungskräfte behaupten, ihre Vergütung verleihe ihnen die Inspiration, zu kreativen Motoren der kapitalistischen Gesellschaft zu werden, von denen wir alle profitieren. Eine dieser Belohnungen für uns war die Krise im Jahr 2008.

Studien, die sowohl vor als auch nach der Rezession 2008/2009 durchgeführt wurden, haben gezeigt, dass je höher der Prozentsatz des Unternehmensgewinns war, der an die fünf obersten Führungskräfte gezahlt wurde, desto schlechter die Gewinne und die Aktienperformance des Unternehmens waren. Die Führungskräfte behaupten, die „Gesetze des Marktes" würden ihr Gehalt bestimmen, doch wie Moshe Adler in seinem Artikel „Overthrowing the Overpaid"[15] betont, kamen die Ökonomen David Ricardo und Adam Smith schon vor über 200 Jahren zu dem Schluss, „dass das, was eine Person verdient, nicht durch das bestimmt wird, was diese Person produziert hat, sondern durch die Verhandlungsmacht dieser Person. Warum? Weil die Produktion typischerweise von Teams durchgeführt wird ... und der Beitrag jedes einzelnen Mitglieds nicht von dem der anderen zu trennen ist".

Eine Welle populistischer Empörung führte dazu, dass Gesetze zur Begrenzung der Managervergütung gefordert wurden. Eine einfachere und effektivere Lösung wäre die Stärkung der Aktionäre. Sie sind die Eigentümer des Unternehmens und diejenigen, die von ihren Vorständen und Aufsichtsräten ausgeplündert werden.

Derzeit führen die meisten Verwaltungsräte ihre Firmen wie Bananenrepubliken. Wenn die Aktionäre über Verwaltungsräte abstimmen, die in der Regel vom sich selbst ewig aufrechterhaltenden Vorstand ernannt werden, können sie normalerweise mit Ja oder Nein stimmen. Eine Ja-Stimme kann gegen eine Million Nein-Stimmen zur Wahl eines Verwaltungsrats führen. Die Unternehmenssatzungen sind bewusst so gestaltet, dass es für unabhängige Aktionäre schwierig bis unmöglich ist, Verwaltungsräte zu nominieren oder im Rahmen der Wahl Themen anzusprechen. Stattdessen sollten die Unternehmen – deren rechtliche Existenz doch vom Staat zugelassen und reguliert wird – verpflichtet werden, demokratische Wahlen nach den üblichen Abstimmungsregeln unserer amerikanischen Demokratie abzuhalten. Darüber hinaus sollte jeder Aktionärsblock, der zusammen einen bestimmten Prozentsatz der Aktien hält, das uneingeschränkte Recht haben, Verwaltungsräte zu nominieren und Themen auf den Stimmzettel zu setzen, darunter auch die Ablösung von Vorstandsmitgliedern und Führungskräften.

Manche Unternehmen entrechten die Aktionäre, indem sie zwei oder mehr Aktienklassen mit unterschiedlichen Stimmrechten ausgeben. Das Management besitzt beispielsweise A-Aktien mit je zehn Stimmen und die Allgemeinheit B-Aktien mit je einer Stimme. Wie würde es Ihnen gefallen, in einem Land zu leben, in dem jeder „Insider" zehn Stimmen abgeben könnte und jeder „Außenseiter" nur eine einzige? Das muss abgeschafft werden und das Prinzip „eine Aktie, eine Stimme" muss gelten. Ein weiteres Problem besteht darin, dass derzeit Institutionen, die Aktien im Auftrag von deren Inhabern verwahren, stellvertretend Stimmen für diejenigen Aktionäre abgeben können, die nicht abstimmen wollen. Solche mit Vollmacht abgegebenen Stimmen erhalten in der Regel die derzeitige Geschäftsführung im Amt und bestätigen ihre Entscheidungen. Das sollte man dahingehend ändern, dass ausschließlich Stimmen zählen, die unmittelbar von Aktionären abgegeben werden. Die unter Vollmacht abgegebenen Stimmen würden dann nicht mehr zählen.

Diese beiden Maßnahmen – demokratische Wahlen und das Antragsrecht von Aktionären bei Abstimmungen – würden es den Eigentümern des Unternehmens, nämlich den Aktionären, ermöglichen, die Kontrolle über die Vergütung von Spitzenführungskräften, ihren sogenannten

„Beauftragten", auszuüben, und sie wären meiner Meinung nach weitaus wirksamer und präziser als eine direkte staatliche Regulierung.

Unsere Wirtschaft erholte sich nach der Krise 2008/2009 zwar wieder, es wurde jedoch wenig getan, um durch Sicherheitsvorkehrungen eine Wiederholung zu verhindern. Der Philosoph George Santayana äußerte einmal die berühmte Warnung: „Wer sich nicht an die Vergangenheit erinnern kann, ist dazu verdammt, sie zu wiederholen." Den gesellschaftlichen Institutionen mag es schwerfallen, aus der Geschichte zu lernen, doch Einzelpersonen können es. Als Nächstes teile ich einiges von dem mit, was ich gelernt habe.

30

KAPITEL

Gedanken

Zum Abschluss dieser Geschichte meiner Odyssee durch Wissenschaft, Mathematik, Glücksspiel, Hedgefonds, Finanzen und Investments möchte ich einiges von dem mit Ihnen teilen, was ich auf diesem Weg gelernt habe. Bildung war für mich alles. Die Mathematik lehrte mich, logisch zu denken und Zahlen, Tabellen, Diagramme und Berechnungen als zweite Natur zu begreifen. Physik, Chemie, Astronomie und Biologie offenbarten mir die Wunder dieser Welt und zeigten mir, wie man Modelle und Theorien für Beschreibungen und Vorhersagen erstellt. Das hat sich für mich sowohl beim Spielen als auch bei der Geldanlage ausgezahlt.

Bildung erstellt Software für das Gehirn. Stellen Sie sich vor, dass Sie bei der Geburt ein Computer mit einem grundlegenden Betriebssystem und nicht viel mehr sind. Lernen ist wie das Hinzufügen von kleinen und großen Programmen auf diesem Computer – vom Zeichnen eines Gesichts über das Radfahren bis hin zur Differenzialrechnung. Dann verwenden Sie diese Programme, um Ihren Weg durch diese Welt zu finden. Vieles von dem, was ich gelernt habe, habe ich von Schulen und von Lehrern. Noch wertvoller war jedoch, dass ich schon früh gelernt habe, mir selbst etwas beizubringen. Das zahlte sich später aus, weil es keine Kurse darin gab, wie man Blackjack schlägt, einen Roulette-Computer baut oder einen marktneutralen Hedgefonds auflegt.

Ich merkte, dass die meisten Menschen die Wahrscheinlichkeitsberechnungen nicht verstehen, die man braucht, um Glücksspiele zu analysieren oder Probleme im täglichen Leben zu lösen. Diese Fähigkeit brauchte unsere Art nicht, um in den Urwäldern und Savannen zu überleben. Wenn ein Löwe brüllte, kletterte man instinktiv auf den nächsten Baum und dachte erst später darüber nach, was man als Nächstes tun sollte. Heute haben wir hingegen oft die Zeit, um vorauszudenken, vorauszuberechnen und vorauszuplanen – und hier kann uns die Mathematik bei Entscheidungen helfen. Zum Beispiel die Frage, ob sich Sicherheitsgurte und Airbags „lohnen". Nehmen wir an, man rüstet 100 Millionen Fahrzeuge zu Kosten von 300 Dollar pro Stück damit nach, was 30 Milliarden Dollar ergibt, und danach gibt es 5.000 Verkehrstote weniger pro Jahr. Wenn diese Fahrzeuge mit ihren zusätzlichen Sicherheitsmerkmalen zehn Jahre lang im Einsatz sind, ergibt das 50.000 Leben, die für 30 Milliarden Dollar, also 600.000 Dollar pro Leben, gerettet werden. Obwohl in der Autoindustrie viele dagegen waren, haben wir das Geld ausgegeben und die Leben gerettet.

Wie sieht es mit einem Raucher aus, der täglich eine Packung raucht? Tut er dies 40 Jahre lang, verkürzt er dadurch sein Leben im Durchschnitt um sieben Jahre. Jede Zigarette bringt einen aber nicht nur dem Tod um zwölf Minuten näher, sondern auch gesundheitliche Probleme mit sich, die einem die verbleibenden Jahre vergällen. Dazu kommen die Kosten für die Allgemeinheit, nämlich höhere Gesundheitskosten in den letzten Lebensjahren, mehr Krankheitstage in den Arbeitsjahren und Schädigungen durch Passivrauchen. Aber das sind Durchschnittswerte. Manche Raucher sterben nicht an Krankheiten, die etwas mit dem Rauchen zu tun haben, andere hingegen sterben in jungen Jahren. Das ist wie beim Roulette. Im Durchschnitt verliert man fünf Cent, wenn man einen Dollar setzt. Aber das ist eben nur ein Durchschnitt. Manche Spieler sind schnell pleite und andere können sich eine ganze Weile halten.

Eine der größten gesellschaftspolitischen Fragen der heutigen Zeit ist das Kosten-Nutzen-Verhältnis bestimmter Maßnahmen. Ist es besser, 500.000 Dollar auszugeben, um das Leben eines Menschen mit extrem medikamentenresistenter Tuberkulose zu retten, oder den gleichen Betrag zu verwenden, um 50 Leben zu retten, indem man 50 Dosen Grippeimpfstoff zu je zehn Dollar an Schulkinder verteilt? Die statistische Denkweise kann uns bei solchen Entscheidungen helfen.

Ich finde, die Grundlagen der Wahrscheinlichkeit und der Statistik sollten vom Kindergarten bis zur 12. Klasse gelehrt werden und dass die Analyse von Glücksspielen wie Münzwurf, Würfelspielen und Roulette eine Möglichkeit ist, genug zu lernen, um solche Fragen zu durchdenken. Wenn man versteht, wieso Casinos in der Regel gewinnen, könnte einen das vom Glücksspiel abhalten und einem beibringen, die Verluste auf ihren Unterhaltungswert zu begrenzen. Derzeit fordert das Glücksspiel vor allem einen hohen, die Gesellschaft zersetzenden Tribut auf Unwissenheit und schröpft diejenigen, die sich keine Verluste leisten können.

Das meiste, was ich beim Glücksspiel gelernt habe, gilt auch für die Geldanlage. Die meisten Menschen verstehen Risiken, Belohnungen und Unsicherheiten nicht. Ihre Anlageergebnisse könnten viel besser sein, wenn sie diese Punkte verstünden. Zum Beispiel hielt vor Jahren meine Wohnungseigentümergemeinschaft ihre Barreserven in 30-tägigen US-Schatzwechseln vor, damit sie absolut sicher waren. Allerdings gab sie pro Jahr nur etwa ein Fünftel dieser Reserven aus. Ich schlug vor, dass sie ein Fünftel ihrer Reserven in US-Staatsanleihen steckt, die im kommenden Jahr fällig werden, ein weiteres Fünftel in Anleihen, die im Jahr danach fällig werden, und so weiter. Diese bekannte Strategie, die man als Leiterstrategie bezeichnet, zahlt sich in der Regel aus, weil längerfristige US-Anleihen vor ihrer Fälligkeit stärker schwanken und daher in der Regel höhere Renditen abwerfen. In den letzten 83 Jahren übertrafen 5-jährige Anleihen die 30-tägigen Schatzwechsel im Schnitt um etwa 1,8 Prozent pro Jahr. Der Schatzmeister der Eigentümergemeinschaft, von Beruf Buchhalter, lehnte die Idee zunächst ab, stimmte aber später zu und setzte sie gewinnbringend ein.

Ich würde es begrüßen, wenn in der Grundschule und in den weiterführenden Schulen die Grundlagen des Finanzwesens gelehrt würden. Wenn mehr Bürger wüssten, wie man sein Girokonto ausgleicht und wie man für sich selbst Gewinn-und Verlustrechnungen sowie Bilanzen erstellt und versteht, wären sie vielleicht besser in der Lage, sich für Häuser zu entscheiden, die sie sich auch leisten können. Würden die Menschen ihre Anlagen richtig verwalten, wären sie besser auf die Rente vorbereitet und ihr Leben lang weniger von der Gesellschaft abhängig.

Eine der größten Freuden, die mir das Studium der Geldanlage, des Finanzwesens und der Wirtschaft bescherten, sind die Erkenntnisse über die Menschen und die Gesellschaft, die ich dadurch gewonnen habe. In den physikalischen Wissenschaften gibt es Regeln wie etwa das Schwerkraftgesetz, die in der Welt, die wir kennen, allgemeingültig sind. Aber für die Menschen und die Art und Weise, wie sie interagieren, gibt es keine breit angelegten unveränderlichen Theorien und die wird es wohl auch nie geben. Stattdessen stieß ich auf eher begrenzte Konzepte, die Dinge miteinander verknüpfen und das Verstehen abkürzen.

Eines davon ist ein Lieblingskonzept der wirtschaftsliberalen Freunde der freien Marktwirtschaft und wurde 1776 von Adam Smith eingeführt. Smith behauptete, in einer Wirtschaft, die aus vielen kleinen Käufern und Verkäufern besteht und in der jeder versucht, seinen eigenen Gewinn zu maximieren, werde unser gemeinsamer Nutzen maximiert, so als würde sie von einer „unsichtbaren Hand“ geleitet. Diese Auffassung ist allerdings nur von begrenztem Nutzen, weil die meisten Märkte nicht so beschaffen sind, wie Smith annahm. Nehmen wir die Computerchips: 99,8 Prozent von ihnen werden weltweit von nur zwei US-Unternehmen hergestellt, wobei das kleinere davon ums Überleben kämpft.

Ein der Zauberkraft der unsichtbaren Hand entgegengesetztes Konzept ist die „Tragik der Allmende“, die Garrett Hardin 1968 erläuterte.[1] Stellen Sie sich eine natürliche Ressource vor, die jeder frei nutzen kann, wie zum Beispiel – in früheren Zeiten – Fisch im Meer, der gefangen werden kann. Im 18. Jahrhundert waren die Kabeljauschwärme so groß, dass Benjamin Franklin erstaunt war, als sein Schiff sie tagelang durchpflügte. Jetzt, nach über zwei Jahrhunderten Überfischung, ist diese

Population zusammengebrochen. Wo hat hier das individuelle Eigeninteresse das Allgemeinwohl maximiert? Auf globaler Ebene haben wir das Beispiel der Umweltverschmutzung: Der einzelne Mensch hat unbeschränkt fossile Brennstoffe verbrannt und dadurch die Menge an Treibhausgasen wie CO_2 stark erhöht, was dazu geführt hat, dass die Temperatur auf der Erde in den letzten hundert Jahren kontinuierlich gestiegen ist. Zudem verursacht der Feinstaub auch Lungenerkrankungen und Todesfälle. Aber jeder Verursacher hat von seinem individuellen Handeln mehr Gewinn als Verlust und somit keinen unmittelbaren Anreiz, daran etwas zu ändern.

Die Lösung für die Gesellschaft veranschaulicht noch ein weiteres einigendes Konzept, nämlich das der „Externalitäten" oder externen Effekte. Im obskuren Jargon des Wirtschaftspriestertums ist eine Externalität ein Kosten- oder Nutzenfaktor für die Gesellschaft, der aus einer privatwirtschaftlichen Aktivität resultiert. Bei der Luftverschmutzung handelt es sich um einen negativen externen Effekt. Damit liegt die „gerechte" Lösung auf der Hand: Man beziffere den Schaden und verlange Steuern in dieser Höhe. Externalitäten können auch positiv sein. Wenn ich mein Haus brandsicher mache, schützt das meine Nachbarn, senkt im Endeffekt die Kosten für die örtliche Feuerwehr und erhöht den Gewinn meiner Versicherungsgesellschaft.[2] Anstatt besteuert zu werden, könnte ich dann vielleicht durch eine Senkung meiner Versicherungsbeiträge belohnt werden.

Charlie Munger, Gesellschafter von Berkshire Hathaway, präsentiert seine Liste solcher Denkwerkzeuge in dem fesselnden Buch „Poor Charlie's Almanack: The Wit and Wisdom of Charles T. Munger".[3] Diese multidisziplinäre Sammlung von Einsichten beinhaltet auch einen meiner Favoriten für das Verständnis von Geschäften und Beziehungen, nämlich „Schau dir die Anreize an", was eng verwandt mit der Frage „Cui bono?" oder „Wer gewinnt dabei etwas?" ist. Cui bono erklärt sofort, warum 7.000 US-amerikanische Schusswaffenhändler, die von Tijuana bis Corpus Christi die Grenze zu Mexiko säumen, fast alle militärischen Waffen frei verkaufen dürfen, die von den mexikanischen Drogenkartellen benutzt werden. Es erklärt auch, warum der Kongress die verschwenderische

Torheit verordnet hat, aus Mais Ethanol zu produzieren, wobei fast so viel Umweltverschmutzung erzeugt wie ausgeglichen wird und wodurch für jedermann die Nahrungsmittelpreise in die Höhe getrieben werden. Wenn die Verwendung von Ethanol das Ziel war, weshalb galt dann bis Ende 2011 ein Zoll von 54 Cent pro Gallone, um brasilianisches Ethanol fernzuhalten?

Weitere Einsichten ergeben sich aus einem noch viel größeren Gedanken, der für alle Anleger von fundamentaler Bedeutung ist, nämlich der Erkenntnis, dass die Gruppe, die ich die politisch vernetzten Reichen nenne, die dominierende wirtschaftliche und politische Macht in den Vereinigten Staaten ist. Dieses Konzept ist von entscheidender Bedeutung, um zu verstehen, was in unserer Gesellschaft passiert und warum es passiert. Das sind diejenigen, die mithilfe von Wahlkampfspenden, Karrierechancen, Investitionsgewinnen und so weiter Politiker kaufen. Als Vermögende, die auch die Macht kontrollieren, lenken sie das Land und werden es auch weiterhin tun. Wir haben ja erlebt, wie sie die Regierung benutzt haben, um sich aus der Finanzkrise 2008/2009 retten zu lassen.

Eines möchte ich dabei klarstellen: Ich habe nichts dagegen, dass manche Leute reicher und sogar viel reicher sind als andere. Ich lehne es jedoch ab, dass Reichtum durch politische Verbindungen anstatt durch eigenes Verdienst erworben wird. Wenn ein Basketballverein meinem Nachbarn Kobe Bryant 20 Millionen Dollar im Jahr bezahlt, weil es so viel kostet, ihn zu bekommen – in Ordnung. Aber wenn Hedgefonds-Manager Politiker bestechen, damit sie in die Gesetzgebung Bestimmungen aufnehmen, durch die die Steuern auf einen Großteil ihrer Einkünfte auf einen Bruchteil dessen sinken, was ein durchschnittlicher Erwerbstätiger verdient, dann habe ich etwas dagegen.[4]

Vereinfacht ausgedrückt gibt es zwei Arten von Reichen, nämlich diejenigen, die den Staat benutzen, um das Spielfeld zu ihren Gunsten zu kippen, und diejenigen, die das nicht tun. Erstere zahlen einen Steuersatz, der deutlich unter dem der Mittelschicht liegt, und Letztere zahlen wesentlich mehr. Der Mischsatz der beiden Gruppen ist vergleichbar mit dem der oberen Mittelschicht. Aber die politisch vernetzten Reichen weisen normalerweise auf die höheren Steuern hin, die von ihren nicht vernetzten reichen Kollegen bezahlt werden, um noch mehr Steuererleichterungen für sich selbst zu fordern. Die Macht liegt innerhalb dieser Gruppe vor allem bei denjenigen, die zu den oberen 0,01 Prozent der Vermögensinhaber gehören und derzeit jeweils 125 Millionen Dollar oder noch mehr besitzen.

Ein weiteres Thema im Umgang mit Fragen der öffentlichen Ordnung ist die Vereinfachung von Vorschriften und Gesetzen. Der Staat muss aufhören, Mikromanagement zu betreiben. So haben beispielsweise Kalifornien und viele andere Bundesstaaten ihre eigenen Einkommensteuergesetze, die zwar den Gesetzen des Bundes ähneln, sich aber genug davon unterscheiden, damit man als Bewohner dieser Staaten eine bundesstaatliche Steuererklärung ausfüllen und abgeben muss, die genauso ausführlich und kompliziert ist wie die Steuererklärung für den Bund. Hier mein Lösungsvorschlag: Die Einkommensteuer für Privatpersonen sollte einfach als Bruchteil der Bundessteuer festgesetzt werden, und zwar so, dass der Staat damit die gleichen Einnahmen erzielt wie derzeit. Eine solche Steuererklärung würde auf eine Postkarte passen, jedem Steuerzahler Zeit sparen und mehrere Tausend unproduktive Staatsbedienstete für sinnvolle Tätigkeiten in der Privatwirtschaft freisetzen. Die Beseitigung von 3.000 Angestellten des Bundesstaats Kalifornien, die einschließlich Gehältern, Sozialleistungen und laufenden Kosten jeweils 100.000 Dollar kosten, würde dem unter Druck stehenden Staat 300 Millionen Dollar im Jahr einsparen, ganz zu schweigen von der vielen Zeit und dem vielen Geld, das die Bürger sparen würden. Das ist ein Vorschlag, der an den Steuereinnahmen nichts ändert und dem Staat im Endeffekt einen Gewinn bringt.

Noch größere Vorteile ergeben sich, wenn man diesen Ansatz auf die Steuergesetzgebung des Bundes anwendet. Die Steuersätze sind ja deshalb so hoch, weil die überaus lückenhaften Regelungen es vielen Steuerzahlern ermöglichen, weniger oder gar nichts zu bezahlen. Eine einkommensneutrale Pauschalsteuer könnte das Steuergesetz einfach und fair machen und würde diejenigen erwischen, die sich derzeit auf unsere Kosten eine Schwarzfahrt gönnen. Alle Einkommen würden gleichmäßig besteuert, wobei zum Beispiel bis zum Eineinhalbfachen der

Armutsgrenze Steuerfreiheit herrschen könnte. Diejenigen, die unter diesem Schwellenwert liegen, würden keine Steuern bezahlen. Da diese Gruppe insgesamt nur einen kleinen Teil des Nationaleinkommens ausmacht, würde sich diese Steuerfreiheit nur minimal auswirken.[5] Da dann viel derzeit unversteuertes Einkommen besteuert würde, läge der geschätzte einkommensneutrale Steuersatz bei circa 20 Prozent.[6] Auch dies könnte der Gesellschaft enormen Nutzen bringen. Hunderttausende von Staatsbediensteten, Steueranwälten, Buchhaltern und Steuerberatern könnten dann (hoffentlich) einen produktiven Beitrag zur Gesellschaft leisten. Die Mehrwertsteuer ist ein weiterer Vorschlag, der diejenigen wieder einfängt, die bislang der Besteuerung entgehen, und den Spitzensteuersatz halbiert.

Eine Idee zu haben, die der Gesellschaft zugutekommt, ist aber nur der erste Schritt. Der schwierigste Teil ist meistens die Verabschiedung von Gesetzen, um sie umzusetzen. Inzwischen ist das noch schwieriger geworden, weil der politische Konflikt zwischen den Parteien in den Vereinigten Staaten extrem geworden ist. Politik, die einst als Kunst des Möglichen bezeichnet wurde, wird zur Kunst des Unmöglichen. Stillstand aufgrund zweier kompromissloser gegnerischer Fraktionen war eine der Ursachen für den Sturz des Römischen Reiches.

Man kann behaupten, dass es in der Geschichte nur zwei große Supermächte gegeben hat, das Römische Reich nach der Niederlage von Karthago und die Vereinigten Staaten nach dem Fall der Sowjetunion. Für langfristig orientierte Anleger ist es von großer Bedeutung, ob die Vereinigten Staaten im 21. Jahrhundert noch die dominierende Weltmacht sein werden oder ob wir unseren Höhepunkt erreicht haben und unsere Stärke mit kostspieligen Kriegen im Ausland, finanzieller Misswirtschaft und innenpolitischen Auseinandersetzungen vergeuden. Ersteres Szenario könnte dazu führen, dass die Aktien ein weiteres Jahrhundert lang inflationsbereinigt sieben Prozent abwerfen. Das andere Ergebnis könnte weit unangenehmer werden. Den Pessimisten teile ich jedoch beschwichtigend mit, dass wir immer noch reich und innovativ sind und dass außerdem Rom nicht an einem Tag zerstört wurde. Nationen, die einst zu den mächtigsten gehörten, wie Großbritannien, Frankreich,

Italien, Spanien, die Niederlande und Portugal, gehören immer noch zu den am weitesten entwickelten und zivilisierten Ländern der Welt. Den Optimisten gegenüber erwähne ich das Offensichtliche: endlose Defizite, massive Verschwendung von Menschenleben und Reichtum durch Kriege, politisch motivierte Subventionen (Schweinefleisch, Bail-outs, Wohlfahrtsmaßnahmen für Unternehmen, Bezahlung erwerbsfähiger Personen dafür, dass sie nicht arbeiten) und destruktive Vetternwirtschaft in allen drei staatlichen Gewalten. Und gleichzeitig verändert der Aufstieg Chinas die geopolitische und wirtschaftliche Landschaft.

Eine der unheilvollsten und am meisten unterschätzten Bedrohungen für unsere Zukunft liegt im Bereich Bildung und Technologie. Mein Heimatstaat Kalifornien ist bei diesem Wettlauf nach unten führend. Die Anti-Steuer-Bewegung, die die Steuereinnahmen gesenkt hat, hungert den Staat und insbesondere das Bildungssystem aus. Die zehn Campusse der Universität von Kalifornien, die einst eines der besten staatlichen Hochschulsysteme der Welt bildeten, haben die Studiengebühren im Jahr 2015 auf 12.000 Dollar pro Jahr erhöht.[7] Als ich 1949 Student war, waren es 70 Dollar, was inflationsbereinigt heutigen 700 Dollar entspricht. Jedem qualifizierten Schüler stand eine gute Ausbildung zur Verfügung. Die Universitätsabsolventen der Universität wurden zu den Anführern der technologischen Revolution; aber im Jahr 2014 trug der Staat nur etwa zehn Prozent zu den Gesamtkosten des Universitätsbetriebs an allen kalifornischen Standorten bei.

Wenn das System der kalifornischen Universitäten die Studiengebühren verdoppeln würde, könnte es auf die staatliche Unterstützung verzichten und zur privaten Hochschule werden! Da Studenten aus anderen Bundesstaaten und aus dem Ausland dreimal so hohe Studiengebühren wie Bürger Kaliforniens bezahlen, verschaffen sich manche Dekane und Verwaltungschefs dadurch mehr Geld, dass sie Letztere durch Erstere ersetzen. Und zwischenzeitlich erhalten begabte ausländische Studenten – viele von ihnen Chinesen[8] – weiterführende US-amerikanische Studienabschlüsse und kehren dann in ihre Heimat zurück, anstatt den Kampf um eine Postdoc-Finanzierung aufzunehmen und eine Aufenthaltserlaubnis zu beantragen. Talentierte in den Vereinigten Staaten geborene

Wissenschaftler und Ingenieure schließen sich ihnen im Zuge eines umgekehrten Brain Drains an. Ökonomen haben herausgefunden, dass ein Faktor das zukünftige Wirtschaftswachstum und den zukünftigen Wohlstand einer Nation mehr als jeder andere beeinflusst: wie viele Wissenschaftler und Ingenieure sie hervorbringt. Das Bildungswesen auszuhungern bedeutet, dass wir unser eigenes Saatgut aufessen. Heute keine Steuern, morgen keine Technologie.

Epilog

Freud hat einmal gesagt, sobald unsere grundlegenden Bedürfnisse wie Nahrung, Kleidung, Behausung und Gesundheit gedeckt sind, würden wir nach Reichtum, Macht, Ehre und der Liebe von Männern und Frauen streben. Finanztitanen, die immer weiter aggressiv nach zig Millionen, Hunderten von Millionen und manchmal Milliarden streben, kann man fragen: „Ist der Gewinner wirklich derjenige, der mit den meisten Spielsachen stirbt?" Wie viel ist genug? Wann ist man damit fertig? Die Antwort lautet oft: „Nie".

Um meine Lebensqualität zu bewahren, um mehr Zeit meines Lebens mit Menschen zu verbringen, die ich schätze, und mit der Erforschung von Ideen, die mir Freude bereiten, habe ich mich bei einer Reihe geschäftlicher Unternehmungen entschieden, sie nicht weiterzuverfolgen, obwohl ich überzeugt war, dass sie fast mit Sicherheit äußerst profitabel wären. Nachdem ich die wichtigsten Konzepte zu einem Thema ausgearbeitet und in der Praxis erprobt hatte, wollte ich neue mentale Herausforderungen. Von Glücksspielen aus begab ich mich in die Welt der Investments – mit Optionsscheinen, Optionen, Wandelanleihen und anderen Derivaten, dann mit der statistischen Arbitrage. Als angehender

Universitätsprofessor erwartete ich, mein Leben mit Forschung und Lehre zu verbringen und dabei mit intelligenten, ähnlich gesinnten Menschen zu sprechen; aber von Kindheit an war ich fasziniert von der Kraft des abstrakten Denkens, mit dessen Hilfe man die natürliche Welt verstehen und lenken kann. Als ich später sah, dass die Physik durch den Nebel des Glücks hindurch die Ergebnisse beim Roulette voraussagen könnte und dass die Mathematik Chancen beim Blackjack kippen konnte, wurde ich in ein lebenslanges Abenteuer hineingezogen.

Ich hatte das Glück, den Großteil dieser Reise mit einer bemerkenswerten Gefährtin zu teilen. Seit ihrer Kindheit liebte meine Frau Vivian Bücher und verschlang sie. Ein Jahr lang führten wir ein Tagebuch über die Bücher, die wir lasen. Innerhalb von zwölf Monaten brauste sie mit einer Geschwindigkeit von 700 Wörtern oder mehr pro Minute durch mehr als 150 Bücher. Das weiß ich, weil ich eines Tages, als wir beide lasen, nicht glauben konnte, wie schnell sie die Seiten umblätterte, und sie deshalb eine Stunde lang stoppte, ohne dass sie es wusste. Ihre Liebe zu Büchern und ihre außerordentlichen Fähigkeiten bezüglich der englischen Sprache gab sie an unsere Kinder und Enkel weiter.

Sie beherrschte Bridge, studierte Kunst und Kunstgeschichte, lernte gut und gesund zu kochen, machte ihren Master in Bibliothekswissenschaften, regte ihre Familie an, auf Fitness und Gesundheit zu achten, und unterstützte sinnvolle und wohltätige Projekte. Sie war auch einer der wenigen Menschen, die man als Super-Recognizer bezeichnet. Sie erkannte mühelos Menschen, denen sie Jahrzehnte zuvor einmal begegnet war, obwohl sie sich bezüglich Alter, Stil, Haltung, Gestalt und Größe verändert hatten – meiner Meinung nach oft bis zur Unkenntlichkeit. Bei den meisten von uns ist es so, dass die Erinnerungen im Laufe der Zeit verblassen und dass die „Tatsachen“ womöglich den Wünschen unseres Herzens näherrücken. Wenn es um Menschen ging, war Vivians Gedächtnis gut und beständig im Zeitverlauf.

Als sie im Jahr 2011 an Krebs gestorben war, feierten wir ihr Leben mit einer Gedenkfeier. Wenn ich an unser gemeinsames Leben denke, erinnere ich mich an etwas, das ihr Bruder damals sagte: „Niemand kann dir den Tanz wegnehmen, den du getanzt hast.“

Das Leben ist wie die Lektüre eines Romans oder wie ein Marathonlauf. Es geht nicht so sehr darum, ein Ziel zu erreichen, sondern vielmehr um die Reise selbst und die Erfahrungen, die man unterwegs macht – wie in dem berühmten Ausspruch von Benjamin Franklin: „Die Zeit ist der Stoff, aus dem das Leben ist." Und alles kommt darauf an, wie man diese Zeit verbringt.

Die besten Zeiten in meinem Leben waren diejenigen, die ich mit Menschen verbracht habe, die mir wichtig sind – mit meiner Frau, mit meiner Familie, meinen Freunden und meinen Kollegen. Was immer Sie auch tun, genießen Sie Ihr Leben und die Menschen, die es mit Ihnen teilen, und hinterlassen Sie den nachfolgenden Generationen etwas Gutes von sich selbst.

A

ANHANG

Die Auswirkung der Inflation auf den Dollar

Diese Tabelle gibt an, wie sich die Kaufkraft des Dollar verändert hat.[1] Um zu sehen, was meinem Blackjack-Gewinn 1961 mit Manny Kimmel und Eddie Hand im Jahr 2013 entsprochen hätte, multipliziert man 11.000 Dollar mit dem Index für 2013 und teilt diese Zahl dann durch den Index von 1961: 11.000 Dollar x 233,0 : 29,9 = 85.719 Dollar. Um Dollar des Jahres A in Dollar des Jahres B umzurechnen, multipliziert man den Betrag mit dem Index für B und teilt durch den Index von A.

Insgesamt stieg der Index um rund 3,6 Prozent im Jahr, aber es gab ungewöhnliche Schwankungen. Der Index fiel (Deflation!) nach dem Crash 1929 und blieb dann zehn Jahre lang niedrig. Dann stieg er während des Zweiten Weltkriegs und in den ersten Nachkriegsjahren zügig.

Die meiste Zeit über war die Inflation in den Vereinigten Staaten und den meisten Ländern der Ersten Welt zwar moderat, aber gelegentlich auch katastrophal. Während der Hyperinflation in Deutschland in den Jahren 1919 bis 1923 fiel die Währung auf ein Hundertmilliardstel ihres vorherigen Wertes (durch 100.000.000.000 teilen). Schuldner waren saniert und Gläubiger waren ruiniert. Eine Inflation solchen Ausmaßes würde die rund 18 Billionen Staatsverschuldung der Vereinigten Staaten im Jahr 2015 auf den Gegenwert von 180 Dollar senken. Im Jahr 2009 erlebte das afrikanische Land Simbabwe eine mit der deutschen vergleichbare Hyperinflation und Geldscheine über mehrere Milliarden waren üblich.

Von seinem Höhepunkt im Jahr 1929 aus fiel der S&P 500 Total Return Index (einschließlich reinvestierter Dividenden) bis 1932 um 89 Prozent. Allerdings waren die Zeiten deflationär, sodass das Land den schwachen Trost hatte zu wissen, dass der Index inflationsbereinigt nur 85 Prozent verloren hatte.

Tabelle 9 **Verbraucherpreisindex**

Jahr	Index	Jahr	Index	Jahr	Index
1913	9,9	1929	17,2	1945	18,0
1914	10,0	1930	16,7	1946	19,5
1915	10,1	1931	15,2	1947	22,3
1916	10,9	1932	13,6	1948	24,0
1917	12,8	1933	12,9	1949	23,8
1918	15,0	1934	13,4	1950	24,1
1919	17,3	1935	13,7	1951	26,0
1920	20,0	1936	13,9	1952	26,6
1921	17,9	1937	14,4	1953	26,8
1922	16,8	1938	14,1	1954	26,9
1923	17,1	1939	13,9	1955	26,8
1924	17,1	1940	14,0	1956	27,2
1925	17,5	1941	14,7	1957	28,1
1926	17,7	1942	16,3	1958	28,9
1927	17,4	1943	17,3	1959	29,2
1928	17,2	1944	17,6	1960	29,6
1961	29,9	1979	72,6	1997	160,5
1962	30,3	1980	82,4	1998	163,0
1963	30,6	1981	90,9	1999	166,6
1964	31,0	1982	96,5	2000	172,2
1965	31,5	1983	99,6	2001	177,1

Jahr	Index	Jahr	Index	Jahr	Index
1966	32,5	1984	103,9	2002	179,9
1967	33,4	1985	107,6	2003	184,0
1968	34,8	1986	109,6	2004	188,9
1969	36,7	1987	113,6	2005	195,3
1970	38,8	1988	118,3	2006	201,6
1971	40,5	1989	124,0	2007	207,3
1972	41,8	1990	130,7	2008	215,3
1973	44,4	1991	136,2	2009	214,5
1974	49,3	1992	140,3	2010	218,1
1975	53,8	1993	144,5	2011	224,9
1976	56,9	1994	148,2	2012	229,6
1977	60,6	1995	152,4	2013	233,0
1978	65,2	1996	156,9		

US Department of Labor
Bureau of Labor Statistics
Washington, DC 20212
Conumer Price Index
All Urban Consumers – (CPI-U)
US City Average
All Items
1982-84 = 100

B

ANHANG

Historische Renditen

Tabelle 10 Historische Renditen von Anlageklassen 1926 bis 2013

Serie	Kumulierte Jahresrendite*	Durchschnittliche Jahresrendite**	Standardabweichung	Reale (inflationsbereinigte) Jahresrendite*	Sharpe Ratio†
Aktien von Großunternehmen	10,1 %	12,1 %	20,2 %	6,9 %	0,43
Aktien von Kleinunternehmen	12,3 %	16,9 %	32,3 %	9,1 %	0,41
Langfristige Unternehmensanleihen	6,0 %	6,3 %	8,4 %	2,9 %	0,33
Langfristige Staatsanleihen	5,5 %	5,9 %	9,8 %	2,4 %	0,24
Mittelfristige Staatsanleihen	5,3 %	5,4 %	5,7 %	2,3 %	0,33
US-Schatzwechsel	3,5 %	3,5 %	3,1 %	0,5 %	–
Inflation	3,0 %	3,0 %	4,1 %	–	–

* Geometrisches Mittel, ** Arithmetisches Mittel, † Arithmetisch
Aus: Ibbotson, *Stocks, Bonds, Bills and Inflation*, Yearbook, Morningstar, 2014. In *Stocks for the Long Run* gibt Siegal die US-Renditen ab 1801 an. Dimson et al. geben die Renditen für 16 Länder an und analysieren sie. Die Renditereihe hängt vom Zeitraum und vom konkret gewählten Index ab. Ich habe mich für Ibbotson als Standard entschieden, weil detaillierte und aktualisierte Zahlen problemlos verfügbar waren.

Tabelle 11 **Historische Renditen (%) für Anleger 1926 bis 2013**

		Abzüglich Verwaltungsgebühren		Abzüglich Handelsverlusten		Nach Steuern		Real (inflationsbereinigt) bei Steuerfreiheit		Steuerpflichtig	
Serie	**Kumulierte Jahresrendite***	**Passiv**	**Aktiv**	**Passiv**	**Aktiv**	**Passiv**	**Aktiv**	**Passiv**	**Aktiv**	**Passiv**	**Aktiv**
Aktien von Großunternehmen	10,1	9,9	8,9	9,7	7,7	7,8	5,0	6,7	4,7	4,8	2,0
Aktien von Kleinunternehmen	12,3	12,1	11,1	11,9	9,9	9,5	6,4	8,9	6,9	6,5	3,4
Langfristige Unternehmensanleihen	6,0	5,8	5,3	5,7	5,0	3,7	3,3	2,7	2,0	0,7	0,3
Langfristige Staatsanleihen	5,5	5,3	4,8	5,2	4,5	3,4	2,9	2,2	1,5	0,4	-0,1
Mittelfristige Staatsanleihen	5,3	5,1	4,6	5,0	4,3	3,3	2,8	2,0	1,3	0,3	-0,2
US-Schatzwechsel	3,5	3,3	2,8	3,2	2,7	2,1	1,8	0,2	-0,3	-0,9	-1,2
Inflation	3,0	–	–	–	–	–	–	–	–	–	–

* Geometrisches Mittel

Aus: Ibbotson, *Stocks, Bonds, Bills and Inflation*, Yearbook, Morningstar, 2014. In *Stocks for the Long Run* gibt Siegal die US-Renditen ab 1801 an. Dimson et al. geben die Renditen für 16 Länder an und analysieren sie. Die Renditereihe hängt vom Zeitraum und vom konkret gewählten Index ab. Auch hier habe ich mich für Ibbotson als Standard entschieden.

Tabelle 12 **Anfallende Kosten, die die historischen Renditen senken (%)**

	Aktien		Anleihen		Schatzwechsel	
	Passiv	Aktiv	Passiv	Aktiv	Passiv	Aktiv
Verwaltungskosten	0,2	1,2	0,2	0,7	0,2	0,7
Handelskosten	0,2	1,2	0,1	0,3	0,1	0,1
Geschätzte Besteuerung des Restes	20,0	35,0	35,0	35,0	35,0	35,0

Tabelle 13 **Jahresrenditen (%) von 1972 bis 2013**

	Kumulierte Jahresrendite*	Durchschnittliche Jahresrendite **	Standardabweichung
Aktien-REITs	11,9	13,5	18,4
Aktien von Großunternehmen	10,5	12,1	18,0
Aktien von Kleinunternehmen	13,7	16,1	23,2
Langfristige Unternehmensanleihen	8,4	8,9	10,3
Langfristige Staatsanleihen	8,2	8,9	12,4
Mittelfristige Staatsanleihen	7,5	7,7	6,6
US-Schatzwechsel	5,2	5,2	3,4
Inflation	4,2	4,3	3,1

* Geometrisches Mittel, ** Arithmetisches Mittel

In Tabelle 13 sind die historischen Renditen von Rendite-Immobilien in Form der Gesamtrenditen börsennotierter Real Estate Investment Trusts von 1972 bis 2013 angegeben.

Aus: Ibbotson, *Stocks, Bonds, Bills and Inflation*, Yearbook, Morningstar, 2014. In *Stocks for the Long Run* gibt Siegal die US-Renditen ab 1801 an. Dimson et al. geben die Renditen für 16 Länder an und analysieren sie. Die Renditereihe hängt vom Zeitraum und vom konkret gewählten Index ab.

C

ANHANG

Die 72er-Regel und mehr

Die 72er-Regel liefert schnell Näherungswerte für Fragestellungen im Zusammenhang mit Zinseszins und kumuliertem Wachstum. Sie sagt uns, wie viele Perioden es dauert, bis sich ein Vermögen bei einer bestimmten prozentualen Rendite verdoppelt, und liefert bei 7,85 Prozent genaue Werte. Bei kleineren Renditen geschieht die Verdopplung etwas schneller, als es die Regel angibt, bei höheren Renditen dauert es etwas länger. Die Tabelle vergleicht die von der Regel gelieferten Werte in Spalte 2 mit den genauen Werten in Spalte 3. Die Spalte mit den „exakten Regel" gibt die Zahl an, durch die man 72 ersetzen müsste, um die jeweilige Rendite zu errechnen. Bei einer Rendite von acht Prozent ist das auf zwei Dezimalen gerundet 72,05, woraus hervorgeht, wie dicht dran die 72er-Regel ist. Beachten Sie, dass die Zahl für die exakte Regel in Spalte 4 der Rendite in Spalte 1 je Periode multipliziert mit den entsprechenden Werten in Spalte 3 (tatsächliche Anzahl von Perioden bis zur Verdopplung) entsprechen sollte, dass die Zahlen in Spalte 4 aber nicht exakt dazu passen. Das liegt daran, dass die Zahlen in den Spalten 3 und 4 auf zwei Dezimalen gerundet sind.

Kopfrechner bemerken vielleicht, dass sich die exakte Regel bei jedem Prozent Änderung der Rendite je Periode um etwa ein Drittel ändert. Eine einfache Näherung für die exakte Regel lautet daher 72 + (R – 8 %) /3. Bei einem Prozent ergibt das 69,67 gegenüber den exakten 69,66 und bei 20 Prozent erhalten wir 76,00 statt der exakten 76,04. Auch auf den Rest der Tabelle passt diese Formel gut.

Tabelle zur 72er-Regel

	Anzahl von Perioden bis zur Verdopplung		
Rendite je Periode	Laut 72er-Regel	Tatsächlich	Exakte Regel
1 %	72,00	69,66	69,66
2 %	36,00	35,00	70,01
3 %	24,00	23,45	70,35
4 %	18,00	17,67	70,69
5 %	14,40	14,21	71,03
6 %	12,00	11,90	71,37
7 %	10,29	10,24	71,71
8 %	9,00	9,01	72,05
9 %	8,00	8,04	72,39
10 %	7,20	7,27	72,73
12 %	6,00	6,12	73,40
15 %	4,80	4,96	74,39
20 %	3,60	3,80	76,04
24 %	3,00	3,22	77,33
30 %	2,40	2,64	79,26
36 %	2,00	2,25	81,15

Das Prinzip dieser Regel funktioniert auch bei anderen Vermögensvielfachen. Um zum Beispiel eine Regel für die Verzehnfachung zu erhalten, teilt man alle Zahlen in der Tabelle durch 0,30103 (das ist $\log_{10} 2$). Also erhalten wir bei acht Prozent circa 240 und haben somit eine „240er-Regel" für die Verzehnfachung. Daraus ergibt sich, dass eine Rendite von acht Prozent das Vermögen in circa 240 : 8 = 30 Jahren verzehnfacht.

Als Berkshire Hathaway anbot, Shaw Industries für rund zwei Milliarden Dollar in bar zu kaufen, erwähnte ein Manager, der Gewinn des Unternehmens sei zehnmal so hoch wie 16 Jahre zuvor.[1] Mithilfe der 240er-Regel finden wir schnell heraus, dass das eine Wachstumsrate von ungefähr 240 : 16 = 15 Prozent war. Genau berechnet waren es 15,48 Prozent.

D

ANHANG

Die Performance von Princeton Newport Partners, LP

Tabelle 14 **Jahresperformance in Prozent**

Anfangs- und Enddatum des Zeitraums	Princeton Newport Partners, LP (1)	Princeton Newport Partners, LP (2)	S&P 500 Index (3)	Gesamtrendite 3-monatiger US-Schatzwechsel
1.11.69 bis 31.12.69	4,0	3,2	-4,7	3,0
1.1.70 bis 31.12.70	16,3	13,0	4,0	6,2
1.1.71 bis 31.12.71	33,3	26,7	14,3	4,4
1.1.72 bis 31.12.72	15,1	12,1	19,0	4,6
1.1.73 bis 31.12.73	8,1	6,5	-14,7	7,5
1.1.74 bis 31.12.74	11,3	9,0	-26,5	7,9
1.1.75 bis 31.10.75*	13,1	10,5	34,3	5,1
1.11.75 bis 31.10.76	20,2	16,1	20,1	5,2
1.11.76 bis 31.10.77	18,1	14,1	-6,2	5,5
1.11.77 bis 31.10.78	15,5	12,4	6,4	7,4
1.11.78 bis 31.10.79	19,1	15,3	15,3	10,9
1.11.79 bis 31.10.80	26,7	21,4	32,1	12,0

Anfangs- und Enddatum des Zeitraums	Princeton Newport Partners, LP (1)	Princeton Newport Partners, LP (2)	S&P 500 Index (3)	Gesamtrendite 3-monatiger US-Schatzwechsel
1.11.80 bis 31.10.81	28,3	22,6	0,5	16,0
1.11.81 bis 31.10.82	27,3	21,8	16,2	12,1
1.11.82 bis 31.10.83	13,1	10,5	27,9	9,1
1.11.83 bis 31.10.84	14,5	11,6	6,5	10,4
1.11.84 bis 31.10.85	14,3	11,4	19,6	8,0
1.11.85 bis 31.10.86	29,5	24,5	33,1	6,3
1.11.86 bis 31.12.87**	33,3	26,7	5,1	7,1
1.1.88 bis 31.12.88	4,0	3,2	16,8	7,4
Prozentualer Zuwachs gesamt[1]	2.734 %	1.382 %	545 %	345 %
Kumulierte Jahresrendite [1]	19,1 %	15,1 %	10,2 %	8,1 %

* Geschäftsjahr von Beginn zum 1. Januar auf Beginn zum 1. November geändert.
** Geschäftsjahr wieder auf Beginn zum 1. Januar geändert.
[1] Diese Zahlen beziehen sich auf die Periode von der Auflegung bis zum 31.12.88.

Der Zeitraum vom 1.1.1989 bis zum 15.05.1989 wurde weggelassen, weil:

(a) die Gesellschaft liquidierte und ihr Kapital in Form einer Reihe von Auszahlungen verteilte

(b) die Gesellschaft nicht mehr ihr ursprüngliches Geschäft betrieb und die Berechnung der Kapitalrendite komplex war

(c) nur geschätzte Zahlen verfügbar waren

Die Gesellschaft hieß ursprünglich Convertible Hedge Associates und änderte am 1.11.75 ihren Namen in Princeton Newport Partners.

(1) Vor den Zuteilungen an die Komplementäre einschließlich der geschäftsführenden Komplementäre

(2) Rein für die Kommanditisten

(3) Einschließlich Dividenden

Tabelle 15 **Performancevergleich Princeton Newport Partners**

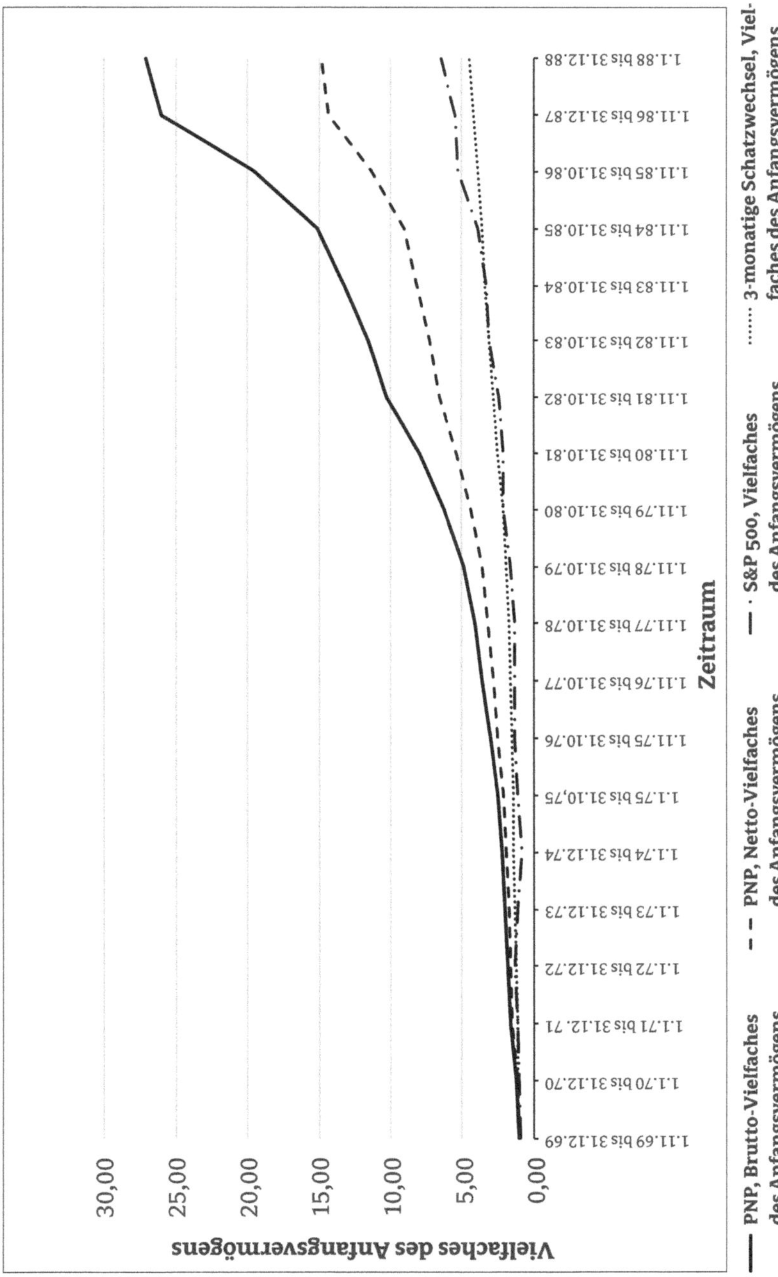

E

ANHANG

Unsere Ergebnisse der statistischen Arbitrage bei einem Fortune-100-Unternehmen

Die Übersichtstabelle über die Performance von XYZ gibt die wichtigsten Kennzahlen für etwas mehr als zehn Jahre an. Diese Ergebnisse verstehen sich ohne Einsatz von Hebeln sowie vor Abzug von Gebühren. Die tatsächlichen Renditen für die Investoren waren höher, weil die dank Hebelwirkung erzielten Gewinne höher waren als die Gebühren, die wir verlangten.

Das Diagramm mit dem Performance-Vergleich zeigt die kumulierte Entwicklung von XYZ, des S&P 500 sowie von Schatzwechseln zu zwei Prozent. Von Ende 1994 bis circa zum 1. August 2000 sieht man eine der größten Haussen aller Zeiten. Der S&P 500 stieg explosionsartig um 26 Prozent im Jahr, sodass in diesen 5,6 Jahren das Vermögen auf das 3,7-Fache anwuchs.

Die Grafik zeigt eine deutliche Zunahme der Schwankungen vom 1. August 1998 bis Mitte Februar 2002. Dazu mögen unter anderem das

LTCM-Desaster beigetragen haben, das im August 1998 begann, der Dotcom-Kollaps im März 2000 und die Zerstörung der Zwillingstürme des World Trade Center am 11. September 2001.

Tabelle 16 **Ergebnisse der statistischen Arbitrage bei XYZ**

	Anfangsdatum **Enddatum** **Anzahl gehandelter Monate**	**12.08.1992** **13.09.2002** **122**
	XYZ	**S&P 500**
Jahresrendite	18,20 %	7,77 %
Jährliche Standardabweichung (Risiko)	6,68 %	15,07 %
Rendite/Risiko	2,73	0,52
Aus einem Dollar wurden	5,48	2,14

Tabelle 17 **Performancevergleich XYZ**

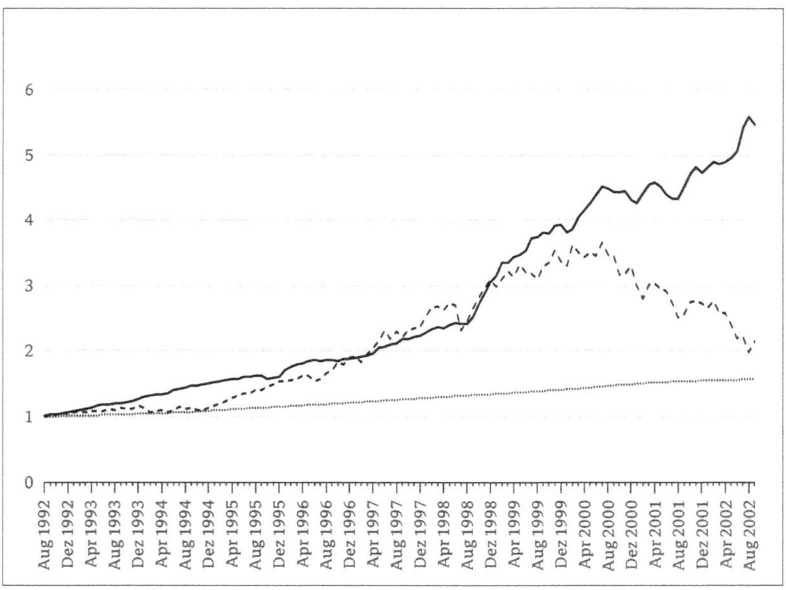

— XYZ, Vielfaches des Anfangsvermögens ······ **3-monatige Schatzwechsel, Vielfaches des Anfangsvermögens** **-- S&P 500, Vielfaches des Anfangsvermögens**

Danksagungen

Schreiben bedeutet, immer wieder umzuschreiben“ ist eine Behauptung, die ich zu würdigen lernte, als ich das Manuskript bearbeitete und immer wieder umarbeitete. Ich erhielt unzählige hilfreiche Kommentare von denjenigen, die das Manuskript in den verschiedenen Phasen seiner Entstehung ganz oder teilweise lasen. Danke an Catherine Baldwin, Richard Goul, Judy McCoy, Steve Mizusawa, Ellen Neal, Tom Rollinger, Raymond Sinetar, Jeff Thorp, Karen Thorp, Raun Thorp, Vivian Thorp und Brian Tichenor.

Ellen Neal verwandelte mein handschriftliches Gekrakel in einen getippten Text und nahm die zahlreichen nachträglichen Änderungen mit Humor. Der professionelle Lektor und Schriftsteller Richard Cohen sowie der Lektor Will Murphy von Random House, der von Mika Kasuga unterstützt wurde, gaben mir ausgiebig Ratschläge, die von Ton und Inhalt bis hin zu detaillierten stilistischen Änderungen reichten. David Halpern von The Robbins Agency half mir von Anfang bis Ende.

Manche Kapitel beruhen auf Artikeln, die ich für das Finanzmagazin *Wilmott* geschrieben habe. Indem sie mir dieses Forum boten, haben der Gründer der Zeitschrift Paul Wilmott und der Herausgeber Dan Tudball Beiträge zum vorliegenden Buch geleistet.

Ich habe zwar die Fakten geprüft und dabei Ordner voller Korrespondenz, ausgeschnittene Artikel und Finanzdaten zurate gezogen, jedoch ist es wahrscheinlich, dass sich noch Fehler zu finden sind, und für diese entschuldige ich mich. Wenn ich Namen verschwiegen oder geändert habe, so geschah dies, um die Privatsphäre oder die Vertraulichkeit zu wahren oder um nachteilige Auswirkungen auf den Ruf einer Person oder einer Institution zu vermeiden.

Von meiner Kindheit bis ins hoheAlter verdanke ich jeglichen Erfolg, den ich hatte, den wundervollen Menschen, die Teil meines Lebens waren und sind: meiner Familie, meinen Freunden, meinen Mentoren, meinen Lehrern und den Partnern und Kollegen, die an meiner Seite gearbeitet haben; insbesondere meiner verstorbenen Frau Vivian, deren Liebe und Unterstützung mich fast 60 Jahre lang getragen haben.

Anmerkungen

KAPITEL 1

[1] Merkwürdigerweise hat mein Sohn die gleiche Erfahrung gemacht. Er sprach etwa bis zum gleichen Alter nicht. Seine etwa anderthalb Jahre ältere Schwester war seine Dolmetscherin. Sie waren als kleines Pärchen unterwegs und wenn er durch Körpersprache und Mimik andeutete, was er wollte, erledigte sie es für ihn.

[2] Henriette Anne Klauser erzählt in „Writing on Both Sides of the Brain" (Harper, San Francisco, 1997, S. 36-38) eine ähnliche Geschichte von einem Erstklässler, der nicht schreiben wollte, egal wie sehr sie ihn dazu aufforderte, bis nach sieben Monaten auf einmal ein verbaler Sturzbach aus ihm herausströmte.

[3] An der großen Grippe-Pandemie 1918–1919 starben mehr Menschen als an allen anderen Seuchen der Geschichte und mehr, als im Ersten Weltkrieg fielen.

[4] In den Vereinigten Staaten und in Großbritannien ist eine Million eine Zahl mit sechs Nullen. In den Vereinigten Staaten ist es üblich, bei jedem Schritt drei Nullen anzuhängen, sodass eine „billion" neun Nullen hat, eine „trillion" zwölf Nullen und so weiter. In Großbritannien werden jeweils sechs Nullen angehängt, sodass eine Billion zwölf Nullen hat und so weiter. [Der Vollständigkeit halber sei erwähnt, dass es in Großbritannien ebenso wie in Deutschland

für die vom Autor übergangene Zahl mit neun Nullen den Begriff „milliard" gibt; Anm. d. Ü.]

[5] Die Standardabweichung gibt die typische Schwankung um einen Durchschnittswert an.

[6] Siehe das lesenswerte, aufschlussreiche Buch „Narren des Zufalls" von Nassim Taleb.

[7] Laut der später noch besprochenen 72er-Regel verdoppelt eine jährliche Wachstumsrate von 24 Prozent das Geld innerhalb von 72/24 = 3 Jahren. Nach neun Jahren ergeben sich also drei Verdopplungen auf das Doppelte, dann das Vierfache und schließlich das Achtfache des Anfangsbetrags. In Wirklichkeit dauert es aber 3,22 Jahre, weil die 72er-Regel ab Wachstumsraten von acht Prozent die Verdopplungszeit in zunehmendem Maße zu kurz angibt.

[8] Die Geschichte dieser Schlacht von epischen Ausmaßen und der nachfolgenden Tortur der Menschen in japanischer Gefangenschaft erzählt Eric Morris in „Corregidor: The American Alamo of World War II" (Stein and Day, New York, 1981, Taschenbuch-Neuauflage bei Cooper Square Press, New York, 2000).

KAPITEL 2

[1] Die Schrecken des Lebens in solchen Lagern werden in „Three Came Home: A Woman's Ordeal in a Japanese Prison Camp" von Agnes Keith, 1949, Taschenbuch 1985, Eland Books, London, und Hippocrene Books, New York, eloquent geschildert.

[2] „Scientifics 2000 Catalog for Science and Engineering Enthusiasts" von Edmund Scientific, Seite 31.

[3] Siehe „The Darwin Awards: Evolution in Action", „Lawnchair Larry", S. 280–281, von Wendy Northcutt, Plume (Penguin), New York, 2002.

[4] In Kaliumnitratlösung getränkte und dann getrocknete Schnur.

[5] Als ich 50 Jahre später Ken Folletts Roman „Der Mann aus Sankt Petersburg" hörte, stellte ich fest, dass das Rezept und das Verfahren des terroristischen Antihelden für die Herstellung von Nitroglycerin dem entsprach, wie ich es in meiner Jugend im Kühlschrank meiner Mutter hergestellt hatte.

[6] www.digitalcollections.lmu.edu/cmd/ref/collections/chgface/id/294

[7] Wie in 1. Könige 18, 44.

[8] Ich kannte das Buch „Dimensional Analysis“ von Percy W. Bridgeman, Yale University Press, New Haven, CT, 1922.

[9] Im Jahr 2015 gehörte meine Enkelin Claire Goul zu den Halbfinalisten dieses Wettbewerbs. Er hieß inzwischen Intel Science Talent Search und war umkämpfter geworden. Es gab drei Spitzenpreise zu jeweils 150.000 Dollar, im Jahr 1949 hatte es einen zu 10.000 Dollar gegeben.

KAPITEL 3

[1] Bei den europäischen Kesseln gab es nur eine grüne Zahl und weitere verbesserte Chancen, zum Beispiel dass Spieler, die auf Rot oder Schwarz setzten, nur die Hälfte ihres Einsatzes verloren, wenn diese Zahl kam.

[2] Eines der bekanntesten Beispiele ist der Satz des Pythagoras aus der zweidimensionalen Geometrie. Er besagt, dass bei einem rechtwinkligen Dreieck die Summe der Quadrate der Katheten der Fläche des Hypotenusenquadrats entspricht. Beispiele wären ein rechtwinkliges Dreieck mit den Seitenlängen 3, 4, und 5, wobei $3^2 + 4^2 = 5^2$ gilt, oder $12^2 + 5^2 = 13^2$ bei einem anderen rechtwinkligen Dreieck. Davon gibt es unendlich viele und wenn man jedes einzelne überprüfen würde, wäre man nie fertig. Der Satz erledigt das Ganze auf einmal.

[3] Feynman legte den Gummiring, der aus dem gleichen Material bestand wie der in der Challenger verwendete, in das Eiswasser und zeigte, dass er dann, wenn er so kalt wurde wie beim Start der Challenger, so spröde wurde, dass er wahrscheinlich versagte. Feynman erzählt diese Geschichte in „Classic Feynman“, herausgegeben von Ralph Leighton, Norton, New York, 2006.

[4] T. T. Thornton

[5] Sie können diesen Film auf www.edwardothorp.com sehen.

KAPITEL 4

[1] Baldwin et al. (1956).

[2] Was die Blackjack-Regeln und meinen ursprünglichen Bericht über dieses Erlebnis angeht, siehe Thorp, „Beat the Dealer“, 1962, überarbeitete Auflage 1966.

KAPITEL 5

[1] In dem Kurs ging es um Masstheorie, eine Grundlage der Wahrscheinlichkeitstheorie und der Statistik.

[2] Bei einem aus 52 Karten bestehenden Blatt kann man eine Untergruppe aus 1, 2, 3 oder 4 Assen auf fünf verschiedene Arten auswählen und genauso gibt es bei der Anzahl der Karten von 2 bis 9 jeweils fünf Arten sowie bei der Auswahl von 0 bis 16 Karten mit dem Wert zehn 17 Arten, was insgesamt 5 x 5 x ... 5 x 17 – 1 (es gibt neun 5er, jeweils für die Asse und die Zweier bis Neuner) beziehungsweise gut 33 Millionen verschiedene Teilblätter ergibt. (Die 1 wird abgezogen, um den Fall auszuschließen, dass null Karten jedes Werts ausgewählt würden, was ja eine Untergruppe ohne Karten ergäbe. Bei dem aus acht Blättern bestehenden Spiel lauten die Zahlen 33 x ... x 33 x 129 – 1 beziehungsweise circa 6 Billiarden (eine 6 mit 15 Nullen) Teilblätter.

[3] Wer gerne rechnet, kann sich vorstellen, dass jede dieser Strategietafeln auf einem eigenen Blatt Papier von der Größe eines Dollarscheins notiert wäre. Beim geschätzten Volumen eines Dollarscheins von 1,08 Kubikzentimetern würden die Strategietafeln einen Raum von 37 Kubikmetern einnehmen. Bei acht Kartenspielen wären es 6,5 Kubikkilometer.

[4] Die Baldwin-Gruppe sagte später, ihre Angabe von 0,62 Prozent für den Vorteil des Casinos hätte eigentlich 0,32 lauten müssen. Die falsche Zahl hatte sich durch einen Rechenfehler ergeben.

[5] Die Regeln für Blackjack im Casino ändern sich im Laufe der Zeit sowie von Casino zu Casino. Die Regeln, die ich für meine Berechnungen verwendete, waren die damals üblichen.

[6] Die Wahrscheinlichkeit, dass die letzten 26 Karten alle vier Asse enthalten, beträgt circa 5,5 Prozent.

[7] Spätere exakte Berechnungen ergeben Zahlen, die für den Spieler etwas günstiger sind. Auf diese Zahlen wirken sich auch die vielen Varianten der Casinoregeln aus. Genaueres dazu finden Sie in Thorp (1962, 1966), Griffin (1999) und Wong (1994).

[8] Dieses Buch erstreckt sich über mehr als 80 Jahre, in denen sich der Wert des Geldes dramatisch verändert hat. Um ein genaueres Bild zu bekommen, kann der Leser die Geldbeträge mithilfe von Anhang A in heutige Dollar umrechnen.

[9] Die Entdeckung war ein Beispiel der Funktionalanalysis, in der Taylor und der Mathematiker Spezialisten waren.

[10] Unser Treffen fand am 29. September 1960 statt und ich hielt die Einzelheiten in einem Brief fest, den ich noch am selben Abend an einen Freund schrieb, den Mathematiker Berthold Schweizer.

[11] Thorp, Edward O., „A Favorable Strategy for Twenty-One“, *Proceedings of the National Academy of Sciences*, Vol. 47, No. 1, 1961, S. 110–112.

[12] Thorp (1960). „Fortune's Formula“ lautete auch der Titel von William Poundstones 2005 im Original erschienenen Buch, das einen Teil dieser Geschichte über Blackjack, Roulette, die Börse und das Kelly-Kriterium behandelt. (Auf Deutsch erschienen: „Die Formel des Glücks“, Börsenbuchverlag, Kulmbach, 2007, vergriffen.)

[13] „Can Beat Blackjack, Says Prof.“, von Richard H. Stewart, *Boston Globe*, 24. Januar 1961, S. 1.

[14] Zum Beispiel *Columbus Dispatch* (1961), *Las Vegas Sun* (1961), *Miami News* (1961), *New York Herald Tribune* (1961), *New York World Telegram* und *Sun* (1961), *Washington Post* und *Times Herald* (1961).

KAPITEL 6

[1] Thomas Wolfe, *Washington Post*, 25. Januar 1961, S. A3

[2] Paul O'Neil (*Life*, 1964) zitiert mich in einer ansonsten zutreffenden Story fälschlicherweise mit der Aussage über die Perlenkette so: „Wir hatten sie gleich am Morgen schätzen lassen und sie war 16 Dollar wert.“ Keine dieser beiden Aussagen trifft zu. Dies wurde von Bruck (1994) wiederholt, obwohl ich ihr erklärt hatte, dass dieser Teil des *Life*-Artikels falsch ist. Ein gutes falsches Zitat hält sich hartnäckig.

[3] Schwartz, David G., „Roll the Bones“, Gotham Books, New York, 2006.

[4] Feller (1957), (1968)

[5] Der größte Anleiheinvestor aller Zeiten, William H. Gross, lernte diese Lektion ebenfalls in den Casinos von Las Vegas. Motiviert durch „Beat the Dealer“ ging er im Sommer 1966 dorthin und machte aus 200 Dollar 10.000 Dollar. Siehe „Bill Gross on Investing“ von William H. Gross (Wiley, New York, 1997, 1998). Später nutzte er diese Ideen, um bei PIMCO zwei *Billionen* Dollar zu verwalten.

[6] Später wurde mir klar, dass ich einen Vorteil gehabt hätte, wenn ich nach jedem Geben mit hohen Einsätzen angefangen und dabei geblieben wäre, wenn die Zählung gut war, den Geber aber zum Mischen veranlasst hätte, wenn sie nicht gut war.

[7] Wieso kann eine größere Geldsumme die Gefahr vergrößern, dass man alles verliert? Die Gründe sind teils technischer, teils psychologischer Natur. Zuerst zum Technischen: Um den höheren Betrag zu nutzen, hätten wir

wahrscheinlich selbst in Situationen Höchsteinsätze tätigen müssen (damals 500 Dollar), die nur leicht vorteilhaft waren. Dies hätte das Ausmaß der Schwankungen erhöht und eine längere Spielzeit erfordert, als mir damals zur Verfügung stand, um mit ziemlicher Sicherheit am Ende ein Plus zu machen.

Nun zum Psychologischen: X und Y verstanden das System nicht so gut wie ich und trauten ihm nicht so wie ich. Während sie bei einem Kapital von 100.000 Dollar wirklich aufgehört hätten, wenn wir auf sagen wir 60.000 Dollar gefallen waren, hätte ich in diesem Fall Einsätze getätigt und wäre Risiken eingegangen, als hätte ich 100.000 Dollar, obwohl ich nur noch 60.000 Dollar hatte, was aber keiner wusste. Dieser feine Unterschied zwischen dem vermeintlichen und dem tatsächlichen Kapital trug, wie wir noch sehen werden, zum Sturz vieler Spieler und Anleger bei.

Ein zusätzliches psychologisches Problem, mit dem ich nicht gerechnet hatte, war, dass Kimmel darauf beharrte, die „Tauben"-Version meines Systems zu spielen, indem er große Einsätze machte, einen Großteil der Früchte meiner Anstrengungen wieder verlor und sich dann hartnäckig weigerte, aufzuhören.

[8] Ihre Mutter Ivi und zwei Schwestern kamen nach dem Zweiten Weltkrieg als Flüchtlinge aus Estland in die Vereinigten Staaten.

KAPITEL 7

[1] Segel, Joel, „Recountings", A.K. Peters, Ltd., Wellesley, MA, 2009, erzählt die Geschichte der Mathematik am MIT.

[2] Die Beziehung meiner Familie zum MIT fand zwei Generationen später eine Fortsetzung. Drei meiner Enkel – Drillinge – nahmen dort gleichzeitig ihr Studium auf. Siehe beispielsweise „Triplets Celebrate After ALL are Accepted to Prestigious MIT …", *London Daily Mail*, Samstag, 25. Juli 2015.

[3] Die Zeittafel des MIT Media Lab gibt fälschlicherweise das Jahr 1966 für unseren Computer an, wahrscheinlich weil ich seine Existenz erstmals in der überarbeiteten Auflage aus dem Jahr 1966 von „Beat the Dealer" enthüllte. Das richtige Jahr ist allerdings 1961. Damals stellten wir ihn fertig und testeten ihn in Las Vegas, wie ich in zahlreichen späteren Publikationen erläutert sowie anhand von datierter Korrespondenz vom August 1961 zwischen Shannon und mir überprüft habe, die sich heute im Archiv des MIT-Museums befindet. Auch das Gerät selbst steht im Museum.

[4] Zu ihnen gehörten Emmanuel Kimmel (der Mr. X aus „Beat the Dealer"), Jesse Marcum (der „kleine dunkelhaarige Kerl aus Südkalifornien" aus „Beat

the Dealer"), Russell Gutting („Junior"), Benjamin F. („System Smitty") Smith und Mr. F. (von dem mir gesagt wurde, er sei Joe Bernstein, der „Silberfuchs" aus dem Buch „Don't Call It Frisco" des Kolumnisten Herb Caen). Marcum scheint der einzige gewesen zu sein, der sich konsequent an die Methode hielt.

5 Natürlich ist sieben keine magische Zahl. Wie viele Mischdurchgänge wirklich benötigt werden, ist unterschiedlich und hängt davon ab, wie nahe an „zufällig" die Anforderung liegt, von der Art des Mischens und davon, wie die Zufälligkeit ermittelt wird.

6 „Danger in the Cards" wird schon seit vielen Jahren nicht mehr aufgelegt.

7 Für mehr über diese Reise siehe die Briefe von Thorp und Barnhart in *Blackjack Forum*, Vol. XVII #1, Frühjahr 1997, S. 102–104, XX #1, Frühjahr 2000, S. 9–30, und XX #2, Sommer 2000, S. 105–107.

8 Er schrieb über unser Erlebnis in einer Kolumne mit dem Titel „Even ‚Honest' Vegas House Cheats".

9 Zum Beispiel *Time*, „Games: ‚Beating the Dealer'", 25. Januar 1963, S. 70.

10 Scherman, 1964.

11 O'Neil, Paul. „The Professor Who Breaks the Bank", *Life*, 27. März 1964, S. 80–91.

12 Im April 1966.

13 Vic Vickery, „Counting on Blackjack", *Las Vegas Style*, Mai 1993, S. 61, 67.

14 Carson City (UPI): *New York Journal American*, 3. April 1964.

KAPITEL 8

1 In „Beat the Dealer" bezeichnete ich das als „Complete Point Count".

2 Beim optimalen Kompromiss zwischen Risiko und Rendite ist die Höhe des Einsatzes in einer gegebenen Situation proportional zum Kapital. Da die Spieler eines Teams unsicher bezüglich der aktuellen Größe des Kapitals der Gruppe sind, senken sie ihre Einsätze meist leicht ab.

3 Wenn Sie mehr über Francesco, Hyland, Uston und andere Personen in diesem Kapitel erfahren wollen, googeln Sie nach Berichten über die Blackjack Hall of Fame.

4 Als die Popularität des Spiels wuchs, entstand eine Blackjack-Community. Spezielle Newsletters für Kartenzähler wurden verbreitet und später tauchten auch Websites auf. Stanford Wongs Newsletter lieferten aktuelle Informationen darüber, wie und wo man mit dem größten Vorteil spielen konnte. Arnold

Snyders vierteljährliches *Blackjack Forum* brachte in den circa 20 Jahren seines Erscheinens Artikel von führenden Spielern und Theoretikern und bot eine gute launige Chronik des Krieges mit den Casinos. Der *Las Vegas Advisor* von Anthony Curtis war ein monatliches Veranstaltungsblatt, das auch die besten Restaurants, Hotels und Spielbedingungen veröffentlichte. Der von Howard Schwartz betriebene Gambler's Book Store bot stets die neuesten Bücher und Systeme an. Richard Reids Website www.bjmath.com war eine Fundgrube voller Artikel, Workshops und Diskussionen. Das entstehende Netzwerk beschleunigte die Entwicklung neuer Methoden für das Spielen mit Vorteil.

[5] Exaktere Berechnungen veränderten diese Zahlen später etwas. Auch ändern sie sich mit der Anzahl der Blätter leicht.

[6] Die 13 wurde gewählt, weil sie gut passte.

[7] Die Stärken verschiedener Kartenzählsysteme werden in „The Theory of Blackjack" von Peter Griffin (6. Auflage, Huntington Press, 1999) ausführlich besprochen.

[8] Eine einfache Möglichkeit besteht darin, dass man abschätzt, wie viele halbe Blätter noch übrig sind, wie in „Professional Blackjack" von Stanford Wong (pseud., Pi Yee Press, 1994) erläutert.

[9] Wenn man die Werte der ultimativen Strategie in Tabelle 1 durch acht teilt und auf die nächste ganze Zahl rundet, erhält man die Werte von 0 oder 1, aus denen der Complete Point Count besteht. Allerdings liegen die Werte für Siebener und Neuner etwa genauso nahe an 1 beziehungsweise -1 wie an 0. Wählt man sie auf diese Weise, ergibt sich die alternative Punktezählung, die ich in Puerto Rico verwendete.

[10] Das Zitat stammt aus Thorp (1966), S. 84–85.

[11] Vor allem Keith Taft.

[12] Ich erläuterte diese Idee in Thorp, Edward O., „Non-random Shuffling With Applications to the Game of Faro", *Journal of the American Statistical Association*, S. 842–847, Dezember 1973. Eine stark erweiterte Fassung findet sich in „Gambling and Society", herausgegeben von W. Eadington und Charles C. Thomas (Springfield, IL, 1975), unter dem Titel „Probabilities and Strategies for the Game of Faro", S. 531–560.

[13] N.R.S. 465.015.

[14] „Legends of Blackjack" von Kevin Blackwood und Larry Barker, Kindle eBook, 5. April 2009, erzählt die Geschichten einiger führender Profispieler.

[15] „The Smartest Guy in the Room“, von R.M. Schneiderman, *Newsweek*, 20. Februar 2012, S. 56–57.

[16] Angeregt durch Ben Mezrichs Buch „Bringing Down the House“.

[17] Stanford Wongs monatlicher Newsletter ist ausführlich.

KAPITEL 9

[1] Pearson, Karl, „The chances of death and other studies in evolution“, London, New York, E. Arnold, 1897.

[2] *Los Angeles Times*, 27. Februar 2003, Seite B12, Nachruf auf Albert Hibbs, siehe auch Wilson (1965, 1970).

[3] Caltech-Nachruf auf Hibbs unter http://pr.caltech.edu/periodicals.

[4] Jahrzehnte später fand und nutzte der professionelle Spieler Billy Walters effektive Roulettekessel, wie in „Beating the Wheel“ von Russell T. Barnhart, Carol Publishing, New York, 1992, berichtet. Ein Interview mit Walters findet sich in „Gambling Wizards“ von Richard W. Munchkin (Huntington Press, Las Vegas, Nevada, 2002, S. 16–18): „Mit einer Plastikkarte und ein paar Minuten an einem Roulettekessel kann ich Ihnen sagen, ob von den trennenden Stegen zwischen den Fächern am Rotor welche höher oder niedriger oder locker oder fest sind und auf welche Zahlen sich das auswirkt. Zur Sicherheit überprüfe ich auch noch, ob der Kessel in der Waage steht und ob der Rotor richtig auf der Spindel sitzt.“

[5] Für diesen Beitrag danke ich Richard Cohen.

[6] Kelly, J. L., „A New Interpretation of Information Rate“, *Bell System Technical Journal*, Vol. 35, 1956, S. 917–926.

[7] Thorp, Edward O., „Optimal Gambling Systems for Favorable Games“, *Review of the International Statistical Institute*, Vol. 37, 1969, S. 273-293; Thorp, Edward O., „The Kelly Criterion in Blackjack, Sports Betting, and the Stock Market“, *Handbook of Asset and Liability Management*, Vol. 1, hg. von S. A. Zenios und W. T. Ziemba, Elsevier, New York, 2006.

[8] Zeittafel „A Brief History of Wearable Computing“ – MIT Media Lab, www.media.mit.edu/wearables/lizzy/timeline.html

[9] O'Neil, Paul, „The Professor Who Breaks the Bank“, *Life*, 27. März 1964, S. 80–91.

[10] Thorp, Edward O., „Beat the Dealer“, 2. Auflage, Vintage, New York, 1966.

[11] Thorp, Edward O., „Systems for Roulette I", *Gambling Times*, Januar/Februar 1979; Thorp, Edward O., „Physical Prediction of Roulette I, II, III, IV", *Gambling Times*, Mai, Juli, August, Oktober 1979; Thorp, Edward O., „The Mathematics of Gambling", Lyle Stuart, Secaucus, New Jersey, 1984.

[12] Bass, Thomas A., „The Endaemonic Pie", Houghton Mifflin, New York, 1985.

[13] Einer der uninformierten Menschen, die für Wikipedia schreiben, behauptete, mein Computer sei verwendet worden, um beim Roulette zu „schummeln". Das ist falsch. Wir und die vielen anderen, die später Roulette- und Blackjack-Computer verwendeten, konnten nach den strengen in Nevada bereits geltenden Gesetzen gegen Betrug durch Spieler nicht rechtlich verfolgt werden. Deshalb musste der Gesetzgeber von Nevada ein Gesetz verabschieden, das ausdrücklich „Geräte" oder „Vorrichtungen" verbot.

KAPITEL 10

[1] Ulam, S. M., „Adventures of a Mathematician", Scribner's, New York, 1976.

[2] Diese Regeln sind dafür gedacht, den Vorteil des Casinos bei beiden Wetten etwa gleich groß zu gestalten.

[3] Thorp und Walden (1966).

[4] Thorp und Walden (1973).

[5] Griffin (1995), Thorp (1984), Vancura (1996).

[6] Vancura (1996).

KAPITEL 11

[1] Das Kelly-Kriterium zeigt, wie gefährlich zu hohe Einsätze auch dann sind, wenn man einen Vorteil hat.

[2] Im April 2015 überschritt der NASDAQ Composite schließlich sein Hoch vom März 2000. Inflationsbereinigt standen die Anleger aber immer noch 20 Prozent im Minus.

[3] In „Bogle on Mutual Funds" heißt es auf den Seiten 169–170: „Das Indexing-Konzept wurde ... in der Investmentfondsbranche ... im Jahr 1976 eingeführt", und zwar von dem Autor John C. Bogle selbst.

[4] Laut einem Fidelity Research Institute Report vom Februar 2007 hatten Aktien eine durchschnittliche Jahresrendite von zehn Prozent und übertrafen Wohnimmobilien von 1963 bis 2005 um annualisiert mehr als vier Prozent, von 1835 bis 2005 gar um mehr als 5,5 Prozent. Auch Anleihen waren rentabler als Wohnimmobilien.

[5] Siehe „The Warren Buffett Way“ von Robert G. Hagstrom, Jr. (Wiley, New York, 1994), S. 50–51, und „The Warren Buffett Portfolio“ von Robert G. Hagstrom, Jr. (Wiley, New York, 1999), S. 143–144. (Auf Deutsch erschienen: „Warren Buffett. Sein Weg. Seine Methode. Seine Strategie“, Börsenbuchverlag, Kulmbach, überarbeitete Neuauflage 2016.)

[6] Kassouf, Sheen T., „Evaluation of Convertible Securities“, Analytical Publishers Co., 602 Vanderbild Street, Brooklyn, New York 11218, 1962. Eine kurze Übersicht über das Hedging mit Optionsscheinen und Wandelanleihen.

[7] Mehr über unsere Theorien und Investments können Sie in „Beat the Market“ auf www.edwardothorp.com nachlesen.

KAPITEL 12

[1] Über seine bemerkenswerten wissenschaftlichen Fähigkeiten und Laufbahn können Sie auf der Website von The National Academics Press unter www.nap.edu/books in „Biographical Memoirs“ v.53 (1982), National Academy of Sciences, nachlesen. Im Jahr 1974 verstarb Gerard, der einer meiner ersten Anleger wurde und dafür das von Buffett ausgezahlte Geld einsetzte. Seine Frau Frosty überlebte ihn um mehrere Jahre. Als sie starb, ging ein Teil ihrer Investitionen bei Princeton Newport an die University of California, Irvine.

[2] Die klassische zweite Auflage von 1940 wurde von McGraw-Hill im Jahr 2002 neu aufgelegt.

[3] Manche Buffett-Biografen geben 105.000 Dollar an. Meine Zahl, an die ich mich aus Gesprächen mit Warren erinnere, wird in der definitiven Biografie über Buffett, „The Snowball“ von Alice Schroeder (Random House, New York, 2008) bestätigt. (Auf Deutsch erschienen: „Warren Buffett – Das Leben ist ein Schneeball“, FinanzBuch Verlag, München 2009.)

[4] Die Aktienrenditen stammen von Ibbotson Associates (2007).

[5] Minuit, Peter (1580–1637), niederländischer Gouverneur in Amerika, war an der Gründung von Nieuw Amsterdam beteiligt, jener Siedlung, aus der New York City wurde. Er trat in die Niederländische Westindien-Kompanie ein und fuhr zur Niederlassung der Kompanie in Amerika. 1626 erreichte er die Insel Manhattan und wurde der erste Generaldirektor der Kolonie. Minuit kaufte einem Stamm aus der Algonkin-Sprachfamilie für Tand im Wert von 60 Gulden – später in 24 Dollar umgerechnet – die Insel ab.

[6] Von 1626 bis 1968 sind es 342 Jahre. Aus 24 Dollar würden in dieser Zeit bei einer Verzinsung von acht Prozent 6,47 Billionen Dollar, gut ein Achtel

des damals in den Vereinigten Staaten vorhandenen Vermögens. Bis zum Jahr 2013 wären daraus bei acht Prozent 206 Billionen Dollar geworden, die gereicht hätten, um die halbe Welt zu kaufen: Bei einem geschätzten US-Vermögen 2013 von 100 Billionen Dollar (77 Billionen in den Haushalten und 23 Billionen beim Staat) und unter der Annahme, dass die Vereinigten Staaten über circa 25 Prozent des weltweiten Vermögens verfügten, ergeben sich als geschätzter Marktwert der Welt 400 Billionen Dollar.

7 „May the Best Man Lose", *Discover*, November 2000, S. 85–91. Für mehr über Abstimmungsparadoxe siehe Poundstone, William, „Gaming the Vote: Why Elections Aren't Fair (and What We Can Do About It)", Hill and Wang, New York, 2008, und Saari, Donald G., „A Chaotic Exploration of Aggregation Paradoxes", *SIAM Review*, Vol. 37, S. 37–52, März 1995, und „A Mathematician Looks at Voting", American Mathematical Society, 2001.

8 Für mehr über nicht-transitive Würfel siehe Gardner, Martin, „The Colossal Book of Mathematics" (Norton, New York, 2001), und Finkelstein, Mark und Thorp, Edward, „Nontransitive Dice with Equal Means", in „Optimal Play: Mathematical Studies of Games and Gambling", herausgegeben von Stewart N. Ethier und William R. Eadington, University of Nevada, Reno, 2007.

9 Siehe Schroeder, a. a. O.

10 Loomis, Carol, „The Jones Nobody Keeps Up With", Personal Investing, *Fortune*, April 1966.

11 Die Welt der Hedgefonds war 1968 noch winzig klein und fast bedeutungslos. Das Gesamtkapital in Dollar betrug nicht einmal ein Tausendstel dessen im Jahr 2016. Im Jahr 1968 verwalteten die 20 größten Hedgefonds Vermögen im Bereich von zwölf bis 80 Millionen Dollar.

Insgesamt gab es circa 150 Fonds mit einem Gesamtvermögen von einer oder zwei Milliarden Dollar. Dieses wuchs innerhalb von 50 Jahren auf mehr als zwei Billionen Dollar an. Da das Bruttosozialprodukt in Dollar damals etwa ein Zehntel dessen von 48 Jahren später betrug, haben sich die Hedgefonds von 1968 bis 2016 im Verhältnis zum BSZ mehr als verhundertfacht.

12 Der Niedergang ist in Robertson, Wyndham und Haines, Angela, „The Hedge Funds' Dubious Prospects, A Report on Twenty-Eight Funds", Personal Investing, *Fortune*, Oktober 1970, katalogisiert. Die Gruppe bestand aus den größten Hedgefonds Stand 31. Dezember 1968. Der große Gewinner war Buffett Partnership, Ltd. Der Fonds schloss nach spektakulären zwölf Jahren, weil die Aktienkurse im Verhältnis zu dem zugrunde liegenden Wert der Unternehmen zu hoch waren. Der einzige

andere Fonds, der ebenfalls gestiegen war, war Steinhardt, Fine, Berkowitz & Co.

[13] Wall Street Letter *The Wall Street Letter*, Myron Kandel, Herausgeber, 17. November 1969.

KAPITEL 13

[1] Im Jahr davor war die Arbitrage Management Company gegründet worden, um die in „Beat the Market" beschriebenen Hedging-Ideen auszunutzen. Daran waren unter anderem der spätere Nobelpreisträger Harry Markowitz und John Shelton beteiligt, ein führender Finanzprofessor und Optionsschein-Theoretiker. Die Firma war zwar profitabel, jedoch reichten die Gewinne nicht aus, um zu verhindern, dass sie nach drei Jahren von der Bühne verschwand.

[2] Für einen vollständigen Bericht siehe das anregende „Annus Mirabilis: 1905, Albert Einstein and the Theory of Relativity" von John und Mary Gribbin, Penguin, New York, 2005.

[3] Siehe den Artikel von Case M. Sprenkle in „The Random Character of Stock Market Prices", herausgegeben von Paul H. Cootner (MIT Press, Cambridge, MA, 1964).

[4] Wirtschaftswissenschaftler und Finanztheoretiker gingen lange Zeit davon aus, wie auch in der Black-Scholes-Formel seien US-Staatsanleihen und ihre kurzfristige Variante, die Schatzwechsel, risikolos. Die Argumentation besagt, dass der Staat jederzeit das Geld drucken kann, das er braucht, um die Zinsen zu bedienen und bei Fälligkeit den Nennwert zu bezahlen. Die Kämpfe im Kongress über die Anhebung der Schuldenobergrenze, zum Beispiel der Streit im Jahr 2013, entlarvten dies als Fehlschluss. Die Vereinigten Staaten können zwar ihre Schulden bezahlen, sich aber auch dagegen entscheiden. Die Zahlungsunfähigkeit ist möglich. Da die Anleger beim Kauf riskanterer Anleihen im Allgemeinen einen höheren Zinssatz verlangen, führten die Diskussionen dazu, dass die Kreditaufnahme für die Vereinigten Staaten teurer geworden ist. Somit haben diejenigen, die gegen eine Anhebung der Obergrenze sind, die Schulden vergrößert.

[5] Berichte über das, was ich gemacht habe, finden Sie in meinen Artikeln in der Zeitschrift *Wilmott* vom September 2002, Dezember 2002 und Januar 2003. Sie stehen auch auf meiner Website www.edwardothorp.com zur Verfügung. Eine Einführung in die Methode der plausiblen Überlegung finden Sie in „Mathematics and Plausible Reasoning", Bände I und II, von

George Polya, Princeton University Press, 1954, und seinem einfacheren Werk „How to Solve It“, 2. Auflage, Doubleday, 1957.

[6] Für eine Hintergrunddiskussion siehe „Derivatives: Models on Models“ von Haug, Espen Gaarder, Wiley, New York, 2007, S. 27–44.

[7] Sie erkennen dies in ihrem berühmten Artikel, Black, F. und Scholes, M., „The Pricing of Options and Corporate Liabilities“, *Journal of Political Economy*, Vol. 81, Mai-Juni 1973, S. 637–654, an.

[8] Die Tatsache, dass ihre Formel mit der von mir verwendeten identisch war, bestätigte, dass meine plausible Überlegung zum richtigen Ergebnis geführt hatte.

[9] *Buffett: The Making of an American Capitalist* von Roger Lowenstein, Random House, New York, 1995, S. 156. (Auf Deutsch erschienen: „Buffett: Die Geschichte eines amerikanischen Kapitalisten“, Börsenmedien AG, Kulmbach 2009.)

[10] Es findet eine gravierende Wiederholung statt, indem inzwischen Derivatekontrakte im Wert von Hunderten Billionen Dollar im Freiverkehr (OTC) gehandelt werden. Wieder gefallen den Banken und Brokern die hohen Gebühren und sie wehren sich gegen eine Standardisierung der Kontrakte. Die OTC-Kontrakte sind zu schwach besichert und könnten leicht einen ähnlichen Finanzkollaps wie den der Jahre 2008 und 2009 verursachen. Börsengehandelte standardisierte Kontrakte könnten diese Bedrohung beseitigen.

[11] Jahre später hörte ich, dass ein Trader Black konsultiert hatte und ebenfalls Formelpreise verwendete, als der Handel an der CBOE begann.

[12] „Computer Formulas Are One Man's Secret to Success in Market“, von Jonathan R. Laing, *Wall Street Journal*, 23. September 1974, S. 1.

[13] „Fortune's Formula“ berichtet auf Seite 172 unzutreffend, ich hätte genauso viel verdient wie Paul Newman.

[14] „Beat the Dealer“, Ausgabe 1966, S. 167 ff.

KAPITEL 14

[1] „Extensions of the Black-Scholes Option Model“, Thorp, Edward O., Contributed Papers 39th Session of the International Statistical Institute, Wien, Österreich, August 1973, S. 1029–1036.

[2] Das ist das sogenannte lognormale Modell für die Änderung von Aktienkursen. Eine davon unterschiedene, aber wichtige Situation, die es für die

Optionsbewertung nicht abdeckt, ist die bimodale oder zweispitzige Ertragsverteilung, die zustande kommt, wenn ein Unternehmen ein Übernahmeangebot für ein anderes Unternehmen macht.

3 „Fischer Black and the Revolutionary Idea of Finance“ von Mehrling, Perry, Wiley, New York, 2005.

4 Siehe „Option Pricing: The American Put“ von Parkinson, Michael, *Journal of Business* 1977, v50(1), S. 21–36, und „The Valuation of American Put Options“ von Brennan, Michael J und Schwartz, Eduardo, *Journal of Finance* 1977, v32(2), S. 449–462.

5 Andrew Tobias verwendete meine Schilderung dieses Trades und mehrere andere, die wir machten, in seinem Buch „Money Angles“, Simon and Schuster, New York, 1984, S. 68–72.

6 Wenn man im ersten Jahr 20 und im zweiten Jahr 30 Prozent Gewinn erzielt, betragen die Vermögens-Verhältnisse 1,20 und 1,30. Durch Multiplikation ergibt sich 1,56 und das ist das Vermögens-Verhältnis für zwei aufeinanderfolgende Jahre, also der Betrag, der aus einem Dollar wird, wenn der Gewinn reinvestiert wird. Somit beträgt die Rendite über zwei Jahre 56 Prozent und *nicht* 20 Prozent + 30 Prozent = 50 Prozent. Wenn man die Zahlen in der Tabelle einfach *addiert*, erhält man für den Markt 11,7 Prozent, was nicht schlecht wäre. Aber um herauszufinden, auf welchen Betrag ein Anfang 1973 angelegter Dollar wächst oder schrumpft, muss man die Ergebnisse der aufeinanderfolgenden Perioden miteinander *multiplizieren* und erhält so den Wert von -0,5 Prozent. Das Ergebnis der Investition eines Dollars in einer Periode kann man als Vermögens-Verhältnis („wealth relative“, das Vermögen am Ende des Zeitraums) bezeichnen. Wenn man beispielsweise in einem Jahr eine Rendite von zwölf Prozent erzielt, beträgt das Vermögens-Verhältnis für diese zwölf Monate 1,12. Wenn man die Renditen der beschränkt haftenden Gesellschafter von PNP *addiert*, ergeben sich 42,1 Prozent, also in diesem Fall wesentlich weniger als die tatsächlichen 48,9 Prozent, die man durch *Multiplikation* mehrerer aufeinanderfolgender Vermögens-Verhältnisse erhält.

7 Die Monatsschlusskurse des S&P 500 stammen von Ibbotson. Da die Große Depression im Schnitt deflationär war, sind die inflationsbereinigten oder „realen“ Renditen weniger extrem.

8 Genauer gesagt „Duration“, die abgezinste gewichtete durchschnittliche Zeit des Zahlungsflusses.

[9] In der Anfangsphase des Zinsanstiegs beschafften sich die Sparkassen Geld, indem sie zu Schnäppchenpreisen Puts auf Anleihen der Government National Mortgage Association (GNMA) verkauften. Anleihen werden normalerweise in Nennwerten von 1.000 Dollar gehandelt und ihr Kurs wird als Prozentsatz des Nennwerts angegeben, sodass sich der Preis dieser Anleihen bei einem Kurs von 98 auf 980 Dollar belief. Die Puts, die wir der begebenden Sparkasse abkauften, gaben uns das Recht, die Anleihen während der Laufzeit des Puts – in unserem Fall zwölf bis 18 Monate – zu diesem Preis an die Sparkasse zu verkaufen. Wenn die Anleihen fielen, konnten wir sie unter 98 kaufen und sie der Bank „zuschieben" („put"), die uns dafür gemäß den Kontraktbedingungen 98 zahlen musste. Stiegen die Anleihen hingegen, verfielen die Puts wertlos. Da sich der Preis eines Puts normalerweise gegenläufig zu dem Preis des Basiswerts bewegt, hedgten wir das Verlustrisiko des Puts, indem wir Futures auf GNMA („Ginnie Mae") kauften, also Kontrakte auf den Kauf von GNMA-Anleihen zu einem bestimmten Preis zu einem künftigen Zeitpunkt. An den Futures-Börsen müssen die Gewinne und Verluste der Kontrakte täglich ausgeglichen werden. Wenn die Anleihen fielen, mussten wir also vorübergehend Geld für unsere Verluste am Futures-Markt auslegen, würden es allerdings am Ende wieder zurückbekommen, wenn wir unsere Puts flüssig machten. Da unser Barbestand und unser Kreditvermögen endlich waren, wurde durch sie beschränkt, einen Hedge in welcher Größe wir gefahrlos zum Abschluss bringen konnten. Um die maximale unbedenkliche Größe unseres Hedges einzuschätzen, mussten wir den niedrigsten Preis berücksichtigen, von dem sich irgendjemand vorstellen konnte, dass die GNMA-Anleihen in den nächsten 18 Monaten auf ihn fallen konnten. Dieser lag bei 85, ein Sturz um 13 Punkte. Ich sagte jedoch, lasst uns übervorsichtig sein und unsere Sicherheitsmarge verdoppeln, sodass sie auch einen Einbruch um 26 Punkte auf 72 abdeckt. Diese Vorsicht wurde belohnt, als das Unerwartete geschah und die Anleihen während der Dauer unseres Trades zeitweise auf 68 fielen.

KAPITEL 15

[1] Damals hieß sie Graduate School of Management.

[2] Die Gewinnrendite wird im Englischen als E/P abgekürzt, wobei E für „Earnings", also für den Gewinn steht (je nach Wahl den Gewinn in den vergangenen zwölf Monaten oder die Vorhersage für die kommenden

zwölf Monate) und das P für „Price", also den Aktienkurs. Das ist also der Kehrwert des berühmten Kurs-Gewinn-Verhältnisses (KGV oder P/E), allerdings ist das E/P wegen der Interpretationsprobleme des KGVs, wenn der Gewinn gleich null oder negativ ist, besser.

3 „Market Neutral Strategies", herausgegeben von Bruce I. Jacobs und Kenneth N. Levy, Wiley, New Jersey, 2005.

4 Vom 1. Oktober 1974 bis zum 30. September 1985 war die NYSE montags bis freitags von 10 bis 16 Uhr geöffnet, dann wurde die Handelseröffnung auf 9:30 Uhr vorgezogen.

5 Dazu gehörten Zinsswaps (zum Hedgen des Zinsrisikos unserer Positionen), Cash-and-Carry Trades mit Anleihen sowie mit Rohstoffen, das Einheimsen von Gewinnen, wenn wir Geschlossene Fonds unter ihrem Liquidationswert kaufen konnten, und Sondergeschäfte.

6 Erst kürzlich erfuhr ich, als ich ein Interview mit Harry Markowitz in „Masters of Finance", IMCA, Greenwood Village, CO, 2014, Seite 109, las, dass Markowitz und Usmen die gleiche Lösung für die täglichen Kursschwankungen des S&P 500 gefunden hatten wie wir für den viel größeren Datensatz von 200 einzelnen Aktien. Ursprünglich wurde die Veröffentlichung der Arbeit, die sie irgendwann vor 1987 geschrieben und eingereicht hatten, bevor Markowitz 1990 den Wirtschaftsnobelpreis bekam, abgelehnt (!) und sie erschien erst 1996 an anderer Stelle.

7 Die Auswirkung auf den Markt bezieht sich auf die Tatsache, dass Market-Kauforders im Schnitt zum letzten vorherigen Kurs oder leicht darüber ausgeführt werden und Market-Verkaufsorders meist zum letzten vorherigen Kurs oder leicht darunter ausgeführt werden.

8 Die Abrechnungsperiode mit der ungewöhnlichen Dauer von fünf Monaten ergab sich für PNP, weil sich das Ende des Geschäftsjahres von PNP im Jahr 1987 vom 31. Oktober auf den 31. Dezember änderte.

9 Übliche Kennzahlen sind das Sharpe Ratio, das Sortino Ratio, die Verteilung der Drawdowns und das MAR Ratio (jährliche Rendite geteilt durch den maximalen Drawdown). Siehe zum Beispiel die dreiteilige Reihe von William Ziemba in der Zeitschrift *Wilmott*: „The Great Investors", März, Mai und Juli 2006.

10 Zum Vergleich: Der S&P 500 stand in elf der 32 vollständigen Quartale im Minus und die Aktien von Kleinunternehmen machten in 13 Quartalen Verlust.

KAPITEL 16

[1] „Den of Thieves“ von James B. Stewart, Simon and Schuster, New York, 1991.

[2] „The Quants“ von Scott Paterson, Crown, New York, 2010.

[3] Gespräch mit Scott Rafferty von Citadel.

[4] Der *Forbes*-400-Liste entgehen wahrscheinlich Menschen, die eigentlich in der Liste stehen müssten, die Zahlen sind geschätzt und die Vermögen schwanken, daher sind die Rangfolgen nicht exakt. So erfüllte Warren Buffett bereits 1982 die Kriterien, wurde aber erst 1985 entdeckt! Auch fehlen in der *Forbes*-Liste „The $13 Billion Mystery Angels“ aus dem gleichnamigen Artikel von Zachary Mider in *Bloomberg Business Week* vom 8. Mai 2014. Mider enthüllt darin, dass eine Gruppe ehemaliger PNP-Mitarbeiter in den 25 Jahren nach der Gründung eigener Firmen im Jahr 1989 mithilfe unserer quantitativen Methoden und Computeralgorithmen mindestens 13 Milliarden Dollar verdient hatte.

[5] Für manche seiner Gedanken siehe J. Paul Getty, „How to Be Rich: The Success of a Billionnaire Businessman“, Playboy Press, New York, 1965.

[6] *Los Angeles Times Magazine*, 23. Januar 2000, S. 10 ff. und Seite 35.

[7] Als D. E. Shaw einen unserer wichtigsten Angestellten eingestellt hatte, befragten sie ihn angeblich zuallererst sechs Stunden lang eingehend, um alles herauszufinden, was er ihnen über PNP sagen konnte.

[8] Das Programm beinhaltete Methoden, um sinkende Bonität und Kreditausfallrisiken zu berücksichtigen, die meines Wissens damals einzigartig waren.

KAPITEL 17

[1] *The New Yorker*, 16. Mai 2005.

[2] Wir wählten aus den 40 Optionsgeschäften, von denen wir bereits bewiesen hatten, dass sie gefälscht waren, als Stichprobe zehn Stück aus.

[3] Für ein klassisches Beispiel eines rechtlichen Schlamassels siehe Jarndyce gegen Jarndyce in „Bleak House“ von Charles Dickens.

[4] Wenn Madoff wirklich 20 Prozent im Jahr verdient und die beste Alternative bringt beispielsweise 16 Prozent, dann entgehen einem nur vier Prozent im Jahr.

[5] Rothfeld, Michael und Strasburg, Jenny, „SEC Accused of Destroying Files“, *Wall Street Journal*, 18. August 2011, Seite C2.

[6] Arvedlund, Erin E., „Don't Ask, Don't Tell", *Barron's*, 7. Mai 2001.

[7] „Bernard Madoff Gets 150 Years in Jail for Epic Fraud (Update 7), Bloomberg.com, 29. Juni 2009.

[8] News Release, „Bernard L. Madoff Charged in Eleven-Count Criminal Information", U.S. Attorney for the Southern District of New York, 10. März 2009.

[9] Laut *The New York Times*, Sonntag, 5. Juli 2009, Seite B2, ein gewisser Jeffry M. Picower. Laut einem späteren Bericht der *New York Times* von Diana B. Henriques vom 2. Oktober 2009 auf Seite B5 berichtete der Konkursverwalter, der die Vermögenswerte von Madoff liquidierte, „dass ein Konto von Picower um sechs Milliarden Dollar überzogen war, als Madoff verhaftet wurde".

[10] Wenn jeweils die Hälfte der von der Menge abgegebenen Tipps auf einer Seite des Durchschnitts liegt, dann ist es eine mathematische Tatsache, dass der Durchschnitt näher am richtigen Wert liegt als mindestens die Hälfte der einzelnen Tipps. Das Interessante ist jedoch, dass der Konsens der Menge häufig noch viel besser ist.

[11] „The Money Man: A Three-time Winner", *Forbes*, 25. November 1991, S. 96–97.

[12] Heute könnte man es in das „Lebensgefährten-Problem" umtaufen.

KAPITEL 18

[1] Ein paar Wochen nach dem EMLX-Betrug berichtete die *Los Angeles Times*, dass die SEC im Rahmen einer „Säuberungsaktion gegen Internetbetrug" 33 Unternehmen und Einzelpersonen vorwarf, das Internet widerrechtlich genutzt zu haben, um über zehn Millionen Dollar Gewinn dadurch zu erzielen, dass sie die Preise von mehr als 70 dünn gehandelten Small-Cap-Aktien in die Höhe getrieben hatten, indem sie sie in Chatrooms, auf Websites und in E-Mails aufgebauscht hatten.

[2] Zwei lesenswerte und unterhaltsame Schilderungen sind das berühmte „Extraordinary Popular Delusions and the Madness of Crowds" von Charles MacKay und der aktuelle Nachfolger „Ponzi Schemes, Invaders from Mars and Other Extraordinary Popular Delusions" von Joseph Bulgatz.

[3] Siehe Seite 71 von Haugen, „The New Finance: The Case Against Efficient Markets", zweite Auflage (1999).

[4] „Toxic Equity Trading Order Flow on Wall Street" von Arnuk, Sal und Saluzzi, Joseph, A Themis Trading LLC White Paper, www.themistrading.

com, und „Algo Traders Take $21 bn in Annual Profits“ von Tom Fairless von *Financial News*, der Forschungen der Tabb-Gruppe zitiert.

[5] Gemeldet um 13:22 Uhr New Yorker Zeit am 24. Juli 2009.

[6] „Traders Profit With Computers Set at High Speed“, von Charles Duhigg, *New York Times*, Freitag, 24. Juli 2009, Seite A1, und „SEC Starts Crackdown on ‚Flash‘ Trading Techniques“ von Charles Duhigg, *New York Times*, Mittwoch, 5. August 2009, Seite B1. Siehe auch: (1) Patterson, Scott und Geoffrey Rogow, „What's Behind High-Frequency Trading“, *Wall Street Journal* Samstag/Sonntag, 1.–2. August 2009, Seite B1. (2) Wilmott, Paul, „Hurrying Into the Next Panic?“, *New York Times*, Mittwoch, 29. Juli 2009, Seite A19.

[7] Krugman, Paul, „Rewarding Bad Actors“, *New York Times*, Montag, 3. August 2009, Seite A19. Siehe auch O'Brien, Matthew, „High Speed Trading Isn't About Efficiency – It's About Cheating“, *The Atlantic*, Februar 2014.

[8] Der Dollarwert aller Handelsgeschäfte mit US-Aktien ändert sich von Jahr zu Jahr ebenso wie der Anteil daran, der durch Hochfrequenzhändler verursacht wird.

[9] *New York Times*, 28. September 2000.

KAPITEL 19

[1] Der Medallion Fund, ein für neue Anleger geschlossener Fonds, der von dem Mathematiker James Simons betrieben wird, beinhaltet eine ähnliche und weitaus größere Handelsabteilung als unsere mit einem höheren Umschlag und einem riesigen jährlichen Handelsvolumen. Inzwischen ist er ein Anlagevehikel für Simons und seine Partner im Rahmen seiner Firma Renaissance Technologies Corporation und wahrscheinlich der erfolgreichste Hedgefonds aller Zeiten.

[2] David Gelbaum

[3] Für diese und noch viel mehr siehe „A Demon of Our Design“ von Richard Bookstaber, Wiley, New York, 2008. (Auf Deutsch erschienen: „Teufelskreis der Finanzmärkte: Märkte, Hedgefonds und die Risiken von Finanzinnovationen, Kulmbach, Börsenmedien, 2008.)

[4] Siehe das Buch „The Quants: How a New Breed of Math Whizzes Conquered Wall Street and Nearly Destroyed It“ von Scott Patterson, Crown, New York, 2010.

[5] Das basierte auf dem statistischen Begriff der „Hauptkomponenten“; wir nannten es ETS, als Abkürzung für „Equity Trading System“.

[6] Siehe *Forbes*, 25. November 1991, S. 96–99, „A Three Time Winner", und den Artikel von Shaw, Thorp und Ziemba: „Risk Arbitrage in the Nikkei Put Warrant Market of 1989–1990", *App. Math. Fin.* 2, 243–271 (1995).

[7] Im Diagramm erscheinen die Renditen in der zweiten Epoche im Vergleich zur ersten noch schwankungsanfälliger, als sie es in Wirklichkeit waren. Die richtige Darstellung, um die Schwankungsbreite und die Wachstumsraten zu vergleichen, ist der sogenannte lognormale Graph. Einen solchen zur Performance von XYZ finden Sie in Thorp, Edward O., „Statistical Arbitrage, Part VI", *Wilmott*, Juli 2005, S. 34–36.

[8] Angeblich machte Simons' geheimnistuerisches Unternehmen Renaissance Partners im August 2008 eine ähnliche Erfahrung, verlor in wenigen Tagen circa acht Prozent und schnellte dann wieder in die Höhe, um auf das Jahr gesehen über 100 Prozent Gewinn zu erzielen.

[9] Da die sechs Angestellten in meinem Büro auch noch andere Aufgaben hatten, besaßen wir für das Projekt nur 3,5 „Vollzeit-Äquivalente" für das Projekt.

[10] Firmen, die statistische Arbitrage betreiben, zum Beispiel die Hedgefonds-Gruppe Citadel, besaßen weitgehend die Technologie, die Talente und das Know-how, die später für die Umsetzung des Hochfrequenzhandels (HFT = High Frequency Trading) erforderlich waren. Einen Bericht über HFT finden Sie in dem Buch „Flash Boys" von Michael Lewis. Im Jahr 2005, also drei Jahre nachdem wir mit der statistischen Arbitrage aufgehört hatten, arbeiteten Steve und ich mit Jerry Baesel zusammen, der damals bei Morgan Stanley Asset Management war, um zu sehen, ob es sich lohnte, wieder damit anzufangen. Wir kamen zu dem Schluss, dass es sich kaum lohnte, denn die Simulation ergab ohne Hebel eine Rendite von circa zehn Prozent, die im Vergleich zu anderen Anlagechancen, die uns zur Verfügung standen, nicht attraktiv genug war. Die „in Folie eingeschweißte" Software legten wir einstweilen mit einem Etikett ins Regal, auf dem stand: „Zum Reaktivieren Menschen und Daten hinzufügen". Hätten wir das Programm während der Wirtschaftskrise 2008/2009 laufen lassen, vermute ich, dass wir eine Wiederholung unserer „wundersamen" Ergebnisse der Jahre 1998 und 1999 erlebt hätten.

KAPITEL 20

[1] Die Anzahl der Aktien, die ein Einleger beantragen kann, variiert von einem Börsengang zu anderen, allerdings sind 0,25 bis 1,0 Prozent der Begebung üblich.

[2] Wenn beispielsweise der Unternehmenswert bei dem MW-Geschäft fünf statt zehn Dollar betrüge, sich das Management vom endgültigen Wert drei Dollar sichern würde und die Verkaufskosten einen Dollar betrügen, dann würden die Käufer des IPOs für ihre zehn Dollar einen Wert von 5 Dollar + 10 Dollar – 3 Dollar – 1 Dollar = 11 Dollar je Aktie bekommen. Da der Markt diesen Wert nicht sofort anerkennt, wird die Aktie zunächst unter elf Dollar gehandelt. Indes könnten die Börsenkurse der Sparkassen als Gruppe genommen fallen und auch den Kurs der neuen Aktie mit sich herunterziehen. Oder der Aktienkurs sinkt, wenn der Markt das Management für gierig hält – drei Dollar ist ein großer Anteil für sich selbst – oder für unfähig, das neue Kapital produktiv einzusetzen.

[3] Der Begriff der Opportunitätskosten bezieht sich auf die Kosten für eine Gelegenheit, die man sich hat entgehen lassen. Zusätzlich zu den Kosten für die Umschichtung unseres Kapitals aus anderen Anlagen beinhalten sie den Wert alles dessen, was nicht getan wurde, weil wir unsere persönliche Zeit in das Sparkassenprojekt umleiteten.

KAPITEL 21

[1] Nach der Schließung von BPL sammelte Buffett Berkshire-Aktien ein, wann immer er konnte, häufig von Freunden, Partnern und ehemaligen Partnern. Laut „The Snowball" von Schroeder, S. 341–342, war die Aktie nicht registriert und musste daher privat gehandelt werden.

[2] *Forbes* 400, 22. Oktober 1990, S. 122.

[3] Stillschweigend.

[4] Buffett teilte von seinen Plänen so wenig mit, dass seine eigene Kinder ihre Aktien recht frühzeitig verkaufen. Ich begann etwa zu der Zeit zu kaufen, als seine Tochter Susie ihre letzten Aktien verkaufte.

[5] „Normale" Anleger schichten häufig ihr Geld aus Wertpapieren, deren Wert fällt, in Papiere um, die gestiegen sind, und man bezeichnet diese Strategie manchmal als Jagd nach Rendite. Eine wissenschaftliche Studie aller inländischen US-amerikanischen Aktien-Investmentfonds, die den Zeitraum 1991 bis 2004 abdeckte, ergab, dass die Fondsanleger durch dieses Verhalten ihre Jahresrenditen im Schnitt um 1,6 Prozent senkten; Friesen, Geoffrey C. und Sapp, Travis A., „Mutual Fund Flows and Investor Returns: An Empirical Examination of Fund Investor Timing Ability", *Journal of Banking and Finance*, September 2007. Zusammenfassung in „Buying High, Selling Low", Mark Hulbert, *New York Times*, 12. Juli 2009, Mutual Fund Report, S. 18.

[6] Diese Geschichte erzählte mir Paul Marx.

[7] So, wie sie Graham, Dodd, Buffett, Munger, Fisher und andere praktizierten und praktizieren.

[8] Ich habe die Daten der ersten drei Perioden so gewählt, weil die Kurscharts darauf hindeuteten, dass es sich um natürliche Unterteilungen handelte. Die vierte und letzte Periode deckt die Nachwehen der Großen Rezession ab.

KAPITEL 22

[1] Eine Chronik der Nöte des Stiftungsfonds von Harvard findet sich in „Rich Harvard, Poor Harvard" von Nina Munk, *Vanity Fair*, August 2009, S. 106ff.

[2] Die Angabe eines Verlusts von 18 Prozent wird in der Branche üblicherweise zitiert und ich verwende sie im gesamten Buch. Allerdings gibt sie den Rückgang erheblich zu niedrig an, denn manche Fonds rechneten ihre toxischen Assets nicht vollständig ab, andere mit illiquiden Assets meldeten ihre Zahlen zu spät, um sie zu berücksichtigen, und die Meldungen waren freiwillig, sodass Verlierer mit geringerer Wahrscheinlichkeit reagierten, dazu kommt noch die Tatsache, dass Fonds nicht berücksichtigt wurden, die im Laufe des Jahres verschwanden.

[3] *New York Times*, 25. März 2009, S. B1.

[4] Die Anreizgebühren beliefen sich 2015 im Schnitt auf 17,7 Prozent jeglichen Gewinns gegenüber 19,3 Prozent im Jahr 2008, so das *Wall Street Journal* vom 10. September 2015. Die Verwaltungsgebühren waren auf durchschnittlich 1,54 Prozent gefallen.

[5] Die Studien stießen auf Schwierigkeiten bei der Beschaffung sauberer langfristiger Zahlen und bei der Korrektur des Survivorship Bias: Bei Fonds, die frühzeitig dahingeschieden sind und womöglich nicht in der Datenbank enthalten sind, ist damit zu rechnen, dass ihre Performance schlechter war. Sie wegzulassen und nur die überlebenden zu untersuchen führt zu überhöhten Ergebnissen.

[6] Dichev, Ilia D. und Yu, Gwen, „Higher risk, lower returns: What hedge fund investors really earn", *Journal of Financial Economics*, 100 (2011), 248–263; Lack, Simon, *The Hedge Fund Mirage*, Wiley, New York, 2012.

[7] *Bloomberg Businessweek*, „Buzzkill Profits: Hedge Funds Do Half as Well as You Think", 17. August 2015, Berichte über eine Studie von Getmansky, Lo und Lee. Unter Verwendung von Daten von 1996 bis einschließlich 2014 kommen sie zu dem Schluss, dass sich die gemeldete durchschnittliche

Rendite von 12,6 Prozent in Wirklichkeit auf 6,3 Prozent belief, wenn man die Verlierer berücksichtigte, die eher keine Meldungen abgeben.

[8] *Julius Caesar*, Akt I, Szene II, Verse 140–141.

[9] *International Fund Investment*, April 2000, Seite 64.

[10] *New York Times*, 25. März 2009, Seite B1.

[11] *New York Times*, 9. September 1999, National Edition, S. C10.

[12] Man bedenke das statistische Phänomen der Rückkehr zum Mittelwert.

[13] Über das Geschehen berichten zahlreiche Bücher und Artikel, darunter Roger Lowenstein, „When Genius Failed", Random House, New York (2001), „Failed Wizards of Wall Street", *Business Week*, 21. September 1998, S. 114–120 und „Hedge Fund's Star Power Lulled Big Financiers Into Complacency" von Timothy L. O'Brien und Laura M. Holson, *New York Times*, 23. Oktober 1998. Bezüglich einige meiner Kommentare siehe Tim O'Briens Artikel „When Economic Bombs Drop, Risk Models Fail" in der *New York Times* vom 4. Oktober 1998. Eine sensationelle Sendung über LTCM auf *Nova*, die im Februar 2000 ausgestrahlt wurde, behauptete, die ausstehenden Kontrakte von LTCM hätten sich auf insgesamt eine Billion Dollar belaufen.

KAPITEL 23

[1] Vielleicht zu gut. Später stahl er seiner Firma Millionen und floh nach Brasilien.

[2] *Forbes*, 11. Oktober 1999, S. 60.

[3] *Orange County Register*, 7. März 2014, Business, S. 3.

[4] Wie groß ist die zugrunde liegende Wirtschaftstätigkeit? Wie viel sind die nicht börsengehandelten Unternehmen in Privatbesitz wert? Wie viel von dem Nationalvermögen, das aus Patenten, Urheberrechten und Innovationen besteht, wird mitgezählt? Die meisten Haushaltsarbeiten werden nicht monetisiert und daher meist nicht zum Nationaleinkommen gerechnet.

[5] Quelle: Ein Bericht der Zeitschrift *Money* über eine Studie der University of Michigan, dessen federführender Autor Fabian T. Pfeffer war. Die gestiegene Ungleichheit beruht zu einem großen Teil auf der Tatsache, dass die Häuserpreise im Jahr 2014 etwa denen von 2003 entsprachen, während die US-amerikanischen Aktien, repräsentiert vom S&P 500, sich verdoppelt hatten. Die Reichen haben einen größeren Teil ihres Vermögens in Aktien und weniger in Häusern angelegt als ärmere Leute.

[6] Jahrbuch von Ibbotson Associates.

[7] In den späteren Jahren spart er immer mehr, wenn man davon ausgeht, dass der Zigarettenpreis mit der Inflation steigt.

[8] http://quickenloans.quicken.com/Articles/fthbc_afford_budget.asp

[9] Im Kopf mithilfe der 240er-Regel aus Anhang C berechnet.

[10] Gehen wir von dem Potenzgesetz $N = AW^{-B}$ aus, wobei W ein so hohes Vermögensniveau ist, dass es die meisten Menschen ausschließt, N die Anzahl der Menschen, die mindestens W besitzen, und A und B Unbekannte. Die folgenden beiden Tatsachen verwendete ich, um A und B zu finden: (1) Wenn N = 400, dann W = 1,3 Milliarden Dollar; (2) das Gesamtvermögen der 400 betrug 1,2 Milliarden Dollar, sodass sich ein Durchschnittswert in Höhe des dreifachen Schwellenwerts ergab. Das Ergebnis ist also $N = 400\ [(1{,}3 \text{ Milliarden})/W]^{4/3}$. Der Wert von 4/3 für B scheint von Jahr zu Jahr etwa gleich zu sein, denn das durchschnittliche Vermögen scheint etwa das Dreifache des Schwellenwerts zu betragen. Daher kann man die Formel für jedes Jahr, in dem dies gilt, einfach dadurch anpassen, dass man die 1,3 Milliarden durch den aktuellen Schwellenwert ersetzt. Unter Verwendung der Zahlen für 1999 aus „How Rich Is Rich? – Part 1" kam ich in der Zeitschrift *Wilmott* vom Juli 2003 auf den Seiten 44–45 auf den leicht von 4/3 abweichenden Wert von 1,43. Vielleicht rein zufällig bietet die Ausgabe 2009 von *Forbes* 400 auf Seite 20 unter forbes.com/baldwin einen Rechner an, der diese Formel verwendet. Auf Seite 20 von *Forbes* heißt es, die Formel verwende den Exponenten 0,7, der 1/B entspricht und somit für B einen Wert von 1,43 ergibt. Diese Formel ist eine Umkehrung der meinigen und drückt W als Funktion von N aus. Für eine ausführliche Diskussion von Formeln zur Berechnung von Vermögen und Einkommen einschließlich Beweisen für die Pareto-Gleichung siehe Inhaber und Carroll (1992) und die vielen darin enthaltenen weiteren Verweise sowie Scafetta, Picozzi und West, „An out-of-equilibrium model of the distribution of wealth", *Quantitative Finance*, Vol. 4 (2004), S. 353–364.

[11] *The Orange County Business Journal* listete 36 auf, darunter den Basketball-Star der Lakers Kobe Bryant auf dem 36. Platz mit 250 Millionen Dollar. Da ich Menschen kenne, die übergangen wurden, dürfte 49 der Wahrheit näher kommen.

[12] Der Haushalt von Gates besaß so viel Vermögen wie 150.000 durchschnittliche US-Haushalte. Mit anderen Worten ein Tausendstel des *gesamten* Privatvermögens in den Vereinigten Staaten.

[13] Treibt man dies einen Schritt weiter, könnte man das künftige Vermögen einer Person in heutigen Dollar dadurch abschätzen, dass man den Gegenwartswert ihrer zukünftigen Ersparnisse zuzüglich ihres derzeitigen Vermögens abschätzt. Das ähnelt gewissen Methoden, die Analysten verwenden, um den Wert eines Unternehmens in derzeitigen Dollar und somit den fairen Preis für seine Aktie zu berechnen. Unter Verwendung einer Schätzung der künftigen Inflationsrate könnte man dann zu Werten des Vermögens zu beliebigen zukünftigen Zeitpunkten gelangen.

[14] *Bloomberg*, 17. August 2009, zitiert Emmanuel Saez, Wirtschaftsprofessor an der UC-Berkeley, der für seine fortgesetzten Untersuchungen der Vermögens- und Einkommensverteilung in Amerika und entsprechende Statistiken bekannt ist. Man beachte, dass der Durchschnitt von 37 Millionen Dollar geteilt durch den Schwellenwert von 11,5 Millionen Dollar 3,2 beträgt, was sehr nahe an dem Ergebnis der gleichen Berechnung der Vermögensverteilung der *Forbes* 400 liegt, wonach das steuerpflichtige Einkommen der Superreichen im Jahr 2007 dem gleichen oder annähernd gleichen Potenzgesetz wie das Vermögen folgte.

KAPITEL 24

[1] Zu den behaupteten Quellen gehören Benjamin Franklin, diverse Rothschilds, Albert Einstein, Bernard Baruch und „unbekannt".

[2] In diesen Zahlen sind weder Handelskosten noch Einkommensteuern enthalten. Ein Buy-and-hold-Anleger verliert nur wenig durch Handelskosten und besteuert werden nur seine Dividenden. Falls Steuern anfallen, sind sie von Anleger zu Anleger unterschiedlich.

[3] Ein sogenannter abnehmender Grenznutzen.

[4] Erwachsene gleichen chronologischen Alters unterscheiden sich bezüglich ihres Fitness-Alters sehr. Menschen, die sich für die Senior Olympics qualifizieren, sind bezüglich der Funktionalität und der Fitness im Durchschnitt 25 Jahre jünger als ihr kalendarisches Alter, wie in „Older Athletes Have a Strikingly Young Fitness Age" von Gretchen Reynolds in der *New York Times* vom 1. Juli 2015 berichtet wird. Studien über eineiige Zwillinge liefern überzeugende Belege dafür, dass sich Sport positiv auf die Langlebigkeit auswirkt. Siehe beispielsweise „One Twin Exercises, the Other Doesn't", Gretchen Reynolds, *New York Times*, 4. März 2015.

[5] Unter der Annahme, dass er im Schnitt an 20 Tagen im Monat arbeitet.

[6] Die Kosten beinhalten Treibstoff, Wartung, Versicherung, Lizenzgebühren und Abnutzung sowie die Zeit, die der Besitzer mit der Pflege verbringt.

KAPITEL 25

[1] Der Vanguard Total Stock Market Index Admiral Shares mit dem Tickersymbol VTSAX tut das. Konkret investiert er in jede Aktie entsprechend ihrem anteiligen Marktwert am sogenannten Float, also dem geschätzten Bruchteil umlaufender Aktien im Unterschied zu denjenigen, die sich in festem Besitz befinden und nicht für den Handel zur Verfügung stehen. Der Performance-Unterschied zwischen den beiden Methoden ist zu vernachlässigen.

[2] Justin Fox, *The Myth of the Rational Market*, Seite 119, berichtet, dass Benjamin Graham im Jahr 1962 darauf hinwies, dass die Investmentfonds als Gesamtheit nicht damit rechnen können, den Markt zu schlagen, „weil sie in einem prinzipiellen Sinne ... der Markt *sind*".

[3] Sharpe, William, „The Arithmetic of Active Management", *Financial Analyst's Journal*, Vol. 47, No. 1, S. 7–9, Januar/Februar 1991.

[4] Laut Lipper, Inc., *Wall Street Journal*, 6. Juli 2009, Section R, belief sich im Jahr 2007 allein schon die Kostenquote des durchschnittlichen Aktien-Investmentfonds auf 1,22 Prozent, verglichen mit den 0,20 Prozent bei den Aktien-Indexfonds von Vanguard ohne Ausgabeaufschlag. Da die Kostenquote nur einen Teil der Gebühren darstellt, die die Anleger bezahlen, kassieren die „Helfer" erheblich mehr als ein Prozent im Jahr und zusammen mit den Handelskosten hinken die aktiven Anleger um deutlich mehr als zwei Prozent jährlich hinter den passiven hinterher.

[5] Fund Track von Sam Mamudi, *Wall Street Journal*, 8. Oktober 2009, Seite C9.

[6] Diese zusätzlichen steuerpflichtigen Gewinne oder Verluste werden später bei der Liquidierung der Anlage ausgeglichen.

[7] Nach Steuern bleiben 70 Prozent des Kaufpreises. Um wieder auf 100 Dollar zu kommen, müssen 70 Dollar um 30 Dollar beziehungsweise 42,6 Prozent wachsen.

KAPITEL 26

[1] Dies klingt auf den ersten Blick unsinnig. Es bedeutet, dass niemand irgendeine Information besitzt, die einen Vorhersagewert besitzt.

[2] Sie legen die wohlbekannte Eigenschaft an den Tag, die als kognitive Dissonanz bekannt ist.

[3] Eine ausgezeichnete Chronik dieser Windungen ist das Buch von Justin Fox, „The Myth of the Rational Market".

[4] Interpretiert als Vermögen, das ausgezahlt oder zugunsten eines einzelnen Besitzers angesammelt wird.

[5] Wie von James Stewart in „Den of Thieves", von Connie Bruck in „The Predators' Ball" und anderen geschildert.

[6] Tobias, Andrew, „Money Angles", Simon and Schuster, New York, 1984, S. 71–72. Häufig bietet das Management an, Anteile zu einem mittleren Preis zurückzunehmen, sodass es die Kritiker auszahlt und eine Vermögensbasis nicht zurückgenommener Anteile bewahrt, für deren Verwaltung es weiterhin bezahlt werden kann.

[7] Der Kauf von SPACs entbehrte nicht eines gewissen Risikos, weil diese Vermögenswerte im Falle eines Bankrotts nicht vor den Gläubigern geschützt waren. Jeff, der diese Strategie entdeckte, prüfte in allen Fällen die Risiken, bevor er investierte.

[8] Ich habe gewisse Einzelheiten weggelassen, zum Beispiel dass die tatsächliche für die Anlage erforderliche Bargeldsumme aufgrund der Wechselwirkung zwischen den Nachschussbedingungen und dem zuvor existierenden Portfolio des Anlegers von den 9.000 Dollar im Beispiel abweichen kann, und außerdem weil sich die Marktbewertung der Short-Position im zeitlichen Verlauf ändert.

[9] *Wall Street Journal*, 3. März 2000, Seite C19, „Palm Soars As 3Com Unit Makes Its Trading Debut".

[10] Malkiel, Burton G., „A Random Walk Down Wall Street", Norton & Co., New York, 2007.

[11] *New York Times*, 3. März 2000, Seite A1, „Offspring Upstages Parent In Palm Inc.'s Initial Trading".

[12] Oft dauert es Wochen oder Monate, bis sich der Aktienkurs nach der Meldung unerwarteter Ergebnisse, von Aktienrückkäufen oder Spin-offs vollständig anpasst.

KAPITEL 27

[1] Investmentfonds-Verwaltungsgesellschaften und die Komplementärbeteiligungen von Hedgefonds besitzen einen separaten und häufig beträchtlichen Marktwert, allerdings wurden sie bereits als Teil der Unterkategorie Private Equity berücksichtigt.

2 Für eine hochmathematische Diskussion dieses Effekts, der manchmal als „volatility pumping" bezeichnet wird, siehe „The Kelly Capital Growth Investment Criterion: Theory and Practice", herausgegeben von Leonard C. MacLean, Edward O. Thorp und William T. Ziemba, World Scientific, 2010.

3 Für eine umfassende Historie der Renditen der Aktienmärkte der Welt siehe „Triumph of the Optimists" von Dimson [et al.].

4 „Causes of the United States Housing Bubble", aus Wikipedia, Fassung vom 16.09.2009; Ziemba, William, „What Signals Worked and What Did Not 1980–2009, Parts I, II, III", *Wilmott*, Mai, Juli und September 2009.

5 Im *Durchschnitt* wird mit gewerblichen, nicht mit Wohnimmobilien beträchtliches Geld über die Inflation hinaus verdient. Hausbesitzern und Kaufwilligen ist dieser Unterschied oft nicht klar. Auch lassen sie sich durch Geschichten über große Gewinne zu verschiedenen Zeiten sowie an verschiedenen Orten in die Irre führen. Diesen Irrtum teilen sie mit den Börsenanlegern, was nicht überrascht, weil viele von ihnen dieselben Individuen sind. Vertreter der Behavioral Finance analysieren solche menschlichen Tendenzen.

6 „Princeton's Endowment Declines 23 percent" von John Hechinger, *Wall Street Journal*, 30. September 2009, Seite C3.

7 Der Titel „Fortune's Formula" dürfte bekannt klingen, denn so hieß auch der Vortrag, den ich 1961 vor der American Mathematical Society über Blackjack hielt. Bill Poundstone fragte rücksichtsvoll, ob er diesen Titel benutzen dürfe. In „Beat the Dealer" bezeichnete ich dies, weil es sich anbot, als Kelly-Glücksspielsystem. Seit 1966 bezeichne ich es als Kelly-Kriterium und dieser Name hat Fuß gefasst.

8 Die Details können Sie in Artikeln nachlesen, die ich geschrieben habe und die größtenteils auf meiner Website www.edwardothorp.com zugänglich sind.

9 Außer Poundstones Geschichte können mathematisch geschulte Leser in „The Kelly Capital Growth Investment Criterion: Theory and Practice", herausgegeben von Leonard MacLean, Edward O. Thorp und William T. Ziemba, World Scientific, 2010, auch einige der aufkeimenden modernen Entwicklungen nachlesen.

10 „Old Pros Size Up the Game" von Scott Patterson, *Wall Street Journal*, 22. März 2008, Seite A9. Gross verließ 2014 PIMCO und ging als Vermögensverwalter zu Janus.

[11] Siehe „Understanding the Kelly Criterion" von Edward O. Thorp, *Wilmott*, Mai 2008, S. 57-59, und http://undergroundvalue.blogspot.com/2008/02/notes-from-buffett-meeting-2152008_23.html

[12] Die Simulationen wurden von dem Mathematiker Art Quaife durchgeführt.

KAPITEL 28

[1] Weshalb nicht weiterhin Berkshire halten? Ein Grund ist, dass ich nicht vorhersehen kann, wer die Stiftung in ferner Zukunft verwalten wird, und es für das Beste halte, die Betreffenden an einen gut verständlichen Index-Mechanismus zu binden. Dies vermeidet die Verschwendung, die bei der aktiven Geldanlage auftritt.

[2] *Fortune*, 11. August 2003.

[3] Wie zitiert in Sample, Steven B. und Bermis, Warren, *Los Angeles Times* Book Review, 13. Juli 2003, Seite R9.

[4] Ich danke Professor Ronald Stern für die Ermutigung und für die Ermöglichung des Lehrstuhls, Paul Marx von der University Foundation für rechtliche Unterstützung sowie viele aufschlussreiche Gespräche und meiner Frau Vivian für ihre Rolle bei der Aufstellung der Bedingungen, die unseren Beitrag möglich machten.

[5] Siehe „The Bond King" von Timothy Middleton, Wiley, New Jersey, 2004 und „Everything You've Heard About Investing is Wrong" von William H. Gross, Random House, New York, 1997, sowie die überarbeitete Fassung von „Bill Gross on Investing" von William H. Gross, Wiley, New York, 1997, 1998.

[6] Gross, 1997, op. cit., Seite 90.

[7] Die Idee für ein Treffen mit Bill Gross begann mit Professor Stern, damals Dekan der School of Physical Sciences, und Greg Gissendanner, dem damaligen University Advancement Officer at the School der UCI. Mein Freund und Anwalt Paul Marx kannte Bill und arrangierte ein Essen.

[8] Sue und Bill Gross spendeten später weitere vier Millionen Dollar, um das Konferenzzentrum im vierten Stock und die Labors fertigzustellen.

KAPITEL 29

[1] Quelle: www.finance.yahoo.com, Tagesschlusskurse, bereinigt um Splits und Dividenden. Die Zahlen sind bei 1.565,15 und 676,53 gekürzt.

[2] The Federal Reserve, wie in der *Los Angeles Times* vom 12. März 2010 berichtet.

[3] Die schrittweisen Anstiege um zehn Prozent über den vorigen Kurs kumulieren sich und bringen die Aktie von 100 auf 110 Dollar, dann auf 121 Dollar, auf 133,10 Dollar und so weiter, bis sie nach der fünften Zunahme auf 161,05 Dollar steht.

[4] Die Renditen zum Monatsende von Ende 1925 bis Ende August 1929 weisen keinen Rückgang des Index von einem vorherigen Gipfel von zehn Prozent auf, was darauf hindeutet, dass die Bedingungen, sich Geld zu leihen, als die Aktienkurse stiegen, ermutigend waren.

[5] Für eine Diskussion der Maintenance Margin siehe beispielsweise „Beat the Market" von Thorp, Edward O. und Kassouf, Sheen T., Random House, New York, 1967, Kapitel 11.

[6] Wikipedia.

[7] *Frontline: The Warning*, 20. Oktober 2009, pbs.org, auch auf DVD erhältlich.

[8] Das, was von arbeitslosen Arbeitskräften nicht produziert wurde, wird nie wieder „aufgeholt". Die soziale Verschwendung beinhaltete den Verfall leer stehender unvermieteter Häuser und die Auswirkung zerrütteter Existenzen auf die Gesellschaft.

[9] Krugman, Paul, „How Did Economists Get It So Wrong?", *New York Times Magazine*, 6. September 2009, S. 36–43.

[10] „The Quants: How a Small Band of Math Wizards Took Over Wall Street and Nearly Destroyed It" von Scott Patterson, Crown, New York, 2010.

[11] Auch sagte er über den gleichen Punkt: „Auf lange Sicht sind wir alle tot."

[12] Patterson, Scott, *Wall Street Journal.*

[13] Krugman, Paul, „Good and Boring", *New York Times* Op-Ed, 1. Februar 2010.

[14] Hiltzik, Michael, „Echoes of Bell in CEO Salaries", *Los Angeles Times*, Seite 31, 3. Oktober 2010. *Wall Street Journal* (nachgedruckt in *The Orange County Register*, 11. Mai 2014, Business, Seite 3) schreibt, eine Studie des Economic Policy Institute habe ergeben, dass in den 350 Unternehmen mit den größten Umsätzen die CEOs 1965 durchschnittlich das 18-Fache der Bezahlung ihrer Mitarbeiter erhielten, im Jahr 2012 hingegen das 201-Fache.

[15] Adler, Moshe, „Overthrowing the Overpaid", *Los Angeles Times* Opinion, Seite A15, 4. Januar 2010.

KAPITEL 30

[1] Hardin, Garrett, „The Tragedy of the Commons“, *Science*, Vol. 162, No. 3895, 13. Dezember 1968, S. 1243–1248.

[2] Die Impfung ist eine positive Externalität, denn sie bewahrt andere davor, sich beim Geimpften mit einer Krankheit anzustecken.

[3] „Poor Charlie’s Almanack: The Wit and Wisdom of Charles T. Munger“, Vorwort von Warren Buffett, herausgegeben von Peter Kaufman. Erweiterte dritte Auflage, 2008.

[4] Man lese die fortgesetzte Diskussion über die Besteuerung des sogenannten übertragenen Zinses in Wikipedia und an anderen Orten im Internet. Mitt Romney, der republikanische Präsidentschaftskandidat 2012, profitierte erheblich davon.

[5] Das oberste eine Prozent bezieht etwa ein Drittel des steuerpflichtigen Einkommens, die nächsten neun Prozent ein weiteres Drittel und die unteren 90 Prozent teilen sich das restliche Drittel.

[6] Um einen vereinfachten Eindruck von den Zahlen zu vermitteln: Der Staat nahm 2015 die Summe von 3,25 Billionen Dollar ein und das BIP betrug 18 Billionen Dollar. Wenn man zwei Billionen für die ärmsten Bürger ausnimmt und die verbleibenden 16 Billionen Dollar des BIPs mit einem einheitlichen Satz besteuert, ergibt sich 3,25/16, was 20 Prozent sind.

[7] Laut UC Admissions Office wird dies durch die Tatsache gemildert, dass mehr als die Hälfte der Studierenden im Grundstudium keine Studiengebühren bezahlen und zwei Drittel Stipendien und Zuschüsse von durchschnittlich 16.300 Dollar beziehen.

[8] Mein Enkel Edward besuchte in seinem letzten Highschool-Jahr einen fortgeschrittenen Mathematikkurs (partielle Differenzialgleichungen) an der UCI. 31 der 32 Studenten waren Chinesen. Da sie nicht wussten, dass Edward fließend Mandarin spricht, hörte er viele offenherzige Unterhaltungen mit.

ANHANG A

[1] Für eine aufschlussreiche Diskussion, wieso der Inflationsindex seit den 1970er-Jahren infolge einer Reihe von Änderungen der Berechnungsmethode seitens des Staates womöglich viel zu niedrig ist, sowie der Folgen für Anleger und Verbraucher siehe „Fooling With Inflation“ von Bill Gross (Juni 2008) auf www.pimco.com

Aktuelle Zahlen zum Consumer Price Index (Verbraucherpreisindex) sowie monatliche Zahlen finden Sie auf ftp://ftp.bls.gov/pub/specialrequests/cpi oder suchen Sie wie gewohnt mit Google.

ANHANG C

[1] *Los Angeles Times*, Donnerstag, 7. September 2000, Seite C5.

Bibliografie

Bass, Thomas A., *The Endaemonic Pie.* New York: Houghton Mifflin, 1985.

Black, Fischer, und Myron Scholes, „The Pricing of Options and Corporate Liabilities", *Journal of Political Economy* 81.3 (1973): 637–654.

Blackwood, Kevin, und Larry Barker, *Legends of Blackjack: True Stories of Players Who Crushed the Casinos*, Kindle EBook, 5. April 2009.

Bogle, John C., *Bogle on Mutual Funds: New Perspectives for the Intelligent Investor*, Burr Ridge, IL: Irwin, 1994.

Edwardothorp.com. Vom Autor des vorliegenden Buches verfasste Artikel.

Feller, William, *An Introduction to Probability Theory and Its Applications*, Volume I, New York: Wiley, 1957, 1968.

Fox, Justin, *The Myth of the Rational Market: A History of Risk, Reward, and Delusion on Wall Street*, New York: Harper Business, 2009.

Griffin, Peter A., Introduction. *The Theory of Blackjack: The Compleat Card Counter's Guide to the Casino Game of 21*, Las Vegas, NV: Huntington, 1995, 1999.

Gross, William H., *Bill Gross on Investing*, New York: Wiley, 1998.

Ibbotson SBBI 2014 Classic Yearbook: Market Results for Stocks, Bonds, Bills, and Inflation, 1926–2013, Chicago, IL: Morningstar, 2014.

Kelly, J. L., „A New Interpretation of Information Rate“, *Bell System Technical Journal* 35.4 (1956): 917–926.

Lack, Simon, *The Hedge Fund Mirage: The Illusion of Big Money and Why It's Too Good to Be True*, Hoboken, NJ: Wiley, 2012.

MacLean, L. C., Edward O. Thorp und W. T. Ziemba, *The Kelly Capital Growth Investment Criterion: Theory and Practice*, World Scientific, 2011.

Malkiel, Burton Gordon, *A Random Walk Down Wall Street: The Time-tested Strategy for Successful Investing*, New York: W. W. Norton, 2007.

Mezrich, Ben, *Bringing Down the House: The Inside Story of Six MIT Students Who Took Vegas for Millions*, New York: Free Press, 2002.

Munchkin, Richard W., *Gambling Wizards: Conversations with the World's Greatest Gamblers*, Las Vegas, NV: Huntington, 2002.

Munger, Charles T., und Peter D. Kaufman, *Poor Charlie's Almanack: The Wit and Wisdom of Charles T. Munger*, Vorwort von Warren Buffett. Virginia Beach, VA: Donning Publishers, 2008.

O'Neil, Paul, „The Professor Who Breaks the Bank“, *Life* 27, März 1964: 80–91.

Patterson, Scott, *The Quants: How a New Breed of Math Whizzes Conquered Wall Street and Nearly Destroyed It*, New York: Crown, 2010.

Poundstone, William, *Fortune's Formula: The Untold Story of the Scientific Betting System That Beat the Casinos and Wall Street*, New York: Hill and Wang, 2005.

Schroeder, Alice, *The Snowball: Warren Buffett and the Business of Life*, New York: Bantam, 2008.

Segel, Joel, *Recountings: Conversations with MIT Mathematicians*, Wellesley, MA: A K Peters/CRC Press, 2009.

Siegel, Jeremy J., *Stocks for the Long Run: The Definitive Guide to Financial Market Returns and Long-Term Investment Strategies*, New York: McGraw-Hill, 2008.

Taleb, Nassim Nicholas, *The Black Swan: The Impact of the Highly Improbable*, New York: Random House, 2007.

– *Fooled by Randomness: The Hidden Role of Chance in Life and in the Markets*, New York: Random House, 2005.

Thorp, Edward O., und Sheen T. Kassouf, *Beat the Market: A Scientific Stock Market System*, New York: Random House, 1967. Verfügbar unter www.edwardothorp.com.

– *Beat the Dealer: A Winning Strategy for the Game of Twenty-One*, New York: Random House, 1962, Rev. 1966, Rev. 2016.

– „A Favorable Strategy for Twenty-One", *Proceedings of the National Academy of Sciences* 47.1 (1961): 110–112.

– „Optimal Gambling Systems for Favorable Games", *Review of the International Statistical Institute* 37.3 (1969): 273–293.

– „The Kelly Criterion in Blackjack, Sports Betting, and the Stock Market", *Handbook of Asset and Liability Management*, Volume 1, hg. von Zenios, Stavros Andrea und W. T. Ziemba, Amsterdam: Elsevier, 2006.

Wong, Stanford, *Professional Blackjack*, La Jolla, CA: Pi Yee, 1994.

Über den Autor

Edward O. Thorp ist der Autor des Bestsellers „Beat the Dealer: A Winning Strategy for the Game of Twenty-One“ (Random House 1962, 1966). Darin stellte er das erste jemals erdachte wissenschaftliche System für ein bedeutendes Casino-Glücksspiel auf und revolutionierte das Blackjack-Spiel. Sein Buch „Beat the Market“ (Random House 1967, gemeinsam mit Sheen T. Kassouf) trug zum Beginn der Derivate-Revolution bei, die weltweit die Wertpapierbörsen transformierte. Auf seinen Arbeiten basierend legte Dr. Thorp 1969 den ersten marktneutralen Hedgefonds auf. Außerdem erfand er zusammen mit Claude Shannon 1961 den ersten Wearable-Computer, um beim Roulette zu gewinnen. Außerdem verfasste er „Elementary Probability“ (1966), „The Mathematics of Gambling“ (1984) und zahlreiche mathematische Artikel über Wahrscheinlichkeit, Spieltheorie und Funktionalanalysis.

Er absolvierte ein Grund- und Aufbaustudium an der UCLA, machte seinen BA und MA und promovierte 1958 in Mathematik. Er lehrte an der UCLA, am MIT sowie an der New Mexico State University und war

Professor für Mathematik und Finanzwissenschaft an der University of California, Irvine.

edwardothorp.com
amanforallmarkets.com